Muchacha/ cachifa/ criada/ empleada/ empregadinha/ sirvienta/ y... más nada

Trabajadoras domésticas
en América Latina y el Caribe

Elsa M. Chaney/Mary Garcia Castro
(editoras)

Versión en castellano: Consuelo Guayara

Editorial NUEVA SOCIEDAD

Primera edición (en castellano) 1993

© Elsa M. Chaney y Mary Garcia Castro
© Editorial NUEVA SOCIEDAD
Apartado postal 61.712, Caracas 1060-A, Venezuela
Telef.: (058-2) 32.05.93/32.99.75/31.31.89
Fax: (058-2) 31.33.97

La primera edición de este libro, en inglés,
fue publicada por Temple University Press,
Filadelfia, Pennsylvania, EEUU, con el título
*Muchachas No More: Household Workers in Latin
America and the Caribbean* / edited by
Elsa M. Chaney and Mary Garcia Castro.
            p. cm.—(Women in the political economy)
            Bibliography
IBSN 0-87722-571-0
            I. Women, domestics—Latin America—Case Studies
            II. Chaney, Elsa. II. Castro, Mary Garcia. III. Series.
HD6072.2.L29M83

Edición al cuidado de Helena González

Portada: Trincherasur
Composición y paginación electrónica: Levantamiento Texto G&G C. A.
Impreso en Venezuela
ISBN 980-317-039-2

Nuestro agradecimiento a la Fundación Ford
sin cuyo aporte no hubiera sido posible
la realización de este trabajo
y su publicación en castellano.

Dedicamos este libro a las trabajadoras
domésticas organizadas de América Latina y
el Caribe, y a sus esfuerzos para crear
nuevas formas de asociación en una lucha
que empieza, sí, con la esfera doméstica, pero
no termina allí.

Canción de los Sindicatos de las Trabajadoras del Hogar (Perú)

Ando, ando como empleada
acompañada de tantos engaños
ay, para mí no hay justicia
hasta mis padres están explotados.

Yo no he venido a robar tu riqueza
yo no he venido a hacerme patrona
sólo he venido buscando trabajo
sólo he venido buscando justicia.

Todos me dicen que soy empleada
todos me dicen que soy muchachita
empleada pero luchadora
muchachita pero muy valiente.

Mañana, mañana, he de luchar
mañana, mañana, he de triunfar
pasado, pasado, he de triunfar
con eso, con eso, tú gozarás
todos los pobres han de gozar.

Indice

Introducción

Elsa M. Chaney/Mary Garcia Castro

Un nuevo campo de investigación y de acción

Elsa M. Chaney / Mary Garcia Castro

Esta publicación fue concebida para ofrecer una primera síntesis acerca de la situación de las trabajadoras domésticas en las Américas. Las empleadas domésticas -definidas como personas que sirven a un individuo o a una familia dentro de su casa- representan por lo menos el 20,0% de las mujeres que pertenecen a la fuerza de trabajo remunerado de Latinoamérica y del Caribe, según los censos y las encuestas de la fuerza laboral. En muchos países, la proporción de mujeres en el servicio doméstico es mucho más alta, variando entre una quinta parte y una tercera parte de la fuerza laboral femenina dependiendo del país (CEPAL,1982, p.102). Los porcentajes serían aún más altos si se contabilizaran mujeres que trabajan como empleadas domésticas pero no se incluyen en las estadísticas oficiales. Sobre este punto, Kuznesof y Higman (en este volumen) muestran que ni siquiera en este hemisferio el servicio doméstico fue siempre ocupación exclusivamente femenina, ni tampoco una ocupación clasificada a través de la historia como categoría inferior de trabajo. En Europa, durante el siglo XVII, sirvientes y aprendices (generalmente muchachos) eran colocados al mismo nivel que los niños de la familia (Ariès 1962, p.396). Tampoco el servicio doméstico ha sido siempre y en todas partes uniformemente despreciado. Sin embargo, dado que en Latinoamérica y en el Caribe de hoy, el 95,0% de todos los trabajadores domésticos son mujeres, aquí no se aborda la situación de los trabajadores domésticos hombres, resultando por lo demás sorprendente la escasa atención que se le da a este importante sector de mujeres trabajadoras si no se toman en cuenta, precisamente, las características particulares de esta ocupación, que son las que se documentan en este trabajo.

Entre los aspectos más importantes y universales de la labor doméstica remunerada, se encuentran los siguientes:

- Las trabajadoras domésticas se dedican a trabajos del hogar, una desvalorizada y despreciada actividad en todas partes. El trabajo del hogar es apenas considerado como "el trabajo de la mujer", que aparentemente no requiere ninguna habilidad ni entrenamiento particular, y para el cual la mujer nació. Aun cuando en el caso de las trabajadoras domésticas el trabajo del hogar es compartido con la patrona, ésta se reserva los quehaceres placenteros para ella, dándole el trabajo sucio y desagradable a su sirvienta, denigrando así aún más el trabajo doméstico pagado.

- Las trabajadoras domésticas son contratadas entre las mujeres más pobres, con educación mínima, quienes migran de las provincias de sus respectivos países a los pueblos y ciudades. Muchas veces son mujeres indígenas y por ello su cultura, lengua, vestimenta y raza son consideradas inferiores a las de la cultura dominante.

- Las trabajadoras domésticas generalmente trabajan solas o, a lo sumo, con una o dos más: no tienen un lugar central de trabajo, no tienen tiempo libre ni feriados que puedan compartir, y por estar muy aisladas como grupo, son esencialmente invisibles para sí mismas y para la sociedad. Bajo estas condiciones, resulta muy difícil que se agrupen para luchar por sus derechos. Tampoco han logrado mayor apoyo para ello de parte de sus compañeros y compañeras en los movimientos sindicales.

- La organización de las trabajadoras domésticas se ve también obstaculizada por el hecho de que ellas no están protegidas por la legislación ordinaria que rige para los obreros, bajo el pretexto de que ellas no tienen un lugar común de trabajo, no producen un producto tangible y son pagadas en parte con comida y vivienda. En muchos países las empleadas domésticas no tienen siquiera -todavía- el derecho a organizarse.

- Las líderes de las trabajadoras domésticas han desconfiado profundamente de quienes deberían ser sus aliados naturales: mujeres en organizaciones profesionales y grupos feministas. De las primeras desconfían porque sus esfuerzos por ayudarlas en muchos casos se han convertido en proyectos para proporcionar a las mujeres de clase media y alta sirvientas más eficientes. Sobre los segundos se plantean dudas por la ambivalencia de algunas feministas, que no desean alterar la actual relación patrona/empleada, de la cual depende su propia libertad para llevar a cabo su trabajo y actividades. Tampoco grupos feministas, salvo raras excepciones, han asumido la causa de las trabajadoras domésticas.

Por estas y otras razones discutidas en detalle en los distintos capítulos que integran este volumen, las empleadas domésticas -en la mayoría de los países- permanecen entre los sectores más oprimidos y desatendidos de las clases trabajadoras. En efecto, en un estudio realizado en Perú (Heyman, 1974), las mujeres colocaron sólo dos ocupaciones en un nivel más bajo en deseabilidad: la prostitución y la mendicidad.

Y no debe sorprender. En los trabajos descriptivos de la segunda parte de este libro, seguimos la iniciación -en edad temprana- de estas mujeres al servicio doméstico, sus luchas por sí mismas y por sus hijos en la mediana edad y la incierta vejez que enfrentan, después de años de servicio sin una pensión u otros medios de manutención. Ellas viven en familias que no son las suyas, testigos de una vida afectiva que muy frecuentemente les es negada. Sus salarios son bajos, no mayores de US$ 50 por mes en la mayoría de los países, con un promedio equivalente a US$ 30. Hay muy poca o ninguna posibilidad de ascender dentro de esta ocupación, e incluso un cambio de casa -de un distrito pobre a una situación en un área mejor- parece ser más una aspiración que una estrategia calculada para ascender (ver Smith, en este libro, para una perspectiva distinta y una discusión extensa de diferentes puntos de vista sobre este tema).

Tampoco los respectivos gobiernos ofrecen mucha protección. Mientras muchos cuentan con legislación sobre horas de trabajo, días de salida, vacaciones y seguridad social, en general hay pocos o casi ningún mecanismo que la haga cumplir. En el caso de Perú, por ejemplo, la legislación ha tenido un resultado indeseado: la ley que sostiene que las trabajadoras del hogar deben tener ocho horas de descanso por cada 24 horas de trabajo ha sido ampliamente interpretada como una licencia para las patronas a exigir días de trabajo de 16 horas.

Las coordinadoras de esta publicación conocieron sobre la lucha de las trabajadores domésticas a través de una investigación previa. Chaney colaboró con una colega chilena en un estudio sobre las trabajadoras domésticas en Perú (Bunster /Chaney, 1985); Garcia Castro (1982) y sus colegas (1981) han participado en un extenso proyecto de investigación sobre las trabajadoras domésticas en Colombia, patrocinado por la Oficina Internacional del Trabajo (OIT). Posteriormente se organizó un panel en el congreso de la Asociación de Estudios Latinoamericanos (LASA) en 1983, en Ciudad de México, donde fueron presentados cuatro de los 22 artículos de este libro (Duarte, Gálvez y Todaro, y Goldsmith y Prates). Después de la reunión de LASA buscamos estudios adicionales y decidimos reunirlos en un libro cuando tuvimos un número suficiente de artículos actuales basados en investigaciones de campo y estudios históricos con base en fuentes primarias. Este volumen comprende algunas de las mejores investigaciones que se han llevado a cabo hasta la fecha. En muchos casos el estudio presentado es el único trabajo sobre las empleadas domésticas en ese país, auqnue no todos los países están representados aquí, sin embargo, la cobertura -tanto temática como geográfica- es amplia.

En general, el trabajo académico sobre el servicio doméstico ha constituido una serie de esfuerzos inconexos, no sustentados en un concepto teórico central. Sólo en algunos pocos casos se ha tratado de vincular los resultados a la teoría, y sólo los primeros pasos han sido dados hacia la construcción de una teoría: Duarte, Gálvez y Todaro, Garcia Castro y León, en particular, representan tales esfuerzos. La mayoría de los artículos incluidos aquí representan un primer intento; ellos son descriptivos más que teóricos. Un nuevo campo de investigación siempre necesita establecer una base sólida sobre la cual construir su teoría. Pensamos que nuestra selección cumple con este requisito, de ahí nuestro deseo y la intención de que este volumen ayude a abrir un nuevo campo que sea seguido por muchos otros estudios después. La próxima etapa deberá empezar incorporando las preocupaciones teóricas de manera más consciente y sistemática.

Una inusual característica da a nuestra selección fuerza y autoridad especial: tanto los investigadores como los representantes del grupo de estudio tienen una voz (ver parte V). Esto se basa en el hecho de que dos organizadoras de las empleadas domésticas, Adelinda Díaz Uriarte, de Perú, y Aída Valenzuela, de Chile, asistieron al encuentro de Ciudad de México para comentar las presentaciones de las investigadoras y, en una pequeña reunión al día siguiente, describieron a grandes rasgos la historia y la situación de sus organizaciones. La presentación de Moreno fue revisada convirtiéndose en el artículo "Historia del movimiento de las trabajadoras domésticas en Chile (1926-1983)"; por nuestra parte, animamos a Díaz a poner su material dentro del marco de su propia vida, y ella escribió para este libro "La autobiografía de una luchadora". Adicionalmente, la líder pionera brasileña "Zica" (Anazir Maria de Oliveira) y Odete Maria da Conceiçao contribuyeron con un artículo sobre la organización de las trabajadoras del hogar en Brasil, mientras que SINTRASEDOM ha escrito la historia de su lucha para obtener el reconocimiento oficial de su sindicato en Colombia.

Nuestra cooperación con estas líderes ha continuado; a principios de 1988 colaboramos con las representantes de los sindicatos de las trabajadoras domésticas de Chile, Colombia y Perú para organizar el Primer Encuentro Latinoamericano y del Caribe de Trabajadoras del Hogar, en Bogotá, donde unas 40 líderes de 11 países fundaron la Confederación de Trabajadoras del Hogar de América Latina y el Caribe.

Muchos capítulos en este libro tocan cuestiones enfatizadas en trabajos seminales en el tema del servicio doméstico y varias de las preocupaciones principales que surgieron de los estudios llevados a cabo hasta la fecha. Existe la búsqueda de identidad de clase iniciada ya por las trabajadoras domésticas mismas. Ellas desean el reconocimiento de que son trabajadoras y no sirvientas, "muchachas", "cholitas" (un término despectivo para las mujeres indígenas) o "hijas de familia". Ellas luchan para que su trabajo sea considerado respetable, luchan por la afirmación de su rol social en la diaria reproducción de la unidad familiar, y por su derecho a organizarse, así como por la legislación y los programas ya ganados por otros miembros de la clase trabajadora. Cabe destacar que los términos producción y reproducción de la fuerza de trabajo, en este contexto, se refieren a las responsabilidades principales de la mujer: no sólo tener hijos, futuros trabajadores, sino también realizar la mayoría de las tareas domésticas que diariamente "reproducen" el poder de trabajar de los miembros de la familia, permitiéndoles ocuparse en trabajos productivos. Así, estas trabajadoras desean que el servicio doméstico gane -del Estado y de los patrones- el salario, la jornada de trabajo regulada, el seguro social y el tratamiento empleada/empleador que caracteriza las relaciones laborales de los demás asalariados. Estos principios son temas comunes en las publicaciones de los sindicatos y asociaciones de trabajadoras domésticas en Brasil, Chile, Colombia, México, Perú, así como en otros lugares. Las trabajadoras domésticas buscan unidad y comunicación entre sí; están tratando de integrar su lucha a la de otros sectores de la clase trabajadora y, a la vez, tratan de conservar una autonomía relativa.

Si el servicio doméstico está desapareciendo en Latinoamérica y el Caribe (Chaney, 1985; Garcia Castro et al., 1981) es una cuestion aún no resuelta. El estudio histórico de Higman sobre Jamaica (en este volumen) cuestiona las relaciones sugeridas por Boserup (1970) entre la reducción del servicio doméstico y la industrialización. Garcia Castro, Pereira y Prates (en este libro), todas llaman la atención sobre la posible asociación entre la crisis económica del capitalismo en la región y el incremento del servicio doméstico.

Está también presente la cuestión de la movilidad ocupacional entre las trabajadoras domésticas, primeramente sugerida por Smith (1971) en un estudio seminal sobre el servicio doméstico en Lima, después del cual se han sumado otras posiciones a la controversia (Chaney, 1985; Grau, 1982; Jelin, 1977; Saffioti, 1978). En este volumen Smith actualiza la discusión y su propia investigación anterior.

La relación del servicio doméstico con la migración de las mujeres en la región involucra la investigación de las condiciones de vida en las áreas de origen. Estudios sistemáticos sobre esta cuestión fueron iniciados por Arizpe (1975) y Jelin (1977) en trabajos que se han convertido en clásicos sobre la migración de mujeres y sus vínculos con el servicio doméstico. En esta selección Colen discute las condiciones de vida y trabajo en Nueva York para las mujeres que migraron de las Antillas; sin embargo, casi todos los artículos presentados aquí tocan el tema de la migración.

Racismo, "falta de respeto" y "asimetría" de las relaciones entre patronas y trabajadoras son elementos que se enfatizan en los trabajos realizados por las militantes de organizaciones y sindicatos de trabajadoras del hogar. También se presenta una crítica a la deficiente protección legal porque las leyes que existen no son aplicadas (ver en particular León, aunque muchos de los artículos tratan este tema). Adicionales impedimentos legales son enfrentados por las trabajadoras domésticas migrantes en países desarrollados (Colen, en este volumen; Silvera, 1983).

La relación patrona/empleada, con sus elementos de identidad y antagonismo es un tema que quizás ha contribuido a la mayoría de los análisis que van más allá del nivel macro e iluminan nuestro entendimiento sobre lo singular del servicio doméstico como relación de trabajo (García Castro et al., 1981; Grau, 1982; Saffioti, 1978; así como los artículos del FEM, 1980-1981). Colen, Gálvez y Todaro, y Pereira, por su parte, exploran este tema desde perspectivas analíticas diferentes.

La "ideología de servicio" emplea elementos que refuerzan la subordinación de la mujer. Varios artículos exploran la creencia de que la responsabilidad por los quehaceres domésticos es algo "naturalmente femenino" y que el servicio doméstico pagado es una extensión natural del servicio doméstico. La relación entre trabajo doméstico y servicio doméstico es examinado en profundidad por León. En el análisis de Flora sobre la tipología de la fotonovela (romance ilustrado) se hacen observaciones sobre la representación de la trabajadora doméstica y la creación de mitos que tienen en común el hecho de que utilizan la figura de la sirvienta para reproducir las características de su trabajo y presentarlas como aceptables (Toussaint, 1980-1981; ver también Smith, en este libro, para referencias sobre la representación de la trabajadora doméstica en las telenovelas). García Castro, Gogna y Mohammed (este volumen) también contribuyen a la discusión de las fronteras entre ideología y realidad.

El tratamiento de las trabajadoras domésticas por parte de feministas y mujeres profesionales es cuestionado en varios de los artículos que aparecen en FEM, 1980-1981. En este volumen Duarte ha sistematizado cuestiones que necesitan ser examinadas por movimientos feministas, especialmente la tesis de la "doble jornada", la cual no se aplica a todas las mujeres latinoamericanas pero afecta a las trabajadoras domésticas y otras mujeres pobres de quienes se espera un "segundo turno" de trabajo doméstico después que su trabajo pagado ha terminado. Otros capítulos tocan el tema feminista/trabajadora doméstica, notablemente Goldsmith, León y Pereira.

La heterogeneidad del servicio doméstico y su transformación a través del tiempo son temas enfatizados en algunos artículos de carácter histórico. Higman, como lo hemos mencionado anteriormente, desestima la industrialización como el factor de mayor influencia en la proporción de las trabajadoras domésticas, y centra su discusión en los cambios de posición social de estas trabajadoras en Jamaica los cuales han sido cruciales en la determinación de niveles de empleo en este sector. Por su parte, Kuznesof asocia las transformaciones -de una ocupación en la cual (quizás) la mitad de los empleados domésticos fueron hombres y algunos fueron blancos, a una ocupación que se ha convertido en "casi totalmente de mujeres" y casi exclusivamente el territorio de personas de "sangre y casta mezcladas"- con cambios estructurales en la sociedad. En otro trabajo histórico, Graham muestra cómo el servicio doméstico ofrece la posibilidad de mayor -en vez de menor- libertad: dentro de ciertos límites las trabajadoras domésticas pueden disfrutar de plazas y calles, un privilegio prohibido a las *sinhas* y *sinhazinhas* (las mujeres casadas y solteras de la clase alta) de Rio de Janeiro.

En los últimos años, las relaciones de trabajo se han convertido cada vez más en relaciones contractuales (ver Gogna para Buenos Aires; Pereira para Rio de Janeiro; León para Colombia, todos en este volumen). En tales casos, como el de Lima, hay un testimonio de la persistente relación laboral tipo feudal que se demuestra particularmente en la autobiografía de la líder sindical Díaz Uriarte.

Muchos de los colaboradores aquí reunidos (entre ellos Duarte, Gálvez/ Todaro, y Gogna) recalcan la importancia del número creciente de empleadas domésticas que viven fuera de la casa donde sirven, literalmente "puertas afuera", en contraste con las trabajadoras domésticas "puertas adentro", y por lo tanto están envueltas en una relación de trabajo más capitalista. Otras que han examinado este tema son Almeida e Silva et al. (1979); Chaney (1985), y Grau (1982). Las opiniones difieren en si vivir "puertas afuera" o "puertas adentro" representa un mayor potencial para estimular la participación en organizaciones, y en los costos/ beneficios de cada opción en la vida de la trabajadora, pero existe un acuerdo en relación con que el trabajo por días "emocional y personalmente representa un gran adelanto" (Gálvez/Todaro, en este volumen). Así como las trabajadoras por días aumentan en número, la cuestión de cómo su trabajo puede ser institucionalizado a través de empresas de servicio, y qué tipo de alternativas de trabajo podrían minimizar los elementos serviles en la relación entre trabajadora y patrona, necesitan ser explorados (Gálvez/Todaro inician el estudio de este tema).

La falta de una vida afectiva propia para las trabajadoras domésticas es el resultado de compartir una intimidad dentro de familias aun cuando ésta sólo se dé superficialmente como parte del dar y tomar de la vida familiar con sus fáciles bromas y calurosas demostraciones de afecto. Ciertamente, una vida afectiva propia es muy frecuentemente proscrita para las domésticas: muchas patronas tratan activamente de evitar que sus empleadas tengan "relaciones amorosas", las cuales son casi siempre consideradas negativas.

El tipo de remuneración en dinero o en especie, como un elemento que distingue el trabajo de las domésticas y el de la patrona, es un tema básico que enfatiza lo singular del servicio doméstico (Grau, 1982; Jelin, 1977). Esta discusión nos lleva nuevamente hacia el tema de las características compartidas por el trabajo doméstico y el servicio doméstico y la singularidad de este trabajo como una ocupación precapitalista redefinida, así como la relación social de la producción establecida cuando es mediada por un salario que circula como ingreso individual y no produce plusvalía, como Saffioti (1978) lo ha notado. El trabajo pionero de Saffioti (1978) ha sido hasta ahora definitivo en la discusión teórica sobre el servicio doméstico bajo el capitalismo. El autor recurre al concepto de "modo de producción doméstica" (Meillasoux, 1981): es decir, producción definida por la identidad entre trabajo doméstico y servicio doméstico. Goldsmith (1980-1981), por su parte, ve el servicio doméstico como parte del "terreno de simple circulación", una idea rechazada por Saffioti con base en que el trabajo doméstico no produce un bien comercial. Siguiendo esta discusión, García Castro (1982) enfatiza la relación directa con el producto que es una función del único tipo de salario (combinando remuneración en dinero y en productos), y las implicaciones ideológicas al definir la singularidad del servicio doméstico en la relación entre patronas y empleadas, incluyendo aquí temas que no podrían ser encontrados en el modelo Meillasoux porque toda su elaboración tiene a la esposa como referente. Gálvez/Todaro (en este volumen) también desarrollan de otra manera la cuestión de la diferencia entre la trabajadora doméstica y la patrona, "dos mujeres (...) empeñadas en una misma tarea común al servicio de los miembros del hogar", pero situada en una situación contradictoria "entre un proceso de trabajo artesanal y su dirección". También sobre este punto, en este libro, Garcia Castro revisa sus ideas de 1982 y pone más énfasis en los elementos de contradicción entre patronas y empleadas, recalcando la importancia de proveer más esfuerzo al análisis de la base material que sostiene la relación y señalando la necesidad de estudiar el rol del Estado en el mantenimiento del servicio doméstico (un tema apenas sugerido en el artículo).

Varios autores aceptaron la propuesta original de Saffioti con respecto a que se deben considerar los vínculos entre formas de trabajo propias de modos no capitalistas y el modo capitalista de producción, y la redefinición de ambos (cf. Garcia Castro et al., 1981). Sin embargo, Saffioti cuestiona el uso del término "ejército de reserva", y la movilidad de las trabajadoras domésticas asalariadas hacia ocupaciones industriales pero acepta la funcionalidad estructural del ejército de reserva para mantener el actual modelo de desarrollo en países del Tercer Mundo. Almeida e Silva et al. (1979) y Garcia Castro (1982) consideran la noción de "exceso de trabajo" y "sobrepoblación relativa" como más adecuada en el caso de las trabajadoras domésticas, pero no creen que el capitalismo necesite un ejército de reserva para poder mantenerse en la periferia. El debate sobre lo adecuado del concepto de ejército de reserva en Latinoamérica y el Caribe no es nuevo, pero no había sido anteriormente relacionado con el servicio doméstico. La inclusión de Saffioti del servicio doméstico como un "modo de producción doméstica" es un esfuerzo primario que amerita una consideración cuidadosa, aunque como ella misma señala, requiere hacerse sobre estas cuestiones un trabajo teórico más enérgico.

En cuanto a la lucha de las trabajadoras domésticas por organizarse está representada no sólo en los materiales de la parte V sino también en las contribuciones de Gálvez/Todaro, León, Prates, y Schellekens/van der Schoot. Estamos presentando aquí la primera información después del trabajo seminal de Gutiérrez (1983) sobre las asociaciones y las organizaciones de trabajadoras domésticas; es un tema que requiere mucho más trabajo ya que todavía ignoramos la actividad organizadora que se está llevando a cabo. En relación con el encuentro mencionado anteriormente, la reunión de las representantes de las organizaciones de trabajadoras domésticas que tuvo lugar en Bogotá, miembros de la comisión organizadora viajaron a varios países en busca de organizaciones hermanas. Cabe destacar que en casi todos los países las trabajadoras domésticas empezaron a organizarse bajo la tutela de la Juventud Obrera Católica (JOC), que una vez fuera el movimiento radical de jóvenes católicos con orígenes en Bélgica (Cussiánovich, 1974). Desde ese entonces, la organización conservadora española *Opus Dei* ha hecho grandes incursiones entre las trabajadoras domésticas y la lucha ya está en camino entre aquellos grupos alineados con militantes católicos y/o grupos de izquierda, y aquellos que bajo el control de organizaciones piadosas tratan de persuadir a las trabajadoras domésticas de contentarse con su destino en esta vida.

La orientación singular de los sindicatos de las trabajadoras domésticas hace de ellos a la vez el lugar para la educación política, la vanguardia en la lucha por los derechos de la clase trabajadora, y el punto de la batalla misma de las trabajadoras domésticas por un reconocimiento legal de sus derechos como trabajadoras. Al mismo tiempo la organización es la "nueva familia" donde ellas encuentran apoyo y solidaridad para sus problemas personales. Además, los sindicatos están tratando de responder a las peticiones de entrenamiento para una posible movilidad intra o interocupacional y de servicios: colocaciones, asistencia legal, recreación, e incluso un lugar temporal donde permanecer mientras consiguen un nuevo trabajo. En el reducido y amontonado centro de la Coordinadora Sindical de las Trabajadoras del Hogar de Lima Metropolitana, cuatro o cinco colchones viejos arrinconados están listos para su uso por las colegas que han sido despedidas o no tienen donde ir.

Finalmente, una reflexión sobre el tratamiento dado a las empleadas domésticas en nuevas sociedades -las escuelas para las trabajadoras del hogar que funcionaron desde 1961-1967 en Cuba (Gil, en este volumen); la creación de un sindicato de trabajadoras en Nicaragua en 1979 (Roffiel, 1980-1981)- llama la atención sobre la complejidad del proceso de transformación social y de su cambio ideológico.

Creemos que los estudios aquí presentados contribuirán a un mejor conocimiento y comprensión de la situación de las trabajadoras domésticas. Todos los temas y cuestiones individuales mencionados anteriormente necesitan más trabajo y elaboración por parte de los investigadores, vinculados lo más cerca posible a las organizaciones y asociaciones de trabajadoras domésticas. Fundamentalmente, lo que se necesita ahora es una reflexión teórica, particularmente sobre la naturaleza del servicio doméstico, un proceso precapitalista de trabajo persistente como pocas otras ocupaciones lo han sido; sobre los vínculos entre trabajo doméstico y servicio doméstico pagado, y sobre los diferentes planteamientos que esta ocupación formula sobre las perspectivas para la solidaridad de las mujeres a través de razas y clases (ver Garcia Castro, en este volumen).

Bibliografía

Almeida e Silva, M. D'Ajuda/Cardoso, Lilibeth/Garcia Castro, Mary . 1979. As empregadas domésticas na regiao metropolitana do Rio de Janeiro: uma análise atravez de dados do ENDEF. Governo do Brasil, Fundaçao Instituto Brasileiro de Geografía e Estatística (IGBE). Publicado también en *Boletín Demográfico* 12, n° 1, 1981, pp.26-92.

Ariès, Philippe. 1962. *Centuries of Childhood: A Social History of Family Life.* Vintage Books, New York.

Arizpe, Lourdes. 1975. *Indígenas en la Ciudad de México: el caso de las "Marías".* SepSetentas, México, D.F.

Boserup, Ester. 1970. *Women's Role in Economic Development.* St. Martin's Press, New York.

Bunster, Ximena/Chaney, Elsa M. 1985. *Sellers & Servants: Working Women in Lima, Peru.* Bergin & Garvey Granby, Massachusetts.

CEPAL (Comisión Económica para América Latina). 1982. *Cinco estudios sobre la situación de la mujer en América Latina.* Estudios e Informes n° 16. Santiago de Chile.

Chaney, Elsa. 1985. "Se necesita muchacha" Household Workers in Lima, Peru. Trabajo presentado en la reunión anual de la American Anthropological Association. Washington, D.C.

Cussiánovich, Alejandro. 1974. *Llamados a ser libres (empleadas del hogar).* Cento de Estudios y Publicaciones, Lima.

FEM, Publicación Feminista (1980-1981) [Número especial sobre el servicio doméstico] 4, nº 16 , México, D.F.).

Garcia Castro, Mary. 1982. "¿Qué se compra y qué se paga en el servicio doméstico?: el caso de Bogotá", en Magdalena León (ed.) *La realidad colombiana,* vol. 1, Debate sobre la mujer en América Latina y el Caribe, pp.92-122. Asociación Colombiana para el Estudio de la Población, Bogotá.

Garcia Castro, Mary/Quintero, Bertha/ Jimeno, Gladys. 1981. Empleo doméstico, sector informal, migración y movilidad ocupacional en áreas urbanas en Colombia. Programa Naciones Unidas/Proyecto OIT sobre Migraciones Laborales, informe final. Bogotá.

Goldsmith, Mary. 1980-1981. Trabajo doméstico asalariado y desarrollo capitalista, en *FEM* 4, nº16, pp.10-20.

Grau, Ilda Elena. 1982. Trabajo y vida cotidiana de empleadas domésticas en la Ciudad de México: un estudio cualitativo, en Magdalena León (ed.): *Sociedad, subordinación y femenismo,* vol. 3, Debate sobre la mujer en América Latina y el Caribe, Asociación Colombiana para el Estudio de la Población, Bogotá, pp.167-181.

Gutiérrez, Ana. 1983. *Se necesita muchacha.* Fondo de Cultura Ecónomica, México.

Heyman, Barry Neal. 1974. Urbanization and the Status of Women in Peru, tesis de doctorado, University of Wisconsin, Madison.

Jelin, Elizabeth. 1977. Migration and Labor Force Participation of Latin American Women: The Domestic Servants in the Cities, en *Signs* 3, nº 1, pp. 129-141.

Meillasoux, Claude. 1981. *Maidens, Meal, and Money.* Cambridge University Press, Cambridge.

Roffiel, Rosa María. 1980-1981. Informe de Managua, en *FEM* 4, nº 16, pp. 93-97.

Saffioti, Heleieth Iara Bongiovano. 1978. *Emprego doméstico e capitalismo.* Editora Vozes, Petrópolis, Brasil.

Silvera, Makeda. 1983. *Silenced: Talking with Working Class West Indian Women about Their Lives and Struggles as Domestic Workers in Canada.* Williams-Wallace, Toronto.

Smith, Margo L. 1971. Institutionalized Servitude: Female Domestic Service in Lima, Peru. Tesis de doctorado, Indiana University, Bloomington.

Toussaint, Florence. 1980-1981. Otro mito de la televisión, en *FEM* 4, nº 16, pp. 67-68.

Parte I
El servicio doméstico ayer

Elizabeth Kuznesof

B. W. Higman

Sandra Lauderdale Graham

Historia del servicio doméstico en la América hispana (1492-1980)

Elizabeth Kuznesof

El servicio doméstico en América hispana coincide con el comienzo de la colonización española. Su historia ha estado determinada por factores ideológicos tales como la visión corporativista del Estado, el papel del hogar patriarcal y el papel de las mujeres en la sociedad. Además, el lento desarrollo de la tecnología doméstica, de los servicios de la ciudad y del sistema de fábricas han influido sobre las oportunidades de empleo de las mujeres en general y del servicio doméstico en particular.

En este capítulo se analizan estos factores con el objeto de determinar el papel del servicio doméstico en la sociedad y las relaciones sociales de producción en la América hispana preindustrial, para luego trazar la historia del servicio doméstico como una ocupación dentro del cambiante contexto económico de los siglos XIX y XX.

El período colonial (1492-1800)

Mientras en la España medieval el linaje o el clan frecuentemente determinaban la posición social, en la América hispana colonial el hogar patriarcal pronto se convirtió en la base primaria de la identidad jurídica y del control social (Dillard, 1976, pp.74-76). Los nuevos pueblos españoles: Ciudad de México, Guadalajara, Puebla, Lima, Cuzco, Santiago, Quito, Panamá, fueron centros administrativos y también, por ley, residencia principal de la nueva aristocracia de conquistadores a quienes, como encomenderos, se les confió la protección, educación, tributo y trabajo de la población indígena de las zonas cercanas. Se les requirió por ley que sus majestuosas casas de piedra, o "casas pobladas", incluyeran una esposa española, lugar para por lo menos 40 huéspedes y partidarios armados, esclavos negros, una servidumbre compuesta por españoles e indígenas y un establo con un mínimo de 16 caballos (Braman, 1975, pp. 63-64; Lockhart ,1968, p. 21). La casa poblada era vista literalmente como la base para la civilización española en el Nuevo Mundo. Los nuevos pueblos eran pequeñas colonizaciones con poblaciones inestables, comunicaciones difíciles con otras regiones hispanas y generalmente con pocas garantías de orden. En estas circunstancias, la corona delegó gran autoridad y responsabilidad al propietario hombre para supervisar y controlar a los miembros de su residencia, estuvieran ellos o no relacionadas con él por sangre o matrimonio. Así, él debía velar por el bienestar económico, espiritual, social y educacional de todas las personas que vivían en su casa e indemnizar por cualquier mal comportamiento (Braman, 1975, pp. 89-91; Gakenheimer, 1964, pp. 46-47;

Lockhart, 1968, p.21; Waldron, 1977, p.125).

El hogar patriarcal no sólo llegó a ser la unidad central del control social en el período colonial -una extensión de la visión corporativa de la sociedad, fomentada por el catolicismo romano y el Estado español- sino que las autoridades españolas en general sintieron que las mujeres debían ser mantenidas en una posición de tutelaje (Lockhart /Schwartz, 1983, pp. 7-8). Esta política se hizo cumplir tanto como fue posible mediante la residencia dentro del hogar patriarcal y por medio de las leyes de matrimonio y herencia. Sin embargo, la política fue también instrumentada -y este aspecto tuvo particular importancia para mestizos, castas, indígenas y negros libres- a través de la exclusión sistemática de las mujeres de todas las áreas de la vida económica en las cuales pudieran ejercer algún control sobre los recursos. Estas medidas se hicieron cumplir a través del sistema de gremios y generalmente fueron apoyadas por las leyes de las Indias (Konetzke, 1947, pp.421-449; Ots Capdequi, 1930, pp.311-380). Donde las mujeres se ocuparon de las artesanías o el comercio su participación tendió a ser marginal, informal o mediada a través de su relación con un pariente de sexo masculino.

Aun donde no se desarrollaron los gremios, los mercados de artesanos fueron controlados a través del consejo de la ciudad, el cual señaló el entrenamiento, exámenes y tipos de herramientas; limitó el número de establecimientos de artesanos en cada gremio y especificó qué tipo de personas podían trabajar en ellos (Johnson, 1974, pp. 8-9). La estipulación de que los únicos trabajadores permitidos -además de los aprendices y oficiales con licencia- eran la esposa y los niños del maestro indicó cómo la esfera doméstica entró en la economía formal para la clase artesana: a la viuda de un artesano se le permitía frecuentemente conservar la tienda y en algunos casos practicar el oficio, aunque generalmente se esperaba que pronto se casara con un oficial que llegaría a ser el nuevo maestro.

El comercio era otra área de considerable atracción para las mujeres, pero durante el período colonial los establecimientos comerciales también estuvieron gobernados por los consejos de la ciudad. Por ejemplo, en Ciudad de México en 1816, pequeñas tiendas, denominadas "pulperías", que vendían comida básica a precios controlados, no podían ser administradas por mujeres, por personas de sangre mixta o por alguien sin un cierto capital. Las mujeres y los pobres podían vender en las "acesorías" -pequeños nichos al costado de los edificios- pero no podían competir con los bienes que las pulperías tenían normalmente. A los indígenas, tanto hombres como mujeres, les era permitido vender en la plaza central artesanías y comidas elaboradas por ellos (Kicza, 1979, pp. 140-142). El sistema de controles municipales sobre las artesanías y el comercio tuvo el efecto de evitar la incorporación de mujeres en estas áreas o mantener su participación a un nivel mínimo, indirecta y confinada a papeles no administrativos.

El empleo disponible para las mujeres en las colonias españolas era frecuentemente doméstico con respecto al lugar donde el trabajo era realizado, la clase de trabajo que se pedía o a menudo -particularmente en las industrias artesanales- al tipo de relación familiar requerida para ejercer el comercio. Fuera de la agricultura, las opciones de empleo disponibles para las mujeres eran limitadas, mal pagadas, y frecuentemente condicionadas y determinadas por la esfera doméstica.

En Europa el servicio doméstico era una ocupación altamente respetable. Para mucha gente en Inglaterra y Francia, en el período preindustrial, esta ocupación fue vista más como una etapa en la vida que como una elección ocupacional. Tilly/Scott (1978) presentan estadísticas indicando que los "sirvientes", para esa época, se distribuían entre el 15,0% y el 30,0% de la población comprendida entre los 15 y 65 años. Las autoras explican que el término "sirvientes" era una categoría de empleo muy amplia, que incluía cualquier dependiente del hogar que realizaba tareas domésticas o de manufactura, pero más a menudo, "hombres y mujeres jóvenes que ingresaban a una economía familiar como un miembro adicional. Además, el idioma usado para describir a los sirvientes denotaba su posición dependiente y edad. "Sirviente" era sinónimo de "muchacho" o "muchacha": un joven, soltero y por lo tanto, persona dependiente" (Tilly/Scott, 1978, p. 20).

En familias campesinas rurales, la proporción de "sirvientes" frecuentemente era más alta, ya que las familias trataban de equilibrar la producción y el consumo, dependiendo de la cantidad de hijos solteros en edad de trabajar que tenían a su disposición. Para la mayoría de la gente joven, trabajar como "sirviente" funcionó como una forma de aprendizaje en un período anterior al del desarrollo de los sistemas de educación general. Visto en este contexto, el trabajar como sirviente en el Nuevo Mundo al principio del período colonial pareció para todos una posibilidad razonable, excepto para la élite. Dicho trabajo también tenía la ventaja de llevarse a cabo en un ambiente protegido, educacional y paternalista. Estos factores, agregados a las limitaciones sobre el trabajo de las mujeres en el conjunto del ambiente colonial, cuentan mucho para la gran popularidad del trabajo doméstico.

Los sirvientes domésticos eran además necesarios porque la tecnología de la vida colonial requería que la mayoría de los artículos de consumo doméstico, incluyendo vestidos, harina, velas, pólvora y muchos utensilios y muebles, fueran producidos dentro del hogar. Además, el agua y la leña tenían que ser provistos diariamente. La ausencia de métodos anticonceptivos también significó que se necesitara bastante personal para cuidar de los niños, aunque la alta mortalidad infantil determinó que no más de la mitad de ellos sobreviviera. En el siglo XVI, los sirvientes domésticos eran visibles no sólo en la casa de los "encomenderos" sino también en las de los mercaderes y artesanos, realmente en casi todas las casas de los españoles (Lockhart, 1968, pp.159-169). Los estudios de ciudades del siglo XVI en México, Perú y Chile indican que los hogares españoles podían incluir desde uno hasta más de 40 sirvientes domésticos. La raza dominante entre los sirvientes variaba según la ubicación, dependiendo de la mezcla étnica de la población; sin embargo, los indígenas, los esclavos liberados, personas de razas mixtas o "castas", y mujeres blancas, formaban parte de la servidumbre (Braman, 1975, pp. 89-91; Gakenheimer, 1964; Hirschberg, 1976, pp. 24-264; Lewis, 1978, p. 165; Lockhart/ Schwartz, 1983, pp. 91).

Las mujeres indígenas eran las más comunes como sirvientas y a quienes se les pagaba menos. Escribiendo sobre el Perú del siglo XVI, Burkett (1978, p. 111) se refiere a mujeres indígenas que "abandonaron sus pueblos y vida tradicional" para servir a los españoles en las ciudades como domésticas. Burkett sostiene que la disminución en el sistema "*ayllu*" (el sistema inca de distribución de la propiedad y apoyo, basado en residencia y parentesco), la migración masculina a las minas y las pesadas obligaciones que sobrellevaban las viudas con el sistema de tributo en ropa, animales y productos agrícolas, hicieron difícil la vida en las comunidades tradicionales, y relativamente atractivo el trabajar para los españoles en la ciudad. En fuerte contraste con la situación europea, una vez que la mujer indígena comenzaba a trabajar en una casa española, era a menudo virtualmente esclavizada y se le impedía dejar el trabajo o casarse. Las sirvientas del hogar en Perú incluían a las amantes que vivían en la residencia (aun en presencia de la esposa española), así como nodrizas, cocineras y otras ayudantes, además de trabajadores contractuales. Los contratos especificaban que a cambio de su trabajo, los sirvientes recibirían habitación, pensión, medicinas, instrucción religiosa, dos juegos de ropa de lana o algodón y un salario que variaba entre 6 y 30 pesos por año (Burkett, 1978, pp. 108-111).

Los esclavos manumisos eran otra categoría importante de sirvientes domésticos en los siglos XVI y XVII. Según las normas patriarcales, la ley requería que fueran empleados y supervisados por un amo español. La mayoría de ellos, hombres y mujeres, llegaron a ser sirvientes domésticos altamente valorados y mejor pagados que los indígenas (Bowser, 1974, pp. 101-104 y p. 157; Burkett, 1975, pp. 283-284). Mujeres blancas también trabajaron como sirvientas. Según Boyd Bowman (1973, p. 79; 1976, p. 583 y pp. 596-601), entre 1560 y 1579 las mujeres sumaban 28,5% de los emigrantes españoles al Nuevo Mundo; la mayoría de ellas, después de 1540, eran solteras y muchas estaban en la lista de pasajeros como criadas o sirvientas. Frecuentemente eran contratadas por un empleador que ya vivía en las colonias o venían al Nuevo Mundo con un empleador. Después de pagar el pasaje trabajando, las sirvientas españolas frecuentemente se casaban con artesanos españoles (Burkett, 1975, pp. 93-95).

Muchos mestizos, especialmente los hijos ilegítimos de las mujeres indígenas con españoles, eran criados en hogares españoles. Según Lockhart (1968, p. 164) "recibían sostenimiento, educación y afecto, pero se los consideraba sirvientes". Los huérfanos y los niños de familias pobres podrían haber sido incluidos en el hogar de manera similar a como era común en la Europa preindustrial.

Con el tiempo, la mezcla racial del servicio doméstico cambió. Por ejemplo, en México, la mayor parte del trabajo doméstico en el siglo XVI era hecho por indígenas pero, con la legislación que los protegía contra los abusos de los españoles, al final del siglo XVI y en el XVII los negros, tanto esclavos como libres, llegaron a ser más importantes. En el siglo XVIII la mayoría de los sirvientes domésticos pertenecía a castas de descendencia racial mixta (Seed, 1982, pp. 587-588; Váldes, 1978, pp. 145). Sin embargo, hacia finales del siglo XVIII, los sirvientes españoles continuaban siendo considerados de mayor prestigio. En Ciudad de México, las mujeres que buscaban empleo como nodrizas a veces ponían avisos en los diarios, sosteniendo frecuentemente que tenían sangre española, probablemente a causa de la idea generalmente aceptada de que un bebé tomaría las características comunes a un grupo étnico a través de la leche materna (Kicza, 1983, p.13).

El servicio doméstico continuó siendo una importante categoría de empleo, particularmente para mujeres, a lo largo del período colonial. Aunque la ley colonial española fue contundente en su regulación detallada de cada aspecto de la vida económica, la única regla concerniente a los sirvientes domésticos especificaba que ellos estaban bajo la autoridad y responsabilidad del jefe del hogar en el cual trabajaban. En la mayoría de los casos, una muy significativa proporción de los salarios de los sirvientes era pagado en especie: cuarto, alimentos, ropa, ayuda médica y protección general, una característica del servicio doméstico que dificulta los esfuerzos para la regulación incluso en nuestros días.

Al igual que lo muestran estudios sobre la Europa preindustrial, la importancia de los sirvientes domésticos en la América hispana colonial es más evidente en estudios de composición de hogares. Investigaciones hechas sobre Caracas, Buenos Aires y varias áreas de Chile en el siglo XVIII indican la alta proporción de allegados o dependientes no nucleados miembros del hogar, y que constituyen frecuentemente entre 20,0% y 40,0% de los integrantes del hogar. Indudablemente, muchos de ellos eran sirvientes, fueran ellos huérfanos o gente pobre incluida por caridad en los hogares pero considerados sirvientes, o reclutados conscientemente para fabricar objetos o realizar trabajos domésticos en ese ambiente preindustrial (Hagerman Johnson, 1978a, pp. 632 y 641; Johnson/Socolow, 1979, p. 365; Waldron, 1977, p. 119).

El hecho de que muchos de los sirvientes domésticos en el período colonial fueran familiares huérfanos, descendientes ilegítimos del jefe del hogar o hijos adolescentes de amigos que vivían en otros lugares, condujo a una relación personalizada, paternalista, muchas veces reforzada por lazos de parentesco ritual. Sin embargo, esta característica disminuyó en el siglo XIX. Al mismo tiempo, la asociación del servicio doméstico con el nivel más bajo del sistema de clase, casta y color que dominó la sociedad hispanoamericana causó una alienación gradual entre patrones y sirvientes, así como también una pérdida de posición para la ocupación del servicio doméstico.

El siglo XIX

Con el advenimiento del liberalismo y de la independencia política de casi todos los gobiernos hispanoamericanos hacia 1825, la posición del servicio doméstico como empleo para mujeres fue alterado. En primer lugar, las ideas con respecto a la educación de las mujeres y sus roles como productoras sufrieron un marcado cambio hacia la liberalización en el siglo XVIII y comienzos del siglo XIX (Lavrin, 1978, pp. 27-29). Sin embargo, nociones sobre la santidad de la familia y del hogar y la posición relativa del esposo y la esposa persistieron. Si algo ocurrió, fue que los códigos legales de los siglos XVIII y XIX tendieron a reafirmar la autoridad del jefe masculino sobre otros miembros del hogar, especialmente las mujeres. Por ejemplo, Guy sugiere (1985, p. 318) que desde el período de la independencia el Estado argentino comenzó a crear una relación simbiótica con la familia en las comunidades locales a través de los jefes masculinos del hogar. En México, la legislación del siglo XIX dio mayor importancia a la familia nuclear corporativa, especialmente al poder del jefe masculino sobre su esposa e hijos menores; énfasis que coincidió con una tendencia general a usar la propiedad y residencia como criterios para los privilegios sociales y políticos (Arrom, 1985, pp. 309-310).

La posición de las mujeres en el mercado laboral se alteró en el siglo XIX. El sistema de gremios fue abandonado en la mayoría de las ciudades latinoamericanas poco antes de 1840, en parte porque la nueva maquinaria podía ser operada por trabajadores no especializados o semiespecializados con un mínimo de entrenamiento. Esto abrió las industrias artesanales a cualquiera que deseara entrar, y mujeres y niños fueron considerados trabajadores ideales porque eran dóciles y trabajaban por un tercio o la mitad de los salarios de los hombres (Hollander, 1974, p.48; Vallens, 1978, pp. 37-38). Por lo tanto las restricciones políticas formales contra el empleo de las mujeres fueron suprimidas al mismo tiempo que aumentó la demanda por el trabajo femenino. Sin embargo, aun durante este período, las oportunidades de empleo para las mujeres estaban limitadas a industrias específicas e ideológicamente el trabajo de la mujer estaba más estrechamente relacionado con la esfera doméstica que con los ideales de individualidad, desarrollo profesional y, especialmente, de igualdad sexual.

Los patrones vitales de empleo de las mujeres trabajadoras también deben haber afectado los tipos de trabajo para los cuales las mujeres eran contratadas. En los países no industrializados, las mujeres generalmente han comenzado a trabajar entre los 10 y los 14 años y han continuado trabajando alrededor de la mitad de sus vidas hasta cerca de la muerte con interrupciones por matrimonio, nacimiento y cuidado de los hijos; en esta actividad han estado mayormente influenciadas por su posición marital, su fertilidad, su clase o raza y su educación (Pantelides, 1976).

Las estadísticas de empleo femenino según edades revelan claramente que en el siglo XIX las mujeres trabajaban antes del matrimonio y después de la viudez, pero raramente mientras estaban casadas (Arrom, 1977, p. 119). El matrimonio como norma para las mujeres, así como las ideas con respecto al papel apropiado para las mujeres en el matrimonio, han tenido una importancia crítica para las opciones de las mujeres como trabajadoras. La soltería fue por supuesto considerada con gran desaprobación y denunciada por un mexicano del siglo XIX como "la gangrena de la población" (Arrom, 1977, p. 173, citando a Manuel Payno). Además, aquellas mujeres que trabajaban eran predominantemente mujeres de raza mixta, con antecedentes negros o indígenas, empleadas en ocupaciones humildes. A pesar de la expansión aparente en los tipos de trabajo hechos por mujeres en México, Argentina y Chile, los políticos y viajantes del siglo XIX comentaban sobre la desgracia, miseria y desnutrición de las mujeres que "eran llevadas a la prostitución" por falta de empleo (Arrom, 1977, p. 77; Hagerman Johnson, 1978b, p. 14; Hollander, 1974, pp. 19-20, citando a Manuel Belgrano).

Las políticas oficiales de los gobiernos hispanoamericanos de esta época apoyaban la idea de que todos debían trabajar y que el gobierno no debía interferir en el establecimiento de salarios, precios, horas de trabajo o cualquier otra área de contención entre los industriales y trabajadores (Turner, 1968, p. 26). Realmente, a fines del siglo XIX hubo una demanda considerable de mujeres como trabajadoras industriales, a tal punto que las leyes de vagabundaje en Argentina y México fueron usadas para forzarlas a tomar ciertos empleos en contra de su voluntad. Las mujeres que dirigían sus propios hogares y dependían fundamentalmente de una economía de subsistencia podían ser legalmente definidas como "rebeldes, o sin empleo" y puestas por la policía en "instituciones de trabajo decente" (sin embargo, para mantener el carácter patriarcal -por lo menos en Argentina- la policía nunca usó estas medidas contra las mujeres cuando sus parientes varones se oponían). Se sabe que tanto en las fábricas textiles como en las panaderías, en México, se "ponía presas" a las mujeres trabajadoras para evitar que escaparan (Guy, 1985, p. 323; Keremitsis, 1971, pp. 186 y 198; Reyna, 1982, pp. 436-437; Vallens, 1978, p. 30).

Estas políticas claramente reforzaron la ideología de que las mujeres se encontraban apropiadamente en una situación de tutelaje.

Aun durante este período el servicio doméstico continuó absorbiendo una proporción sustancial de la mano de obra femenina, como continuación de relaciones sociales y productivas preindustriales y como un reforzamiento del hogar patriarcal. La casa privada fue vista "como un lugar protegido para el trabajo de la mujer", un "guardián de la virtud moral". En México, una ley de 1834 determinó que los sirvientes domésticos estarían sujetos a una estricta vigilancia y control personal por sus patrones (Arrom, 1977, p.76). En Argentina, mujeres pobres (consideradas vagabundas) eran colocadas con familias "respetables" para trabajar como sirvientas domésticas (Guy, 1985, pp. 322-323). La renuencia del Estado a interferir en el trabajo hecho en casa, y el ideal de la casa como un lugar de respetabilidad, también dio a los empleadores poder sustancial sobre las vidas de las sirvientas domésticas.

Como en Europa y América preindustrial, en la América hispana a comienzos del siglo XIX el servicio doméstico continuó siendo visto como una forma de educación para la vida adulta, una "educación ideal para una niña pobre". Josefita, una pequeña niña sirvienta de la familia de la Barca, entró al servicio doméstico en Ciudad de México en 1849 con la condición puesta por su madre de que "se le enseñaría a leer, se le llevaría a la iglesia y se le enseñaría todo tipo de trabajo" (Arrom, 1977, p. 123; Shaw, 1975, p. 106).

La migración rural-urbana caracterizó el final del siglo XVIII y el principio del siglo XIX en Latinoamérica. En cada uno de los casos acerca de los cuales tenemos información, las poblaciones urbanas en este período incluían más mujeres que hombres. Humboldt (1811, vol. 1, p. 253), al escribir sobre la Ciudad de México en 1808, atribuyó la desproporción al hecho de que "las mujeres de campo vinieron a las ciudades para servir en las casas", una explicación común para la proporción urbana por sexo en esa época. Ciertamente, el servicio doméstico continuó siendo una manera muy popular de manejar una gran gama de servicios y manufacturas domésticas necesarias en un período en que los servicios municipales eran primitivos y la tecnología del hogar estaba basada por lo general en lo que se esperaba del trabajo del esclavo; a menudo había diez o más sirvientes o esclavos en un hogar de la élite. En Ciudad de México y en Argentina, alrededor de 60,0% de las mujeres trabajadoras eran sirvientas que vivían en casa de sus patrones ("cama adentro") (Arrom,1977, cuadro 5; Hollander, 1974, pp.29-30).

Aunque parece factible la idea de que las mujeres en este período eran atraídas a las ciudades por trabajo, los estudios de migración indican que mucha -si no la mayor parte- de la migración rural-urbana se dio por "repulsión" dados los problemas económicos en la zona de origen, que las "empujaba" a la ciudad, más que por las oportunidades en la zona de destino (Hagerman Johnson, 1978a y 1978b; Higman, este volumen; Scardaville, 1977, viii; Shaw, 1975, p. 51; Toscano/Aguirre Anaya, 1975, pp. 35-36). En algunos casos, familias enteras formaban parte del servicio doméstico de los hogares de la élite: los maridos actuaban como porteros, cocheros y jardineros; esposas e hijas eran mucamas, y los hijos servían como mandaderos (Shaw, 1975, p.105). En otros casos las mujeres jóvenes eran enviadas a la ciudad para trabajar como sirvientas o encontrándose abandonadas y sin sustento y teniendo poca elección, migraban a las ciudades. Frecuentemente las tareas domésticas eran las únicas destrezas que estas mujeres poseían.

Hacia finales del siglo XVIII y principios del siglo XIX, la mayoría de los sirvientes domésticos en Ciudad de México estaba constituida por migrantes de pueblos cercanos (Toscano/Aguirre Anaya, 1975, pp. 33-34). Para 1849 más de 70,0% de estos migrantes entraban dentro de la categoría de trabajadores no calificados, la mayoría de las mujeres en servicio doméstico (Scardaville, 1977, p. 64; Shaw, 1975, p. 57), y 70,0% de los contados como sirvientes domésticos residían con sus patrones (Shaw, 1975, p. 288). Estos domésticos con cama adentro son fácilmente seguidos por medio de manuscritos de los censos de hogares de la élite cerca de las plazas centrales en Buenos Aires, México y Caracas (Arrom, 1977, p. 41; Friedman, 1976, p. 18; Johnson/Socolow, 1979, pp. 362-363). Aproximadamente uno de cada cinco hogares tenía uno o más sirvientes; de los hogares de Ciudad de México en 1811, 4,0% tenían tres o más sirvientes y 18,0% tenían uno o dos sirvientes (Arrom, 1977, p. 42).

Sin embargo, Fanny Calderón de la Barca se quejó en 1840 de que los sirvientes frecuentemente cambiaban de empleo (Váldes, 1978, p. 103, citando a de la Barca). Además, Hagerman Johnson (1978b, pp. 12-13), escribiendo sobre Santiago, Chile, entre 1875 y 1907, encuentra que el nivel de la migración femenina hacia la ciudad no correspondía sino que excedía el nivel de oportunidades en el servicio doméstico. Este descubrimiento es reforzado por Higman (este volumen); en un estudio sobre Jamaica él cita para este efecto un informe de 1865 de la Comisión Real en el cual "ni la mitad" de las domésticas de la ciudad estaban empleadas al mismo tiempo. Aquellas inmigrantes que podían encontrar una posición permanente a tiempo completo como sirvientas domésticas eran afortunadas. En Santiago -y uno sospecha que también fue cierto en otras ciudades hispanoamericanas- la mayor parte del trabajo era por horas y relativamente informal. Las mujeres tendían a ser lavanderas independientes y costureras: en 1907, en el departamento de Santiago, había solamente alrededor de 14.000 mucamas, pero había 12.000 lavanderas y 25.000 costureras. Como muchas de las mujeres más pobres eran lavanderas, los funcionarios del gobierno abogaban para que todas las casas de vecindad tuvieran un lavadero grande, así las mujeres no tenían que dejar sus niños para trabajar (Hagerman Johnson, 1978b, p. 12).

Las trabajadoras domésticas que vivían cama adentro, podían contar con más alimentos y otros artículos de primera necesidad como pago en especie que las trabajadoras domésticas no residenciales, quienes generalmente vivían en casas de vecindad. A menudo las vecindades tenían hasta 30 cuartos por piso, con cada familia ocupando una habitación, o una esquina de una habitación o un hueco de la escalera. Las instalaciones sanitarias estaban en el patio central y los residentes comían o se bañaban poco en sus casas por falta de facilidades (Arrom,1977, pp. 49-50; Toscano/Aguirre Anaya, 1975, p. 34). Muchas personas de clase baja vivían en grupos no familiares en situaciones comunales. Por ejemplo, en Santiago los pobres eran criticados por "la horrible costumbre de muchas personas de sexos opuestos, cuyos hábitos por regla general son terribles, de vivir en un solo cuarto, y la costumbre de excesiva hospitalidad, de recibir gente fuera del círculo familiar" (Hagerman Johnson,1978b, citando a la *Asamblea de la Habitación Barata*, 209-210; véase también Di Tella, 1973, p. 95; Johnson/Socolow, 1979, p. 366).

Además de las vecindades, el tipo de vivienda para la clase baja en Buenos

Aires, Santiago y Ciudad de México también incluía casas para una sola persona, "casitas", en las que una mujer soltera podía vivir al margen de la ciudad. La información sobre México a finales del siglo XVIII indica que el período promedio de residencia en casas para la clase baja era de cuatro meses o menos, hecho que sugiere extrema movilidad en arreglos de alojamiento y empleo. Sin duda las condiciones fueron más extremas en el siglo XIX (Váldes, 1978, p. 132).

El mejoramiento de la economía en la mayoría de las ciudades latinoamericanas a finales del siglo XIX y principios del XX no benefició a las clases más bajas, según los estudios de Ciudad de México, Buenos Aires y Caracas (Brennan, 1978; Graeber, 1977, p. 121; Little, 1980, p. 14; Reyna, 1982, pp. 435-441). El constante flujo de migrantes desde las provincias resultó en un exceso de mano de obra que hizo que los salarios se mantuvieran bajos en muchas zonas. Los datos sugieren que en Buenos Aires y Chile, una proporción cada vez mayor de mujeres era el principal sostén de sus familias hacia el final del siglo XIX (Graeber, 1977, p. 121; Hagerman Johnson, 1978a, p. 642). Esta situación parece haber estado asociada con la disolución del modo de producción de subsistencia en muchas zonas, que favorecía mucho más a la unidad doméstica basada en una pareja con niños. Esta diferencia en migración, que trajo muchas mujeres a las zonas urbanas para trabajar en la industria y el servicio doméstico, también fue el resultado de la mayor participación de los hombres en industrias rurales extractivas y en la agricultura comercial. Muchas mujeres que se habían juntado con sus compañeros en uniones consensuales se encontraron de repente solas o, peor, como el único sostén de hijos dependientes.

Una frecuente afirmación entre científicos sociales es que el movimiento hacia la ciudad constituía automáticamente una mejora para el migrante. Sin embargo, los migrantes que llegaban a las ciudades se encontraban con un mercado de trabajo competitivo y con tasas relativamente altas de desempleo así como con desempleo disfrazado y subempleo. Los estudios sobre las casas para pobres y orfanatos en Guadalajara, Ciudad de México y Buenos Aires, indican problemas de abandono de niños, infanticidio, poblaciones sin casa y un empobrecimiento general en este período (Brennan, 1978; Little, 1980, pp. 14-29). En Buenos Aires, los resultados de una investigación oficial del gobierno, publicados en 1900, revelaron que muchas de las mujeres que abandonaban o mataban a sus hijos eran sirvientas domésticas en peligro de perder sus trabajos porque sus patrones no querían una boca más para alimentar. También era común que la mujer que abandonaba su niño en el orfanato fuera llevada hasta allí por una mujer rica que la aguardaba en su carruaje; la mujer pobre pasaba a ser entonces nodriza del niño recién nacido de la mujer rica (Little, 1980, pp. 100-103).

En síntesis, durante el siglo XIX, regulaciones oficiales gubernamentales relacionadas con el empleo de mujeres en países de América hispana cambiaron, dando acceso a trabajos en la industria y el comercio. Sin embargo, ideas sobre que las mujeres deberían estar casadas y que las mujeres casadas no deberían estar empleadas continuaron siendo fuertes y se reflejaron en los patrones de empleo. El trabajo de las mujeres fue degradado debido a su carácter temporal u ocasional y a causa de su asociación con grupos de clase baja y antecedentes étnicos no prestigiosos (para observaciones similares sobre Jamaica, ver Higman en este volumen). Adicionalmente, aunque pareció ser un nuevo reconocimiento al individuo en la legislación de los gobiernos hispanoamericanos, hubo también una reafirmación de la autoridad del jefe de familia hombre sobre los otros miembros del hogar, especialmente las mujeres.

Esta actitud perpetuó eficazmente la condición del servicio doméstico en una posición de casi absoluta subordinación no regulada hacia el jefe del hogar. Gobiernos como los de México y Argentina eran conocidos por ubicar arbitrariamente a mujeres "vagabundas" en posiciones como sirvientas domésticas para proteger su moral y darles una educación. El servicio doméstico continuó siendo un área importante de empleo, reforzada por los bajos niveles de servicios urbanos y tecnología, las persistentes actitudes paternalistas y patriarcales demostradas en acciones del gobierno hacia las mujeres, y los altos niveles de mujeres migrantes solteras desempleadas y dispuestas a aceptar cualquier forma de empleo y sustento.

El siglo XX

La participación de la mujer en la fuerza de trabajo en América Latina ha seguido un camino interesante que puede ser visualizado como una U. Los altos niveles de participación femenina en la fuerza de trabajo reportados en el siglo XIX, entre un tercio y la mitad del total de los trabajadores, fueron seguidos por informes entre 1920 y 1930 según los cuales las mujeres constituían entre una décima y una quinta parte de los trabajadores. Este descenso ha sido atribuido a la desaparición de la manufactura doméstica en pequeña escala -que significó que las mujeres ya no podían combinar la producción con las tareas del hogar- y al aumento de la capitalización de la producción que favorece el empleo masculino (Madeira/Singer, 1975, pp. 490-496; Richards, 1974, pp. 337-357; Weller, 1968, p. 60).

La información sobre México revela que incluso las sirvientas domésticas, que representaban la mayoría de las trabajadoras femeninas en Hispanoamérica al comienzo del siglo XIX y un poco menos de la mitad hacia 1895, cuando el empleo en textiles y en la elaboración de cigarros llegó a ser significativo, declinaron en números absolutos entre 1895 y 1930 (Keesing, 1977, p. 12). Según Chaplin (1978, pp. 98-99), el punto de la U donde el empleo total femenino es más bajo corresponde al punto en que la proporción más alta de mujeres empleadas en una sociedad trabajan como domésticas; esto ocurre en parte por la desaparición del empleo para las mujeres en la agricultura, artesanía y textiles durante un período "transicional" en la industrialización antes de la expansión del sector terciario. Chaplin también sugiere que al examinar el servicio doméstico en el siglo XX se obtiene una idea de la racionalización de la economía doméstica, ya que la producción de los bienes y servicios se traslada progresivamente fuera de la casa.

De 1895 a 1930, la tecnología ahorradora de mano de obra en la industria y más altos salarios para hombres resultaron en una reducción del número de sirvientas domésticas. Cambios en los servicios de la ciudad tales como provisión de agua, gas y recolección de basuras en zonas residenciales; la expansión de las escuelas; el mayor énfasis puesto sobre la maternidad y la crianza de los niños, y el desarrollo de la privacidad como un valor familiar, también influyeron en el empleo de un menor número de domésticas. Quienes empleaban de siete a diez domésticas en el siglo XIX comenzaron a emplear de una a tres y en algunos casos ninguna. Dado que la labor doméstica no genera un producto -como Jelin (1977) ha observado- ésta tiene una curva de demanda altamente elástica, y la caída económica en los años 1930 sin duda convenció a muchas familias de que el servicio era una lujo del cual podían prescindir.

El empleo femenino se expandió dramáticamente a través de toda América Latina en el período 1940-1970, en respuesta a mejores condiciones económicas y a cambios sectoriales que favorecían a las mujeres. Esta es la etapa caracterizada por un mayor crecimiento en el sector terciario o de servicios. Según Safa (1977), en esta etapa tiene lugar un marcado cambio en la composición de la fuerza laboral femenina, incorporando mujeres de clase media y alta que pudieron haber tardado en su ingreso a la fuerza laboral hasta que se abrieron trabajos de acuerdo con su posición social. Esas mujeres ingresaron al creciente sector profesional y de oficina, un área facilitada por el aumento de la educación femenina en América Latina en este período, desarrollo que, a su vez, amplió el mercado del servicio doméstico, manteniendo por lo tanto la responsibilidad de la casa en manos de mujeres. Las mujeres de clase alta y media fueron capaces de ir a trabajar sin que fuera amenazada la organización tradicional del hogar.

Sin embargo, el incremento del trabajo doméstico desde 1940 puede ser parcialmente explicado por la reducción del mercado de trabajo para la fuerza laboral femenina no calificada con excepción del servicio doméstico. Por ejemplo, Chaplin (1967, pp. 190-195) enfatiza una disminución del trabajo industrial realizado por mujeres en Perú desde 1940. Las razones principales fueron el aumento en la disponibilidad de trabajo masculino y la aplicación de leyes generosas de bienestar que hicieron el trabajo femenino más caro que el masculino. Esta disminución de trabajos industriales para las mujeres significa que las trabajadoras femeninas no calificadas tienen menos oportunidades durante la segunda mitad del siglo XX, lo cual hace que aun el trabajo mal pagado y no regulado del servicio doméstico sea atractivo para ellas. En Perú, desde 1940 hasta 1961, la proporción de trabajadoras domésticas en la fuerza laboral femenina aumentó de 9,7% a 21,4% : algunas mujeres jóvenes ven el trabajo de sirvienta -y la habitación, comida y sueldo que reciben- como la mejor o la única manera de financiar su educación o de sostener un hijo ilegítimo (Smith, 1971, pp. 58-63).

La mayoría de los países hispanoamericanos ha aprobado leyes similares, igualando el pago industrial de hombres y mujeres, y extendiendo el cuidado y licencia de maternidad a las mujeres, lo cual ha llevado a una disminución en el empleo regular para mujeres en la industria de la región y a una expansión en las filas del servicio doméstico debido a la ausencia de otras oportunidades.

Aunque el servicio doméstico puede ser visto como la continuación de pautas de trabajo preindustrial, sin embargo, con la industrialización se han producido cambios. En el siglo XX, la relación empleada doméstica-patrones tiende a ser menos personal, con menos posibilidades de crear relaciones de parentesco ficticias y de ayuda a la empleada doméstica y su familia como se hacía anteriormente (Smith, 1971, p. 165). El volumen de trabajo dentro del servicio doméstico es más pesado; sin embargo, uno sospecha que la población del servicio doméstico es menos móvil entre ocupaciones de lo que era en siglos pasados.

En otras palabras, el servicio doméstico como ocupación ha mantenido cuantitativamente una posición importante en la sociedad hispanoamericana, pero la dimensión personal del mismo parece haber disminuido mucho. Sin embargo, la estructura básica patriarcal de la sociedad hispanoamericana permanece y continúa apoyando una norma de dominación dentro de los hogares individuales. Así, una empleada que se queja de su patrona es una sirvienta que carece de "discreción" y no es buena o agradecida (Nett, 1966, p. 443). La familia patriarcal le hace un favor a la empleada doméstica al permitirle entrar al hogar; ella debe mostrar su gratitud trabajando todas las horas que se le indiquen y tomando lo que se le ofrece sin protestar. Desafortunadamente, la dirección que las economías hispanoamericanas están tomando con relación a los servicios sociales, la distribución de ingresos y las prácticas de empleo, pueden significar que tal ideología y práctica llegarán a ser la norma cada vez más.

La mayoría de las empleadas domésticas está constituida por migrantes que utilizan frecuentemente las ventajas "educativas" y de protección dadas por su situación de doméstica cama adentro para proveerse de una transición de las provincias. Chaplin (1967, p. 21) describe el servicio doméstico como una ocupación "de última instancia" en Perú, caracterizada por el abuso y la alta rotación; en su opinión, las domésticas regresan a las provincias o dejan su trabajo en casa para trabajar en las fábricas.

Otros observadores ven menos movilidad entre los trabajos. Smith (1973, pp. 195-196) describe un modelo que involucra alrededor de seis trabajos en siete años, pero tal "movilidad" implica no un cambio de trabajadora doméstica a vendedora de tienda, sino a un vecindario mejor con un salario más alto y mayores privilegios (ver también Nett, 1966, p. 441). Jelin (1977, pp. 137-138) observa correctamente que el servicio doméstico es una ocupación sin salida, dejando poco lugar para el cambio ocupacional y, más importante, casi inevitablemente incompatible con el matrimonio y la crianza de los niños. Como también lo fue en el siglo XVI en Perú y en los siglos XVIII y XIX en México y Argentina, las trabajadoras domésticas son predominantemente solteras y menores de 30 años.

Al mismo tiempo, en la década de los ochenta, el aumento del valor de la privacidad, el crecimiento de las guarderías y jardines infantiles y la mejora de la tecnología en los hogares de la clase media están comenzado a moderar la demanda por sirvientas domésticas de tiempo completo que residan en casa de sus patrones. Lo que Chaplin ha llamado la "casualización" del servicio doméstico (1978, pp. 123-124) -con más domésticas empleadas a tiempo parcial para tareas específicas- remueve muchos de los privilegios paternalistas de la situación de vivir adentro, así como algo de su opresión en términos de horas y supervisión personal. Sin embargo, el servicio doméstico "casual" es aún menos regulado y generalmente menos seguro que una posición con cama adentro, aunque permite que la trabajadora pueda tener varios patrones.

En toda América Latina el servicio doméstico ha sido la forma más importante de empleo femenino a través de la historia y también ha sido el empleo menos regulado. El servicio doméstico tiene un significado histórico que se extiende a áreas de definición de género, clase, patriarcado, tecnología, relación entre hogar y Estado, ocupaciones de las mujeres y educación doméstica. En el período colonial el servicio doméstico era necesario para el modo primitivo de producción que requería considerable producción dentro del hogar; también era un modo para educar a los jóvenes en un ambiente protegido. Sin embargo, en parte por las circunstancias coloniales de conquista y las relaciones de casta y raza, el servicio doméstico en Hispanoamérica llegó a tener aspectos de subordinación racial y de clase en vez de ser una experiencia de aprendizaje en una "etapa de la vida" como generalmente lo fue en la Europa preindustrial.

En el siglo XVI, muchos (tal vez la mitad) de quienes trabajaban en el servicio doméstico eran hombres y algunos eran blancos. Para el siglo XVIII, la mayoría de los trabajadores domésticos era mujeres predominantemente de sangre mixta o con antepasados de casta; los hombres empleados en el servicio doméstico eran también de sangre mixta. El servicio doméstico en los siglos XIX y XX ha llegado a ser casi todo femenino y una ocupación de clase baja. En el siglo XIX, el carácter patriarcal del Estado y de la familia fue reforzado con el servicio doméstico ofreciendo una manera de "proteger" y controlar a las mujeres solteras. La actual naturaleza desorganizada y no regulada del servicio doméstico en los países de Hispanoamérica es en parte el legado histórico de una ocupación profundamente determinada por su asociación con el hogar corporativo y patriarcal. Las divisiones de raza, etnicidad y clase introducidas en la Hispanoamérica colonial han transformado lo que originalmente fue una relación respetable, transicional, educativa, frecuentemente afectuosa y de subordinación al jefe de una familia en una etapa de la vida, en una relación sin salida, de baja posición, no regulada y muchas veces en condiciones hostiles de explotación.

Uno está tentado a escribir que la prolongada importancia del trabajo doméstico es un anacronismo en la edad moderna, una continuación de prácticas de empleo patriarcales y de métodos paternalistas de educación. Para las empleadas domésticas de cama adentro este es un trabajo en el cual la vida personal está imbuida en una situación de trabajo, el horario está fuera de su control y el casarse y tener hijos es imposible. La continua demanda por servicio doméstico se ve fortalecida por el bajo nivel de servicios comerciales disponibles en la mayoría de los países hispanoamericanos y especialmente por el nivel extraordinario de polarización en los niveles de ingreso. Los pobres muchas veces trabajan literalmente por nada más que pan y un lugar para dormir. Irónicamente, en este siglo, los esfuerzos por igualar los beneficios de empleo para las mujeres ha dado lugar a una reducción de los trabajos disponibles y a un aumento de la disponibilidad de las mujeres de clase baja como trabajadoras domésticas.

Bibliografía

Arrom, Silvia Marina. 1977. *Women and the Family in Mexico City, 1800-1957.* Tesis de doctorado, Stanford University.
Arrom, Silvia Marina. 1985. Changes in Mexican Family Law in the Nineteenth Century: The Civil Codes of 1870 and 1884. *Journal of Family History* 10, nº 3, pp. 305-317.

La investigación para este estudio fue patrocinada por el General Research Fund, University de Kansas en Lawrence. La autora desea reconocer los comentarios y sugerencias de Ann Schofield.

Bowser, Frederick P. 1974. *The African Slave in Colonial Peru, 1542-1650.* Stanford, California: Stanford University Press.

Boyd Bowman, Peter. 1973. *Patterns of Spanish Emigration to the New World, 1493-1580.* Buffalo: State University of New York, Council on International Studies.

Boyd Bowman, Peter. 1976. Patterns of Spanish Emigration to the Indies until 1600. *Hispanic American Historical Review* 56, n° 4, pp. 580-604.

Braman, Thomas C. 1975. Land and Society in Early Colonial Santiago de Chile, 1540-1575. Tesis de doctorado, University of Pittsburgh.

Brennan, Ellen. 1978. Demographic and Social Social Patterns in Urban Mexico: Guadalajara, 1876-1910. Tesis de doctorado, Columbia University.

Burkett, Elinor C. 1975. "Early Colonial Peru: The Urban Female Experience". Tesis de doctorado, University of Pittsburgh.

Burkett, Elinor C. 1978. Indian Women and White Society: The Case of 16th Century Peru. En Asunción Lavrin, editora, *Latin American Women: Historical Perspectives*, pp. 101-128. Westport, Connecticut: Greenwood Press.

Chaplin, David. 1967. *The Peruvian Industrial Labor Force.* Princeton, New Jersey: Princeton University Press.

Chaplin, David. 1978. Domestic Service and Industrialization. En Richard Thomassen, editor, *Comparative Studies in Sociology* 1, pp. 97-127. Greenwich, Connecticut: Jai Press.

Dillard, Heath. 1976. Women in Reconquest Castille: The Fueros of Sepulveda and Cuenca. En Susan Stuard, editora, *Women in Medieval Society*, págs. 71-90. Filadelfia: University of Pennsylvania Press.

Di Tella, Torcuato S. 1973. The Dangerous Classes in Early Nineteenth Century Mexico. *Journal of Latin American Studies* 5, n° 1, pp. 79-105.

Friedman, Stephen J. 1976. The City of Caracas: 1830-1846. Tesis de doctorado, University of Pennsylvania.

Gakenheimer, Ralph A. 1964. Determinants of Physical Structure in the Peruvian Town of the Sixteenth Century. Tesis de doctorado, University of California at Los Angeles.

Graeber, Karl. 1977. Buenos Aires: A Social and Economic History of a Traditional Spanish-American City on the Verge of Change, 1810-1855. Tesis de doctorado, University of California at Los Angeles.

Guy, Donna. 1985. Lower Class Families, Women and the Law in Nineteenth Century Argentina". *Journal of Family History* 10, n° 3, pp. 318-331.

Hagerman Johnson, Ann. 1978a. The Impact of Market Agriculture on Family and Household Structure in 19th Century Chile. *Hispanic American Historical Review* 58, n° 4, pp. 625-648.

Hagerman Johnson, Ann. 1978b. The Impact of the Labor Market on Women in Nineteenth Century Chile. Trabajo presentado en la reunión de la American Historical Society.

Hirschberg, Julia. 1976. A Social History of Puebla de Los Angeles: 1531-1560. Tesis de doctorado, University of California at Los Angeles.

Hollander, Nancy. 1974. Women in the Political Economy of Argentina. Tesis de doctorado, University of California at Los Angeles.

Humboldt, Alexander von. 1811. *Political Essay on the Kingdom of New Spain.* Cuatro volúmenes. Reeditado por AMS Press, Nueva York, 1966.

Jelin, Elizabeth. 1977. Migration and Labor Force Participation of Latin American Women: The Domestic Servant in the Cities. *Signs* 3, nº 1:, pp. 129-141.

Johnson, Lyman L. 1974. The Artisans of Buenos Aires during the Viceroyalty, 1776-1810 Tesis de doctorado, University of Connecticut, Storrs.

Johnson, Lyman L./Socolow, Susan Migden. 1979. Population and Space in Eighteenth Century Buenos Aires. En David J. Robinson, editor, *Social Fabric and Spatial Structure in Colonial Latin America*, pp. 339-368. Ann Arbor: University of Michigan Press.

Keesing, Donald B. 1977. Employment and Lack of Employment in Mexico, 1900-1970. En James W. Wilkie y Kenneth Ruddle, editores, *Quantitative Latin American Studies: Methods and Findings*, pp. 3-21. Los Angeles: American Center Publications.

Keremitsis, Dawn. 1971. Development of the Cotton Textile Industry in Nineteenth Century Mexico. Tesis de doctorado, University of California, Berkeley.

Kicza, John. 1979. Business and Society in Late Colonial Mexico City. Tesis de doctorado, University of California at Los Angeles.

Kicza, John. 1983. Women and Business Life in Late Colonial Mexico City. Inédita.

Konetzke, Richard. 1947. Las ordenanzas de gremios como documentos para la historia social de Hispanoamérica durante la época colonial. *Revista Internacional de Sociología* 18 (abril-junio), pp. 421-449.

Lavrin, Asunción. 1978. In Search of the Colonial Woman in Mexico: The Seventeenth and Eighteenth Centuries. En Lavrin, editora, *Latin American Women: Historical Perspectives*, págs. 23-59. Westport, Connecticut: Greenwood Press.

Lewis, Leslie Kay. 1978. Colonial Texcoco: A Province in the Valley of Mexico 1570-1630. Tesis de doctorado, University of California at Los Angeles.

Little, Cynthia J. 1980. The Society of Beneficence in Buenos Aires 1823-1900. Tesis de doctorado, Temple University.

Lockhart, James. 1968. *Spanish Peru, 1532-1560: A Colonial Society.* Madison: University of Wisconsin.

Lockhart, James/Stuart B. Schwartz. 1983. *Early Latin America: A History of Colonial Spanish America and Brazil.* Cambridge: Cambridge University Press.

Madeira, Felicia R./Paul Singer. 1975. Structure of Female Employment and Work in Brazil, 1920-1970. *Journal of Inter-American Studies and World Affairs* 17, Nº 4:490-496.

Nett, Emily M. 1966. The Servant Class in a Developing Country: Ecuador". *Journal of Inter-American Studies and World Affairs* 8, nº 3, pp. 437-452.

Ots Capdequi, José María. 1930. El sexo como circunstancia modificativa de la capacidad jurídica en nuestra legislación de Indias". *Anuario de Historia del Derecho Español* (Madrid) 7, pp. 311-380.

Pantelides, Edith. 1976. *Estudio de la población femenina económicamente activa en América Latina 1950-1970.* Santiago de Chile: Centro Latinoamericano de Demografía.

Reyna, María del Carmen. 1982. Las condiciones del trabajo en las panaderías de la Ciudad de México durante la segunda mitad del siglo XIX. *Historia Mexicana* 31, nº 3, pp. 431-448.

Richards, Eric. 1974. Women in the British Economy since about 1700: An Interpretation. *History* 59, n° 97, pp. 338-357.

Safa, Helen Icken. 1977. The Changing Composition of the Female Labor Force in Latin America. *Latin American Perspectives* 4, n° 4, pp. 126-136.

Scardaville, Michael C. 1977. Crime and the Urban Poor: Mexico City in the Late Colonial Period. Tesis de doctorado, University of Florida, Gainesville.

Seed, Patricia. 1982. Social Dimensions of Race: Mexico City 1753. *Hispanic American Historical Review* 62, n° 4, pp. 596-606.

Shaw, Frederick J. 1975. Poverty and Politics in Mexico City, 1824-1854. Tesis de doctorado, University of Florida, Gainesville.

Smith, Margo L. 1971. Institutionalized Servitud: Female Domestic Service in Lima, Peru. Tesis de doctorado, Indiana University, Bloomington.

Smith, Margo L. 1973. Domestic Service as a Channel of Upward Mobility for the Lower Class Woman: The Lima Case. En Ann Pescatello, editora, *Female and Male in Latin America*, pp. 191-207. Pittsburgh: University of Pittsburgh Press.

Tilly, Louise A./Joan W. Scott. 1978. *Women, Work and Family.* New York: Holt, Rinehart and Winston.

Toscano, Alejandra Moreno/Carlos Aguirre Anaya. 1975. Migrations to Mexico City in the Nineteenth Century: Research Approaches. *Journal of Inter-American Studies and World Affairs* 17, n° 1, pp. 27-42.

Turner, Frederick C. 1968. *The Dynamic of Mexican Nationalism.* Chapel Hill: University of North Carolina Press.

Váldes, Dennis. 1978. The Decline of the Sociedad de Castas in Mexico City. Tesis de doctorado, University of Michigan, Ann Arbor.

Vallens, Vivian M. 1978. *Working Women during the Profiriato 1880-1910.* San Francisco, Ca.: R & E Research Associates.

Waldron, Kathleen. 1977. A Social History of a Primate City: The Case of Caracas 1750-1810. Tesis de doctorado, Indiana University, Bloomington.

Weller, Robert H. 1968. A Historical Analysis of Female Labour Force Participation in Puerto Rico". *Social and Economic Studies* 17, n° 1, pp. 60-69.

El servicio doméstico en Jamaica desde 1750 [1]

B. W. Higman

El servicio doméstico ha sido la forma de empleo más común para mujeres en Jamaica durante el siglo XX, ubicándose en segundo lugar solamente después de la agricultura en los siglos precedentes. Si bien nunca fue una fuente importante de empleo para el sector masculino, el servicio doméstico realizado en hogares ha constituido la mayor experiencia de trabajo para una significativa parte de la población. Además, convirtió en empleadores de mano de obra a muchas personas que en otras circunstancias nunca hubieran pensado realizar tal rol.

En el período inmediato al de la esclavitud, después de una abrupta disminución en la población del servicio doméstico, éste se extendió rápidamente al final del siglo XIX y al principio del siglo XX en respuesta a la demanda de la emergente clase burguesa para reducirse de nuevo solamente después de 1950.

Sin embargo, a pesar de su obvia importancia en la historia económica y social de Jamaica, los empleados domésticos han sido muy poco considerados por parte de los historiadores. Igualmente, sociólogos y economistas los han dejado de lado, por lo que es imposible encontrar un solo documento acerca de la historia del servicio doméstico, o de su significación social y económica contemporánea en parte alguna de las Antillas.

Para Jamaica, la novela titulada *Jane's Career* (1914) (*La carrera de Juana*) de De Lisser, es la mejor obra que se puede mencionar como reflejo de una situación en la cual los empleados domésticos siempre han sido un grupo aislado, excluidos del desarrollo sindical (y por lo tanto de la "historia laboral"); nunca han constituido una verdadera clase social, han sido predominantemente mujeres y pobres y han dejado relativamente muy pocos datos para los historiadores.

Las tendencias seculares en el empleo de sirvientes domésticos han sido más frecuentemente explicadas en términos del proceso de industrialización. En las economías tradicionalmente agrícolas, solamente un pequeño número de mujeres trabajan en hogares distintos a los de su familia. Sin embargo, se dice que la urbanización e industrialización crea un rápido aumento en la fuerza de trabajo del servicio doméstico, porque producen una clase media empleadora de sirvientes y están acompañadas de exceso de mano de obra no adiestrada. Por lo tanto Boserup (1970, p. 103) argumenta que es un rasgo característico de países en estado de desarrollo económico intermedio, el que un gran número de mujeres estén ocupadas en trabajos domésticos pagados.

---

(1) Este capítulo apareció publicado por primera vez en Higman (ed.), 1983. Se reproduce aquí con autorización del autor y del editor.

Sin embargo con el desarrollo de la economía industrial, la fuerza de trabajo doméstico declina aún más rápidamente debido al aumento de oportunidades de trabajo para mujeres, la mecanización y comercialización de las tareas del hogar y la reducción del tamaño de la familia de clase media. El sector terciario crece pero se convierte en algo externo al hogar. De acuerdo con este modelo, el relativo gran número de trabajadores del hogar que hoy en día se encuentra en muchos países latinoamericanos, es una función de su economía que se halla en un estado intermedio de desarrollo, un estado por el cual pasaron las economías industriales desarrolladas a finales del siglo XIX (Boserup, 1970, p. 102; Branca, 1975, pp. 129-153; Chaplin, 1978, pp. 97-127; McBride, 1976, p. 116).

Este capítulo trata de probar la validez del modelo anterior en el caso de Jamaica, tomando como referencia comparativa la experiencia de Gran Bretaña y Estados Unidos (para Gran Bretaña, ver Burnett, 1977; Davidoff, 1974, pp. 406-428; Hecht, 1956; Marshall, 1949; McBride, 1976; para Estados Unidos, ver Gallman/Weiss, 1969, pp. 287-381; Katzman, 1978; Stigler, 1946). Se arguye que el modelo de crecimiento y descenso en el servicio doméstico privado a través de los últimos 200 años fue común a Jamaica, Gran Bretaña y Estados Unidos, pero con diferencias cronológicas que no son fáciles de explicar por las variaciones en la tasa de industrialización.

La fuerza de trabajo del servicio doméstico

Los sirvientes domésticos son definidos aquí como empleados que realizan servicios personales dentro de una casa de familia que no sea la propia (o esclavos forzados a realizar tales tareas) a cambio de un sueldo en efectivo o en especie. A pesar de que los oficiales del censo no fueron siempre precisos en sus definiciones, las amplias tendencias comparativas no pueden ser refutadas; aquí discutiremos los datos de Jamaica (ver cuadro 1). La cifra de 1834 está basada en los reclamos de compensación para esclavos (los cuales probablemente no representaron el verdadero tamaño del grupo) y es una estimación para las poblaciones de blancos y esclavos manumisos (asumiendo que ningún blanco pero sí el 25,0% de esclavos manumisos eran sirvientes) (Higman, 1976, pp. 38 y 296). Los datos del censo para el período 1844-1921 han sido aceptados por Roberts (1957, p. 87) sólo con pequeñas modificaciones, pero después han sido revisados por Eisner (1961, pp. 155-162), cuyas cifras divergen de la tendencia del censo sólo entre 1871 y 1881, cuando ella encuentra un descenso "improbable". Sin embargo, los ajustes realizados por Eisner, son demasiado planeados para llevar a Jamaica al nivel aceptable del modelo inglés.

Un problema adicional con los datos del censo de Jamaica, no tomado en cuenta por Eisner o Roberts, se refiere a la categorización de las lavanderas y costureras. Los datos de 1834 para esclavos "sirvientes domésticos" las incluían así como lo hizo el censo de 1844 en la categoría"sirvientes del hogar". En 1861, las lavanderas y costureras fueron generalmente diferenciadas y colocadas en la categoría "industrial"; pero en dos de las 22 parroquias de la isla no fueron tomadas en cuenta y en otra las sirvientas domésticas fueron agrupadas con lavanderas pero separadas de las costureras (Higman, 1980). Desde 1871, lavanderas y costureras fueron clara-

──────────────────────────── Cuadro 1 ──────

Número de empleados domésticos, privados, lavanderas y costureras. Jamaica, 1834-1970

Sirvientes	Domésticos	Lavanderas	Costureras
1834	38.865	—	—
1844	20.571	—	—
1861	16.253	2.586	9.714
1871	16.287	5.631	14.565
1881	14.907	8.104	14.773
1891	26.503	10.400	18.966
1911	35.701	11.715	20.340
1921	49.965	9.580	23.237
1943	70.568	3.873	17.038
1960	63.180	1.948	—
1970	43.690	—	—

Fuente: Higman, 1976, pp. 38 y 276; Jamaica, Department of Statistics, 1844-1970.

mente distinguidas en los censos. La importancia de este problema es que lavanderas y costureras especializadas fueron las primeras en trabajar independientemente fuera del hogar de sus patrones, pero la transición no fue completa hasta 1860. Así, la tasa real de disminución de la fuerza de trabajo de sirvientes domésticos entre 1834 y 1871 fue en cierta forma menos rápida que la tasa presentada en el cuadro 1. La proporción de la fuerza laboral empleada en el servicio doméstico privado aumentó continuamente en Estados Unidos hasta 1870 y en Gran Bretaña hasta 1890, antes de disminuir muy rápidamente (gráfico 1).

La tendencia secular de Jamaica difiere significativamente. Mientras que la abolición de la esclavitud en Estados Unidos no hizo nada para prevenir el continuo crecimiento de la servidumbre, la preponderancia de esclavos en la fuerza laboral de Jamaica significó que la emancipación de 1838 fuera seguida por un prolongado descenso en la importancia del empleo en el servicio doméstico.

Sin embargo, después de 1880, la servidumbre jamaicana empezó a crecer nuevamente, a una tasa rápida sin perder el ímpetu hasta 1960. Es difícil extrapolar estas tendencias antes de 1800, pero es cierto que el final del siglo XVIII mostró crecimiento en Gran Bretaña y Estados Unidos. Para Jamaica, entre 1750 y 1830, la tendencia es mucho menos cierta debido a conflictivos cambios económicos y demográficos. El ausentismo de los proprietarios aumentó durante este período y redujo el tamaño de las comitivas en las plantaciones; de manera similar, la disminución urbana después de la abolición del comercio de esclavos en 1807 redujo la demanda. Por otro lado, el crecimiento de las poblaciones de esclavos y manumisos de color operaron para aumentar el número de individuos tradicionalmente colocados en empleos domésticos.

Una perspectiva diferente puede ser obtenida considerando el tamaño de la población de sirvientes con respecto a la población total (ver gráfico 2), evitando así

Fuerza laboral empleada en servicio doméstico:
Jamaica, Gran Bretaña y EEUU (1800-1971)
(Porcentajes)

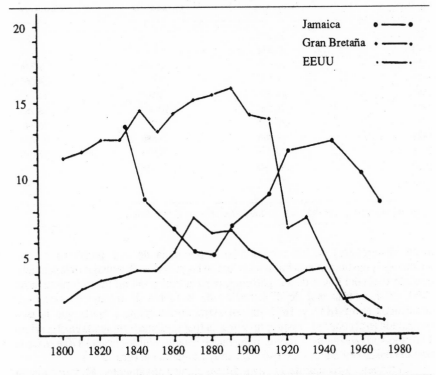

Fuente: Deane/Cole, 1969, p. 142; Department of Employment, Gran Bretaña, 1969; Higman, 1976, pp. 38 y 276; Department of Statistics, Jamaica, 1844-1970; Department of Commerce, EEUU, 1975, p. 139.

el cambio de definiciones de la fuerza laboral. Desde este punto de vista, la gran población de sirvientes domésticos en Jamaica en el período de la esclavitud es mucho más sobresaliente, y el decremento en el siglo XX puede ser considerado desde alrededor de 1930 más que desde 1960. En Gran Bretaña, la disminución de la servidumbre puede datar de 1870 en vez de 1890, aunque el descenso más rápido no empezó hasta 1940 cuando los empleados domésticos desertaron aun de sus patrones tradicionalmente aristocráticos (Cannadine, 1978, pp. 450). Estados Unidos nunca compartió la misma tradición de servicio, así que la relación de sirvientes con respecto a la población total siempre fue menor que en Jamaica o en Gran Bretaña hasta cerca del año 1950.

En la sociedad esclavista de Jamaica, los domésticos sirvieron como el más constante recuerdo de la prosperidad y el poder del colono sobre la mano de obra. Pero lo superfluo de los esclavos domésticos ha sido frecuentemente exagerado. En

Gráfico 2 ——

Servicio doméstico en Jamaica, Gran Bretaña y
Estados Unidos (1800-1871)
(Por mil habitantes)

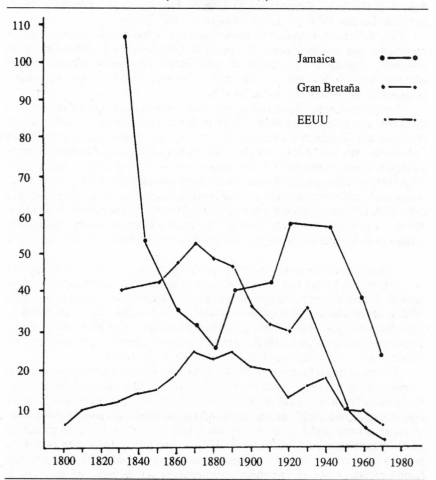

Fuente: Deane/Cole, 1969, p. 142; Department of Employment, Gran Bretaña, 1969; Higman, 1976, pp. 38; Department of Statistics, Jamaica, 1844-1970; Department of Commerce, EEUU, 1975, p. 139.

Gran Bretaña, en el siglo XVIII, la mayoría de las casonas nobles tenía de 30 a 70 sirvientes, y pocas tenían menos de 20, mientras que la alta burguesía rural y urbana raramente contaba con más de 10 (Hecht, 1956, p. 5; Mingay, 1963, p. 230). Ciertamente, algunos hacendados residentes en Jamaica tuvieron el número de sirvientes criticados por observadores, pero al principio del siglo XIX la mayoría tenía menos de 20, y era raro que los domésticos representaran más del 10,0% de la fuerza laboral esclava en las grandes plantaciones (Higman, 1976, pp. 194-198; Long, 1774, p. 281). Algunos colonos continuaron empleando alrededor de 30 sirvientes hasta 1880, pero para ese entonces la mitad de los 224 ingenios azucareros tuvieron propietarios residentes (comparado con un quinto de los 670 en 1832) (ver *Report of the Royal Commission to Enquire into the Public Revenues*, 1884; también Higman, 1976, pp. 13-14; Musgrave, 1880, p. 10).

De este manera, después de la emancipación, el abandono de ingenios era más importante que la disminución del personal doméstico en la reducción de su demanda; también la emigración en gran escala de blancos urbanos redujo adicionalmente la demanda por sirvientes en los tiempos difíciles que siguieron a la igualación de tarifas azucareras en 1854.

Aunque la disminución absoluta en el tamaño de la fuerza laboral del servicio doméstico en Jamaica entre 1838 y 1880 fue debida en gran parte a la reducción de la demanda (reflejada en la reducción de sueldos), esto involucró también cambios en la oferta. Antes de 1838 la posición de los esclavos domésticos fue vista por amos y esclavos como superior a la de los esclavos que trabajaban en el campo, a pesar de que el trato relativo que se les daba era ambiguo (Brathwaite, 1971, p. 155). Pero, si esta evaluación fuera llevada a los tiempos de libertad, se vería complicada por el hecho de que el reclutamiento de empleados domésticos dependía fuertemente de su color. Las mujeres esclavas "de color", con padres blancos, fueron consideradas incapaces de trabajar en el campo y universalmente reclutadas para el trabajo de la casa.

Con la declinación de los ingenios, muchas personas de color se trasladaron a los pueblos, por lo que una escasez relativa de domésticos apareció en las áreas rurales. Al mismo tiempo, la agricultura campesina se extendió rápidamente. Para 1865 se observaba que "al emplear sirvientes, las clases altas rara vez preguntaban por referencias, porque la gente es tan independiente que es simplemente un asunto de escoger entre ser sirvientes domésticos, labrar en el campo o en el feudo familiar" (Great Britain, *Parliamentary Papers*, 1886, vol. 5, pp. 66 y 127).

Sin embargo, en los pueblos existía un exceso de sirvientes domésticos y los empleadores se quejaban usualmente por su flojera, desfachatez y deshonestidad. En Spanish Town, la capital de la isla, se decía en 1865 que "ni la mitad" de los domésticos de este pueblo estaba trabajando en un momento dado, "ni un cuarto" de las lavanderas podía encontrar empleo y las costureras sólo tenían trabajo en agosto y las fiestas de Navidad (*ibid.*, 177). Así mismo, sufriendo de la relativa pobreza de la comunidad en su conjunto para la década de 1860, las costureras fueron afectadas por la importación en gran escala de ropa hecha y por la introducción de la máquina de coser.

El crecimiento de las poblaciones de sirvientes domésticos en Gran Bretaña y Estados Unidos en el siglo XIX ha sido explicado por el decremento de la agricultura y el trabajo a domicilio y el establecimiento del capitalismo industrial, que produjo una migración rural-urbana (y transatlántica), y el surgimiento de una burguesía empleadora de sirvientes. A pesar de que el crecimiento de la servidumbre en Jamaica entre 1880 y 1950 compartió la experiencia de la migración rural-urbana y la expansión de la burguesía, de ninguna manera esto constituyó un período de industrialización. Durante esa época hubo una expansión manufacturera en Jamaica, pero la mayor parte de ella fue meramente una sustitución rudimentaria de importaciones, y la economía continuó siendo esencialmente agrícola. El empleo en industrias constituyó menos de 15,0% de la fuerza laboral en ese período (Eisner, 1961, p. 176; Roberts, 1957, p. 87). El empleo en fábricas tuvo muy poco que ver con el crecimiento de la burguesía antes de 1950.

Hasta cierto punto el crecimiento de la servidumbre en Jamaica puede ser explicado por la urbanización, que ocurrió independiente del desarrollo industrial, antes de 1950. Por supuesto, siempre hubo una gran concentración de empleados domésticos en los pueblos. En 1834 las parroquias urbanas de Kingston-St. Andrew tenían 32,0% de los esclavos domésticos de la isla pero solamente 8,0% de la población total de esclavos. Pero los domésticos de Kingston-St. Andrew se redujeron en número entre 1834 y 1880 a pesar del crecimiento de la población urbana. De 1880 a 1950, sin embargo, el crecimiento de la población urbana fue seguido más o menos de cerca por el crecimiento de la fuerza laboral de domésticos.

Quizás es importante no sobreestimar el rol de la demanda urbana. Entre los censos de 1881 y 1943, la proporción rural-urbana de domésticos cambió poco. En 1881, en el área rural de Jamaica había un promedio de un empleado doméstico por cada 45 habitantes, y uno por cada 21 en 1943. Por otro lado, en Kingston-St. Andrew había un doméstico por cada 20 habitantes en 1881, y uno por cada diez en 1943. Así, a pesar de que hubo un incremento en la concentración de sirvientes en Kingston-St. Andrew, no hubo un descenso relativo en la densidad de domésticos en el área rural de Jamaica. A fin de explicar el crecimiento general en la fuerza laboral de domésticos, es necesario entender la demanda y la oferta así como el desarrollo de la burguesía urbana.

En 1913, De Lisser -editor de *The Daily Gleaner* en Kingston y autor de la primera novela jamaicana que tiene como heroína una empleada doméstica (De Lisser, 1914)- estimó "las clases medias" en 80.000 personas, cuando la población total de la isla era solamente de 120.000. Dado que la población de sirvientes era de 40.000, De Lisser (1913, pp. 53 y 97) concluyó que "casi todos los que tienen la más leve pretensión de ser considerados 'alguien', emplean un sirviente. De hecho usted no es respetable si no tiene un sirviente. Esta es por lo menos una ley de la vida de Jamaica".

Exactamente la misma ley se aplicó en las clases medias de la época victoriana en Inglaterra, siendo el empleo de sirvientes el más obvio indicador de su posición. En Jamaica, estas actitudes deben haber penetrado la clase de pequeños agricultores, como también la burguesía urbana. El resto de los propietarios de plantaciones fue incapaz de proveer espacio para una servidumbre creciente. El número de ingenios azucareros se redujo de 202 en 1880 a solamente 39 en 1930; en el año siguiente quedaban sólo 19 plantaciones de café y 484 corrales de animales. La única área de crecimiento fue la de las plantaciones de bananos, las cuales pasaron de 100 en 1890 a 500 en 1930 (Eisner, 1961, p. 203).

A principios de la década de los cincuenta, Edith Clarke encontró que en las áreas de los ingenios azucareros los domésticos estaban empleados en las casas de clase media y obrera, así como en las pocas familias de la clase alta: "el mantenimiento de un sirviente confiere posición, y una mujer casada espera tener un sirviente cualquiera sea el ingreso de su esposo" (Clarke, 1957, p. 150). Si el argumento anterior fue una exageración (puesto que habían 92.000 mujeres casadas en Jamaica y solamente 70.000 sirvientes en 1943), no hay duda que por la década de los cincuenta un significativo número de domésticos eran empleados en los hogares de la clase obrera tanto en el área rural como como en la urbana (Jamaica, Department of Statistics, 1955 y 1957).

La habilidad para emplear sirvientes de la emergente burguesía y de la clase obrera de mejor posición dependió mucho de la abundante oferta de trabajadores potenciales. Esta abundancia fue el resultado de la ausencia de alternativas al trabajo del campo que tenían las mujeres jóvenes en el área rural de Jamaica, así como consecuencia también de la disminución en la disponibilidad de tierra para el establecimiento del campesinado y del rápido crecimiento de la población debido al aumento en los niveles de fertilidad. A pesar de que el sueldo que se ofrecía a los domésticos en las parroquias rurales era siempre algo menor que el que se ofrecía en Kingston, esto hizo posible que un amplio rango de clases sociales pudieran emplear sirvientes, y que los sueldos fueran en todo caso competitivos con aquellos ofrecidos en la agricultura.

Es imposible delinear en detalle las fluctuaciones en la oferta de sirvientes domésticos entre 1881 y 1943, pero algunas indicaciones se desprenden de los reportes anuales de los recaudadores de contribuciones parroquiales, publicados para los años de 1880 a 1939 (Jamaica, Collector General, 1880-1939; ver también los *Jamaica Bluebooks* [*Libros Azules*] 1840-1945, y Jamaica, Collector General, 1962-1972. Los *Libros Azules* eran informes estadísticos del gobierno colonial). Estos ofrecen un indicador del rango de sueldos de cada parroquia (o un promedio) para labradores, artesanos y domésticos, así como la "oferta de trabajo" para cada categoría. Estos datos son indudablemente impresionistas, pero no hay duda de que la oferta de domésticos en el área urbana de Kingston-St. Andrew había llegado a ser crecientemente abundante a través del tiempo, cambiando desde "muy mala" o "mala" en la década de 1880 a "regular" para la década de 1910, y "excediendo la demanda" en la década de los años treinta. Igualmente ilustrativo es el hecho de que la oferta de domésticos en las parroquias rurales fluctuó de "regular" a "buena" y "abundante" a través de todo este período, dando razón del crecimiento relativamente rápido del empleo doméstico en el campo antes de 1940.

Un índice adicional de la oferta de domésticos y de la demanda de sus servicios, puede ser obtenido de los avisos de periódico. Estos tienen la ventaja de que abarcan todo el siglo XX, proporcionando datos no disponibles en ninguna otra fuente. El gráfico 3 muestra el número de avisos que aparecieron en *The Daily Gleaner*, Kingston, el primer sábado o domingo de cada año desde 1910.

Estas ediciones contenían muchos más avisos que las de los otros días de la semana o de cualquier mes del año ya que, tanto empleados como empleadores, tendían a hacer cambios después de la Navidad. Antes de 1920, los avisos eran en gran parte dedicados a la élite de posiciones domésticas, por lo que los empleadores excedían en número a los que buscaban trabajo. Más tarde, aparte de un breve decaimiento en la década de 1940, la oferta de domésticos incrementó constantemente hasta 1965, cuando cayó abruptamente. Las tendencias fueron similares para hombres y mujeres en busca de trabajo, excepto que los hombres se retiraron un poco más temprano.

El patrón de avisos sugiere que la demanda se debilitó durante la depresión de la década de los treinta, pero se expandió dramáticamente en la década de los cincuenta con el crecimiento de la burgesía urbana. Desde 1973, la demanda ha

Gráfico 3 ———

Empleo doméstico reflejado
en los avisos de periódico, Jamaica (1910-1981)

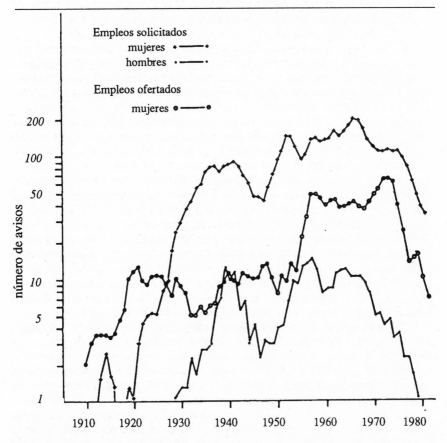

Empleos solicitados
    mujeres •———•
    hombres •———•

Empleos ofertados
    mujeres ●———●

Fuente: Daily Gleaner (Kingston). Número de avisos clasificados aparecidos el primer sábado (1910-1945) o domingo (1946-1981) de cada año.

bajado rápidamente debido al crecimiento económico negativo y al cambio de "cama adentro" y trabajo semanal a trabajo por días. Por supuesto, es menos probable que los que trabajan por días busquen empleo a través de anuncios. La oferta creció más que la demanda en los períodos de 1930 a 1935, de 1946 a 1953 y de 1960 a 1966; sin embargo, entre 1967 y1973 la oferta declinó mientras que la demanda creció rapidamente, el período más interesante dado que mientras los empleadores buscaban ávidamente mujeres trabajadoras, los anuncios publicados por ellas disminuyeron inmensamente. Esto sugiere que el cambio al trabajo por días con "cama afuera" se originó más en la preferencia de las empleadas que en la actitud de los empleadores. La misma transición ocurrió en Estados Unidos entre 1900 y 1930, y en Gran Bretaña en la década de los cuarenta (Chapman, 1953, p. 219; Katzman, 1978, p. 94; McBride, 1976, p. 113). En cada caso esta transición ocurrió juntamente con la aplicación de electrodomésticos y otros aparatos en las tareas domésticas, y con la ampliación de las oportunidades de empleo.

La disminución de la población de domésticos de Jamaica después de 1950 fue en parte producto de los cambios en la estructura de la fuerza laboral, donde mujeres menores de 20 años participaban menos debido a una oportunidad educacional más amplia. También reflejó la migración a Gran Bretaña y Estados Unidos, así como la creciente alternativa de empleos en fábricas, en el comercio y en servicios extradomésticos. El cambio al sistema de cama afuera y trabajo por días significó que un menor número de empleados domésticos fueran compartidos por un número mayor de empleadores. Este cambio fundamental fue facilitado por el creciente uso de aparatos mecánicos y la disminución en el tamaño de la familia de clase media. Por ejemplo, aunque las cocinas eléctricas habían estado disponibles en Kingston desde principios de la década de 1930, no fue sino hasta los años sesenta cuando se convirtieron en algo común (*The Daily Gleaner*, Kingston, 1933 [January 7]; *Jamaican Housewife*, 1962). Por otro lado, las lavadoras mecánicas y la empleada doméstica para todo servicio significaron que el lavado de ropa fue llevado de nuevo a la casa, marcando de esta forma la desaparición de las lavanderas independientes como clase. Sin embargo, el número de lavanderas ya había disminuido por la competencia producida por los lavaderos comerciales en Kingston a comienzos del siglo XX, casi al mismo tiempo que ellas empezaron a desaparecer en Estados Unidos (*Jamaica Times*, Kingston, 1907 [January 5]; Woodson, 1930).

Por la década de los setenta, las habitaciones de la servidumbre, adjuntas a muchas casas suburbanas de la clase media construidas en la década de los cincuenta, llegaron a ser alquiladas. Todos estos cambios ocurrieron durante la primera etapa en la historia de Jamaica que vio a la manufactura contribuir más al producto doméstico bruto que la agricultura (hacia 1959) y emplear una proporción mayor de la fuerza laboral femenina (desde 1960) (Boland, 1974, p. 75; Jefferson, 1972, p. 125). Por lo tanto, es difícil adaptar esta tendencia a la tesis de que la fuerza laboral del servicio doméstico alcanza la cima en el período intermedio de la industrialización. En el caso de Jamaica, el decremento apareció al comienzo de esa fase, no al final.

Parte de la razón para esta divergencia reside en el hecho de que la industrialización de Jamaica ha sido intensiva en capital desde 1945, creando una base pequeña de empleo para empleadores de sirvientes pero, por las mismas razones, las alternativas de empleo ofrecidas a los sirvientes potenciales han sido limitadas. Es igualmente importante notar que el tamaño de la servidumbre no puede ser explicada en términos de variaciones en el nivel de desempleo. A pesar de que no existe ninguna serie confiable de estadísticas de desempleo para Jamaica, por lo menos es seguro que el descenso en el servicio doméstico después de 1960 fue acompañado por el regreso a los desastrosos altos niveles de desempleo que habían existido aproximadamente para 1940 (Jefferson, 1972, p. 32). El exceso de trabajadores no adiestrados, mencionado por Boserup (1970), ciertamente existió en Jamaica después de 1960, junto con una creciente demanda burguesa por sirvientes, pero la recompensa y la posición social ofrecidas por el servicio doméstico llegaron a ser cada vez menos atractivas.

Reclutamiento

Cambios en el tamaño y posición social de la población de domésticos fueron asociados con cambios en su composición, especialmente en términos de sexo, raza y edad. En el mundo occidental, las mujeres siempre han sido más numerosas que los hombres en el servicio doméstico, y los hombres siempre fueron los primeros en cambiar a otras ocupaciones. En Jamaica, las mujeres constituían cerca de 70,0% de los sirvientes domésticos al final del período de la esclavitud, pero para 1870 constituyeron el 80,0%, y en 1960 aumentaron a 90,0% (Higman, 1976, pp. 194-198). Ya en 1910, cerca de 96,0% de domésticos eran mujeres en Estados Unidos y 92,0% en Gran Bretaña. De mayor interés es el hecho de que la proporción de la fuerza laboral jamaicana empleada en el servicio doméstico declinó, durante todo el período comprendido entre 1890 y 1970, a una tasa comparable a la de Gran Bretaña y Estados Unidos. Es así como el crecimiento de la servidumbre de Jamaica, después de 1880, fue debido enteramente al aumento en la participación de mujeres.

Durante el período de la esclavitud, los domésticos de Jamaica eran predominantemente de "color", pero hoy la mayoría de ellos son negros (2).

Cuándo exactamente ocurrió este cambio y cómo la transición afectó la posición de la ocupación, es incierto. Muchas mujeres esclavas de color fueron reclutadas para la casa del patrón, mientras que los hombres de color pasaban los años de su juventud como domésticos, antes de que les enseñaran las destrezas de un oficio. Hasta cierto punto, el tamaño de la servidumbre fue una función de la tasa de mezcla de razas y de la manumisión. Para el año 1834, por lo menos el 60,0% de los esclavos domésticos en Jamaica era de color, frente a 10,0% de la población total de esclavos (Craton, 1978, pp. 180-185; Higman, 1976, pp. 194-198). Las mujeres libres de color también trabajaban como domésticas.

La preferencia por sirvientes de color, establecida por los blancos durante los tiempos de esclavitud (ellos permanecieron como los principales empleadores de la declinante fuerza laboral hasta el año 1870 aproximadamente), probablemente persistió y la ocupación fue en cierto modo hereditaria. Así como las personas de color vinieron a predominar en la emergente clase media empleadora al final del siglo XIX, así también ellos dieron paso al doméstico negro (ver Spinner, 1894, p. 22). Para 1943, la fuerza laboral de domésticas era representativa de la composición racial de la población de Jamaica, pero el balance había cambiado firmemente hacia la mujer negra para 1960 (ver cuadro 2). En términos de los componentes raciales de la fuerza laboral, entre 1943 y 1960 hubo un abandono muy significativo de blancas, chinas y mujeres de color del servicio doméstico, a medida que las oportunidades de trabajo en el comercio y oficinas se abrieron en una base selectiva de raza.

---

(2) Tanto en el Caribe como en Estados Unidos, la expresión "gente de color" se usa para designar una mezcla de blanco y negro, mientras "negro/a" indica una persona de ascendencia africana pura.

─── Cuadro 2 ───

Grupos étnicos y de color de los empleados domésticos en Jamaica en el período 1943-1960
(Porcentajes)

	Domésticos		Fuerza de trabajo en el servicio doméstico	
	Hombres	Mujeres	Hombres	Mujeres
1943				
Negro	85,8	81,8	4,1	51,0
De color	11,7	16,5	2,9	46,2
Blanco/europeo	0,6	0,8	1,9	30,9
Chino	0,2	0,1	0,9	12,9
Indio oriental	1,7	0,8	2,5	21,6
Total	*100,0*	*100,0*		
1960				
Africano	86,9	85,5	0,3	30,5
Afro-europeo	8,3	10,9	0,2	20,2
Europeo	0,2	0,1	0,0	3,3
Chino/afro-chino	1,3	0,1	0,3	2,1
Indio oriental/afro-indio				
Oriental	1,9	1,1	0,2	11,6
Otro	1,4	2,3	0,1	20,3
Total	*100,0*	*100,0*		

Fuente: Jamaica, Department of Statistics 1844-1970, censos de 1943 y 1960.

El servicio doméstico siempre ha empleado grandes proporciones de gente joven. Bajo la esclavitud, esto no fue tan cierto porque las ocupaciones tendían a mantenerse fijas a través de la vida, especialmente para mujeres, pero en poblaciones libres el servicio doméstico correspondía frecuentemente a un breve período de empleo antes del matrimonio. Este patrón se adaptó mucho mejor en Gran Bretaña que en Jamaica o que en Estados Unidos, donde las domésticas negras permanecieron en el servicio después de entrar al matrimonio, reflejando diferencias en la estructura familiar y el papel de la mujer en la provisión económica. Así, en Jamaica los domésticos varones estaban aún más concentrados en los grupos de edad más jóvenes que las mujeres, mientras que en Gran Bretaña y Estados Unidos sucedió lo contrario. Mientras que la distribución por edad de domésticos varones en Jamaica varió muy poco entre 1890 y 1960, cambios más grandes ocurrieron entre las mujeres. Cuando el servicio doméstico estaba en la cima en Jamaica (1943), la distribución por edad de mujeres empleadas era similar a la de Gran Bretaña y Estados Unidos en etapas comparables de desarrollo (1911 y 1890). Mayores oportunidades de educación hicieron que muchas jóvenes se retiraran de la fuerza laboral de Jamaica entre 1943 y 1960, aumentando la edad promedio de las domésticas.

Todos estos cambios en sexo, edad y raza, entre sirvientes domésticos, reflejaron cambios en el proceso de reclutamiento. Bajo la esclavitud, los domésticos fueron reclutados entre los propios esclavos del amo, o fueron comprados o contratados. Así, como se aplica a toda la historia del servicio doméstico, contactos personales eran lo más importante en el proceso, a pesar de que los avisos jugaron un papel fundamental a principios del siglo XIX. En Jamaica, los anuncios en el periódico llegaron a ser importantes sólo después del año 1930. Los que se publicaban anunciaban sus preferencias y calificaciones de manera muy precisa. Los empleadores ponían más énfasis en que los sirvientes fuesen jóvenes y del campo; después de 1950, daban mayor importancia a la disposición de vivir puertas adentro. Los domésticos ponían énfasis en el deseo de trabajar medio tiempo o por días después de 1950; usualmente mencionaban su color (particularmente cuando podían describirse como blancos, claros, morenos o mitad-chinos) hasta cerca de 1955, sugiriendo nuevamente que el empleo doméstico retuvo hasta bien entrado el siglo XX las preferencias somáticas establecidas bajo la esclavitud. Las agencias de empleo en Kingston aparecieron en la década de los veinte pero siguieron teniendo muy poca importancia en el reclutamiento de sirvientes.

A largo plazo, la tendencia en el servicio doméstico de Jamaica, Gran Bretaña y Estados Unidos ha sido hacia la generalización de funciones. La extensión de la especialización dependía del número total de la servidumbre con relación al número de casas empleadoras, por supuesto; así, tal especialización sobrevivió más tiempo en Jamaica que en Gran Bretaña (con excepción de las casas aristocráticas), y mucho más tiempo en Gran Bretaña que en Estados Unidos. El personal doméstico de una típica casa de familia de hacendado jamaicano al final del siglo XVIII, parece haberse aproximado al de la aristocracia inglesa con salarios comparables (cerca de 5.000 libras esterlinas por año). En 1774, Edward Long afirmó que un hacendado típico tenía un personal doméstico de 20 esclavos, incluyendo un mayordomo, dos lacayos, un cochero, un postillón, un ayudante, un cocinero, un asistente del cocinero, un portero o almacenista, una doncella, tres limpiadoras de casa, tres lavanderas, cuatro costureras y una niñera con un asistente por cada niño blanco de la familia (Burnett, 1977, p. 156; Long, 1774, pp. 281-282; Senior, 1835, p. 28). Este modelo sufrió pocos cambios antes de la emancipación.

A pesar de que modelos del personal doméstico de Gran Bretaña y Estados Unidos eran frecuentemente descritos a través del siglo XIX como parte de la considerable literatura que se desarrolló para guiar a las damas no acostumbradas a emplear sirvientes, tal literatura nunca surgió en Jamaica porque sólo al final del siglo XIX la clase empleadora de sirvientes fue un grupo bien establecido, y porque el "problema del sirviente" nunca fue un punto de discusión. Sin duda, algunas damas jamaicanas leyeron a la señora Beeton, pero cada vez más sus consejos debían haber parecido muy poco reales. Sin embargo, alrededor de la década de 1950, los recién llegados a Jamaica tuvieron que ser introducidos "a las costumbres del país", las cuales diferían de las del empleo de una sola sirvienta de todo servicio típico de Gran Bretaña y Estados Unidos en aquellos días. En 1952 se dijo que una familia, que ocupara una casa en una plantación, podía esperar encontrar dentro de su cuerpo doméstico puertas adentro un jardinero, un muchacho del patio, un mayordomo o mayordoma, una lavandera, una criada y un cocinero (Chapman, 1952, p. 92). En los suburbios de Kingston, el personal ideal de la casa estaba conformado por dos mujeres con funciones no especializadas, un jardinero (quien también podía atender la mesa) y quizás una lavandera de medio tiempo. Así, como la cantidad de personal fue mucho más pequeña, comparada con la del período de la esclavitud, hubo un cambio hacia la dependencia basado en por lo menos algunos trabajadores puertas afuera y alejado de aquellos cuyas funciones eran más obviamente ceremoniales, con lo cual los hombres fueron confinados casi exclusivamente al personal con obligaciones fuera de la casa.

Evidencia similar de la decadencia en la especialización puede ser encontrada en los anuncios de periódico. En 1930 sólo 6,0% de mujeres que ofrecían sus servicios en *The Daily Gleaner* mencionaban una función generalizada y en 1950 sólo 7,0%. Pero para 1970, 56,0% se ofrecía de esa forma, y en 1980, 88,0%. Las siguientes designaciones desaparecieron de los anuncios entre 1930 y 1970: mayordoma, lavandera, mucama, repostera, doncella, panadera y criada. Por otro lado, términos como trabajadora general, trabajadora por días, criada general y ayudante doméstica aparecieron en la década de los cincuenta y luego se incrementaron con un predominio abrumador.

Sueldo y nivel de vida

El carácter personal del empleo doméstico y del reclutamiento, la ausencia de contratos escritos y la tendencia de mezclar pagos en efectivo y en especie, son rasgos que dificultaron establecer el ingreso real y el nivel de vida de los sirvientes. Katzman (1978, p. 217), en su estudio sobre este aspecto en Estados Unidos, pierde la esperanza de reconstruir cualquier tendencia general antes de 1900, mientras que A. Chapman (1953, p. 217) sostiene que para Gran Bretaña entre 1920 y 1938 "cualquier estimación promedio del salario anual es una conjetura".

El caso de Jamaica no es menos problemático. Estimaciones del promedio del sueldo semanal o del rango de salarios están disponibles en los *Jamaica Bluebooks* [*Libros Azules*] desde 1840 a 1938 pero con muchos vacíos antes de 1870. No se sabe cómo estos cálculos eran llevados a cabo y, a menudo, fueron repetidos sin cambio alguno año tras año. Datos encontrados en el documento del Recaudador General de Contribuciones de Jamaica 1880-1939, citado anteriormente, dan niveles de salarios por parroquias pero sufren de las mismas limitaciones. Después de 1940 la única serie publicada es un índice que cubre el período entre1943 y 1951 para Kingston (Jamaica, Department of Statistics, 1947). Desde 1951 los avisos en el periódico son la única fuente sistemática disponible.

El gráfico 4 presenta los datos disponibles en la forma de salarios anuales (dinero nominal). Las estimaciones para Jamaica están basadas en sueldos semanales citados en los *Bluebooks* (1962-1972) u ofrecidos en anuncios en *The Daily Gleaner* (1940-1975). También son presentados los salarios pagados al cocinero en la "King's House" (Casa del Rey), la residencia del gobernador general entre 1962 y 1972 y el mínimo nivel de salario de 1975. Los datos británicos se derivan de las ganancias anuales estimadas, aunque el origen último de éstos se encuentran en las tasas semianuales publicadas en los anuncios de periódico. Los datos de Estados

**Promedio anual de salarios de empleados domésticos
privados en Jamaica, Gran Bretaña y Estados Unidos (1820-1975)**

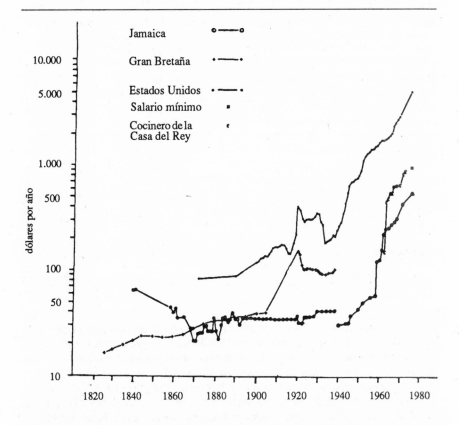

Nota: $ 1 jamaicano= £ 0,50 esterlina.

Fuente: Burnett, 1977, pp. 160-164; Chapman, 1953, p. 218; *Daily Gleaner*, 1940-1975; *Jamaica Bluebooks,* 1840-1938; Jamaica, Collector General, 1962-1972; Katjman, 1978, p. 306; Department of Commerce, EEUU, 1975, tabla D 739.

Unidos para el período 1900-1975 están basados en las ganancias anuales, pero aquellas del siglo XIX derivan de los salarios semanales. En vista de que no hay estimaciones confiables del promedio de semanas de trabajo anual, o del número de domésticos ocupados en cada categoría de ingreso, se puede asumir que los domésticos trabajaban 48 semanas de cada año en todos los períodos (ver A. Chapman, 1953, p. 217) y que, para Jamaica, el salario promedio era el punto medio del rango dado en los *Bluebooks*. A pesar de que estas suposiciones no son enteramente arbitrarias, es muy probable que tiendan a aumentar, relativamente, las tasas de los salarios en algunos períodos.

Los datos de los salarios presentados en el gráfico 4 han sido convertidos en

─── Cuadro 3 ───────────────────────────────────

Salarios reales estimados de los empleados domésticos en Jamaica, Gran Bretaña y Estados Unidos, 1850-1970

Año	Jamaica	Gran Bretaña	Estados Unidos
1850	115	57	—
1860	—	45	—
1870	60	54	49
1880	—	72	—
1890	96	96	69
1900	100	100	100
1910	100	—	125
1920	—	116	115
1930	91	196	141
1940	95	—	138
1950	70	—	217
1960	120	—	277
1970	250	—	317

Nota: índice 1900=100

Fuente: Datos de salarios del gráfico 4; índices de costo de vida/precios al consumidor en Eisner, 1961, p. 377; Jefferson, 1972, p. 73; Mitchell, 1971, p.474; Taylor, 1964, p. 73; y U.S. Department of Commerce, 1975, p. 210.

índices y relacionados con los índices de precios y costo de vida disponibles para producir las estimaciones del salario real para domésticos presentados en el cuadro 3. Los más recientes muestran que las tendencias observadas en los salarios de Gran Bretaña y Estados Unidos significaron un sustancial incremento en los salarios reales, exceptuando que la prosperidad repentina de 1920 fue una ilusión, y que la depresión de la década del treinta no fue tan dura como puede suponerse (ya que los domésticos estaban de alguna manera protegidos). En Jamaica, el descenso de los salarios entre 1840 (cuando el índice del sueldo real debió haber excedido 150) y 1870 es confirmado como un deterioro real en el nivel de vida de los domésticos. El mejoramiento entre 1870 y 1890 fue también real, pero las ganancias hechas entre 1890 y 1950 sobre salarios en efectivo fueron insuficientes para prevenir un adicional descenso en el salario real. Los incrementos de salario efectivo en la década de los sesenta significaron una sustancial ganancia en los salarios reales, así como el salario mínimo de 1975.

Los salarios de domésticos en Estados Unidos fueron siempre los más altos. Aunque los británicos cerraron un poco la brecha en la década de los treinta, y Jamaica lo hizo después de 1950, el doméstico promedio en Estados Unidos todavía gana siete veces más que el jamaicano. De mayor interés es el hecho de que los domésticos jamaicanos recibieran salarios más altos que los domésticos británicos durante el período entre 1840 y 1870 (ver Craton, 1978, pp. 311-313; Hall, 1959, p. 217). Fue en 1890 cuando observadores británicos empezaron a percatarse de las bajas tasas de los salarios en Jamaica (Emigrant's Information Office, 1894, p. 26), sin embargo, por el año 1920 se podía decir que tomando en cuenta todos los puntos, los dueños de casa en las Antillas podían considerarse muy afortunados con respecto al servicio doméstico, especialmente si ellos se comparaban con los de Inglaterra o América (Cundall, 1920, p. 73).

A largo plazo, la tendencia en los salarios de los domésticos jamaicanos no fue de mejoramiento constante. En el tiempo de la emancipación, a los domésticos se les pagaba más que a los trabajadores del campo pero menos que a los artesanos. Entre 1838 y 1870 los salarios de los tres grupos declinaron significativamente. Sin embargo, entre 1870 y 1900 los sueldos de los domésticos y artesanos aumentaron otra vez mientras que los de los trabajadores del campo continuaron bajando. Esta relativa mejoría occurió a principios del período de expansión de la servidumbre, quizás hasta cierto punto responsable por tal expansión. Después de 1900, los sueldos de los sirvientes aumentaron poco hasta la década de 1930, pero mantuvieron su posición relativa con respecto de los sueldos de los trabajadores del campo y los artesanos. De hecho, la estacionalidad creciente del empleo en la agricultura significó alguna ganancia para el sector del servicio doméstico. Aunque los sueldos aumentaron más o menos rápidamente después de 1940, los domésticos perdieron terreno porque carecían de las ventajas que ofrecían los sindicatos. Entre 1943 y 1951 el sueldo de empleados en Kingston subió al doble en todas las industrias, pero el aumento para los sirvientes sólo fue de 58,0% (Jamaica, Department of Statistics, 1947). En 1954, la encuesta en Kingston hecha por Maunder (1960, pp. 118-122) estableció que los domésticos ganaban un promedio de 28 chelines por semana, haciendo de ellos el grupo con el sueldo más bajo, exceptuando a los artesanos varones (ver también Orde Brown, 1939, pp. 74-97). Durante la década de los sesenta, los domésticos probablemente mejoraron su posición con respecto a otros trabajadores no adiestrados, especialmente los de la agricultura (Jefferson, 1972, pp. 37-38). La primera ley de sueldo mínimo que afectó a los domésticos, introducida en 1975, estableció un valor de 20 dólares jamaicanos por semana de 40 horas, más 75 centavos por horas suplementarias (*Jamaica Hansard*, 1975-1976, p. 192).

Los sirvientes también recibían ingresos en especie. Lo más importante era la provisión de vivienda y alimentos. En la Inglaterra victoriana, estos costos eran generalmente mucho más que el salario en efectivo del sirviente. A pesar de que había grandes diferencias en la calidad de la casa y la comida provistas, según la riqueza y posición del empleador, durante el siglo XIX muchos domésticos en Gran Bretaña y Estados Unidos en este aspecto estaban mucho mejor que la mayoría de la clase trabajadora. Así como en el siglo XVIII los sirvientes británicos que no vivían con el empleador recibían "salario de manutención" para cubrir su propia vivienda y alimentos (*Columbian Magazine*, 1797, p. 8; Long, 1774, vol. 2, p. 282), una práctica similar fue seguida en Jamaica, donde los esclavos en pueblos recibían "salario de manutención" y tenían que buscar su propia vivienda y alimentos. En las plantaciones solamente dos o tres esclavos domésticos eran alimentados enteramente por sus amos, pero el resto recibían sobras de la casa grande, distribuídas por el hombre principal del servicio (Senior, 1835, p. 29). Así, los esclavos de la casa en Jamaica quizás se alimentaban mejor que los esclavos del campo y recibían más mercancías en las entregas anuales. Después de la emancipación, la posición selecta de los domésticos significaba que a muchos no les era requerido pagar renta de casa o terreno (Great Britain, *Parliamentary Papers*, 1839, vol. 35, p. 73). Pero por la década de 1890, se esperaba que la mayoría de los sirvientes jamaicanos (excluyendo las niñeras) se ocuparan de su propia comida aun cuando viveran puertas adentro. Se les proveía de "gastos" y comida que significaban un suplemento para quienes tenían que comprarlos con sus salarios, pero esta práctica tendía a variar de acuerdo con la riqueza del amo (Aspinall, 1912, p. 149; E. Chapman, 1952, p. 93; Jamaica, 1895). Por la década de los treinta, casi la mitad del sueldo del sirviente era necesario para cubrir los gastos de comida (Chapman, 1938, p. 10; West India Royal Commission, 1945, p. 219).

En Jamaica, así como en Gran Bretaña y Estados Unidos, la tendencia a largo plazo fue hacia la dependencia de salarios en efectivo en vez de ingresos en especie. En el censo de 1942, casi un tercio de las mujeres domésticas fueron descritas como "trabajadoras familiares sin salario" pero para 1960 menos de 2,0% fueron clasificadas de esa manera. Una razón para este cambio fue la declinación del sistema llamado *schoolgirl* (colegiala), el cual había aparecido al final del siglo XIX cuando las madres en el sector rural buscaron trabajo doméstico para sus hijas en vez de trabajo en la agricultura. De acuerdo con De Lisser (1913, p. 99; y 1914), cuando una niña alcanzaba los 12 años de edad, la madre buscaba una señora "dispuesta a dar a la niña comida, ropa y casa a cambio de simples servicios". La señora, una dama "blanca" o de "color", o una mujer "morena", enseñaba a su colegiala a "cocinar, limpiar, lavar y realizar otros trabajos de la casa de manera indiferente"; cuando cumplía 17 ó 18 años, dice De Lisser, la colegiala buscaba un trabajo con salario y de ahí en adelante era nombrada como "sirvienta doméstica" (ver también *The Daily Gleaner,* enero 6, 1940). La colegiala recibía todo su ingreso en mercancías, aparte de unas propinas para evitar robos.

Los sueldos de los domésticos varones fueron generalmente el doble de los de las mujeres en Jamaica, Gran Bretaña y Estados Unidos, por lo menos hasta 1920. Por ejemplo, en 1884, en el *Bluebook de Jamaica,* los sueldos para hombres eran de 10 a 15 chelines por semana y los sueldos para mujeres de 4 a 8 chelines. En efecto, en 1942, a pesar de la preponderancia de mujeres en la fuerza de trabajo en Jamaica, había más domésticos varones que mujeres ganando más de 20 chelines a la semana. Más allá de estas diferencias de sexo, yacía toda una escala de tasas de salarios que reflejaba correctamente la jerarquía del personal doméstico. Por lo tanto, hasta cierto punto, el aumento lento de los salarios de los domésticos a principios del siglo XX pudo haber sido resultado del abandono que hicieron los domésticos hombres bien pagados, de la declinación en la demanda por sirvientes de rango alto y del predominio de la sirvienta de todo servicio, antes que consecuencia del deterioro de los sueldos pagados a cada categoría.

No hay duda de que los domésticos trabajaban más horas que cualquier otra categoría ocupacional en Gran Bretaña y Estados Unidos durante el siglo XIX, por eso los trabajos en fábricas y oficinas llegaron a ser tan atractivos a pesar de los sueldos competitivos ofrecidos por el servicio. La situación en Jamaica en el siglo XIX es menos cierta. Los esclavos de casa estaban sujetos al continuo reclamo de sus amos; sin embargo, no se conoce con certeza el número de horas que trabajaban o si recibían el sábado o domingo libre cuando estos fueron dados a los esclavos del campo. No obstante, después de la emancipación existieron quejas de que ni aun ofertas de doble pago podían inducir a los sirvientes "a renunciar a la práctica de reclamar los sábados como feriados" (Great Britain, *Parliamentary Papers*, 1866, vol. 5, p. 219).

En 1925, los domésticos jamaicanos trabajaron un promedio de 74 horas a la semana, 20 horas más que trabajadores en cualquier otra ocupación, sin recibir ningún pago por las horas extras. Esto permaneció virtualmente sin cambio hasta por lo menos 1960, mientras que las horas de trabajo fueron reducidas en otras ocupaciones (*Jamaica Bluebook*, 1925, p. 394; 1945, p. 311; Jamaica, Department of Statistics, 1943-1951). En 1960 la mayoría de los domésticos todavía trabajaba de seis a siete días por semana. Sin embargo, la ley del salario mínimo de 1975 tuvo un significativo impacto en las horas de trabajo diario y semanal de los sirvientes, junto con el cambio a los sistemas de cama afuera y trabajo por días.

Los sirvientes domésticos jamaicanos carecen de los beneficios logrados por los trabajadores sindicalizados de las industrias desde 1938. La Ley de Amos y Sirvientes (*Masters and Servants Law*), aprobada en 1842 para controlar una fuerza laboral nuevamente emancipada, se mantuvo vigente hasta 1974, mientras que su equivalente británico fue revocado en 1875 (5 Vic. cap. 43, enmendado en 1940 (cap. 387); ver también Davidoff, 1974, p. 406).

Pero la estructura legal siempre fue de poca importancia para determinar el bienestar del doméstico; por ejemplo, aun la más reciente legislación jamaicana no puede efectivamente limitar el poder de los empleadores de terminar el empleo sin aviso, o de negar el pago de feriados y días libres en caso de enfermedad. La palabra del empleador siempre ha tenido mayor peso en cualquier disputa de contratos.

Durante la industrialización de Gran Bretaña y Estados Unidos, los domésticos, a pesar de las rigurosas condiciones de trabajo, disfrutaban de un nivel de vida relativamente bueno. Allí, la declinación del servicio doméstico tuvo menos que ver con el nivel de ganancias o con el costo de emplear a sirvientes que con los cambios de la distribución de ingresos y la estructura de la sociedad (Stigler, 1956, pp. 94-96). La baja posición social atribuida al servicio doméstico después de 1920, derivó no tanto del nivel de vida que se ofrecía como de las condiciones de trabajo y las relaciones sociales que involucraba el servicio. En contraste, el nivel de vida de los sirvientes de Jamaica realmente se deterioró cuando el empleo en el servicio empezó a ser dominado por mujeres en la primera mitad el siglo XX. Sin embargo, aún en 1922, se podía decir que "en Jamaica el sirviente de la casa ocupaba un lugar alto en la escala social" (Gaunt, 1922, p. 139). Si las tendencias a largo plazo en el nivel de vida de los sirvientes en Jamaica hubieran sido identificadas correctamente, resultaría que la evaluación del servicio como trabajo sin prestigio debería ser fechada desde 1930 aproximadamente. En parte, este deterioro fue un producto del cambio de posición social de la clase empleadora de sirvientes. La posición social y económica relativa de los sirvientes jamaicanos fue realmente buena sólo cuando ellos constituian una cuasi-casta, en el período 1750-1850.

La arquitectura social del servicio

Si el trabajo doméstico era primero y ante todo para los sirvientes libres un medio de ganarse la vida, era también la más personal de todas las formas de trabajo y conducía al más íntimo contacto y confrontación entre clases y razas.

Porque el sirviente penetraba la frontera del mundo privado de su amo, una serie completa de reglas tuvo que ser establecida para asegurar que la posición del sirviente fuera claramente definida y demarcada.

Los sirvientes fueron definidos en la ley inglesa durante el siglo XIX como dependientes de sus empleadores, y sirvientes y mujeres fueron los últimos grupos sociales emancipados (Marshall, 1949, p. 10; McBride, 1976, p. 15). En el siglo XVIII, y en menor medida en el siglo XIX, los empleadores ejercían el poder del castigo corporal sobre sirvientes adultos libres así como sobre niños y esclavos (Burnett, 1977, p. 165; Hecht, 1956, p. 79). Pero la legislación fue relativamente poco importante al definir la naturaleza de las relaciones sociales en el aislado y privado mundo de la servidumbre. Al sirviente se le recordaba constantemente su posición dentro de la casa; se establecieron formas de dirigirse a las personas que ayudaron a establecer la jerarquía: los empleadores tenían que ser llamados por los sirvientes Señor/Señora, mientras que los empleadores llamaban a sirvientes de posición alta por su apellido y a sirvientes de posición más baja por su nombre.

Los modos de vestir también ayudaban a definir la posición del sirviente. Siempre y cuando amo y sirviente fueran de diferentes grupos étnicos, la inferioridad social del sirviente necesitaba poco énfasis simbólico. Sin embargo, blancos sirviendo a blancos y negros sirviendo a negros, tuvieron que ser marcados de manera más definida. Por esta razón, librea para hombres y uniformes para mujeres o vestidos con combinaciones incongruentes eran forzados en los sirvientes. En grandes domicilios, a las categorías altas de sirvientes les era permitido vestirse más parecido a sus amos, enfatizando así su rol de mediadores de autoridad. Algunos domésticos usaban librea en Jamaica durante el período de la esclavitud, pero no se sabe si esta costumbre fue abandonada antes o después que en Inglaterra (hacia 1870) (Brathwaite, 1971, p. 155; Stewart, 1808, p. 188).

La preocupación del empleador acerca del modo de vestir de los sirvientes se extendió más allá del lugar de trabajo. Era una queja muy común que a los sirvientes les encantaba la elegancia y perdían parte sustancial de sus ingresos en vestidos, y cuando los sirvientes imitaban la forma de vestir del amo o ama, esto era visto como prueba de "arrogancia". De este manera, los amos, particularmente los de las clases medias, generalmente limitaban la cantidad de ropa que daban a los sirvientes, para no estimular la "vanidad".

En Inglaterra, la aparición de la burguesía como la clase principal empleadora de sirvientes se dio junto con la creciente rigidez y uniformidad en el vestir de los domésticos y, en consecuencia, con el deterioro de su posición social (Burnett, 1977, p. 171; McBride, 1976, pp. 25, 59 y 95). No ha sido establecido si una tendencia similar ocurrió en Jamaica en la primera mitad del siglo XX, cuando aumentaron los empleadores de color, negros y de clase media, y si también aumentaron los sirvientes negros.

A pesar de que la naturaleza del trabajo doméstico hizo imposible para los empleadores establecer zonas prohibidas dentro del hogar, la penetración del sirviente podía ser racionalizada o ritualizada. La cercanía física del sirviente podía ser ignorada. Así, Henry Bruce, esclavo de Estados Unidos, recordaba vívidamente que "cuando era niño, siendo llamado al dormitorio de su ama desnuda para verter agua adicional al baño", ella permanecía indiferente, apenas notando su presencia (Owens, 1976, p. 115). De la misma manera, los amos de esclavos jamaicanos hablaban en la mesa de rebelión, conspiraciones y aboliciones, olvidándose de los esclavos que los atendían o que apartaban los mosquitos de sus pantorrillas por debajo de la mesa. Los blancos jamaicanos se comportaron similarmente en los días que precedieron los disturbios de 1938, insultando y degradando en voz alta a la raza negra en general, durante cenas de gala en la presencia de sus propios sirvientes a quienes consideraban como "si no fueran personas" (Cargill, 1979, p. 94). De otra parte, el sirviente tenía que mostrar deferencia, parándose siempre cuando el amo o el ama entraban a un cuarto, y saliendo del cuarto de espaldas y arrastrando los pies.

La mayoría de los esclavos de casa en Estados Unidos vivía en chozas cerca de la casa grande o en las habitaciones de esclavos, pero algunos dormían en el mismo cuarto del amo, "proporcionando ayuda en las noches cuando el amo se levantaba" (Owens, 1976, p. 108). En Inglaterra, el sirviente Tudor muchas veces dormía afuera, cerca de la puerta del amo, pero por el siglo XVII fueron comunes viviendas separadas; ya en el siglo XIX, las casas aristocráticas tenían extensas alas para sirvientes, conteniendo toda la jerarquía doméstica. Sin embargo, el típico sirviente inglés, en el período 1870-1920, vivía en el ático o sótano de una vivienda urbana de la clase media, teniendo que compartir frecuentemente la cama o teniendo que dormir en la cocina o el corredor en las casas más pobres (Franklin, 1975, pp. 211-239; Girouard, 1978; Marshall, 1949, p. 13; McBride, 1976, p. 50).

En Jamaica, el esclavo doméstico que vivía en una plantación era colocado cerca de la casa grande o en una aldea de esclavos. En los pueblos de Jamaica y Estados Unidos, los esclavos domésticos ocupaban cuartos dentro de la casa de sus amos o vivían en edificios separados en el mismo terreno. Este modelo de construir un espacio separado para "los cuartos de los sirvientes" continuó en Jamaica hasta la mitad del siglo XX, aun cuando la cocina fue trasladada dentro de la casa. En 1913, De Lisser las describió como "por lo general, pequeñas cajas construidas a 30 o 40 pies de la casa", amobladas por los sirvientes, dos de ellos generalmente dormían en un cuarto (De Lisser, 1913, p. 103; ver también la carta de Daisy E. Jeffrey-Smith en *Jamaica Memories*, 1959 Jamaica Archives, File 7/12).

Después de 1950, como el sistema de puertas adentro se deterioró, los cuartos de los sirvientes fueron generalmente construidos en la estructura principal de las casas burguesas jamaicanas, pero raras veces tenían acceso directo a la casa principal, de manera que el sirviente tenía que cruzar una zona neutral claramente definida, antes de penetrar al mundo privado del empleador. Marjorie Hughes (1962, p. 19) describió una de estas viviendas como: "un cuarto descolorido de cerca de seis pies por nueve, separado muy bien del resto de la casa por un patio trasero, con una cama, un lavador y una letrina; la casa principal teniendo tres '*Gracious Living*' *jacques-de-luxe* de color azul claro, rosado claro, verde claro y con papel del baño de los mismos colores".

Cien años antes, en 1850, cuando las letrinas todavía eran algo raro en Jamaica, se decía que las "mejores casas" tenían dos privados: uno para la casa y el otro para los sirvientes; éstos, con sus entradas separadas, estaban "bajo el mismo techo y construidos sobre un pozo negro u hoyo" (Jamaica, Board of Health, 1852, p. 101). Esta manera de construir persistió en la Jamaica rural hasta bien entrado el siglo XX. A pesar de que la tarea de la sirvienta era proteger la casa del polvo y el desorden, vaciar los bacines del dormitorio cada mañana y lavar los platos sucios después de la cena, a ellas no se les permitía usar el mismo retrete o los mismos cubiertos. Así como fue discutido por Mary Douglas en *Purity and Danger* (1970) (*Pureza y Peligro*), tales actitudes hacia la contaminación y purificación tienen que ser entendidas en términos de sus funciones sociales/rituales más que en términos de higiene. A los sirvientes constantemente se les tenía que recordar su posición.

Los bailes privados y las cenas eran escenarios para demostraciones rituales de distanciamiento social más elaboradas, que podían alcanzar el nivel de representaciones dramáticas. En 1830, Lady Nugent ordenó una fiesta para los sirvientes en Government Pen, cerca de Spanish Town, y ella "comenzó el baile con un negro viejo (...) exactamente como yo lo hubiera hecho para un cumpleaños en el salón de sirvientes en Inglaterra". Mientras tanto, "cada caballero escogía una compañera, de acuerdo al rango por edad o servicio". Pero más tarde, las mujeres blancas dijeron a Lady Nugent que su acto casi las había llevado al desmayo y a las lágrimas y que "en este país, y entre esclavos, era necesario mantener un respeto mucho más distante" (Wright, 1966, p. 156). En 1932, Lady Stubbs ofendió a la sociedad jamaicana de una forma similar al atender la boda de su chofer. Pero en este caso uno de sus defensores indicó que "en la Patria Antigua la nobleza verdadera se caracterizaba por su cortesía la cual ellos, en su círculo encantador, muestran a los dependientes" (*The Daily Gleaner*, 18 y 22 noviembre, 1932, pp. 4 y 12). Probablemente, la dominación de la clase media en el mantenimiento de sirvientes en Jamaica significó que la distancia social entre el amo y el sirviente -reflejada en la observancia del ritual- se redujo más lentamente que en Inglaterra.

Conclusiones

El argumento de que el servicio doméstico ascendió y decayó de acuerdo con el crecimiento y maduración de la sociedad industrial, como un mecanismo económico, ha sido criticado incluso para el Atlántico Norte (Branca, 1975, p. 130; Katzman, 1978). No es entonces sorprendente que este modelo encaje en Jamaica muy pobremente, a pesar de los reclamos universales realizados por el modelo. Lo que menos se esperaba es la falla de la urbanización para explicar el modelo jamaicano, y el papel incierto de los niveles de desempleo. La persistencia de la economía dual en Jamaica ha significado que los niveles de vida proporcionados por el sector moderno, con su fuerza laboral sindicalizada, han elevado el sueldo de reserva debajo del cual sirvientes potenciales han preferido mantenerse sin empleo, aun en la ausencia de un sistema estatal de bienestar. Hasta este punto, la industrialización ha operado para reducir, en vez de aumentar, la oferta de sirvientes.

Cambios en la posición social atribuidos al servicio doméstico han sido cruciales en determinar el nivel de empleo. La coincidencia de la posición con el bienestar material nunca fue completa. En Jamaica, los esclavos domésticos eran seleccionados con base en su posición más alta en la jerarquía social racialmente determinada, y esto fue reflejado en salarios reales relativamente altos inmediatamente después de la emancipación. La reducción de sueldos y la aparición de la nueva burguesía como la mayor empleadora de sirvientes, llevó a un deterioro en la posición de éstos que se vio incrementado por la combinación de mejores salarios y altos niveles de desempleo en los últimos 15 años, la época del Poder Negro, del socialismo democrático, y de la intervención del gobierno.

A pesar de que las funciones estrictamente ceremoniales de los domésticos disminuyeron grandemente después de la emancipación, el rol del sirviente de dar "dignidad" a las casas jamaicanas mantuvo su importancia central para aquellos de la clase media que creían "que ellos debían supervisar la labor, pero no realizarla ellos mismos" (*Jamaica Times,* 1932; *Report of the Middle Class, Unemployment Committee*, 1941, p. 5). Mientras que los sirvientes realizaban crecientes funciones económicas productivas dentro del hogar, una serie completa de reglas tuvo que ser formulada para establecer claramente el lugar que dentro de él le correspondía al sirviente. Cambios económicos y sociales, junto con la ideología política, fueron quizás igualmente importantes en la determinación de la aceptabilidad de estas reglas dentro de sociedades particulares y, por lo tanto, de la evaluación dada al servicio doméstico independientemente de la recompensa material que éste pudiera ofrecer.

Bibliografía

Aspinall, Algernon E. 1912. *The British West Indies.* Londres: Isaac Pitman.

Boland, Barbara. 1974. Labour Force, en G. W. Roberts, editor, *Recent Population Movements in Jamaica*, págs. 56-93. Kingston: Committee for International Coordination of National Research in Demography (CICRED).

Boserup, Ester. 1970. *Women's Role in Economic Development.* Nueva York: St. Martin's Press.

Branca, Patricia. 1975. "A New Perspective on Women's Work: A Comparative Typology". *Journal of Social History* 9, nº 2:129-53.

Brathwaite, Edward. 1971. *The Development of Creole Society in Jamaica, 1770-1920.* Oxford: Oxford University Press.

Burnett, John. 1977. *Useful Toil: Autobiographies of Working People from the 1820s to the 1920s.* Harmondsworth, Inglaterra: Penguin Books.

Cannadine, David. 1978. The Theory and Practice of the English Leisure Classes. *Historical Journal*, nº21:450.

Cargill, Morris. 1979. *Jamaica Farewell.* Secaucus, N.J.: Cinnamon Books.

Chaplin, David. 1978. "Domestic Service and Industrialization". *Comparative Studies in Sociology* 1:97-127.

Chapman, Agatha. 1953. *Wages and Salaries in the United Kingdom, 1920-1938.* Cambridge, Inglaterra: Cambridge University Press.

Chapman, Esther. 1952. *Pleasure Island.* Kingston: Arawak Press.

Clarke, Edith. 1957. *My Mother Who Fathered Me: A Study of the Family in Three Selected Communities in Jamaica.* Londres: Allen and Unwin.

Craton, Michael. 1978. *Searching for the Invisible Man: Slaves and Plantation Life in Jamaica.* Cambridge, Massachusetts: Harvard University Press.

Deseo agradecer a Patricia Branca, Erna Brodber, Stanley Engerman, Howard Johnson y Merle Johnson por sus comentarios sobre una versión preliminar de este trabajo.

Columbian Magazine (Kingston). 1797. Vol. 3, nº 8.
Cundall, Frank. 1920. *Jamaica in 1920: A Handbook of Information for Intending Settlers and Visitors.* Kingston: Institute of Jamaica.
Davidoff, Leonore. 1974. Mastered for Life: Servant and Wife in Victorian and Edwardian England. *Journal of Social History* 7, nº 4: pp. 406-428 y 446-459.
Deane, Phyllis/Cole, W.A. 1969. *British Economic Growth, 1688-1959.* Cambridge, Inglaterra: Cambridge University Press.
De Lisser, H. G. 1913. *Twentieth Century Jamaica.* Kingston: Jamaica Times.
De Lisser, H. G. 1914. *Jane's Career: A Story of Jamaica.* Londres: Heinemann.
Douglas, Mary. 1970. *Purity and Danger.* Harmondsworth, Inglaterra: Penguin Books.
Eisner, Gisela. 1961. *Jamaica, 1830-1930: A Study in Economic Growth.* Manchester, Inglaterra: Manchester University Press.
Emigrant's Information Office. 1894. *General Information for Intending Emigrants to the West Indies.* Londres: Emigrants' Information Office.
Franklin, Jill. 1975. Troops of Servants: Labour and Planning in the Country House, 1840-1914". *Victorian Studies* nº19 (December), pp. 211-239.
Gallman, Robert E./ Thomas J. Weiss. 1969. The Service Industries in the Nineteenth Century. En Victor R. Fuchs, editor, *Studies in Income and Wealth*, vol. 34, pp. 287-381. Nueva York: Columbia University Press.
Gaunt, Mary. 1922. *Where the Twain Meet.* Londres.
Girouard, Mark. 1978. *Life in the English Country House: A Social and Architectural History.* New Haven, Connecticut: Yale University Press.
Great Britain, Department of Employment. 1969. *British Labour Statistics Yearbook.* Londres: Department of Employment.
Great Britain. *Parliamentary Papers.* 1839. Copies of Any Communications Addressed to the Secretary of State by the Agent for the Island of Jamaica, vol. 35.
Great Britain. *Parliamentary Papers.* 1886. Papers Relative to the Affairs of Jamaica, vol. 51.
Hall, Douglas. 1959. *Free Jamaica, 1838-1865.* New Haven, Connecticut: Yale University Press.
Hecht, J. Jean. 1956. *The Domestic Servant Class in Eighteenth Century England.* Londres: Routledge & Kegan Paul.
Higman, B. W. 1976. *Slave Population and Economy in Jamaica, 1807-1834.* Cambridge, Inglaterra: Cambridge University Press.
Higman, B. W., editor. 1980. *The Jamaican Censuses of 1844 and 1861.* Mona, Jamaica: University of the West Indies, Department of History.
Hughes, Marjorie. 1962. *The Fairest Island.* Londres: Victor Gollancz.
Jamaica, Board of Health. 1852. *Report by the Central Board of Health, of Jamaica.* Spanish Town, Jamaica.
Jamaica Bluebooks. 1840-1945. Kingston: Government Printing Office.
Jamaica, Collector General. 1880-1939. *Estimates of Government Expenditure.* Kingston: Government Printer.
Jamaica, Collector General. 1920-1939. *Annual Reports.* Kingston: Government Printer.
Jamaica, Collector General. 1962-1972. *Governor's Report on the Bluebook.* Kingston: Government Printer.

Jamaica, Department of Statistics. 1844-1970 [antes Central Bureau of Statistics; hoy día el Statistical Institute of Jamaica]. Censuses of Population.
Jamaica, Department of Statistics. 1943-1951. *Quarterly Digest of Statistics.* Kingston: Department of Statistics.
Jamaica, Department of Statistics. 1955. *Household Expenditure Survey, 1953-1954.* Kingston: Department of Statistics.
Jamaica, Department of Statistics. 1957. *Rural Household Expenditure Survey, 1956.* Kingston: Department of Statistics.
Jamaica, Institute of. 1995. *Jamaica in 1895.* Kingston: Institute of Jamaica.
Jamaica Hansard. 1975-76. New Series 1.
Jamaica Times. 1907. 5 enero.
Jamaica Times. 1932. 2 abril.
Jamaican Housewife (Kingston). 1962. 1 (Winter).
Jefferson, Owen. 1972. *The Post-War Economic Development of Jamaica.* Kingston: University of the West Indies, Institute of Social and Economic Research.
Katzman, David M. 1978. *Seven Days a Week: Women and Domestic Service in Industrializing America.* Nueva York: Oxford University Press.
Long, Edward. 1774. *The History of Jamaica,* vol. 2. Londres: T. Lowndes.
Marshall, Dorothy. 1949. *The English Domestic Servant in History.* Londres: Historical Association.
McBride, Theresa Marie. 1976. *The Domestic Revolution: The Modernization of Household Service in England and France, 1820-1920.* Nueva York: Holmes and Meier.
Maunder, W. F. 1960. *Employment in an Underdeveloped Area.* New Haven, Connecticut: Yale University Press.
Mingay, G. E. 1963. *English Landed Society in the Eighteenth Century.* Londres: Routledge and Kegan Paul.
Mitchell, B. R. 1971. *Abstract of British Historical Statistics.* Cambridge, Inglaterra: Cambridge University Press.
Musgrave, Anthony. 1880. *Jamaica: Now and Fifteen Years Since.* Kingston: Royal Colonial Institute.
Orde Brown, G. St. J. 1939. *Labour Conditions in the West Indies.* Londres: His Majesty's Stationery Office.
Owens, Leslie Howard. 1976. *This Species of Property.* Nueva York: Oxford University Press.
Report of the Middle Class Unemployment Committee. Kingston. 1941.
Report of the Royal Commission to Enquire into the Public Revenues ,1884.
Roberts, G. W. 1957. *The Population of Jamaica.* Cambridge, Inglaterra: Cambridge University Press.
Senior, Bernard Martin. 1835. *Jamaica, As It Was, As It Is, and As It May Be.* Londres.
Spinner, Alice. 1894. *A Study in Colour.* Londres.
Stewart, J. 1808. *An Account of Jamaica.* Londres.
Stigler, George Joseph. 1946. *Domestic Servants in the United States, 1900-1940.* Nueva York: National Bureau of Economic Research, Occasional Paper 24.
Stigler, George Joseph. 1956. *Trends in Employment in the Service Industries.* Princeton, New Jersey: Princeton University Press.

Taylor, LeRoy. 1964. *Consumers' Expenditure in Jamaica*. Kingston: University of the West Indies, Institute of Social and Economic Research.

The Daily Gleaner (Kingston). 1910-1981.

U.S. Department of Commerce. 1975. *Historical Statistics of the United States*. Washington, D.C.: Bureau of the Census.

West India Royal Commission. 1945. *West India Royal Commission Report*. Londres: His Majesty's Stationery Office.

Woodson, C. G. 1930. The Negro Washerwoman, A Vanishing Figure. *Journal of Negro History* 15, n° 3, pp. 269-277.

Wright, Philip (editor)1966. *Lady Nugent's Journal*. Kingston: Institute of Jamaica.

Sirvientas y amos en Rio de Janeiro en la década de 1870: percepciones de la casa y de la calle

Sandra Lauderdale Graham

En 1872 un orfebre portugués, dueño de una tienda en Rio de Janeiro, tuvo la oportunidad de testificar en un juicio que una joven esclava llamada Belmira había sido enviada a su tienda para buscar un par de aretes para la hija de su amo. El joyero agregó que él suponía que "Belmira no era virgen" porque "el hecho de que ella salga a la calle es suficiente para suponer esto". Según el amo de Belmira, ella salía frecuentemente para hacer compras y hasta para vender frutas y verduras. Un vecino recordó haber visto a Belmira servir como acompañante a la hija del dueño durante sus caminatas y excursiones. Según su propio relato, Belmira tenía "alrededor de 17 años, era soltera y estaba empleada en el servicio doméstico" (Corte de Apelaçao, Acçao de liberdade pela Belmira por seu curador, réu, Francisco da Veiga Abreu, Rio de Janeiro, 1872, Arquivo Nacional, Rio de Janeiro, Seçao do Poder Judiciário, Maço 216, N. 1470, fls. 41, 33v., 21).

Ni la razón de ser del caso de Belmira ni su eventual destino nos interesan aquí pero ¿qué podemos pensar del hecho de que una mujer pueda ser juzgada como experimentada sexualmente simplemente porque en el cumplimiento de los mandados del hogar, ella tiene que salir sola de la casa de su amo? El joyero no consideró necesario explicar o elaborar su comentario y durante el procedimiento judicial nadie le hizo preguntas sobre esto. Aparentemente, aquellos que escucharon el testimonio encontraron que las declaraciones del orfebre eran inteligibles y plausibles. Podemos también resaltar que, en contraste, la hija del dueño no salía sin ser acompañada, ya fuese para buscar sus propios aretes o para su recreación. Siendo libre, socialmente más valiosa y quizás más joven, ella contaba con los servicios de una esclava, apenas poco más que una niña, para que la protegiera.

Las usuales distinciones hechas entre casa y calle, ilustradas por la descripción de la esclava Belmira, eran reconocidas tanto por los sirvientes como por los *patroes* dentro de una cultura común. Sin embargo, para los sirvientes, la casa y la calle podían representar significados totalmente diferentes. Es valioso descubrir esos significados.

Imaginemos, entonces, la ciudad de Rio de Janeiro como la conocían los residentes alrededor de 1870. Como era la capital, ahí estaban los palacios de la realeza. Allí los miembros del parlamento, los ministros del gabinete, los consejeros de Estado, los jueces de la corte suprema, junto con los oficiales de la fiscalía, conducían los asuntos diarios del gobierno. Por ser Rio de Janeiro el puerto principal del Brasil, la ciudad dominaba el comercio del país. Los grandes potentados del café y sus agentes enviaban ese producto a través de los depósitos de Rio de Janeiro para abastecer el próspero comercio del Atlántico. A cambio de esto, los bienes de lujo europeos entraban a Brasil para satisfacer los gustos caros de la élite local. Las empresas de exportación más importantes se establecieron en la ciudad y junto con las casas de bancos locales y extranjeros hicieron de Rio de Janeiro el centro financiero de Brasil: allí vivían los ricos permanentemente, en mansiones espléndidas, o por temporadas en sus residencias urbanas vigilando sus intereses.

La esclavitud perduró hasta 1888. Aunque en la década de 1850 se puso fin efectivo al comercio africano de esclavos, un comercio interno floreciente hizo que los esclavos fueran trasladados desde las provincias del norte a través de Rio de Janeiro hacia las plantaciones de café del valle de Paraíba y del oeste de São Paulo. En Rio, una quinta parte de la población de la ciudad, alrededor de 50.000 habitantes eran esclavos, de los cuales aproximadamente la mitad eran mujeres (Brasil, Directoria Geral de Estatística, 1873-1876, p. 58).

Así, a pesar de todo su poder y riqueza, Rio de Janeiro presentaba otro aspecto diario de pobreza. En 1872, entre una población de 275.000 habitantes, pocos tenían el rango de jueces, senadores o eran propietarios de alguna importancia; muchos más ocupaban cargos burocráticos menores pero la mayoría -hombres o mujeres, pobres, libres o esclavos- realizaban trabajos físicos para poder sobrevivir. La mayoría de las mujeres trabajadoras laboraba como sirvienta.

En 1870 un censo de la ciudad estimó que 63,0% de las mujeres libres en edad de trabajar estaban involucradas en algún tipo de trabajo pagado e identificado como también lo estaba el 88,0% de mujeres esclavas (ver cuadros 1 y 2). Las pocas mujeres con ocupaciones "profesionales" incluían parteras, monjas, maestras o aquellas que eran expertas en alguna artesanía; las profesiones liberales -derecho y medicina- y el servicio público estaban cerrados a ellas. Unas pocas mujeres trabajaban en el comercio, probablemente como vendedoras en el mercado o en la calle; hombres o muchachos eran preferidos en los oficios de vendedores o cajeros, aunque algunas mujeres extranjeras poseían talleres de costura. Era un poco más común ver a mujeres trabajar en la manufactura de textiles y ropa, así como en las industrias de curtido y sombreros o en las fábricas de botas y zapatos. Trabajos en las fábricas, una alternativa para pocas mujeres, podían absorber solamente una pequeña proporción de mujeres trabajadoras.

—— Cuadro 1 ——————————————————————

Mujeres trabajadoras como porcentaje de mujeres en edad de trabajar, Rio de Janeiro, 1870-1906

	1870		1872		1906
	Libres	Esclavas	Libres	Esclavas	
Trabajando	63	88	58	89	49
Ocupación no declarada	37	12	42	11	51
Total	100	100	100	100	100
(N)	*(45.018)*	*(16.217)*	*(58.667)*	*(16.501)*	*(208.879)*

Fuentes: Brasil, Directoria Geral de Estatística 1871, Mappas A-K, n.p.; 1873-76, 1-33; 1907, 174-317.

─────────────────────────────── Cuadro 2 ───────

Mujeres trabajadoras según ocupación, Rio de Janeiro, 1870-1906
(En porcentajes)

	1870		1872		1906
	Libres	Esclavas	Libres	Esclavas	
Servicio doméstico	61,0	90,0	68,5	91,6	76,0
Costura	—	—	25,5	8,3	—
Manufactura	31,0	9,1	—	—	19,0
Comercio	3,0	0,1	1,2	0,2	1,0
Profesional	2,0	—	1,8	—	3,0
Trabajo autónomo	2,0	—	2,8	—	1,0
Agricultura	—	0,2	0,2	0,1	—
Trabajos casuales	1,0	0,4	0,4	—	—
Total	*100,0*	*100,0*	*100,0*	*100,0*	*100,0*
(N)	*(28.537)*	*(14.347)*	*(33.886)*	*(14.672)*	*(101,496)*

Nota: Los porcentajes no suman 100% debido a la aproximación efectuada.

Fuente: Brasil, Directoria Geral de Estatística 1871, Mappas A-K, n.p.; 1873-76: 1-33; 1907, 174-317.

Principalmente, entonces, las mujeres que trabajaban tenían poca elección fuera de emplearse como domésticas: cocineras y sirvientas; *amas de leite* (nodrizas) o *amas secas* (niñeras), que cuidaban niños pequeños; lavanderas o mujeres que solamente almidonaban o planchaban; las que se ocupaban de la despensa; mucamas, doncellas o camareras, y costureras. Incluso las mujeres, especialmente las esclavas, que vendían hortalizas o dulces en la calle, generalmente trabajaban como sirvientas domésticas durante el día como era el caso de Belmira. Para 1870, las mujeres que trabajaban en el servicio doméstico representaban alrededor del 16,0% de la población total de las parroquias urbanas de Rio de Janeiro (1) por lo tanto, podemos imaginar a Rio de Janeiro como una ciudad donde más de 30.000 mujeres libres y esclavas trabajaban como domésticas.

La fuerte presencia de sirvientas significaba que la vida hogareña en el siglo XIX en Rio de Janeiro incluía no sólo a los miembros de la familia -aquellos ligados por vínculos de sangre y parentesco- sino también un mayor número de acompañantes del hogar. En realidad y por preferencias culturales, el hogar a menudo incluía a los sirvientes -ya fueran esclavos o personas libres, o a veces ambos- que trabajaban como empleados con cama adentro o cama afuera (ver cuadro 3). Por ejemplo, en la parroquia de São Cristovao, 239 familias (el 17,0% de los 1.404 hogares) se identificaron como sirvientes que trabajaban y vivían en los hogares de

───────────────

(1) En este capítulo, cuando nos referimos a la ciudad de Rio de Janeiro nos referimos a las parroquias urbanas que para 1870 y 1872 eran Sacramento, São José, Candelaria, Santa Rita, Santo Antonio, Espirito Santo, Engenho Velho, São Cristovao, Gloria, Lagoa; para 1906, las parroquias urbanas también incluían Gavea, Engenho Nuovo, Santa Tereza, Gamboa, Andarahy, Tijuca y Meyer.

los *patroes*. Sin embargo, el censo seguramente no contó la cantidad total de hogares con sirvientes: por lo menos otros 392 hogares incluían a dependientes libres o esclavos, entre ellos 323 esclavas en edad de trabajo de quienes no se registraba ocupación; sin duda, muchas de ellas trabajaban en las casas de sus amos como domésticas, además, los sirvientes que trabajaban durante el día pero que no vivían adentro no habrían sido contados por los empadronadores del censo como pertenecientes a las casas de sus empleadores (Brasil, Directoria Geral Estatística 1870). "Hogar" definía un grupo de relaciones sociales entre personas que por su raza y nacimiento ocupaban posiciones sociales marcadamente desiguales.

Una cultura paternalista establecía los términos dentro de los cuales se le otorgaba al hombre jefe del hogar la autoridad y la responsibilidad sobre los demás miembros del mismo por lo que sus dependientes debían corresponder con la obediencia apropiada al lugar que ocupaban en la familia como esposa, hijos, o demás parientes o sirvientes. La costumbre portuguesa había instituido desde tiempo atrás al marido y padre como jefe indiscutible de la familia o *cabeça de casal*. A través de esa autoridad administraba legalmente la propiedad familiar, tanto la suya, como la de su esposa y la de sus hijos menores y/o solteros, y otorgaba o retenía permiso para casar a hijos menores, e incluso a su hija viuda. Tampoco podía negarse a ejercer los poderes que la costumbre y la ley decretaban para él, ya que sólo con su muerte podía pasar esa autoridad legalmente a la esposa o a un guardián si sus hijos eran menores (Almeida, 1870, liv. 1, tit. LXXXVIII, par. 6; liv. 4, tit. XCV, nn. 2,5; liv. 5, tit. XXII).

Más importante aún era el hecho de que la autoridad paterna no terminaba en el círculo de su familia inmediata, sino que se extendía a todos los miembros de la casa. El *amo* -jefe del hogar y maestro- poseía, de acuerdo a la ley portuguesa, el derecho a castigar físicamente a su "sirviente, seguidor, esposa, hijo o esclavo" (Almeida, 1870, liv. 5, tit. XXXVI, par. 1; Filgueiras, 1876, art. 14, par. 6). Sin embargo, al mismo tiempo se esperaba que el jefe de la familia asegurara la protección del honor de las sirvientas. El hombre que trataba de tener relaciones

—— Cuadro 3 ——————————————————————————

Empleados domésticos declarados en los hogares de São Cristovao, 1870

Sirvientes en hogares	hogares	% de hogares con sirvientes	% acumulado	% de todos los hogares
1	110	44,0	44,0	7,1
2	55	22,0	66,0	3,9
3-5	48	19,0	85,0	3,4
6-8	25	10,0	95,0	1,8
9-11	9	4,0	99,0	0,6
12-13	2	1,0	100,0	0,1
Total	*239*	*100,0*	*100,0*	*17,0*

Fuente: Brasil, Directoria Geral de Estatística, 1870.

sexuales con una sirvienta o de casarse con ella sin permiso de su *patrao* arriesgaba el destierro o la muerte. La ley penaba con más severidad si la doméstica había trabajado "dentro de la casa", con menor severidad si había estado trabajando "fuera de la casa" (Almeida 1870, liv. 5, tit. XXIV). Por lo tanto, las sirvientas vivían como miembros del hogar, sujetas a la autoridad del jefe de la familia.

Más contemporáneamente se usaron indistintamente las palabras familia, morada y *fogo* para referirse al hogar: "Todas aquellas personas que habitualmente ocupan una morada, tanto aquellas que propiamente constituyen una familia como los dependientes libres y esclavos; (...) o un cierto número de personas quienes, por razón de sus relaciones de parentesco, subordinación o simplemente dependencia viven en una morada o parte de una morada, bajo el poder, dirección o protección de un *chefe* (...) y con una economía común" (Brasil, Directoria Geral de Estatística (1871, 4); Brasil, Leyes, estatutos, etc., Decreto 4856, 30 dezembro 1871, Regulamento, cap. I, art. 3, par. 1; Rio de Janeiro, Cámara Municipal 1870: Secçao Segunda, Policia, tit. IX, par. 3).

Como resultado del uso brasileño, "el hogar" se refería simultáneamente a la familia y a los dependientes de la misma, a una morada, a un grupo económico identificable e implicaba autoridad paterna.

La noción brasileña de hogar en sí misma encajaba dentro de un esquema conceptual más grande, entrelazado con las imágenes competitivas de *casa e rua*, casa y calle (Freyre, 1961, I, pp. 33-48; Freyre primero sugirió las imágenes opuestas de "casa y calle"; aquí he trabajado sobre elaboraciones de esos conceptos para el Brasil contemporáneo realizadas por Da Matta, 1981, pp. 71-75).

Para esa época, "la casa" representaba un espacio privado y protegido, en contraste con lo público, desagradable e incluso peligroso de "la calle". Los lazos conocidos y formales de los parientes consanguíneos pertenecían al hogar; las relaciones menos duraderas o transitorias, aquellas que involucraban una opción, estaban asociadas con la calle. El término "casa" distinguía y separaba a la familia de lo anónimo, burdo y desordenado de una sociedad vista como perteneciente a lugares públicos, tiendas y calles. Al describir una zona de peligro o riesgo y otra de seguridad y protección, las nociones de casa y calle transformaban lugares físicos en zonas demarcadas culturalmente, indicando de ese modo el tipo de conducta que se esperaba y la conducta que sería apropiada.

En la práctica, los límites entre la casa y la calle adoptaban diversas formas. Físicamente, un jardín entre muros con árboles y flores fragantes apartaba una villa del ruido o suciedad que esperaba afuera. En parroquias más antiguas y establecidas, un comerciante y su familia solían ocupar el piso de arriba de su tienda o depósito; por lo tanto un límite horizontal separaba lo que estaba abajo y era público de lo que estaba arriba y era privado. En casas modestas, donde ni siquiera una terraza separaba la casa de la calle, las ventanas se podían cerrar con contraventanas de madera (Burmeister, 1853, p. 47; Kidder/Fletcher, 1879, pp. 27 y 163).

El límite entre la casa y la calle no sólo tenía una cualidad espacial sino temporal. El comercio de la calle era una cuestión de día, cuando toda clase de personas podían hacer negocios, ganarse su vida, disfrutar de sus compañeros o simplemente ir y venir. Sin embargo, después que oscurecía, la vida social y comercial de la calle oficialmente cesaba y se esperaba que las personas regresaran a sus casas. Para marcar esa hora, las campanas de la iglesia doblaban durante media hora -a las 22 horas en verano, a las 21 horas en invierno- "para llamar a los ciudadanos a sus hogares" y para advertir a los esclavos que se alejaran de la calle, antes del toque de queda. Después de esa hora, aquel "que estuviera en la calle sin una razón clara" estaba sujeto a cárcel o multas. A los artesanos y los trabajadores les era otorgado permiso para transportar sus herramientas por la calle sólo durante el día; "después del Ave María" o del doblar de las campanas, las herramientas se transformaban en armas y estaban prohibidas (Almeida, 1870, liv. 1, tit. LXV, par. 14, n. 3; Baretto/Lima, 1942, III: 102-103; Rio de Janeiro, Càmara Municipal, 1870, tit IX, par. 20). (Para un ejemplo de un esclavo acompañado en la calle porque ya había pasado el toque de queda, ver 6º Distrito Criminal, Furto de escravo, réu, Severiana Mariana Maria da Conceiçao, Rio de Janeiro, 1882, ANSPJ, Caixa 1736, N. 5191, fl. 10v).

Reconocer que la calle y la casa abarcaban vastas y diferentes esferas sociales produjo dobles distinciones entre sexo y clase. Los hombres brasileños podían disfrutar de "la compañía fácil de la calle y la plaza (...) donde ellos discutían de política (...) y negociaban", pero las mujeres de buena familia que salían a la calle -incluso durante el día- salían acompañadas por sus empleadas domésticas, llevando consigo la protección de la casa en la persona de una sirvienta. Las mujeres paseaban a menudo por el *Passeio Público* junto a sus hijos y sirvientas durante las tardecitas frescas. Pero una joven viuda no podía tomar los baños de mar que su médico le había prescrito si "no tenía persona de confianza que la acompañara" (Ewbank, 1856, pp. 89-91; Freyre, 1922, p. 612; Kidder/Fletcher, 1879, pp. 88-89; Rebello, 1886, p. 188). La imagen de las mujeres resguardadas de las vulgaridades o peligros de la calle tenía valor precisamente porque distinguía a las mujeres de posición de aquellas con menores posibilidades que enfrentaban solas los riesgos de la calle.

Esta distinción entre casa y calle no sólo identificaba a las mujeres de diferentes clases sociales, sino que adicionalmente establecía diferencias entre las mujeres domésticas de la misma clase. Como escoltas o acompañantes, algunas sirvientas "conocían las calles"; otras habían sido contratadas con la condición expresa de que "no saldrían a la calle". En 1870 en un hogar había tres esclavas que se ocupaban del "servicio de la casa", mientras que un esclavo era enviado a cumplir las "tareas de la calle" (Brasil, Directoria Geral de Estatística 1870, HH 548).

Si los amos confinaban algunas sirvientas a trabajos en el interior porque el mundo de afuera las podía dañar o tentar, no todas las sirvientas necesitaban o garantizaban ese cuidado. Mujeres sexualmente experimentadas, como quizás era Belmira, se asumía que podían arreglárselas en la calle, por lo tanto las casas brasileñas, siguiendo la vieja tradición portuguesa, mantenían la distinción entre aquellas que "servían de puertas para dentro" y las que "servían fuera de la casa". Al establecer esa diferencia una familia podía determinar las protecciones que ofrecía y las demandas que hacía. (Para ejemplos, ver Almeida, 1870, liv. 5, tit. XXIV; Brasil, Directoria Geral de Estatística, 1870, HH 548; *Correio Mercantil*, 1872, agósto 28 y 1877, julho 25).

A pesar del ordenamiento mental de la vida de la ciudad en zonas competitivas de peligro o riesgo por un lado, y de seguridad o protección por el otro, el hecho era que las casas de Rio de Janeiro funcionaban precisamente debido al contacto diario con la calle. Como Rio de Janeiro no tenía un sistema de aguas residuales o agua por cañerías, las dueñas de casa dependían de sus sirvientas para transportar el agua, lavar en las fuentes públicas o vaciar los desperdicios en las playas cercanas. Las familias enviaban diariamente a las sirvientas a hacer las compras ya que como habitantes de la ciudad no producían buena parte de los bienes de consumo diario ni en los trópicos se podían almacenar cantidades significativas o variadas de víveres. Además, como pocas familias podían darse el lujo de tener sirvientas suficientes como para que algunas pudieran dedicarse exclusivamente al trabajo interno de la casa, la mayoría de las sirvientas iban rutinariamente entre la casa y la calle. A las mujeres del servicio doméstico se les pedía que encararan y manejaran los aparentes riesgos de negociar en los mercados públicos, cosa que no se esperaba de sus *patroas* protegidas. Debían también abrirse paso a través de las calles congestionadas y sucias, y sobrellevar los insultos sexuales implícitos o las transgresiones de la sociedad masculina.

Sin embargo, si prestamos atención a la propia experiencia de las sirvientas en aquel mundo de puertas afuera, tal como ellas lo percibían y enfrentaban, pienso que las zonas de peligro y seguridad estaban -o podían ser- revertidas. Para algunas los espacios más allá de la casa llegaron a ser categorizados como familiares, quizás cansadoramente familiares, como la arquitectura de ciertas calles y *praças*. Las calles sucias y ruidosas donde todo tipo de tiendas, residencias privadas, almacenes y edificios públicos apretados unos contra otros llegaron a ser ordenados por ellas de acuerdo a los significados privados que ellas les asignaban. Las sirvientas compartieron la ciudad junto con todos aquellos que desarrollaban sus tareas en la calle -por ejemplo, vendedores y porteros- como un lugar de sonidos, imágenes y olores conocidos. Individualmente las sirvientas podían establecer su camino favorito de la casa a la fuente o al mercado, conociendo bien sus señales y las distancias de un lugar a otro.

El trabajo que llevaba a las sirvientas a salir a la calle les permitía participar en un mundo social más diversificado e igualitario. Lejos del ojo avizor de una siempre observante *dona da casa*, las mujeres podían esperar encontrarse en la calle con otras sirvientas con similar rumbo o brevemente con amigos o amantes, en un lugar y a una hora prefijada. Hacer las compras para la casa significó un contacto repetido con vendedores quienes, al igual que las sirvientas, eran esclavos o los pobres libres de la ciudad. En esos lugares públicos se podían establecer lazos sociales entre semejantes probados, disfrutados y forjarse identidades individuales. Lavar en la fuente o en los tanques de las lavanderías o en el *cortiço*, o hacer cola para llenar las vasijas con agua, eran ocasiones sociales. El secado o blanqueado de la ropa al sol representaba una larga espera para las lavanderas, tiempo suficiente para lavar su propia ropa o para atender a sus hijos que llevaban a la fuente o que dejaban para que corrieran en el patio. Lavar la ropa también daba tiempo para la camaradería. Durante varias horas o durante un día entero, las mujeres se encontraban liberadas de la necesidad de comportarse con deferencia y de moverse silenciosamente y así el sitio de la fuente resonaba con sus conversaciones y con sus trabajos y los cargadores de agua que esperaban en la fuente o cerca del grifo en la esquina de la calle gozaban del tiempo conversando y flirteando (Backheuser, 1906, p. 109; Ewbank, 1856, p. 94; Kidder/Fletcher, 1879, p. 174).

Las empleadas domésticas compraban duraznos, piñas, cebollas y hortalizas a las muchas mujeres descalzas que vendían por las calles *quitanda* (productos agrícolas), que llevaban dentro de canastas que balanceaban con mucha seguridad sobre sus cabezas. Una vendedora, con manos duras y ásperas de trabajar, vendía menudillos que sacaba de una caja colgada de su cuello (Costa, 1938, I, p. 128; Kidder/Fletcher, 1879, p. 167). En São Cristovao, 32 mujeres libres y 8 mujeres esclavas trabajaron como *quitandeiras* (Brasil, Directoria Geral de Estatística 1870, HH 548), sin embargo, la mayoría de las veces eran hombres los vendedores de la calle. De todas maneras, las sirvientas negociaban en situaciones más o menos agresivas, regateando para obtener buenos precios y cuidando de recibir productos de calidad. Para comprar en el mercado se necesitaba cierta astucia y estrategia. Si una sirvienta quería ahorrar para sí misma una pequeña parte del cambio, aparte del que tenía que devolver a su *patroa*, o evitar las acusaciones preparadas por ésta, debía negociar fuerte. El origen común de sirvientas y vendedores no las protegía necesariamente de las transacciones turbias de quienes vendían caro o estafaban abiertamente a los incautos y así a veces las sirvientas se arriesgaban comprando carne o pan pesados sobre balanzas equilibradas falsamente (Carvalho, 1901, p. 45; Kidder/Fletcher, 1879, p. 172; ver también al respecto Propuestas para reglamentar la venta de pan en Càmara Municipal, Rio de Janeiro, 1861 y 1892; Arquivo Geral da Cidade do Rio de Janeiro, Commercio de pao, 1841-1907, Cod. 58-4-36, fls. 38, 129; Càmara Municipal, Rio de Janeiro, 10 março 1879, ACG-RJ, Infracçao de Posturas, Sacramento 1870-79, Cod. 9-2-35, fl. 29). Las sirvientas alertas se fijaban que el pan no hubiera sido hecho con harina podrida o que la carne no estuviera descompuesta por haber sido expuesta al sol durante mucho tiempo o transportada en carros lentos, cubiertos solamente con un trapo sucio; incluso las menos experimentadas sabían cómo evitar el pescado dañado que se guardaba en barriles de agua salada cuyo hedor era tal que causaba vómito (se puede consultar a este respecto: Sociedade Cosmopolita Protectora dos Empregados em Padarias, Rio de Janeiro, 22 dezembro 1902, AGC-RJ, Commercio de pao, 1841-1907, Cod. 58-4-36, fl. 145; Junta Central de Hygiene Pública a Càmara Municipal, Rio de Janeiro, 10 abril 1864, Director do Matadouro Público a Càmara Municipal, Rio de Janeiro, 30 novembro 1881, AGC-RJ, Carnes e matadouros... serviço sanitario, 1853-1909, Cod. 53-4-10, fls. 30-30v, 76; Secretaria, Ministerio da Justiça, Consultas, Conselho de Estado, Secçao de Justiça, Rio de Janeiro, 25 julho 1881, Arquivo Nacional, Rio de Janeiro, Secçao do Poder Executivo, Caixa 558, Pac. 3; Honorio Hermeto Leite Campos a Càmara Municipal, Rio de Janeiro, 5 março 1877, AGC-RJ, Mercado da Candelario, 1870-1879, Cod. 61-2-17, fl. 40).

Por lo tanto, la sirvienta responsable de llevar a su casa productos perecederos que debían tener la aprobación de la *dona*, debía encontrar vendedores en los que pudiera confiar y que supieran que ella era seria y no se dejaría engañar. Si era enérgica y lista para discernir sobre la calidad de los productos, entonces podía moverse con confianza en un mundo que era predominantemente masculino.

También las sirvientas conducían sus vidas privadas, al menos parcialmente separadas e independientes de las casas donde dominaban los *patroes*; vidas que las colocaban en un sector más amplio de la sociedad: el de la clase pobre y trabajadora de la ciudad. Ellas participaban en las amistades, las preocupaciones y en las celebraciones del vecindario con el que afirmaban un antecedente común de pobreza, raza o parentesco. En contraste con las vidas de los pudientes de la ciudad, ocultos de la vista de los demás en sus carrozas cerradas, amuralladas mansiones o elegantes iglesias, las vidas privadas de los pobres pertenecían a lugares más públicos y asequibles: tabernas o tiendas de la esquina, casas de vecindad o *cortiço*. Las numerosas lavanderas y costureras puertas afuera que trabajaban para varios hogares daban por sentado una vida pobre. Otras sirvientas, como es el caso de Antonia Mendez, mantenían una doble vida. Antonia trabajaba como sirvienta cama adentro para una familia en el lejano suburbio de Tijuca, mientras que al mismo tiempo alquilaba una habitación en el Campo de Sant'Ana que compartía con su amante, Salvador. Activamente, con planificación y ahorros, Antonia arregló una vida privada, aunque podía ir a su habitación alquilada para ver a Salvador "solamente cada ocho días más o menos" (cf. Delegacia de Policia da 9a Circumscripçao Urbana, réu, Salvador Barbará, Rio de Janeiro, 1899, ANSPJ, Caixa 1069, N. 50, fls. 2-4, 6, 7v, 8-9v).

Aun las mujeres esclavas a veces lograban una vida separada. Maria Joaquina vivía por su cuenta, con "licencia de su amo". De su trabajo como lavandera devolvía en efectivo a su dueño una parte de lo que ganaba, guardando el resto para mantenerse (Brasil, Directoria Geral de Estatística, 1870, HH 1058).

Por lo tanto, para las sirvientas, "la calle" podía significar un cierto grado de libertad, afirmación personal o la compañía de un amante, pariente o amigos, mientras que el supuestamente espacio protegido de una casa significaba la presencia represora y vigilante de *patroes* y, por supuesto, la posibilidad del castigo. Para ellas, el peligro podía estar dentro de la casa en vez de más allá de sus muros.

Por su parte, los *patroes* de Rio de Janeiro ejercían su autoridad dentro del dominio de la "casa". La esclavitud, unida a antiguas nociones ibéricas de hogar, significó que los *patroes* ejercieran dominación personal y privada sobre sus sirvientes libres o esclavos. Ya para 1880, los dueños de casa creían que su autoridad era menos segura. Llegaron a identificar desorden social con sirvientas desobedientes y, mucho más alarmante, a identificar a las sirvientas de la casa -especialmente a las nodrizas- como transmisoras de enfermedades fatales. Insistieron en que los tiempos reclamaban una regulación así como medidas de salud pública que se hicieran cumplir con firmeza. Pero como tales medidas requerían transferir a empleados públicos poderes que habían sido exclusivamente personales, los jefes de familia se rehusaron a pesar de la alarma, prefiriendo el riesgo de sirvientas enfermas y perturbadoras a cualquier cosa que disminuyera jurisdicción sobre su vida doméstica diaria (3).

---

(3) Para ejemplos de contratos de trabajo y reglamentos que fueron propuestos, ver Propuestos...1884-1906, AGC-RJ, Serviço Domestico, Cod. 48-4-56, y Projectos de posturas...1884, 1885, 1888, 1891 e 1896, AGC-RJ, Serviço Domestico, Cod. 50-1-47; en relación con los reglamentos que fueron adoptados y que después se cancelaron, ver Rio de Janeiro, Càmara Municipal, 22 novembro 1888, y remitido al Ministerio do Imperio, 17 dezembro 1888, AGC-RJ, Serviço Domestico, Cod. 50-1-45, fls. 2,3; Consulta, Conselho do Estado, Secçoes Reunidas de Justiça e Imperio, Rio de Janeiro, 5 de agósto 1889, AGC-RU, Serviço Domestico; Projectos de posturas e pareceres do Conselho d'Estado sobre o serviço domestico no Rio de Janeiro 1881-89, Cod. 50-1-43; Brasil, Ministerio da Justiça 1882; 195-97; Rego 1872, 170-75; Figueiredo, 1876, 498-504; Francisco Rebello de Carvalho a Càmara Municipal, Rio de Janeiro, 31 julho 1884, AGC-RJ, Instituto Municipal de amas de leite, 1884-85, Cod. 41-1-40, fls. 3-5; Projecto de organizaçao do pessoal medico da Càmara Municipal, y Exame de carnes-verdes, estabulos de vaccas e serviço de amas de leite, 1884, 48-4-3; *Mae de Familia* 1880, 2-3; Moncorvo Filho, 1903, pp.167-173).

Ninguna expresión de las distinciones entre casa y calle que indicara los significados de la vida social armonizaba con el ruidoso despliegue anual del *carnaval* que antecedía a la cuaresma. Para amos y amas, la "casa" significaba control, autoridad, un dominio seguro y estable donde sexo, edad y particularmente lazos de sangre, ordenaban todas las relaciones. Connotaciones de inseguridad, movimiento y novedad pertenecían a "la calle" (Da Matta, 1981, p. 70), y durante el *carnaval* los pobres se apoderaban de las calles como si el lugar fuera suyo.

Para aquellos cuyos parámetros de vida diaria pertenecían rutinariamente a la calle, el *carnaval* no invertía lo ordinario sino que lo celebraba y exageraba. En sus celebraciones la gente común otorgaba a su modo de vida una legitimidad generalmente negada; convertían las calles en lugares festivos y relucientes, decorados con ramas, banderas y faroles suspendidos de los postes. Se mofaban de los peligros usualmente percibidos con el juego de jeringas de agua y bombas de harina. La gente se aglomeraba en el centro comercial de la ciudad, o se reunía para ver los fuegos artificiales en el Largo da Constituiçao, o gritaba al acróbata que "iba por las calles realizando sus hazañas". Bandas, individuos en traje de fantasía o procesiones en gran escala intensificaban con movimiento, color y sonido la conmoción natural de la calle (Barreto/Lima, 1942, II, pp. 197 y 305; *Revista Illustrada,* 1884, pp. 4-5; *Rio News,* 1883, p. 2; ver también peticiones a Càmara Municipal [1875?], AGC-RJ, Carnaval, Cod. 40-3-86, fls. 2-3).

No estando en la calle para servir a los demás, durante tres días enteros los pobres reinaban con su presencia descarada y llamativa. Para la gente común, entre ellos las sirvientas, durante el *carnaval* "la calle" continuaba siendo la calle, sólo que más exagerada y excesiva.

De manera similar, el *carnaval* no rompía sino que afirmaba los significados dados al término "casa." Las personas ricas, "más recluidas" (la frase indicaba privilegio), mantenían sus recelos sobre la calle contaminada; miraban las procesiones por las ventanas de arriba o desde los vestíbulos, protegidos de la muchedumbre ruidosa y revoltosa. Los ricos no se unían a las festividades de la calle sino que realizaban sus propias celebraciones, pero adentro. En los hoteles o en clubes privados, "las mejores familias" eran las anfitrionas de lujosos bailes donde vestidos con disfraces suntuosos se paseaban enmascarados con toda seguridad entre los que podían considerar sus iguales (Morais Filho, 1946, pp. 179-195; Rios Filho, 1946, p. 330; Toussaint-Samson, 1883, p. 77). Entonces, durante ese tiempo especial de *carnaval*, se desplegaban y confirmaban las nociones usuales que ordenaban la vida diaria.

Casa y calle eran conceptualizaciones competitivas. Para las sirvientas llevaban implícitos significados contrarios a aquellos dados por los *patroes.* Los significados que las sirvientas derivaban de su propia experiencia formaban parte de la autoconciencia por la cual se diferenciaban de los *patroes* y de los hogares en los cuales trabajaban.

Belmira y el joyero cada uno reconocía la distinción entre casa y calle, pero para cada uno eran distintas.

Bibliografía

Almeida, Candido Mendes de (comp. y ed.) 1870. Código Phillipino; ou Ordenaçoes e leis do reino do Portugal, recopilados por mandado d'el-rey D. Philippe I. 14. ed. segundo a primeira de 1603 e a nona de Coimbra de 1824. Addicionada com diversas notas... Rio de Janeiro: Typ. do Instituto Philomathico.

Backheuser, Everardo. 1906. *Habitaçoes populares.* Rio de Janeiro: Imprensa Nacional.

Barreto, J. F. de Mello/Hermeto Lima. 1942. *História da polícia do Rio de Janeiro: aspectos da cidade e da vida carioca,* 1831-1870. 3 vols. Rio de Janeiro: Editora "A Noite".

Brasil, Directoria Geral de Estatística. 1870. Arrolamento da populaçao do Municipio da Corte [Sao Cristavao], MS, Instituto Brasileiro de Geografía e Estatística, Rio de Janeiro, Departamento de Documentaçao e Referéncia.

Brasil, Directoria Geral de Estatística. 1871. Relatorio apresentado No Ministro e Secretário d'Estado dos Negocios do Imperio pela Commissao encarregada da direcçao dos trabalhos do arrolamento de populaçao do Municipio da Corte a que se procedeu em abril de 1870. Rio de Janeiro: Typ. Perseverança.

Brasil, Directoria Geral de Estatística. 1873-76. Recenseamento da populaçao do Imperio do Brasil a que se procedeu no dia 1º de agosto de 1872. Rio de Janeiro: G. Leuzinger y Filhos.

Brasil, Directoria Geral de Estatística. 1907. Recenseamento do Rio de Janeiro (Distrito Federal) realizado em 20 de setembro de 1906. Rio de Janeiro: Officina da Estatística.

Brasil, Ministerio da Justiça. 1882. Relatorio. Rio de Janeiro: Ministerio da Justiça.

Burmeister, Karl Hermann Konrad. 1853. *Viagem No Brasil através das províncias do Rio de Janeiro e Minas, visando especialmente a história natural dos distritos auridiamantíferos.* Traduzido por Manoel Salvaterra e Hubert Schoenfeldt. Biblioteca História Brasileira 19. Reimprimido Sao Paolo: Martins, 1952.

Carvalho, José Luis Sayao Bulhaes. 1901. *A verdadeira populaçao da cidade do Rio de Janeiro.* Rio de Janeiro: Typ. do "Jornal do Commercio".

Correio Mercantil (Rio de Janeiro). 1872. agósto 28.

Correio Mercantil (Rio de Janeiro). 1877. julho 25.

Costa, Luiz Edmundo da. 1938. *O Rio de Janeiro do meu tempo.* 3 vols. Rio de Janeiro: Imprensa Nacional.

Da Matta, Roberto. 1981. *Carnavais, malandros e heróis: para uma sociologia do dilema brasileiro.* Segunda edición. Rio de Janeiro: Zahar.

Ewbank, Thomas. 1856. *Life in Brazil: or A Journal of a Visit to the Land of the Cocoa and the Palm.* Reimprimido Detroit: Blaine Ethridge Books, 1971.

Figueiredo, Carlos Arthur Moncorvo de. 1876. Projecto de regulamento das amas de leite. Gazeta Medica de Bahia, pp. 498-504.

Filgueiras, Junior, [José Antonio de] Araújo (editor) 1876. *Código criminal do império do Brasil.* Segunda edición. Rio de Janeiro: Laemmert.

Freyre, Gilberto. 1922. Social Life in Brazil in the Middle of the Nineteenth Century, in *Hispanic American Historical Review* 5, nº 4, pp. 597-630.

Freyre, Gilberto. 1961. *Sobrados e mucambos: decadéncia do patriarcado rural e desenvolvimento do urbano.* 2 vols. Tercera edición. Rio de Janeiro: José Olympio.

Kidder, Daniel P./James C. Fletcher. 1879. *Brazil and the Brazilians Portrayed in Historical and Descriptive Sketches.* Novena edición revisada. Londres: Sampson Low, Marston, Searle y Rivington.

A Mae de Familia (Rio de Janeiro). 1880. Janeiro, pp. 2-3.

Moncorvo Filho, Arthur. 1903. Exames de amas de leite do 'Dispensario Moncorvo'. Archivos de Assistencia á Infancia.... 2, n⁰ 10-12, pp. 167-173.

Morais Filho, Alexandre José Melo. 1946. *Festas tradiçoes populares do Brasil* (1888). Tercera edición revisada. Anotado por Luís da Camara Cascudo. Rio de Janeiro: Briguiet.

Rebello, Eugenio. 1886. Da vida sedentaria e de seus inconvenientes anti-hygienicos. *Revista de Hygiene*, setembro, pp. 184-188.

Rego, José Pereira. 1872. *Esboço historico das epidemias que tem grassado na cidade do Rio de Janeiro desde 1830 a 1870.* Rio de Janeiro: Typ. Nacional.

Revista Illustrada. 1884. 9, no. 373:4-5.

Rio de Janeiro, Càmara Municipal. 1870. Código de posturas da Illma. Camara Municipal do Rio de Janeiro e editaes da mesma Càmara. Rio de Janeiro: Laemmert.

Rio News (Rio de Janeiro). 1883. Janeiro 24, p. 2.

Rios Filho, Adolfo Morales de los. 1946. *O Rio de Janeiro imperial.* Rio de Janeiro: Editora "A Noite".

Toussaint-Samson, Adele. 1883. *Une parisienne au Brésil, avec photographies originales.* Paris: Paul Ollendorff.

Parte II
El servicio doméstico hoy:
ideología y realidad

Mónica Gogna

Mary Garcia Castro

Margo L. Smith

Cornelia Butler Flora

Patricia Mohammed

Shellee Colen

Empleadas domésticas en Buenos Aires

Mónica Gogna

En las ciudades latinoamericanas, el servicio doméstico ha sido históricamente, y en muchos casos sigue siendo, la principal alternativa laboral para las mujeres de los estratos bajos, particularmente para las migrantes. Pero no es un trabajo como cualquier otro. Su peculiar naturaleza: el ámbito en el cual se desarrolla, la forma de remuneración (monetaria y no monetaria), la relación de trabajo que genera (contractual y a la vez de estrecha convivencia), así como la existencia de diferentes modalidades de empleo que implican situaciones de vida y de trabajo claramente diferentes, justifica una discusión más profunda de esta ocupación.

Esto es justamente lo que intentamos hacer en este capítulo, en el cual se presentan resultados de un estudio exploratorio acerca de los diferentes tipos de trabajo y condiciones de empleo en el servicio doméstico en Buenos Aires (1).

Además de la información proveniente de fuentes tales como estudios existentes, datos secundarios, avisos clasificados y algunas historias de vida, parte sustancial de este trabajo se basa en entrevistas a empleadas domésticas hechas con el propósito de reconstruir las historias migratorias y ocupacionales y obtener datos acerca del empleo.

A partir de algunas entrevistas preliminares, y con base en la temática del sector informal y el conocimiento de estudios sobre otras ocupaciones, se confeccionó una guía de entrevista que operaba, en lo fundamental, como un listado de los principales temas acerca de los cuales se buscaba recoger información. Para obtener datos acerca de la jornada de trabajo, se utilizó la técnica "día de ayer", que consiste en el registro retrospectivo del "uso del tiempo" del día anterior a la entrevista (Mueller, 1978). En cuanto a las entrevistadas, se accedió a ellas a través de contactos personales y de dos instituciones vinculadas al empleo doméstico: el Sindicato del Personal Doméstico de Casas Particulares, y Orientación para la Joven, esta última vinculada a la Iglesia católica, que recibe a su cargo, en las estaciones de tren, jóvenes migrantes para después colocarlas en casas de familia.

Datos estadísticos y régimen legal

En 1980, de las 2.756.000 mujeres que el Censo consigna como económicamente activas, 21,0% se desempeñaban como empleadas domésticas. Prácticamente la mitad de ellas (46,0%) se encontraba en el Gran Buenos Aires, y algo más de

---

(1) Este artículo es una síntesis de la tesis de grado en sociología presentada en la Universidad de Salvador, Buenos Aires, en 1980.

20,0% del total residía en el hogar donde prestaba sus servicios.

La proporción de domésticas entre las mujeres ocupadas es similar a la registrada en los dos censos anteriores (cuadro 1), luego de la caída de las altas tasas registradas a fines del siglo pasado y principios del actual: para 1895, las trabajadoras de los servicios representaban 42,0% de la PEA femenina, entre las cuales una abrumadora proporción se concentraba en las ocupaciones menos calificadas (Kritz, 1978). La proporción de mujeres en calidad de servicio doméstico era de 39,0% en 1914 sobre la PEA femenina (Zurita, 1983, cuadro 2). Y si bien su peso relativo ha ido disminuyendo desde 1947 en favor de rubros "más dinámicos", el servicio doméstico todavía representaba en 1980 casi 12,0% del empleo en el sector terciario (Argentina, Ministerio de Trabajo, 1985, cuadro 3).

Como en otros países latinoamericanos, se trata de mujeres jóvenes (casi 60,0% son menores de 34 años), con baja instrucción formal (ver cuadros 2 y 3),

───── Cuadro 1 ─────

Trabajadores domésticos según sexo y porcentaje de la población femenina económicamente activa, Argentina, varios años

Año	Total	Hombres	Mujeres	% Fuerza de trabajo femenina
1947	400.499	23.927	376.572	30,5
1960	346.126	11.758	336.653	20,5
1970	538.550	11.400	527.150	23,0
1980	576.356	9.186	567.170	20,6

Fuente: Recchini de Lattes, 1977, cuadro 2.4, 2.7; Argentina, Instituto Nacional de Estadística y Censos (14 años y más en 1947, 1960 y 1980; 10 años y más en 1970).

───── Cuadro 2 ─────

Mujeres en el servicio doméstico según edad. Argentina, 1980

Edad	Número	%	% Acumulado
14-19	125.034	22,0	22,0
20-24	85.399	15,1	37,1
25-34	119.983	21,2	58,3
35-44	100.016	17,6	75,9
45-54	82.159	14,5	90,4
55-64	42.064	7,4	97,8
60 y más	12.515	2,2	100,0
Total	*567.170*	*100,0*	*100,0*

Fuente: Argentina, Instituto Nacional de Estadística y Censos 1982.

Trabajadores domésticos según niveles de educación formal.
Argentina, 1980

Nivel	Número	%
No asistió y primaria incompleta	317.355	55,1
Primaria completa	205.944	35,7
Secundaria incompleta	43.600	7,6
Secundaria completa	7.941	1,4
Superior, incluyendo universitaria	1.516	0,3
Total	*576.356*	*100,0*

Nota: las mujeres constituyen 98,4% de este grupo ocupacional.

Fuente: Argentina, Instituto Nacional de Estadística y Censos 1982.

generalmente migrantes. En 1970, trabajaban en situación de servicio doméstico 53,0% de las migrantes internas recientes; 63,0% de las migrantes limítrofes recientes, y 35,0% de las migrantes internas establecidas, pero sólo 5,0% de las nativas (Marshall, 1977).

La inclusión de la variable "modalidad de trabajo" (cuadro 4) permite a su vez discriminar las diferentes categorías que el término "empleada doméstica" engloba: la trabajadora muy joven, soltera (88,0% de las mujeres en servicio doméstico residencial está en esta categoría (Argentina, Censo Nacional de Población 1980, cuadro 3, no publicado) que migró de la parcela familiar y envía parte del salario a su hogar; y la adulta, que tiene su propia familia y recurre al servicio doméstico como forma de complementar el ingreso familiar o como medio de vida en los casos en que se encuentra al frente del hogar.

Las normas que regulan las relaciones de trabajo que nacen de la prestación de servicios de carácter doméstico se encuentran contenidas en dos decretos-ley del año 1956 (n° 326 y n° 7.979) que definen quién es considerado trabajador doméstico y, en consecuencia, quién tiene derechos a los beneficios del estatuto: "Art. 1: El presente Decreto-ley regirá en todo el territorio de la Nación las relaciones de trabajo que los empleados de ambos sexos presten dentro de la vida doméstica y que no importen para el empleador lucro o beneficio económico, no siendo tampoco de aplicación para quienes presten sus servicios por tiempo inferior a un mes, trabajen menos de cuatro horas por día o lo hagan por menos de cuatro días a la semana para el mismo empleador" (Decreto-ley N° 326/56).

También, estos decretos fijan las obligaciones y derechos de empleados y empleadores ante la ley, y establecen para la Capital Federal cinco categorías de trabajadores cuyas remuneraciones pueden convenirse libremente en tanto superen en dinero los sueldos mínimos que se fijan en cada caso: la Capital Federal es la ciudad de Buenos Aires; el término Gran Buenos Aires incluye los 19 partidos del cono urbano; en cuanto a las categorías, la primera categoría son: institutrices, preceptores, gobernantas, amas de llaves, mayordomos, damas de compañía y

——— Cuadro 4 ————————————————————————————————

Mujeres en el servicio doméstico según edad y modalidad de trabajo. Argentina, 1980.

(En porcentajes)

Edad	Viviendo adentro	Viviendo afuera	Total
24 y menos	56,9	31,8	37,5
25-44	26,2	42,0	38,4
45-64	13,5	24,2	21,8
65 y más	3,4	2,0	2,3
Total	*100,0*	*100,0*	*100,0*
(N)	*(126.541)*	*(440.269)*	*(567.170)*

Fuente: cálculos basados en datos no publicados del Censo 1980.

niñeras; la segunda categoría: cocineros(as) especializados(as), mucamos y niñeros especializados(as), *valets* y porteros de casas particulares; la tercera categoría: cocineros, mucamos(as) y niñeras en general, auxiliares para todo trabajo, ayudantes(as), jardineros y caseros; la cuarta categoría la integran aprendices en general de 14 a 16 años de edad, y en la quinta categoría se incluye todo el personal con retiro.

La ley reconoce a los empleados domésticos los siguientes derechos: descanso semanal de 24 horas corridas o, en su defecto, dos medios días por semana; un período continuo de descanso anual con pago de la retribución convenida (de acuerdo a la antigüedad); aguinaldo y jubilación. Para servicio doméstico sin retiro, establece además un descanso diario de tres horas entre tareas matutinas y vespertinas; licencia paga por enfermedad de hasta 30 días en el año, y las condiciones mínimas a que deben adecuarse las prestaciones en habitación y alimentación.

Esta legislación crea además un organismo competente para atender los conflictos individuales que deriven de las relaciones de trabajo, regular y determinar las categorías del personal doméstico: el Consejo de Trabajo Doméstico, dependiente del ministerio de Trabajo y con asiento en la Dirección Nacional del Servicio de Empleo. Las trabajadoras del servicio doméstico están excluidas de las leyes de contrato de trabajo, accidentes, salario familiar, jornada y horas extras y maternidad.

En lo que respecta al tema de seguridad social, desde diciembre de 1975, por ley son obligatorios los aportes para obra social y jubilación para todos los trabajadores domésticos en relación de dependencia: es decir, quienes trabajan al menos cuatro horas diarias durante cuatro días a la semana. El ámbito de aplicación de la ley es exclusivamente la Capital Federal y el Gran Buenos Aires.

Además de la jubilación, la obra social provee sólo asistencia médica para el afiliado y su grupo familiar. La contribución a cargo del empleador equivale al 4,5% de la remuneración; el aporte del empleado es de 3,0% de la misma. El resto de los trabajadores domésticos debe aportar a la caja de trabajadores independientes (no hay información disponible acerca del número de domésticos afiliados).

Acceso al empleo en el servicio doméstico

Es posible conseguir un empleo en el servicio doméstico en Buenos Aires por varios medios: canales personales, agencias de colocación, avisos en el diario, bolsas de trabajo, e incluso el particular "mercado de domésticas" que funciona en la Plaza Primera Junta donde, al igual que en otros barrios de Capital y Gran Buenos Aires, empleadas y patronas se dan cita para concertar el contrato de trabajo públicamente y sin intermediarios.

Refiriéndose al servicio doméstico en Ciudad de México, Arizpe (1976, p. 638) señala que "estos trabajos se buscan y ofrecen a través de canales personales". Un estudio sobre empleadas domésticas en Chile revela que la familia actúa generalmente como agente para conseguir trabajo en las primeras etapas de la historia ocupacional (Alonso et al. ,1978). En Buenos Aires, un trabajo sobre familias migrantes indica que 81,0% de las migrantes entrevistadas (30,0% de las cuales trabajan en servicio doméstico) habían conseguido empleo mediante su conexión con los grupos primarios (familia, amistades) que es "la que resulta más favorable para la ubicación de la joven en los roles del trabajo" (Puigbó, s.f., 4).

Las empleadas entrevistadas también recurren a los canales personales. Como señala Nicolasa: "uno recomienda a otro, le pide a uno, a otro":

Entrevistadora: ¿Y en cuánto a la forma de conseguir los trabajos?
Nicolasa: Ah, siempre recomendada, siempre.
Entrevistadora: ¿Nunca recurrió a agencias o al diario?
Nicolasa: Nunca, siempre a gente. Personas que me recomiendan, o me piden si no me queda un tiempito y cuando yo ya no puedo ir entonces recomiendo.

Las entrevistadas revelan además que los porteros [o los conserjes] actúan frecuentemente como intermediarios:

Nicolasa: Los porteros se ocupan mucho de las chicas, de no ser por ellos muchas veces no tendrían trabajo.
Adela: Yo estoy buscando, bah, mirando por ahora. Encargué nada más al encargado de acá, al portero, si sabía algo, porque quiero cambiar.

En el caso de las empleadoras, el recurrir a los canales personales responde, seguramente, a la necesidad de tener algún tipo de referencia; la confianza es uno de los requisitos más exigidos en este empleo; para las empleadas, las ventajas son la facilidad de acceso a los empleadores y su operatividad. Además, a menudo el vínculo opera como "control". Los parientes, amigos, o vecinos no se desentienden de la suerte de la empleada una vez hecho el arreglo para la colocación. Es el caso de Nelly, que tiene 25 años, y consiguió su actual trabajo por intermedio de una vecina de una familia amiga:

La que me trajo a la señora habló con ella después que pasaron 15 días, más o menos. Dice la señora que le preguntó: "¿y cómo se encuentra Nelly?". "Está muy bien", le contestó mi patrona.

Entonces ella le dijo: "Sí, porque si ella se encuentra mal yo la saco y la llevo a otra casa".

A veces el compromiso con la red puede constituir, sin embargo, un obstáculo:

"Hay personas que cobran viático, pero yo tengo una suerte bárbara, yo pido viático y no me lo quieren dar. No sé si me ven la cara o por ahí porque me recomienda fulano, me recomienda mengano.
Me dicen: "Y...pero fulano no me dijo; y yo no puedo [pagar más]" y yo, para no hacer quedar mal a la persona que me recomendó digo: 'está bien, señora'".

Estos ejemplos, en los cuales el intermediario aparece alternativamente como "amenaza" para la empleadora o para la empleada, revelan el "doble filo" de la relación personal. Pero también para el intermediario, la relación puede resultar gravosa como parece sugerir la reticencia de algunas entrevistadas a constituirse en canal de acceso.

Fuera de estos canales personales, algunas entrevistadas, para conseguir trabajo habían recurrido a parroquias, avisos en el diario o al sindicato. En el Sindicato de Personal Doméstico funciona para las afiliadas una bolsa de trabajo que reúne todas las mañanas un grupo numeroso de mujeres de todas las edades que se nuclean según modalidad a la espera de pedidos: las "por hora", las "medio día", las "cama adentro". Las empleadoras solicitan el personal por horas telefónicamente; el pedido se hace público (a voz en cuello): "una para la calle Callao, al 1300", "para limpieza y planchado, ¡pronto!", "para limpieza, activa". Las interesadas se presentan ante la encargada, quien previa constatación de que la cuota está al día, le entrega a la empleada la dirección a la cual debe dirigirse y la constancia del sindicato. En el caso de las empleadas "sin retiro", las empleadoras generalmente concurren al sindicato para contratar personalmente.

También existen bolsas de trabajo en otras instituciones, públicas o privadas (parroquias, municipalidades, etc.). Así, por ejemplo, una de las entrevistadas consiguió su último empleo "en la Municipalidad [de Berazategui]. Hay una señorita que lee los pedidos del diario *El Sol*, de Quilmes. Así lo conseguí".

Aquellas bolsas vinculadas a la Iglesia católica ofrecen este servicio gratuitamente a las empleadas y además ciertos "beneficios": permiso para estudiar en Orientación para la Joven, afiliación a la Caja de Jubilación, becas en distintos establecimientos educacionales, etc., previa presentación de un formulario de conformidad de trabajo firmado por el empleador.

Los avisos clasificados y las agencias de empleo constituyen también canales de acceso al servicio doméstico. La primera vía es generalmente usada para contactar empleadas "con cama" y "con retiro" (ocho horas), mientras que la segunda ofrece, además de este tipo de personal, fundamentalmente servicio "por horas". Si bien no disponemos de información detallada acerca del funcionamiento de las agencias de colocación, es posible señalar que existan por lo menos dos tipos: en un caso la trabajadora doméstica es empleada de la agencia, que le paga un salario mensual y la envía luego a trabajar a diferentes casas; en el otro, la agencia sólo realiza los contactos para la colocación y por ello percibe un porcentaje de la remuneración que corresponde a la empleada por las horas trabajadas (la única informante que había recurrido a este medio señaló: "acá enfrente el señor tiene una agencia. El le cobró a la patrona pero a mí no porque me conoce. Ahora, no sé si él cobra o no". Por último, los avisos en el diario constituyen entre las vías analizadas la variante más impersonal. Sin embargo, y particularmente en el caso de las empleadas "con cama", existe también aquí un sustituto del intermediario: las referencias, es decir, datos de empleadores anteriores (nombre, número telefónico) con los que poder verificar la honestidad del postulante.

En síntesis, si bien parentesco, amistad y vecindad, determinantes de la inserción en el sector informal, son importantes canales de acceso al servicio doméstico, existen también otros canales en los cuales, a semejanza de otras ocupaciones, la existencia de un proceso de contratación y de ciertas normas formales resulta más claramente visualizable.

Calificaciones

Referencias frecuentes que se hacen con respecto a la facilidad de entrada al servicio doméstico, sugieren que el mismo no requiere una calificación o entrenamiento especial. Sin embargo, existen requisitos, como señala una empleada:

> "Todo lo que piden es que sepa trabajar, que sea una persona honesta, una persona de confianza. Que los patrones puedan salir tranquilos. Como si tiene chicos, que sepa uno que realmente le gustan los chicos, o que no los van a maltratar".

Estos requisitos se refieren no sólo al desempeño de las tareas específicas sino que se extienden también a la relación social y humana. Un requisito fundamental, sobre todo cuando se espera que ésta sea estable ("sin retiro"), es la confianza.

Los avisos clasificados revelan que en esta última modalidad, dada la posibilidad de la convivencia estrecha y prolongada, la rigidez en los requisitos es mayor y las "referencias" juegan un rol fundamental en los mecanismos de contratación. "Con referencias", "inútil sin referencias comprobables", "con documentos y referencias" son algunas de las fórmulas que más frecuentemente encabezan la lista de condiciones. Le siguen en importancia: conocimientos de cocina, algún requisito de edad, competencia general, experiencia anterior y "buena presencia".

En lo que se refiere estrictamente al desempeño de las tareas domésticas, las entrevistas confirman que "para la mujer joven que llega a la ciudad, entrar a una casa de clase media significa tener que acostumbrarse a una variedad de artefactos y hábitos correspondientes a un estilo de vida desconocido por la migrante" (Jelin, 1976, p. 14).

Nelly, por ejemplo, recordando sus primeros tiempos en Buenos Aires señaló que:

> "Allá [Paraguay] era muy diferente. Acá hay que hacer todo bien.
> Allá era una casa grande, se baldeaba no más; acá [departamento]

hay que cuidar que no caiga el agua abajo".

A veces existe alguien encargado del "adiestramiento" de la empleada nueva. Cuando Elsita salió de su posición "cama adentro" para casarse, dejó en su lugar a una de sus hermanas, de 15 años. Estuvieron juntas una semana y en ese tiempo Elsita le enseñó las tareas domésticas que debía realizar: el uso de los diferentes artículos de limpieza y la lustradora, la limpieza de vidrios, cerramientos, etc.

> "Es muy diferente", dice ella. "Uno allá [en su casa] no sabe lo que es pasar un trapo...[el suelo] es tierra".

En otros casos el aprendizaje se hace sobre la marcha y sobre él influyen todas las tensiones de la convivencia y de la adaptación a la nueva situación.

Nelly recuerda que le costó adaptarse al trabajo. En Paraguay le habían dicho que "a las chicas las tratan mal, no les dan bien de comer, les gritan por cualquier cosa", así que ella estaba muy nerviosa y por eso las cosas le salían mal. Además, había trabajo acumulado, comía poco y dormía mal:

> "El primer sábado que salí terminé a las dos y media, terminé y así como terminé me duché y ¡volando!... no quería saber un minuto más de estar acá. En serio. Me quedé dormida en el tren. Creo que pasó dos semanas que no quería saber nada de estar acá. Porque después la señora me dijo: "Mirá, no tenés obligación de irte todos los sábados. Si querés te quedás a dormir acá, acá nadie te molesta", pero no veía la hora que llegue el sábado y el sábado me levantaba más temprano para terminar más temprano. Me sentía mal, se me hacía, qué se yo, que molestaba, a mí se me hacía que yo molestaba".

Como señala Elsita, "uno al principio se cansa mucho", después "se organiza mejor" y progresivamente se "arregla bien".

En síntesis, las calificaciones referidas a la habilidad técnica se adquieren generalmente a lo largo de la carrera ocupacional, en una carrera que se hace de casa en casa.

La jornada de trabajo

La extensión de la jornada de trabajo y la diversidad de las tareas desempeñadas por las empleadas dependen, fundamentalmente, de la modalidad de trabajo y el tipo de familia empleadora: número y edad de sus miembros, poder adquisitivo (¿hay otra persona que ayuda con las tareas?), si la empleadora trabaja afuera o no (¿cuáles son las responsabilidades que asume la empleada?), y así sucesivamente.

Obviamente, el servicio doméstico "con cama" implica un horario de trabajo más amplio y flexible, pero en el caso del servicio doméstico por horas o con retiro es frecuente que el tiempo de viaje redunde en un alargamiento considerable de la jornada laboral. Dadas las características espaciales de Buenos Aires (localización de los grupos medios y altos en las zonas centrales y asentamiento suburbano de los sectores populares) son frecuentes los casos de entrevistadas que tienen un total de tres horas de viaje por día entre residencia y lugar de trabajo.

Las comparaciones que las mismas entrevistadas espontáneamente hicieron entre ambas modalidades de trabajo indican que el servicio doméstico "con retiro" ofrece, respecto al "sin retiro" pero también respecto a otras ocupaciones, mayor flexibilidad de horario. Mientras tanto, el servicio doméstico "residencial" parece ofrecer, comparativamente, mayor flexibilidad de tareas. Al respecto, María señalaba, por contraste con una amiga que trabaja "por horas", que si no termina una tarea la puede hacer al día siguiente, mientras que "a ella a lo mejor en un día le tocan dos limpiezas generales, y termina reventada".

En cuanto a las tareas desempeñadas, éstas varían en el caso de las empleadas "sin retiro" desde el extremo "todo servicio" hasta una variedad de tareas mucho menor. Algunos avisos clasificados ilustran la gama de posibilidades:

> Activa muchacha para poca familia. No lava. No cocina.
> Activa muchacha con cama. Todo trabajo.
> Mucama con cama, para cocinar y quehaceres, hay ayuda.
> Muchacha con cama, todo trabajo, sin cocina.

En el caso de las empleadas "con retiro", no es tan frecuente que los clasificados aludan a una delimitación de tareas, aunque ocasionalmente se especifica:

> Chica ocho horas limpieza.
> Señora de las ocho a las cinco de la tarde.
> Muchacha con referencias, cuidar bebé y tareas domésticas.

Existe un tercer tipo de jornada, la de la empleada que trabaja "con retiro", pero para distintos empleadores. A pesar de no tratarse exclusivamente de trabajo en casa de familia transcribimos, a modo de ejemplo, un día de trabajo de una entrevistada:

> "Ayer me levanté un poquito más tarde, a las cinco y media. Entro a la farmacia a las ocho hasta las doce. Yo hago toda la limpieza. A las doce, empiezo a cambiarme para ir al otro trabajo volando. Es a la vuelta, ir a cocinar. Ya siempre el día anterior dejo algo preparado cuando voy a la farmacia de modo de cumplir con el horario. Cocino, limpio la cocina, lavo los platos, limpio el piso. Termino a las tres de la tarde. Entonces de ahí me voy a la casa del señor este que tomé ahora. Le limpio el departamento. Es un departamento pequeño y ya tengo al día el trabajo (en una semana lo puse al día). Y después me fui a mi casa. Me tiré un rato. Bueno, y esta mañana a las cuatro arriba".

Remuneración

La primera distinción entre las dos modalidades básicas del servicio doméstico en relación con la remuneración es la forma de pago. En el servicio doméstico residencial, el salario se percibe mensualmente, mientras que en el no residencial existe una variedad de arreglos posibles (por hora o día o semana o mes, etc., con o sin viáticos, etc.).

En la elección de los mismos juegan, entre las empleadas, criterios de necesidad ("yo necesito el dinero cada día" - Rosa, jefe del hogar, tres hijos pequeños) o conveniencia. Adela dice:

> "Yo trabajo sólo por mes. No trabajo por hora, no me conviene. Yo soy demasiado ligera. Y así estaría pidiendo limosna en el subterráneo, porque yo hago todo igual el trabajo pero en menos tiempo".

La opción se encuentra, obviamente, restringida por la conveniencia de la otra parte, la empleadora.

El monto de la remuneración tiene amplios márgenes de oscilación. Las empleadas más jóvenes y en sus primeras experiencias laborales son las peor remuneradas, aunque la subremuneración puede no ser percibida como tal por la empleada en razón de su edad, y de que la misma supera ampliamente el pago que recibía por un trabajo similar en la provincia, o por verse compensada con algún tipo de bene-ficio no monetario (más allá de comida y habitación), como permiso para estudiar.

Estas "prestaciones" pueden adoptar varias formas. Es interesante atender a la valoración que del vínculo con el empleador hacen los padres de Isabel:

> "Isabel está trabajando con una abogada. Cuida a los nenes el fin de semana. Ahora dice que la va a tomar toda la semana. Y le paga poco pero ya es algo, uno tiene una amistad, una amistad útil, que para cualquier cosa puede consultar. Por cualquier problema, cualquier duda. Me dijo que iba a hacer los documen-tos para los chicos. Todo gratis, los trámites, todo".

Junto a ésta aparecen las formas más tradicionales de remuneración no monetaria:

> "Prometió que le va a vestir ella [Manuela]. Sí, dijo, ustedes no se hagan problema, yo le pago ese precio pero yo la visto. Y la quiere hacer estudiar".

Estas prestaciones, generalmente están ligadas a la modalidad residencial, pero suelen aparecer también en el servicio doméstico no residencial.

Por otra parte, las prestaciones en vivienda y alimentación marcan las diferen-cias en el nivel de remuneración de las empleadas "sin retiro" y las que trabajan "ocho horas" ya que prácticamente el ingreso monetario que perciben es similar. La comida, que habitualmente no corresponde en el trabajo "por hora" aparece también elevando en cierta manera el salario nominal en los arreglos diarios o mensuales. En agosto de 1980, siempre según los avisos clasificados, ambas modalidades oscilaban entre 700.000 y 900.000 pesos según tareas. El salario neto del obrero industrial para ese mes fue 1.413.000 pesos (Argentina, Instituto Nacional de Estadística y Censos, 1980). Para esa fecha, la tasa de cambio fue 1.910,50 pesos argentinos por dólar de Estados Unidos (US$) (Organización Techint ,1985, p. 77). (Valga al respecto una aclaración que tiene que ver con las "peculiaridades" de la economía argentina en aquellos días: la política oficial de sobrevaluación del peso entrañaba que el poder adquisitivo del dólar en Argentina fuera menor que a nivel internacional).

Por último, hay varios mecanismos por los cuales en la práctica se reajustan los salarios; por ejemplo, el ministerio del Trabajo estableció a principios del año en que se realizó el estudio (1980), remuneraciones mínimas -para trabajadores rurales y personal doméstico- que serían reajustadas mensualmente en 4,0% (diario *Clarín*, 30 de enero, 1980).

El diálogo que se transcribe a continuación ilustra, desde la perspectiva de las empleadas, algunas de las situaciones relacionadas con el tema de los aumentos:

Entrevistadora: Más o menos cada dos meses se aumenta, ¿no?
Manuela: Sí, yo estoy conforme con la gente acá, no se fijan para darme un peso, ellos solos me ofrecen.
Patricia: A algunos, en cambio hay que pincharlos.
Entrevistadora: ¿Ud. también trabaja en casas de familia? ¿Y está cobrando lo mismo?
Patricia: Sí, lo mismo.
Entrevistadora: ¿Pero le cuesta más trabajo cobrar eso?
Patricia: Yo tengo que pedir, ella no. Es gracioso. A mí no me gusta pedir. Ella tiene suerte, cuando van aumentando las cosas ellos le van aumentando. Yo tengo que pedir. ¡A veces le hacen cara fea!
Entrevistadora: ¿Pero, en general, siempre le aceptan?
Patricia: Sí, le aceptan.
Entrevistadora: ¿Cada cuánto pide aumento?
Patricia: Y, yo...después de ella (risas).
Entrevistadora: Ah, ¡la usa como referencia!
Manuela: Sí, yo le comento a ella que ya me aumentaron, entonces ella ya pide.
Patricia: Y después yo ya voy con el chisme a mi cuñada, y así...
Manuela: El otro día encontré a tu sobrina, la que yo mandé a trabajar ahí. Le dije: "Pedile 3.500 pesos ya", porque si ella no pide no le van a dar. Ya casi todos están pagando 4.500 pesos la hora.
Patricia: Sí, y por Palermo ya están en 4.500 pesos.
Entrevistadora: ¿Y Ud. cómo se entera cuánto están pagando en Palermo?
Manuela: Y, porque tiene una amiga por ahí.
Patricia: Además de eso porque sale en el diario, en los avisos clasificados: "se ofrece, tanto y tanto".

A veces la cuestión de aumento es más engorrosa que en los casos de Manuela o su prima, y la dureza para aumentar se convierte en motivo de abandono del empleo.

Estabilidad e inestabilidad en el empleo

Usualmente se piensa que existe una alta movilidad o cambio de casa por parte de las empleadas domésticas. La naturaleza de este trabajo no permite realizar ninguna afirmación al respecto pero sí presentar algunas de las causas de cambio más frecuentes, y plantear la necesidad de que el tema de la "inestabilidad" sea enfocado en estrecha relación con la naturaleza de la ocupación.

Como en el caso de las empleadas estudiadas en Chile (Alonso et al., 1978), las empleadas en Buenos Aires cambian fundamentalmente con el propósito de obtener mejor sueldo:

> "No me importa entrar a las diez de la mañana y hasta las tres de la tarde, así yo puedo ir al otro trabajo, o hasta las cuatro, ¡pero yo quiero dejar a esa señora! El horario de trabajo no me interesa. Yo quiero, necesito, más dinero".

También, le gustaría tener una jornada de trabajo más aliviada y mejor trato personal. Aquí, una empleada habla de su amiga Vilma:

> "Bueno, hay veces que es irresponsabilidad de la persona, digamos...condiciones de trabajo, injusticias que a veces uno tiene que soportar...Vilma después salió de esa casa. La señora, por empezar, la trataba de usted, o sea, directamente le ponía una barrera: vos en tu lugar y yo en el mío. Después, no le tenía la confianza que uno debe tener, porque -por ejemplo- acá yo hago compras, traigo, me dan la boletita, pero yo nunca le doy porque la señora nunca me la acepta. Yo anoto: carnicería tanto, panadería tanto. Bueno, la patrona de Vilma, no. Vilma tenía que poner: galletitas, lechuga, tanto, todo, todo detallado, y después tampoco no la dejaba que sume ella: tenía que sumar la señora para ver si estaba bien, o sea, no era confianza total".

El estudio realizado en Chile, ya mencionado, señala además que existe una relación entre "modalidad de trabajo" y "cambio de casa": la empleada contratada "puertas afuera" tiene mayor inestabilidad en el empleo que la contratada "puertas adentro" (Alonso et al., 1978, p. 418). Esta correlación tiene seguramente una explicación. La no residencia en el lugar de trabajo imprime un carácter más contractual a la relación laboral. Existen en él menos "lazos" y menos de aquellos beneficios que a veces acompañan al servicio doméstico residencial: asistencia en caso de enfermedad, permiso para estudiar, los resabios de algunas ventajas que el rol de sirviente tradicionalmente ofreció respecto de otras ocupaciones (Coser,1973). Sin embargo, condiciones favorables del mercado de trabajo pueden ocasionar una alta movilidad también bajo esta modalidad.

Con respecto justamente al servicio doméstico residencial, se ha ensayado una serie de explicaciones que, más allá de las situaciones personales y las motivaciones expresadas por los propios actores, intentan ligar el cambio a las características inherentes a la ocupación (Coser, 1973; Davidoff, 1974). El cambio de casa aparece, desde esta perspectiva, como un mecanismo para preservar la independencia. Por otra parte, el material recogido para este estudio sugiere que el servicio doméstico es uno de esos casos en que la "movilidad horizontal" signa el tránsito de los individuos por la ocupación (Becker, 1952, p. 470).

La carrera laboral consiste entonces en una serie de cambios, que no implican movilidad ascendente, en la búsqueda de la posición más satisfactoria: es decir, de aquella en la cual los problemas básicos de la ocupación se hagan sentir menos. Si bien las posiciones a las que puede accederse son similares en rango, éstas no son idénticas en todos los aspectos. En ese sentido, es evidente que algunas casas de familia son preferidas a otras como lugar de trabajo en relación con la remuneración, la jornada de trabajo y/o el trato personal. Es, por ejemplo, la experiencia de Manuela, que vino a Buenos Aires a los 15 años para trabajar en servicio doméstico. En la primera casa donde estuvo empleada "no se halló"; sufrió mucho y lamentó haber dejado su provincia. Por intermedio de su hermana, consiguió empleo en otra casa donde "sí se halló"; estuvo allí nueve años, hasta que se casó, convirtiéndose casi en la dueña de la casa y la madre de los chicos.

Tanto las experiencias de algunas entrevistadas como los resultados de otros estudios destacan que además de las mejoras materiales (salario, condiciones de trabajo), con cada cambio se va acumulando experiencia en el manejo de la relación con el empleador.

La relación de trabajo

Referencias a la complejidad de la relación entre la empleada doméstica y sus patrones son frecuentes en la literatura sobre el servicio doméstico, al igual que cierta preocupación por los conflictos que ella acarrea a las partes y, más específicamente, por los efectos que la continua interacción con las personas para quienes trabaja ejercen sobre el desarrollo de la conciencia de clase de las empleadas y sus experiencias futuras (Arriagada, 1977; De Barbieri, 1975; Jelin, 1976; Rutté García, 1976).

La problemática aparece generalmente planteada en términos de "paternalismo". Esta noción designa una relación cara a cara entre empleado y empleador, o entre superior e inferior en un grupo de trabajo, en la cual, usando los términos de Parsons, se observan elementos de particularismo, "difusividad" y afectividad (Coser, 1973; Dore, 1973, pp. 269-275).

La "difusividad" implica que la relación laboral no se limita al intercambio específico de trabajo y dinero sino que, en cierta manera, afecta al individuo como totalidad. A la existencia de iniciativas por parte del empleador en el sentido de asegurar el bienestar del empleado en determinadas circunstancias como enfermedad o crisis financiera le correspondería, como contrapartida, la lealtad del empleado.

A diferencia de otras ocupaciones en que el desempeño de la actividad es altamente independiente de relaciones personales con este o aquel cliente, en el servicio doméstico, en virtud de la convivencia estrecha y prolongada, los elementos "particularistas" jugarían un rol fundamental. La "afectividad" alude a la existencia de una relación social y humana que excede los nexos impersonales que una relación contractual crea entre las partes.

Estos conceptos destacan un elemento importante de la relación, los derivados de la convivencia cotidiana en el ámbito socialmente definido como privado de la vida familiar. Sin embargo, esta perspectiva parece ignorar que en dicha convivencia puede haber más conflictos que en las condiciones laborales puramente contractuales y también que, dada la asimetría, la relación contiene tanto elementos de identificación como de hostilidad. En ese sentido, la identificación con el empleador estará siempre en tensión con la distancia social, aspecto de la relación interpersonal claramente percibido por las empleadas:

> "...se hace diferencia, porque somos de la clase baja. Ahora el porqué uno no estudió no le interesa a nadie. Es el hecho simplemente de que una es sirvienta. Entonces ya pertenece al círculo bajo, porque no tiene una cultura, no saben si uno..." [Adela].

> "Alguna gente, aún acá que son civilizados, la toman como... 'ella es una sirvienta, ¡no es lo mismo que nosotros!'" [Nelly].

Sin olvidar entonces los aspectos conflictivos de esta relación compleja, volvamos a los conceptos antes mencionados. Ellos ayudan a comprender ciertos aspectos que, especialmente en el servicio doméstico residencial, pueden formar parte de la relación en razón de algunas circunstancias que favorecen una cierta integración a la familia empleadora: edad y experiencias previas de la empleada (migración, escasez de relaciones), trato con los niños, etc.

A modo de ilustración, lo que al respecto parece constituir un "caso extremo":

> [Refiriéndose al permiso para estudiar] "Cuando yo entré a trabajar ella [la patrona] me dijo que no, que era imposible porque ella tenía cátedra, y todas esas cosas. Y después cuando pasó cuatro meses que estuve acá -claro, ellos me empezaron a tomar cariño- entonces, ahí me dijo ella que el señor le había dicho, que habían hablado....Ella me ofreció para que terminara....Acá son muy cordiales, porque hay el respeto y hay la confianza, porque si ellos no tuviesen confianza no me hablarían, ¿no? Hablamos de todo. Incluso de los chicos, cuando ellos eran más chicos. Cosas que si fuese otro a mí no me interesa, ¡qué me importa! pero ellos me cuentan todo".

En casos como ese, se descubren claramente elementos de "afectividad" o "particularismo" y se intuye que el intercambio excede los nexos puramente contractuales. Efectivamente, hay ciertos "favores":

> "Acá me pueden visitar. Todas, ¿no? Basta que sea mi amiga ellos no tienen problema. Y así cosas que parecen no tener

ninguna importancia pero la tienen".

Corresponde también cierta reciprocidad:

"Incluso los sábados, que yo tengo mi salida, le hago compras a la señora porque sé que me reconoce. No me importa perder media hora de mi tiempo".

Las entrevistas revelan que este tipo de vínculo puede prolongarse una vez finalizado el contrato de trabajo, quedando latente la posibilidad de recurrir a él en caso de necesidad.

Ahora bien, la referencia a estos aspectos no implica de manera alguna negar la tendencia que se observa en la actividad hacia una relación progresivamente más contractual. Probablemente la importancia creciente de la modalidad "con retiro", las condiciones del mercado laboral, y el efecto de otras oportunidades de empleo u otras experiencias laborales dan cuenta, entre otros factores, del cambio que reseña una de las entrevistadas:

"...cuando trabajaba cama adentro, no tenía horario de descanso. Hoy hay una ley, algunos la cumplen, otros no, pero si a usted no le gusta (hoy, acá), hay cualquier cantidad de pedidos. Usted se va a otro sitio. Tiene más posibilidades de cambiar de trabajo. Antes no. Eramos un poco esclavos: era esclavo del trabajo, los patrones, de todo.
Pero ahora no, gracias a Dios. En ese sentido hay cambio, en el hecho de que...Yo digo: hay un cambio, ¡pero es la gente que cambió! Yo veo que hoy las chicas no soportan, no aguantan lo que he soportado y aguantado yo. Hoy no le gusta una cosa...porque si no tienen lavarropas, si no tienen lustradora no van a trabajar. Le preguntan los días de salida, y cuántos son, si hay chicos. La mayoría no quiere trabajar donde hay chicos. Ahora es diferente. Yo lo veo ahora por muchas chicas que siempre están protestando".

Este tipo de relación, que se establece o se rompe independientemente de características personales de los clientes y en la cual la empleada fija sus condiciones (¿tiene lavarropas? ¿cuáles son los francos (días de salida)?), no invalida el otro tipo que planteamos anteriormente. Ambas realidades existen. Son parte de una pluralidad de tipos de relación que tiene que ver fundamentalmente con:

a) la modalidad de trabajo ("por horas" es más independiente, mientras que "con retiro" es más parecido a "con cama");

b) características personales de la empleada (edad, educación, otras experiencias laborales, etc.);

c) el tipo de empleador (si la empleadora es sólo ama de casa o si trabaja afuera, la empleada tiene mayor libertad y puede, también, ser más imprescindible, etc.);

d) el contexto social de la relación: cuando Adela señala el contexto de esta relación más contractual -"hoy, acá" [Buenos Aires]- alude probablemente a diferencias con el servicio doméstico en el interior del país no sólo en el nivel de remuneración.

Algunos comentarios finales

Este capítulo ha descrito las vías a través de las cuales tradicionalmente se han insertado en el mercado de trabajo urbano las mujeres de sectores populares. El actual contexto de retracción industrial, a su vez, permite hipotetizar que la permanencia e incorporación de mujeres a la fuerza de trabajo seguirá canalizándose en gran medida a través del servicio doméstico.

Esta discusión avanzó sobre la caracterización del empleo doméstico como un trabajo "informal", mostrando que el mismo engloba diversas situaciones en las cuales el "grado de formalización" varía. También ha recolocado algunas inquietudes como, por ejemplo, que resulta más significativo visualizar los requisitos en términos de su dualidad (competencia/confianza) que del escaso grado de calificación que, en relación con otras, requiere esta ocupación. Intenté además realizar una caracterización del empleo que incluyera la dimensión temporal y la perspectiva de las propias trabajadoras y que reflejara la complejidad y asimetría de esta peculiar relación laboral. Quedan no obstante importantes aspectos por ser abordados. En primer lugar, la cuestión de la agremiación, sobre la cual seguramente influyen el aislamiento y el tipo de tareas que realizan estas trabajadoras. A pesar de las dificultades para obtener datos sobre afiliación entre trabajadoras domésticas, es claro que ella está muy lejos de ser masiva. ¿Qué características tienen las organizaciones sindicales existentes? ¿Cuáles son sus reivindicaciones y qué servicios ofrecen? Estos son algunos interrogantes a encarar en nuevas investigaciones sobre la problemática de las empleadas domésticas.

Segundo, dado el alto porcentaje de empleadas con retiro, resulta pertinente plantear el conflicto trabajo-hogar. ¿Cómo se arreglan estas mujeres para resolver sus tareas, específicamente el cuidado de los niños? Ni siquiera las afiliadas a la obra social tienen acceso a guarderías infantiles. Una primera mirada a esta cuestión indica que a veces recurren a otras mujeres de la familia, que se hacen cargo principalmente de los niños pero siempre la resolución del problema opera sobre la base de una sobredosis de trabajo de la empleada doméstica, exigiendo la reiteración de trabajo del mismo tipo.

Finalmente, un comentario en relación con la situación legal. Esta reivindicación fue levantada por la Multisectorial de la Mujer el 8 de marzo de 1985, y es impulsada por la recientemente constituida Mesa Coordinadora de Mujeres Sindicalistas que nuclea a 13 gremios. Se impone en la Argentina una reforma urgente que -en derechos- equipare a las empleadas domésticas con el resto de los trabajadores.

Bibliografía

Alonso, Pablo/ Larrain, Maria Rosa/Saldías, Roberto. 1978. La empleada de casa particular: algunos antecedentes. En Paz Covarrubias y Rolando Franco, editores, *Chile: mujer y sociedad*, 1978. Santiago de Chile: UNICEF.
Argentina, Instituto Nacional de Estadística y Censos. 1982. *Censo Nacional de Población y Vivienda*, 1980. Buenos Aires: INEC.

Argentina, Ministerio de Trabajo y Seguridad Social. 1985. *La terciarización del empleo en la Argentina: el sector del servicio doméstico.* Buenos Aires: Ministerio de Trabajo.

Arizpe, Lourdes. 1976. La mujer en el sector de trabajo en Ciudad de México: ¿un caso de desempleo o elección voluntaria? *Estudios de Población* (Asociación Colombiana para el Estudio de la Población) 1, nº2, pp. 627-645.

Arriagada, Irma. 1977. Las mujeres pobres en América Latina: un esbozo de tipología. En Instituto Latinoamericano de Planificación Económica y Social (ILPES), *La pobreza crítica en América Latina*, Santiago de Chile: Comisión Económica para América Latina (CEPAL).

Becker, Howard. 1952. The Career of the Chicago Public Schoolteacher in *American Journal of Sociology* 57, nº 5, pp. 470-477.

Clarín (Buenos Aires). 1980. January 30.

Coser, Lewis A. 1973. Servants: The Obsolesence of an Occupational Role in *Social Forces* 52, nº 1, pp. 31-40.

Davidoff, Lenore. 1974. Mastered for Life: Servant and Wife in Victorian and Edwardian England in *Journal of Social History* 7, nº 4, pp. 406-428.

De Barbieri, M. Teresita. 1975. La condición de la mujer en América Latina: su participación social; antecedentes y situación actual en Comisión Económica para América Latina (CEPAL), *Mujeres en América Latina: aportes para una discusión,* págs. 46-87. México, D.F.: Fondo de Cultura Económica.

Dore, Ronald. 1973. *British Factory - Japanese Factory: The Origins of National Diversity in Industrial Relations.* Berkeley: University of California Press.

Jelin, Elizabeth. 1976. *Migración a las ciudades y participación en la fuerza de trabajo de las mujeres latinoamericanas: el caso del servicio doméstico.* Buenos Aires: Centro de Estudios de Estado y Sociedad.

Kritz, Ernesto. 1978. Ensayos sobre los determinantes de la participación en el mercado de trabajo argentino. Inédito.

Marshall, Adriana. 1977. Inmigración, demanda de fuerza de trabajo y estructura ocupacional en el área metropolitana argentina en *Desarrollo Económico* (Buenos Aires) 17, nº. 65, pp. 3-37.

Mueller, Eva. 1978. Time Use Data. Ann Arbor: University of Michigan, Population Studies Center. Inédito.

Puigbó, Raúl. s.f. Migración de las jóvenes del interior a Buenos Aires. Publicación interna de la Orientación para la Joven, Buenos Aires.

Recchini de Lattes, Zulma. 1977. Participación de las mujeres en la actividad económica en la Argentina. Centro de Estudios de Población (CENEP), Buenos Aires. Inédito.

Rutté García, Alberto. 1976. *Simplemente explotadas: el mundo de las empleadas domésticas en Lima.* 2da. ed. Lima: Centro de Estudios y Promoción del Desarrollo (DESCO).

Zurita, Carlos. 1983. El servicio doméstico en Argentina: el caso de Santiago del Estero. Universidad Católica de Santiago del Estero, Instituto Central de Investigaciones Científicas. Documento de Trabajo.

¿Qué se compra y qué se vende en el servicio doméstico? El caso de Bogotá: una revisión crítica

Mary Garcia Castro

Cuando el artículo "¿Qué se compra y qué se paga en el servicio doméstico?: el caso de Bogotá" fue publicado en 1982 (ver León, M., 1982) mi interés era resaltar la identidad de sexo/género entre patronas y empleadas, dimensión que, a mi juicio, ayudaría en la comprensión de la especifidad del servicio doméstico con relación a otras ocupaciones (1).Cabe destacar que con la expresión "sexo/género" se entiende la perspectiva feminista de resaltar la definición sociocultural que tiene cada sexo. Según Rubin (1975, p. 159): "Toda sociedad tiene formas de organizar la actividad económica. El sexo es sexo, pero lo que se considera como sexo es también determinado y obtenido culturalmente. Toda sociedad tiene también un sistema de sexo/género, un conjunto de ordenaciones por medio del cual el material natural del sexo humano y de la procreación es modelado por la intervención humana y social, y satisfecho de una manera convencional".

Se me hacía ya claro entonces que el servicio doméstico no puede ser evaluado únicamente a través de las categorías económicas más comúnmente utilizadas, tales como productividad, jornada de trabajo y precio de compra y venta de la fuerza de trabajo.

Yo reconocía que el servicio doméstico sería improductivo por no generar valor de cambio y que su persistencia sería explicada genéricamente por el tipo de desarrollo desigual y combinado que caracteriza a los países del Tercer Mundo, donde actividades de distintos modos de producción están asociadas y sobredeterminadas por las ordenaciones capitalistas. El campesinado de subsistencia y las actividades del sector informal urbano son considerados por muchos

---

(1) Las discusiones con Elsa Chaney y Magdalena León me han sugerido varios puntos aquí desarrollados. La edición de la presente versión en castellano fue de Manuel Piñeiro. Ambos artículos, el de 1982 y éste, se basan en una investigación sobre el servicio doméstico en Colombia realizada dentro del proyecto de la Organización Internacional del Trabajo (OIT) (ver el informe final en Garcia Castro et al., 1981). En la investigación para la OIT se utilizaron varias fuentes del gobierno de Colombia, Departamento Administrativo Nacional de Estadística (DANE), incluyendo encuestas de hogares para 1977, 1978, 1979 y 1980, y el Censo Nacional de Población para 1973. Las encuestas de hogares se refieren a las siete ciudades más grandes de Colombia. Se han utilizado también tablas especiales para la investigación "Empleo y Pobreza", del Centro de Estudios sobre Desarrollo Económico de la Universidad de los Andes (CEDE-UNIANDES), con la coordinación de Ulpiano Ayala y Nohra Rey de Marulanda, realizada en Bogotá, Cali, Medellín y Barranquilla en 1976. Se hicieron entrevistas a diez trabajadoras domésticas de la directiva de SINTRASEDOM; a 120 trabajadoras domésticas no sindicalizadas; a 15 responsables por agencias de empleo y por cursos de capacitación para trabajadores del servicio doméstico, y a 30 patronas.
Se advierte que la selección de información a partir de un universo de investigación amplio hace que se incurra en algunas simplificaciones y reflexiones no totalmente demostradas en este espacio.

latinoamericanistas como expresión de supervivencias modificadas de formas precapitalistas (2) y, calificaciones comunes también en análisis sobre trabajadoras remuneradas del hogar, de "estrategias de supervivencia de los pobres" y de formas de garantizar la reproducción de la fuerza de trabajo.

En mi artículo anterior, sin embargo, argumentaba que el caso del servicio doméstico requería un elemento específico para su comprensión: el trabajo doméstico que es su análogo. El trabajo y el servicio doméstico son concreciones de la división sexual del trabajo, de una lógica cultural -la cultura de sexo/género- por la cual el trabajo de la mujer no sería considerado socialmente importante para la reproducción de la especie y la garantía de su bienestar.

Este ensayo es una revisión crítica de estas ideas. Hoy mis esfuerzos están más encaminados a investigar la articulación entre cultura de sexo/género y relaciones de clase, presentes en el caso del servicio doméstico remunerado. Hay varias consecuencias por tal reenfoque de la discusión. De un lado, se acepta una identidad de sexo/género entre patronas y empleadas a un determinado nivel de abstracción: podrían tener intereses comunes; podrían desarrollar alianzas entre ellas en cuanto a determinados tópicos, por ejemplo, otras redistribuciones de tareas entre los miembros del hogar que no estén fijadas por la división sexual del trabajo; también podrían ponerse de acuerdo en la necesidad de reivindicaciones por servicios colectivos por parte del Estado que minimicen la carga de trabajo doméstico. De otro lado, mantengo un cierto escepticismo con relación a la posibilidad de un contrato armónico, basado en la identidad de intereses y sin subordinación en la relación empleada-patrona.

Las asociaciones y los sindicatos de servicio doméstico, como el Sindicato Nacional de Trabajadores del Servicio Doméstico (SINTRASEDOM), cuando recalcan la necesidad de tener organizaciones de clase, tienen claro que los conflictos "naturales" entre patronas y empleadas no se van a resolver en el ámbito de las relaciones personales, sino que se deben definir a nivel institucional entre clases y con la representación del Estado (ver SINTRASEDOM, 1980).

Al volver a usar la base empírica del artículo original, lo que más destaco son las limitaciones estructurales del desarrollo colombiano: la falta de alternativas de trabajo para hombres y mujeres pobres.

A continuación se intenta dar una visión general de cuántas son las empleadas domésticas en Bogotá, destacándose aspectos de su cotidianeidad, con énfasis en el cuadro ideológico de patronas y empleadas en la relación. Se enfoca la discusión sobre el salario en el servicio doméstico como indicador privilegiado para analizar muchos de los elementos que intervienen en el proceso de compra y venta de la fuerza de trabajo en el servicio doméstico, centro del análisis de este artículo.

---

(2) Es amplio el debate sobre el sector informal en América Latina. Según López Castaño et al. (1982, p. 171): " desde que la OIT le dio carta de ciudadanía, en 1972, el término no ha dejado de evocar otros más antiguos ligados con: "hiperurbanización", "terciarización", "hipertrofia" de un conjunto de actividades inútiles, "marginalidad", "pauperismo urbano"(...) Hemos procedido a estimar, de dos maneras alternativas, el volumen del empleo informal. La primera medición considera como "informales" a los trabajadores por cuenta propia, los ayudantes familiares sin remuneración y las empleadas del servicio doméstico(...) La segunda la obtuvimos tomando el empleo total y restándole el "empleo protegido" dado por el Instituto de Seguros Sociales, quedando entonces como saldo un empleo excluido de la seguridad social que podríamos llamar "empleo no protegido".

¿Cuántas son las empleadas domésticas en Bogotá?

En 1980, cerca de 20,0% de la fuerza de trabajo femenina de las siete principales ciudades colombianas: Bogotá, Cali, Medellín, Barranquilla, Bucaramanga, Pasto y Manizales, se concentraban en la posición de empleada doméstica interna, o residente, o "puertas adentro", según las estadísticas oficiales. En Bogotá cerca de 17,4%, es decir, 108.182 personas ocupaban dicha categoría; de éstas, 98,9% eran mujeres (3).

Otro tipo de empleada doméstica es la "por días", o "puertas afuera", o no residente. Es aquella trabajadora que presta sus servicios en casa de familia pero no habita allí. Un tercer tipo es la empleada por oficios, por ejemplo, para lavado y planchado de ropa. Tales categorías estarían aumentando según representantes de diversas fuentes entrevistados, entre ellos miembros de la directiva de SINTRASEDOM, responsables por agencias de empleo para el servicio doméstico (privadas y oficiales), técnicos del Departamento Administrativo de Bienestar Social de la Alcaldía Mayor de Bogotá y agentes en instituciones laicas y religiosas que actuaban en las áreas de capacitación y de cooperativas; pero las estadísticas oficiales son deficientes en su enumeración.

Las informaciones de las encuestas de hogares del gobierno de Colombia sobre servicio doméstico sólo se refieren a las residentes. En el subconjunto de las cuatro principales ciudades en 1977: Bogotá, Cali, Medellín y Barranquilla, éstas serían cerca de 20,0% de la población femenina ocupada. Ya la encuesta realizada en 1977 para las mismas ciudades por el Centro de Estudios sobre Desarrollo Económico de la Universidad de los Andes (CEDE-UNIANDES), al considerar también el servicio doméstico no residente, reveló que la categoría de servicio doméstico abarcaría 28,5% de la población ocupada femenina (véase cuadro 1). En la encuesta citada se encuentra una proporción más alta de mujeres en el servicio doméstico no sólo porque se consideran las empleadas por días, sino también por su metodología. En ésta, el período de referencia es más amplio que la semana anterior -período usado en las fuentes oficiales de estadísticas en la pregunta sobre trabajo remunerado; se recurre a los "diez meses transcurridos del año en el momento de hacer la encuesta". Además, dentro de cada vivienda se entrevistaron todos los trabajadores (Rey de Marulanda, 1981, p. 116).

Según datos trabajados por técnicos de la Comisión Hollis Chenery de Empleo para el gobierno colombiano (Londoño de la Cuesta, 1985), en las cuatro principales ciudades, durante el período 1976-1981 cayó el índice de empleo del servicio doméstico desde 117 a 92,5, para luego recuperarse en 1981-1984 (se pasa de 92,5 a 112,5 con un piso en 1983 de 116,0). Se ha observado también que el índice de empleo del servicio doméstico a partir de 1982 crece más que el de obreros y asalariados (ver gráfico 1). Uno de los períodos de intenso decrecimiento de tal

---

(3) En las estadísticas oficiales no se considera la heterogeneidad del servicio doméstico, como son la empleada por días, la por oficios y las especializaciones de la empleada interna: niñera, cocinera, ama de llaves, etc. Según documento del DANE (1977b, p. 79): "son asalariados en los servicios domésticos, los asalariados en los servicios personales que trabajan como empleados domésticos en hogares particulares y que viven en la casa donde trabajan". No están por lo tanto considerados los empleados asalariados no residentes ni los que son declarados como "trabajadores familiares sin remuneración".

—— Cuadro 1 ——

Trabajadores según sexo y ocupación en cuatro ciudades de Colombia, 1977

(En porcentajes)

Grupo ocupacional	Mujeres	Hombres	Indice diferencial*
Profesionales, técnicos, educadores, artistas	10,4	11,1	-6,3
Directores, supervisores	2,5	8,6	-70,9
Empleados de oficina, agencias financieras y compañías	13,8	10,8	27,8
Negociantes, proprietarios administradores de servicios	5,9	5,7	3,5
Vendedores (contacto directo con el público)	17,8	8,4	199,9
Vendedores ambulantes	2,6	5,4	-51,9
Trabajadores domésticos	28,5	—	—
Policía y fuerzas de seguridad	0,2	4,3	-95,3
Trabajadores directos, obreros de fábricas	9,7	24,4	-60,2
Inspectores, capataces, obreros manuales, electricistas, conductores	3,4	18,1	-81,2
Artesanos	5,2	3,3	57,6
Total	*100,0*	*100,0*	
(N)	*(1.097.880)*	*(1.516.120)*	

Notas: las ciudades son Bogotá, Cali, Medellín y Barranquilla. Los grupos ocupacionales corresponden a la reclasificación de la Clasificación Internacional de Ocupaciones (ICO) de la Organización Internacional de Trabajo, preparada por el Centro de Estudios de Desarrollo Económico, Universidad de los Andes, Bogotá.

* [(Proporción de mujeres menos proporción de hombres) dividida por la proporción de hombres] x 100.

Fuente: Rey de Marulanda 1981, p. 70.

ocupación (1976-1978) coincidió con un ciclo de recuperación económica y de aumento de las oportunidades de empleo para la clase obrera urbana (López Castaño et al., 1982). Ya a partir de 1980 se empiezan a sentir en Colombia los efectos de la crisis económica del capitalismo en América Latina. El período 1983-1985 es considerado el de más grave recesión económica. Según Fernando Urrea, los trabajadores por cuenta propia tienen una tendencia atípica: crecer en los períodos de expansión menos que los asalariados, y cambiar la tendencia en los de recesión (valga la ocasión para expresar mi agradecimiento a Fernando Urrea por los comentarios sobre las tendencias recientes del servicio doméstico).

Se plantea que existe, por lo tanto, una correspondencia entre el comportamien-

—————————————————————————————————————— Gráfico 1 ——

Indice de empleo por ocupación y nivel de actividad
en cuatro ciudades de Colombia, 1976-1984

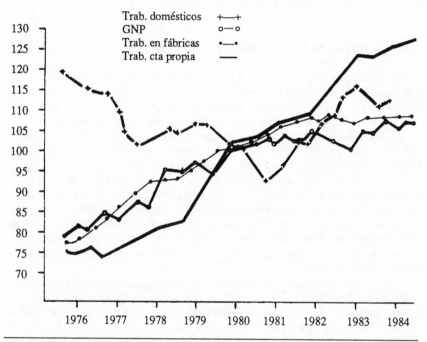

Trab. domésticos +——+
GNP o——o
Trab. en fábricas •——•
Trab. cta propia ——

Nota: Las ciudades son Bogotá, Cali, Medellín y Barranquilla. Indice 1980= 100.

Fuente: Datos de "Hollis Chenery Employment Commission" para el gobierno de Colombia, citado en Londoño de la Cuesta, 1985.

to del servicio doméstico y los ciclos coyunturales de la economía, y que por otro lado no es factible la tesis según la cual el servicio doméstico en Colombia tendería a desaparecer, tesis defendida en el gobierno de Turbay Ayala (Garcia Castro, 1982).

Muchas mujeres se emplean como domésticas internas cuando no encuentran empleo en otras actividades o en períodos de desempleo del marido, posible explicación para el crecimiento de esa ocupación en los períodos de recesión. Por otro lado, según las diversas fuentes entrevistadas, hay una más alta demanda por empleadas domésticas durante los períodos de expansión económica, otra posible explicación para el hecho de que en tales períodos el servicio doméstico tienda a crecer por tasas de reposición simple.

La mayoría de las fuentes consultadas también concuerda en que estaba disminuyendo la oferta de empleadas domésticas residentes en 1981, pero también se insiste en el aumento de la oferta de empleadas por días y por oficio y en las transformaciones de la organización de la actividad. Es común la referencia a la concentración de tareas del servicio doméstico en una sola persona donde antes se contaba con dos o tres empleadas. Según una trabajadora sindicalizada: "Sí, ha disminuido por tanta discriminación. Por la discriminación y porque muchas se van. El servicio doméstico interno está disminuyendo, pero está aumentando el trabajo de nosotras y ahora hay que hacer de todo".

¿Quiénes son las empleadas domésticas y sus patronas?

En ambos tipos de servicio doméstico, residente y por días, predominan las migrantes: cerca de 85,0% de las mujeres en el servicio doméstico residente en Bogotá para 1977 eran migrantes. La mayoría venía del área rural y preponderantemente de familias de pequeños propietarios y proletarios agrícolas.

La edad modal de las mujeres naturales de Bogotá en el servicio doméstico residente está entre 30 y 40 años; la de las migrantes más recientes (hasta cinco años de residencia en Bogotá) fluctúa entre los 15 y los 20 años.

Un estudio del Departamento Administrativo de Bienestar Social (DABS) de la Alcaldía de Bogotá, sobre 1.771 mujeres empleadas por días en 1980, aporta los siguientes datos: estas trabajadoras eran como promedio más viejas, con más tiempo de residencia urbana. Una alta proporción era soltera (68,7%), pero la mayoría registraba una y más uniones conyugales. Cada empleada por días tenía como promedio una carga de dos hijos y las que tenían compañero comúnmente se quedaban abandonadas.

Las funciones de madre son en gran parte incompatibles con las derivadas de pertenecer al servicio doméstico residente. La respuesta de una empleada de 23 años a la pregunta "¿cuándo decidió trabajar por días?" es ilustrativa: "Cuando tuve la niña. Salí porque estaba esperando la niña y pensé que no me convenía trabajar tanto tiempo y no me gusta trabajar con la niña interna(...) porque cuando se trabaja interna al niño se le trata mal, a la madre también en parte, porque se cree que porque se tiene un hijo, usted no puede hacer otra cosa más que obedecer. Y el niño tiene muchas limitaciones. Es muy distinto tener un niño en una casa grande, en la cual no tiene derecho sino a cuarto o un patio".

Sólo tres de cada diez hogares en Bogotá cuentan con servicio doméstico interno o por días, y en la mayoría de estos las mujeres esposas y/o jefes femeninos de hogar trabaja fuera. Pero la mayoría de las patronas que trabaja fuera (60,0%) también realiza actividades de trabajo doméstico en su hogar (los datos para documentar esta sección se extrajeron de Ayala/Rey de Marulanda, 1982). De cada diez hogares que disponen de empleada por días, cerca de siete son de las clases media-alta, o alta y cerca de 80,0% de los que disponen de empleadas "para adentro" también pertenecen a esas mismas clases. [En la encuesta de Empleo y Pobreza (CEDE-UNIANDES), se ha utilizado estudios del DANE en que se estratificaron los barrios de Bogotá en seis niveles: bajo-bajo, bajo-medio, medio, medio-alto y alto (Rey de Marulanda/ Bonilla,1980)].

La concentración de empleadas en las casas de las clases media y alta revela la relatividad de nuestra premisa que asociaba el servicio doméstico a la reproducción de la fuerza de trabajo, ya que los estratos con menos recursos para sostener los componentes de tal reproducción no disponen de servicio doméstico. En buena parte de los hogares donde hay trabajadoras domésticas, si no se dispusiera de este servicio se arriesgaría el patrón de vida del grupo familiar o la participación de la mujer en el mercado de trabajo, pero no necesariamente la reproducción de la fuerza de trabajo, tema que amerita más investigaciones.

La asociación entre el servicio doméstico y la reproducción de la fuerza de trabajo es más clara en el caso de familias en las cuales la mujer es el único -o el principal- proveedor económico, así como en los casos donde los miembros son de la clase obrera y en el caso de la propia empleada. Según las entrevistadas para los fines de esta investigación y las de otras investigaciones, casi 50,0% del salario, en muchos casos, se le envía a la familia original -comúnmente en el área rural- para su sustento.

¿Capacitación o adoctrinamiento?

Predomina la baja escolaridad entre las empleadas domésticas. Se estima que cerca de 75.000 mujeres del servicio doméstico residentes en Bogotá eran analfabetas o no habían completado la primaria en 1980 (Gobierno de Colombia, DABS,1980).

La mayoría de las empleadas domésticas puertas adentro que recibe cursos de capacitación frecuenta instituciones de orientación laico-religiosa, como las del *Opus Dei* (4). Generalmente, estas empleadas son mujeres con una edad promedio entre los 15 y los 20 años, recién llegadas del campo y, muchas de ellas llevadas por las patronas a dichos centros de capacitación. Estos centros laico-religiosos tienen como eje el mantenimiento del servicio doméstico, y por lo tanto, se manipula el cuadro ideológico de las trabajadoras, promoviendo la ética del servilismo (ver material sobre el Centro San José en la Parte IV de este libro y en el artículo de SINTRASEDOM). Entrevistas con empleadas, alumnas de estos centros, ilustran la adopción de tal ética:

P. ¿Cómo son sus patrones?

R. Ellos son unas personas muy religiosas, con una buena formación. Ellos me han tratado bien, dicen que yo soy la hija mayor, no tengo queja de esa familia.

P. ¿Le gusta trabajar en el servicio doméstico?

R. Sí, porque aprendí a valorar lo que era el trabajo y, más que

---

(4) El *Opus Dei* es una orden laico-religiosa, conocida como la "Santa Mafia", presente en varias partes del mundo y fundada en España, en 1928. Es considerada de tendencia ultraconservadora: no acepta las conclusiones del Concilio Vaticano II; acentúa en su propaganda el anticomunismo y la preservación de la doctrina ortodoxa de la Iglesia sobre aborto, contracepción, celibato religioso y otros puntos tradicionales. Según el padre Paulo Martinechen : "El *Opus Dei* pretende recrear una cristiandad en los moldes de la Edad Media, transformando la mentalidad de las personas que asumen funciones de jefatura en la sociedad" (en Nascimiento,1972). A través de la educación formal y de cursillos, el *Opus Dei* orienta el reclutamiento de las élites político- económico- tecnócratas, pero en América Latina también practica el adoctrinamiento de jóvenes de extracción campesina y obrera, usando para ello tanto la enseñanza formal como los cursos de capacitación.

todo, por la formación que nos dan aquí en el centro, es la base principal, porque nosotras aprendemos lo que es el trabajo, la facilidad para el trabajo. Más que todo, porque nosotras tenemos mucha facilidad, mejor dicho mucha economía y el respeto que uno tiene en la casa donde se encuentra.

La entrevistada de la cita anterior tenía 22 años, y la de la siguiente, 18 años:

R. El trabajo del hogar me parece muy bueno, porque este trabajo me parece que es muy cómodo, sobre todo para la mujer. También pienso que fue un trabajo que hizo la Virgen. Pienso que debemos seguir el ejemplo, para hacerlo bien por amor a ella.

P. ¿Dónde adquirió usted esa visión, esa valoración del trabajo?

R. Este trabajo lo aprendí yo a querer desde que vine aquí. Aquí hablan mucho del trabajo del hogar y aprendemos a valorarlo, a quererlo más.

La formación, a través de tales centros, incide a favor de una ideología tanto del trabajo como del sexo/género, queda pautada por el refuerzo de los patrones tradicionales. Según Gladys Jimeno (García Castro et al., 1981, p. 200): "La formación sobre aspectos sexuales en los centros es bastante restrictiva; son taxativos en enfocar el matrimonio como la única institución donde la sexualidad es aceptada. Si una empleada ha tenido relaciones sexuales sin casarse, le dicen que 'ha fracasado' y que es un mal ejemplo para las otras".

El sindicato SINTRASEDOM tiene hasta hoy programas de capacitación que se rigen por el principio de dar elementos de educación formal, conocimientos de legislación del trabajo sobre reivindicaciones laborales, y que propicien la movilidad ocupacional. Tales objetivos, a lo largo de la vida de SINTRASEDOM, han venido siendo apoyados por diferentes organizaciones, por ejemplo el Sindicato de Profesores, organizaciones de asesoría sindical, grupos religiosos alineados con la ética de la teología de liberación, y entidades privadas. Pero menos de 5,0% de las trabajadoras domésticas estaban sindicalizadas durante la década de los ochenta, y el grupo más activo no rebasaba las 50 afiliadas. Mientras que los centros del *Opus Dei* en Bogotá atienden un promedio de 350 alumnas por año, en los cursos del sindicato se atendieron menos de 60 en 1980 (ver capítulo de SINTRASEDOM para un análisis sobre los obstáculos para ampliar la participación en el sindicato.)

Las dirigentes de SINTRASEDOM enfatizan, entre los factores que dificultan la organización del servicio doméstico, la negación por parte de la empleada doméstica de su condición ocupacional y la resistencia de los patrones contra la sindicalización de sus empleadas. Miembros de la directiva de SINTRASEDOM hicieron las siguientes observaciones en entrevistas:

"A los patrones no les conviene que el sindicato se apruebe, porque para ellos es perjudicial, para nosotras es garantía. Pero ahí viene la presión que toman sobre la empleada del servicio doméstico.

(...)
Las compañeras no han tenido en realidad conocimiento de lo que significa un sindicato, no han tomado conciencia de que necesitamos una organización, no les interesa el tema. Lo que sucede más que todo es el miedo que el patrón infude a la empleada, y como desafortunadamente uno no sabe desenvolverse por sí mismo(...)Claro que uno no le va a creer a una compañera de trabajo, le va a creer más al patrón. Entonces, ahí está el factor principal por el cual la mayoría de las compañeras, aunque lo desee o lo necesite, o aunque esté oprimida, no se va a vincular fácilmente por la opresión que tiene del patrono".

SINTRASEDOM siempre ha apoyado las manifestaciones de trabajadores de otras categorías. Pero en 1981, cuando el gobierno había negado el reconocimiento jurídico de SINTRASEDOM, la única protesta había venido del Sindicato de Profesores Secundarios. En aquel período, en las entrevistas con líderes de centrales obreras (oficinas nacionales, regionales y urbanas de los sindicatos), era común escuchar la afirmación de que las empleadas domésticas no son trabajadores productivos, que no son parte de la clase obrera. En ese momento el sindicato, con todo, recibía asesoría de una institución -el Instituto Sindical María Cano (ISMAC)- que trabajaba también con otros sindicatos e insistía junto con estos en defender que el sector del servicio doméstico pertenece a la clase obrera.

Poco a poco SINTRASEDOM fue ganando el reconocimiento y la cooperación de otros sindicatos a través de un esfuerzo de aproximación. Incluso en 1983 desfilaba el Primero de Mayo junto con otras representaciones obreras, pero aún tiene una gran lucha por delante para ser reconocido como organización necesaria, incluso por las propias trabajadoras domésticas. Esta lucha se confunde con la búsqueda de identidad de la mujer trabajadora del servicio doméstico, una identidad que se afirma, según la directiva, cuando la trabajadora no permite que se le identifique como "miembro de la familia". Lo que, según ellas, sería más factible en el caso de las trabajadoras por días. Las entrevistas que siguen fueron hechas con trabajadoras domésticas sindicalizadas que trabajaban por días:

P. ¿Y tú crees que te alcanza más la plata trabajando por días y no como Lucía que trabaja interna? Ella gana 2.000 pesos colombianos y tú 4.000 más almuerzo y desayuno (5). En términos solamente financieros ella no tiene que pagar pieza, buses, alimentación y la ropa se te gasta mucho más. Entonces, ¿por qué prefieres trabajar por días, cuando antes trabajabas interna?

R. Es por la cuestión de la tranquilidad. En casa si uno llega un poquito tarde, se hace difícil la patrona. Entonces uno prefiere trabajar un tiempo definido y tener un tiempo libre. La libertad considero que no se compra con dinero."

(5) En 1981, la tasa de cambio era de 50 pesos colombianos por un dólar de Estados Unidos (US$).

Otra empleada argumentó:

"Sí, si uno se enferma nadie le va a pagar, además tiene que costearse remedios, alimentación, de todo, sin ser amparada por nadie. Eso es lo que es estar económicamente desfavorecido. Pero por la libertad que uno tiene, se siente más descansado. Puede ir a todas partes donde a uno lo inviten de noche y no tiene que pedirle permiso a nadie. Puede llegar a la hora que quiere uno a su pieza sin que nadie se lo reproche".

Tales testimonios indican cuál es el precio que están pagando las mujeres que optaron por un régimen de trabajo menos patriarcal. Esta opción es, en muchos casos, una imposición, ya que muchas de las que trabajan por días son madres, jefes de hogar y deben cuidar sus niños.

El salario en el servicio doméstico

A continuación se centra la discusión acerca del salario, punto neurálgico de la argumentación sobre la especificidad del servicio doméstico. La evaluación que se hace sobre el salario pagado a la empleada del servicio doméstico interna es compleja. El salario como instrumento capitalista de regulación de la compra y venta de la fuerza de trabajo está vinculado a una serie de elementos económicos entre los cuales se nombra la productividad, la jornada de trabajo, la canasta de bienes necesarios para la subsistencia y la reproducción cotidiana de la fuerza de trabajo (del individuo y de su familia). Sin embargo, estos elementos son insuficientes como constituyentes del salario del servicio doméstico residente.

La productividad de la empleada interna no puede, por ejemplo, ser medida por la relación empleado/producto. Los productos elaborados por una empleada se materializan en su propia presencia, en sus quehaceres rutinarios: comida, aseo de la casa, lavado de ropa, cuidados de niños, etc.

También la evaluación de la jornada de trabajo es específica. En 1977, en Bogotá, cerca del 78,0% de las mujeres en el servicio doméstico interno tenía una jornada superior a las 56 horas semanales. Se argumenta que el indicador "horas trabajadas" no tiene el mismo significado para obreras, empleadas y trabajadoras por cuenta propia que para empleadas domésticas, puesto que éstas, en muchos casos, distribuyen sus tareas en forma más flexible. Pero se contraargumenta que, al estar adscrito el sitio de trabajo al espacio de los patrones, al estar siempre disponible, la empleada doméstica residente no cuenta con un espacio psicosocial propio y, por lo tanto, el tiempo en que su fuerza de trabajo está potencialmente al servicio del patrón es integrante de su jornada de trabajo.

Una parte del salario del servicio doméstico residente es en especie; por eso se acostumbra argumentar que el salario real de estas trabajadoras es superior al pagado en otras categorías ocupacionales (Saffioti, 1978). La variación tanto en los salarios como en la calidad de los servicios dados por los patrones, o sea, en los constituyentes del salario en especie -habitacion, ropa, comida, asistencia médico-dental, medicinas, etc.- son dependientes de la buena voluntad, lo que refuerza los lazos de dependencia entre empleadas y patrones. El salario en especie, al ser considerado como un regalo y no un tipo de salario propio de la relación social que ese trabajo implica, se convierte en obstáculo por parte de la empleada para una toma de conciencia sobre su situación de clase.

Heleieth Saffioti (1978) considera que el reconocimiento de que el salario real de las empleadas domésticas puede ser superior al monetarizado no debería ser utilizado para justificar los bajos salarios de las empleadas. La no fijación de un salario a esta categoría permite que ocurran casos de muy baja remuneración, lo que es apoyado por una serie de intervenciones en la fijación del salario, como migración, edad, grado de alfabetización y el estrato social de los patrones. En las entrevistas realizadas se identificaron salarios mensuales de empleadas internas que variaban entre 1.000 y 4.000 pesos colombianos. Se registraron casos de salarios inferiores a 500 pesos colombianos, además de contingentes de niñas principalmente no remuneradas. Según una entrevistada, miembro de SINTRASEDOM:

> "A las mujeres que llegan del campo les pagan menos, les ponen más oficios, a veces no les dan salidas, no se les pagan prestaciones de ninguna clase, mientras ellas no sepan. Para las patronas es mucho mejor, porque las muchachas no saben reclamar ni sus días de salida".

La fijación de un salario monetario mínimo es reivindicación común a las asociaciones gremiales de este servicio y el salario en especie, según estas asociaciones, no debería ser computado en su cálculo. Hay que analizar el salario en especie no sólo como parte del consumo individual de la trabajadora sino como integrante del propio proceso de trabajo del servicio doméstico residente, es decir, de la forma asumida en la relación social establecida entre patronas y empleadas, siendo ese un punto que distancia el servicio doméstico del trabajo doméstico. Por otro lado, se presenta la tesis de que el bajo precio del servicio doméstico, así como la no remuneración del trabajo doméstico del ama de casa, contribuyen a reducir los costos de reproducción cotidiana de la fuerza de trabajo en general y, principalmente, de manutención de los niveles de vida de las capas medias.

El Estado no satisface una serie de necesidades básicas: no provee a los trabajadores de comedores, lavanderías, guarderías, jardines infantiles o áreas de recreo. Tales servicios son prestados a precios altos por el sector privado capitalista. Las "ocupaciones del sector informal ocupan un espacio que el gran capital no está interesado en ocupar" (Corchuelo/Urrea, 1980, p. 15), como también ocurre con el servicio doméstico remunerado. En la medida en que la presencia del Estado en el campo de la prestación de servicios colectivos urbanos es deficitaria, la prestación de estos servicios y el bajo precio que se paga por ellos resultan importantes en la fijación general de los salarios para otros sectores. Según Heleieth Saffioti (1978, p. 10): "el empleo doméstico posee -así como todo servicio prestado individualmente- la propiedad de permitir una cierta redistribución del ingreso nacional. En ese sentido, contribuye para retardar la crisis de realización de la plusvalía". Por otro lado, según Francisco de Oliveira (1972, p. 30): "cierto tipo de servicios estrictamente personales, prestado directamente al consumidor y hasta dentro de las familias, puede revelar una forma disfrazada de explotación que refuerza la acumulación de servicios que, para ser prestados fuera de las familias, exigirían una infraestructura que las ciudades no disponen y, evidentemente, una base de acumulación capitalista que no existe. El lavado de ropa en casa solamente puede ser reemplazado en términos de costo por lavado industrial que compita con los bajos salarios pagados a las empleadas domésticas; el motorista particular que lleva a los niños a la escuela solamente puede ser reemplazado por un eficiente sistema de transporte colectivo que no existe. Comparado con un americano de clase media, el brasileño de igual clase, con ingresos monetarios equivalentes, disfruta un patrón de vida real más alto incluyéndose en éste todo tipo de servicios personales en el ámbito de la familia, básicamente apoyada en la explotación de mano de obra, sobre todo femenina" (Oliveira, 1972, p. 30).

El análisis de Karen Giffen (1980) mantiene la misma postura: "Con respecto a la redistribución de ingreso que el servicio doméstico puede representar, una comparación entre la situación de mujeres en profesiones de alto nivel en Estados Unidos y en Salvador (Bahía-Brasil) es extremadamente reveladora. Para las mujeres norteamericanas con ingresos relativamente altos: "...son grandes los gastos asociados con el desempeño de las dos carreras y el pago de un servicio alquilado principalmente para la crianza de los niños (...) En algunos casos o puntos de su carrera, la esposa tiene actualmente que pagar por el privilegio de poder trabajar en el mercado" (Holmstrom, 1972, p. 97; ver también Lopate, 1971, p. 513).

Una investigación con mujeres médicas, abogadas, ingenieras y arquitectas en Salvador, por otro lado, estableció que el costo total pagado a las empleadas domésticas residentes fue equivalente, como promedio, a 10,0% del salario de la mujer empleadora.

En el caso de las patronas de profesiones similares a las citadas por Giffen, que hemos entrevistado en Bogotá, el salario pagado a las empleadas comúnmente era inferior al 5,0% del ingreso mensual familiar del hogar de los patrones.

Con el análisis sobre salario se pretende también cuestionar el hecho de que la comprensión del bajo nivel salarial de las trabajadoras domésticas no puede estar apoyada sólo en las características de la oferta o en el hecho de que hay una identidad entre trabajo doméstico y servicio doméstico remunerado, o en el no reconocimiento social, incluso por las mujeres (patronas y empleadas), de la importancia de los productos de aquel trabajo o servicio. Se ha llamado la atención sobre los factores estructurales como las reducidas alternativas de trabajo remunerado para los sectores populares, en particular para las mujeres, y se ha enfatizado la necesidad de considerar el significado social del servicio doméstico en el modelo de desarrollo o de subdesarrollo de países como Colombia.

El cuadro ideológico

Se plantea que el cuadro ideológico de las empleadas domésticas y de las patronas frente al trabajo doméstico condiciona y legitima la baja remuneración del servicio doméstico. La forma en que se percibe el trabajo doméstico, el valor que se le asigna, participan en la determinación de la remuneración, en el pacto contractual entre patronas y empleadas.

Al contrario de las trabajadoras sindicalizadas, para las no sindicalizadas el salario no es el factor determinante para la valorización de este empleo. "Buen trato" es la reivindicación más común entre éstas. [Un estudio realizado en Bogotá (Llinas, 1975) con trabajadoras del servicio doméstico, muestra que la razón aducida para permanecer más tiempo en una misma casa, no es el salario. Las siguientes son las razones dadas para la permanencia: por el buen trato, 51,0% ; porque no conocía bien Bogotá, 13,8%; porque me tocó, 12,5%; por el buen trato y buen sueldo, 9,0% y por otras razones, 7,7%].

La valoración del "buen trato" no es una imposición cultural de una sociedad "patriarcal" o de un sistema cultural de sexo/género que tiene como palco el reino de las ideas.

Hay que considerar que, de hecho, gran parte de la vida de la empleada se consume en el lugar de trabajo, que es su "hogar", sitio que nutre incluso de relaciones afectivas y del cual depende económicamente para supervivencia como trabajadora remunerada. Además, en la apreciación sobre las condiciones del trabajo actual entran consideraciones sobre la experiencia previa, obtenida comúnmente en el área rural, consideradas más negativas (ver en Jelin (1977) una reflexión pionera sobre la intrínseca relación entre migración rural-urbana y servicio doméstico. Para el caso Colombia, ver Garcia Castro (1979) para un análisis de la migración de mujeres, las condiciones de trabajo en el área rural y las razones expresadas por las mujeres del área rural para su migración).

Una entrevistada, trabajadora doméstica migrante, asalariada, que vive cama adentro, declara lo siguiente::

> "A mí me gusta el empleo doméstico, porque en primer lugar yo detesto quedarme en la casa [en el área rural] por el problema de mi papá, pues es de esas personas que yo no sé si por falta de estudio(...) él es una persona muy bruta que no piensa, que tiene muy malos pensamientos..."

En muchos casos, al comparar el trabajo hecho por el ama de casa con el realizado por la empleada, se aducen diferencias entre una y otra basadas no en criterios de racionalidad del trabajo, o de perfección, sino en los factores subjetivos incorporados a él. Una patrona, secretaria, declaraba en una entrevista:

> "No es lo mismo [el trabajo hecho por la empleada y por ella]; le falta amor".

Las condiciones socioeconómicas de la familia empleadora se reflejan en las relaciones de trabajo con las empleadas domésticas. Las familias de clases altas presentan una marcada relación paternalista hacia sus empleadas y aunque la discriminación de clase es más fuerte, se las trata con más consideración que en los demás estratos. Según Bertha Quintero (en Garcia Castro et al. 1981, p. 125): "Las mujeres con hijos pequeños, aunque no trabajen fuera del hogar, reconocen como una necesidad absoluta el tener empleada doméstica -entre familias de clase mediano para cuidarlos directamente, sino para realizar el resto de labores de una casa".

De hecho, la distribución de responsabilidades con el trabajo doméstico entre patronas y empleadas es influenciada por el estrato social del hogar. Pero, a pesar de todo, el cuidado de los niños es una labor desarrollada en todas las clases, con la participación directa de la esposa-madre. Principalmente, se relega a las empleadas a la ejecución de las tareas más rutinarias y arduas. Según Quintero (en Garcia Castro et al., 1981, p. 130): "Se pretende, aunque no siempre de manera manifesta, que la mujer que es recibida como interna debe romper todos los lazos afectivos con su mundo anterior y pasar a ser propiedad de la familia que la recibe (...) Aunque se la trata como un 'miembro de la familia', tiene más obligaciones y no los mismos derechos, incluso se le niega el derecho a enfermarse. Muchas veces, cuando esto sucede, se le adelantan las vacaciones para que vuelva restablecida de la enfermedad".

Con frecuencia, las empleadas encuentran que los hogares donde las reciben son más represivos que los que abandonaron en el área rural. De la entrevista con una patrona extraemos el siguiente ejemplo:

> P. Ud. me decía que recibía·a las muchachas que no tuvieran amigos, que no salieran, o sea que, ¿Ud. considera que una empleada que está en su casa no debe tener relaciones sexuales?
>
> R. No, al menos que uno sepa, que uno se dé cuenta que anda en ese plan, no. Porque entonces eso ya es un problema pues sobre todo cuando la gente de la casa sabe que ella ha tenido relaciones ya pierde el respeto en la casa.

Aunque las relaciones entre patrona y empleada evidentemente son asimétricas, no pueden ser examinadas únicamente como reflejo de los antagonismos de clase, sino consideradas en toda su complejidad. En el caso de la relación laboral del servicio doméstico remunerado, los antagonismos de clase están estrechamente relacionados con la mutua identificacion, con la frustración de la patrona por la necesidad de transferir a otra algo tan personal, algo que le correponde a ella, como "servir a los suyos", con la frustración de la empleada por el hecho de no estar sirviendo a los suyos.

En la literatura sobre el servicio doméstico se enfatiza la búsqueda de la empleada por copiar el estilo de la patrona. SINTRASEDOM ha investigado este patrón de comportamiento (ver las referencias a las patronas en el material de SINTRASEDOM, en este libro). En una investigación hecha por miembros de la Juventud Obrera Católica (JOC) de Barranquilla, con mujeres del servicio doméstico que frecuentaban escuelas nocturnas, aparecen referencias sobre este aspecto:

> "Sin darse cuenta copian el estilo de la patrona: utilizan el mismo champú, el mismo jabón, el mismo tipo de ropa (...) Entre las muchachas que trabajan en hogares de clase media, es común 'buscar novio en una clase social distinta de la suya', como también estudiar 'para superarse y tener las mismas comodidades' [que la patrona] (...) Las que se encuentran empleadas en hogares de clase alta, por la mayor distancia con los patrones tienden a imitar menos" (JOC, 1980, p. 5).

Nótese que en la mayoría de las entrevistas con empleadas domésticas la referencia es a la "señora de la casa", y que el marido es siempre referido como el más comprensible, el más considerado, aunque el más ausente. Pocas patronas mencionan el hecho de que el tener empleada doméstica se asocia con las exigencias del marido en cuanto a los trabajos domésticos.

El juego de antagonismos e identidades se realiza también en la forma como se codifica la sexualidad de la empleada doméstica por parte de los patrones. El psiquiatra colombiano Alvaro Villar Gaviria (1974), basado en un estudio clínico realizado en hospitales de Bogotá con trabajadoras del hogar remuneradas, descubrió que las empleadas domésticas, así como los niños, son tratados como seres asexuados. Las empleadas, principalmente si son jóvenes, tienen horarios de salida restringidos y no pueden recibir a los amigos -ni en muchos casos a las amigas- en sus piezas. Según una patrona de una empleada de 24 años: "Si yo sé que tiene novio, la echo de la casa por el mal ejemplo y por el peligro de enfermedad".

Pero el análisis del control de la sexualidad de la empleada doméstica demandaría otro artículo analizando la forma como la patrona vive su sexualidad: muchas veces con frustraciones o autocontroles no tan diferentes de los que trata de imponer a las empleadas del hogar.

¿Qué se compra y qué se vende en el servicio doméstico?

En el caso de Bogotá, parece que la disminución del ritmo de crecimiento del servicio doméstico residente en ciertos períodos no significa necesariamente su desaparición. El servicio doméstico se viene comportando como fenómeno reflejo de otros fenómenos sociales. En particular es sensible al comportamiento de la economía y hay indicios de que tendería a crecer en coyunturas de crisis. La subestimación de las empleadas domésticas por días y de las por oficio en las estadísticas oficiales -formas que vendrían aumentado últimamente- relativiza las inferencias sobre el comportamiento de esta ocupación en Colombia. Por otro lado, tanto el descenso como la desaparición del servicio doméstico en países capitalistas subdesarrollados sólo se viabilizarían si ocurriesen otros cambios sociales, además de la ampliación de alternativas de empleo para las mujeres de sectores populares.

Debo insistir en que el ejercicio del servicio doméstico no es una opción libremente escogida por las mujeres, sino una imposición que viene dada por el reducido número de alternativas de trabajo para el tipo de mano de obra que ejerce el servicio doméstico en la sociedad colombiana. Es principalmente un trabajo para las más jóvenes, las más viejas, las migrantes recién llegadas, las de más baja preparación profesional entre las mujeres pobres, o sea para las mujeres con menor posibilidad de competir en un mercado de trabajo de rígida estructura al nivel del sector formal. El servicio doméstico se impone a la mujer pobre, además, por su identidad polimórfica: es un trabajo y un abrigo; es una familia y una actividad que se adapta más a la "personalidad femenina".

La esencia del servicio doméstico, como la del trabajo doméstico, está en el hecho de que ambas actividades son ejercidas por mujeres, categoría social que participa no solamente en la reproducción cotidiana de la fuerza de trabajo sino en la reproducción biológica e ideológica de la especie. Sin embargo, la empleada no libera en el seno de la familia-patrona su potencialidad de reproductora biológica, quedando limitada a la reproducción/reposición de la fuerza de trabajo y a la reproducción/reposición de las relaciones sociales. Tales ambigüedades le exigen al movimiento feminista análisis que recuperen en sus discusiones sobre cultura de sexo/género la dimensión de relaciones y antagonismos entre clases. Se hace necesario considerar que tal cultura se materializa vía situaciones concretas específicas, sobredeterminadas por posiciones de clase de los individuos.

No es una casualidad que en el movimiento organizado de trabajadoras domésticas predomine una óptica que cuestiona la posibilidad de alianzas con patronas, con mujeres de diferentes clases sociales, o sea en diferentes posiciones sociales de poder. Una perspectiva básica de tal movimiento es anular la ideología de que la empleada es "hija de la familia" empleadora, por tanto se hace necesario la afirmación de una identidad que la separe de la otra mujer, la patrona, "la otra".

Al insistirse en el sindicato en la identificación de la empleada doméstica como miembro de la clase obrera, se ha optado por una específica identidad como persona: una persona social con potencialidad de transformar las relaciones de trabajo inmediatamente vividas, o sea sus rasgos precapitalistas. Se ha optado por identificarse como un ser social con potencialidad de participar con otros oprimidos en la lucha por la transformación por una sociedad sin patrones y empleadas.

Lo que se compra y lo que se vende en el servicio doméstico no es solamente la fuerza de trabajo de una "muchacha", o sea su trabajo y energía para producir, sino su identidad como persona. Esto es lo más específico del servicio doméstico.

Bibliografía

Ayala, Ulpiano/Nohra Rey de Marulanda. 1982. *Empleo y pobreza*. Bogotá: Universidad de los Andes, Centro de Estudios sobre Desarrollo Económico.

Corchuelo, Alberto/Fernando Urrea. 1980. Algunas anotaciones metodológicas sobre los mercados de trabajo en las zonas urbanas. Bogotá: Programa de las Naciones Unidas, Proyecto Organización Internacional de Trabajo sobre Migraciones Laborales. Inédito.

Garcia Castro, Mary. 1979. Migración laboral femenina. Bogotá: Programa de las Naciones Unidas, Proyecto Organización Internacional de Trabajo sobre Migraciones Laborales.

Garcia Castro, Mary. 1982. ¿Qué se compra y qué se paga en el servicio doméstico?: el caso de Bogotá. En Magdalena León, editora, *La realidad colombiana, vol. I, Debate sobre la mujer en América Latina y el Caribe*, págs. 99-122. Bogotá: Asociación Colombiana para el Estudio de la Población.

Garcia Castro, Mary/ Quintero, Bertha/Jimeno, Gladys. 1981. Empleo doméstico, sector informal, migración y movilidad ocupacional en áreas urbanas en Colombia. Bogotá: Programa Naciones Unidas, Proyecto Organización Internacional de Trabajo sobre Migraciones Laborales. Informe Final.

Giffen, Karen. 1980. A mulher na reproduçao da força de trabalho: serviço doméstico pago como estratégia familiar de sobrevivència". Trabajo presentado al Congresso 32ndo. de la Sociedade Brasileira para o Progresso da Ciència, Rio de Janeiro. Inédito.

Gobierno de Colombia, Departamento Administrativo de Bienestar Social. 1980. Estudio socioeconómico laboral de los empleados a domicilio en el servicio de empleo del distrito. Bogotá: Alcaldía Mayor de Bogotá. Inédito.

Gobierno de Colombia, Departamento Administrativo Nacional de Estadística. 1973. *XIV Censo nacional de población, muestra de avance.* Bogotá: DANE.

Gobierno de Colombia, Departamento Administrativo Nacional de Estadística. 1977a. *Encuesta de hogar, primer trimestre, Etapa 14.* Bogotá: DANE.

Gobierno de Colombia, Departamento Administrativo Nacional de Estadística. 1977b.Clasificación socioprofesional para Colombia. Bogotá: DANE. Inédito.

Gobierno de Colombia, Departamento Administrativo Nacional de Estadística. 1978. *Encuesta de hogar, primer trimestre, Etapa 18.* Bogotá: DANE.

Gobierno de Colombia, Departamento Administrativo Nacional de Estadística. 1979. *Encuesta de hogar, primer trimestre, Etapa 22.* Bogotá: DANE.

Gobierno de Colombia, Departamento Administrativo Nacional de Estadística. 1980a. *Encuesta de hogar, primer trimestre, Etapa 26.* Bogotá: DANE.

Gobierno de Colombia, Departamento Administrativo Nacional de Estadística. 1980b. *Encuesta nacional de hogares - manual de conceptos básicos y recolección* (EH-29). Documento nº 11. Bogotá: DANE.

Jelin, Elizabeth. 1977. Migration and Labor Force Participation of Latin American Women: The Domestic Servants in the Cities, in *Signs* 3, nº1, pp. 129-141.

JOC (Juventud Obrera Católica). 1980. Empleadas del hogar. Baranquilla, Colombia: JOC. Inédito.

Llinas, Mario Alberto. 1975. Introducción al servicio doméstico en Colombia. Tesis, Universidad de los Andes, Facultad de Ingeniería, Bogotá.

Londoño de la Cuesta, Juan Luis. 1985. Evolución reciente del empleo y el desempleo urbano, en *Economía Colombiana* , 7 pp. 171-173.

López Castaño, Hugo/Sierra, Oliva/Henao, Marta Luz . 1982. El empleo en el sector informal: el caso de Colombia. En *La problemática del empleo en Colombia y América Latina*, págs. 171-204. Medellín: Universidad de Antioquia, Centro de Investigaciones Económicas.

Nascimiento, Augusto. 1972. A través del cursillismo, el *Opus Dei* concreta su penetración en Brasil. *La Opinión*, 30 de septiembre.

Oliveira, Francisco de. 1972. Economía brasileira: crítica a razao dualista. *Estudos de Centro Brasileiro de Análise e Pesquisa (CEBRAP)*, nº 2.

Rey de Marulanda, Nohra. 1981. *El trabajo de la mujer.* Bogotá: Universidad de los Andes, Centro de Estudios sobre Desarrollo Económico. Documento 063.

Rey de Marulanda, Nohra/ Bonilla, Elssy. 1980. El trabajo de la mujer y los medios de comunicación. Bogotá: Universidad de los Andes, Centro de Estudios sobre Desarrollo Económico. Inédito.

Rubin, Gayle. 1975. The Traffic in Women: Notes on the Political Economy of Sex. En Rayna R. Reiter, editora, *Toward an Anthropology of Women*, pp. 157-210. Nueva York: Monthly Review Press.

Saffioti, Heleieth Iara Bongiovani. 1978. *Emprego doméstico e capitalismo.* Petrópolis, Brasil: Editorial Vozes.

SINTRASEDOM, Sindicato Nacional de Trabajadoras del Servicio Doméstico. 1980. "¡Basta ya!...de ignorarnos". Bogotá: SINTRASEDOM. Inédito.

Villar Gaviria , Alvaro. 1974. *El servicio doméstico: un gremio en extinción.* Bogotá: Editorial Controversia.

¿Dónde está María? Vidas de peruanas que fueron empleadas domésticas *

Margo L. Smith

Si hemos de creer en *Simplemente María*, la telenovela popular en Perú durante los años sesenta -popular también en otros lugares de América Latina y entre audiencias de habla hispana en Norte América- la vida de María Ramos después de dejar su trabajo como empleada doméstica termina en un futuro prometedor. María soporta las penalidades de migrar desde la provincia hacia la capital, trabaja como doméstica y es despedida después del nacimiento de su hijo ilegítimo, y cuando un maestro bondadoso la protege, María obtiene educación básica y llega a ser costurera. Luego ella alcanza la fama como una atractiva modista de clase internacional en París y se casa con su antiguo maestro en una boda muy publicitada en Lima.

Los primeros episodios sobre la vida de María razonablemente reflejan la situación del servicio doméstico. Las empleadas domésticas de América Latina son en su gran mayoría migrantes de áreas provinciales del país a las grandes ciudades. Por lo general son jóvenes, con pocos años de educación formal y pocos -si acaso algunos- conocimientos de trabajos urbanos. Sus patrones y otros a menudo se aprovechan de ellas y/o las tratan mal. No es extraño que éstas mujeres queden embarazadas mientras están empleadas; sin embargo, nunca llegan a la cumbre como modistas con fama mundial, casadas con maestros. Entonces, ¿qué les sucede a ellas, realmente?

De 1967 a 1970, dirigí una profunda investigación etnográfica sobre el servicio doméstico en Lima, Perú, y en 1982, un estudio complementario cuyos resultados han sido publicados (Smith, 1973, 1975, 1977) o reportados (Smith, 1971, 1980, 1982). El aspecto más controvertido de esa investigación (Chaney, 1977) ha sido mi aseveración de que el trabajo de empleada doméstica en Lima ofrece a estas mujeres uno de los pocos medios económicos que existen para sobrevivir en la gran ciudad y tener contacto con ésta (Smith, 1973). Así, una antigua empleada doméstica de mediana edad y sus hijos, pudieron tener una vida "mejor" -desde su punto de vista- que si ella se hubiera quedado en su lugar de origen, es decir que la mujer pudo experimentar "movilidad social ascendente dentro del amplio espectro de la clase baja" (Smith, 1973, p. 193).

El servicio doméstico en el Perú representa una ocupación transitoria para la mayoría de las mujeres que trabajan en ella. De las empleadas domésticas registradas por el Centro Arquidiocesano Pastoral (no publicado) en los distritos

---

* Una versión de este trabajo fue presentada en la Undécima Conferencia del Tercer Mundo, Chicago, 1985.

residenciales de Lima en 1967, 68,0% tenían entre 15 y 20 años de edad. Un examen detallado de esta distribución de edades demuestra un incremento marcado en participación a la edad de 15 años, su punto más alto a la edad de 18 años, y una fuerte disminución después de los 22 años. De hecho, aproximadamente el 49,0% de todas las empleadas domésticas fueron incluidas en este interregno de ocho años (Smith, 1971, pp. 65-66).

Después de trabajar como empleadas domésticas, viviendo básicamente en casa de sus patrones, se sabe que las mujeres siguen diversas alternativas (Smith,1971, pp.393-404): vuelven a su lugar de origen; trabajan como empleadas domésticas con cama afuera (por ejemplo, como lavanderas)[a este respecto, por ejemplo, Bunster/Chaney (1985) encontraron que entre estas mujeres trabajadoras, las lavanderas obtienen ingresos más altos y trabajan menos horas por semana que las empleadas domésticas con cama adentro, aunque ellas reconocieron que el trabajo es muy arduo]; se convierten en vendedoras ambulantes, se dedican a otras actividades económicas o se retiran de la fuerza de trabajo para convertirse en amas de casa y madres de tiempo completo. Con raras excepciones llegan a ser obreras; Villalobos/Mercado (1977) solamente encontraron tres obreras que anteriormente habían sido empleadas domésticas. Schellekens/van der Schoot (1984, pp. 60-61) no eliminan la posibilidad de que algunas lleguen a ser prostitutas, pero ellas no tienen datos sobre esto en el Perú. Nosotras no sabemos la frecuencia con que estas mujeres se dedican a una o varias de estas actividades.

Dado que todavía están por elaborar, con largo aliento, historias sobre las vidas de un número grande de mujeres que anteriormente trabajaron en el servicio doméstico -lo cual podría arrojar luz sobre esta cuestión-, el resto de este capítulo examina la relación entre empleadas domésticas y vendedoras ambulantes (esta parte es una revisión de Smith, 1980) e informa sobre las entrevistas complementarias que hice en 1982 con mujeres que trabajaron en el servicio doméstico entre los años 1967 y 1970 (esta parte es una revisión del informe preparado para el Pequeño Encuentro sobre el servicio doméstico que siguió al Congreso de la Asociación de Estudios Latinoamericanos en 1983 en Ciudad de México)

El grupo de antiguas empleadas domésticas que se convierten en vendedoras ambulantes realizan esencialmente un avance lateral en términos socioeconómicos; aunque su vida continúa siendo precaria, ya no tienen el estigma social de ser sirvientas; por su parte, las que se convierten en amas de casa, mejoran su situación socioeconómica en algún grado dependiendo de su salud, el número de hijos que tienen, y particularmente de la ocupación de sus esposos; ya no necesitan trabajar fuera de sus casas y se aseguran que sus hijas se eduquen para que no tengan que trabajar en el servicio doméstico. Muy pocas siguen trabajando en el servicio doméstico o tienen trabajos identificados con la clase media.

Empleadas domésticas y vendedoras ambulantes

Un estudio interdisciplinario de madres trabajadoras en Lima, conducido entre 1975 y 1976, se centró sobre las empleadas domésticas (Chaney, 1977), vendedoras ambulantes (Mercado, 1978; Villalobos/Mercado, 1977) y obreras industriales. Chaney y Mercado sugieren que la ocupación de empleada doméstica en Lima es seguida a menudo por la ocupación de vendedora ambulante. Por ejemplo, Mercado (1978, p. 7) concluye que "la vendedora ambulante actual, a su llegada a Lima encuentra la mayor posibilidad de empleo en el trabajo doméstico".

En un perfil compuesto por Chaney (1977, p. 2), la empleada doméstica de 18 años que queda embarazada, pierde en consecuencia su trabajo y, como resultado, es incapaz de encontrar otro empleo en labores domésticas porque tiene un bebé. Tres meses después, "desesperada", empieza una nueva ocupación como vendedora ambulante. Son muy pocas las oportunidades de empleo para las mujeres que han trabajado en el servicio doméstico. En efecto, Mercado (1978, p. 28) encontró que 57,0% de su muestra de vendedoras ambulantes (24 de los 42 casos) se convirtió en trabajadoras domésticas a su llegada a Lima provenientes de la provincia donde ellas habían trabajado como domésticas, en la agricultura o nunca habían trabajado antes de su llegada a Lima (afirmación basada en un estudio sobre migración peruana publicado en 1967 (ver Smith, 1971, p. 6).

Sin embargo, esta progresión es demasiado simplificada porque ignora las otras alternativas mencionadas a las cuales las domésticas pueden dedicarse. Además, las empleadas domésticas y las vendedoras ambulantes parecen venir de poblaciones algo distintas aunque ligeramente coincidentes.

Para examinar más detalladamente la relación entre mujeres que trabajaban como empleadas domésticas y mujeres que trabajaban como vendedoras ambulantes, he comparado los datos demográficos disponibles para los dos grupos: el predominio de mujeres en ambas ocupaciones; su edad y lugar de origen; las ocupaciones de sus padres; su nivel educacional y estado civil, y su edad en el momento de llegada a Lima. A menos que otra cosa haya sido especificada, los datos en los cuadros que siguen son tomados de mi análisis de aproximadamente 2.000 empleadas domésticas, basado en una encuesta de hogares de 1967 (del censo del Centro Arquidiocesano Pastoral ya mencionado) y también del Censo de 1976 de más de 61.000 vendedores ambulantes limeños (citado en Mercado, 1978).

Las mujeres predominan en ambos grupos ocupacionales, sin embargo, el servicio doméstico es casi exclusivamente una ocupación femenina; cerca de 90,0% de todos los domésticos son mujeres, mientras sólo un poco más de la mitad de los vendedores ambulantes limeños son mujeres (ver cuadro 1). Entre los vendedores ambulantes, las mujeres venden principalmente comidas preparadas (70,0% de tales vendedores son mujeres) y productos comestibles agrícolas (también 70,0% son mujeres).

Hay poco en el servicio doméstico que prepare a alguien para ser vendedora ambulante. Por ejemplo, las comidas preparadas generalmente no son las mismas que las domésticas preparan y sirven en la casa. No obstante, la mayoría de las empleadas domésticas probablemente desarrolla una cadena de conocidos entre los vendedores a quienes compran sus mercancías. Además, las empleadas domésticas pueden aprender las destrezas interpersonales para una exitosa interacción con empleadores y otros sirvientes, clientes de los vendedores ambulantes.

El cuadro 2 presenta las dos ocupaciones de acuerdo con la edad. Las domésticas son sustancialmente más jóvenes: cerca de tres cuartas partes de las empleadas domésticas tienen menos de 30 años; 64,0% de las vendedoras ambulantes tienen más de 30 años. En el caso de las ambulantes, más de una quinta parte tiene 45 años o más, mientras que solamente entre un 5,0% a 6,0% de las empleadas

—— Cuadro 1 ————————————————————————————

Empleados domésticos y vendedores ambulantes según sexo, Lima, 1970
(En números y porcentajes)

| | Empleados domésticos | | | | Vendedores ambulantes | |
| | Smith | | Censo Nacional | | Mercado | |
Sexo	N	%	N	%	N	%
Masculino	240	12,0	9.072	10,5	28.260	46,1
Femenino	1.760	88,0	77.071	89,5	33.083	53,9
Total	*2.000*	*100,0*	*86.143*	*100,0*	*61.343*	*100,0*

Fuentes: Smith, 1971, p. 62 (cols. 1, 2); República del Perú, 1972, p. 476 (cols. 3, 4); Mercado, 1978, p.12 (cols. 5,6).

—— Cuadro 2 ————————————————————————————

Empleadas domésticas y vendedoras ambulantes según edad, Lima, 1970
(En porcentajes)

| | Empleadas domésticos | | Vendedoras ambulantes | |
Edad	Smith	Censo Nacional	Censo	Mercado
15 y menos	4,6	5,9	0,9	—
15-29	68,4	76,6	35,1	50,0
30-44	10,5	12,1	42,8	42,0
45 y más	4,5	5,5	21,0	8,0
Desconocida	12,0	0,1	0,1	—
Total	*100,0**	*100,0*	*100,0*	*100,0*
(N)	*(1.760)*	*(77.071)*	*(33.083)*	*(50)*

*Esta muestra tiene una distribución más compacta de edad porque solamente fueron incluidas madres con hijos menores de 10 años.

**Las columnas no suman 100% debido a la aproximación efectuada.

Fuentes: Smith, 1971, p. 65 (col. 1); República del Perú, 1972, p. 476 (col. 2); Mercado, 1978, p. 23 (col. 3); Mercado, 1978, p. 20 (col. 4).

Empleadas domésticas y vendedoras ambulantes según origen. Perú, 1970

(En porcentajes)

Lugar de origen	Empleadas vendedoras	Empleadas domésticas	Empleadas ambulantes
Ancash	11,0	10,6	7,6
Apurímac	6,9	6,4	9,1
Ayacucho	8,6	8,5	16,7
Cuzco	8,0	14,9	8,2
Junín	6,5	6,4	9,5
Lima	8,6	4,2	17,2
Callao	—	—	0,9
Lima Metropolitana	9,3	—	—
Arequipa	5,5	8,5	3,0
Otro	35,6	40,5	27,8
Total	*100,0*	*100,0*	*100,0*
(N)	*(1.760)*	*(50)*	*(33.083)*

Fuentes: Smith, 1971, p. 84 (col. 1); Chaney, 1977, p. 25 (col. 2); Mercado, 1978, p. 15 (col. 3).

domésticas están en el grupo de más edad. Esto es consistente con las hipótesis de Mercado y Chaney. Sin embargo, menos del 40,0% de las domésticas son adolescentes (Smith, 1971, p. 65), un hallazgo que es inconsistente con lo afirmado por Chaney.

Las mujeres que trabajan en ambas categorías ocupacionales son predominantemente migrantes de otras zonas del país a la capital: al menos 90,0% de las empleadas domésticas y 80,0% de las vendedoras. El cuadro 3 incluye los cinco lugares de origen citados más frecuentemente en los estudios de las empleadas domésticas y vendedoras ambulantes. Ocho departamentos y Lima Metropolitana son listados; con la excepción de Lima Metropolitana, todos son andinos más que departamentos costeros o de la Amazonia. Adicionalmente, cuatro de los seis departamentos están localizados en las montañas peruanas sureñas: Apurímac, Arequipa, Ayacucho y Cuzco. La distribución ocupacional de las mujeres migrantes de estos departamentos genera varias preguntas. ¿Por qué tantas vendedoras ambulantes provienen de Ayacucho, mientras que el grupo más grande de empleadas domésticas viene de Ancash? ¿Acaso habrán factores especiales actuando de manera similar a los citados por Arizpe (1977, pp. 34-35) sobre la atracción de las indígenas Mazahua por el trabajo de vendedor ambulante en Ciudad de México? ¿Habrá características de Cuzco que contribuyen al aparentemente dramático aumento de cuzqueñas en el servicio doméstico entre 1967 y 1975 (como se muestra en las columnas una y dos del cuadro 3)?

Aunque las mujeres en estas dos categorías son por lo general migrantes de los departamentos andinos, sus antecedentes familiares -reflejados por la ocupación de sus padres- son un poco diferentes (ver cuadro 4). La agricultura o la ganadería son las actividades laborales más frecuentes de los padres, tanto de las empleadas domésticas como de las vendedoras ambulantes; sin embargo, 54,0% de las vendedoras ambulantes provienen de ese tipo de familia, comparado solamente con 42,0% de las empleadas domésticas. El resto de las vendedoras ambulantes muy probablemente provienen de familias en las cuales el padre también era un vendedor ambulante; y las empleadas domésticas, de familias en las cuales los padres estuvieron empleados como obreros (fábrica, construcción y otros tipos de trabajo manual). Una porción significativa, entre 8,0% y 9,0% de los dos grupos, no conoce la ocupación de sus padres, quizás porque ellas fueron abandonadas o quedaron huérfanas a una edad temprana.

El nivel educacional de las mujeres de estas dos categorías es aproximadamente comparable, como muestra el cuadro 5. Lo que parece una diferencia dramática entre los dos grupos, en las categorías de "analfabeta" y "primaria incompleta", puede reflejar una diferencia en la manera como se recolectaron los datos más que una distinción significativa en las habilidades de leer y escribir. A las empleadas domésticas se les preguntó hasta qué grado asistieron a la escuela. Solamente aquellas que eran analfabetas y que nunca habían asistido a la escuela aparecieron en la categoría de analfabetas. Sin embargo, la habilidad de leer y escribir de 37,0% que habían asistido a la escuela solamente hasta el tercer grado (Smith, 1971, p. 72) puede ser pobre o haber sido olvidada. No obstante, tanto las empleadas domésticas como las vendedoras ambulantes tienen un nivel educacional formal muy limitado. Sólo 8,2% de las empleadas domésticas y 10,4% de las vendedoras ambulantes han tenido más que el nivel de educación primaria.

La información disponible sobre el estado civil de las mujeres que trabajan

——— Cuadro 4 ———

Padres de empleadas domésticas y vendedoras ambulantes. Lima, 1970
(En porcentajes)

Ocupación	Empleadas	Vendedoras
Agricultor o ganadero	41,9	54,0
Vendedor ambulante	1,8	18,0
Obrero	24,9	10,0
Peluquero, policía, conductor, otro	10,7	10,0
Pequeño comerciante	6,8	—
No conocida	8,9	8,0
No responde	5,0	—
Total	*100,0*	*100,0*
(N)	*(1.760)*	*(50)*

Fuentes: Smith, 1971, p. 88 (col. 1); Mercado, 1978, p. 22 (col. 2).

——————— Cuadro 5 ———

Empleadas domésticas y vendedoras ambulantes según nivel de educación Lima, 1970

(En porcentajes)

Nivel	Empleadas	Vendedoras
Analfabeta	4,9	35,0
Primaria incompleta	68,6	36,7
Primaria completa	18,3	16,8
Secundaria incompleta	7,7	8,4
Secundaria completa	—	1,8
Otro	0,5	0,2
No conocido	—	1,1
Total	*100,0*	*100,0*
(N)	*(1.760)*	*(33.083)*

Fuentes: Smith, 1971, p. 72 (col. 1); Mercado, 1978, p. 13 (col. 2).

como empleadas domésticas y vendedoras (ver cuadro 6) es también consistente con la hipótesis de Mercado y Chaney. Solamente 8,0% de las empleadas domésticas están o han estado casadas o están viviendo en uniones libres. En contraste, cerca de 67,0% de las vendedoras ambulantes están casadas o viviendo en unión libre, y adicionalmente 13,0% son viudas, divorciadas o separadas.

Los datos más inconsistentes con la hipótesis de Chaney son aquellos que tienen que ver con la edad a la cual la empleada doméstica o la vendedora llegan a Lima. Si estas migrantes primero fueron empleadas domésticas y luego vendedoras ambulantes -esto es, si ellas son miembros de la misma población- entonces la edad de su migración a Lima debería ser la misma para ambos grupos. Sin embargo, como puede verse en el cuadro 7, las mujeres que trabajan como domésticas llegan a Lima a una edad mucho más temprana que las vendedoras ambulantes: 80,0% de las domésticas llegaron a Lima antes de la edad de los 20 años, mientras que solamente 11,7% de las vendedoras llegaron a esa edad. Además, Bunster/Chaney (1985) encuentran que las empleadas domésticas que son madres llegaron a Lima y empezaron a trabajar a una edad promedio de sólo 12 años. En resumen, las mujeres que terminan trabajando en el servicio doméstico parece que migran a Lima a una edad más temprana que aquellas que terminan como vendedoras. A este respecto, Chaney sugiere que "la edad más avanzada de las vendedoras puede ser explicada por el hecho de que las mujeres mayores ya tienen hijos y entran directamente como vendedoras ambulantes porque no pueden conseguir (y tampoco lo desean) empleos en casas de familias si ellas tienen responsabilidades con sus propias familias" (Chaney, comunicación personal).

Finalmente, el número de mujeres en cada categoría ocupacional no aclara la relación entre empleadas domésticas y vendedoras ambulantes. En 1972, el censo

—— Cuadro 6 ——————————————————————————————

Empleadas domésticas y vendedoras ambulantes según estado civil
Lima, 1970
(En porcentajes)

Estado civil	Empleadas	Vendedoras
Soltera	90,0	20,1
Casada	5,4	48,9
Viuda	1,6	8,1
Divorciada	1,0	0,4
Separada	—	4,4
Unión libre	—	18,0
No conocido	2,0	0,1
Total	*100,0*	*100,0*
(N)	*(1.760)*	*(33.083)*

Fuentes: Smith, 1971, p. 66 (col. 1); Mercado, 1978, p. 14 (col. 2).

—— Cuadro 7 ——————————————————————————————

Empleadas domésticas y vendedoras ambulantes según edad de llegada a
Lima, 1970
(En porcentajes)

Edad	Empleadas	Vendedoras
9 y menos	9,5	0,1
10-14	28,6	2,0
15-19	41,9	9,6
20-24	12,3	15,0
25-29	3,5	16,6
30-35	—	18,9
36-44	4,2	22,1
45 y más	—	15,7
Total	*100,0*	*100.0*
(N)	*(1.760)*	*(29.236)*

Fuentes: Smith, 1971, p. 94 (col. 1); Mercado, 1978, p. 16 (col. 2).

nacional peruano estimó que más de 77.000 mujeres trabajaban en el servicio doméstico en Lima; conservadoramente se puede especular que, como mínimo, un grupo adicional de 150.000 limeñas ha trabajado como empleadas domésticas aunque no hayan continuado como tales. El censo de vendedores de 1976 incluyó un poco más de 33.000 mujeres, lo cual es una subestimación (Grompone, 1981, p. 108) que en familias con varias personas trabajando como vendedores ambulantes, muy frecuentemente sólo una de ellas fue censada. Además, la Guardia Civil estuvo activamente envuelta en el Censo).

En realidad no existe un cálculo preciso de las empleadas domésticas o de las vendedoras ambulantes pero es seguro que ambos grupos son más numerosos de lo que aparecen en las estadísticas. No obstante, si admitimos un cálculo aproximado de 100.000 vendedoras ambulantes (Grompone, 1981, p. 108) o de 109.500 (Flores Medina, 1981, p. 4 y 10-11), tendríamos solamente dos tercios de la población que anteriormente trabajó en el servicio doméstico; ahora bien, ¿cuáles son los factores que conducen a unas domésticas y no a otras, a convertirse en vendedoras ambulantes? Es algo más que la edad y el estado civil. Adicionalmente, las mujeres que trabajan en los dos grupos ocupacionales reflejan diferencias con respecto a lugares de origen, antecedentes familiares y edades de migración a Lima. Cuán significativas son estas diferencias permanece aún sin investigar: ¿qué les ha sucedido a las empleadas domésticas que no se han convertido en vendedoras ambulantes?

Las entrevistas de 1982

En 1982 tuve la oportunidad de volver por poco tiempo a Lima, básicamente para participar en una conferencia sobre la mujer andina pero también esperando recolectar datos adicionales para ampliar mi investigación anterior. Ya que el servicio doméstico en Perú es en gran parte una ocupación de corto término para ciertas mujeres, lo que representa una de las primeras ocupaciones de tiempo completo de su vida adulta, ¿qué hacen las domésticas después de esta etapa de sus vidas? Aunque traté de recopilar datos sobre este tópico durante mi primera investigación, la información fue más difícil de encontrar de lo que yo esperaba, a causa de la baja posición del trabajo doméstico: esto es, las mujeres se mostraron renuentes a admitir que habían trabajado previamente como empleadas domésticas. Por consiguiente, en 1982 mi meta fue ubicar y entrevistar al mayor número posible de mis informantes de los años 1967-1970. ¿Qué les había sucedido a ellas durante esos 12 ó 15 años transcurridos desde la última vez que les vi? ¿Eran sus vidas "mejores" que antes? ¿Cómo había cambiado el servicio doméstico durante estos años?

Los cambios en el servicio doméstico fueron menores de lo que yo había anticipado (Smith, 1973, p. 204). Las agencias particulares de empleo para domésticos que habían prosperado a finales de los años sesenta, habían sido cerradas de acuerdo con la disposición de la Organización Internacional del Trabajo. Bajo la misma disposición, sólo han quedado unas pocas de las que existían antes de implantada la norma. Sociólogos trabajando en el área de trabajo y empleo sugieren que hay más demanda que oferta por empleadas domésticas (cf.

Abel Centurión, comunicación personal; también Schellekens/van der Schoot, 1984, p. 23).

Como resultado, las futuras empleadas domésticas se entrevistan con posibles empleadores esperando tener -como regulares beneficios del trabajo- televisor a color y permiso para estudiar. Al mismo tiempo, los empleadores parecen estar más preocupados en contratar una persona honesta; también parece haber crecido el porcentaje de empleadas domésticas trabajando cama afuera: Bunster/Chaney (1985) hallaron que 50,0% de las madres que trabajan en el servicio doméstico trabajan con cama afuera. Todos estos cambios tienen la capacidad de modificar dramáticamente el marco en el cual se inscribe el servicio doméstico.

Mis notas de campo están salpicadas con otras tres observaciones. Las empleadas domésticas parecen lucir mejor en términos de tener vestidos y uniformes más limpios, que les quedan mejor. Además el "territorio" de la empleada dentro de la casa está amoblado con aparatos más modernos (la cocina y el cuarto de lavar) y más confortable mobiliario (sus cuartos). Probablemente lo más importante es que la mitad de las empleadas domésticas que yo entrevisté fueron más enérgicas en su conversación y estuvieron menos dispuestas a permitir a la antropóloga dirigir la discusión. Sin embargo, la naturaleza esencial del ser empleada doméstica del hogar no parece haber cambiado sustancialmente.

Durante el tiempo disponible en 1982, pude ubicar a seis mujeres que habían sido empleadas domésticas durante mi investigación anterior entre 1967 y 1970, y tuve largas e informales entrevistas con cuatro de ellas. Cuatro de las seis son amas de casa no empleadas fuera de sus hogares (incluyendo una que ha regresado a la provincia); una todavía trabaja en el servicio doméstico y otra trabaja en la oficina de un laboratorio médico. Esta no es una muestra al azar, ni tampoco es enteramente representativa si sólo consideramos que no incluye ninguna vendedora ambulante, una conocida actividad económica posterior a la de empleo doméstico (Mercado, 1978). Tampoco incluye empleadas con cama afuera ni lavanderas (adicionalmente, ver la autobiografía de Adelinda Díaz Uriarte, en este volumen. Ella trabajó como empleada doméstica durante los años sesenta y continúa como trabajadora del hogar con cama afuera desde 1983).

Aquí muestro un perfil actual de las seis mujeres:

La señora M. ha trabajado para tres hogares de clase media en la misma familia por lo menos durante nueve años. Mientras estaba trabajando en uno de estos hogares dio a luz un varón pero continuó trabajando para la familia hasta que su niño tuvo más o menos seis años. Luego se casó, dejó su trabajo y regresó a una ciudad pequeña en la región de la selva. Ahora tiene un niño que da sus primeros pasos y de nuevo está embarazada. A causa de las enfermedades de ella y del hijo menor, la familia está vendiendo su tierra en Tingo María para regresar a Lima. El esposo de la señora M. es obrero de la construcción, pero todavía no tiene empleo en Lima. Mientras la familia se restablece en Lima, la señora M. y sus hijos vivirán con un cuñado en un área de bajos ingresos de Surquillo (un distrito de Lima Metropolitana). Ella ha reiniciado los vínculos con sus patrones anteriores para solicitar dinero y ropa para la familia, pero no está buscando trabajo.

La señora M.M. es ama de casa. Ella tenía trabajó entre cinco y seis años como empleada doméstica antes de casarse y dejar su empleo. Una de sus patronas le había prometido que le iba a poner una pequeña carnicería pero nunca lo hizo.

Cuando su primer hijo murió, un recién nacido, estaba tan agobiada por el dolor que aceptó un trabajo como empleada doméstica para una familia europea, y vivió con ellos un año en Europa, antes de regresar donde su esposo en Lima. Desde entonces ha tenido dos hijos pero está decidida a no tener más porque éstos requieren muchos gastos. Los dos niños están en primaria. Su esposo había estudiado contabilidad en una universidad limeña pero se retiró antes de graduarse. El trabaja en dos oficinas. La familia está construyendo su propia casa de ladrillo en una urbanización de bajos recursos en Lima Metropolitana. Su casa está más amoblada que la de su madre o de sus hermanas: tiene instalación de cañerías, un refrigerador, una estufa de gas y televisor. Ella orgullosamente muestra un álbum lleno de recuerdos fotográficos de las vacaciones que ella, su esposo y sus hijos han tomado en Perú. Cuando los dormitorios de atrás de la casa estén terminados, uno de los cuartos delanteros será convertido en una pequeña tienda para ser manejada por ella, la misma meta de la que ella había hablado en 1969. Ella se queja de los sufrimientos de los pobres en Lima, un grupo con el cual se identifica.

La señora P.M. también es ama de casa. Ella trabajó como empleada doméstica por cerca de cuatro años antes de su primer embarazo durante el cual dejó su trabajo para casarse con un camionero que viaja largas distancias. Ha tenido cuatro hijos y desde entonces no ha trabajado fuera de su casa. Durante algún tiempo esta familia vivió en unos míseros cuartos de alquiler en un tugurio. Ahora viven en el pueblo del esposo en la costa norte de Lima. La familia ha soportado serias privaciones económicas pero parece estar recobrándose poco a poco. A ella le gustaría volver a Lima porque, según ella, la vida es "mejor" allí.

La señora F. aún trabaja como doméstica, ama de llaves de confianza en la casa de una familia acaudalada. Ha estado empleada en tres hogares de la misma familia durante 35 años. Empezando como el ama adolescente que cuidaba de las dos hijas jóvenes de sus patrones, su posición ha mejorado notablemente al punto do ser completamente responsable por todo el manejo de la casa diariamente, y de vigilar el trabajo de los otros dos empleados domésticos. Aproximadamente hace 30 años, justo después de su matrimonio con un ebanista, ella trabajó alrededor de un año como vendedora en el mercado pero retornó al servicio doméstico en respuesta al llamado de sus patrones (y padrinos de matrimonio). Ella y su esposo han estado separados durante muchos años, y ella ha vivido enteramente de su propio trabajo. Durante algunos años, además de su empleo como doméstica, para ganar más dinero trabajó medio tiempo en la fábrica de tejidos de su cuñado, pero luego dejo de hacerlo. A mediados de los años de los sesenta ella compró un pequeño apartamento en un edificio moderno para gente de bajos ingresos en Lince, un sector modesto de clase media en Lima Metropolitana. Ahora está comprando otra unidad para una de sus sobrinas que es madre soltera. Sus condiciones de vida en la casa de sus patrones son mucho más confortables de lo que fueron en 1970; así como sus patrones prosperaron económicamente, su situación también mejoró. Ella no tiene hijos, pero ha contribuido al sostenimiento de sus seis sobrinos.

La señorita C. fue criada por su tía, una empleada doméstica con cama afuera. Mientras ella crecía y terminaba secundaria, trabajó en el servicio doméstico (cama adentro) para la misma familia con la cual trabajaba su tía. Nunca socializó con otras empleadas domésticas, y todas sus amistades pertenecieron a una población diferente a la del servicio doméstico. En el año siguiente a su graduación, se

128 □ *Margo L. Smith*

comprometió con un peruano, cuya familia poseía un criadero de peces cerca de Miami, Florida. La señorita C. vivió en Florida cerca de un año, aprendió un poco de inglés pero, finalmente, no se casó. Regresó a Lima y desde entonces ha trabajado como secretaria bilingüe en la oficina de un laboratorio médico. Sigue viviendo con su tía (quien ahora es una doméstica cama adentro) en el alojamiento de las empleadas domésticas y se va de vacaciones cada año a lugares como Iquitos (Perú) y Buenos Aires (Argentina). Ahora está saliendo con un joyero danés -que padece una enfermedad crónica- en contra de los deseos de su tía quien ve en este futuro esposo un proveedor insuficiente. Ella no tiene hijos.

La señora B. trabajó con dos familias norteamericanas durante su vida de empleada doméstica. Ella y su esposo han construido una casa de ladrillo de dos pisos en Comas, un sector de bajos ingresos que comenzó como una barriada. Sus dos hijas han asistido a una universidad local en Lima; una es ahora enfermera (William Howenstine, comunicación personal).

Entre estas mujeres que anteriormente fueron empleadas domésticas, dos (la esposa del obrero de la construcción, y la esposa del camionero) se encuentran en una precaria situación económica. Sus vidas son mejores solamente en el sentido de que ya no son estigmatizadas con el rótulo ocupacional de empleadas domésticas, y la familia se las arregla para sostenerse sin que la madre gane un sueldo. Sin embargo, las condiciones de vida no son tan buenas como cuando ellas trabajaban en el servicio doméstico. Por otro lado, la situación de las restantes cuatro mujeres -su casa, muebles, ropa- ha mejorado visiblemente desde 1970. La esposa del empleado y la secretaria soltera tienen estilos de vida más prósperos y seguros en términos económicos que los de sus hermanas: las dos hermanas de la señora M.M., quienes también han trabajado como empleadas domésticas, ahora son amas de casa en pueblos fuera de Lima. Las tres hermanas menores de la señorita C. nunca han trabajado como empleadas domésticas; dos viven todavía con los padres y la tercera está luchando para sobrevivir como madre trabajadora soltera. Sin embargo, ninguna de estas seis antiguas empleadas domésticas puede ser considerada de clase media.

Conclusiones

Los datos no son aún suficientes para permitir conclusiones definitivas. Bunster/Chaney (1985) notan apropiadamente que las empleadas domésticas que se convierten en vendedoras ambulantes están haciendo esencialmente un movimiento lateral en el sentido socioeconómico. Puede ser que sus vidas continúen en una situación económica precaria porque ninguna de estas dos ocupaciones es bien remunerada o segura. Sin embargo, el ser vendedora ambulante es valorado porque generalmente el autoempleo es visto positivamente, porque no es el servicio doméstico [solamente la mendicidad y la prostitución fueron vistas como ocupaciones en inferior posición] y porque puede ser más compatible con el cuidado de los niños. Las vidas de aquellas empleadas domésticas que se convirtieron en amas de casa pueden o no mejorar dependiendo de su salud, el número de hijos que tengan, si pueden o no permanecer en Lima Metropolitana, la ocupación de sus esposos y, así mismo, de otros factores no relacionados con el trabajo anterior de empleada doméstica. Sin embargo, con respecto a las dos amas de casa que permanecieron en Lima y tenían hijas (la Señora P.M. y la Señora B.), se puede razonablemente concluir que sus hijas nunca tendrán que trabajar en el servicio doméstico como sus madres lo hicieron. Este hecho ciertamente representa algún grado de movilidad ascendente dentro de los amplios parámetros de la clase baja peruana.

El servicio doméstico es la ocupación más común para mujeres trabajadoras, no solamente en Perú sino también en toda Latinoamérica urbana. A pesar del gran número de investigaciones en ciencias sociales sobre el servicio doméstico en Perú durante más o menos los pasados 20 años (Figueroa, 1974; Young, 1985; Hammond, 1985, así como aquellos ya citados previamente), ninguna ha respondido completamente a las preguntas en torno al destino de las previamente empleadas en el servicio doméstico. Lo que se necesita es un gran número de detalladas historias de vida que permitan un seguimiento durante un largo período, de manera que pueda identificarse adecuadamente cómo entran y dejan varias ocupaciones y sectores de la fuerza laboral, cómo crian sus hijos y cómo, eventualmente, se vuelven abuelas.

Bibliografía

Arizpe, Lourdes. 1977. Women in the Informal Labor Sector: The Case of Mexico City, en Signs 3, nº 1, pp. 25-37.

Bunster, Ximena/Chaney, Elsa M.1985. Sellers and Servants: Working Women in Lima, Peru. Nueva York: Praeger Special Studies.

Chaney, Elsa M. 1977. Agripina: Servicio doméstico y sus implicaciones en el desarrollo. Inédito.

Figueroa Galup, Blanca. 1974. La trabajadora doméstica (Lima, Perú). Lima: Asociación Perú-Mujer.

Flores Medina, Rosa. 1981. Características de la mano de obra femenina en Lima Metropolitana: análisis de las diferencias salariales. En Perú-Mujer, Investigaciones acerca de la mujer en el Perú. Lima: Asociación Perú-Mujer.

Grompone, Romeo. 1981. Comercio ambulante: razones de una tercera presencia, en Quehacer 13 (noviembre), pp. 95-109.

Hammond, María Elena Mujica de. 1985. Women in Peru: Domestic Individuals and Domestic Service. Tesis de maestría, Birmingham University, Inglaterra.

Mercado, Hilda. 1978. La madre trabajadora: el caso de las comerciantes ambulantes. Centro de Estudios de Población y Desarrollo, Lima. Serie C, nº 2.

República del Perú. 1972. Censos Nacionales, VII de Población, II de Vivienda, Departamento de Lima, Vol. 15. Lima: Oficina Nacional de Estadística y Censos.

Schellekens, Thea/van der Schoot, Anja. 1984. Todos me dicen que soy muchachita...trabajo y organización de las trabajadoras del hogar en Lima, Perú. Tesis de doctorado, Katholicke Universiteit Nijmegen, Países Bajos.

Smith, Margo L. 1971. Institutionalized Servitude: Female Domestic Service in Lima, Perú. Tesis de doctorado, Indiana University, Bloomington.

Smith, Margo L. 1973. Domestic Service as a Channel of Upward Mobility for the Lower-Class Woman: The Lima Case. En Ann Pescatello, editora, Female and Male in Latin America, págs. 191-207. Pittsburgh: University of Pennsylvania Press.

Smith, Margo L. 1975. The Female Domestic Servant and Social Change: Lima, Perú. En Ruby Rohrlich-Leavitt, editora, *Women Cross-Culturally: Change and Challenge*, págs. 163-180. Den Haag: Mouton.

Smith, Margo L. 1977. Construcción residencial y posición social del servicio doméstico en el Perú contemporáneo. En Jorge E. Hardoy y Richard P. Schaedel, editores, *Asentamientos urbanos y organización socioproductiva en la historia de América Latina*, pp. 363-375. Buenos Aires: Ediciones SIAP.

Smith, Margo L. 1980. Women's Careers in Lima, Peru: Domestic Service and Street Vending. Trabajo presentado en la reunión anual de la American Anthropological Association.

Smith, Margo L. 1982. Perspectives on Domestic Service. Trabajo presentado en el Congreso de Investigación acerca de la Mujer en la Región Andina, Perú.

Villalobos, Gabriela/Mercado, Hilda. 1977. La madre trabajadora en los sectores populares: el caso de las obreras industriales y vendedoras ambulantes. Inédito.

Young, Grace Esther. 1985. The Myth of Being 'Like a Daughter': Domestic Service in Lima, Peru. Tesis de maestría, University of Chicago.

El servicio doméstico en la fotonovela latinoamericana*

Cornelia Butler Flora

En el servicio doméstico hay más mujeres empleadas que en ninguna otra ocupación en América Latina. Desigualdad en los ingresos y una creciente integración a la economía capitalista han significado para muchas mujeres de origen humilde que el servicio doméstico sea la forma más directa de entrar a la economía monetaria, de hacerse económicamente independientes y tal vez de acceder a una cierta movilidad social. Pero ellas hacen esta asunción a riesgo de verse atadas a una estructura ocupacional muy rígida y algunas veces degradante.

La realidad del trabajo como empleada doméstica implica largas horas de trabajo, baja remuneración y falta de respeto. Sin embargo, los parámetros del servicio doméstico han cambiado notablemente en la última década, a medida que se han presentado otras oportunidades de empleo, en particular debido al cambio de ubicación de la industria liviana. Al mismo tiempo, un cambio en la ideología en cuanto a qué es lo aceptable como trabajo para las mujeres ha tenido un efecto en las metas duales de la participación de las mujeres en la fuerza de trabajo: ingreso e independencia.

La imagen del servicio doméstico es importante, porque afecta las condiciones que las mujeres aceptarán y su disposición a buscar sus derechos como trabajadoras domésticas u otras opciones de trabajo. Esa imagen, la mitología que rodea el trabajo doméstico, es perpetuada de diversas maneras. La más importante es a través de la tradición oral, el tipo de información que las mujeres transmiten entre sí a través de redes informales. Pero los medios masivos de comunicación también alimentan la mitología popular y contribuyen a ella en tanto las mujeres definen las opciones que les parecen más apropiadas.

La fotonovela -fotografías con textos que cuentan una historia, usualmente una historia de amor- es una forma de la cultura de masas dirigida especialmente a la clase social de las mujeres que entran en el servicio doméstico por lo que constituye un excelente medio de influir sobre las imágenes del servicio doméstico que penetran la conciencia popular.

De acuerdo con los editores de fotonovelas, éstas generalmente van dirigidas a las mujeres de la clase trabajadora de las áreas urbanas. De hecho, muchos de ellos, a quienes he entrevistado en México, Colombia, Venezuela y Chile, han afirmado explícitamente que las trabajadoras domésticas constituyen una de sus principales categorías de lectores. Y aunque a menudo se refieren a ello con burla, dijeron que las dirigen "a ese tipo de mujeres que ellos imaginan son las trabajadoras domésticas".

---

*Una versión de este capítulo apareció en *Studies in Latin American Popular Culture*, 4 (1985).

¿Cómo son presentadas las trabajadoras del hogar en los distintos tipos de fotonovelas que han emergido a través de los años? ¿Cuáles son las implicaciones de estas imágenes? Las trabajadoras domésticas constituyen un grupo social muy importante en toda América Latina, tanto para las mujeres de la clase trabajadora -para quienes el trabajo doméstico constituye una de las pocas opciones posibles de empleo- como para las mujeres de clase media y alta que dependen de las empleadas domésticas para mantener su posición de clase, y cada vez más, su posibilidad de entrar en la fuerza de trabajo. Sin embargo, las trabajadoras del hogar representan una minoría dentro de las imágenes de mujeres presentes en las fotonovelas.

Las fotonovelas rosa

En las fotonovelas rosa, que fueron dominantes durante los años sesenta y principios de los setenta, solamente 8,0% de las heroínas de 26 ejemplos de ese período fueron trabajadoras del hogar (Flora, 1973, p. 73). Generalmente, estas trabajadoras domésticas fueron heroínas porque su bondad y dedicación hicieron que el héroe las notara, y contrastara su naturaleza dulce y pura con la de la mujer malvada de clase alta a quien él estuvo ligado previamente; de esta manera, el millonario escogería a la empleada doméstica como su verdadero amor. A pesar de sus proclamadas humildes circunstancias, ella con frecuencia parecía disponer de la misma ropa, la misma fisonomía y el mismo nivel educacional que su rival más prestigiada. Su matrimonio (de algún modo, a ella nunca se la instalaba en la casa chica como amante, el modelo más corriente de relaciones sexuales interclasistas) mostró que la clase social no era importante para lograr el amor y la felicidad en el mundo romántico, el cual se muestra desprovisto de la realidad de las divisiones de clase.

En el ambiente de estas historias, la trabajadora del hogar ocasionalmente aparecía también sirviendo un trago o abriendo una puerta. Su presencia proveía un ambiente de opulencia y *confort* a través de su servicio pasivo, lo que los hombres de categoría -médicos, abogados, hombres de negocios- necesitaban para dedicarse a las metas más importantes de sus vidas.

Las primeras fotonovelas rosa reforzaban uno de los mitos más populares que rodeaban el servicio doméstico, el de la movilidad social. En una de ellas una joven, hija de buena familia pero con ingresos reducidos a causa de un infortunio familiar, debía defenderse económicamente por sí misma de alguna manera. En busca de un modo de vida respetable, ella entra al servicio doméstico como empleada cama adentro. No obstante, sus tareas dentro de ese hogar nunca son solamente aquellas correspondientes a la de empleada doméstica: cocinar, limpiar y estar a la disposición de sus patrones las 24 horas del día, atendiendo los deseos caprichosos de una familia grande y exigente; en lugar de eso, ella es una ayudante doméstica más especializada, enfermera práctica o niñera. Su movilidad social descendente constituye un descenso temporal de fortuna, su entrada al servicio doméstico no es deshonrosa, sino noble. La joven es presentada como dispuesta a autosacrificarse en búsqueda del mantenimiento del honor de su familia. El trabajo no es degradante para ella, sino que es edificante para la familia materialmente rica pero espiritualmente empobrecida para la cual ella invariablemente trabaja, gente que carece de los valores humanos básicos que esta mujer de condiciones económicas estrechas proporciona como empleada doméstica.

Esa imagen de las mujeres que trabajan en el servicio doméstico también enfatizaba el carácter transitorio de ser una doméstica. Sugería que el servicio doméstico era simplemente un corto período de servidumbre que conducía casi naturalmente al logro no sólo de una anterior posición social sino incluso una más alta. Siempre podría resultar el matrimonio con el hombre cabeza del hogar, guapo, con fortuna y anteriormente no feliz.

La movilidad social ascendente, particularmente el modelo de dos generaciones, fue descrito en un número de fotonovela rosa. Quizás una historia arquetípica está representada en la serie de Corín Tellado, publicada en España en 1975, llamada *Tengo que respetarla*. En ella la heroína es Natalia, la hija de una empleada doméstica que murió al dar a luz. La familia rica con quien vive se hace cargo de ella como un bebé pobre y sin madre, la cría como parte de la familia, la educa como corresponde a una niña de clase social alta y le permite ser la compañera cercana de sus propios hijos. Natalia se vuelve amiga íntima de la hija, Glenda, quien tiene su misma edad, y también es amiga de los tres guapos hijos. A la edad de 17 años, Natalia aparece como una hermosa mujer perseguida por todos los jóvenes que la rodean, particularmente por los dos hijos más jóvenes de la familia. Sin embargo, sistemáticamente rechaza sus insinuaciones y se mantiene sola y distante. Ella sabe que existe una contradicción entre su amistad con ellos y su posición real dentro del hogar; siente las circunstancias de su origen humilde y, de este modo, dedica su tiempo a ayudar a las otras dos sirvientes: Isa la cocinera y Claudina la mucama. En un momento de confidencias, ella le dice a Isa: "el hecho de que yo no vista uniforme no quiere decir que yo no sea una persona más del servicio".

La sensibilidad de las mujeres con respecto a las diferencias de clase social está mucho más desarrollada que la de los hombres. Los hombres jóvenes de la familia invitan a Natalia a fiestas y la animan a acompañarlos, pero la madre y Glenda, que una vez fuera su entrañable amiga, recalcan su distanciamiento. Cada vez que tienen visitas, la madre siempre piensa en algún pretexto para hacer que Natalia deje la mesa familiar, donde habitualmente cena, y vaya a comer en la cocina con la servidumbre de modo que no cause situaciones embarazosas. Lo molesto no son los modales de Natalia porque ella ha sido educada para desenvolverse bien, sino porque la madre tiene que explicar quién es ella y por qué está allí. De este modo, vemos que la educación ha suprimido lo que podía ser percibido como diferencias visibles de clase social. Las únicas diferencias que permanecen, en esta historia por lo menos, son los prejuicios de las mujeres de clase alta, quienes tradicionalmente son las que han mantenido la posición social y sus símbolos en las familias de la clase alta (Lomnitz/Pérez-Lizaur 1979, pp. 165-167).

La madre resume esto muy bien: "Al fin y al cabo Nat sólo es la hija de la pobre Susana". Ella comenta la situación a su hijo mayor, Max, médico en la comunidad rural donde ellos mantienen su lujosa hacienda, que "Tom quería llevar a Nat a la fiesta de los Harris, como si perteneciera a nuestro pandilla". Cuando Max le pregunta si eso le desagrada, ella responde: "Me desagrada por Nat. Prefiero que sigan las cosas así, a que Nat sufra después. Todos saben que Nat es la hija de nuestra difunta ama de llaves". Ese sólo conocimiento es aparentemente suficiente para significar que ella será objeto de abusos y no tomada en serio.

Los prejuicios expuestos por las mujeres, básicos para el mantenimiento de las separaciones de clase, son también vistos en términos de protección a los desposeídos, a través de negarles su acceso a situaciones de explotación potencial. Los males de las divisiones de clase social que separan a la hija de la empleada doméstica de sus "mejores" en la interacción social son también vistos como protectores del sufrimiento que de allí puede surgir. A medida que la historia progresa, resulta claro que esta explotación eventualmente puede ser explotación sexual.

En esta historia, las otras empleadas domésticas no poseen la educación ni el porte de Natalia. Claudina, la empleada que sirve en el hogar cuando Natalia no lo está haciendo, aparece como una joven bastante frívola, más preocupada por ver sus telenovelas que por su trabajo; Natalia reconoce tal hecho y la acusa de estar "siempre en las nubes soñando con fantasías".

Sin embargo, es la pasión de Claudina por las fantasías lo que le hace pedirle a Natalia que le sirva a Max -el médico- su leche, y de esta manera comienza una relación que termina en el encuentro de Max con Natalia caminando bajo el frío y la lluvia e, inevitablemente, teniendo relaciones sexuales. Ella es incapaz de resistirlo, ostensiblemente debido a la pasión del joven y los sentimientos recíprocos que él despierta. Pero su incapacidad de resistencia se debe también a su posición de persona sin poder dentro de la familia. Sin embargo, una vez que Max ha forzado a una mucama a acceder a sus requerimientos sexuales, se siente muy perturbado, ambos se sienten humillados y simulan que nada ha pasado. Ambos se sienten agobiados por sentimientos de culpa debido a su conducta inadecuada.

Finalmente, por supuesto, las diferencias de clase social son superadas: Max, junto con toda la familia, se da cuenta del error de su prejuicio social cuando Natalia se enferma como resultado de haber estado expuesta al frío y la humedad. Cada miembro de la familia reconoce su error y Max declara ante su familia que tiene la intención de casarse con Natalia tan pronto como sea posible. Todos se hallan encantados ante su elección.

Las sutilezas de las relaciones a través de las clases se hacen claras en la presentación. La servidumbre, incluyendo a Natalia, siempre llama a la familia por títulos: señorito, joven, señorita, o aun, cuando se refieren a la matriarca de la familia, simplemente "ella". Por contraste, la familia muestra su falta de respeto por las trabajadoras domésticas al llamarlas por sus nombres de pila o con sobrenombres.

Tal como su título lo indica, la historia gira alrededor del respeto: quién lo merece y por qué. El verdadero amor sobrepasa el orden de clases sociales que ha generado falta de respeto por la identidad e incluso por la integridad sexual de las empleadas domésticas. El cuerpo de Natalia es violado por el hijo mayor de la familia a causa de una momentánea falta de respeto, pero su carácter básicamente bueno y su gran respeto intrínseco hacia ella permiten que tal intimidad conduzca a una conclusión honorable. En las fotonovelas españolas, una conclusión honorable es matrimonio inmediato e intimidad más igualitaria entre marido y mujer, dado que el matrimonio le confiere a la esposa la categoría de clase de su marido. Este cambio de posición es finalmente aceptado por el resto de la familia como algo natural, justo y ciertamente deseado por todos, dado que la amenaza de perder a Natalia, ya sea por su muerte o por su partida, les pone claramente de manifiesto que ellos verdaderamente se preocupan por ella y se sentirían muy solos sin ella.

Las fotonovelas rosa constituyen ahora un hecho de interés histórico más que una imagen corriente del servicio doméstico en América Latina. Han evolucionado dentro de otros géneros donde se presenta el sexo de forma más explícita, hay más violencia contra las mujeres y aparecen problemas cotidianos más realistas. El primero de los tres géneros principales que han emergido es el de las "fotonovelas suave", las cuales tratan en su argumento situaciones más realistas y contienen poco sexo y violencia explícitos. Los personajes son esencialmente de la clase media en ambientes de clase media. El segundo es el de la "fotonovela roja", las cuales versan sobre ambientes de clase trabajadora, y envuelven mucho más sexo y mucho más violencia. El tercero es el de las "fotonovelas picarescas", que presentan el sexo -en forma gráfica- como su interés básico (para mayor información sobre esta tipología, ver Flora, 1980a; 1980b y 1982).

La fotonovela picaresca

En la fotonovela picaresca se presenta a las trabajadoras del hogar simplemente como objetos para la explotación sexual. Uno de los recursos favoritos es mostrar un joven sexualmente inexperto que se las arregla para tener simultáneamente amoríos con una hermosa empleada doméstica y con su hermosa patrona (naturalmente, en tales casos el marido es viejo y no atractivo sexualmente). Se asume la naturaleza erótica de las empleadas, y también la noción de que están siempre disponibles y dispuestas. El enfoque básico dado a las empleadas domésticas como objetos puramente sexuales es particularmente insidioso porque a partir de discusiones con los vendedores de fotonovelas, surge con claridad que éstas las compran especialmente muchachos jóvenes, a menudo jóvenes de clase media que provienen de hogares donde las trabajadoras del hogar constituyen una realidad importante. Se podría argüir que la fotonovela picaresca acentúa la vulnerabilidad de estas mujeres puesto que las muestran sexualmente disponibles debido a su situación en un hogar donde carecen de poder, y deseosas de sexo como parte de su naturaleza libertina, a la cual -según estas fotonovelas- no ponen límites las normas de pureza femenina de la clase media.

Las fotonovelas roja y suave

La fotonovela roja, en contraste, deja en claro que las normas de pureza no son únicas de la clase media; de hecho, refuerza la importancia de la virginidad en las mujeres pobres: la virginidad es la moneda que poseen para negociar su escape de la servidumbre. Las fotonovelas roja y suave enfatizan la tragedia que las relaciones sexuales pueden implicar para las empleadas domésticas, particularmente cuando éstas les son impuestas.

La multiplicación de los géneros ha incrementado la variedad de imágenes de las trabajadoras domésticas. Las fotonovelas roja y suave acentúan la congruencia entre la vulnerabilidad sexual y económica y la tragedia que la interrelación de ambas puede acarrear a la vida de las jóvenes. La fotonovela suave implica que existe aún la posibilidad de que una joven de origen humilde, empleada doméstica o tratada como tal por la familia que la tomó por lástima, supere su falta de educación con su belleza y pureza y, por último, se case con un patrón por encima de su posición social. En la fotonovela Foto Romance *Adversidad*, publicada en México en 1980, una pariente hermosa y pobre, que trabaja como empleada doméstica en la casa de su tía, es seducida por el novio de su prima. No obstante, logra superar su degradación económica y sexual casándose con el jefe del novio de su prima, quien ha tenido el buen sentido de despedir al hombre que la ha violado y que continuó acosándola. Como empleada doméstica ella era sexualmente vulnerable, incapaz de resistirse; por cierto, en su inocencia, disfrutaba de esa relación sexual mientras duró. Afortunadamente, ella es capaz de encontrar un hombre rico que la protege y le permite romper y salir de esa relación enfermiza y explotadora y sustituirla, al casarse con él, por una relación pura y obviamente más lucrativa. Las fotonovelas suave, entonces, muestran la vulnerabilidad sexual de las empleadas domésticas pero también las formas para superarla.

Esos finales felices no son típicos en la fotonovela roja. Este género también presenta el amor a través de la barrera de las clases sociales -por ejemplo, el hijo rico de una familia puede amar a la empleada doméstica de la casa- pero aquí los padres ricos se muestran como incapaces de aceptar tal relación. Es interesante notar que esto sucede tanto con respecto a la servidumbre masculina como con respecto a la femenina. En *Basura humana,* el sirviente es hombre (esta historia, una de la serie *Los Adolescentes,* fue filmada en Veracruz, México). Elena, la heroína, es de posición social muy alta y vive rodeada de lujos. Ella se enamora de Julián, el hijo de los sirvientes, quien ahora es el chofer de la familia. Julián siente lo mismo y decide casarse con ella. Elena le asegura que su padre es muy democrático y aceptará su amor tal como es; Julián duda que sea aceptado como yerno, y con buena razón. Aunque el padre finge aceptar a Julián, en realidad se opone profundamente al matrimonio y diabólicamente planea destruir la relación arreglando un examen médico falso y la prescripción de una medicina que envenenará a Julián y destruirá su cerebro.

El perverso plan se desarrolla tal como ha sido concebido, excepto que Julián no muere instantáneamente; Elena descubre lo que está sucediendo e interviene. Ella decide permanecer con él, a pesar del debilitamiento físico que ha sufrido. Hacer frente a la creciente incapacidad de Julián hace que la situación económica de la pareja vaya de mal en peor. Elena recurre primero al servicio doméstico y por último a la prostitución para poder mantener su verdadero amor. Por último, ambos mueren de hambre, pero mueren juntos. El amor verdadero no los protege de los ojos condenatorios del mundo, pero se hace claro para los lectores que su muerte es el último triunfo del amor verdadero. No hay un final feliz pero sí un final romántico. El hijo de la empleada doméstica puede encontrar el amor y la felicidad, si bien no la fortuna, en los brazos de la hija del dueño de la casa.

Los padres de los jóvenes ricos pueden ser igualmente crueles, como ocurre en *Una cualquiera*, de *Los Adolescentes*. Marcos, el hijo de una familia rica, se enamora de la empleada de la familia, Analía, sencilla y genuina, no autoindulgente y descontrolada como las mujeres de su propia clase. Tal como Elena, que debido a su clase social fue capaz de forzar sus atenciones sexuales sobre Julián, Marcos puede forzar relaciones sexuales sobre Analía. Pero debido a su sencillez y pureza (ella en un principio resiste sus requerimientos sexuales), el verdadero amor nace y la pareja decide casarse. Como resultado Analía es despedida; el padre le explica a Marcos: "Comprendo que te gustan las mujeres, hijo, pero no te conviene enredarte con la servidumbre. La pobrecita ahora se va a quedar sin trabajo".

Pero sus padres han subestimado la dedicación que él tiene por ella: cuando ella sale, él se va con ella. Habiendo abandonado la casa paterna, los amantes no tienen un centavo pero su amor persiste. Los padres insisten en separarlos. Como consecuencia, Marcos sufre un ataque cardíaco y pierde su deseo de vivir. Los padres convencen a Analía de que no es conveniente para Marcos estar con ella, y aunque está esperando un hijo de él, ella desinteresadamente finge una traición sexual para separarse de él por su propio bien: persuade a otro joven para que sea descubierto con ella en la cama con el fin de que Marcos la abandone. Con el choque de la separación, Marcos se enferma nuevamente y sólo puede ser salvado por Analía. Mientras tanto, dándose cuenta de que no puede vivir sin él, ella se mata; Marcos, sin Analía, muere. Ambos, cada uno a su manera, han sido fieles, de modo que el amor verdadero triunfa, pero sólo en la muerte, no en la vida.

Mientras las empleadas domésticas son vulnerables económica y sexualmente ante sus patrones, que las hacen objeto de explotación, también son temidas debido al poder simbólico que implica la descendente movilidad social que la intimidad con ellas determina: temidas y odiadas por sus empleadores a causa de su posición social y la amenaza implícita que ésta conlleva.

La disponibilidad sexual de las trabajadoras del hogar, que esta sea voluntaria o involuntaria, constituye uno de los temas principales en la fotonovela roja, pero los autores, principalmente hombres, presentan la desigualdad en la intimidad sexual no en términos de explotación, sino en términos de orden natural del universo. De esta manera, el tener relaciones sexuales con el patrón se describe como parte de las condiciones de trabajo aceptadas, como tener que usar un uniforme, tener día libre un domingo cada 15 días y limpiar los inodoros.

Las relaciones sexuales entre la empleada doméstica y su patrón son a menudo usadas dentro de la trama como un medio a fin de destacar los problemas entre la pareja alrededor de la cual se construye la historia principal. En estos casos la empleada doméstica ni busca las relaciones sexuales ni es capaz de resistirlas cuando ocurren, aunque con frecuencia le señalará al hombre que ella no entiende por qué él la busca cuando tiene una esposa joven y hermosa. En este caso, tanto la empleada como la esposa pueden ser vistas como víctimas del deseo insaciable de los hombres, no sólo de sexo, sino también del poder implícito en la cantidad de compañeras sexuales. Se asume que las empleadas domésticas son fuentes semilegítimas de variedad sexual, desénlo ellas o no.

Las trabajadoras domésticas son también fuente de maldad en muchas de las historias, tanto en las fotonovelas suave como en las rojas. En las suave, las empleadas malvadas generalmente son mujeres de edad que roban o intentan asesinar a los hombres mayores que son sus patronos. Este puede ser bueno y confiable, de quien ella se aprovecha, o bien le ha prometido cosas que no ha cumplido, y ella se convierte en malvada buscando vengarse por sus abusos.

En la fotonovela roja, la maldad de las empleadas domésticas es intrínseca y está altamente relacionada con su sexualidad, en oposición a su situación económica desventajosa. En la fotonovela mexicana *La ladrona,* de *Los Atormentados,* la empleada doméstica Olivia deliberadamente utiliza su sexualidad con el hijo,

Fabián, para obtener lo que ella desea: ella lo seduce, atrayéndolo a su habitación (versión masculina de la relación sexual, dado que fue un hombre el que escribió el argumento de la historia). En el cuarto de Olivia Fabián se da cuenta que muchas de las cosas que han estado desapareciendo del hogar han sido robadas por ella. El la reprende por esto pero Olivia le explica que ella sólo roba porque la familia de él tiene muchas cosas y ella en cambio tiene muy poco: ella "necesita" esas cosas. Ella también ha estado vendiendo su cuerpo a fin de conseguir el dinero que ha deseado y que le ha sido negado por su orígenes de clase. Sus robos los llevan a problemas más y más profundos: al tratar de impedir que Olivia continúe robando, Fabián es forzado a robar él mismo. Olivia muere cuando ambos huyen después de un robo.

El hecho de ser Olivia una empleada doméstica es equiparado con las reducidas circunstancias económicas que la llevan a ser inmoral. El que ella haga descender a un joven decente aparece como trágico, aun más trágico que su propia muerte, dado que su inmoralidad es presentada casi como natural, de acuerdo al ambiente en que se desenvuelve.

En un número de *Los Adolescentes* llamado *El ama de llaves*, la maldad de la empleada doméstica es aún más acentuada y mucho más vinculada a la sexualidad. El joven de la casa, David, acaba de perder a su joven esposa en un accidente automovilístico. La empleada doméstica, Rocío, quien lo ha amado desde que él era un niño, lo complace sexualmente con la esperanza de que él volverá a ella como siempre lo ha hecho. David está siempre dispuesto a usarla sexualmente pero no está dispuesto a amarla. Siendo David un rico independiente, viaja alrededor del mundo buscando algún tipo de alivio, y lo encuentra en una joven fina y pura, Irene, con quien se casa y a quien trae al hogar. Rocío, ferozmente celosa, envenena a la joven esposa y luego confiesa el crimen a David y se le ofrece. El nuevo viudo se siente naturalmente provocado y le pega con una lámpara que la electrocuta. La historia termina cuando David mira por encima del cuerpo de Rocío; el texto dice: "Como un sonámbulo, se quedó viendo a aquella mujer que lo había criado desde niño, aún sin entender. Aquella pasión infame había destruido cuatro vidas". El lentamente se viste preguntándose: 'Pero, ¿por qué, por qué?'"

Rocío, la empleada doméstica, abrigaba ilusiones de superar las restricciones de clase por medio del amor (aquí aparece confundido con el sexo), viviendo en el mismo mundo de fantasías que Claudina, quien miraba todas las telenovelas. Rocío deseaba tener una relación amorosa con el amo de la casa, pero fue incapaz de comprender las separaciones sociales que implicaban que ese amor nunca podría ser. David se acercó a ella gustoso en busca de sexo pero estaba claro que nunca podría amarla, que era lo que ella en el fondo deseaba.

En contraste con la voluptuosa sirvienta cuyos bajos instintos, tanto sexuales como materiales, conducen a la destrucción, se presenta otro tipo de empleada doméstica en la fotonovela roja, la que representa el espíritu prudente, la esencia de la bondad y la sabiduría que salva el hogar de sí mismo. Mientras que las mucamas como espíritus del mal se visten con minifaldas y blusas escotadas y a menudo se pasean en ropa interior bikini y *brassières* reveladores, la mucama que encarna el espíritu prudente tiene entre 65 y 70 años (edad a la cual otras trabajadoras deberían estar jubiladas y viviendo confortablemente de su pensión), se viste modestamente y actúa piadosamente a fin de alejar la maldad del hogar.

El caso más impresionante de la mucama con espíritu bueno haciendo frente a la maldad aparece en *Pecado de juventud* en la serie de fotonovelas *Pecado Mortal*, publicada en México. María, la mucama de 70 años, es feliz sirviendo a Carlos y Teresa en un hogar de clase media alta. Claramente ellos se adoran uno a otro en un hogar lleno de pájaros, flores y guardado por un perro fiel y por María. Una hermosa joven, Selene, aparece en forma intempestiva en escena, con pantaloncitos cortos y una blusa escotada hasta el ombligo, reclamando ser la hija de Carlos. Selene es la viva imagen de Zayda, la amante de Carlos en su juventud, a quien perdió cuando le hicieron volver repentinamente a la ciudad, luego que ellos habían establecido úna relación sexual. Descubrimos que Selene realmente ha venido a vengarse del hogar. Del mismo modo que su madre, ella es una bruja, y la anciana observa cómo los pájaros mueren, las flores se marchitan y el perro desaparece ante la presencia de esa mujer.

Una noche María ve a Selene en la cocina sellando un pacto con el diablo y haciendo hechizos diabólicos con la comida para matar a la actual esposa de su padre, Teresa. María, por supuesto, no se sorprende; incluso al conocer a Selene ya había dicho: "Presiento que sólo traerá tragedia y desdicha a esta casa. El señor y la señora no deberían ser tan confiados (...)". Selene emplea sus poderes hipnóticos para sacar a Carlos del lecho marital y atraerlo al suyo; hipnotizado, él no puede menos que caer bajo su influjo. Pero María, orando, va a su habitación y coge el crucifijo que está sobre su cama, se precipita sobre la pareja que está a punto de entrar en un abrazo muy íntimo y coloca el crucifijo sobre el pecho de Selene. Ese acto valiente y piadoso repentinamente hace que él se recobre y Selene desaparezca en una nube de humo que huele a maldad.

La sabiduría, la fe religiosa y la rápida acción de la mucama con espíritu bondadoso, han salvado el hogar de los poderes maléficos que constantemente atacan un matrimonio. Resulta claro que María ha mantenido sus poderes benéficos debido a su gran fe religiosa. La historia termina con sus palabras: "Demos gracias a Dios, nuestro Señor, que reinará siempre por todos los siglos de los siglos".

En otra historia de la serie *Pecado Mortal*, llamada *Amor equivocado*, Rebeca deja a su novio, René, por otro menos deseable, Jaime, y traiciona a los dos. Su fiel empleada, Luchita, trata de aconsejarla para que se comporte mejor, al tiempo que recomienda a René que busque otra persona. Tanto René como Jaime, por último, abandonan a Rebeca; Jaime, porque es casado, y René porque no puede vivir sin ella o con su traición. Luego, él se mata en un accidente automovilístico pensando: "¡Tal vez sea yo un cobarde pero no encuentro otra salida!". Luchita dice a Rebeca: "Nunca serías feliz ni él tampoco sabiendo que destruían otras vidas". A través de sus consejos, ella intenta volver a traer a Rebeca hacia el recto y estrecho camino de la pureza y el respeto a los demás que la bondad y la sabiduría de Luchita representan.

En las fotonovelas suave y roja, el servicio doméstico se usa como indicador tanto de la degradación como de las reducidas circunstancias económicas. Cuando las parejas se pelean o existen problemas, una afirmación muy fuerte que la mujer puede hacer es: "Yo no soy tu sirvienta". Y el mayor sacrificio que una mujer puede hacer por su marido cuando las circunstancias económicas se ven reducidas es ofrecerse a trabajar como empleada doméstica. En un número de *Los Adolescentes*, llamado *El gigolo*, Raúl, guapo pero infiel joven, persuade mañosamente a Cristina, la hija de una buena familia, para que se case con él. El, un completo canalla, rechaza ganarse la vida y entonces ella se ofrece a salir y trabajar como empleada doméstica. El le ofrece en cambio instalarla como prostituta. En las fotonovelas una esposa a veces se convierte en prostituta como sacrificio, bajo circunstancias de desesperación. Los buenos esposos nunca lo piden, no importa cuán pobres sean. Pero Raúl, nosotros lo descubrimos después, había ganado dinero previamente en trata de prostitutas.

Cristina, furiosa ante el deshonor que él le propone, coge un puñal que está a mano y lo hunde en el pecho de su esposo. Sus padres la han expulsado del hogar a causa de Raúl y del deshonor de su matrimonio con él. Pero la historia afirma que "cuando una mujer decente se entrega a un hombre es para toda la vida".

Una empleada doméstica puede estar solamente un paso por encima de una prostituta en términos de degradación económica, pero la heroína ve el servicio doméstico a mundos de distancia de la prostitución en términos de degradación sexual y humana.

La mayoría de las trabajadoras del hogar que se presentan en esas historias son empleadas que viven cama adentro, lo que las hace muy vulnerables tanto sexual como económicamente.

Sin embargo, algunas fotonovelas rojas se ocupan de mujeres que -debido a una estrecha situación económica, generalmente a causa del alcoholismo del marido- se emplean como mucamas durante el día o salen a lavar ropa. Tal degradación económica podría no haber ocurrido si hubiera habido un buen hombre a su alrededor para protegerlas.

Es claro además que los problemas de las empleadas domésticas que trabajan por días son económicos y no sexuales; usualmente ellas eluden la doble explotación de la empleada con cama adentro. Si la mujer todavía es joven y hermosa, y particularmente si ha tenido problemas en su pasado, la vulnerabilidad sexual se transmite a su trabajo por días.

En una historia que se presenta en uno de los números de *Casos de la Vida*, llamada *El morboso*, publicada en México, una joven llamada Amelia se está escondiendo con su hermano después que él roba un carro y mata al propietario. Ella busca trabajo como empleada doméstica para ganar algún dinero para ellos. Rodrigo, el anciano para quien ella trabaja, la sigue y descubre la verdadera historia de su hermano como prófugo de la justicia. Después de amenazarla con entregar a su hermano a la policía, él la fuerza a tener relaciones sexuales con él. Ella queda embarazada y se casan. Es claro que Amelia no ama a Rodrigo; ella sólo permanece con él para tratar de salvar a su hermano. En venganza, Rodrigo abusa de ella tanto física, como sexual y económicamente. Amelia muere dando a luz.

Cuando la madre de ella, Concha, viene del campo tratando de encontrar a sus hijos, ella y Rodrigo se encuentran en el hospital. A través de la discusión él se da cuenta de que no solamente es el marido de Amelia sino también su padre. El había seducido a Concha cuando ella era una joven sirvienta y la había dejado embarazada de la niña que por último él violó y a quien le produjo la muerte. Su tendencia a abusar de las mujeres, a aprovecharse de ellas sexual y económicamente, lo conduce a tragedias consecutivas.

Las fotonovelas suave

Sin embargo, en particular en las fotonovelas suave, la movilidad social ascendente también tiene lugar para los hijos o nietos de las empleadas domésticas. En la serie *Foto Romance*, publicada en Colombia pero producida en México, *Error de juventud* muestra a la gente rica como básicamente buena y capaz de sobreponerse a sus prejuicios contra aquellos individuos con un origen de clase diferente. Doña Mercedes, una rica matriarca, es presentada en su casa lujosa, contemplando una vida totalmente feliz, a excepción de un incidente desagradable que tuvo lugar once años atrás. Ella se castiga diciendo que debido a su orgullo, ella arruinó la vida de una jovencita. Sabemos que la joven arruinada era la novia de su hijo, Andrés. Doña Mercedes había rehusado aceptar la relación porque la jovencita era la hija de una empleada doméstica; incapaz de hacer frente a esta amenaza para su clase social, ella envió a su hijo al extranjero. Aunque ellos no lo supieron cuando su hijo se fue, la joven estaba embarazada y murió al dar a luz.

Sin saberlo la familia, María, la empleada doméstica por días de la casa ahora, es la entonces madre de la novia que ha criado a su nieto, Andresito, enseñándole a ser recto y fuerte. María les ha hablado mucho a Mercedes y a Andrés acerca de su nieto, de quien se siente muy orgullosa; él asiste a la escuela por las mañanas, vende billetes de lotería por las tardes y hace sus tareas escolares por las noches. Cuando el niño va a la casa y conoce a Andrés (su padre), quien está comprometido con una mujer que pertenece a una familia aún más rica que la suya, doña Mercedes súbitamente reconoce a Andresito como su nieto y decide decirle la verdad a su hijo. Andrés se indigna pero perdona a su madre. Ambos deciden tomar a su cargo al niño y a su abuela para tratar de corregir el error cometido.

Cuando Andrés se lo dice a Paula, su novia, ella está feliz de adoptar al niño como parte de la familia, pero sus padres se rehusan a aceptar a un nieto de clase social inferior por lo que encierran a Paula dentro de la casa y le impiden ver a Andrés. Mientras tanto, Andresito encanta a todos con su gracia, inteligencia y vivacidad e incluso inventa la forma de rescatar a Paula: se cuela dentro de la casa y cambia la ropa con ella, permitiéndole escapar. El jardinero y chofer le descubre y lo golpea fuertemente, pero finalmente logra regresar al hogar. Entonces dice: "Dicen que las mamás sufren mucho para tenerlo a uno. Es justo que yo sufra un poquito para tenerla a usted, ¿no?". Todos están felizmente reunidos y una vez más se afirma que la clase social no tiene importancia. El amor -tanto entre hombres y mujeres como entre hijos y padres y abuelos- es capaz de vencer todos los obstáculos.

Las fotonovelas suave, con la norma de los finales felices, mantienen el concepto romántico de que el amor todo lo conquista. Del mismo modo que las fotonovelas rosa, las fotonovelas suave muestran que las relaciones entre trabajadoras del hogar y personas fuera de su clase social pueden conducir a un amor que se realiza y a la solución de los problemas económicos.

Violencia y pesimismo

La fotonovela roja es más pesimista. En la muestra de 150 fotonovelas escogidas al azar entre las más populares vendidas en México, Colombia, Perú, Chile y Argentina entre 1979 y 1981, alrededor de 20,0% incluía como personajes empleadas domésticas, especialmente en las fotonovelas rojas, las cuales se ocupan pesadamente de sexo y violencia. Durante ese período, su predominio fue muy fuerte, a pesar de los intentos hechos en México para censurar su sexualidad explícita.

En estas fotonovelas, el consistente pesimismo sobre las posibilidades de las trabajadoras domésticas con cama adentro, tanto en términos de independencia económica como de integridad sexual, puede ser visto como refuerzo de las tendencias hacia el trabajo por días. El alejamiento del trabajo con cama adentro ha sido bastante marcado en la década pasada. Un mejoramiento de las condiciones económicas en algunos países, antes de la crisis económica de 1982, dio a las mujeres otras opciones de empleo. Las fotonovelas, al focalizar su atención en los fuertes aspectos negativos del servicio doméstico que implican vivir en la casa de los patrones, en particular la vulnerabilidad sexual y la posible degradación sexual, y al presentar el trabajo doméstico como un último recurso más que como una oportunidad de movilidad social ascendente, ayudaron a proveer la superestructura ideológica básica que hizo manifiestas las condiciones reales del trabajo como empleada doméstica.

Es interesante notar que ninguna de las fotonovelas enfatiza el duro trabajo físico que realizan las empleadas domésticas; en lugar de eso, acentúan la amenaza sobre la integridad de la persona, implícita en el papel de empleada doméstica, la cual se ve asaltada sexual y económicamente, así como por la falta de respeto de los demás. En términos de ideología, la integridad personal de la mujer, más que el duro trabajo físico o el bajo salario, puede ser vista como una motivación para que las mujeres busquen cualquier otro tipo de empleo que no sea el de servicio doméstico.

Hay poca diferencia en la proporción de las fotonovelas suave y roja que actualmente presentan trabajadoras del hogar: 15,0% de las fotonovelas suave muestran empleadas domésticas, comparado con 16,0% de las novelas rojas, pero hay una gran diferencia dependiendo del lugar donde las fotonovelas sean producidas: solamente aquellas producidas en México muestran empleadas domésticas cuyo papel principal en la historia tiene que ver con su situación como tales. En dichas historias, la posición social de la empleada doméstica establece una diferencia en el desarrollo del argumento. Ninguna de las fotonovelas producidas en Colombia y solamente una de Venezuela muestran alguna empleada doméstica pero ninguna tiene a una empleada doméstica como protagonista del argumento.

Fotonovelas del Cono Sur

Setenta fotonovelas del Cono Sur fueron analizadas (Argentina, Chile y Uruguay), la mayoría de las cuales publicadas en Argentina, aunque todas fueron producidas en Italia, luego traducidas y publicadas con grandes ganancias para un número creciente de firmas editoras.

Las trabajadoras domésticas aparecen en 10,0% de las publicaciones, sin embargo, solamente en una de las fotonovelas del Cono Sur la empleada doméstica tiene un papel importante dentro del argumento. En las demás, la empleada es parte del escenario -simplemente alguien que abre las puertas, contesta las llamadas telefónicas o transmite información- o bien la narradora, o tiene un papel muy pequeño como espíritu del bien que actúa como un coro griego tratando de que alguien detenga o por lo menos haga menos extremo aquello que está claramente destinado a suceder. Todas las empleadas que representan a los espíritus buenos son mayores y a menudo gordas, en agudo contraste con las heroínas de belleza absolutamente devastadora. En sólo un caso un sirviente hombre, el jardinero, desempeña ese papel de espíritu del bien.

El espíritu del bien en las fotonovelas del Cono Sur tiene un papel mucho menos activo que el que aparece en las fotonovelas rojas producidas en México. La única excepción dentro de la totalidad de las 70 fotonovelas analizadas está en una serie de circulación media, *Ideliofilm*, llamada *Reflejos de ayer*, publicada por una de las mayores casas de fotonovelas en Buenos Aires, Editorial Abril, traducida del italiano y comprada en Chile.

En *Reflejos de ayer*, se nos presenta a Mercedes, quien se describe a sí misma como "bella, rica y sin embargo más sola que nunca". Laura es su empleada, también joven y hermosa pero, claramente, no rica. Mercedes se ve constantemente perseguida por jóvenes que andan en busca de su fortuna pero que no la aman por sí misma. Determinada a desenmascararlos, anuncia a sus pretendientes que está muy enferma y que sólo tiene pocos meses de vida. Los dos pretendientes ricos le solicitan matrimonio inmediatamente. El pretendiente pobre, Ricardo, dramáticamente se va, presumiblemente sobrecogido por la pena, pero resulta claro que algo está sucediendo entre él y la empleada doméstica al mismo tiempo que con el ama. Laura y Ricardo están tramando quedarse con la fortuna de Mercedes, aun cuando Ricardo le es también menos fiel a su cómplice.

Poco a poco cada uno de los pretendientes es desenmascarado al revelarse que sólo están tras ella por su dinero, pero ella ama a Ricardo, el pobre. Eventualmente, no sólo ella y Ricardo se declaran mutuamente amor eterno, sino que los otros dos pretendientes tienen sus propios romances con mujeres de su mismo nivel económico. Unicamente Laura se queda sola, el peor de los destinos en las fotonovelas. Su vulnerabilidad económica como empleada doméstica ha permitido que ella sea usada por un hombre que está buscando tener acceso a otra mujer. La mucama es importante para proporcionarle ventajas dentro de la historia de amor, pero el destino de ella no se supone que pueda interesar al lector. Su posición social la excluye como personaje principal, si bien se la muestra en casi una cuarta parte de las fotos.

Las empleadas con cama adentro también aparecen por momentos en las fotonovelas del Cono Sur como presencias maléficas. En una de estas historias, la persona que trabaja cama adentro no es una mucama sino una secretaria privada con un hombre cómplice, que intenta seducir a su empleadora, joven y hermosa. La secretaria coopera con él para robarle las joyas y el dinero a su patrona. Tal como la mucama en *Reflejos de ayer*, la secretaria privada pierde a su hombre pero en este caso, debido a que ella pertenece a una clase social más alta, aparece otro hombre que reemplaza a aquél. La secretaria privada puede alcanzar el amor; la empleada doméstica no. La secretaria puede interactuar socialmente con la empleadora y sus amigos, en agudo contraste con la mucama, totalmente dejada de lado. La empleada doméstica tiene menor capacidad de defenderse dentro de los círculos sociales exclusivos que a menudo se perfilan en las fotonovelas del Cono Sur.

En México, América Central y la región andina las fotonovelas cuestan menos que un paquete de cigarrillos y recirculan dentro de los negocios de alquiler de los barrios; en el Cono Sur son más caras. En Chile, las pocas que han podido sobrevivir a la crisis económica están dirigidas a una audiencia que pertenece más a la clase media. Datos de la Editora Lord Cochrane muestran que después del golpe militar de 1973, el declinante poder adquisitivo de la clase trabajadora, *vis-à-vis* la clase media, significó un rápido descenso en la venta de fotonovelas en contraste con una mucho más modesta disminución en la venta de revistas femeninas para la clase media, tales como *Paula* y *Vanidades*. El papel más periférico de las trabajadoras del hogar en las fotonovelas del Cono Sur refleja un sesgo de clase en los lectores, así como la falta de poder adquisitivo de las empleadas domésticas.

Dado que los editores en Argentina escogen dentro de la producción total italiana, se puede sostener que las fotonovelas del Cono Sur reflejan, hasta cierto punto, las costumbres y deseos de los países del Cono Sur, basadas sobre lo que los editores de fotonovelas creen que venderán. Las personas entrevistadas en Buenos Aires en Editorial Abril pensaban que la mayor parte de sus lectores eran gente de las provincias pero que tenían un nivel educacional más alto que el que generalmente poseen las empleadas domésticas. El retrato de las empleadas también puede representar los niveles educacionales cambiantes de las jóvenes tanto en Italia como en los países del Cono Sur, donde existen otras opciones además del servicio doméstico cuando la economía mejora.

El servicio doméstico continúa siendo presentado como una opción para la mujer en las fotonovelas, pero se muestra como una opción pobre, apenas superior a la prostitución y a la mendicidad. El servicio doméstico es mostrado cada vez menos como un mecanismo de movilidad social pero sí crecientemente como un vehículo de relaciones de explotación a través de las clases, tanto sexual como económicamente. Aun cuando el amor entre patrón y empleada doméstica ocurre, el prejuicio de clase condena a los amantes a una terrible muerte. La solución al problema de la explotación es la muerte, nunca una acción colectiva. Se enfatiza el fatalismo, no el enfrentar la situación.

En las fotonovelas del Cono Sur, las trabajadoras del hogar forman parte del trasfondo del desarrollo e indican la posición social de los personajes principales. Solamente para las empleadas domésticas, en particular las de edad avanzada, quienes sirven como protectoras en contra del mal que constantemente amenaza el verdadero amor, la vulnerabilidad económica y sexual no es un tema. La vulnerabilidad sexual es evitada por la edad y la vulnerabilidad económica es ignorada: la querida ancianita permanece en el hogar como empleada doméstica por amor y lealtad y no por necesidad económica. Cuando la vulnerabilidad económica de la empleada se mezcla con su agresividad sexual (casi siempre en historias escritas por hombres), la propia empleada se transforma en el espíritu maligno que amenaza la paz del hogar de clase alta.

El cambio en los géneros de la fotonovela a partir de 1970 elimina la esperanza en el rol de empleada doméstica, y no proporciona nuevas imágenes con las cuales las mujeres de la clase trabajadora pudieran desear identificarse. Las imágenes negativas reflejan con mayor precisión la posición de la empleada doméstica en la sociedad.

Bibliografía

Flora, Cornelia Butler. 1973. The Passive Female and Social Change: A Cross-Cultural Comparison of Women's Magazine Fiction. En Ann Pescatello, editora, *Female and Male in Latin America: Essays,* págs. 59-86. Pittsburgh: University of Pittsburgh Press.

Flora, Cornelia Butler. 1980a. Women in Latin American Fotonovelas: From Cinderella to Mata Hari. *Women's Studies: An International Quarterly* 3, n⁰1, pp. 95-104.

Flora, Cornelia Butler. 1980b. Fotonovelas: Message Creation and Reception. *Journal of Popular Culture* 14, n⁰ 3, pp. 525-534.

Flora, Cornelia Butler. 1982. The Fotonovela in Latin America. *Studies in Latin American Popular Culture* 1, pp. 15-26.

Flora, Cornelia Butler. 1985. Maids in the Mexican Photonovel. *Studies in Latin Popular Culture* 4, pp. 84-94.

Lomnitz, Larissa/Perez-Lizaur, Marisol . 1979. Kinship Structure and the Role of Women in the Urban Upper Middle Class of Mexico. *Signs* 5, n⁰ 1, pp. 164-168.

Trabajadoras domésticas en el Caribe*

Patricia Mohammed

Es dolorosamente claro que en el Caribe se atribuye un valor negativo tanto al trabajo que se hace en la casa como a quienes lo realizan. Por ejemplo, la Ley de Relaciones Industriales (1972) de Trinidad y Tobago decreta que "las domésticas" no son trabajadores y, por lo tanto, no están protegidas por las leyes del trabajo destinadas a velar por los intereses de los trabajadores en ese país. Es también significativo que, en todos los territorios del Caribe, el producto nacional bruto y la cuenta nacional de ingreso no incluyen el valor del trabajo doméstico y actividades afines.

Se asume que hay numerosas dificultades para tratar de imputar un valor social o monetario al trabajo doméstico; sea éste remunerado o no, es visto como un "no trabajo". Además, se le asigna una posición negativa y muy frecuentemente degradante en la jerarquía de los roles de trabajo. Por lo tanto, la trabajadora doméstica ocupa automáticamente una posición de bajo rango en una sociedad cuya definición de clase social depende de la clasificación ocupacional.

Más preocupante aún es que el trabajo doméstico incluye algunas de las tareas más repetitivas, tediosas, que no proveen satisfacción ni recompensa, y que normalmente se llevan a cabo aisladas de otros trabajadores; además, las mujeres constituyen la gran mayoría de las trabajadoras domésticas. Estas trabajadoras se encuentran entre las más explotadas del mercado laboral actual.

Existen varias razones por las que al trabajo doméstico se la da un escaso valor. La mayoría de nosotros no entendemos que el trabajo doméstico es básico para la sociedad, y que, de hecho, involucra la reproducción de la vida diaria misma. ¿Quién ha examinado en detalle un día de trabajo de un ama de casa, con el caos de los desayunos apresurados en la mañana temprano, camas sin hacer, pisos sin barrer, montañas de ropa para lavar, viajes a las tiendas y mercados, todo esto junto con la demanda incesante de los niños pequeños? Tales son las actividades que le son cargadas a la trabajadora doméstica. Este tipo de trabajo, repetido una y otra vez, se torna monótono, estúpido y sin inspiración. Y al final, todos los alimentos han sido consumidos, la casa está desordenada, otra vez la ropa está sucia y no queda evidencia de trabajo productivo para mostrar el esfuerzo realizado.

El "trabajo", como lo conocemos, ha llegado a estar asociado con el trabajo que fuera de la casa se hace a cambio de un sueldo o salario y para lo cual el trabajo

---

* Este capítulo apareció en Patricia Ellis, editora, *Women in the Caribbean* (London, Zed Press, 1987). Se reproduce nuevamente con permiso de la autora y la Unidad de la Mujer y el Desarrollo (Women and Development Unit, WAND), University of the West Indies, Barbados.

mental o manual involucrado se hacen evidentes. Bajo el sistema económico actual, un alto valor es colocado sobre el adiestramiento y la educación, y las recompensas son naturalmente más altas en aquellas áreas donde la mano de obra preparada y entrenada tiene una oferta reducida. Por lo tanto, a los quehaceres domésticos -que requieren poco entrenamiento formal- se les otorga poco valor. Además, el sistema de valor de nuestras sociedades poscoloniales, sesgado y altamente distorsionado, continúa otorgando a las ocupaciones e intereses de los profesionales o empleados de oficina un lugar mucho más elevado en la escala que a aquellos que no requieren educación formal.

¿Por qué son mujeres la mayoría de los trabajadores domésticos? El trabajo de la casa ha sido asignado a las mujeres como si se tratara de su dominio de trabajo natural, una asignación que ha terminado siendo así aceptada en muchas culturas en el mundo. El delegar tareas de la casa a mujeres surgió de la interacción entre la constitución biológica de la mujer, o sea, su capacidad para reproducir la sociedad y por lo tanto la fuerza de trabajo, y las demandas de la economía para producir excedentes de bienes y servicios para la sobrevivencia y reproducción de la sociedad. No es, como se ha creído popularmente, el "dominio" natural de las mujeres. Sin embargo, por tradición, esta asignación cultural ha resistido durante muchas generaciones, y las mujeres han sido preparadas desde la infancia, a través del proceso de socialización en la familia, para los roles de cuidado de la casa y crianza de los hijos. En el sistema de educación formal, esta tradición continúa; implícitamente, en su entrenamiento está la idea de que ellas se convertirán en buenas madres, esposas y amas de casa, mientras que los hombres son preparados para los roles de proveedores en la familia.

Sin embargo, en la historia de la sociedad caribeña, la mayoría de las mujeres ha tenido un doble rol: el mantenimiento económico de sus familias y el mantenimiento de las tareas diarias del hogar. Con el cambio desde la agricultura a la industrialización, las mujeres que trabajaban antes como labradoras no calificadas fueron forzadas a ingresar al mercado de trabajo aun cuando muchas de ellas no estaban entrenadas para los tipos de destrezas que se pedían en el mercado laboral. Por lo tanto muchas mujeres se ven obligadas a pedir empleo en la única área para la cual han sido "entrenadas": la del servicio doméstico. Con la expansión del sistema educativo, el Estado y el sector privado, han surgido más oportunidades de trabajo para las mujeres, pero en esto ellas deben librar una continua batalla para competir con la fuerza laboral masculina por los puestos de trabajo disponibles.

En las economías más desarrolladas e importantes del Caribe, como las de Trinidad y Jamaica, se han incrementado los trabajos fuera del hogar disponibles para las mujeres. Por lo tanto, mayor número de mujeres empleadas en estos países requieren ayuda doméstica y, como resultado, hay mayor demanda por empleadas domésticas en las clases alta y media de estas sociedades. La disponibilidad de trabajos así como la imperiosa necesidad de empleo, hacen que se trasladen las mujeres de las comunidades rurales a las urbanas, de las islas pequeñas a las más grandes del Caribe y del Caribe mismo a países como Estados Unidos y Canadá.

Un punto significativo que se debe tener en cuenta acerca de este desplazamiento de la fuerza de trabajo es que involucra a muchas mujeres jóvenes entre las edades de 18 y 25 años. Su necesidad de encontrar un empleo y de retenerlo, coloca a estas mujeres en posiciones muy vulnerables. Aceptan los trabajos bajo condiciones injustas y posiblemente altamente explotadoras. Una proporción grande de trabajadoras no calificadas hace que haya mayor oferta que demanda y de este modo una fuerza de trabajo fácilmente expandible. Esto explica parcialmente los tipos de salarios y condiciones opresivas enfrentados por las trabajadoras domésticas.

Las estadísticas disponibles sobre los grupos ocupacionales e industriales en el Caribe muestran cómo las mujeres dominan el servicio doméstico. La categoría generalmente descrita como "trabajador del servicio" se refiere en gran parte a empleados domésticos. Bajo esta categoría, en Barbados en 1960, 69,0% de los trabajadores eran mujeres, pero esta proporción bajó a 65,0% en 1970.

Harewood (1975) sostiene que en Trinidad y Tobago hubo un aumento en el número de domésticos empleados entre 1946 y 1960, siendo esta categoría la mayor fuente de empleo para la fuerza de trabajo femenina. En 1960, más de un tercio de las mujeres empleadas en el servicio doméstico en Trinidad y Tobago provenían de las cercanas islas caribeñas de la Commonwealth. Con repecto a Jamaica, Boland (1974, p. 75) observa que: "los cambios más significativos (en la industria) han sido los experimentados por las industrias del servicio, y en particular, los servicios personales que continúan empleando muchas más mujeres que hombres".

Boland señala que según los censos de 1946, 1960 y 1970, el sector servicio ha sido consistentemente el mayor empleador individual de trabajo femenino, respondiendo por más de la mitad de la fuerza de trabajo femenina. En efecto, el número de hombres empleados en el servicio doméstico en 1960 fue de 6.841 mientras las mujeres empleadas ascendían a 69.157 en ese año. Hacía 1970, el número de hombres en el servicio doméstico había disminuido a 4.293 y el de mujeres había bajado a 43.690.

La disminución en la cantidad absoluta de mujeres empleadas como trabajadoras domésticas fue equilibrada por un aumento en el empleo femenino en otras áreas de servicios como salud, comunidad y educación. Es interesante hacer notar que éstas son áreas donde desde hace tiempo las mujeres de la sociedad caribeña han tendido a predominar, a medida que ocurren cambios tanto en el desarrollo tecnológico como en actitudes sociales con respecto al trabajo de la mujer fuera de la casa. Visiblemente son áreas orientadas hacia lo femenino y son derivadas de las tareas realizadas en la esfera doméstica.

Condiciones de trabajo

Un estudio llevado a cabo por la Asociación de Amas de Casa de Trinidad y Tobago (Housewives Association of Trinidad and Tobago [HATT]) en 1975 ofrece información vital, y previamente no documentada, sobre las condiciones bajo las cuales son empleadas las trabajadoras domésticas (la HATT ya no funciona en Trinidad). Aunque este estudio fue llevado a cabo en Trinidad, las similitudes entre las islas también hacen que los hallazgos sean relevantes para la situación de las trabajadoras domésticas en otras regiones del Caribe. El estudio HATT se hizo en dos fases: la primera implicó una investigación preliminar sobre las condiciones de las trabajadoras domésticas; la segunda, un estudio basado en una muestra de trabajadoras domésticas y hogares seleccionados del país.

El estudio identificó cuatro tipos de trabajadoras domésticas: las que viven en la casa de los patrones (cama adentro), las que trabajan todo el día pero no duermen en el lugar de trabajo, y las que trabajan la mitad del día y trabajadoras por horas. Las tareas realizadas por trabajadoras van desde trabajo general de la casa, como limpiar y lavar, hasta servicios especializados como cuidado de niños y planchado. Se encontró que algunas trabajadoras interrogadas en la encuesta trabajaban muchas horas: más de 50,0% trabajaban más de ocho horas por día. Las trabajadoras de cama adentro tendían a trabajar el tiempo más prolongado, a veces más de 12 horas por día (25,0% de las que contestaron). Además, 32,0% trabajaban entre 6 y 1/2 y 7 días durante una semana, y 29,0% trabajaban entre 5 y 1/2 y 6 días por semana.

A las trabajadoras domésticas no se les da protección por enfermedades, maternidad o incapacidad por vejez, y sus sueldos bajos hacen imposible para ellas responder adecuadamente ante dichas necesidades. En el momento de la encuesta (1975), el salario promedio semanal por trabajadora del hogar era de T.T.$15,00 (en 1975 la tasa de cambio oficial era T.T.$2,30 = US$1,00). En ese momento, no había un salario mínimo legalmente estipulado o informalmente aceptado para las trabajadoras domésticas; más bien, los sueldos y otras condiciones de trabajo eran determinados por acuerdo privado entre el empleador y la empleada, y los beneficios para la trabajadora, si había alguno, dependían de la generosidad del empleador individual. Una de las fuertes recomendaciones en la conclusión del estudio es la necesidad de sueldos mínimos y condiciones de trabajo que sean fijados, aceptados y usados por la comunidad en forma voluntaria al principio, pero que eventualmente sean incorporados como parte de una legislación estipulando salarios mínimos y mínimas condiciones de servicio para todos los trabajadores (HATT, 1975).

Otros hallazgos importantes surgen de este estudio. Las trabajadoras domésticas que viven en casa de sus patrones se quejan del inadecuado alojamiento y del modo impropio y descortés con que los empleadores y sus hijos se dirigen a ellas. En algunos casos hubo restricciones rigurosas y no saludables con respecto a los visitantes que se les permitía tener. Por otro lado, los empleadores se quejaron de insatisfacción con el servicio ofrecido por las trabajadoras del hogar, y del abuso por los privilegios concedidos a ellas.

Un cuadro interesante emerge de la relación entre empleada doméstica y empleadora en la sociedad. A pesar de la dependencia obvia y creciente de las mujeres trabajadoras y profesionales con relación a los servicios provistos por las trabajadoras domésticas, e inversamente, a pesar de la necesidad de muchas mujeres de encontrar empleo como trabajadoras domésticas, allí existe un elemento fuerte de desconfianza entre la empleadora y la empleada que tiene sus raíces en las diferencias de clase entre estas mujeres. Esto es especialmente curioso a la luz de la situación particular de trabajo de la empleada doméstica, la cual implica un cierto nivel de intimidad y confianza entre empleadora y empleada.

La propuesta hecha por el Consejo de Salarios Mínimos (Minimum Wage Board), nombrado en 1979, en el sentido de que los salarios mínimos para las trabajadoras domésticas fuesen acordados a T.T.$45,00 por semana generó un torrente de cartas a los medios de comunicación en Trinidad y Tobago. La discusión ofrece una clara indicación de los sentimientos que existían en ambas partes. El *Trinidad Guardian* (16 de mayo de 1979) publicó una carta escrita por una empleadora descontenta sugiriendo que a las trabajadoras domésticas ya se les pagaba un salario excesivo y se era demasiado indulgentes con ellas. Consideró a las sirvientas domésticas como "astutas, haraganas y con un sueldo excesivo" y condenó en forma especial el robo de objetos costosos por parte de ellas. También fue muy enérgica sobre la cantidad y costo de los alimentos consumidos por las domésticas en su lugar de trabajo.

Una respuesta a este tipo de censura, así como a la propuesta del Consejo de Salarios Mínimos, fue publicada en el mismo diario (25 de junio de 1979) y titulada "El punto de vista de una sirvienta". En esta larga carta, escrita por una trabajadora doméstica, y particularmente franca y articulada, Eliza Ollivierre, de Puerto España, señaló que los sueldos propuestos por el Consejo ya estaban por debajo de aquellos recibidos en ese momento por las trabajadoras, y que eran irreales a la luz de los costos de vida. Ella fue mordaz en sus comentarios sobre el tratamiento dado a las trabajadoras domésticas por parte de sus empleadores y de la práctica de algunos miembros más afortunados de la sociedad al emplear domésticas puramente como símbolo de posición social cuando en realidad, en términos económicos, no tenían con qué pagarles. Otras cartas y artículos en los diarios de ese mismo período expresaron el punto de vista de que muchas patronas esperaban que sus empleadas trabajaran tiempo extra sin recibir pago adicional (*Trinidad Express*, 12 de junio de 1979), así como que las empleadas estaban mal pagadas e insuficientemente protegidas. Un artículo indicó que estos últimos problemas eran especialmente severos en Guayana.

Logros recientes de la legislación

Durante los años posteriores al estudio de HATT, se le ha dado especial consideración a la situación de las trabajadoras domésticas en varios de los territorios del Caribe. Como ya hemos mencionado, en Trinidad y Tobago esto ha tomado la forma del establecimiento de un Consejo de Salarios Mínimos para proponer un sueldo y condiciones de trabajo justas para las trabajadoras domésticas. De acuerdo con la legislación que entró en vigencia en enero de 1980, a las ayudantes del hogar se les debía pagar un sueldo semanal de T.T.$55,00 durante 1980 y T.T.$70,00 durante 1981, por una semana de trabajo de 44 horas, distribuidas en seis días (para 1980-1981, la tasa de cambio era T.T.$2,42 = US$1,00). Por primera vez fueron estipuladas las horas de trabajo para esta categoría de trabajadora. Aunque las trabajadoras vivieran cama adentro y recibieran comidas, esto no debía ser considerado en el estipendio propuesto por el Consejo. Otra conquista en las condiciones de las trabajadoras del hogar fue que ellas podían disfrutar de festivos como los demás ciudadanos.

Para 1982 las empleadas domésticas en Trinidad eran representadas por su propio sindicato, la Unión Nacional de Empleadas Domésticas (National Union of Domestic Employees [NUDE]), administrado solamente por mujeres y dirigido por Clotil Walcott, una mujer que hacía muchos años venía luchando por los derechos de las mujeres. Clotil Walcott había organizado un grupo de empleadas domésticas y había estado por años haciendo campaña en pro del sindicato antes de que finalmente éste fuera reconocido en 1982. NUDE es ahora el vocero de la causa de las empleadas domésticas en Trinidad y Tobago.

La situación de las domésticas en Barbados es menos favorable. La única legislación que existe para su protección es la Ley de Horas de Trabajo de las Empleadas Domésticas. Esta ley formula que la trabajadora del hogar no debe trabajar más de ocho horas por día -salvo que haya acuerdo especial con el empleador- y se le impone una multa de BDOS.$25,00 al empleador que rompa esta regulación. Para 1982 no existía legislación que impusiera un salario mínimo para las trabajadoras domésticas (en 1982, año en que se promulgó esta legislación, la tasa de cambio era de BDOS.$1,20 = US$1.00).

En Guayana hay poca o ninguna protección legal para las domésticas. En 1979 Guayana no había decretado un acuerdo de salario mínimo para las trabajadoras domésticas; de hecho, el salario mínimo para otras categorías de trabajo -G.$11,00 por día- no se aplicaba a las trabajadoras domésticas (la tasa de cambio en 1979 era G.$3,74 = US$1,00). Es útil notar la historia de la lucha de las trabajadoras domésticas en Guayana. Hasta 1922, el sindicato liderado por Hubert Critchlow llevó a cabo una campaña para mejorar los horarios de trabajo y los salarios mínimos de las domésticas. En 1948, el gobierno colonial nombró una comisión para que estudiara las condiciones de trabajo de las domésticas y personas en el servicio de comidas. Mujeres militantes como Janet Jagan trataron de conseguir que las domésticas formaran sindicatos y, finalmente, el Sindicato de Trabajadoras Domésticas llegó a ser un grupo registrado. Sin embargo, durante los años 1970 y 1980, este sindicato dejó de existir. *Las Mujeres Hablan* (*Women Speak*, julio de 1983) informó que la Conferencia sobre los Asuntos y Situación de las Mujeres en Guayana (Conference on the Affairs and Status of Women in Guayana [CASWIG]) estaba examinando las leyes de trabajo de Guayana y cómo éstas afectaban a las empleadas domésticas y empleados de hoteles y restaurantes.

Por su parte, en Jamaica, un sueldo mínimo de J75 ¢ por hora fue propuesto para las trabajadoras del hogar por el Consejo de Sindicatos de Jamaica (Jamaican Trade Union Council) al Consejo Nacional de Salarios Mínimos. Subsecuentemente, una estipulación de salario mínimo propuesto por este consejo fue decretado en 1978. A otro nivel, algunas mujeres jamaicanas están haciendo esfuerzos en SISTREN, un grupo de teatro de mujeres de clase trabajadora, para destacar las condiciones de las trabajadoras domésticas en Jamaica. Dos de sus obras que han sido puestas en escena, *Domestick* y *QPH*, tratan sobre este aspecto y ofrecen tributo al "trabajo de las mujeres".

St. Kitts, como Trinidad y Tobago y Jamaica, también tiene un sueldo mínimo para las domésticas; en 1974 era de 60¢ EC por hora, con el acuerdo adicional de que el total de un sueldo no debía ser menor de E.C.$20,00 por semana (el dólar del Caribe oriental [Eastern Caribbean -E.C.] estaba a la par con el US dólar cuando se escribió este artículo.

Mientras que la situación de las trabajadoras domésticas caribeñas en este momento parece ser severa, es alentador que haya algún intento para organizar a estas empleadas, para elevar la conciencia pública sobre el valor del trabajo doméstico y las trabajadoras del hogar, y a nivel estatal, indagar sobre sus sueldos y condiciones de trabajo.

Recomendaciones para ayuda

Existen cuatro áreas principales que especialmente complican la situación de las trabajadoras domésticas. La primera se relaciona con las actitudes de la sociedad en general y de los empleadores que consideran que las trabajadoras domésticas merecen menos respeto que otras trabajadoras y que el trabajo doméstico no es trabajo. Debe haber un cambio en las actitudes hacia el trabajo de la casa en sí mismo así como hacia el trabajo realizado por las trabajadoras domésticas. Esto puede iniciarse con una mayor consideración del empleador hacia sus ayudantes del hogar con respecto al pago de horas adicionales, alojamiento y demás.

La segunda área se relaciona con los salarios. En primer lugar, éstos deberían corresponder a los trabajos realizados por la trabajadora del hogar. Quienes establecen salarios mínimos deberían también tener en cuenta el hecho de que las trabajadoras domésticas tienen que mantener a sus familias y necesitan sobrevivir bajo las mismas condiciones de costo de vida padecidas por la clase empleadora.

Tercero, no existen servicios de apoyo para las trabajadoras domésticas. Mientras que ellas están empleadas para cuidar niños de otras personas, deben recurrir a facilidades inciertas y provisionales tales como depender de familiares de edad avanzada para cuidar a sus propios niños. Se les debería proporcionar guarderías a bajo costo.

Finalmente, en el área de organización sindical, existe la necesidad de que las domésticas se organicen en todos los territorios del Caribe. Hay lecciones que deben ser aprendidas de los países donde ya han adquirido reconocimiento sindical. Hasta ahora hemos visto que lo que las trabajadoras domésticas han logrado se ha conseguido por sus propios esfuerzos. Esto sugiere que cualquier organización de empleadas domésticas debe ser punta de lanza para las mujeres, especialmente para las mujeres de la clase trabajadora. Ellas son las que mejor pueden articular sus quejas y proponer soluciones en su propio beneficio.

Bibliografía

Boland, Barbara. 1974. Labour Force. En G. W. Roberts, editor. *Recent Population Movements in Jamaica*, pp. 56-93. Kingston: The Herald, Ltd. for the Committee for International Coordination of National Research in Demography (CICRED).

Ellis, Patricia (editora) 1987. *Women in the Caribbean* (London, Zed Press).

Harewood, Jack. 1975. *The Population of Trinidad and Tobago, World Population Year 1975*. Paris: Committee for International Coordination of National Research in Demography (CICRED).

Housewives Association of Trinidad y Tobago. 1975. Report on the Employment Status of Household Workers in Trinidad. Puerto España: HATT.

Trinidad Express. 1979.

Trinidad Guardian. 1979.

Women Speak. 1983. n° 11 (July).

"Solamente un poco de respeto": trabajadoras del hogar antillanas en Nueva York

Shellee Colen

¿Quiénes son las antillanas que empujan cochecitos con niños blancos a través del parque o les esperan frente a las escuelas en las áreas de la ciudad de Nueva York donde predominan blancos y ricos? ¿Quiénes son estas antillanas menos visibles que limpian apartamentos en la ciudad y casas de otra gente en los suburbios? ¿Cómo llegaron a hacer este trabajo? ¿Qué las motiva a dejar su tierra natal? ¿Cuáles son las relaciones con las mujeres que las emplean y con los niños que ellas cuidan? ¿Cuáles son sus experiencias como emigrantes, como trabajadoras del hogar, como cuidadoras de niños, como madres y miembros de sus propias familias? ¿Qué significado tienen estas experiencias dentro del cuestionado dominio de la reproducción? (1).

Estos interrogantes estimularon el trabajo antropológico que estoy llevando a cabo entre antillanas (afrocaribeñas de habla inglesa) que están ahora -o que previamente fueron- empleadas como niñeras y trabajadoras en hogares particulares en la ciudad de Nueva York y que llegaron a la ciudad entre 1968 y cuatro meses antes de comenzar este estudio (1985).

Todas son madres; sus niños viven con ellas en Nueva York o con parientes o amigos en sus países de origen. Su edad oscila entre 25 y 50 años, pero la mayoría tiene entre 30 y 35 años (2).

---

(1)Este trabajo, que se basa en la investigación que realicé para la elaboración de mi tesis doctoral, comparte información y análisis con la disertación y mi artículo "Con respeto y sentimientos: voces de las trabajadoras del hogar antillanas en la ciudad de Nueva York", incluido en Johnnetta B. Cole, editora, *All American Women: Lines that Divide and Ties that Bind*, New York: Free Press, 1986. Aprovecho la ocasión para extender mi sincero agradecimiento a las mujeres que dieron su precioso tiempo para hablarme sobre sus vidas. Este artículo es para ellas. También agradezco a Elsa Chaney por su paciente y esmerada ayuda en la redacción del trabajo original en inglés, a Rayna Rapp por su constante apoyo y su brujería editorial, y a Deborah D. Samuels, Mindie Lazarus-Black, Helen Evers y Michael Landy por su estímulo y sugerencias al borrador preliminar de este artículo.

(2) Realicé entrevistas extensas que generalmente duraron cuatro o cinco sesiones de por lo menos dos horas cada una y tuvieron lugar en la casa de la mujer entrevistada o en su lugar de empleo. Además, con la mayoría de las entrevistadas he tenido numerosas conversaciones informales en una variedad de contextos. La información en este artículo, escrito en 1985, proviene de los primeros diez grupos de entrevistas de investigación conducidas en 1984. También he hablado con "expertos" que incluyen desde abogados de inmigración, empleados del Departamento de Trabajo e Inmigración, hasta agencias de empleo y personal, así como una variedad de agencias y oficinas que ofrecen servicios a la comunidad antillana de Nueva York.

Este artículo considera algunas de estas preguntas y las relaciona con una historia abreviada del trabajo doméstico en Estados Unidos y luego enfoca aspectos de las relaciones asimétricas que estas antillanas experimentan en Nueva York.

La interacción entre género, clase, raza, posición en el sistema mundial y la migración, dan textura a cada experiencia de las mujeres como trabajadoras de casas particulares en la ciudad de Nueva York.

Mientras resulta imposible establecer cuán representativas son estas experiencias en relación con aquellas de la población femenina antillana en Nueva York, la información del INS y el Censo de Estados Unidos en 1980 indican que un gran número de antillanas están empleadas en trabajo doméstico particular con y sin *status* legal. Debido a las insuficiencias en estos datos: el primero sólo cuenta para aquellas que llegan a ser residentes legales en un año dado mientras el último incluye a las indocumentadas y a menudo subestima su número -el actual número de antillanas empleadas en trabajo doméstico en Nueva York debe exceder el número oficial-.

Entretejiendo estas experiencias, se descubre la falla del paradigma público/ privado y se ilustra la continua interpretación de las falsamente dicotomizadas esferas pública y privada (véase Kelly, 1979; Rapp, 1978).

En el cuestionado dominio de las actividades reproductivas, sus experiencias demuestran claramente que el tener y cuidar hogares y niños está estratificado y tiene diferentes significados de acuerdo con el sexo, clase, raza y posición en el sistema mundial; así, maternidad y doble jornada parecen diferentes a través de pueblos y océanos.

Migración y trabajo doméstico

La migración y el trabajo doméstico son parte de una solución internacional a los problemas de la mujer que sobrelleva sus responsabilidades y las de sus familiares dentro de un sistema económico mundial. La articulación -dentro de ese sistema- de los caribeños angloparlantes crea las condiciones para esta migración.

El legado de colonialismo, desarrollo dependiente y dominación de las multinacionales, ha estructurado economías en las cuales el desempleo y subempleo abundan, las oportunidades educacionales y ocupacionales son pocas, y la inflación exacerba un ya bajo *standard* de vida.

En ese contexto, las antillanas que no pertenecen a la élite sobrellevan -por sí mismas y con sus hijos- la mayoría de las responsabilidades financieras y otras. Como establece Bolles (1981, p. 62), las antillanas emigran como una "estrategia alternativa de empleo".

Aunque las mujeres entrevistadas todas estaban empleadas antes de dejar su tierra natal, el empleo no era estable, ofrecía pocas posibilidades de movilidad ascendente, y sus salarios no eran suficientes para mantenerse ellas mismas y a sus hijos.

Ellas mencionan la responsabilidad por sus hijos como la motivación primaria para la migración. La mayoría de ellas también habla de "ayudar" a sus madres y otros parientes.

Todas conocían amigos o familiares que habían migrado a Inglaterra, Canadá o Estados Unidos, y compartían la expectativa cultural de que se migra para mejorar la situación (3).

La ideología persistente de "oportunidad" las atrae a Estados Unidos. En Nueva York, ellas trabajan por progreso educacional y ocupacional y para proveer los bienes de consumo básico para sí mismas y sus familias, sin embargo, las políticas de inmigración muchas veces las separan de aquellos a quienes ellas proveen, así, paradójicamente, para ser buenas madres, las mujeres dejan a sus hijos y migran.

Para la mayoría de las antillanas en Nueva York, el *status* legal de residente permanente, obtener una "tarjeta verde", es el prerrequisito para su deseada movilidad ascendente. Solamente con una tarjeta verde pueden adelantar en su educación, avanzar ocupacionalmente o enviar por sus hijos y darles una educación. Mientras pocas de ellas llegaron con tarjetas verdes (por el hecho de haber sido patrocinadas por un familiar cercano), la mayoría obtuvo visas de visitantes y se quedaron más tiempo de lo autorizado, pasando a ser indocumentadas. Aunque esposos o ciertos parientes cercanos con *status* de residentes permanentes o ciudadanía estadounidense, así como algunos empleadores (por ejemplo hospitales que reclutan a enfermeras registradas), patrocinan antillanas, para muchas el patrocinio del empleador en trabajo doméstico y cuidado de niños es uno de los

---

(3) La migración de fuerza de trabajo ha sido central en la historia de las Antillas desde la esclavitud. Las recientes migraciones están influenciadas por las necesidades de fuerza de trabajo reflejadas (interna, interregional e internacional) en las políticas cambiantes de inmigración de cada país receptor (ver Marshall, 1982, para un resumen). La economía de Inglaterra después de la Segunda Guerra Mundial empleó muchos antillanos, quienes migraron en los años cincuenta, hasta que las leyes inglesas de 1962 restringieron la inmigración (ver Davison, 1962; Foner, 1978 y 1979; Philpott, 1973; Prescod-Roberts/Steele, 1980). Canadá abrió su política de inmigración en 1962 resultando de ello un aumento de la inmigración de las Antillas, pero modificaciones en 1980 limitaron la inmigración de personas que no son blancas (ver Henry, 1982).

En 1955, respondiendo a una escasez de trabajadoras del hogar para casas particulares, el gobierno canadiense comenzó a reclutar antillanas para este trabajo en un programa que se identificó como "Esquema doméstico". Aunque actualmente ha cambiado la política de otorgar automáticamente el *status* de inmigrante a la trabajadora después de su llegada hasta proveer solamente visa de empleo temporal para suplir la escasez de fuerza de trabajo, y aunque las antillanas buscan una variedad de ocupaciones en Canadá, estas políticas trajeron cientos de antillanas al Canadá para realizar trabajos domésticos (ver Henry, 1968 y 1982; Silvera,1983). La inmigración desde las Antillas a Estados Unidos ha ido en aumento desde 1962, pero la ley de Inmigración de 1965 y otras subsecuentes establecieron políticas que permitieron la entrada en Estados Unidos que marcaron el comienzo de una migración numerosa y predominantemente femenina de las Antillas (Mortimer/Bryce-Laporte, 1981). Mientras estas políticas tuvieron diversas fuentes y diversos efectos, la apertura de un nuevo y tradicional sector de servicio y la necesidad de las empresas de Estados Unidos de tener fuerza de trabajo más barata que los trabajadores indocumentados e inmigrantes legales nuevos a menudo proveen, son factores dignos de notar. Considerando la mayoría de mujeres en la migración de antillanos a Estados Unidos entre 1967 y 1969, Dominguez (1975, p. 13) establece que desde 1967, un "porcentaje excesivamente alto" de visas de inmigrantes expedidas a "ciudadanos de Barbados, Jamaica, y Trinidad y Tobago, ha sido dado a trabajadores en hogares particulares quienes, en su mayoría, son mujeres".

Desde finales de los sesenta las agencias privadas han reclutado antillanas para trabajo doméstico en el área de Nueva York. Otras que no han sido reclutadas directamente han emigrado sabiendo que el logro del *status* de residente permanente era relativamente fácil para las trabajadoras del hogar. Esta migración también incluye profesionales, oficinistas y personas de otros oficios, incluyendo un gran número de enfermeras (Dominguez 1975, p. 14; Gordon, 1983, p. 13; entrevistas).

pocos caminos que se les ofrece para obtener una tarjeta verde. La categoría oficial para fines de inmigración es "trabajadora doméstica" de la cual "ama de llaves" y "cuidadora de niños" son dos subcategorías. En este artículo yo intento que el término trabajadora doméstica incluya las dos. "Trabajador del hogar particular" abarca trabajadores domésticos y quienes cuidan niños, así como otros trabajadores dentro del hogar tales como auxiliares en el cuidado de salud quienes asisten a ancianos o enfermos. Aunque no cubiertos en este estudio, muchas antillanas trabajan como auxiliares en el cuidado de salud en casa. La mayoría de las mujeres con las que hablé fueron contratadas primariamente como trabajadoras para cuidar niños y secundariamente como amas de llaves. Sin tarjetas verdes, las mujeres hacen más trabajo en casa (sea como trabajadoras internas o por días), aun cuando el cuidado de los niños es su principal responsabilidad. Con tarjetas verdes tienen mayores posibilidades de vivir fuera del hogar donde trabajan y definir su trabajo -como cuidado de niños- con la exclusión del otro trabajo de casa más pesado; en algunos de estos casos los empleadores contratan mujeres indocumentadas para hacer la mayor parte de la limpieza con base en trabajo por días.

Así pues, estas personas, antes de migrar -muchas sin tarjeta verde- saben que su primer paso será el trabajo doméstico. Como Dawn Adams recuerda de Saint Vincent, "cuando usted está en su país, usted oye que cuida niños a fin ser patrocinada" (a este respecto se han usado seudónimos y se han modificado algunos detalles de las experiencias de las mujeres entrevistadas para proteger su privacidad).

El Departamento de Trabajo y el Servicio de Inmigración y Naturalización (INS) de Estados Unidos tienen varios requisitos que exigen a los empleadores de trabajo doméstico para el patrocinio, incluyendo prueba de escasez de trabajadoras documentadas dispuestas a hacer el mismo trabajo por el "salario corriente". Por este procedimiento, la mayoría pasa como trabajadoras del hogar a vivir en casa (o con "cama adentro") de los empleadores. Para ellas, el sueldo que prevaleció en la ciudad de Nueva York en 1985 era un poco menos de doscientos dólares de Estados Unidos (US$ 200,00) por una semana de trabajo de 44 horas. La ley no exige que un trabajador reciba el salario prevalente hasta que se le otorgue la tarjeta verde; sin embargo, la ley exige que a los trabajadores se les pague el sueldo mínimo establecido para el momento.

Mientras estas y otras reglamentaciones sobre las condiciones de trabajo existan, ni el Departamento de Trabajo ni el INS ni ninguna otra agencia vigila el cumplimiento de las leyes. Esto puede llevar a una forma de contrato de aprendizaje como explotación sancionada por el Estado porque la trabajadora está obligada a permanecer en su puesto patrocinado hasta que la tarjeta verde le sea otorgada (a menudo dos años o más) a pesar de los abusos a los cuales ella pueda estar sujeta. Como dice Judith Thomas, una madre de Saint Vincent con cuatro hijos, las mujeres "realmente pagan sus deudas". Sin embargo, "pagar sus deudas" no siempre asegura el éxito: Joyce Miller estima que el 15,0% de las mujeres que regresa a sus islas de origen para las entrevistas finales de sus tarjetas verdes enfrentan la crueldad de ser detenidas hasta por varios meses o se les niega la tarjeta enteramente, debido al procesamiento incorrecto de sus papeles o por fallas en sus exámenes médicos (frecuentemente por condiciones tales como tensión sanguínea alta).

Para la mayoría, el trabajo doméstico significa una reducción de su jerarquía ocupacional. Dos de ellas habían enseñado previamente en una escuela; una había sido policía; varias habían sido oficinistas o asistentes administrativas para el gobierno o corporaciones privadas, otras habían trabajado en las fábricas, el correo, la agricultura, el pequeño comercio y en el sector servicios de la industria turística. La mayoría de ellas no estaba empleada en el trabajo doméstico en su país, aunque muchas de sus madres lo habían estado (Mohammed, en este volumen). Joyce Miller, de Jamaica, dice que "hacer el trabajo de casa por dinero en nuestra tierra es el último recurso". Irónicamente, en Nueva York es el primer paso.

El trabajo doméstico particular es central en las experiencias de muchas antillanas en Nueva York. Mientras otras ocupaciones están crecientemente disponibles para ellas, éstas están abiertas primariamente a residentes legales. Las políticas de inmigración dirigen a las mujeres indocumentadas a satisfacer la creciente demanda por trabajadoras del hogar y que cuiden niños en los sectores urbanos y suburbanos de la "gente bien" donde las madres con niños pequeños pueden contratarlas. Un medio básico de empleo para antillanas indocumentadas, el trabajo doméstico particular, emplea también mujeres con tarjetas verdes. Una alta demanda hace de éste un primer trabajo fácil de conseguir. En algunos casos, el *status* legal y el entrenamiento y/o experiencia en otros campos (por ejemplo, trabajo de oficina) antes de migrar son insuficientes para superar las demandas de los empleadores por experiencia y referencias locales. Confrontando la discriminación racial, sexual, y en algunos casos, por la edad prevalente en la contratación y otras prácticas de empleo, algunas mujeres con tarjetas verdes trabajan en casas particulares por razones que incluyen una preferencia por el trabajo con niños, familias o ancianos y la posibilidad, en algunos casos, de condiciones de trabajo algo autónomas.

El "trabajo patrocinado"

La mayoría de las mujeres describe el trabajo patrocinado, especialmente las que trabajan cama adentro, como "el peor". La explotación toma la forma de pago pésimo y prolongado tiempo de trabajo, y puede involucrar el aislamiento con respecto a los parientes, amigos y la comunidad, y también con respecto a cualquier persona fuera del ambiente del trabajo. En 1977, Joyce Miller trabajó los 7 días de la semana y estuvo disponible 24 horas al día, cuidando de tres niños y una casa grande mientras era patrocinada por sólo 90 dólares semanales. Cuando se tomó un día libre para ver a su abogado de inmigración, ese día fue deducido de su salario.

"Usted viene de un buen trabajo en su país [en el correo] y termina acá siendo una empleada doméstica (...) y sólo porque necesita el trabajo y sólo porque necesita un patrocinador. Y la peor parte es que tiene que vivir donde trabaja".

La soledad, la desmoralización y el agotamiento por las quince o más horas de trabajo al día son a menudo intrínsecos al trabajo. Monica Cooper pagó varias veces el valor normal del pasaje en bus para "salir" de su trabajo suburbano (que implicaba vivir cama adentro) y viajar a Nueva York durante una tormenta de nieve en su día libre. Como ella dice, "de ninguna manera voy a tener un día de salida y quedarme allí".

Adaptarse al trabajo doméstico es difícil. Dawn Adams encontró que "extrañar mis hijos" y "limpiar la casa de otro" son las cosas más difíciles de aceptar.

Marguerite Andrews, ex-maestra de 33 años quien recientemente llegó de St. Vincent, mantiene a cuatro niños en su país de origen con su salario de cuidadora de niños y trabajadora del hogar. Aunque tenía una patrona "comprensiva" fue difícil pasar de la relativa autonomía y alta posición de maestra -respetada por alumnos, padres y la comunidad en general- a recibir órdenes para limpiar la suciedad de otros:

> "Ella no es mandona ni cosa parecida. Pero dentro de mí pienso que debo ser más, no puedo explicarlo (...) Debo ser, no me gusta usar la palabra 'servil', pero debería entregarme totalmente para hacer todo. Pero usted sabe que esto tomará tiempo".

Marguerite Andrews no estaba acostumbrada al aspecto "servil" del trabajo. Ahora su expandida comprensión de la jerarquía, vista desde abajo, le ha dado una nueva perspectiva sobre las trabajadoras del hogar en su propio país donde ella misma había empleado una ayudante. Cuenta de un incidente en que uno de sus hijos dejó su ropa tirada en el piso y la mujer que ella había contratado para limpiar se rehusó levantarla y lavarla con la otra ropa. Cuando el hijo ordenó a la mujer que lo hiciera, diciendo que a ella se la pagaba para que limpiara su suciedad, Marguerite estuvo de acuerdo en que eso era parte del trabajo de su trabajadora del hogar. Ahora ella ve esto de manera diferente y especula sobre cómo se sentiría si su empleador y el niño que ella cuida la tratara "como ella y su hijo trataron a la mujer que trabajaba para ellos".

En el empleo patrocinado, la explotación material y emocional presente en los trabajos domésticos es exacerbada por la dependencia de las trabajadoras con respecto a sus empleadores en razón de las tarjetas verdes. Esto puede hacerlas vulnerables a la manipulación del empleador y hace menos probable que renuncien a una situación intolerable. Mientras los empleadores varían su forma de tratar a las trabajadoras del hogar, algunos claramente se aprovechan por la falta de conocimiento de las nuevas inmigrantes sobre las condiciones locales y por su aislamiento de aquellos que podrían informarlas. Una trabajadora indocumentada fue amenazada con ser denunciada al INS por expresar su insatisfacción. Así, aunque algunas renuncian a trabajos patrocinados, es poco probable que lo hagan por la dificultad que esto representa para la consecución de su tarjeta verde. Las trabajadoras permanecen obligadas hacia sus empleadores hasta que la tarjeta es otorgada, y a pesar de la explotación están agradecidas a ellos por patrocinarlas.

Más allá de la explotación material y de la dificultad de adaptación al trabajo doméstico con bajo nivel, la cuestión central discutida por todas las mujeres es la falta de respeto hacia ellas mostrada por sus empleadores. Esta falta de respeto inherente a las relaciones asimétricas del trabajo doméstico en Estados Unidos y combinada con la lenta gestión de la burocracia del INS así como los altos costos para obtener la tarjeta verde, hacen de esta etapa del trabajo patrocinado un período difícil. Joyce Miller recuerda sus experiencias como trabajadora del hogar patrocinada para la tarjeta verde:

> "La gente no entiende lo difícil que es llegar acá. Y nosotros les tratamos de explicar. Es terrible. Y usted piensa todo lo que debe

pasar. Usted tiene que pasar a través de todo ese papeleo, ver a un abogado y pagar tanto dinero y recibe este pedacito de tarjeta condenada, un papel verde. Aún, es verde. El día que lo recibí dije: '¿Esto es todo?' Deberían tener un mejor sistema que este".

Historia del servicio doméstico en Estados Unidos

Muchas de las experiencias de las antillanas en el trabajo doméstico y en el cuidado de niños parecen únicas pero en el contexto de la historia del servicio doméstico en Estados Unidos es claro que éstas tienen similitudes con experiencias de otras mujeres, las cuales se derivan tanto de los aspectos estructurales del trabajo doméstico como de la recurrente relación entre trabajo doméstico y migración (véase Clark-Lewis,1985; Dill, 1979; Glenn, 1980). En Estados Unidos, la historia del servicio doméstico tiene varias ramas y es diferente de acuerdo con la región y la localización urbana/rural. En los estados del Sur, antes de la abolición de la esclavitud, esclavos domésticos africanos y criollos se encargaban de muchos de estos trabajos. Sirvientes contratados también realizaban trabajo doméstico antes de la Revolución Americana, los cuales fueron después suplantados por "ayudantes" predominantemente rurales. En el siglo XIX, con la expansión de la clase media urbana, la migración -tanto rural a urbana como internacional- llegó a ser un factor importante en el reclutamiento de mujeres rurales para el servicio doméstico. La gran migración de las negras del Sur hacia el Norte, posterior a la Emancipación, constituye una rama principal de esta historia; el ya mencionado cambio de las trabajadoras que dejan de vivir en sus lugares de trabajo y viven afuera es otra.

Desde los tiempos prerrevolucionarios hasta mediados del siglo XIX, la "ayuda contratada" era una mayor fuente de trabajo doméstico, especialmente en zonas rurales. La ayudante era enviada por sus padres a trabajar junto a otros miembros del hogar, como un paso intermedio entre el hogar de sus padres y el matrimonio. Aquellas que "ayudaban" eran miembros de la comunidad, conocidas por los miembros del hogar que las empleaban, y eran consideradas socialmente iguales, comiendo con los miembros de la familia en la misma mesa (Dudden, 1983, pp. 1-43; Katzman, 1978, p. 98).

La urbanización, industrialización y expansión de la clase media transformaron la "ayuda" en servicio doméstico -realizado sobre la base de "cama adentro"- para una población migrante blanca de mujeres jóvenes nacidas en el campo. La trabajadora y la patrona no se conocían, se encontraban a través de avisos y cada vez más a través de agencias que iban surgiendo; la patrona supervisaba el trabajo en vez de compartirlo. La "ayuda" continuó siendo una institución en zonas rurales por un período mucho más largo (Katzman, 1978, pp. 98-99).

Entre 1840 y 1900, a medida que las mujeres nativas blancas encontraban otros trabajos, se casaban o dejaban el servicio doméstico por otras razones: las mujeres blancas inmigrantes, básicamente irlandesas, alemanas y escandinavas, las reemplazaban en la fuerza de trabajo doméstico.[El censo de Estados Unidos, en 1900, mostró que el 60,5% de las mujeres trabajadoras nacidas en Irlanda, el 61,9% de las escandinavas y el 42,6% de las alemanas eran trabajadoras del hogar (Katzman, 1978, p. 49). Mostró también que 56,8% de las mujeres empleadas nacidas en Japón eran trabajadoras del hogar. En 1920, el trabajo doméstico fue todavía registrado como el más numeroso campo de empleo no agrícola (Glenn, 1980, p. 440)].

Después de 1900, las negras esclavas que habían realizado la mayor parte del trabajo doméstico en el Sur, llegaron a constituir también el mayor segmento de la fuerza de trabajo doméstico en las ciudades del Nordeste (Hamburger, 1977, p. 23; Katzman, 1978, pp. 204-222). Las negras eran la fuerza de trabajo doméstico en el Sur, primero como esclavas y, después de la Emancipación, como trabajadoras del hogar puertas afuera. Los negros llegaron a ser una casta de servicio; como muchos han notado, ser sirviente significaba ser negro, y viceversa (Davis, 1981, pp. 90 y 93). Poco después de la Guerra Civil, las negras que escapaban de las condiciones opresivas en el Sur comenzaron a migrar hacia el Norte para trabajar, muchas veces como trabajadoras del hogar. Varias agencias patrocinaron la migración de negras sureñas, reclutándolas para hacer trabajo doméstico en hogares blancos del Norte. La Oficina de Freedman (Hombres Liberados), una agencia del gobierno, hizo esto en 1866 y 1867. En forma similar, agencias privadas establecieron un sistema especie de contrato de "pasajes de justicia" en los cuales ellos le compraban a una trabajadora su pasaje para que luego ella "se separase" al aislamiento de un trabajo doméstico, viviendo en casa de sus empleadores (ver Hamburger, 1977, p. 23; Katzman, 1978, pp. 204-205).

Entre 1900 y 1920, una disminución en la inmigración de grupos que anteriormente proporcionaban trabajadoras del hogar, así como una expansión en las oportunidades de trabajo en la industria, las ventas, los trabajos profesionales y de oficina para las mujeres blancas nativas e inmigrantes, contribuyeron a la disminución en el porcentaje de mujeres en la fuerza de trabajo empleadas en el trabajo doméstico en el Norte, y creó allí demanda por trabajadoras del hogar. Cuando muchos negros fueron hacia el Norte en la inmensa migración que se produjo durante y después de la Primera Guerra Mundial, había para las negras pocas oportunidades de empleo diferentes al trabajo doméstico y de lavandería. Las mujeres de la primera migración considerable de las Antillas, que tuvo lugar en los años siguientes a la Primera Guerra Mundial, enfrentaron las mismas limitadas alternativas de empleo. En la década de 1920, las negras eran el grupo más numeroso en trabajo doméstico, tanto en las ciudades del Nordeste como en las del Sur (Katzman, 1978, pp. 222 y 273). "En 100 años (1820-1920) la imagen de la sirvienta doméstica había cambiado de la 'ayuda' rural a la '*biddy*' irlandesa del siglo XIX, y de ésta, a la 'mujer de la limpieza' negra del siglo XX"; el servicio doméstico, una forma importante de empleo de las mujeres en el siglo XIX, fue para 1920 "una ocupación estadísticamente no importante para todas las mujeres excepto las negras" ya que llegó a ser "una ocupación predominantemente negra" en muchas zonas urbanas (Katzman, 1978, pp. 72 y 93) (véase también Davis, 1981; Hamburger, 1977; Lerner, 1973).

Aunque algunas negras vivían en la casa de sus patrones, la mayoría prefería vivir afuera. La preferencia de las trabajadoras, junto con los electrodomésticos ahorradores de mano de obra y las viviendas urbanas más pequeñas, hacia el final de la Primera Guerra Mundial, ayudaron a transformar el trabajo doméstico de una situación de trabajo que predominantemente implicaba vivir puertas adentro a una situación en que predominantemente las trabajadoras viven fuera (Clark-Lewis, 1985; Katzman, 1978, p. 95; Scott, 1982, p. 182). El trabajo por días (en el cual una trabajadora es empleada regularmente sólo ciertos días por diferentes empleadores) llegó también a ganar aceptación. A diferencia de muchas trabajadoras, la mayoría de las negras eran madres que se mantenían a sí mismas y a sus hijos y luchaban para conseguir un lugar adecuado para el cuidado de sus hijos (Almquist, 1979, pp. 54-55). Durante la Depresión de la década de 1930, las negras (nativas y antillanas) sin empleo regular esperaban en las esquinas de las calles de los sectores blancos buscando a través del "mercado de esclavos" algunas horas de trabajo doméstico (Lerner, 1973, pp. 229-231; Marshall, 1981a, p. 6). Durante la Segunda Guerra Mundial, muchas negras encontraron otros tipos de empleo más lucrativos, pero después de la guerra la mayoría regresó al trabajo doméstico cuando los trabajos del tiempo de guerra desaparecieron o fueron devueltos a los hombres. El trabajo por días prevaleció después de la Segunda Guerra Mundial.

Las luchas antirracistas del movimiento de derechos civiles, el aumento de los trabajos de oficina y un sector de servicios en expansión, fuera del trabajo doméstico, proporcionaron por primera vez a las negras oportunidades significativas. En los años 1960-1970, muchas dejaron el trabajo doméstico por trabajos predominantemente *pink collar* ("collar rosado") en el sector de servicios y de oficina. En 1960, un tercio de todas las negras empleadas eran trabajadoras en casas particulares; en 1970, solamente un séptimo. Sin embargo, aunque las negras constituían sólo el 11,0% de la fuerza laboral femenina en 1970, ellas representaban la mitad de las trabajadoras en casas particulares (Almquist, 1979, p. 3; Dill, 1979). La mayoría de las negras de edad permanecieron en el servicio doméstico, pero muchas jóvenes negras nunca hicieron este trabajo.

Los "nuevos" inmigrantes que llegaron a Estados Unidos después de 1965, predominantemente mujeres y del Tercer Mundo (Mortimer/Bryce-Laporte, 1981), han llenado algunos puestos disponibles en el trabajo doméstico. Mientras diferentes regiones de Estados Unidos atrajeron diferentes poblaciones de inmigrantes (por ejemplo, mujeres de México, El Salvador y Guatemala formaban parte de la fuerza laboral doméstica en California), la inmigración ha llegado a ser nuevamente un factor en el trabajo doméstico. Ni la inmigración de las Antillas ni las antillanas trabajando en servicio doméstico son novedades (Gordon, 1979; Marshall, 1981a y 1981b; Reid, 1939). La novedad es la cantidad sin precedentes de antillanas que han migrado a Nueva York desde 1965, muchas dejando atrás a sus propios hijos y haciendo trabajo doméstico para conseguir sus tarjetas verdes. Las políticas de inmigración que separan a las antillanas de sus familias las conducen a trabajar en hogares de otros en un momento en que su dominio reproductivo está en crisis, en parte porque la participación de las mujeres en la fuerza de trabajo pagado aumenta sin los cambios significativos simultáneos del cuidado de los niños y otras labores reproductivas en el hogar de acuerdo al género o entre los hogares y el Estado.

Asimetría y respeto

Las relaciones asimétricas del trabajo doméstico en Estados Unidos están cimentadas en -y reforzadas por- las relaciones jerárquicas de clase, género, raza, etnicidad y migración. La relación de dominante/subordinado, los bajos salarios, el bajo nivel social, la falta de contratos o acuerdos formales, poca seguridad en el trabajo, bajos niveles de sindicalización, su carácter de callejón sin salida (uno debe dejarlo para ascender) así como otros aspectos ubican este trabajo en niveles bajos del sector de servicios del capitalismo. El trabajo doméstico y el cuidado de los niños se asignan a las mujeres por una ideología de género que trivializa ese trabajo como natural y no cualificado y devalúa tanto el trabajo como a quien lo realiza (Howe, 1977; también se debe tomar en cuenta la gran cantidad de literatura disponible sobre la naturaleza del trabajo doméstico y los "debates sobre el trabajo doméstico", incluyendo a Dalla Costa/James, 1972; Gardiner, 1975; Glazer-Malbin, 1976; y Strasser, 1982).

Aunque mujeres y hombres, muy a menudo conjuntamente, emplean a las trabajadoras del hogar, la división dominante/subordinado estructura estas interacciones de manera tal que la interacción primaria se da entre la empleada y la empleadora. La construcción ideológica que separa lo público de lo privado interfiere con el reconocimiento de que el trabajo doméstico, realizado por mujeres en el hogar, es trabajo. Por lo tanto, mucho de esto es en algunos sentidos "invisible." El trabajo doméstico frecuentemente es asignado a grupos racial o étnicamente diferentes, a quienes se les da una posición social baja en un contexto ideológico en que la diferencia en relación con aquellos que tienen poder se torna en inferioridad. A la inversa, la realización de este desdeñado trabajo refuerza el bajo nivel social [ver Spelman (1981, pp. 51-54) sobre racismo, sexismo y somatofobia (el miedo a los cuerpos y funciones del cuerpo a menudo asociado con -y sintomático de- asunciones sexistas y racistas en las cuales las mujeres y ciertas "razas" son identificadas con cuerpos, "más como cuerpos" asignados al cuidado físico de otros).

Adicionalmente, cuando las trabajadoras del hogar son nacidas en el exterior o no son ciudadanos, ellas son fácilmente percibidas como "las otras", lo cual a los ojos del empleadores incrementa la distancia.

Como mujeres de color, inmigrantes, de la clase obrera, las antillanas entran a estas relaciones asimétricas alrededor de las cuales está estructurado el trabajo doméstico en Estados Unidos. Aunque las manifestaciones materiales de esta asimetría son problemáticas: tareas agotadoras, repetitivas y aparentemente invisibles; tiempo prolongado; salarios bajos y así sucesivamente, lo que cada mujer cita como la mayor fuente de insatisfacción es la manera en que esta asimetría se muestra en la actitud y conducta del empleador, específicamente en la falta de respeto mostrada hacia ella.

La tensión entre el bajo nivel del trabajo doméstico como labor asalariada y su naturaleza altamente personalizada y localización en el hogar, permea las relaciones entre trabajadoras y empleadoras. Los temas contradictorios de la intimidad y la despersonalización aparecen en la mayoría de las entrevistas sobre trabajo doméstico. Por un lado, las mujeres hablan de su íntima conexión y conocimiento del hogar donde trabajan. Sus responsabilidades de trabajo incluyen una buena parte del mantenimiento, administración y cuidado de muy diversos aspectos de este "reino privado": desde alimentar a la gente y (como dice una mujer) "limpiar su mugre", hasta tratar con las particularidades de su personalidad. La actividad del cuidado de los niños envuelve trabajo emocional (Hochschild, 1983) sea realizado por amor o por dinero. La trabajadora provee cuidado maternal, sustento, dirección, educación y cuidado, tanto físico como afectivo a los niños. Los empleadores dependen de las trabajadoras -que los eximen del trabajo en el hogar- para la realización de sus actividades fuera de la casa. Por otro lado, el grado de involucramiento de la trabajadora en íntimos aspectos de las vidas de los empleadores es raramente reconocido por estos últimos así como tampoco su dependencia hacia la trabajadora. Al contrario, muchos despersonalizan la relación, crean una distancia entre ellos y la trabajadora, y algunas veces la deshumanizan en una variedad de formas que las trabajadoras experimentan como falta de respeto.

Despersonalización, deshumanización y falta de respeto se han manifestado en una variedad de áreas incluyendo más obviamente vivienda, comida, ropa y sobrenombres. Muchas mujeres que trabajan cama adentro tienen que compartir sus habitaciones con los niños que cuidan con lo que carecen de privacidad. Aun aquellas que tienen sus propias habitaciones algunas veces tienen que llevar los niños con ellas en las noches si éstos se despiertan y necesitan ser alimentados o confortados.

El comer es una arena importante tanto material como simbólicamente para la deshumanización y falta de consideración. Frecuentemente no se les proporciona suficiente comida a las trabajadoras. A una mujer que trabaja de 5 a 16 horas se le deja suficiente para preparar el alimento del niño de la patrona, pero no suficiente para sí misma. Y por supuesto ella no puede dejar los niños solos o llevarlos consigo a la tienda de víveres para comprarse su comida, especialmente durante la noche, incluso si tuviese dinero para hacerlo. Otras mujeres hablan sobre la inadecuada cantidad o calidad de la comida provista, teniendo en cuenta el pesado trabajo físico que realizan. A una mujer que está empleada cinco días a la semana y vive cama adentro se le interroga frecuentemente sobre artículos que faltan después que ella misma prepara su comida. Problemas menores surgen por las comidas diferentes, los estilos para cocinar y los condimentos usados por las patronas de las trabajadoras. Sin embargo, la situación clásica es aquella en que a una trabajadora con cama adentro se le obliga a guardar distancia al no compartir la mesa con la familia. Dice Joyce Miller sobre esta costumbre:

> "Tengo que comer después que ellos terminan(...) y entonces como en la cocina. Hay mucha gente que hace esto porque desean hacernos saber que no somos iguales. Usted es la empleada doméstica. Creo que la única razón por la cual estaba en su casa era para limpiarla (...) como en el pasado(...) Yo odio esa parte. La odio porque me demuestra muchas cosas. Usted necesita cosas de mí pero cuando llega el momento de sentarme a la mesa con ustedes, usted me muestra la separación allí. Eso sí que no me gusta".

Ella compara esta experiencia con una situación anterior en la cual, aunque estaba mal pagada por sus largas horas viviendo dentro, siempre fue incluida en la mesa. Y por cierto, Joyce dice,

> "Si me iba a sentar sola, me decían: "No, no, no. Tienes que venir con nosotros a la mesa"(...) Era algo que la patrona siempre trata-ba de hacer. En eso era estupenda. Nunca me sentía excluida".

Los uniformes representan una muestra similar de dominio, distanciamiento y despersonalización. Aunque ellos proveen a algunas mujeres un modo conveniente de vestir que les permite guardar su propia ropa para "después del trabajo", ellos niegan a las trabajadoras su identidad individual e inconfundiblemente las identifica como "criadas". A las mujeres que entrevisté no les gusta usar uniformes y cuando pueden no los usan.

El comportamiento asimétrico de llamar por su nombre de pila a las trabajadoras también simboliza la falta de respeto. Mientras las trabajadoras son llamadas por su nombre de pila, algunas de ellas tienen que llamar a sus patrones señora o señor. Como mujeres antillanas encuentran esta asimetría insultante y molesta. La forma como se les llama tiene en sus propias culturas un significado más de posición social que en Nueva York, y muchas en sus países de origen serían llamadas señorita o señora por todos, excepto por los mayores, parientes o colegas de su misma edad o posición. Muchas mujeres protestan porque se las llama "la muchacha" o "la criada".

En esta relación altamente personalizada, las trabajadoras raramente permanecen sin ambivalencia con relación a los patrones. Los patrones despliegan una variedad de comportamientos. Algunos son injustos con la trabajadora de mil maneras; otros son más justos y serviciales. Para las trabajadoras, aun los "comprensivos", "buenas personas para quienes trabajo", a quienes "yo puedo hablar" "tienen sus defectos". Una empleadora descrita como "gustosa de ayudar" y con "sentimientos", se ofreció a seguir pagando a su empleada por tiempo completo aunque ésta iba a comenzar la universidad durante las horas de la mañana mientras que el niño era cuidado en un jardín infantil. Cuando se discuten aspectos problemáticos del comportamiento de esta patrona "buena", la trabajadora dice: "Nadie es perfecto". Cuando se airean las quejas sobre las empleadoras cuya conducta es particularmente de explotación, las trabajadoras insisten en que "ella tiene su lado bueno". El contexto sumamente personalizado del trabajo doméstico colorea las contradicciones inherentes a la relación empleada-patrona y exacerba los efectos de la falta de respeto que muestra por el trabajo doméstico y por quienes lo realizan.

La baja estima en la cual es tenido el trabajo doméstico -más que las tareas mismas- y las actitudes que surgen de esta falta de respeto, son frecuentemente la "peor parte". Muchas de las mujeres están orgullosas de ser buenas trabajadoras, pero como dice Beverly Powell de Jamaica:

> "Cuando la gente lo mira a uno con desdén porque uno les limpia su suciedad, entonces duele. La peor cosa es cuando te consideran estúpida, o imbécil. Usted debe tratar a la gente exactamente como usted desea ser tratado. Nosotras no podemos ser médicas o abogadas, alguien tiene que limpiar la suciedad (...) Yo soy trabajadora. Sólo quiero un poco de consideración. Si me pagan US$1.000,00 por el trabajo pero me tratan como una basura, eso pagará las cuentas, pero olvídese".

Para las antillanas como Beverly Powell, las relaciones de respeto son particularmente problemáticas debido a que ellas contrastan agudamente con los códigos antillanos y expectativas sobre el comportamiento social el cual depende del concepto de respeto. Las comunidades antillanas están estructuradas de acuerdo con formas particulares de dualidad cultural y patrones de respeto basados en posición social. Nociones culturales dominantes de estratificación, en las cuales el nivel social se acuerda sobre la base de factores tales como educación, ocupación y riqueza, son interceptados por un sistema más igualitario de reputaciones y posición basado en el concepto de respeto. Nociones de respeto guían la interacción social de un individuo y dan forma a la base para establecer reputaciones, las cuales a su vez son la base para su propio sistema de posición. Los individuos se comportan en modos prescritos que indican respeto por sí mismo y por otros. La naturaleza recíproca del respeto -que uno da respeto y a su vez lo recibe- es central a este sistema. El sistema de valores propio da importancia al ciclo vital, relaciones familiares, matrimonio, maternidad y otros aspectos del comportamiento. Tener hijos, criarlos y ser responsable por ellos, le da a las mujeres una posición de adulto que puede ser incrementada por el cuidado de otros niños, familiares o no (Durant-González, 1976 y 1982). Por lo tanto, en sus propias comunidades se ha acordado un alto nivel de respeto para estas mujeres derivado tanto del sistema dominante como del interno. Por un lado, ellas son respetadas como maestras, funcionarias del Estado, trabajadoras de oficina, y de otro (aun mujeres para quienes estas posibilidades están cerradas) como mujeres adultas, como madres responsables por sus hijos, propios y no propios como, en algunos casos, mujeres casadas, y como individuos que se respetan a sí mismos y respetan a otros. Las antillanas en Estados Unidos son insultadas por el tratamiento irrespetuoso y deshumanizante que ellas reciben de la gente cuyos hijos ellas crían.

A medida que el trabajo pasa de una mujer a otra, éste permanece no reconocido en una variedad de maneras. Monica Cooper cuenta de la costumbre de sus patrones de desvestirse y dejar su ropa tirada en el piso donde caiga en vez de ponerla en las canastas disponibles. Resentida por este comportamiento, un día dejó la ropa sobre el piso hasta el día siguiente, haciendo huelga de un día. Cuando habló con su patrona sobre esto, se le dijo a Monica que levantar la ropa era parte de su trabajo:

> "la patrona (...) siempre levantaba la ropa de su marido (...) esa es la forma como él es, y ella lo aceptaba así. Como ella no la quería levantar, estoy segura que emplea a una persona que la levantará por ella".

Como dijo Judith Miller, "usted no debe arrollar la gente por el solo hecho de que les está pagando". Joyce Miller informa que "algunas ni te hablan. Nunca te preguntan cómo te sientes o algo parecido". Esta última declaración presenta un fuerte contraste con cómo se usa la ideología para manipular a la trabajadora cuando se le dice que ella "es una de la familia". Aunque sus propias familias son a menudo ignoradas por sus patrones, las trabajadoras del hogar evidentemente no son miembros de la familia del patrón. Las ideologías de la familia, algunas usadas para explicar por qué la gente debe sacrificarse una por otra, se da vuelta para inducir a los que no son parte de la familia a hacer cosas que pueden ser una explotación. Como Joyce Miller dice,

> "cuando ellos quieren que uno se entregue para hacer cosas que los favorecen o que uno se sienta cómodo haciendo lo que ellos

quieren que uno haga, usan la palabra 'somos familia'. Odio esa palabra. 'Usted es una más de la familia'. Eso no es verdad (...) Si soy de la familia, no me deje comer después que ustedes".

La manipulación de la ideología de familia se ve más claramente en el cuidado de los niños. Muchas de las mujeres disfrutan del cuidado de niños y prefieren hacerlo en vez de los quehaceres domésticos. Ellas conceden un alto valor a la crianza de los niños; el cuidado de niños impone mayor respeto y el potencial por cariño recíproco puede ser compensador. El dar cuidado emocional a los niños que no son los propios, sin embargo, puede conducir a explotación emocional y vulnerabilidad. Los empleadores esperan que las trabajadoras sean "como madres" para sus hijos pero que no usurpen sus posiciones. El pensamiento y el cuidado que las trabajadoras ponen en atender a los niños, así como la responsabilidad que sienten por ellos es obvia en la conversación. Varias dicen que aman a los niños, y Dawn Adams dice que se sintió avergonzada cuando "su" niña de cuatro años no se comportó bien en público: "Usted sabe que no es mi hija, pero la cuido y la quiero. He estado con ella desde que tenía tres meses. Y cuando lo hizo, yo me sentí avergonzada". Aun a los niños no siempre se les disciplina cuando son groseros o irrespetuosos con la empleada. Una trabajadora fue humillada por una madre celosa cuando el niño, después de ser reprendido por su madre, corrió donde la trabajadora a quien entonces se le ordenó ir a su cuarto. Algunas mujeres afirman que sus relaciones con los niños han hecho que permanezcan en un trabajo que de otra forma podrían haber dejado antes. Hablé con Beverly Powell el fin de semana después que dejó un trabajo en el cual había cuidado a un niño durante cuatro años; ahora él tenía ocho años. Su tristeza al dejar el niño, quien a veces la llamaba "mamita", se veía exacerbada por el miedo a no poderse mantener en contacto con él, debido a las relaciones desagradables que se desarrollaron entre ella y los padres del niño. Sin embargo, muchas de las mujeres periódicamente visitan sus anteriores trabajos.

Las contradicciones de estas relaciones se reflejan además en relaciones de confianza. Los patrones encomiendan el cuidado de los niños a sus empleadas, aunque las pueden acusar de robo. Monica Cooper, quien trabajó para una familia durante cuatro años y medio, contó cómo sus empleadores le confiaron el cuidado de sus dos hijos cuando se fueron al Caribe de vacaciones. Sin embargo, cuando dio dos semanas de aviso antes de dejar su trabajo,

> "de repente (...) no podían encontrar esto o aquello (...) ahora que me voy, no van a hallar una cadena [de oro] o una enagua".

Tales contradicciones demuestran que el trabajo de servicio personal, que a menudo se parece a actividades que las mujeres hacen en sus propias familias por amor, está de hecho enraizado en las relaciones capitalistas de trabajo.

Asimetría y malabarismo de trabajo y familia

Las relaciones asimétricas que caracterizan el trabajo doméstico también tienen su impacto en la manera en que estas mujeres hacen malabares con su trabajo y su familia y las responsabilidades del propio hogar. En las condiciones actuales, el balancear estas actividades produce tensión para la mayoría de las mujeres pero particularmente para la trabajadora del hogar antillana. Sus responsabilidades y el limitado reconocimiento que hace su empleador de su vida fuera del trabajo contribuyen a sus dificultades. Deben balancear su tiempo, su dinero y sus emociones.

El tiempo de trabajo es objeto de arreglos constantemente. A menudo hay demandas para que se quede hasta tarde o que se quede a dormir (cuando los empleadores viajan o durante el verano cuando los niños están de vacaciones), y con frecuencia surgen cambios imprevistos en los horarios (cuando los empleadores llegan a sus hogares a las 11 de la noche en vez de las 8:30 como prometieron). Tales demandas significan menos tiempo para el trabajo de la empleada en su propio hogar, cambios en sus planes personales y a menudo peligrosos viajes en subterráneo tarde en la noche. En las entrevistas se hace evidente la falta de consideración hacia las vidas, planes y responsabilidades de las trabajadoras fuera del ámbito de sus trabajos. El cuidado de los niños de una trabajadora del hogar es un problema mayor cuando su trabajo la hace demorarse o es obligada a estar días fuera de su propia casa. La contradicción entre separarse de su propia familia para cuidar a otros está expresada por varias mujeres: "Está bien para ellos pedirme que me quede tiempo extra porque tienen a su familia junta, pero ¿qué pasa conmigo?" o "No piensan que tengo a mi familia esperándome".

El malabarismo con el dinero es particularmente problemático. Los salarios varían de acuerdo al *status* legal o a que el trabajo sea con cama adentro o no; sin embargo, siempre son bajos y difíciles de estirar para mantener los dos o más hogares de los cuales las trabajadoras del hogar antillanas son responsables: el propio en Nueva York y el de sus familiares en el Caribe. Las mujeres hacen envíos para sus hijos, padres y otros familiares de dinero y paquetes que contienen cosas que no se encuentran o son demasiado caras en sus países: comida, ropa y otros bienes básicos no lujosos. Estos envíos generalmente equivalen a una gran proporción del ingreso de la trabajadora, llegando incluso hasta la mitad del de aquellas que viven en casa de sus patrones. Los honorarios del abogado para la tarjeta verde, añadido a los envíos, pueden ser entre el 30,0% y el 80,0% del salario de la mujer. Cuentas médicas sustanciales también son una carga par algunas de las mujeres ya que en sus trabajos generalmente no les proveen de seguro médico. Muchas también tienen un trabajo doméstico -o el cuidado de niños- adicional para pagar sus gastos. Las mujeres balancean sus presupuestos limitados entre las necesidades materiales que exige Nueva York -de las cuales el alquiler es un gasto mayor- con las necesidades y demandas de sus familias en su país. Como éstas a menudo contrastan severamente con la riqueza material de los hogares en las que la trabajadora está empleada, ella también -con cierto costo emocional- debe equilibrar los mundos materiales y sociales a través de los cuales ella pasa.

El malabarismo emocional toma muchas formas y a menudo gira alrededor de los hijos. Obligadas a dejar a sus hijos y parientes atrás, las mujeres hablan de las muchas noches en que se -sintiéndose aisladas de su familia y amigos, pensando en incidentes desagradables en sus días de trabajo o, más a menudo, extrañando y pensando en sus hijos- han llorado hasta dormirse. El extrañar sus hijos lleva a que algunas de las mujeres traten a los hijos de sus empleadores como sustitutos de sus propios hijos. Como dice Joyce Miller "solamente porque estaba sola, les di todo lo que tengo". El contraste entre los bienes materiales y las otras cosas a los cuales los dos grupos de niños tienen acceso perturba a algunas de las mujeres.

Sea que sus hijos estén en Estados Unidos o en el Caribe, las trabajadoras del hogar deben sortear con dificultad los arreglos para el cuidado de los hijos. Mientras los familiares cercanos muy a menudo cuidan los niños, tanto la madre como sus hijos pueden experimentar tensión por la separación, no importa lo cuidadosa que la madre sea en proveer para sus niños. El cuidado de los niños en Nueva York a menudo exige una gran proporción del salario de la empleada pero puede suministrar muy poco control sobre la calidad de ese cuidado. Las madres de niños en edad escolar tienen preocupaciones legítimas sobre la seguridad de sus hijos en áreas frecuentemente peligrosas en las cuales muchas tienen que vivir. Al cuidar los niños de otras mujeres por dinero, la trabajadora del hogar también hace malabares con su vida para cuidar a los suyos con amor.

Determinación y enfrentamiento de la situación

La visión de sus familias y su futuro permiten a las antillanas enfrentarse con -y resistir- las presiones y la explotación que confrontan. Las mujeres de este estudio son fuertes, resueltas, seguras y llenas de confianza, cualidades que les permite ajustarse a todo lo que la migración implica, incluyendo el trabajo doméstico: las impulsa su determinación por obtener sus tarjetas verdes, para reunirse con sus hijos, proveer lo necesario para ellos y lograr sus fines educativos y ocupacionales. Las cartas de su tierra que dicen: "no lo podríamos hacer sin ti" las alienta a perseverar. Una doble conciencia les permite funcionar en los hogares de sus empleadores y mantener aún sus propias identidades derivadas de sus propios sistemas de respeto en sus países de origen, en sus comunidades y en Nueva York.

En el trabajo, las trabajadoras emplean estrategias tales como la definición de sus tareas y el ventilar quejas, reconociendo que es más fácil hacerlo con una tarjeta verde en la mano o con "buenos" empleadores. Algunas se niegan a hacer ciertas tareas como limpiar pisos con sus manos y de rodillas. Marguerite Andrews mantiene su trabajo de cinco días a la semana con cama adentro raramente regresando el domingo por la noche; si lo hace, no importa lo tarde que llegue, sus cinco días a la semana se transforman en seis. Renunciar es una opción cuando todo lo demás falla.

Pero ninguna de las estrategias usadas en el trabajo a nivel individual puede eliminar los problemas estructurales del trabajo doméstico. La sindicalización del servicio doméstico, como otros documentos de este libro lo subrayan, podría empezar a hacerlo. Las trabajadoras sindicalizadas pueden pedir horarios regulares, salarios adecuados, beneficios médicos y otros; ellas pueden definir tareas, establecer normas para el comportamiento apropiado del trabajador, forzar el reconocimiento de la necesidad de sus servicios y demandar respeto para sí mismas. Aunque han existido sindicatos de trabajadoras del hogar en Estados Unidos por más de 100 años, es claro que romper el aislamiento del trabajo doméstico y organizar a las mujeres es más urgente que nunca.

Para las trabajadoras antillanas que entrevisté, son su mundo social y las actividades más allá del trabajo los que las sostienen y nutren: activamente buscan parientes y amigos por compañía, apoyo emocional y placer, y encuentran sistemas de respeto e identidad en sus comunidades antillanas reconstituidas. Las conversaciones de Dawn Adams en el parque con otras trabajadoras traen a la memoria descripciones de una generación anterior de trabajadoras del hogar antillanas, hablando entre ellas alrededor de una mesa de cocina después del trabajo "para reafirmar su propio valor" y "para superar las humillaciones del día de trabajo" (Marshall, 1983, p. 6). A través de estas redes, las mujeres comparten información sobre trabajos (en casas privadas u otros lugares), estrategias para enfrentar situaciones en y fuera del trabajo, ley de inmigración y abogados, escuelas y cosas similares. Intercambian servicios tales como el cuidado de los niños, arreglo de cabello, costura o compra de comestibles. La iglesia y otras actividades comunitarias, así como cocteles y bautizos, proveen significado, dignidad y esparcimiento. Primos y amigos tanto como creencias religiosas ayudan a muchas mujeres a través de sus "tiempos difíciles". Como una mujer dice: "Nunca se reza tanto como cuando se es una doméstica". Para muchas, la educación es un camino significativo para su futuro. Todas, menos las migrantes más recientes, han ido a la escuela desde que dejaron su tierra natal, sacrificando sus noches y fines de semana para mejorar su educación. Después de sus exámenes de equivalencia de la secundaria, muchas estudian en campos tales como auxiliar en el cuidado de salud y negocios, buscando facilitar su empleo fuera del servicio doméstico.

Algunas permanecen en el servicio doméstico indefinidamente; con tarjetas verdes y entrenamiento, como trabajadoras cuidando niños o auxiliares en el cuidado de salud en casas particulares a menudo encuentran "buenas" condiciones de trabajo y empleadores. Para muchas, sin embargo, la tarjeta verde significa la libertad de dejar el trabajo doméstico. Algunos lo dejan inmediatamente; otras cambian de empleadores para obtener mejor pago o mejores condiciones, pero esperan hasta completar sus estudios específicos o hasta que sus hijos lleguen a Nueva York. Muchas de las que dejan el trabajo doméstico se emplean en negocios, oficinas, auxiliares en el cuidado de la salud u otros trabajos de servicios. Aunque éstos frecuentemente son trabajos segregados por sexo o *pink collar* (Howe, 1977), su atracción se encuentra en las condiciones de trabajo, los beneficios y el incrementado respeto que ellos imponen. Después de años en el trabajo patrocinado, y un año adicional en otro trabajo doméstico, Joyce Miller ahora es contadora en una oficina de bienes raíces en Manhattan. Dawn Adams llegó a ser cajera en un banco y al mismo tiempo ha comenzado a estudiar negocios y administración en una universidad local en anticipación de la llegada de sus hijos. Ella menciona como factores cruciales en su decisión un horario regular, seguro médico y dental, aumentos constantes y la posibilidad de promoción. Judith Thomas, quien gastó sus fines de semana para llegar a ser enfermera certificada, piensa cambiarse a un trabajo con beneficios médicos y dentales para ella y sus hijos lo más pronto posible después de que ellos lleguen. El trabajo doméstico en sí puede ser callejón sin salida pero, para algunas, es un escalón para conseguir la tarjeta verde y otro empleo.

Conclusión

Las experiencias de estas trabajadoras del hogar antillanas y de las que cuidan niños son profundamente estructurales e históricamente específicas. Discusiones sobre la asimetría de las relaciones, la intimidad y la despersonalización, así como la falta de respeto podrían haberse sostenido por -y acerca de- las inmigrantes irlandesas de hace 100 años o, aún más probable, por migrantes negras que iban hacia el Norte hace 60 años así como por mujeres salvadoreñas hoy. Sin embargo, las experiencias de estas antillanas -moldeadas por género, clase, raza, migración e historia- son singulares.

Las condiciones actuales de subdesarrollo del Caribe, resultantes de una larga historia de articulación del Caribe a un sistema capitalista internacional, crean la necesidad de que las mujeres migren en busca de "oportunidad", educacional y ocupacional, para sostenerse a sí mismas y a sus familias. Al llegar a Nueva York se dedican al cuidado privado de niños y el trabajo doméstico particular, ingresando al sector de servicios urbanos de Estados Unidos, actualmente en expansión. Las políticas de inmigración a través de las cuales el Estado maneja las necesidades de trabajo, dirige las mujeres indocumentadas a una especie de contrato en el trabajo doméstico a fin de obtener su *status* legal. Su lugar en un sistema mundial determina cómo estas madres trabajan para cuidar de sus propias familias. Sus experiencias borran las líneas que definen lo público y privado, y demuestran la interpenetración continua de estas esferas falsamente dicotomizadas.

Paralelamente, el trabajo que estas mujeres realizan abre la posibilidad a sus empleadores de hacer otras actividades, pero tanto las trabajadoras como las tareas que ellas realizan son tenidas en baja estima. Su sexo, color y la posición que ocupan como migrantes influyen adicionalmente en las actitudes y el comportamiento mostrado hacia ellas en una sociedad cubierta y estructurada por las jerarquías de clase y género, ideologías raciales y la estratificación por origen nacional. Para ellas, el respeto es la cuestión central.

Mientras muchas mujeres tienen que sobrellevar responsabilidades familiares agobiantes, la naturaleza altamente estratificada del cuidado de niños y manteni-miento del hogar en este sistema es muy marcada. Contratadas para ayudar a cargar con las tareas domésticas de otra mujer, estas trabajadoras soportan largas separa-ciones de sus familiares y tienen que manejar el cuidado de sus propios niños y las responsabilidades de su propio hogar desde otro barrio o desde el otro lado del mar. Su fuerza, determinación y redes de apoyo les permiten enfrentar, resistir y avanzar hacia sus metas.

Bibliografía

Almquist, Elizabeth McTaggart. 1979. *Minorities, Gender, and Work.* Lexington, Massachusetts: Lexington Books.

Barrow, Christine. 1976. Reputation and Ranking in a Barbadian Locality. *Social and Economic Studies* 25, nº 2, pp. 106-121.

Bolles, A. Lynn. 1981. 'Goin'Abroad': Working Class Jamaican Women and Migration. En Delores M. Mortimer y Roy S. Bryce-Laporte, editores, *Female Immigrants to the United States: Caribbean, Latin America, and African Experiences*, pp. 56-84. Washington, D.C.: Smithsonian Institution, Research Institute on Immigration and Ethnic Studies. Occasional Papers nº 2.

Clark-Lewis, Elizabeth. 1985. 'This Work Had A' End': The Transition From Live-In to Day Work. *Southern Women: The Intersection of Race, Class and Gender.* Working Paper 2. Memphis, Tenn.: Memphis State University, Center for Research on Women.

Cole, Johnnetta B. (editora). 1986. *All American Women: Lines that Divide and Ties that Bind,* pp. 46-70 (New York: Free Press).

Dalla-Costa, Mariarosa/James, Selma. 1972. *The Power of Women and the Subversion of the Community.* Bristol, Inglaterra: Falling Wall Press.

Davis, Angela Y. 1981. *Women, Race and Class.* Nueva York: Vintage Books.

Davison, R.B. 1962. *West Indian Migrants: Social and Economic Facts of Migration from the West Indies.* Londres: Oxford University Press.

Dill, Bonnie Thornton. 1979. Across the Boundaries of Race and Class: An Exploration of the Relationship between Work and Family among Black Female Domestic Servants. Tesis de doctorado, New York University.

Dominguez, Virginia R. 1975. *From Neighbor to Stranger: The Dilemma of Caribbean Peoples in the United States.* New Haven, Conn.: Yale University, Antilles Research Program.

Dudden, Faye E. 1983. *Serving Women: Household Service in Nineteenth Century America.* Middletown, Conn.: Weslayan University Press.

Durant-Gonzalez, Victoria. 1976. Role and Status of Rural Jamaican Women: Higglering and Mothering. Tesis de doctorado, University of California, Berkeley.

Durant-Gonzalez, Victoria. 1982. The Role of Female Familial Responsability. En Joycelin Massiah, editora, *Women and the Family,* pp. 1-24. Women in the Caribbean Project, Vol. 2. Cave Hill, Barbados: University of the West Indies, Institute for Social and Economic Research.

Foner, Nancy. 1978. *Jamaica Farewell: Jamaican Migrants in London.* Berkeley: University of California Press.

Foner, Nancy. 1979. West Indians in New York City and London: A Comparative Analysis, in *International Migration Review* 13, n° 2, pp. 284-297.

Gardiner, Jean. 1975. Women's Domestic Labor. *New Left Review* 89, (January/February), pp. 47-58.

Glazer-Malbin, Nona. 1976. Housework: A Review Essay. *Signs* 1, n° 4, pp. 905-922.

Glenn, Evelyn Nakano. 1980. The Dialectics of Wage Work: Japanese-American Women and Domestic Service, 1905-1940. *Feminist Studies* 6, n° 3, pp. 432-471.

Gordon, Monica. 1979. Identification and Adaptation: A Study of Two Groups of Jamaican Immigrants in New York City. Tesis de doctorado, New York University.

Gordon, Monica. 1983. *The Selection of Migrant Categories from the Caribbean to the United States: The Jamaican Experience.* New York Research Program in Interamerican Affairs, Occasional Papers n° 37. Nueva York: New York University, Center for Latin American and Caribbean Studies.

Hamburger, Robert. 1977. A Stranger in the House. *Southern Exposure* 5, 1, pp. 22-31.

Henry, Frances. 1968. The West Indian Domestic Scheme in Canada. *Social and Economic Studies* 17, n° 1, pp. 83-91.

Henry, Frances. 1982. A Note on Caribbean Migration to Canada. *Caribbean*

Review 11, n⁰ 1, pp. 38-41.

Hochschild, Arlie Russell. 1983. *The Managed Heart: The Commercialization of Human Feeling*. Berkeley: University of California Press.

Howe, Louise Kapp. 1977. *Pink Collar Workers: In the World of Women's Work*. Nueva York: Avon Books.

Katzman, David M. 1978. *Seven Days a Week: Women and Domestic Service in Industrializing America*. Nueva York: Oxford University Press.

Kelly, Joan. 1979. The Doubled Vision of Feminist Theory: A Postscript to the Women and Power Conference. *Feminist Studies* 5, n⁰ 1, pp. 216-227.

Lerner, Gerda. 1973. *Black Women in White America*. Nueva York: Vintage Books.

Marshall, Dawn I. 1982. The History of Caribbean Migrations: The Case of the West Indies. *Caribbean Review* 11, n⁰ 1.

Marshall, Paule. 1981a. Black Immigrant Women in Brown Girl, Brownstones. En Delores M. Mortimer y Roy S. Bryce-Laporte, editores, *Female Immigrants to the United States: Caribbean, Latin American, and African Experiences*, pp. 3-13. Washington, D.C.: Smithsonian Institution, Research Institute on Immigration and Ethnic Studies. Occasional Paper n⁰. 2.

Marshall, Paule. 1981b. *Brown Girl, Brownstones*. Old Westbury, Nueva York: Feminist Press.

Marshall, Paule. 1983. From the Poets in the Kitchen. En Paule Marshall, *Reena and Other Stories*, pp. 3-12. Old Westbury, Nueva York: Feminist Press.

Mortimer, Delores M./Bryce-Laporte, Roy S. B. (editores). 1981. *Female Immigrants to the United States: Caribbean, Latin American, and African Experiences*. Washington, D.C.: Smithsonian Institution, Research Institute on Immigration and Ethnic Studies. Occasional Paper n⁰ 2.

Philpott, Stuart B. 1973. *West Indian Migration: The Montserrat Case*. Londres: Athlone Press.

Prescod-Roberts, Margaret/Steele, Norma. 1980. *Black Women: Bringing It All Back Home*. Bristol, Inglaterra: Falling Wall Press.

Rapp, Rayna. 1978. Family and Class in Contemporary America: Notes Toward an Understanding of Ideology. *Science and Society* 42, n⁰ 3, pp. 278-300.

Reid, Ira de Augustine. 1939. *The Negro Immigrant, His Background, Characteristics, and Social Adjustment, 1899-1937*. Nueva York: Columbia University Press. Reeditado por Arno Press: Nueva York, 1969.

Scott, Joan Wallach. 1982. The Mechanization of Women's Work. *Scientific American* 247, n⁰ 3, pp. 166-187.

Silvera, Makeda. 1983. *Silenced: Talks with Working Class West Indian Women about Their Lives and Struggles as Domestic Workers in Canada*. Toronto: Williams-Wallace.

Spelman, Elizabeth V. 1981. Theories of Race and Gender: The Erasure of Black Women. *Quest: A Feminist Quarterly* 5, n⁰ 4, pp. 36-62.

Strasser, Susan. 1982. *Never Done: A History of American Housework*. Nueva York: Pantheon.

Sutton, Constance R. 1976. Cultural Duality in the Caribbean. *Caribbean Studies* 14, n⁰ 2, pp. 96-101.

Parte III
Interrogantes para el feminismo

Isis Duarte

Mary Goldsmith

Hildete Pereira de Melo

Las trabajadoras domésticas dominicanas: interrogantes para el movimiento feminista

Isis Duarte

En República Dominicana, como probablemente sucede en otros países de América Latina y el Caribe, el movimiento feminista se caracteriza, entre otros factores, por una militancia de clase media -con limitada incidencia entre los sectores populares- y por su fragmentación en pequeños grupos, a pesar del reciente esfuerzo por impulsar la demonimada "Coordinadora de Organizaciones Femeninas" en el país.

El interés por efectuar un estudio sobre el servicio doméstico, cuyas hipótesis y resultados preliminares presentamos en este capítulo, surgió en el contexto de la discusión del embrionario movimiento feminista existente en República Dominicana. Se trata de un proyecto de investigación que busca relacionar la situación de la mujer de "clase media" o de la pequeña burguesía con el servicio doméstico, en términos de las posibilidades de lucha de la mujer por una mayor igualdad social, particularmente frente al género masculino.

¿Es relevante la tesis de la doble jornada?

Una de las hipótesis sustentadas por sectores del movimiento feminista nacional para interpretar la peculiaridad de la explotación de la mujer trabajadora, es la tesis de la "doble jornada" según la cual se sostiene que la mujer es objeto de mayor explotación con relación al género masculino por la combinación peculiar de trabajo remunerado y doméstico no remunerado, incluyendo en este último el rol de socializadora de los niños y de las atenciones al varón: marido, hermano o padre (ver Larguía/Dumoulin, 1976, principalmente la parte relativa a "trabajo visible y trabajo invisible: y "segunda jornada de trabajo"). En este trabajo no pretendo efectuar una crítica teórica a estos conceptos. El objetivo de esta reflexión es invitar a una discusión y a un análisis más concreto de las condiciones de explotación de la mujer, condiciones que, en determinadas categorías ocupacionales, pueden no estar -en el sentido usual- esencialmente ligadas al problema de la "doble jornada".

En un reciente debate efectuado con ocasión del Día Internacional de la Mujer, planteé que la tesis de la doble jornada de la mujer trabajadora, dentro del contexto de países capitalistas, era una generalización muy mecánica, importada del movimiento feminista europeo de los países capitalistas con mayor desarrollo de las fuerzas productivas (Duarte, 1982a). En tal sentido, como categoría teórica podría bloquear el análisis en lugar de contribuir a conocer de forma más concreta la situación de la mujer trabajadora. Es el caso de las industrias en las zonas francas y de las trabajadoras domésticas en República Dominicana.

Según encuestas exploratorias efectuadas en 1981, el grado de explotación de las obreras industriales en las zonas francas del país guarda muy poca relación con el concepto de doble jornada (Corten/Duarte, 1981). Esta categoría de análisis no resulta operativa para comprender las condiciones laborales de estas mujeres en su mayoría jóvenes y solteras o separadas que viven con su familia de origen.

La proletarización de estas mujeres en las zonas francas se caracteriza por una disciplina fabril y modalidad de explotación particulares que conllevan, por lo menos para un sector importante de ellas, la exclusión personal de gran parte de las tareas domésticas, efectuadas por otras mujeres: madres, hermanas u otros parientes del sexo femenino (Corten/Duarte, 1983). En lugar de estar sobrecargadas por el trabajo del hogar, las peculiaridades de la explotación fabril tienden a separar, a "liberar", a estas obreras del mismo, incluyendo la socialización de los niños, ya que encontramos un alto porcentaje de mujeres -por esta causa- separadas de sus hijos. En tal sentido, una interpretación de la situación de estas proletarias, a partir de la utilización simple del concepto de doble jornada, no registraría la peculiaridad de sus condiciones de explotación.

El concepto de doble jornada tampoco permite captar los niveles de sobretrabajo de las mujeres asalariadas en el servicio doméstico. Como mostraremos más adelante, en República Dominicana la mayoría de las domésticas es de "puerta cerrada", es decir, que duerme y vive en casa ajena. Aunque de hecho realizan doble jornada, si comparamos su horario de trabajo con el de una obrera, no es "doble" en el sentido original del concepto. También, y en una mayor proporción que las obreras de zona franca, las empleadas domésticas no socializan con sus hijos ya que éstos son criados por las abuelas o por otros familiares. Habría, pues, que desarrollar otros conceptos u otras formas de abordar esta problemática para comprender mejor las difíciles condiciones del trabajo doméstico.

El sector del servicio doméstico evita a la mujer pequeñoburguesa la doble jornada o, por lo menos, mengua significativamente sus efectos. Uno de los roles fundamentales que cumple el servicio doméstico en sociedades como la nuestra, y que nos diferencia radicalmente de los países capitalistas "avanzados", es que "libera" a las mujeres que trabajan y pertenecen a familias con ingresos medios, de la mayor parte de la carga doméstica, incluyendo el cuidado de los niños; las libera, por tanto, de la doble jornada.

Esta liberación, y esto me parece muy importante, tiene un precio muy alto para la mujer pequeñoburguesa que lucha por la igualdad social y entre los géneros: la posibilidad de contratar una trabajadora doméstica refuerza -en vez de enfrentar o cuestionar- el patriarcalismo y la subordinación de la mujer en la sociedad. En primer lugar, se establece una nueva cadena de subordinación jerárquica en el núcleo familiar: hombre/mujer/doméstica, lo que en el plano social contradice la lucha de la mujer por la igualdad, ya que coloca a la mujer pequeñoburguesa como protagonista-ejecutora de una relación de subordinación con respecto a otra mujer.

En segundo lugar, en la medida en que la mujer de los estratos medios puede transferir sobre el servicio doméstico la realización de la mayor parte del trabajo del hogar, no se desarrollan en el núcleo familiar condiciones objetivas y materiales que propicien la redistribución de las tareas domésticas al margen de género e incluso grupos de edades. En efecto, la presencia de la trabajadora doméstica desestimula la colaboración del sexo masculino así como de niños y jóvenes. En consecuencia, la posibilidad de disponer de servicio doméstico reafirma el machismo y el patriarcalismo en el seno de la familia.

Estas reflexiones nos llevan a sugerir que la tesis de la doble jornada es un instrumento analítico más adecuado para comprender la situación de la mujer pequeñoburguesa o proletaria en los países capitalistas "avanzados", donde la supresión gradual de la servidumbre doméstica como consecuencia de la reorganización de buena parte de las tareas del hogar bajo forma capitalista -alimentación, lavado de ropa y así sucesivamente- a pesar de la masificación en el uso de los electrodomésticos, generó una mayor explotación de la mujer que podría ser interpretada a partir de una situación de doble jornada. En estos países la supresión de la trabajadora doméstica remunerada crea condiciones objetivas más favorables para la lucha contra el patriarcalismo y contra la adscripción de las labores domésticas al género femenino. En tal sentido habría que preguntarse, por último, si el mayor avance relativo del movimiento feminista en los países de capitalismo más desarrollado no tiene que ver con esas condiciones objetivas más favorables.

En el contexto de esta reflexión sobre servicio doméstico y clase media, surgió, pues, la idea de realizar una investigación que no sólo estudiara las condiciones laborales y de vida de las trabajadoras del hogar (su situación legal, ideológica y de consumo) sino que contribuyera también a esclarecer en qué medida la posibilidad que ofrece este servicio a la mujer pequeñoburguesa en sociedades como la nuestra, constituye un bloqueo en el plano cotidiano para la lucha social de este sector de clase. Se trata de un aspecto particularmente importante y contradictorio para las mujeres que militan en el movimiento feminista por una igualdad social y de género. En este trabajo no enfocamos esta problemática global porque la investigación ha concluido, sin embargo, ofreceremos las hipótesis y los datos preliminares de una submuestra de una encuesta aplicada en julio de 1983 a trabajadoras domésticas que laboran en hogares de clase media. En 1975, varias de nosotras ya habíamos sugerido algunas de las ideas desarrolladas en la investigación (ver Duarte et al., 1976). El sistema de muestreo que se utilizó fue racional por cuotas. El número de entrevistas efectuadas fue de 370 y la submuestra codificada para este artículo fue (con algunas excepciones) de 165 casos. El cuestionario incluye información sobre la composición de la familia donde laboran las trabajadoras del hogar. Uno de los criterios para establecer el sistema de cuotas fue la situación laboral de las amas de casa, que se dividió en tres categorías: (a) no trabaja en forma remunerada; (b) realiza trabajo remunerado dentro de la casa, y (c) trabaja en forma remunerada fuera de su hogar. La muestra incluye tres categorías de servicio doméstico, que se asume implican una "división del trabajo" relacionada -entre otros factores- con la situación socioeconómica de las familias donde laboran y, en menor proporción, con el tamaño de estas familias: (a) las domésticas que lo hacen todo; (b) las que realizan dos tareas y (c) las que hacen una sola tarea.

Además del uso de fuentes secundarias, a nivel técnico el proyecto global implicaría realizar entrevistas en profundidad e historias de vida, así como aplicar otra encuesta a empleadoras de la clase media. El cuestionario aplicado en el trabajo fue elaborado con la colaboración de Pablo Tactuk y Carmen Fortuna. El trabajo ejecutado hasta ahora se efectuó con la participación de los estudiantes de la asignatura Sociología II de la Licenciatura en Economía de la Universidad Autónoma de Santo Domingo (USAD), como un proyecto pedagógico experimental que pretende combinar a través de la cátedra, docencia en investigación. Bajo la supervisión de la autora, los estudiantes participaron en el diseño del instrumento técnico y en la construcción de hipótesis; un grupo de ellos asumió también la responsabilidad del control del trabajo de campo.

Fuerza de trabajo femenina y servicio doméstico

¿Cuál es la importancia de las trabajadoras domésticas dentro de la fuerza laboral urbana femenina en República Dominicana? Para 1970, la fuerza de trabajo femenina sólo representaba 26,0% del total de la población económicamente activa (PEA) del país. Para 1981, la participación femenina ascendía a 31,4% de la PEA, con una mayor participación a nivel urbano: para ese año, la PEA urbana femenina era de 36,0% (República Dominicana, ONE, 1983). Además, si sólo tomamos en consideración la PEA femenina, encontramos que para ese año 63,0% habitaba en la zona urbana y sólo 37,0% en la rural (República Dominicana, ONE, 1983). Sin embargo, es a partir de 1980 cuando se realizan en el país encuestas especiales de mano de obra que permitirán precisar en un futuro el alcance de esta tendencia, es decir, si se trata de una tendencia real o, por el contrario, de una redistribución de la PEA femenina que no afecta significativamente su participación proporcional global frente al hombre (las dos encuestas principales son de ONAPLAN, en 1982 y 1983, respectivamente).

La incorporación de la mujer en la PEA urbana se efectúa, esencialmente, a través del sector terciario: ocho de cada diez trabajadores eran mujeres que participaban principalmente en la rama de actividad "servicios comunales, sociales y personales" (55,5% del total de la PEA femenina urbana, para 1980); y de ésta, la mitad correspondía al grupo ocupacional "trabajadores del hogar" (cuadro 1). En síntesis, dentro de la PEA femenina urbana, el servicio doméstico es proporcionalmente la actividad más importante: 27,0% del total. Además, es también la actividad económica que registra un porcentaje más alto de población femenina: 96,0%.

Los trabajadores del hogar registran el nivel de ingreso más bajo del país. Para 1983, en la ciudad de Santo Domingo el ingreso promedio era de R.D.$62,00 mensual (de acuerdo con la tasa de cambio vigente para julio de 1983 [R.D.$1,60 = US$1,00] el salario de R.D.$62,00 era equivalente a unos US$40,00).

No obstante, si desagregamos el ingreso por sexo, encontramos que éste es casi tres veces mayor entre los hombres que trabajan en el servicio doméstico: R.D.$150,00 frente a las trabajadoras del hogar que ganan R.D.$56,00. Al salario monetario de R.D.$62,00 mensuales, se agregaría, según la legislación vigente, una forma de remuneración en "especie lo cual justificaría el hecho de que los trabajadores del hogar perciban salarios de 100,0% por debajo del mínimo nacional de $R.D.$125,00". Según el Código de Trabajo: "Salvo convenio en contrario, la retribución de los domésticos comprende, además de los pagos en dinero, alojamiento y alimentos de calidad corriente. Los alimentos y habitación que se den al doméstico se estiman como equivalentes al 50% del salario que reciba en numerario" (art. 246).

La combinación de salario monetario y en especie define la peculiaridad de la trabajadora del hogar y una forma específica de servicio que predomina en República Dominicana: la de "puerta cerrada" o "con dormida", vale decir, que

Cuadro 1 ———

Actividad económica de la población urbana de 15 años o más
República Dominicana, 1980
(En porcentajes)

Actividad económica	Total	Mujeres	Hombres
A. No económicamente activa	45,8	63,7	24,7
B. Económicamente activa:	54,2	36,3	75,3
Ocupados	79,3	73,9	82,3
Desocupados:	20,7	26,1	17,7
Cesantes	58,0	43,0	70,6
Trabajadores nuevos	42,0	57,0	29,4
C. Económicamente activa:			
Sector terciario	60,1	78,6	51,6
Servicios comunales			
y personales	20,2	55,5	30,0
Trabajadores del hogar*	8,9	27,0	0,5

*La proporción de mujeres dentro del grupo de trabajadores del hogar es de 96,1%.

Fuente: ONAPLAN 1980 (resumen elaborado por Isis Duarte).

reside en la casa de familia donde labora. Finalmente, debemos señalar que se diferencia este servicio de otros tipos de trabajo por el hecho de que no se extiende el seguro social a la que ejerce en la casa familiar. Lo curioso es que, en la práctica, aplican la ley a las que trabajan en tareas similares en negocios o empresas. Esta forma específica de servicio incide de manera profunda en las condiciones de vida y de trabajo: horario y disponibilidad ilimitados, segregación de su espacio habitable del de la familia que la emplea, inaccesibilidad a la socialización de los propios hijos y así sucesivamente. Este específico tipo de servicio también favorece la asimilación de determinados valores e ideología: asistencialismo, además de cierto tipo de consumo. También el trabajo a puerta cerrada dificulta -para el servicio doméstico- sus posibilidades de organización.

Esta especificidad de las trabajadoras del hogar diferencia en forma esencial a este grupo ocupacional de los demás sectores laborales y define, en última instancia, su carácter predominantemente servil ya que las domésticas -como el siervo de la gleba (y creo que es ilustrativa la comparación)- se adscriben al control de las familias donde laboran o al de sus amas de casa.

Hipótesis y resultados preliminares del proyecto de investigación

Historia migratoria y situación laboral previa

Entre 1950 y 1980, se produce en el país un importante proceso de movilidad de la población y en particular de la fuerza de trabajo, que se desplaza hacia actividades no agrícolas y se concentra en las ciudades principalmente en la capital. Dos indicadores muestran este proceso; la población urbana crece de 24,0% en 1950 a 52,0% en 1981, mientras la fuerza de trabajo ocupada en el sector agrícola disminuye notablemente: en 1960, representaba 61,5% de la PEA, mientras que para 1981 desciende a sólo 31,0% (República Dominicana, ONE, 1955, 1966, 1975, 1983).

Esta transformación de trabajadores rurales en urbanos se manifiesta de forma peculiar en la mujer. Se trata no sólo de un incremento relativo de la participación femenina en la fuerza de trabajo (como señalamos antes), sino también de tendencias específicas en la movilidad migratoria y ocupacional de la mujer. A partir de 1960 se destacan tres tendencias al respecto.

Primera, la mujer "escapa" de la parcela familiar y se proletariza en la misma zona rural a través de labores agrícolas ocasionales (por ejemplo, recolección de frutos en épocas de zafra). Esta tendencia se manifiesta a través de la disminución de 10,5% en el número de mujeres clasificadas dentro de la categoría ocupacional "agricultura y afines" como "trabajo familiar no remunerado", mientras hubo un aumento de las asalariadas de 13,0% entre 1960-1970 (República Dominicana, ONE, 1966 y 1975).

Segunda, después del movimiento insurreccional de abril de 1965, la movilización laboral de la mujer se dirige hacia Estados Unidos, incorporándose al trabajo fabril fuera del país (ver Pessar, 1982, entre otros).

Por último, principalmente en la década de los setenta, la mujer se moviliza también hacia las ciudades del país, integrándose a ocupaciones no agrícolas, particularmente como proletaria en las zonas francas y en el servicio doméstico.

La movilidad geográfica y ocupacional de la fuerza de trabajo está relacionada con procesos estructurales analizados en otros textos. La "expulsión" de fuerza de trabajo del agro está relacionada con tres factores: expansión y límites de la frontera agropecuaria, monopolio de la propiedad territorial, y pauperización de la economía campesina (Duarte, 1980, parte 2.4). La concentración de la población migrante en las grandes ciudades, particularmente en Santo Domingo, está también relacionada con la expansión del capitalismo (Duarte, 1983). Por último, la proporción de inmigrantes es mayor entre la población urbana femenina con relación a la masculina. En el caso de las dos principales ciudades del país, " el 56,0% de los migrantes a Santo Domingo y el 57,0% a Santiago son mujeres" (Ramírez, 1978).

En el estudio, dos hipótesis de investigación se vinculan con la historia migratoria y la situación laboral de la mujer previa a su inserción en el servicio doméstico urbano. La hipótesis general plantea que a nivel de la estructura familiar agrícola la mujer emigra más fácilmente que el hombre por dos factores: primero, porque ella se incorpora en forma más secundaria y marginal a las tareas propiamente agrícolas dentro de la parcela familiar; segundo, porque de manera inmediata tiene en la ciudad más posibilidades que el hombre de incorporarse a una actividad laboral remunerada mediante la opción del servicio doméstico. Una hipótesis secundaria relacionada con la anterior plantea que a nivel de la fuerza laboral la pauperización de la economía campesina afecta en primer lugar a la mujer: ésta es expulsada hacia la ciudad a trabajar en el servicio doméstico. Veamos algunos datos del estudio relacionados con estas dos hipótesis.

Al igual que la mayoría de la fuerza de trabajo urbano del país, las trabajadoras domésticas son migrantes: 82,3% migraron directamente desde su lugar de nacimiento hacia Santo Domingo, tendencia que se registra también en la "sobrepoblación relativa" o sector informal urbano (Duarte, 1980).

Lo peculiar de este sector, y lo que nos interesaba constatar, es que a partir de la situación laboral-familiar predominante en las zonas de origen de los flujos migratorios, la mujer es "expulsada" antes que el hombre. A la pregunta, "¿quién de la familia vino primero a trabajar en la capital?", las respuestas arrojan un porcentaje de 64,0% de los casos a favor de las mujeres. Los datos de los cuadros 2 y 3 buscan ilustrar las hipótesis señaladas y contribuir a la reflexión sobre el porqué de esta tendencia migratoria. El trabajo principal que permitía el sostenimiento de la familia de las trabajadoras del hogar antes de migrar era la agricultura (86,5%), con predominio de la familia campesina (68,8%). Según el parentesco con la entrevistada, este trabajo era efectuado por padres y hermanos. En lo que se refiere a la distribución por sexos, el trabajo considerado como principal era realizado por hombres en un 80,0%, en 15,7% en forma mixta y sólo 4,3% era ejecutado por fuerza de trabajo femenina.

Por otro lado, 91,0% del total informó que su primer trabajo en la capital fue

——————————————————————————————— Cuadro 2 ———

Trabajo principal que sostenía la familia (y quién lo hacía) antes de la migración de la trabajadora del hogar - Santo Domingo, 1983

(En porcentajes)

Trabajo principal		Miembro de la familia		Sexo	
Campesinos / agricultores	68,8	Padre	32,1		
Obreros agrícolas	10,6	Padre y hermanos	40,0	Masculino	80,0
Criadores de animales, pescadores y afines	7,1	Padre y otros familiares	10,7	Masculino y femenino	15,7
Ventas	5,0	Hermanas	5,7	Femenino	4,3
Otras actividades	8,5	Esposo	5,0	Masculino	—
		Otros familiares	6,5	Maculino y femenino	—
Total	*100,0*		*100,0*		*100,0*
(N)	*(141)*		*(140)*		*(140)*

Fuente: Duarte, Tactuk y Fortuna, 1983.

184 □ *Isis Duarte*

—— Cuadro 3 ——————————————————————————————————

Trabajadoras del hogar según empleo previo y rango del actual trabajo. Santo Domingo
(En porcentajes)

Empleo previo		Rango del actual trabajo		
	Total (N = 160)	Todas las tareas	Dos tipos de tareas	Sólo un tipo de tarea
Desocupadas	66,3	65,6	71,7	60,9
Ocupadas	33,7	34,4	28,3	39,1
Agricultora	30,0	23,8	46,7	22,2
Trabajadora del hogar	31,0	47,6	20,0	22,2
Obrera	17,0	9,5	20,0	22,2
Vendedora	22,0	19,1	13,3	33,4
Totales	*100,0*	*39,2*	*31,9*	*28,8*

Fuente: Duarte, Tactuk y Fortuna 1983.

como trabajadoras del hogar; porcentaje que no presenta diferencias según "rango" (grado de destreza) o categoría actual de la trabajadora encuestada.

Por último, para completar la historia migratoria y la situación laboral previa, encontramos que dos de cada tres de las trabajadoras del hogar entrevistadas declaron que, antes de laborar en casas de familia en Santo Domingo, estaban "desocupadas". La desocupación era ligeramente mayor en la categoría que actualmente "hace dos tipos de tareas" (71,7%) y menos en las más "especializadas" que hacen un solo tipo de tarea (60,9%) (cuadro 3).

Condiciones actuales de trabajo

A las condiciones laborales ya citadas se agrega la forma concreta de segregación dentro del hábitat, propia del carácter servil de esta actividad. Las trabajadoras del hogar "tienen un techo, pero no pertenecen a la casa: viven en el cuarto de servicio. Se diferencian también por el sitio, la hora y tipos de comida; y, en las clases altas, deben identificarse físicamente por la forma de vestir: el uniforme (...) Residen en una casa, pero no pueden disfrutar del espacio y las condiciones ambientales para atender a sus necesidades sociales, visitas de amigos y familiares. Es normal, pues, que su centro de reunión sea la verja o la esquina del barrio" (Duarte et al., 1976, p. 96).

Los datos de nuestra muestra de 1983 coinciden en general con el ingreso registrado por la encuesta oficial de mano de obra para la ciudad de Santo Domingo el mismo año: alrededor de la mitad de las trabajadoras del hogar gana menos de R.D.$60,00 mensuales. En nuestra muestra, se observan diferencias en el ingreso directo a favor de las trabajadoras con más de 24 años de edad. Este ligero aumento del ingreso podría obedecer a diferencias de "rango". En nuestra muestra la más grande proporción -y por un considerable margen- de domésticas (81,8%) tiene menos de 30 años (cuadro 4). Como se observa en el mismo cuadro, hay un porcentaje mayor de trabajadoras "especializadas" (hacen un solo tipo de tareas) en el grupo de edad de 25 años y más (60,9%). Una conclusión preliminar sería que la especialización se logra a través de la experiencia (antigüedad en la actividad laboral) y que este sector podría percibir un ingreso directo mayor. Sin embargo, según sondeos marginales a la encuesta, las diferencias en ingresos no son muy significativas según rango.

Más que el ingreso, la división en tres categorías es relevante en términos de la carga y heterogeneidad laboral. Es indudable que una trabajadora que tiene que realizar todos los tipos de tareas (cocina, limpieza, lavado, planchado y atención de los niños) realiza un esfuerzo físico-mental de coordinación y organización mayor que aquella que efectúa sólo dos tipos de actividad (cocina y lavado, o limpieza y planchado) o que la especializada en un solo tipo de tarea (cocina o atención a los niños).

Sobre el salario indirecto, el cuadro 5 ofrece los resultados de respuestas a la pregunta sobre los "beneficios" recibidos en los dos años anteriores a la encuesta por las domésticas entrevistadas. En tal sentido, el cuadro registra beneficios otorgados en algunos de los hogares, no en todos. En el mismo cuadro se observa claramente la ausencia de un salario indirecto: sólo 37,0% recibió "doble sueldo" (salario adicional a fin de año), a pesar de que 73,0% trabajó solamente en una o dos casas, más de un año y, por tanto, pudiera haberles correspondido -de laborar dentro de otras relaciones no serviles- un salario adicional anual. Lo mismo se aplica para las

———————— Cuadro 4 ————

Trabajadoras del hogar según edad y rango del trabajo actual, Santo Domingo
(En porcentajes)

| Edad | Total (N = 165) | Rango del actual trabajo | | |
		Todas las tareas	Dos tipos de tareas	Sólo un tipo de tarea
20 y menos	15,1	18,7	12,7	13,0
20 a 24	36,4	45,3	34,6	26,1
25 a 29	30,3	17,2	40,0	37,0
30 a 34	11,5	9,4	9,1	17,4
35 y más	6,7	9,4	3,6	6,5
Totales	*100,0*	*38,8*	*33,3*	*27,9*

Fuente: Duarte, Tactuk y Fortuna, 1983.

—— Cuadro 5 ————————————————————————————

Trabajadoras del hogar según beneficios recibidos de sus patrones en los dos años antes de la encuesta, Santo Domingo

(En porcentajes)

Beneficios	% (N = 165)
Descanso semanal	82,4
Tiempo libre durante el día laboral	79,0
Ausentarse varios días sin descuento de sueldo	53,3
Regalos por días festivos	49,0
Otros regalos	48,0
"Doble" sueldo*	37,0
Pago de servicios médicos	35,2
Tiempo para estudiar	30,3
Vacaciones anuales pagadas	20,1

* "Doble" sueldo es pagado cuando la trabajadora del hogar está de acuerdo en trabajar en su día libre o en uno festivo.

Fuente: Duarte, Tactuk y Fortuna, 1983.

---

vacaciones anuales otorgadas a sólo 20,1%. No obstante, lo usual entre las amas de casa es otorgar a las trabajadoras, si tienen cierto tiempo laborando, una regalía correspondiente a parte de su salario (49,0%) u otros regalos tales como ropa y alimentos (48,0%).

En cuanto al horario, el Código de Trabajo vigente en el país señala: "El trabajo de las domésticas no se ajusta a ningún horario; pero éstas deben gozar, entre dos jornadas, de un reposo ininterrumpido de nueve horas, por lo menos (art. 247) [y éstas] disfrutarán de un período de descanso de un día de la semana, desde las 2:00 de la tarde hasta las horas habituales de entrada a su trabajo al día siguiente" (art. 248) (obsérvese que no se trata realmente de un día sino de medio día, ya que la entrada usual al trabajo se establece alrededor de las 7:00 am).

El cuadro 5 indica que las trabajadoras del hogar han impuesto "conquistas" que sobrepasan la legislación laboral. En efecto, 79,0% declaró que disponía de tiempo libre durante el día, y 30,3% disfrutó de tiempo para estudiar. Sin embargo, 17,0% declaró que en los trabajos realizados "nunca ha tenido descanso semanal".

Los datos que registra la muestra indican que aproximadamente la mitad de las trabajadoras del hogar labora 72 horas o más seis días a la semana, es decir, media jornada adicional a lo usual entre los obreros industriales. Consideramos, empero, que el servicio de estas trabajadoras no es computable en términos de horas diarias o semanales de trabajo, sino de tareas realizadas cuya peculiaridad esencial es la exigencia, prácticamente absoluta, de disponibilidad-sumisión, desde el levantar hasta la hora del descanso nocturno. En esto, el art. 247 del Código de Trabajo está aún plenamente vigente (aunque este tipo de trabajadoras duerme menos de nueve horas en la noche), pero los niveles de mayor o menor disponibilidad dependen de la "benovolencia" o tolerancia del ama de casa. No es una casualidad, como veremos más adelante, que las trabajadoras domésticas prefieran como condición principal de trabajo "el buen trato" (ver cuadro 8).

En síntesis, lo característico, en términos de condiciones de trabajo, sería la combinación de trabajo a destajo (tareas), horario ilimitado y la disponibilidad y sumisión casi absoluta para el servicio. Este tipo de situación puede expresarse también mediante el despotismo del ama de casa y/o de los miembros de la familia; la rotación del trabajo y las retiradas temporales de la actividad doméstica en determinados períodos del año es la respuesta y el mecanismo de compensación frente a las condiciones de trabajo anteriormente referidas. Así vemos, por ejemplo, como 42,1% tiene menos de un año en el trabajo actual: se cambia de trabajo más buscando "buen trato" que mejores salarios. Como estrategia de sobrevivencia frente al agotamiento que generan las condiciones de trabajo y la ausencia de vacaciones anuales pagadas, se puede recurrir al cambio de trabajo al fin del año después de pasar la Navidad en su lugar de origen.

Ya habíamos señalado que el tipo de trabajadoras del hogar predominante en el país es aquella de puerta cerrada. Habría que indicar también, como se destaca en el cuadro 6, que en el caso específico de la muestra aplicada por nosotros -que cubre diversos estratos de la pequeña burguesía- la categoría predominante de trabajadoras del hogar es aquella que "hace todas las tareas": la mayor parte de los hogares encuestados sólo tiene una trabajadora (61,0%). Combinados, estos dos aspectos producen el tipo de trabajadora del hogar más frecuente en República Dominicana: la de puerta cerrada que hace todas las tareas, es decir, aquella que realiza el mayor esfuerzo físico y mental en términos de número de tareas y organización-coordinación del trabajo.

El cuadro 6 también registra diferencias en el número de trabajadoras según la situación conyugal y el número de hijos del ama de casa. Allí puede verse que el uso de una sola trabajadora es más frecuente entre amas de casa que no tienen hijos o no tienen esposo-compañero, 85,0% aproximadamente. Por el contrario, aquella que es esposa y madre utiliza más trabajadoras domésticas (para atender al marido y a los hijos).

Estos datos, aunque muy limitados, se relacionan con la discusión introducida al principio de este capítulo: en el caso de la pequeña burguesía, la posibilidad que ofrece el servicio doméstico permite, a la mujer que trabaja fuera de la casa, escapar de la doble jornada o, por lo menos, minimizar sus consecuencias. La muestra seleccionada permitirá mostrar más claramente esta idea, ya que uno de los criterios para la selección de la cuota -a nivel de las familias- fue el trabajo remunerado de la mujer (cabe señalar que la muestra trató de cubrir los diferentes estratos: bajos, medios y altos de la pequeña burguesía pero, a este nivel, el único indicador utilizado fue el barrio o zona residencial).

Relaciones laborales, valores y niveles de consumo

Como ya planteamos, la idea central de la investigación, en este nivel, gira en torno a la característica predominante entre las trabajadoras del hogar de residir en las casas donde laboran; es decir, de su estado de domésticas de puerta cerrada. Esta

188 ☐ *Isis Duarte*

----- Cuadro 6 ---

Número de trabajadoras del hogar según estado civil y número de hijos del ama de casa. Santo Domingo, 1983

(En porcentajes)

Número de trabajadoras del hogar	Total (N = 333)	Estado civil del ama de casa			Número de hijos del ama de casa			
		Esposa sola*	Madre sola+	Esposa y Madre ++ (subtotal)	Uno	Dos	Tres	Cuatro
Una	61,0	84,6	84,6	57,3	66,7	68,7	47,0	53,8
Dos	31,0	15,4	15,6	33,3	26,7	20,9	47,0	33,0
Tres	8,0	0,0	0,0	9,4	6,6	10,4	6,0	13,2
Totales	*100,0*	*4,0*	*9,6*	*86,4*	*13,5*	*20,1*	*25,5*	*27,3*

* Mujer que vive sin esposo e hijos.
+ Mujer que vive sin esposo, pero con hijos.
++Mujer que vive con esposo e hijos.

Fuente: Duarte, Tactuk y Fortuna, 1983.

situación es el factor esencial que condiciona las relaciones de trabajo, facilita la asimilación de determinados valores y dificulta las posibilidades de organización de este importante sector de la fuerza laboral urbana femenina. Más concretamente, favorece el desarrollo de relaciones laborales de tipo asistencialistas-providenciales entre la doméstica y el ama de casa; promueve, entre las trabajadoras del hogar, expectativas de consumo de bienes y/o servicios personales (estimulado también por los medios de comunicación de masas) típicos de la pequeña burguesía (ropa, cosméticos, peluquería y así sucesivamente) y, por último, dificulta el desarrollo de una conciencia reivindicativa que lleve a este sector a buscar la solución de sus problemas a través de la organización.

A través del cuestionario se preguntó sobre las diversas formas de utilización del ingreso monetario de las trabajadoras del hogar. Aproximadamente 90,4% de la muestra declaró que compra bienes de consumo personal, en tanto que cerca de 13,0% adquiere bienes de consumo duradero a crédito (muebles, electrodomésticos, etc.). Se destaca el hecho de que una cuarta parte gasta parcialmente sus ingresos en "diversión"; 30,9% ahorra, y 19,5% destina parte de los ingresos a costearse sus estudios. Por otro lado, es relevante la ayuda que aporta esta fuerza laboral a sus familias: 47,7% gasta parte de su ingreso en sus hijos y la mayoría (78,1%) envía una parte a sus padres.

La desagregación de los datos por número de hijos de este tipo de trabajadora muestra diferencias significativas en el tipo de consumo y el uso del ingreso. En el cuadro 7, se registra el destino principal del ingreso de las trabajadoras durante el mes anterior a la aplicación de la encuesta, según el número de hijos de la trabajadora. Si bien puede observarse, a nivel general, que sigue predominando la compra de bienes de consumo personal (37,2%), también puede concluirse que la mayor parte del ingreso recibido por el 50,0% del total, se destina a la ayuda de hijos, padres y otros parientes. Se observa, además, una diferencia radical en la distribución del ingreso según tenga o no hijos la trabajadora doméstica. La mitad de ellas no tiene hijos, y de éstas, 57,4% utilizó la mayor parte del ingreso para la compra de bienes de consumo personal, contra sólo 18,0% entre las que tienen hijos. Para aquellas trabajadoras con y sin hijos, la ayuda a familiares representó un 67,3% y un 29,7% para estos mismos grupos, respectivamente.

En síntesis, la propensión al consumo de tipo "superfluo" y el "efecto demostración" del contexto familiar pequeñoburgués donde labora la doméstica, tiende a tener impacto cuando ésta no tiene hijos. Patrones semejantes de consumo encontramos también entre las obreras de la zonas francas industriales del país (Corten/Duarte, 1983).

A partir de las condiciones de trabajo y la relación trabajadora-ama de casa, el proyecto intenta explorar los valores, preferencias y nivel de conciencia reivindicativa que encontramos en este sector laboral. A la pregunta, "¿qué cree usted que es lo mejor para una trabajadora de casa de familia?", 71,8% respondió: "Buen trato";

———————————————————————————— Cuadro 7 ——————

Trabajadoras del hogar según el uso del ingreso durante el mes antes de la encuesta, Santo Domingo

(En porcentajes)

Uso principal del ingreso	Total (N = 304)	Sin hijos	Con hijos	Uno	Dos	Tres	Cuatro
				Número de hijos			
Ayudar a hijo(s)	30,0	0,0	58,3	54,4	54,7	68,0	62,4
Ayudar a padres	16,1	27,0	5,8	8,8	—	16,0	—
Ayudar a otros parientes	3,0	2,7	3,2	1,7	4,8	4,0	3,1
Compra bienes de consumo personal	37,2	57,4	18,0	23,0	23,8	8,0	9,4
Compra bienes de consumo duradero	2,6	1,4	3,8	1,7	4,8	4,0	6,3
Ahorros	2,0	2,0	1,9	1,7	—	—	6,3
Costear estudios	1,6	1,4	1,9	1,7	2,4	—	3,1
Diversiones	2,6	5,4	0,0	0,0	—	—	—
Otros	4,9	2,7	7,1	7,0	9,5	—	9,4
Totales	*100,0*	*48,7*	*51,3*	*18,8*	*13,8*	*8,2*	*10,5*

Fuente: Duarte, Tactuk y Fortuna, 1983.

menos de un 20,0% prefiere recibir mejor salario y aproximadamente 9,0% reivindica el valor de "disponer de más tiempo libre" (ver cuadro 8). Estos datos revelan que el problema principal que resulta de las condiciones laborales de estas trabajadoras es interiorizado y ubicado en el tipo de relación y no en los niveles de ingreso o la jornada laboral. Encontramos, sin embargo, ligeras diferencias según el rango o especialización de la trabajadora: un gran porcentaje de trabajadoras domésticas que hace todas las tareas prefiere tener más tiempo libre mientras que las que realizan un solo tipo de tarea prefieren mejor salario.

El cuadro 9 se construyó con el objetivo de evaluar cuál sector, clase o situación social asumiría la trabajadora del hogar, en términos preferenciales, si pudiera escoger. Así, se encontró que ante todo escogería "casarse con un hombre bueno y no tener que trabajar" (46,7%). Si tiene que trabajar, prefiere "encontrar trabajo en una fábrica" (29,7%); segundo, "independizarse y trabajar por su cuenta" (12,7%), y sólo en último término (10,9%), conseguir un mejor trabajo en casa de familia. De nuevo, sin embargo, se observan diferencias según el rango de las trabajadoras. Más de la mitad de las que "hacen todas las tareas" tienen una marcada preferencia por un "buen marido" y subestiman el trabajo obrero, valoración opuesta a la que ostentan las trabajadoras más especializadas entre las cuales 39,6% prefiere trabajar como obreras, 35,4% lograr un buen matrimonio y no trabajar, y 18,8% lograr un mejor salario como doméstica.

En el contexto de las condiciones laborales de estas trabajadoras, nos interesamos por conocer qué opinan ellas sobre quién puede contribuir más a resolver sus problemas. La respuesta tiene su interés: 46,0% opinó que el "gobierno" es quien puede o debe resolverlos; 37,0%, sus empleadores son quienes han de mejorar esta situación y sólo 17,0% consideró que son ellas mismas, las propias trabajadoras del hogar quienes han de hacer algo para resolverlos. A partir de las condiciones de trabajo previamente analizadas, este último grupo -a pesar de que registra el número menor de casos- no representa una proporción irrelevante.

—— Cuadro 8 ——

Trabajadoras del hogar según las preferencias en condiciones de empleo y rango del actual trabajo, Santo Domingo

(En porcentajes)

Preferencias en condiciones de empleo	Total (N = 163)	Todas las tareas	Dos tipos de tareas	Sólo un tipo de tarea
			Rango del actual trabajo	
Buen trato	71,8	71,4	71,7	72,3
Buen salario	19,6	15,9	20,8	23,4
Más tiempo libre	8,6	12,7	7,5	4,3
Totales	*100,0*	*38,7*	*32,5*	*28,8*

Fuente: Duarte, Tactuk y Fortuna, 1983.

Cuadro 9

Trabajadoras del hogar según aspiraciones y rango del actual trabajo, Santo Domingo

(En porcentajes)

			Rango del actual trabajo	
Aspiraciones	Total (N = 165)	Todas las tareas	Dos tipos de tareas	Sólo un tipo de tarea
Asegurar otro trabajo doméstico con mejor salario	10,9	9,3	5,7	18,8
Encontrar empleo como trabajadora en una fábrica	29,7	18,8	34,0	39,6
Convertirse en autoempleado	12,7	18,8	11,3	6,2
Casarse con un hombre bueno y no tener que trabajar	46,7	53,1	49,0	35,4

Fuente: Duarte, Tactuk y Fortuna, 1983.

Trabajo doméstico y socialización de los hijos

Las condiciones de trabajo de las trabajadoras del hogar son incompatibles con el embarazo y la socialización (crianza) de los hijos, la problemática de la producción y la reproducción biológica-social de la descendencia. Nuestros análisis permiten plantearnos que este sector laboral registra una tasa de fecundidad menor; que utiliza con mayor frecuencia técnicas contraceptivas y que, las que quedan embarazadas, suelen abandonar el trabajo durante un período que puede prolongarse hasta que el niño alcanza los dos años de edad, a partir del cual es criado por los abuelos.

Por todo lo anterior sostenemos que el servicio doméstico tiende a separar a la mujer de su función como reproductora biológico-social de los niños como los siguientes indicadores confirman:

- 81,8% de las trabajadoras de la muestra tiene menos de 30 años de edad;
- 75,9% no tiene marido o compañero, ya sea porque no se ha casado o unido nunca (39,2%) o porque está separada o divorciada (36,7%);
- 50,0% no tiene hijos;
- de las separadas o divorciadas, 16,4% no tiene hijos y 42,7% sólo tiene uno;
- solamente 5,2% de los hijos de las trabajadoras tiene menos de dos años.

Nuestros datos indican cómo la situación de las trabajadoras del hogar se relaciona con la producción y socialización de la descendencia. Encontramos, por una parte, que sólo 14,5% de los hijos de las trabajadoras son atendidos por la madre.

Se trata principalmente de trabajadoras que no viven en la residencia donde laboran y/o porque se dedican a lavar y planchar durante varios días de la semana y retornan a sus hogares cada día. De los hijos que no viven con sus madres trabajadoras, 62,2% son criados por sus abuelos y 11,6% por el padre, con otros familiares un 8,7% y por no familiares el 3,0%, que representa el resto. Como ya se indicó, sólo 5,2% de los hijos de las trabajadoras tienen menos de dos años, lo cual nos indica que no existen en República Dominicana, por lo menos significativamente, trabajadoras activas con hijos en este intervalo de edad. Dato que se ratifica en el gran salto proporcional que encontramos al observar las siguientes cifras: el intervalo de dos a menos de cinco años concentra 34,9% de los casos, el intervalo de seis a menos de diez años muestra un porcentaje igual y la estadística vuelve a decaer en el grupo de niños de más de diez años (25,0%).

Estos datos muestran lo que venimos afirmando: la trabajadora del hogar se ausenta de la actividad laboral durante el período de gestación y más allá, hasta que el niño llega a los dos años de edad. A partir de ese momento, lo deja para que lo críen los abuelos u otros parientes y ella retorna al trabajo. Queremos destacar aquí la interesante valoración que este sector de trabajadoras le asigna a la crianza materna durante los dos primeros años del niño, aspecto que consideramos debe ser objeto de un análisis psicosocial profundo.

Sin embargo, la trabajadora del hogar no sólo no puede socializar a sus hijos a partir de esa edad sino que también queda, en la mayoría de los casos, separada geográficamente de ellos. Dos de cada tres hijos de estas trabajadoras (66,3%) residen fuera de la ciudad de Santo Domingo, principalmente en el campo. De un tercio que vive en la capital del país, sólo 14,8% reside con la madre.

En síntesis, los hijos de las trabajadoras del hogar, a partir de los dos años (y a veces también antes) son socializados por otros familiares, principalmente por los abuelos en el campo. Así, para la relación madre-hijo, se trata no solamente de una separación geográfica, sino de la exclusión de la cotidianidad del afecto materno.

Conclusiones

La conclusión de la reflexión inicial sobre movimiento feminista y servicio doméstico no puede ser, lamentablemente, la de la lucha para la supresión del servicio doméstico. Si bien es cierto que esta actividad registra las peores condiciones de trabajo y vida, es también la fuente de ocupación más importante de la fuerza laboral femenina tanto en República Dominicana como en otros países del área.

La trabajadora doméstica es la que se encuentra más subordinada entre todas las categorías de mujeres asalariadas y su presencia en el núcleo familiar contradice la lucha antipatriarcal de la mujer pequeñoburguesa. Incluso la existencia de las trabajadoras domésticas es producto de condiciones estucturales que trascienden expectativas humanistas individuales. El cuestionamiento de esas condiciones económico-sociales y culturales, que en sociedades capitalistas como las nuestras mantienen esa forma peculiar de servidumbre, sería uno de los objetivos de la lucha del movimiento feminista. Asumir las reivindicaciones de las trabajadoras domésticas es particularmente importante, no sólo por el carácter de su situación de subordinación, sino también porque se trata de la categoría de mujer trabajadora que tiene más dificultades de expresión por la peculiaridad del ámbito privado y aislado dentro del cual se desenvuelve su actividad laboral y transcurre su vida.

Bibliografía

Corten, André/Duarte, Isis. 1981. *Encuestas efectuadas en tres zonas francas industriales, República Dominicana.* Santo Domingo: Universidad Autonóma de Santo Domingo, Centro de Estudios de la Realidad Social Dominicana (CERESD).

Corten, André/Duarte, Isis. 1983. Procesos de proletarización de mujeres: las trabajadoras en industrias de ensemblaje de la R.D., en *Revista Archipiélago* (Editions Caribéennes, Paris) 1, nº 2.

Duarte, Isis. 1980. *Capitalismo y superpoblación en Santo Domingo: mercado de trabajo rural y ejército de reserva urbana.* Santo Domingo: CODIA.

Duarte, Isis. 1982a. Las mujeres en la sociedad: aspecto económico laboral, en *Revista Ciencia y Sociedad* 7, nº 1, pp. 68-79.

Duarte, Isis. 1982b. La mujer en el mundo de la inseguridad social, en *El nuevo Diario* de Santo Domingo, 26 de agosto.

Duarte, Isis. 1983. Fuerza laboral urbana en Santo Domingo, 1980-1983. *Estudios Sociales* 16, nº 53, pp. 31-53.

Duarte, Isis/Hernández, Estela/Bobea, Aída/Pou, Francis. 1976. Condiciones sociales del servicio doméstico en República Dominicana., en *Realidad Contemporánea* 1, nº 3-4, pp. 79-104.

Duarte, Isis/Tactuk, Pablo/Fortuna, Carmen. 1983. Encuesta de Trabajadoras de Hogar en la ciudad de Santo Domingo, datos preliminares (julio).

Larguía, Isabel/Dumoulin, John. 1976. *Hacia una ciencia de la liberación de la mujer.* Barcelona: Anagrama.

Pessar, Patricia R. 1982. El significado del trabajo en la emigración dominicana. Duke University, Durham, North Carolina. Inédito.

Ramírez, Nelson. 1978. *Encuesta de migración a Santo Domingo y Santiago.* Santo Domingo: Consejo Nacional de Población y Familia (CONAPOFA), Informe General.

República Dominicana, ONE-Oficina Nacional de Estadística 1955. *Censo Nacional de Población de 1950.* Santo Domingo, ONE.

República Dominicana, ONE-Oficina Nacional de Estadística 1966. *Cuarto Censo Nacional de Población de 1960.* Santo Domingo, ONE.

República Dominicana, ONE-Oficina Nacional de Estadística 1975. *Censo Nacional de Población de 1970.* Santo Domingo, ONE.

República Dominicana, ONE-Oficina Nacional de Estadística 1983. *Censo Nacional de 1981.* Santo Domingo, ONE.

República Dominicana, Oficina Nacional de Planificación. 1980. *Encuesta nacional de mano de obra.* Junio. Santo Domingo: ONAPLAN.

República Dominicana, Oficina Nacional de Planificación. 1982. *Encuesta nacional urbana de mano de obra.* Junio. Santo Domingo: ONAPLAN.

República Dominicana, Oficina Nacional de Planificación. 1983. *Encuesta de mano de obra de Santo Domingo.* Documento Misión de PREALC, abril. Santo Domingo: ONAPLAN.

Políticas y programas de las organizaciones de trabajadoras en México

Mary Goldsmith

> *Cuando el desarrollo industrial del país nos obligue a trabajar en factorías y oficinas, atender la casa y los niños, nuestra apariencia y vida social, y etc., etc., entonces comenzaremos a trabajar seriamente en lo esencial. Cuando la última criada desaparezca, la pequeña almohada sobre la cual ahora descansa nuestra conformidad, entonces aparecerá el primer rebelde enfurecido.*
>
> Rosario Castellanos (1982)

Históricamente, el servicio doméstico ha servido como telón de fondo a la sociedad mexicana. Algunas veces como tema de la prensa maternalista y, más frecuentemente, como tema del humor popular y las murmuraciones de los empleadores, su existencia raramente está ligada a un significado político. No obstante, el hecho de que por lo menos 814.963 mujeres sean trabajadoras del hogar es significativo para los movimientos feministas y de trabajadores (1).

En México, el servicio doméstico continúa siendo una de las más importantes ocupaciones para las mujeres. De acuerdo al censo de 1980 (República de México, Secretaría de Programación y Presupuesto, 1984) aproximadamente 13,3% de la población femenina económicamente activa a nivel nacional corresponde a trabajadoras del hogar, y dentro del distrito Federal, 13,0%.

Como lo muestra el cuadro 1, parece haber una considerable disminución en el porcentaje de trabajadoras domésticas desde 1970 (en 1970, 19,5% de todas las mujeres trabajadoras estaban ocupadas en el servicio doméstico y, en el distrito Federal, 24,1% (República de México, Secretaría de Industria y Comercio, 1971).

Sin embargo, un estudio realizado en 1978 en el área metropolitana de Ciudad de México concluyó que 23,7% de todas las mujeres trabajadoras estaban empleadas en los servicios doméstico y de limpieza. Expresado en términos absolutos, el estudio muestra que 332.859 de un total de 1.402.300 mujeres trabajadoras en el área metropolitana de México eran domésticas (República de México, Secretaría de Programación y Presupuesto 1979, cuadros 4.2 y 4.3). Este estudio, llevado a cabo solamente dos años antes del censo de 1980, reveló casi dos veces más domésticas que lo que el censo mostró en Ciudad de México, Guadalajara y Monterrey. Las principales unidades geográficas de análisis de la población en el censo de población son el distrito Federal y los 32 estados; adicionales tabulaciones pueden emplear como sus unidades geográficas de análisis "las áreas urbanas". La ciudad metropolitana de México incluye el distrito Federal y varias municipalidades del

---

(1) Estas cifras están basadas en datos en bruto del censo de 1980 (República de México, Secretaría de Programación y Presupuesto 1984, cuadro 10). A nivel nacional, de un total de 913.558 trabajadores del hogar, 814.963 son mujeres. Los totales para el distrito Federal reflejan una proporción similar, con 155.880 mujeres en un total de 173.365 domésticos (República de México, Secretaría de Programación y Presupuesto 1979, cuadro 14).

estado de México. Los métodos para la recolección de datos varían considerable-
mente, aun de un censo a otro, haciendo difíciles las comparaciones; no obstante,
es poco probable que la inclusión de varias municipalidades del estado de México
en el estudio de 1978 cuente para la gran proporción de trabajadoras domésticas,
dado que éstas no están particularmente concentradas en aquellas áreas. Esto
sugiere que los resultados del censo de 1980 son algo dudosos. La demanda de
trabajadoras domésticas parece haber continuado, y las trabajadoras del hogar
podrían no haber tenido fácil acceso a alternativas de empleo. Uno podría argüir que
muchas domésticas en el censo de 1980 fueron incluidas en la sección de "ocupaciones no definidas suficientemente".

Durante la década de los setenta, es claro que las mujeres fueron integradas de
manera progresiva a la fuerza de trabajo, como lo muestra el cuadro 2. Rendón/
Pedrero (1982) han atribuido este hecho al aumento de la inflación, a los patrones
de consumo, a la aparición de otros nuevos y a la expansión de los mercados de
trabajo ya existentes, sin embargo, variaciones económicas regionales han condicionado el reclutamiento de mujeres en la fuerza de trabajo: fábricas de ropa y de
ensamblaje de partes electrónicas localizadas a lo largo de la frontera, así como la
industria de la construcción y los trabajos de oficina en ciudad de México,
Guadalajara y Monterrey han empleado un creciente número de mujeres.

Como en la mayor parte de los países de Latinoamérica, en México la mayoría
de los trabajadores en el sector del servicio doméstico son mujeres que han migrado
de áreas rurales. Ellas tienen niveles educacionales y edades menores que la
mayoría de las otras mujeres económicamente activas y, además, ganan menos. En
mi investigación encontré que la mayoría de las domésticas que viven en casa de sus
empleadores ganan algo menos de la mitad del salario mínimo, mientras que

Cuadro 1

Trabajadoras del hogar en la fuerza de trabajo femenina, México

Año	PEA Femenina	Trabajadoras del hogar PEA %	Número	Trabajadoras en ocupaciones definidas insuficientemente PEA %	Número
1970					
A nivel nacional	2.466.257	19,8	488.344	9,6	238.117
Distrito Federal	711.741	24,1	171.822	4,1	129.050
1980					
A nivel nacional	6.141.278	13,3	814.963	22,9	1.409.541
Distrito Federal	1.201.896	13,0	155.880	19,5	238.610

Fuente: República de México, Secretaría de Industria y Comercio 1971, cuadro 27; República de México, Secretaría
de Programación y Presupuesto 1984, cuadro 10.

——————————————————————————————— Cuadro 2 ———
Integración de las mujeres en la fuerza de trabajo, México

Año	Total población femenina*	PEA femenina	
		Número	%
1970			
A nivel nacional	15.071.713	2.466.257	16,4
Distrito Federal	2.395.430	711.741	29,7
1980			
A nivel nacional	22.128.830	6.141.278	27,6
Distrito Federal	3.274.577	1.202.896	36,7

* Doce años y más.

Fuentes: República de México, Secretaría de Industria y Comercio, 1971, cuadro 25; República de México, Secretaría de Programación y Presupuesto 1984, cuadro 4, 10.

aquellas que no viven en casa de sus empleadores reciben casi el salario mínimo. En 1983 el salario mínimo diario era de 455 pesos y el mensual de 13.653 (160 pesos mexicanos = US$1,00). En ese tiempo en los barrios de clase media y alta, la mayoría de las trabajadoras viviendo puertas afuera ganaba cerca de 400 pesos por una jornada que variaba entre siete y nueve horas de trabajo; las domésticas viviendo puertas adentro recibían de 7.000 a 7.500 pesos por mes.

También estos salarios varían un poco de acuerdo con las características sociales de los barrios. Algunas subcategorías, tales como las cocineras, son mejor pagadas. En general, solamente la falta -no posesión- de experiencia es tomada en cuenta por el empleador para contratar un nuevo trabajador. Los empleadores frecuentemente pagan salarios muy bajos a las más jóvenes -más si se trata de inmigrantes-, sobre la base de que ellas están "en entrenamiento", e incluso después de largos años de servicio no reciben recompensa con el pretexto de que esos trabajadores ya no son productivos. Como una mujer desempleada con enfisema dijo: "mientras usted está joven y saludable, usted es 'parte de la familia'. Después, nadie lo quiere a usted" [M.S., tiene aproximadamente 70 años, y es oriunda del estado de México].

En el momento hay en México varios programas dirigidos al sector del servicio doméstico. Estos van desde escuelas que preparan mujeres para ser más dóciles y entrenadas empleadas domésticas, hasta legislación del gobierno y progresistas organizaciones fundadas y controladas por las trabajadoras domésticas mismas. Este capítulo se centra sobre la legislación mexicana relacionada con los trabajadores domésticos, los obstáculos sociales y económicos que dificultan su habilidad para organizarse y tres casos de estudio de organizaciones mexicanas que han afectado el servicio doméstico. Ellas son la Asociación Nacional de Trabajadores Domésticos, la cual tiene estrechos lazos con el gobierno y refleja su filosofía; el

Colectivo de Acción Solidaria con Empleadas Domésticas CASED, el cual es una extensión del movimiento feminista mexicano; y el Hogar de Servidores Domésticos, el cual comenzó como un grupo de discusión religioso preocupado por las condiciones de vida de las domésticas.

Legislación y políticas gubernamentales

Gran parte de la actual legislación mexicana sobre el trabajo doméstico data de 1931. Algunas modificaciones se hicieron en 1970 respecto de las obligaciones de los trabajadores domésticos y de las condiciones para la terminación de los contratos. Actualmente, el capítulo 13 de la Ley Federal de Trabajo describe muchas de las obligaciones y derechos de los trabajadores domésticos en forma tal que los excluye de los derechos que tienen otros trabajadores, pero favorece el punto de vista de los empleadores más que el de los trabajadores.

La legislación no establece explícitamente si los domésticos, igual que muchos otros trabajadores, tienen derecho a vacaciones pagas y festivos, un día libre semanalmente, licencia de maternidad y jubilación. Los limitados derechos garantizados a los trabajadores del hogar están establecidos de manera ambigua. El capítulo no estipula la duración de la jornada de trabajo sino solamente que el trabajador debe tener suficiente tiempo para comer y descansar durante la noche. Igualmente, los términos respecto del salario son vagos y por tanto sujetos a gran número de interpretaciones. Algunos abogados sostienen que el salario mínimo para trabajadores del hogar está compuesto de un tercio en especie y dos tercios en dinero (Trueba Urbina/Trueba Barrera, 1977, p. 151); otros señalan que la mitad en especie y la mitad en dinero (Cavazos Florez,1972, p. 388); e incluso otros, señalan que esto es enteramente materia de acuerdo entre empleador y empleado.

Otros derechos legales -tales como "confortable cuarto y cama", tratamiento respetuoso y oportunidades para estudiar- están también mal definidos. Las únicas afirmaciones claras son aquellas que obligan a los empleadores a pagar gastos médicos y funerarios, e indemnización cuando los trabajadores son despedidos, pero hacerlas cumplir es difícil. (La Constitución de 1917 del Estado mexicano establece que las trabajadoras domésticas tienen los mismos derechos de otros trabajadores (República de México, Secretaría de la Presidencia 1971, artículo 123.A). Sin embargo, la Ley Federal del trabajo de 1931 contradice la Constitución en varios aspectos. De la Cueva (1967), conocido abogado laboral, ha intentado reconciliar esas diferencias. Históricamente la Corte Suprema de Justicia debate sobre las sirvientas domésticas y en lugar de defender los derechos de los trabajadores, ha apoyado la noción de que ese sector no está destinado a tener los mismos derechos de otros trabajadores (particularmente el salario mínimo, el día laboral de ocho horas y las vacaciones pagadas). Lo cierto es que uno encuentra que la mayoría de las trabajadoras domésticas ignoran sus derechos. En la práctica, el empleador, usualmente sobre la base de costumbres familiares, experiencia personal y necesidades presentes, decide cuáles son los beneficios que el trabajador recibirá.

En 1973 un programa de seguridad social instituido para trabajadores del hogar cubría enfermedad, licencia de maternidad, accidentes relacionados con el trabajo, retiro y guarderías para hijos de trabajadores asegurados. El programa fue iniciado con la gran demagogia que caracteriza al Estado en México y encajó muy bien con la imagen populista proyectada por el régimen de Luis Echeverría Alvarez. De hecho, sin embargo, los beneficios reales correspondientes a los trabajadores del hogar fueron mínimos. La cobertura del programa fue muy limitada; solamente fueron enroladas entre 1.000 y 2.000 personas (este dato se obtuvo sobre la base de entrevistas con empleados del seguro social conectados con este programa en particular (L.C., entrevistado el 14 de enero de 1980, habló de un enrolamiento de 2.000 personas; C.H., entrevistado el mismo día, dijo que 800). En realidad, no hay estadísticas publicadas sobre el enrolamiento de trabajadoras domésticas en el seguro social, y se estima que varios factores contribuyeron al fracaso del programa: falta de planeamiento e investigación; el programa operó sobre una base voluntaria, lo que permitió que el empleador decidiera si enrolaba al trabajador o no; y el enrolamiento fue restringido a dos períodos de 60 días en la década pasada. En 1981, el Instituto Mexicano de Seguro Social consideró necesario formular un nuevo y flexible programa, ofreciendo diferentes tipos de cobertura y premios; el plan fue abandonado en octubre de 1984 sobre la supuesta base de falta de estabilidad en el empleo de los trabajores domésticos (*Ovaciones* ,1984).

La sindicalización ha sido otra área de esporádica preocupación del gobierno. Mientras son necesarios solamente 25 trabajadores para formar un sindicato, no existe ningún sindicato de trabajadores domésticos, ni existe registro de sindicatos en los pasados 25 años. En diciembre de 1980 la Confederación de Trabajadores y Campesinos, o CTC del Estado de México anunció públicamente la creación del Sindicato de Trabajadores Domésticos y Similares (*Uno más Uno*, 1980), cuyas demandas se centraron sobre los derechos a un salario mínimo, ocho horas de trabajo y seguro social. Varias incongruencias en información -además del control del gobierno sobre los movimientos laborales- lo lleva a uno a ver este posible sindicato con cierto escepticismo. Numerosos historiadores han confirmado el papel del Estado y el partido oficial, el PRI, en el movimiento de trabajadores de México, incluyendo Maldonado (1981) y Vizgunova (1980). El sindicato reportó que fue a solicitar registro al Departamento Local de Trabajo, pero éste no lo hizo. Inicialmente contó con unos 1.700 socios pero más tarde sólo había 250 participantes. Además, la crisis económica a principios de los años ochenta debilitó la incipiente organización. Los participantes se desanimaron en la medida en que ellos enfrentaron una creciente competencia en el trabajo con obreros desempleados de las fábricas. La participación, en el mejor de los casos, había sido siempre errática y el grupo finalmente se disolvió a principios de 1984.

Obstáculos para la organización

Junto a las bien conocidas dificultades que inhiben el activismo social y político de las mujeres -tales como oposición de la familia, doble jornada de trabajo, sexismo de su contraparte masculina y la falta de experiencia y confidencia- las trabajadoras domésticas están limitadas además por las peculiaridades de su situación de trabajo, lo cual inhibe el desarrollo de la conciencia de clase y la participación política. Especialmente en el caso de los trabajadores que viven en casa de sus empleadores, ellos encuentran no sólo su vida pública sino también la privada sumergida en la esfera de las vidas de sus empleadores, quienes inconscientemente fomentan esta intimidad en un intrincado y sutil proceso (Memmi (1972) ha discutido la relación amo-sirviente en profundidad, derivando analogías entre ésta y otras relaciones de poder; sin embargo, él no cuestiona cómo las especificidades de género condicionan esta relación). La mujer empleadora establece los parámetros hablando de tú y usted, e invitando o no a la doméstica a compartir la misma mesa o la misma comida y platos; la empleada sólo puede resistirse a ser absorbida en la vida de los empleadores insistiendo en comer en la cocina o manteniendo cierta reserva en sus relaciones con la familia. Algunas empleadas se dan cuenta de que una aparente cercanía es con frecuencia una forma mediante la cual la empleadora controla a la sirvienta tanto física como psicológicamente. Una trabajadora que confió problemas personales a su empleadora encontró que más tarde esa confidencia fue usada en su contra en cuestiones de trabajo. Su empleadora la chantajeó emocionalmente diciendo: "Dado su temperamento, quién la aguanta a usted en otra parte, si siempre está peleando con alguien" [R.S., 19 años, oriunda del Estado de México].

Otro truco frecuente de la patrona es adoptar una actitud maternal, refiriéndose a la empleada como otra hija más. Esta relación permitida sobre la base de poder en clase y edad, es demistificada cuando la empleadora demanda el desayuno en la cama a su "hija". Ella puede además alentar a la trabajadora a imitarla en su apariencia personal, dándole por ejemplo sus ropas de segunda mano, sin embargo, cuando la doméstica realiza esta imitación sobre ella misma, usando uñas pintadas o llevando pantalones, puede convertirse en objeto de insultos.

Igualmente, una empleada puede en un momento ser aplaudida por asumir responsabilidades mientras que en otro, si toma una simple decisión como cocinar y servir a la familia, puede ser reprendida por creerse "la señora". Alguna situación que implique una relación basada en la igualdad, o sugiera que la empleadora ha sido reemplazada en su papel de madre, esposa y jefe del hogar, representa una amenaza para la relación señora de casa y sirviente.

En algunos casos, la trabajadora es consciente de su opresión pero, aun así, ella puede internalizar las actitudes y valores de su empleadora. Por ejemplo, una trabajadora que estaba ganando 7.000 al mes haciendo tres trabajos -principalmente como trabajadora del hogar pero ocasionalmente como recepcionista y empacadora en el negocio de su empleadora- se quejó de que estaba cansada de ser explotada; su empleadora era exigente y no apreciaba sus esfuerzos. Quizás en otra situación, esta misma doméstica adoptaría una típica ideología del empleador racionalizando la explotación de otros:

> "Yo trabajaré como intermediaria entre una fábrica de prendas de
> vestir y un grupo de mujeres en el vecindario donde mi novio
> vive. Yo guardaré la mitad de lo que la factoría me paga y pagaré
> la otra mitad a las mujeres... Ellas pueden coser la ropa en la casa,
> y de esa manera hacer un poco de dinero" [L.B., 21 años,
> procedente de Hidalgo].

Igualmente, una trabajadora que vivía fuera del hogar de sus patrones acusó a los empleadores:

> "Ellos tienen sus mansiones y sus grandes carros porque ellos no

nos pagan lo que deberían. Esta es la manera como ellos
consiguen el dinero" [A.S., aproximadamente 40 años, de San
Luis Potosí].

Quizás esta misma doméstica soñó construir una casa de dos plantas con un
gran jardín en la parte de atrás.

El uso del lenguaje ilustra formas más sutiles de identificación. La trabajadora
doméstica a menudo se refiere a la casa y a las áreas relacionadas con el trabajo e
implementos (cocina, refrigerador y otros) como "míos" y cuida de ellos como si
fueran de su propiedad. La empleadora frecuentemente refuerza esta actitud no
permitiendo a la trabajadora dejar la casa si alguien más no está en ella, con el objeto
de protegerla de robos.

La trabajadora doméstica puede responder a su propia falta de relaciones
íntimas con el impecable cumplimiento de su trabajo; esto se evidencia en la
frecuente competencia que se establece entre cotrabajadoras, la cual puede asumir
varias formas: informando sobre los errores, negligencia, moralidad e incluso
participación política de una compañera trabajadora, o reprendiendo a nuevas
empleadas en virtud de su mayor antigüedad. Trabajadoras domésticas con años de
servicio en el mismo hogar son particularmente críticas de las nuevas empleadas:

"Yo no sé que hacer con A. La señora me ha dicho que le ponga
cuidado. Pero ella es muy torpe, hoy rompió un cenicero" [M.T.,
19, oriunda de Veracruz]. En otro caso la camarera dijo a la nueva
cocinera, cuando ella tomó una tortilla comprada ese día: "Ter-
mine las tortillas de ayer, las frescas son para la señora y los niños.
Lo que queda de sobra es para nosotras" [T.R., aproximadamente
50 años, oriunda de Michoacán].

La rivalidad usualmente trabaja en favor de los empleadores, pero puede actuar
en su contra cuando los conflictos resultan en frecuentes cambios de empleadas.
Esto explica en parte por qué algunos empleadores prefieren contratar trabajadoras
que están relacionadas: aunque su relación puede no estar libre de conflicto, sus
parámetros han sido ya establecidos.

Trabajadoras antiguas pueden además haber fijado conceptos respecto del
"cumplimiento" de sus trabajos. Una doméstica a quien se le preguntó por qué ella
no dejaba la loza para después, de tal manera que pudiera llegar a tiempo para un
grupo de catecismo, contestó:

" Yo no estaría haciendo bien, podría parecer malo a los señores
si uno de ellos fuera a la cocina por un vaso de agua y encontrara
un desorden en el lavaplatos"[I.N., aproximadamente 60 años,
oriunda del estado de Hidalgo].

Quizás un caso extremo de tan absoluta identidad con el trabajo, fue una mujer
de 74 años que había trabajado en el mismo hogar durante 55 años. En 1982 ella
recibía 5.500 pesos al mes y no tenía día de descanso. Cuando otra trabajadora,
recientemente jubilada, sugirió que esta mujer también se jubilara, ella quedó

estupefacta. Con pocos amigos y familia, todo lo que ella tenía era su trabajo.

El hecho de que la empleada del hogar esté sumergida dentro de la vida de los empleadores implica la negación de su propia existencia. Vestir un uniforme, el cual acentúa la elegancia y limpieza de la casa, y el discreto uso del radio y el teléfono minimizan su presencia. La trabajadora responde a esta situación con una variedad de mecanismos de defensa. Su imitación de la empleadora implica un cuestionamiento de su propio sitio en la sociedad así como la creencia de que la única alternativa podría ser para ella asumir el sitio de la empleadora. Cuando una trabajadora limpia menos frecuentemente o más cuidadosamente de lo ordenado, ella está imponiendo sus propios estándares. Cuando ella rasga o "pierde" su uniforme o coloca fuerte el radio con música ranchera, ella está reafirmando el hecho de su propia existencia.

Algunas formas de dominación evidente dentro de la relación patrona-trabajadora son particularmente humillantes. Se les requiere usar diferente loza y utensilios, comer diferentes comidas o servir el desayuno a la empleadora en la cama; se le niega el acceso al teléfono y el derecho a recibir amigos y familia en el sitio de trabajo, teniendo que pedir permiso para dejar la casa por alguna razón. La empleadora frecuentemente aconseja a su trabajadora ser cuidadosa de sus compañías, o no permite que ella atienda a la escuela por temor a que se exponga a nuevas ideas y se vuelva exigente. Claramente, dicho tratamiento refuerza el aislamiento de la trabajadora; como resultado, las empleadas domésticas no tienen amigos cercanos, sus principales relaciones son con su familia o miembros de la casa en que ella trabaja. Todo esto, por supuesto, tiene negativas implicaciones para su posibilidad de reflexionar acerca de sus condiciones de trabajo, el desarrollo de la conciencia de clase y la creación de sindicatos.

Varios aspectos del servicio doméstico cuentan para la actitud de las mujeres hacia esa ocupación. Primero, el trabajo doméstico, como un aspecto de la reproducción aún no valorado, forma parte crucial del apuntalamiento de la sociedad. Las razones para esta situación han sido discutidas ampliamente dentro del debate feminista del trabajo de casa y no será analizado en profundidad aquí (muchos autores han resumido los puntos más importantes de este debate, entre ellos Fee, 1976; Himmelweit/Mohun, 1977; Malos, 1980 y Molyneux,1979), sin embargo, es claro que mientras el papel de madre-ama de casa es grandemente romantizado en un nivel ideológico, su aparente importancia es desmentida por la realidad. La habilidad para llevar a cabo el trabajo de casa es considerada una característica sexual femenina secundaria, y como tal es considerado bajo, un trabajo sin calificación. La mayoría de mujeres como amas de casa llevan a cabo esto como un "trabajo por amor". Su estado sin salario explica en parte por qué las empleadas domésticas son mal pagadas. Dado que el reconocimiento social de una actividad está basado sobre el salario ganado, el trabajo de casa es visto como sin valor.

Además, en México, donde las divisiones sociales están tan rígidamente definidas, hay un simbólico significado ligado a la labor doméstica: cualquier mujer que lo hace, ama de casa o trabajadora doméstica, es implícitamente un miembro pobre de la sociedad. A la luz de esta situación, no es sorprendente que muchas domésticas no se identifiquen con sus trabajos.

Las actitudes de las trabajadoras domésticas además varían de acuerdo a los estados de vida. Inicialmente, cuando una joven mujer migra a la ciudad, ella ve el servicio doméstico esencialmente como un medio de ayudar a su familia o de adquirir al menos educación primaria. Ella no tiene una clara visión de aspiraciones tales como matrimonio, un trabajo diferente o estudios adicionales.

Cuando una trabajadora del hogar estudia, entra en contacto con otras trabajadoras domésticas y adquiere más confianza en sí misma. Esto, irónicamente, resulta en su "rebelión" como trabajadora doméstica, precisamente porque ella se está preparando para un empleo alternativo. Quizás como ella es consciente de su opresión, más que intentar organizarse o mejorar sus presentes condiciones de trabajo, se centra en el futuro. Además, dado que sus principales relaciones sociales ocurren en el ámbito familiar, ella está principalmente ligada a su casa de origen; se identifica a sí misma como una campesina más que como una mujer de clase trabajadora urbana.

Para mujeres trabajadoras con niños, especialmente trabajadoras de edad, el servicio doméstico representa un fenómeno permanente. Usualmente, como trabajadora sueña con el futuro de sus hijos más que con el suyo. Así, sin que sorprenda, ella no desea que su hija repita su misma historia y en cambio imagina para ella un trabajo en contabilidad o mecanografía. Enfrentada a pocas alternativas de trabajo, trabajadoras con hijos, viviendo en casa de sus empleadores se sienten particularmente atrapadas.

Los trabajadores que viven fuera de la casa de sus empleadores frecuentemente son más conscientes de su opresión, puesto que pueden combinar y/o alternar el servicio doméstico con otras actividades como construcción, ventas ambulantes, costura y/o prostitución. Imponiéndose una doble jornada de trabajo estas mujeres, después de alguna posible identificación como trabajadoras del hogar, se encuentran fuera de esta clasificación y restringidas en su participación política.

La consecuencia de todos esos factores es que mientras otras empleadas han sido históricamente capaces de organizarse y articular sus intereses a través de los medios de comunicación y el Estado, las trabajadoras domésticas han sido incapaces de hacerlo.

Existen pocos antecedentes de sindicatos de trabajadores domésticos en México. Durante la década de los treinta, un período caracterizado por intensa actividad política, al menos cuatro de dichos sindicatos fueron oficialmente registrados en el Departamento de Trabajo. Todos existieron a nivel local: dos en el distrito Federal, el Sindicato de Domésticos y el Sindicato de Servicios Domésticos; uno en Guadalajara, la Unión Unica de Aseo Particular; y una en Tampico, el Sindicato de Domésticos y Trabajadores Similares (República de México, Departamento de Trabajo, 1934); quizás existieron algunos más pero no requirieron reconocimiento del gobierno.

Históricamente, los empleadores han tenido a su disposición una variedad de medios para proteger sus intereses. Por ejemplo, durante el siglo XIX, los gobiernos locales de ciudad de México, Puebla y Guadalajara promulgaron decretos para controlar la libertad de movimiento de los trabajadores domésticos (Gobernador del Distrito Federal, 1866; Alcalde Municipal de Puebla, 1866; Aldaña Rendón, 1982). Durante la administración de Porfirio Díaz, los empleadores protestaron públicamente en los periódicos cuando descubrieron que sus sirvientas se habían vuelto altaneras y menos sumisas; los enfurecidos empleadores demandaron la intervención de la Iglesia para convencer a las domésticas de que reconocieran cuál era "su sitio" y sugirieron que si todo esto fallaba, harían una huelga de empleadores o importarían trabajadores más dóciles de Asia y Africa (Gónzalez Navarro, 1957, pp. 391-392). En ese tiempo, las domésticas podían encontrar empleos alternativos solamente en la industria del tabaco y en la industria de los textiles. Hoy, las trabajadoras del hogar continúan siendo blanco de críticas y burlas en los periódicos y en la televisión, y el Día de las trabajadoras domésticas, el 27 de abril, frecuentemente despierta sarcásticos chistes en los medios de comunicación.

Organizaciones de trabajadores domésticos

Junto con los tres casos discutidos aquí, dos organizaciones que se originaron fuera de México han influido en gran parte de las iniciativas de los trabajadores domésticos de Latinoamérica: la Juventud Obrero Católica (JOC) y el *Opus Dei*. La JOC fue fundada en Europa en 1912 por Canon Joseph Cardijn, quien primero comenzó a trabajar con domésticos y más tarde con sectores de clase trabajadora. Activa en México desde 1957, la JOC actualmente opera en Ciudad de México y Guadalajara con trabajadores domésticos y de factorías, y con jóvenes desempleados en barrios pobres. Sus metas a corto plazo, con relación a los domésticos, son la organización y creación de centros, el establecimiento de un grupo legal para defender sus derechos y la promoción de reformas legales para garantizar a los empleados domésticos los mismos derechos que tienen otros trabajadores.

El *Opus Dei*, un grupo laico de la Iglesia católica fundado en España en 1928, dice tener 60.000 miembros en ocho países; 8.000 de esos miembros están en México (Saunier, 1976). Esta organización conservadora, mientras promueve conceptos abstractos de amor, libertad, justicia, servicio y autosacrificio, enfatiza que el medio de lograr la santidad es a través de la propia vocación y que uno llena esta vocación de mejor manera, no luchando "por ocupar un sitio diferente al cual él o ella pertenece" (Escrivá de Balaguer, 1985, p. 278).

Además, considerando que las diferencias de clase son inevitables, el *Opus Dei* presta especial atención a las diferencias de género y sostiene que la mujer por medio de sus "naturales" atributos de ternura, generosidad y piedad, representa una fuerza positiva en la familia, la sociedad y la Iglesia. El servicio doméstico es visto como un pilar de la sociedad y una satisfacción para la trabajadora porque él provee la posibilidad de autosacrifico y de servicio a Dios. El *Opus Dei* ve el servicio doméstico como una profesión que requiere entrenamiento; en sus escuelas para domésticas su filosofía de métodos organizacionales refleja el taylorismo. Uno puede sugerir que esta preocupación por el bienestar de las trabajadoras domésticas está además motivada por la oportunidad para proveer sirvientas mejor entrenadas y más dóciles para con sus miembros, sus residencias universitarias y los hoteles que simpatizan con la organización.

La Asociación Nacional de Trabajadoras Domésticas, aunque no afiliada oficialmente, simpatiza fuertemente con el PRI (Partido Revolucionario Institucional), el cual ha controlado el gobierno de México durante más de medio siglo. Durante las elecciones, las oficinas de la asociación son decoradas con propaganda de la campaña, las trabajadoras son alentadas a votar y los partidos oficiales participan en las festividades anuales honrando a Santa Zita, la santa patrona de las trabajadoras domésticas.

La directora de la asociación, la profesora Fernández de Lara, ha tenido una variedad de puestos gubernamentales durante varios años. Desde 1930, ella colaboró con el Departamento de Salud en un programa dirigido hacia trabajadoras, y durante la administración presidencial de Adolfo Ruiz Cortines fue secretaria de la sección femenina de la Confederación General de Trabajadores, o CGT. Hoy en día, su actividad con la asociación la ve como un reflejo de su profunda preocupación por la situación de las mujeres pobres. En 1944 ella fundó un grupo de servicio social dedicado a trabajadoras domésticas, a la cual le fue dada categoría de no lucro en 1956 cuando la actual organización comenzó a funcionar.

Mientras la asociación ocasionalmente ha patrocinado clases de costura, lectura y escritura, su principal actividad ha sido funcionar como un servicio de colocación de empleo. Como es el caso con otras cerca de 20 agencias dedicadas al servicio doméstico dentro del distrito Federal, la asociación -después que el empleador paga una cuota no reembolsable- suple personal recomendado. Durante el primer mes, los empleadores tienen la opción de un reemplazo pero no después de este tiempo.

Mientras la asociación se jacta de que su servicio es gratuito para las trabajadoras, es interesante anotar que la ley prohíbe a las agencias de empleo cobrarles. La asociación intercede en favor de las trabajadoras en caso de un problema legal, pero parece estar motivada por el autointerés, ya que la agencia no dará soporte a una trabajadora que no esté colocada. Es además interesante notar que las condiciones de trabajo especificadas dentro de las regulaciones de la asociación son inferiores a aquellas estipuladas por la ley.

Cada año, por parte de los medios de comunicación, la asociación recibe cobertura en ocasión de una fiesta para las trabajadoras domésticas que tiene lugar el 27 de abril, día de Santa Zita. El espíritu general de las festividades está totalmente desprovisto de conciencia política alguna; en cambio, las virtudes de Santa Zita -dulzura, abnegación y resignación- son exaltadas.

El *slogan* de la asociación: "soporte mutuo en favor de las mujeres humildes", es más que confuso en la práctica, dado que las trabajadoras domésticas no asumen ninguna responsabilidad dentro del grupo y son tratadas maternalmente. La directora asegura que cuentan con 150.000 afiliadas; de hecho, este número corresponde al de personas quienes han sido colocadas a través del servicio de empleo; pero la asociación nunca ha hecho un intento serio para crear un sindicato o para encauzar temas como condiciones de trabajo, opresión y explotación , tanto debido a la "oposición de los empleadores" como " a la de los trabajadores", de acuerdo con la directora. Las trabajadoras están preocupadas por estar siendo controladas, un temor bien fundado, dada la historia de la asociación y la manipulación del gobierno en el movimiento obrero mexicano.

El Colectivo de Acción Solidaria con Empleadas Domésticas (CASED) surgió como parte del movimiento feminista mexicano de finales de los setenta, durante un período que estuvo en general caracterizado por el crecimiento y la exuberancia política. En el Movimiento de Liberación de la Mujer (MLM), una organización socialista feminista, dos grupos de estudio fueron formados en 1979, uno sobre métodos de educación popular y otro sobre trabajo doméstico. Hacia fines de 1979, los dos grupos se unieron para llevar a cabo un proyecto relacionado con el servicio doméstico; aunque tuvieron un inmenso entusiasmo, hubo poca claridad respecto de los métodos para lograr sus metas.

El servicio doméstico ha sido una espina en el costado del feminismo latino-americano, dado que las feministas por sí mismas emplean domésticas. Feministas de clase media son forzadas a reconocer que frecuentemente ellas son capaces de participar políticamente solamente porque una pobre trabajadora del hogar carga con una gran porción de su doble jornada. Esta situación fomenta una relación de poder tensa, que es la antítesis de la hermandad feminista.

Dentro de los círculos feministas ocasionalmente ha sido reconocido que el servicio doméstico alivia potenciales fuentes de conflicto entre parejas de clase media, explicando al menos en parte el bajo nivel de conciencia de género de muchas empleadoras.

En 1979 en México, el servicio doméstico fue la más importante ocupación para mujeres desde el punto de vista numérico. Consecuentemente, uno puede imaginar el latente peso político de este sector si las domésticas estuvieran organizadas. Consciente de esos hechos e inspiradas por el debate feminista del trabajo de casa, CASED decidió promover la importancia económica y social del trabajo doméstico pagado.

La organización creyó que uno de los más factibles niveles sobre los cuales operar y llegar a las trabajadoras del hogar podría ser el barrio. Eventualmente, esperó establecer una red de pequeños y localmente basados grupos de domésticas conscientes políticamente. Dentro de esos pequeños grupos, CASED estableció sus tareas inmediatas:

- Promoción de mutuo contacto y soporte entre las trabajadoras.

- Estímulo a las participantes para que asuman papeles de liderazgo y formen grupos similares en otras áreas de la ciudad.

- Creación de un foro de discusión, en el cual las participantes podían reconocer qué problemas aparentemente personales tienen, de hecho, una base social y son compartidos por otras trabajadoras domésticas.

- Organización de clases de lectura y escritura básica, así como talleres, incrementando de esta manera los niveles de destreza y educación.

- Establecimiento de comunicación con otros grupos y organizaciones de trabajadores.

Se esperaba que esas actividades contribuyeran a las grandes metas de CASED, las cuales incluían el borrador de una reforma legislativa que podría mejorar las condiciones de trabajo del servicio doméstico y la creación de bases para una más amplia organización de trabajadoras del hogar.

Dadas las características e interés de muchas domésticas, CASED pensó que ofrecer clases de primaria dentro de áreas residenciales sería la mejor forma de llegar a ellas. Un progresista sacerdote en el área de Los Colibrís ofreció el uso de sus facilidades parroquiales, y al comienzo de los ochenta el colectivo comenzó actividades, inicialmente atrayendo unas 30 trabajadoras del hogar (Los Colibrís es un nombre ficticio para el barrio donde CASED lleva a cabo sus actividades, en un intento para evitar posteriores persecuciones por parte del gobierno y de empleadores).

Las sesiones reflejaban una influencia combinada de Paulo Freire y feminismo

(Freire ideó una metodología educacional que examina críticamente los textos dentro del marco de la vida diaria y la política, al mismo tiempo que enfatiza lo común de los problemas personales).

Al comienzo, la discusión se centró sobre temas de migración y condiciones de trabajo pero luego fue ampliada a temas como sexualidad y división del trabajo, más explícitamente relacionados con género. Luego, en el mismo año, CASED expandió su esfera de trabajo para incluir parte de otra área residencial, San Angel. Lo que atrajo a CASED al barrio fue la presencia de aproximadamente 20 mujeres que se reunían diariamente en una plaza local, la Plaza de San Jacinto, para esperar posibles empleadoras. Relativamente pocas aceptaban trabajos que implicaran vivir cama adentro, prefiriendo en cambio que las contrataran por días como lavanderas, planchadoras y mujeres para la limpieza. La estructura básica de las sesiones de San Angel fue la misma de la de Los Colibrís, aunque se puso gran énfasis en entrenamiento asertivo, derechos de trabajo y destrezas de trabajo alternativas.

Inicialmente, las perspectivas para el trabajo político con trabajadoras domésticas viviendo puertas afuera parecieron particularmente alentadoras, dado que ellas se hicieron más conscientes de su opresión -tanto como mujeres como trabajadoras- que las domésticas viviendo en casa de sus patrones. Muchas eran madres solteras o abandonadas y manifestaron un sentido feminismo. Una mujer comentó:

> "Ah, dulce, el amor frecuentemente lastima....A mí me ofrecieron un trabajo como cocinera de cientos de trabajadores en una planta de PEMEX. El pago era bueno pero conociendo a mi marido, yo no pedí permiso para ir, en cambio yo tomé control sobre mi propia vida. Y así fue que las cosas terminaron entre nosotros" [La Jorocha, lavandera, aproximadamente 40 años, oriunda de Veracruz].

Otra mujer, descargando su amargura, explicó:

> "Mi esposo era un clásico macho...un bebedor, un mujeriego, irresponsable económicamente" [J.D., trabajadora doméstica, pintora de casas, prostituta, aproximadamente 30 años, oriunda de San Luis Potosí].

Aun otras trabajadoras demostraron considerable astucia en negociar con posibles patronas. Una empleadora usualmente sostenía que el trabajo de casa en su hogar era fácil y poco. Inclusive una intelectual dijo que los trabajos de la casa eran simple materia de pulsar botones -sobre la licuadora, la máquina de lavar, la aspiradora- por tanto la trabajadora no ameritaba el salario demandado. La doméstica respondió sarcásticamente: "Si eso es así de fácil, hágalo usted misma, y quédese con la plata" [A.S., aproximadamente 40 años, oriunda de San Luis Potosí].

Otra empleadora demandó no sólo referencias sino también una visita para ver dónde vivía la trabajadora, alegando que ella estaba arriesgando su propiedad empleando a alguien que no conocía. Esta mujer luchadora contestó:

"Bien, ¿y qué acerca de sus referencias? Yo arriesgo mi vida trabajando para alguien a quien yo no conozco ¿cómo sé yo si su esposo me tratará a mí con respeto?, ¿como sé yo si usted me pagará?" [H.R., aproximadamente 40 años, oriunda de Michoacán].

Los problemas particulares enfrentados por estas mujeres -desempleo frecuente, falta de guarderías para los niños, una total ausencia de garantías en sus trabajos y esporádico acoso gubernamental- planteó la necesidad de soluciones concretas e inmediatas. Partiendo de una similar experiencia de organización en Cuernavaca, CASED propuso la posibilidad de un centro de trabajadoras domésticas que pudiera proveer un sitio para reuniones, servicios de colocación de empleos, hospedaje temporal, guarderías y entrenamiento en trabajos relacionados con el servicio doméstico o alternativas de empleo.

En la plaza de San Jacinto las mujeres competían agresivamente por empleos, frecuentemente ofreciendo precios más bajos o aun recurriendo a la violencia física. En vista de esta situación, CASED dio prioridad a la organización de un servicio de colocación, que inicialmente operó dentro de la plaza misma pero luego fue apoyado por el uso del teléfono del centro de mujeres. Los resultados parecían promisorios: la comunicación entre las mujeres mejoró cuando ellas compartieron sus experiencias: los malos empleadores y los abusadores sexuales fueron identificados y puestos en una lista negra, una tarifa fija fue establecida, así se disminuyó la rivalidad. Varias mujeres demostraron entusiasmo por una organización de trabajadoras del hogar y fueron incluso más allá distribuyendo hojas volantes en centros comerciales y sitios de construcción anunciando sus servicios; otras buscaron alquilar lugares donde el grupo pudiera establecerse permanentemente.

No obstante, se hicieron evidentes varios obstáculos. Primero, la composición del grupo en el parque fluctuaba constantemente, pero a medida que iban encontrando trabajo iban desapareciendo. Dado que frecuentemente ellas estaban entre las más interesadas en la organización, las promotoras de CASED tuvieron la sensación de tejer un suéter que constantemente se estaba descosiendo. Segundo, muchas de las trabajadoras, ciegamente, se restringieron sólo a demandas económicas. Cuando se logró un aumento de salarios, muchas sugirieron buscar nuevo aumento, una proposición no realista, dado que podrían salir fuera del mercado de trabajo. Tercero, unas pocas de ellas trabajaron periódicamente como prostitutas, agravando tensiones personales y complicando los problemas de colocación de empleo. Por último, relativamente pocas mujeres participaron activamente en la naciente organización: por un lado, su "doble jornada" presentaba una limitante de tiempo; por otro, con pocas excepciones, muchas rechazaron asumir responsabilidades para la organización porque ellas estaban acostumbradas a aceptar pasivamente servicios, trabajos, caridad y demás. En 1982 no había sido encontrado un sitio para el centro, el trabajo de San Jacinto pareció estancarse y CASED abandonó esta fase de sus actividades encontrándose, para 1983, con una crisis debida a dificultades que operaban en dos niveles: primero dentro del colectivo mismo; segundo, en las actividades llevadas a cabo con las trabajadoras domésticas. En este punto, la organización intentó evaluar su trabajo hasta esa fecha.

Dentro del colectivo había heterogeneidad política y personal lo que originalmente fue visto como una fuente de enriquecimiento. Con el tiempo, sin embargo, esas diferencias se fueron acentuando y crearon fricciones. Las diferencias se reflejaron en la incapacidad del colectivo para establecer criterios comunes de evaluación. Hubo consenso en que muchas de las metas a corto plazo habían sido logradas en alguna medida pero que las metas a largo plazo no. Sin embargo, no hubo unidad respecto del grado de éxito, de métodos potenciales de organización o de dirección para futuras actividades.

Fue difícil evaluar eventos contradictorios. Varias trabajadoras domésticas habían participado en demostraciones políticas de izquierda pero luego, en el momento de la elección, todas votaron por el PRI. Mientras muchas de las domésticas estaban conscientes de sus condiciones de opresión, ellas fueron renuentes a organizarse para un cambio. Esto empeoró después de que el enfurecido y políticamente poderoso empleador de una de las participantes incorporó al CASED un período de hostigamiento gubernamental. Además, hubo falta de claridad respecto al papel de las trabajadoras domésticas mismas. Inicialmente, el colectivo tuvo la esperanza de apoyar y alentar a las trabajadoras domésticas para que se organizaran; sin embargo, esos intentos estuvieron marcados por el maternalismo, agravado por el hecho de que muchos de los miembros eran pequeñoburgueses. La participación en el colectivo gradualmente se redujo y esos problemas permanecieron sin resolver. A pesar de los intentos para reestructurar el colectivo y redefinir los métodos y objetivos, CASED fue incapaz de recuperar su ímpetu inicial, y desde ese momento opera sobre mínimas bases.

El Hogar de Servidoras Domésticas es quizás, hasta el momento, la más alentadora experiencia organizacional con trabajadoras domésticas en México. Este grupo opera en Cuernavaca (Morelos) una ciudad de tamaño medio situada 50 millas al sudeste del distrito Federal. Es la única organización de este tipo en el país, con miras a extender sus actividades a Ciudad de México.

En 1977, cuatro mujeres que participaban en un grupo de discusión progresista religioso en el periódico *María, liberación del pueblo*, buscaron un posible plan de acción que pudiera mejorar las condiciones de vida de las trabajadoras domésticas. Las mujeres se vieron ampliamente motivadas a ello por sus antecedentes de clase y familia: todas eran provenientes de clase trabajadora, y frecuentemente hijas de trabajadoras del hogar si no propiamente domésticas.

El Hogar de Servidoras Domésticas, fundado como resultado de la discusión de grupo, dirigió la necesidad de las trabajadoras domésticas hacia alojamientos temporales, guarderías, sitios de trabajo y seminarios, y fue estructurado en esa forma para influir positivamente sobre las condiciones de trabajo. El Hogar se opuso al servicio doméstico que implicara vivir en casa de los empleadores a causa de la tendencia de las domésticas a trabajar largas horas por un bajo pago, creyendo que las trabajadoras puertas afuera estaban en mejor posición para demandar un día de ocho horas y pago mínimo. Cuartos y comida temporales estaban disponibles para inmigrantes recientes y domésticas sin trabajo. A las trabajadoras que usaban las facilidades de las guarderías se les requería recoger sus niños a tiempo; si fallaban perdían el privilegio de ese servicio. Este requerimiento fue impuesto para reforzar la idea de que las domésticas tenían igual derecho a demandar que sus empleadores respetaran las condiciones acordadas de trabajo.

A través de los años, el espectro de actividades ha sido ampliado. El Hogar ahora publica un boletín mensual, *Yaozihuatl: mujer guerrera*, que -a través de las aventuras de "Canuta"- examina las dificultades enfrentadas por las trabajadoras del hogar. El centro sostiene talleres en los cuales se analizan hechos como partidos políticos y organizaciones, la Década de la Mujer organizada por las Naciones Unidas, y los derechos de las trabajadoras domésticas, entre otros. Cada mes hay una reunión, a la cual asisten unas 40 mujeres, que incluye discusiones sobre un tópico específico, un juego sicodinámico y un sociodrama. El Día de las Trabajadoras Domésticas es celebrado con espíritu crítico y combativo; vemos, por ejemplo, como en un volante los miembros del Hogar clarifican su posición:

"Nosotros no deseamos regalos, ni fiestas que benefician sólo a los grandes negocios. Nosotros deseamos ser reconocidas como trabajadoras que somos, con los mismos derechos de otros trabajadores".

Al colectivo original se han añadido nuevos miembros, pero su núcleo continúa estando integrado por mujeres trabajadoras: cerca de 20 mujeres están involucradas a través de las guarderías; aproximadamente 300 mujeres recurren al servicio de colocación anualmente, y más o menos 60 mujeres fueron contactadas durante la concientización por trabajadoras sociales en barrios de clase trabajadora (M.T., comunicación personal, 15 de julio de 1986).

Con los años, éste ha confrontado satisfactoriamente conflictos internos, frecuentemente resultado de chismes y rivalidades. Otra dificultad ha sido una actitud pasiva de parte de muchas mujeres que utilizan el servicio. A este respecto se han hecho serios esfuerzos para eliminar tanto esta actitud como la relación jerárquica entre el colectivo y otras trabajadoras. El grupo ha intentado compartir el conocimiento, la experiencia e -implícitamente- el poder, entrenando trabajadoras para coordinar talleres y participar más activamente en la organización.

Políticamente hablando, el Hogar está orientado desde una perspectiva socialista, pero mantiene su autonomía orgánica con respecto a los partidos de izquierda y otras organizaciones, sin embargo, ha participado en coaliciones con dichos grupos y ha manifestado apoyo a huelgas, movimientos populares y protestas políticas similares. Esta postura política ha despertado hostilidad por parte de las autoridades municipales, quienes han intentado minar la organización con amenazas y sobornos.

Inicialmente el Hogar pareció ver al movimiento feminista con recelo. Esta actitud se reflejó en una crítica al aborto legalizado, publicada por *María, liberación del pueblo* en 1980, el periódico que mantiene estrecha ligazón ideológica al Hogar. Luego, sin embargo, el colectivo reevaluó esta posición y ahora apoya la reforma a la ley del aborto, así como muchas otras demandas feministas. No obstante, a causa de las diferencias de clase, las mujeres del Hogar continúan viendo a la hermandad feminista con cierto escepticismo. Como afirmaba un volante del Hogar: "Hasta que el servicio doméstico no se acabe, no habrá posibilidad de solidaridad entre las mujeres".

El grupo reconoce que las mujeres están particularmente oprimidas en la sociedad pero enfatiza que los capitalistas, más que los hombres, son los verdaderos beneficiarios de la situación, aun cuando estima que los esposos frecuentemente son una carga pues no comparten las responsabilidades económicas y limitan la participación política de sus esposas. Actualmente, las demandas de trabajo del Hogar incluyen un trabajo de ocho horas diarias y un salario mínimo así como un día libre semanalmente, beneficios del seguro social, vacaciones y festivos pagados. Las tácticas requeridas para lograr estas metas no han sido claramente definidas pero el colectivo considera que la fundación de un sindicato puede ser un paso importante en su lucha.

El futuro del servicio doméstico

Con respecto al futuro inmediato del servicio doméstico en México, es evidente que el empleo de la mujer se ha visto afectado negativamente por la crisis económica. Algunas mujeres desempleadas pueden ser forzadas al servicio doméstico para sobrevivir; además, amas de casa de clase trabajadora pueden buscar trabajos como empleadas domésticas puertas afuera, haciendo limpieza y lavando como un medio de completar el disminuido valor real de los ingresos. Por su parte el Estado, incapaz de resolver los crecientes problemas urbanos, ha intentado detener la migración a las ciudades lo cual podría desalentar por lo menos a algunas mujeres migrantes y, consecuentemente, hacer que disminuya el número de trabajadoras domésticas viviendo puertas adentro.

Sin embargo se puede prever una elevación en la oferta total de trabajadoras del hogar, particularmente domésticas viviendo fuera de la casa de sus empleadores. Cambios en la composición de este sector pueden actuar en detrimento de éste, sin embargo, dado que algunas mujeres han tenido experiencia previa en servicio no doméstico o han participado en organizaciones comunitarias populares y/o organizaciones de trabajo, serán menos dóciles y más exigentes que otras trabajadoras del hogar.

Además, puede pensarse -como hipótesis- que habrá una creciente insatisfacción debido al deterioro en las condiciones de trabajo pues la carga de trabajo frecuentemente aumenta en la medida en que el hogar empleador, con el propósito de aumentar su presupuesto, reduce el número de personal doméstico contratado. Una declinación en el empleo de personal viviendo puertas adentro también puede esperarse a causa del aumento en los costos de alojamiento y comida, lo que resulta en un incremento del personal viviendo fuera de la casa de sus empleadores y/o en mayor participación en el trabajo de la casa por parte de los miembros femeninos de la familia. Aunque los salarios se han incrementado, no se han mantenido acordes con la inflación, por lo que el deterioro en los ingresos de la clase media hace improbable que se logren las demandas de las trabajadoras domésticas por mejores salarios o jornada de ocho horas. Además, dados los recientes recortes en los gastos sociales, el seguro social probablemente no podrá extenderse a las trabajadoras domésticas, las cuales podrán recurrir a varias opciones para enfrentar la situación: algunas pueden retornar a grupos conservadores de soporte religioso; otras pueden simplemente ignorar los malos tiempos o, como en el caso del Hogar de Servidoras Domésticas de Cuernavaca, pueden organizarse con el propósito de formular estrategias. Organizaciones populares de barrio han crecido mientras grupos de izquierda se han estancado pero, evidentemente, la respuesta política a estos eventos dependerá en gran parte de las trabajadoras domésticas mismas.

Bibliografía

Alcalde Municipal de Puebla (General Luis Tapia). 1866. *Reglamento de criados domésticos* (23 de julio). Puebla: Imprenta del Gobierno del Hospicio.
Aldaña Rendón, Mario A. 1982. La mujer jalisciense durante el Porfiriato. *Familia y Sociedad* , 1 (marzo-mayo): pp. 4-6.
CASED-Colectivo de Acción Solidaria con Empleadas Domésticas. 1981. Proyecto de trabajo con empleadas de hogar. Inédito.
Castellanos, Rosario. 1982. La liberación de la mujer, aquí. En Castellanos, *El uso de la palabra*, México, D.F.: Editores Mexicanos Unidos.
Cavazos Flores, Baltasar. 1972. *El derecho del trabajo en la teoría y en la práctica*. México, D.F.: Confederación Patronal de la República Mexicana.
De la Cueva, Mario. 1967. *Derecho mexicano del trabajo*, vol. 1. México, D.F., Editorial Porrúa.
Escrivá de Balaguer, José María. 1985. *Camino*. México, D.F., Editora de Revistas.
Fee, Terry. 1976. Domestic Labor: An Analysis of Housework and Its Relation to the Production Process. *Review of Radical Political Economists* 8, n°1, pp. 1-19.
Gobernador del Distrito Federal (Miguel M. de Azcárate). 1866. *Libreta de criado doméstico*. México: Imprenta Económica.
González Navarro, Moisés. 1957. El Porfiriato: la vida social. En Daniel Cosío Villegas, editor. *Historia moderna de México*. Vol. 4. México, D.F.: Editorial Hermes.
Himmelweit, Susan/Mohun, Simon. 1977. Domestic Labor and Capital. *Cambridge Journal of Economics* 1, n° 1, pp. 15-31.
Leyes sobre el trabajo. 1973. Vols. 2-3. México, D.F.: Editorial Andrade.
Maldonado, Edelmiro. 1981. *Breve historial del movimiento obrero*. Culiacán, México: Universidad Autónoma de Sinoloa.
Malos, Ellen. 1980. Introduction. En Malos, editora. *The Politics of Housework*, Londres: Allison & Busby.
Memmi, Albert. 1972. *El hombre dominado: un estudio sobre la opresión*. Trans. María Luisa León. Madrid: Edicura.
Molyneaux, Maxine. 1979. Beyond the Domestic Labour Debate, in *New Left Review* n° 116 (July-August), pp. 3-29.
Ovaciones. 1984. Sirvientes, comerciantes y tianguistas no tendrán I.M.S.S (28 octubre).
Rendón, Teresa/Pedrero, Mercedes . 1982. El trabajo de la mujer en México en los setentas. En *Estudios sobre la mujer: bases teóricas, metodológicas y evidencia empírica*, 1:437-456. Serie de Lecturas 3. México, D.F.: Secretaría de Programación y Presupuesto, Departamento de Trabajo.
República de México, Departamento de Trabajo. 1934. *Directorio de asociaciones sindicales de la República de México*. México, D.F.: Oficina de Informaciones Sociales.

República de México, Secretaría de Industria y Comercio. 1971. *IX Censo general de población, 1970: resumen general abreviado.* México, D.F.: Dirección General de Estadística.

República de México, Secretaría de Industria y Comercio.1984. *X Censo general de población y vivienda, 1980: resumen general abreviado.* México, D.F.: Dirección General de Estadística.

República de México, Secretaría de la Presidencia. 1971. *Constitución política de los Estados Unidos Mexicanos* (1917). México, D.F.: Secretaría de la Presidencia.

República de México, Secretaría de Programación y Presupuesto. 1979. *Información básica sobre la estructura y características del empleo y el desempleo en las áreas metropolitanas de las ciudades de México, Guadalajara y Monterrey.* México, D.F.: Secretaría de Programación y Presupuesto.

Saunier, Jean. 1976. *El Opus Dei.* México, D.F.: Ediciones Roca.

Trueba Urbina, Alberto/Trueba Barrera, Jorge. 1977. *Nueva ley federal del trabajo reformado: comentarios, jurisprudencia y bibliografía protonotario de la ley.* México, D.F.: Editorial Porrúa.

Uno Más Uno. 1980. Quedó constituido el Sindicato de Trabajadores Domésticos del Estado de México (8 de diciembre).

Vizgunova, I. 1980. *La situación de la clase obrera en México.* México, D.F.: Ediciones de Cultura Popular.

Agradecemos la ayuda financiera parcial concedida por el Programa Interdisciplinario de Estudios de la Mujer, de El Colegio de México.

Feministas y empleadas domésticas en Rio de Janeiro

Hildete Pereira de Melo

El objetivo de este capítulo no es estudiar teóricamente la especificidad del servicio doméstico remunerado, sino documentar la situación de las empleadas domésticas de Brasil a través de un análisis de los datos del Censo y, al mismo tiempo, estudiarla con relación al movimiento de liberación de la mujer de Rio de Janeiro estableciendo las relaciones existentes entre una categoría de clase social (el servicio doméstico remunerado) y una categoría de género/sexo (la mujer).

Es difícil hacer un análisis económico del servicio doméstico remunerado, porque los indicadores económicos no permiten captar las sutilezas ideológicas y culturales que esta cuestión implica. Según Saffioti (1984, p. 47): "Las actividades desarrolladas por las empleadas domésticas en residencias particulares no están organizadas en formas capitalistas; por tanto, no son capitalistas. Tales trabajadoras no están subordinadas directamente al capital, pero se les paga con ingresos personales (...) Aunque haya un contrato de trabajo, verbal o escrito, las empleadas domésticas realizan tareas cuyo 'producto' -bienes y servicios- es consumido directamente por la familia empleadora; por tanto, no circula en el mercado a efectos de cambio y lucro. No se moviliza capital para este tipo de empleo. Se movilizan ingresos personales o dinero gastado como ingresos". De ahí que los datos del Censo no definan completamente la situación en cuanto a los salarios, la jornada laboral y la productividad.

Existe una heterogeneidad de situaciones ocupacionales dentro de la categoría "ocupaciones domésticas remuneradas". Por un lado están las empleadas domésticas residentes, que viven en su lugar de trabajo (cama adentro) y reciben un salario mensual o trabajan a cambio de alojamiento y comida, y por otro lado están las empleadas por día, que no residen en su lugar de trabajo; ellas pueden servir a una familia solamente y recibir un salario mensual o semanal, o prestar sus servicios en varias casas y recibir una remuneración diaria. Tanto una categoría como la otra es posible que tengan un contrato de trabajo formal (Almeida e Silva et al., 1979, pp. 9-10).

El servicio doméstico remunerado en el Brasil

¿Cuántas domésticas hay? ¿Cuánto ganan? Brasil, país de enormes contradicciones sociales, con 40 millones de personas que viven en la más absoluta pobreza, tiene en el servicio doméstico remunerado el empleo con mayor concentración de mujeres que trabajan fuera de casa. En 1980 más de dos millones de mujeres (19,9% de la fuerza de trabajo femenina) trabajaban como domésticas.

El período comprendido entre 1970 y 1980 fue muy importante para las mujeres, en cuanto a su participación en la vida pública. El empleo femenino en la economía creció 92,0%, y el servicio doméstico remunerado creció 43,0%, lo cual indica un ligero descenso en la importancia de este sector para la mujer (ver cuadro 1). Esta pérdida también se puede comprobar cuando se compara la participación de las empleadas domésticas en la fuerza de trabajo femenina en 1970, con la de 1980: 27,0% y 19,9%, respectivamente. Además, el cuadro 1 muestra otro dato: mientras la participación de la mujer en la categoría "empleados domésticos" permaneció proporcionalmente muy similar (97,5% en 1970; 95,6% en 1980), la participación masculina, aunque escasa, mostró un aumento espectacular de 161,4% durante el mismo período. Britto da Motta (1984, p. 7) observa que en el capitalismo dependiente, "cuando los hombres trabajan de domésticos en 'casas de familia' lo hacen en contingentes muy pequeños. No se les da trabajo como hombres o mano de obra privilegiada, sino como desheredados sociales iguales a las mujeres que trabajan de domésticas.

El servicio doméstico aún es la ocupación principal de las mujeres brasileñas, pero está disminuyendo en esta década, durante la cual se ha producido un proceso de diversificación de la actividad ocupacional de la mujer. Según el Censo Demográfico de 1970, las principales ocupaciones femeninas (empleadas domésticas, campesinas, maestras de escuela primaria, modistas, empleadas de comercio, enfermeras no diplomadas, auxiliares de oficina, empleadas de limpieza y tejedoras) representaban 80,0% de la población económicamente activa (PEA) femenina. Para 1980 éstas eran todavía las principales ocupaciones de las mujeres brasileñas y, aunque su importancia había disminuido, representaban apenas 64,0% del empleo femenino.

Esta diversificación resulta más evidente cuando se detalla la situación de las ocupaciones de prestación de servicios. En 1970 las mujeres que trabajaban en estas ocupaciones representaban 35,0% de la PEA femenina, y 30,0% en 1980. Las ocupaciones que aumentaron su participación en el sector fueron los servicios de alojamiento y alimentación (0,4% en 1970 y 0,8% en 1980) y los servicios de limpieza (0,6% en 1970 y 13,0% en 1980), lo cual confirma que donde existen

—— Cuadro 1 ——————————————————————————

Trabajadores en ocupaciones de servicio doméstico remunerado según sexo, Brasil, 1970-1980

| Sexo | 1970 | | 1980 | | Rata de crecimiento |
	Número	%	Número	%	%
Mujeres	1.655.384	97,5	2.367.616	95,6	43,0
Hombres	41.658	2,5	108.907	4,4	161,4
Total	*1.697.042*	*100,0*	*2.476.523*	*100,0*	*45,1*

Fuentes: Governo do Brasil, Fundação Instituto Brasileiro de Geografía e Estatística, 1970; 1980a.

"niveles superiores [de desarrollo] ciertos servicios han sido comercializados fuera de casa" (Boserup, 1970, p. 103).

El servicio doméstico remunerado juega un papel importante para la absorción de mujeres de bajo nivel profesional y educacional en el mercado de trabajo. Migrantes, a quienes el avance de las relaciones capitalistas en el campo las obliga ir a las ciudades, tienen en el servicio doméstico "el camino de socialización en la ciudad (...) el abrigo, la comida, la casa y la familia" (Garcia Castro, 1982, p. 102). La abundancia y el bajo costo de esta mano de obra posibilitaron que el ingreso de las mujeres de las clases medias y altas en el mercado de trabajo se hiciera sin presionar a la sociedad para que crease servicios colectivos, tales como guarderías infantiles y escuelas, que libraran en parte a las mujeres del cuidado de los niños. Se recurrió a una relación de trabajo híbrida, una mezcla de remuneración y servilismo que favorece el proceso de reproducción de la fuerza de trabajo en la economía.

El salario es el principal indicador para analizar el proceso de compra y venta de la fuerza de trabajo en la economía. Se debe tener en cuenta que los salarios de muchas de las domésticas tienen una parte monetaria y otra en especie, lo cual produce una gama enorme de variaciones que llega hasta el caso de las que no perciben ningún salario monetario.

Según Saffioti (1984, p. 51): "aunque asalariada (...) esta fuerza de trabajo actúa de forma no capitalista en el seno de las formaciones sociales dominadas por el modo de producción capitalista.

Organizadas, por tanto, de manera no capitalista, las actividades de las empleadas domésticas tienen lugar dentro de una institución no capitalista, la familia, que, a pesar de todo, es bastante adecuada para ayudar a la reproducción ampliada del capital".

Tradicionalmente, las empleadas domésticas viven y comen en las casas de los patrones; esto aumenta el salario real de esta categoría de empleo con relación al salario real de los demás trabajadores, hecho reconocido por las empleadas domésticas mismas.

Sin embargo, ellas mismas añaden que "ya pagamos casa y comida al no tener horario de trabajo" (*Brasil Mulher*, 1979). Además, los aposentos de la servidumbre son algo triste dentro del marco actual de la arquitectura brasileña de los apartamentos: tienen una habitación de dos o tres metros cuadrados, sin ventanas, apenas con una abertura para la ventilación, al lado de la cocina.

En cuanto a la comida, las dirigentes de la Associaçao Profissional dos Empregados Domésticos do Rio de Janeiro dicen que en estos años de crisis está ocurriendo una diferenciación entre la comida de los patrones y la de los empleados aunque reconocen que, de una manera general, la comida empeoró para todos.

El servicio doméstico remunerado es uno de los sectores de ocupación profesional de peor remuneración de la clase trabajadora, incluso cuando se tiene en cuenta el salario en especie.

Comparado con los trabajadores del gremio de la construcción -sector que representa para los hombres un papel equivalente al del empleo doméstico para las mujeres, es decir, lo desempeñan generalmente migrantes de poca escolaridad- 48,0% de los trabajadores de la construcción, en contraste con 93,6% de las empleadas domésticas, están dentro de la escala de ingresos equivalente a 1,5 salarios mínimos o menos (ver cuadro 2) (1).

Entre las mujeres empleadas en el sector agropecuario (la segunda ocupación de las brasileñas), 40,0% encuadra dentro de la misma escala salarial y, sin embargo, otro 44,0% no tiene ingresos; por lo tanto, 84,0% de las campesinas no ganan nada o ganan 1,5 salarios mínimos o menos, todavía menos que el porcentaje de las empleadas domésticas incluidas en esta escala salarial.

Lo más notable es que 21,6% de las mujeres empleadas en este sector ganan sólo 0,25% o menos del salario mínimo, y 50,2% ganan entre 0,00% y 0,50% del salario mínimo, es decir, la mitad (1.189.603) de todas las mujeres empleadas en la categoría, mientras que sólo 10,3% de los empleados domésticos ganan 0,25% o menos del salario mínimo, y solamente 22,4% ganan entre 0,00% y 0,50% del salario mínimo.

Se dice que el servicio doméstico es un trabajo no especializado para los que lo realizan, ya sean hombres o mujeres. Sin embargo, ésta es una afirmación desvirtuada ya que el trabajo doméstico es considerado femenino en la sociedad. Aun así, los hombres que trabajan de domésticos están concentrados en dos escalas salariales (de 0,50% a 1,00% y de 1,00% a 1,50%), para un total de 65.809 empleados (60,4%) mientras que las mujeres en estas mismas escalas salariales suman 1.038.634 (43,8%).

—— Cuadro 2 ——

Trabajadores en ocupaciones de servicio doméstico remunerado según ingreso y sexo. Brasil, 1980

Ingreso promedio mensual (en salarios mínimos)	Mujeres		Hombres		Total	
	Número	%	Número	%	Número	%
De 0 a 1/4*	511.452	21,6	11.167	10,3	522.619	21,1
De 1/4 a 1/2	678.151	28,6	13.184	12,1	691.335	27,9
De 1/2 a 1	763.105	32,2	35.526	32,6	798.631	32,3
De 1 a 1 y 1/2	275.529	11,6	30.283	27,8	305.812	12,3
De 1 y 1/2 a 2	58.228	2,5	8.964	8,2	67.192	2,7
Más de 2	81.151	3,5	9.783	9,0	90.934	3,7
Total	*2.367.616*	*100,0*	*108.907*	*100,0*	*2.476.523*	*100,0*

* Incluye trabajadores quienes no reciben ingreso o no respondieron.

Fuentes: Governo do Brasil, Fundação Instituto Brasileiro de Geografía e Estatística 1980a.

(1) Como la mayor parte de las empleadas domésticas viven y comen en las casas de sus patrones, el salario en especie se refiere a la casa y a la comida. La legislación brasileña define un salario base como lo mínimo que una persona debe percibir para vivir. Ningún trabajador brasileño puede percibir un salario inferior al mínimo. La fijación de este salario es muy importante para la clase obrera, porque todos los contratos de trabajo hacen referencia al salario mínimo.

Con relación a la cuestión racial, hay que destacar ciertas anomalías salariales. Los datos del censo no permiten diferenciar en la categoría "ocupaciones domésticas remuneradas" entre negros y blancos, pero sí para el de 1980 distinguir globalmente los ingresos medios mensuales de los hombres y los de las mujeres, de acuerdo con su raza. Los negros (mulatos inclusive) perciben menos ingresos, pero las negras son víctimas tanto de la discriminación racial como de la sexual: 68,5% de estas mujeres ganan sólo un salario mínimo o menos en comparación con 43,0% de las blancas y 44,0% de los negros (Valle Silva, 1983, p. 61). Si visitamos las cocinas de la clase media y alta, nos encontramos con que la mayoría de las domésticas son negras y mulatas. A partir de este hecho se puede sugerir que en Brasil los negros pasaron directamente de la *senzala* (casa donde vivían los esclavos negros) al trabajo doméstico remunerado. Como señala Gonzalez (1982, p. 98), cuando la mujer negra "no trabaja de doméstica, la encontramos también prestando servicios de poca remuneración en los supermercados, en las escuelas o en los hospitales, bajo la denominación genérica de 'empleada de limpieza'".

De acuerdo con el cuadro 3, se puede concluir que en esta ocupación la jornada laboral sobrepasa, para muchos trabajadores, la jornada normal de ocho horas o la semana de cinco días: 79,5% de todos los empleados domésticos trabajan 40 horas o más por semana, discriminados de la siguiente manera: 42,0% trabajan de 40 a 48 horas, y 37,5% 49 horas o más, esto para un total de 79,4% de las mujeres y 84,9% de los hombres. Estos porcentajes explican por qué las asociaciones de domésticas luchan para definir la jornada laboral de esta categoría. Además, ¿cómo medir el horario de trabajo si se está disponible 24 horas y se vive en el propio lugar de trabajo? [En 1972 se aprobó la Ley nº 5859, reglamentada por el decreto número 71885, que reconoció la profesión de empleada doméstica y estipuló los derechos de la misma: seguridad social obligatoria, libreta de trabajo y vacaciones (Governo do Brasil, Ministerio do Trabalho, 1972)]. Pero, como señalan Almeida e Silva et al. (1979, p. 38): "Esta ley no precisa la duración de la jornada de trabajo y omite

———————————————————————————— Cuadro 3 ————

Trabajadores en ocupaciones de servicio doméstico remunerado según horas trabajadas y sexo. Brasil, 1980

Horas por semana	Mujeres		Hombres		Total	
	Número	%	Número	%	Número	%
Menos de 30 (o no responde)	235.301	9,9	8.717	8,0	244.018	9,9
30 a 39	253.546	10,7	7.771	7,1	261.317	10,6
40 a 48	993.887	42,0	47.759	43,9	1.041.646	42,0
49 y más	884.882	37,4	44.660	41,0	929.542	37,5
Total	*2.367.616*	*100,0*	*108.907*	*100,0*	*2.476.523*	*100,0*

Fuente: Governo do Brasil, Fundação Instituto Brasileiro de Geografía e Estatística, 1980.

el valor del salario mínimo que debe pagársele a la categoría. Tampoco garantiza el derecho al descanso semanal ni el pago de un salario extra". La libreta de trabajo es un documento que establece los vínculos laborales del trabajador; en ella se registran el salario y los servicios a realizar. Para las empleadas domésticas que tengan la libreta firmada por sus empleadores, eso significa poder disfrutar de esos derechos. Junto con la remuneración de cada uno de los meses trabajados durante el año, los trabajadores acumulan la duodécima parte de sus salarios, que se les entregará al final del año, y cuyo valor de referencia es el salario de diciembre.

La crisis económica y el empleo doméstico

Los datos que muestran el efecto de la crisis económica en este sector vienen de las Encuestas de Hogares (Governo de Brasil, Fundaçao Instituto Brasileiro de Geografía e Estatística, 1979; 1981 y 1983), pero estos datos están agrupados bajo un solo rubro: ocupaciones de la prestación de servicios, lo cual no permite un análisis detallado. Sin embargo, como el servicio doméstico remunerado es la ocupación principal del sector de prestación de servicios, los datos, a pesar de estar agrupados, son significativos.

La crisis económica brasileña alcanzó su auge en los años 1981-1983, y como se puede observar en el cuadro 4, el empleo en la prestación de servicios, tanto para hombres como para mujeres, aumentó en el mismo período. Es muy significativo que este aumento se diera entre los trabajadores autónomos (ver cuadro 5).

La resolución del V Congreso Nacional des Empregadas Domésticas, celebrado en Olinda (estado de Pernambuco) en febrero de 1985, informa que tres de cada cuatro empleadas domésticas que pagaban la seguridad social en 1981 ya no lo hacían en 1984. La crisis económica redujo en gran parte el poder de negociación de la clase trabajadora para exigir el cumplimiento de la legislación laboral, aumentando de esta forma el empleo informal.

Esta situación es reconocida por las dirigentes de la Associaçao Profissional dos Empregados Domésticos al decir que la crisis económica no tuvo mayores repercusiones para este sector; la demanda de domésticas continúa sin alteraciones

───── Cuadro 4 ─────

Trabajadores de servicios como porcentaje del total de personas empleadas, según sexo. Brasil, 1979, 1981 y 1983

Sexo	1979	1981	1983
Mujeres	31,5	31,8	32,3
Hombres	7,8	7,8	8,4
Total	*15,3*	*15,3*	*16,3*

Fuente: Governo do Brasil, Fundação Instituto Brasileiro de Geografía e Estatística, 1979; 1981; 1983.

──────────────────────────────── Cuadro 5 ────

Trabajadores de servicios según categoría de empleo expresado como porcentaje del total de personas trabajando en esa categoría
Brasil, 1979 y 1983

Categoría del empleo	1979	1983
Trabajadores de servicios	15,3	16,3
Empleados	15,4	15,3
Autoempleados	21,9	24,4
Empleadores	14,9	13,6
Trabajadores no remunerados	3,2	4,1

Fuente: Governo do Brasil, Fundação Instituto Brasileiro de Geografía e Estatística, 1979; 1983.

porque la crisis económica ha obligado a las mujeres de los estratos medios a buscar trabajo fuera de casa para aumentar sus ingresos domésticos. La salida de casa de estas mujeres exige la contratación de otras para realizar los quehaceres domésticos. Según el periódico *Folha de São Paulo* (17 de junio de 1985), "ese es el caso de Suzete, una geógrafa que no tiene tiempo de cuidar la casa ni de cocinar; y de Maria Josina, empleada de Suzete, de 48 años, madre de 11 hijos y que gana 30.000 cruzeiros al mes (para junio de 1984 el tipo de cambio era de 1.728 cruzeiros = US$1,00): "Cerca de donde vivo [la zona de Jardim Bonfigliolo de la ciudad de São Paulo] no voy a conseguir un empleo que me pague más", explica Maria Josina. "Hoy día es un lujo tener una empleada, pero no hay otra alternativa, porque tenemos que trabajar fuera de casa", añade Roseli (una patrona) que vive en Santana [una zona de la ciudad de São Paulo].

Las domésticas externas

Al estudiar el número de empleadas domésticas en Brasil, no se puede olvidar el problema de las domésticas por días o externas, aunque tengamos que recurrir al habitual comentario de "no es posible conseguir información que permita sacar conclusiones". Se supone que aumentó últimamente el número de domésticas externas, pero las dirigentes de la Associaçao Profissional dos Empregados Domésticos de Rio de Janeiro afirman que sólo a partir de 1982 se abordó la cuestión de la empleada externa (entrevista personal). La actual presidenta de la asociación es una empleada externa. Ella señala que las domésticas externas predominan en los barrios de la Baixada Fluminense (Rio de Janeiro), es decir, en la periferia de las áreas metropolitanas, donde las mujeres pobres y con hijos no tienen otra forma de ganarse la vida. Las empleadas domésticas por días no tienen libreta de trabajo con las firmas de sus patrones y, por consiguiente, ninguno de los pocos beneficios que la seguridad social le concede a la doméstica residente. Sin embargo, es una forma de trabajo que va imponiéndose entre algunas patronas, quienes afirman que prefieren no tener una empleada fija porque les roba su libertad. Para la clase media es también una manera de disminuir los gastos de alimentación e incluso los relacionados con el alojamiento de las domésticas residentes.

La situación de la doméstica externa representa una forma más clara de trabajo asalariado. Permite demarcar el campo de las relaciones capitalistas, mientras que para la doméstica residente la relación de trabajo está disfrazada; el alojamiento y la comida son vistos como un regalo del patrón. Sin embargo, a la doméstica externa le resulta más fácil estipular su jornada laboral y definir mejor la relación con su patrón.

Los estados de Rio de Janeiro y São Paulo

¿Cuántas domésticas hay en Rio de Janeiro y São Paulo, los dos polos industriales más importantes de Brasil? ¿Y cuánto ganan? De acuerdo con los datos del censo, se puede establecer que 42,0% de las empleadas domésticas brasileñas están concentradas en estos dos estados: São Paulo tiene 27,4%, y Rio de Janeiro 14,6%. Es necesario resaltar la diferencia entre ellos. La importancia del estado de Rio de Janeiro viene dada por su área metropolitana, mientras que la de São Paulo por el hecho de ser mucho más populoso, con un interior con mayor nivel de desarrollo industrial. Estas diferencias dificultan la comparación, pero ante la falta de tablas especiales nos vemos obligados a trabajar con datos globales.

Aunque hay una mayor participación masculina en estos dos estados (en el de Rio de Janeiro, la participación masculina es casi el doble de la media nacional), de una manera general se puede decir que no se altera la tendencia nacional según la cual el servicio doméstico es un sector eminentemente femenino (ver cuadro 6).

El cuadro 7 muestra la distribución de los ingresos en la categoría de ocupaciones domésticas. Se puede observar que la tendencia nacional se mantiene, con escasa variación: en São Paulo el 90,3% y en Rio de Janeiro 92,1% de las personas empleadas ganan hasta 1,50 salarios mínimos, una mínima diferencia con respecto a la media nacional que es de 93,6% para la misma escala salarial (hasta 1,50 salarios mínimos). Cuando comparamos las escalas salariales hasta 0,50% del salario mínimo, encontramos en ellas el 28,4% de las mujeres de estos dos estados, mientras que para Brasil en general esta participación alcanza 50,2% en estas escalas salariales bajas, es decir, la mitad de todas las mujeres empleadas. Si se comparan las escalas salariales entre 0,50 y 1,50 salarios mínimos, los estados de Rio de Janeiro y São Paulo tienen 63,4% de las mujeres empleadas, mientras que a nivel nacional esta participación femenina es de 43,8%. Por tanto, los salarios son mucho mejores para las mujeres que trabajan en este sector en estos dos estados, mejoría que se puede explicar por el hecho de que el eje Rio de Janeiro/São Paulo constituye la región industrial más importante del país, lo que probablemente estimula el trabajo femenino fuera de casa. La falta de instalaciones colectivas, tales como guarderías infantiles, escuelas de jornada completa, comedores populares y lavanderías aumenta la demanda de empleadas domésticas, lo cual, sumado a la presencia de otros sectores económicos, posibilita la elevación de los niveles salariales.

Además, existe una gran variación en los niveles salariales cuando se distinguen las zonas residenciales por clase social. En la ciudad de Rio de Janeiro esto

————————————————————————————————— Cuadro 6 ———

Trabajadores en ocupaciones de servicio doméstico remunerado según sexo, estados de Rio de Janeiro y São Paulo, 1980.

Sexo	Rio de Janeiro		São Paulo	
	Número	%	Número	%
Mujeres	336.436	93,0	633.783	94,4
Hombres	25.404	7,0	37.509	5,6
Total	*361.840*	*100,0*	*671.291*	*100,0*

Fuentes: Governo do Brasil, Fundação Instituto Brasileiro de Geografía e Estatística, 1980b; 1980c.

se evidencia en la geografía misma que separa a los barrios de "los ricos" (Zona Sur) de los periféricos. En la Zona Sur la mayoría de las empleadas domésticas gana aproximadamente un salario mínimo y tiene la libreta de trabajo firmada; en la Zona Norte y la periferia de la ciudad, los ingresos mensuales representan la mitad del salario mínimo y varían de acuerdo con el tamaño de la casa, la cantidad de trabajo y el horario. Conceiçao, una doméstica de 38 años, casada y con una hija, explica:

"Cuando trabajaba en Nova Iguaçú [en la periferia de la ciudad de Rio de Janeiro] en 1982, ganaba 20.000 cruzeiros. Luego me fui a la Zona Sur de la ciudad para ganar 60.000 cruzeiros".

En São Paulo pasa lo mismo. En los barrios donde predominan los residentes de clase media y alta como Pacaembu, Morumbi y Jardins, son pocas las empleadas que no tienen seguridad social. Como dice Graça, que vino del interior hace tres meses y trabaja como ama de llaves:

" Yo sé cuánto valgo; hay mucha gente que no lo sabe. Gano un salario mínimo y soy consciente de mis derechos y obligaciones" (*Folha de São Paulo*, 7 de junio de 1984).

El cuadro 8 muestra que las diferencias entre los dos estados no son significativas -se mantiene la tendencia nacional- aunque es importante observar que en el estado de Rio de Janeiro 39,0% de las mujeres trabajan 49 horas o más, mientras que en el estado de São Paulo sólo lo hace el 32,1%, por tanto, éste está por debajo de la media nacional (quizás el mayor grado de desarrollo industrial paulista permite relaciones de trabajo asalariado más claras). De cualquier forma, los hombres y las mujeres que trabajan en el servicio doméstico remunerado, casi 80,0% en los dos estados, dijeron que tenían jornadas laborales más largas que las de los otros trabajadores.

—— Cuadro 7 ————————————————————————

Trabajadores en ocupaciones de servicio doméstico remunerado según sexo e ingreso, estados de Rio de Janeiro y São Paulo, 1980

Ingreso promedio mensual (en salarios mínimos) y sexo	Rio de Janeiro		São Paulo	
	Número	%	Número	%
De 0 a 1/4*				
Mujeres	28.231	8,4	49.468	7,8
Hombres	1.503	5,9	1.102	2,9
Total	*29.734*	*8,2*	*50.570*	*7,5*
De 1/4 a 1/2				
Mujeres	65.271	19,4	132.290	20,9
Hombres	2.244	8,8	2.269	6,0
Total	*67.515*	*18,7*	*134.559*	*20,1*
De 1/2 a 1				
Mujeres	141.363	42,0	262.800	41,5
Hombres	8.333	32,8	10.668	28,4
Total	*149.696*	*41,4*	*273.468*	*40,7*
De 1 a 1 y 1/2				
Mujeres	76.849	22,8	133.739	21,1
Hombres	9.111	35,9	13.942	37,2
Total	*85.960*	*23,8*	*147.681*	*22,0*
De 1 y 1/2 a 2				
Mujeres	14.892	4,4	35.358	5,6
Hombres	2.463	9,7	4.895	13,1
Total	*17.355*	*4,8*	*40.253*	*6,0*
Más de 2				
Mujeres	9.830	2,9	20.128	3,2
Hombres	1.750	6,9	4.633	12,4
Total	*11.580*	*3,2*	*24.761*	*3,7*

*Incluye trabajadores que no reciben ingreso o no respondieron.

Fuente: Governo do Brasil, Fundação Instituto Brasileiro de Geografía e Estatística, 1980b; 1980c.

——————————————————————————————————— Cuadro 8 ———

Trabajadores en ocupaciones de servicio doméstico remunerado según horas trabajadas y sexo estados de Rio de Janeiro y São Paulo, 1980

	Mujeres		Hombres		Total	
Horas por semana	RJ	SP	RJ	SP	RJ	SP
Menos de 30						
(o no respuesta)	35.583	53.338	1.826	1.431	37.409	54.769
	(10,5%)	(8,4%)	(7,2%)	(3,8%)	(10,3%)	(8,2%)
30 a 39	34.050	69.125	1.886	1.537	35.936	70.662
	(10,1%)	(10,9%)	(7,4%)	(4,1%)	(9,9%)	(10,5%)
40 a 48	135.764	307.939	11.235	17.864	146.999	325.803
	(40,4%)	(48,6%)	(44,2%)	(47,6%)	(40,6%)	(48,5%)
49 y más	131.039	203.381	10.457	16.677	141.496	220.058
	(39,0%)	(32,1%)	(41,2%)	(44,5%)	(39,1%)	(32,8%)

Fuente: Governo do Brasil, Fundação Instituto Brasileiro de Geografía e Estatística, 1980b; 1980c.

Las feministas y las patronas

Las acciones del movimiento feminista internacional han sacado a luz la problemática del trabajo doméstico no remunerado. Todas las actividades productivas realizadas por las mujeres en casa: lavar, cocinar, limpiar, comprar alimentos y educar a los hijos, eran consideradas actividades "naturales" de las mujeres y, por lo tanto, no eran objeto de investigación por parte de las ciencias sociales. Las feministas empezaron a discutir la importancia de estos quehaceres domésticos y su papel económico en la sociedad. El movimiento feminista intenta promover la igualdad entre los sexos y crear una sociedad donde la división sexual del trabajo sea abolida y donde los hombres consagren una parte de su tiempo a los quehaceres domésticos en igualdad de condiciones con las mujeres, las cuales podrían, por fin, participar en la vida política y social. Los objetivos del movimiento feminista -la valoración social, la liberación y la participación de la mujer en todas las esferas sociales- coinciden con las prioridades de lucha de las asociaciones de empleadas domésticas en cuanto a la valoración de sus asociadas como seres humanos y como trabajadores.

No obstante, hay por parte de las dirigentes del movimiento de empleadas domésticas de Rio de Janeiro un cierto resentimiento contra el movimiento feminista (ver de Oliveira/da Conceiçao/Pereira de Melo, en este libro). Zica, presidenta de la Associaçao Profissional dos Empregados Domésticos, dice: "yo no creo que su lucha y la nuestra coincidan"; "yo no consigo comprender las ideas de las feministas", añade Odete, fundadora del movimiento de empleadas domésticas de Brasil. Según las feministas: "en Rio de Janeiro nuestro grupo tenía intención de realizar un trabajo sobre el servicio doméstico remunerado. Nos pusimos en contacto con la Associaçao Profissional dos Empregados Domésticos, fuimos recibidas por una directora que, después de enterarse de nuestra intención de estudiar la estructura salarial del sector, dijo que esto no era un problema importante, sino el reconocimiento de que el servicio doméstico era un trabajo valioso como otro cualquiera en la sociedad. Concordamos en que ése era exactamente el problema. Había subvaloración social porque el trabajo doméstico era cosa de mujeres. Sin embargo, la recepción de nuestras ideas fue tan fría que desistimos de nuestro trabajo" [entrevista con una integrante del Grupo Mulher e Trabalho do Centro da Mulher Brasileira].

Las feministas creen que las actividades de las asociaciones son motivadas por intereses de clase y no por el hecho de que las domésticas son mujeres. La lucha de las domésticas por la conquista de sus derechos choca con los de sus empleadores, que en su gran mayoría son otras mujeres. Los problemas que se les plantean como mujeres aparentemente son iguales pero, debido a su situación de clase, tienen aspectos diferentes.

Dos problemas distinguen a las domésticas de las feministas. En primer lugar, la lucha por la supervivencia marca la vida de estas mujeres. Garantizar el pan de cada día es la preocupación principal de las empleadas domésticas. Por lo tanto, la educación, la salud, la planificación familiar y el aborto son problemas femeninos que vienen dados por la vida misma. Según Zica, estos problemas, que tienen menos importancia para las mujeres de clase media y alta, se convierten en "una cuestión de vida o muerte, como por ejemplo, la compra de una medicina para un hijo enfermo". En segundo lugar, hay una visión del trabajo diferente. Según un documento de discusión interna de la Associaçao Profissional dos Empregados Domésticos: "El trabajo es una necesidad económica que se impone, que esclaviza a veces y que, por sus condiciones, nos impide disfrutar de la vida, no sólo como mujeres, sino como seres humanos. Se nos obliga a trabajar incluso antes de que nos realicemos como muchachas o adolescentes. La necesidad de trabajar para sobrevivir destruye cualquier otra aspiración".

En contraste, las domésticas se dan cuenta de que para las mujeres de clase media y alta el trabajo es una forma de liberación, una valoración social, una afirmación personal, y además, casi siempre, una opción, una elección libre. En realidad, el trabajo en la sociedad capitalista no se puede entender como liberación si no permite una participación en la sociedad. Para la mujer esta participación significa hacerse visible, convertirse en una persona con derechos y ciudadanía. El servicio doméstico remunerado se interpreta como una realidad donde unas mujeres discriminan y esclavizan a otras mujeres, pero sus opiniones son contradictorias. El documento de discusión interna continúa: "Como la Associaçao está constituida en su totalidad por mujeres, además del menosprecio de las empleadas domésticas en la sociedad, sufrimos un desdén muy vergonzoso: el desprecio y la explotación por nuestra condición de mujeres, una especie de discriminación y un control social en la vida familiar, en las relaciones de hombre-mujer, en el trabajo y en la sociedad en general. Es más doloroso cuando se inicia o se da en las casas donde trabajamos de empleadas domésticas. Los aspectos coincidentes entre los objetivos del movimiento feminista y la lucha de las empleadas domésticas son importantes, pero no tienen prioridad para nosotras".

Para las feministas brasileñas ésta es una cuestión delicada. "El movimiento feminista de Brasil", dice Rosika, una profesora de universidad, "acaba siendo una idea fuera de lugar, debido a la presencia generalizada de la empleada doméstica en la familia".

Por un lado, el servicio doméstico remunerado es el gran mercado de trabajo de las mujeres pobres; por otro, Brasil no tiene la más mínima infraestructura que permita a las mujeres de las clases alta, media y baja librarse de sus quehaceres domésticos. Esta falta se puede explicar por la tradicional desigualdad social que predomina en la historia brasileña y de acuerdo con la cual, primero los esclavos y después las empleadas domésticas, siempre estuvieron disponibles para realizar las tareas domésticas de la clase dominante.

Las alianzas frustradas

En Rio de Janeiro el movimiento feminista intentó tímidamente en varias ocasiones acercarse a la Associaçao Profissional dos Empregados Domésticos. Un intento, mencionado anteriormente, fue realizado por el Grupo Mulher e Trabalho do Centro da Mulher-Brasileira. Otro fue la tentativa de la Sociedad Brasil-Mulher, la cual tenía delegaciones en varias ciudades brasileñas y editaba un periódico feminista de circulación nacional, también titulado *Brasil-Mulher*. Este grupo feminista se reunió durante algún tiempo con la asociación para escribir artículos para el periódico. La tensión existente entre los dos grupos de mujeres queda reflejada en el escaso número de artículos escritos: sólo dos. El primero, "Domésticas: queremos ser vistas como trabajadoras", publicado en agosto de 1977, analizaba las principales reivindicaciones del movimiento de las empleadas domésticas. El segundo, "As Domésticas e a CLT" (Las domésticas y la consolidación de la legislación laboral), discutía una propuesta fracasada del gobierno federal, que garantizaba el salario mínimo para las empleadas domésticas pero que le permitía al empleador descontar hasta 60,0% para costear gastos de alojamiento y comida. Al examinar la colección del periódico *Brasil-Mulher*, en el período de octubre de 1975 a septiembre de 1979, se encuentra otro reportaje sobre las empleadas domésticas de Portugal y una nota sobre la celebración del III Encuentro Nacional das Empregadas Domésticas en Belo Horizonte (estado de Minas Gerais). Otra tentativa fue el boletín *Vidas paralelas* de Beti y Eliana (Elisabeth Magalhaes y Eliana Aguiar; ver una reproducción en el capítulo En sus propias palabras, en este libro), que era "un intento sincero de esbozar algunas ideas sobre la compleja e inexplorada cuestión de la empleada doméstica". Las autoras eran mujeres que participaban en el grupo feminista "Agora é Que Sao Elas" (Ahora les toca a ellas), de Rio de Janeiro, que estuvo activo durante 1981. Su objetivo no era la reflexión sobre sus vivencias personales, sino la discusión teórica de las diversas corrientes feministas y sus estrategias de lucha para la liberación. Las 11 mujeres que conformaban el grupo, habían vivido la experiencia feminista en Europa; al regresar a Brasil quedaron, según las palabras de Ligia, "asustadas con la situación de esclavitud en que vivían las empleadas domésticas" y empezaron a preguntarse cómo el movimiento feminista podía convivir con tal situación: "Les resultaba muy difícil a las mujeres feministas aceptar en su vida cotidiana a otra mujer que era su empleada y, al mismo tiempo, comprender que su propia liberación, como mujeres de clase media, no había ocurrido porque tenían conflictos con sus compañeros en la división de los quehaceres domésticos, o porque estas tareas fueron socializadas de la forma en que lo fueron, sino que ocurrió porque fueron reemplazadas por otras mujeres que se hicieron cargo del trabajo" [entrevista personal].

En *Vidas paralelas* (1981, pp. 3-4), Beti y Eliana declaran que: "Nuestra relación con las empleadas domésticas es, por lo tanto, una relación de clase entre patrona y empleada. Pero también está permeada por una opresión específica que sufren las mujeres y que nos es común. No obstante, nos deshicimos de los quehaceres domésticos, pagándole a otra mujer (más pobre que nosotras) un salario que, desgraciadamente, es una miseria. El hecho de que el problema haya sido explicado en el ámbito social -tanto desde el punto de vista de la patrona que, en un país que no tiene guarderías infantiles ni escuelas del Estado, no tiene muchas otras alternativas como desde el punto de vista de la empleada que no tiene otros medios de subsistencia a menos que sea este trabajo explotador, ingrato e ilegal- no debe ser el escondrijo donde nos ocultamos para eximirnos de nuestras responsabilidades y para no tomar las medidas necesarias, tanto en el sentido de apoyar y ampliar las luchas de las empleadas, como en nuestra relación cotidiana con ellas".

A diferencia del grupo *Brasil-Mulher*, que intentó mezclar las experiencias pero que, en la práctica, se limitó a estudiar la cuestión desde una perspectiva del movimiento de las empleadas domésticas, las mujeres del Agora é Que Sao Elas no se pusieron en contacto con la Associaçao Profissional dos Empregados Domésticos para discutir la cuestión. Publicaron el boletín *Vidas paralelas*, fruto de sus discusiones sobre el tema y de mucha divulgación entre las militantes feministas; sin embargo, la dificultad de articular la conciencia feminista y la condición de clase relegó este boletín al olvido.

Con el deseo de romper esa barrera que dificulta el entendimiento de estos problemas, he entrevistado a tres feministas de Rio de Janeiro para establecer, a través de sus vivencias como patronas, el marco de sus relaciones con sus empleadas domésticas. El criterio para seleccionarlas fue su participación en grupos feministas o sus trabajos en publicaciones sobre la condición femenina. A continuación se ofrecen extractos de estas entrevistas, que expresan la dificultad de estas relaciones.

La empleada doméstica es mi otro yo

Según Leila, de 39 años, casada, madre de tres hijos y abogada, el otro yo que se deja en casa

"haciendo lo que tradicionalmente usted, como mujer, debería estar haciendo. Si ella no hace bien el trabajo, usted se siente culpable; la familia y el marido se quejan de que la comida no está buena o la ropa no está bien planchada. Yo sentí eso en mi propia piel, mi otro yo que me liberaba para que yo pudiera hacer otro papel. Al principio me sentía culpable: culpa por tener una empleada, culpa por explotar el trabajo de otra mujer. Pero de repente empecé a preguntarme por qué yo sola tenía que sentir esa culpa, ya que ella no trabajaba sólo para mí sino para toda la casa. Este tipo de culpa la sienten las mujeres feministas que tienen empleadas domésticas, porque parece que hay una contradicción entre ser feminista y emplear a una trabajadora. Pero si hay culpa, ésta debería ser compartida por toda la familia -esposo, esposa e hijos- que está, en realidad, beneficiándose de un trabajo ajeno y mal remunerado.

(...)

Las personas de las clases media y alta del Brasil son criadas como si aún viviesen en la época de la esclavitud. No saben preparar la comida o el café, no lavan la ropa ni hacen la cama. Todo lo contrario, al tener una empleada doméstica, estas personas se sienten casi en la obligación de ensuciar más de lo que ensuciarían normalmente si tuvieran que hacer ellas mismas ese trabajo. Por un lado, a las personas no les gusta limpiar lo que ensucian y, por otro, en Brasil uno no tiene muchas alternativas; por tanto, si hay pequeños y si tanto el padre como la madre deben trabajar, ¿qué hacer?

(...)

Recuerdo una conversación con mi marido. El decía que donde él trabaja las mujeres con estudios superiores no estaban siquiera algo sensibilizadas con la cuestión de las guarderías infantiles. Creo que ellas no están preocupadas porque tienen empleadas domésticas. Para las mujeres de ingresos bajos eso es un tema de discusión importante pero para nosotras, mujeres de clase media, es un tema desprestigiado, del que no se habla. ¿Para qué preocuparse por las guarderías infantiles si se le puede pagar a una mujer para que se quede en la casa de uno? Todo el mundo piensa así. De repente, la cuestión de las guarderías infantiles se convierte en problema sólo para las obreras que necesitan un lugar para dejar a sus hijos, pero no para las mujeres de clase media o con estudios superiores que tienen que trabajar. Hay que continuar exigiendo guarderías infantiles.

(...)

En lo que a mí se refiere, hace muchos años que tengo una empleada doméstica y entiendo perfectamente el papel que ella desempeña en mi vida, como persona que queda en mi lugar y en el de mi marido. Para resolver esa crisis de conciencia con respecto al trabajo doméstico evolucioné en dos direcciones. En primer lugar, acato la legislación laboral, pero no sólo las leyes que rigen el servicio doméstico sino que también incluyo un salario extra, vacaciones de 30 días, un horario de trabajo con principio y fin, y fines de semana libres [éstos son privilegios que no constan en la legislación brasileña del servicio doméstico remunerado]. Toda la familia tuvo que asumir una serie de tareas, tales como preparar el desayuno y servir la cena. Todos nos dimos cuenta de que teníamos la capacidad de hacer cosas que antes considerabamos despreciables. En segundo lugar, la empleada doméstica vive en la casa de uno, comparte su privacidad y viceversa. Es una relación difícil. Ella es una persona agregada, muchas veces sin familia. Si se pone enferma, hay que darle medicinas, llevarla al médico, porque uno se siente responsable de una persona que depende de uno. Es una relación feudal de obligaciones mutuas. Ella presta sus servicios con la esperanza de que se cuide de ella cuando esté enferma y cuando sea vieja. Se trata de una relación paternalista; uno asume una obligación, y ella queda supeditada a uno.

(...)

Esa relación, desde un cierto punto de vista, oculta la cuestión de la patrona, puesto que la situación de la empleada doméstica es muy ambigua, entre un trabajo asalariado y la esclavitud. No es una situación clara de empleo. En cierto modo, hay que mantener a esa persona porque uno vive toda la vida en una relación de servidumbre, y no en una relación capitalista. Es una relación paternal que mezcla el trabajo y la afectividad, y que crea en la mente de la clase dominante la imagen de que la empleada doméstica es un ser privilegiado entre todos los otros trabajadores porque tiene salario, casa, comida y ropa limpia. Ese privilegio viene dado por la relación servidumbre/trabajo.

(...)

Sin embargo, en una sociedad como la nuestra, tan individualista y tan poco solidaria, tal vez sea realmente más justo que no sólo los salarios medien las relaciones laborales, sino que también exista una relación humana entre las personas, a diferencia de lo que ocurre en el mundo del capitalismo salvaje".

El servicio doméstico y los conflictos familiares

Según Rosiska, de 40 años, casada, sin hijos y profesora de universidad,

"en Brasil el servicio doméstico remunerado es un escándalo; la remuneración no corresponde ni de lejos al valor de este trabajo. En otros países es un trabajo bien remunerado e incluso tiene cierta categoría social. Yo fui patrona dos veces, una vez en Brasil y la otra en Europa. En Brasil tenía una doméstica que trabajaba todo el día en mi casa y ganaba mensualmente lo mismo que yo; después le pagué a una mujer en Europa que venía dos veces por semana por dos horas de trabajo.

(...)

En mi opinión, el servicio doméstico remunerado tiene efectos nocivos para las relaciones familiares. La empleada doméstica es como un amortiguador entre el esposo y la esposa que impide que explote la contradicción de quién tiene que hacer los quehaceres domésticos, para los cuales la han empleado. Es precisamente esta contradicción la que ha dado origen al movimiento feminista en los países donde la empleada doméstica prácticamente ha desaparecido.

El trabajo doméstico es muy duro. Yo sé que es duro porque lo he hecho yo misma; fue sólo en los últimos años de mi estancia en Europa cuando pagué para que lo hicieran. Al hacer este tipo de trabajo, empecé a comprender las diferencias sociales entre mi marido y yo. Fuera de casa trabajábamos en la misma institución y percibíamos el mismo salario. Y al regresar a casa yo no comprendía por qué yo era la única que tenía que hacer tareas domésticas. Finalmente dividimos esas tareas pero, por el tono de nuestras discusiones, me di cuenta de que el servicio doméstico hace más palpable la verdadera naturaleza de las relaciones entre los sexos. La presencia de la empleada doméstica disuelve esas contradicciones. Al darle la responsabilidad de ese trabajo a otra mujer, las mujeres evitan el enfrentamiento con sus maridos sobre esas tareas que forman parte de la vida.
(...)
Otra observación que me gustaría hacer tiene que ver con los efectos que sobre la personalidad tiene el servicio doméstico remunerado. Yo siempre tuve empleada doméstica antes de salir de Brasil. Cuando tuve que enfrentar la situación de no tenerla, empecé a preguntarme de dónde venía la comida, cómo se compra, cómo se prepara. La comida era un 'don divino'. Aparecía en la mesa milagrosamente. Nada de eso hasta entonces tenía valor. Yo podía ensuciar, echar la comida a la basura, todo era un 'don divino'. El individuo que se ocupa de sí mismo, se alimenta y lava la ropa, se da cuenta de la situación. Se está más cerca de la realidad cuando no se tiene una persona que cuide de uno. El tener una empleada doméstica es una forma de infantilización del individuo. Cuanto más uno pueda conocer sus necesidades y saber corresponder a esas necesidades, más adulto se es. Hoy en día tengo una empleada externa que trabaja un promedio de dos horas por día en mi casa y le pago el salario mínimo más la seguridad social",

La peor forma de trabajo

Según Angela, de 31 años, historiadora, casada y con un hijo,

"antes de que naciera mi hijo era diferente. Tenía una doméstica externa que hacía un determinado tipo de trabajo. Era una relación muy simple. Ella hacía el trabajo para el cual fue contratada y luego se iba. Tenía una jornada de trabajo como cualquiera. Era una relación bastante profesional. Yo le firmaba la libreta de trabajo. La relación es más complicada cuando la empleada vive en casa, porque pasa a formar parte de nuestra vida y nosotros de la suya. El espacio demarcado entre empleado y empleador es muy diferente cuando esa persona permanece las

24 horas del día en la casa de uno. Se intercambian muchas cosas, desde un mal rato a otras cosas que normalmente no ocurren en una relación de trabajo. Desde que nació mi hijo vengo enfrentando ese problema.

La semana pasada ocurrió algo que ilustra lo que estoy planteando: llamaron a mi empleada para decirle que su hija de 13 años (tiene cinco hijos, el menor tiene 7 u 8 años) había tomado una dosis excesiva de calmantes; había tenido una discusión con su padre, a quien detesta. Mi empleada contestó por teléfono que no podría ir a su casa hasta el domingo. Yo me quedé absolutamente asombrada, horrorizada y le dije que se fuera a ver a su hija de inmediato.

De repente, empecé a cuestionar mi reacción, pues me estaba comportando en función de lo que yo sentía. Creo que ella fue a ver a su hija porque yo le mandé que lo hiciera, por la forma en que reacioné. Su relación familiar me dejó atónita. Yo reacioné como si ella fuera una persona amiga. Le dije que fuera y le pregunté si necesitaba dinero. Le dije que se lo podía prestar y que se quedara el tiempo que quisiese. En lo que a mi hijo se refiere, hice lo que pude y lo llevé a la guardería infantil. Puse todos mis compromisos en segundo plano.

Todo esto me resulta una confusión que no sé hasta dónde llega, porque ella es una mujer igual que yo. Pero, al mismo tiempo, en mi vida cotidiana, me siento desconcertada, invadida. Me gustaría que no estuviese aquí. Por otro lado, supongo que ella siente exactamente lo mismo cuando entro en su vida. Hay cierto alivio en el hecho de que yo estoy mucho tiempo fuera de casa; eso le da a ella más autonomía. El servicio doméstico remunerado es la peor forma de trabajo posible. Y yo ahora también entiendo su soledad. Las empleadas domésticas no tienen ninguna relación excepto con las domésticas vecinas, y esto es algo no necesariamente permitido por las patronas.

(...)

Creo que el servicio doméstico debería desaparecer. El problema es que en Brasil hay un ejército enorme de mujeres que están dispuestas a hacerlo, poco calificadas para otro tipo de trabajo. El objetivo del movimiento feminista es acabar con el trabajo de las empleadas domésticas pero, ¿cómo acabar con él sin darle una solución al problema? Nosotras las feministas nos sentimos muy incómodas con la idea de usar a otra mujer para desempeñar un papel que tradicionalmente nos corresponde. Yo lo aguanto porque vivo en Brasil hoy, con crisis económica y miseria, y existe esa mano de obra disponible sin una infraestructura que permita colectivizar los trabajos domésticos. Tengo un hijo y no puedo permitirme el lujo de pagarle a una persona, que trabaja por hora, para que lo cuide por las noches.

Durante el día mi hijo está en una guardería infantil pero soy militante y tengo reuniones por la noche, y no sé dónde dejar a mi hijo. Es un problema difícil de solucionar porque ya estoy pagando un salario mínimo, seguridad social, vacaciones y un salario extra. Ya he llevado a mi empleada a una reunión de la Associaçao dos Empregados Domésticos, pero no le interesó".

Conclusiones

Creo que es un avance el que las domésticas hablen tan claramente de su condición de clase social y de la fuerza que les da este planteamiento; pero las militantes feministas dicen que, pese a la contradicción de clase, la solidaridad entre las mujeres es posible por el mero hecho de ser mujeres, aunque se trate de una solidaridad en proceso de construcción.

El servicio doméstico remunerado, la principal ocupación de las mujeres brasileñas, está atravesando un período de contracción. La crisis económica tal vez haya alterado esta tendencia. Aunque se tenga en cuenta el salario en especie, el servicio doméstico remunerado es uno de los sectores de ocupación peor pagados de la clase trabajadora, donde 49,0% de los que trabajan en esta categoría ganan 0,50 salarios mínimos o menos. Esta categoría no tiene una jornada de trabajo definida debido a una relación de trabajo híbrida, mezcla de trabajo asalariado y esclavitud. No cabe duda de que el desarrollo industrial ayuda a clarificar mejor esa relación de trabajo. Los ejemplos de Rio de Janeiro y especialmente de São Paulo, apuntan a mejores niveles salariales y a una jornada de trabajo más definida.

Bibliografía

Almeida e Silva, M. D'Ajuda/Caroso, Lilbeth/Garcia Castro, Mary. 1979. As empregadas domésticas na regiao metropolitana do Rio de Janeiro: uma análise atrave de dados de ENDEF. Rio de Janeiro: Governo do Brasil: Fundaçao Instituto Brasileiro de Geografía e Estatística (IBGE). También publicado en *Boletín Demográfico* 12, nº1 (1981), pp. 26-92.

Associaçao Profissional dos Empregados Domésticos. 1985. Resoluçao do V Congresso Nacional.

Beti y Eliana. 1981. *Vidas paralelas*. Rio de Janeiro: Grupo Agora e Que Sao Elas.

Boserup, Ester. 1970. *Women's Role in Economic Development*. Nueva York: St. Martin's Press.

Brasil-Mulher. 1979. As domésticas e a CLT. 4 (Setembro):16.

Britto da Motta, Alda. 1984. Emprego doméstico masculino. Trabajo presentado en el octavo encuentro anual la conferencia anual de la Associaçao Nacional de Pós-Graduaçao e Pesquisas em Ciências Sociais, Aguas de San Pedro, Brasil.

Folha de São Paulo. 1984. Empregada doméstica é um luxo?: um salário no orçamento familiar. 17 de junho.

Garcia Castro, Mary. 1982. ¿Qué se compra y qué se paga en el servicio doméstico?: el caso de Bogotá. En Magdalena Léon, editora, *La realidad colombia-*

na, vol. 1, Debate sobre la mujer en América Latina y el Caribe, pp. 92-122. Bogotá: Asociación Colombiana para el Estudio de la Población (incluido en este libro).

Gonzalez, Leila. 1982. A mulher negra na sociedad brasileira. En Madel T. Luz, editora, *O lugar da mulher: estudos sobre a condi(çao feminina na sociedad atual*. Rio de Janeiro: Ediçoes Graal.

Governo do Brasil, Ministerio do Trabalho. 1972. *Lei do Emprego Doméstico* n° 5859. Brasilia: Ministerio do Trabalho.

Governo do Brasil, Fundaçao Instituto Brasileiro de Geografía e Estatística. 1970. *Censo Demográfico do Brasil de 1970*. Rio de Janeiro: IBGE.

Governo do Brasil, Fundaçao Instituto Brasileiro de Geografía e Estatística. 1979. *Pesquisa Nacional por Amostra de Domicílio do Brasil*. Rio de Janeiro: IBGE.

Governo do Brasil, Fundaçao Instituto Brasileiro de Geografía e Estatística. 1980a. *Censo Demográfico do Brasil de 1980*. Rio de Janeiro: IBGE.

Governo do Brasil, Fundaçao Instituto Brasileiro de Geografía e Estatística. 1980b. *Censo Demográfico do Estado do Rio de Janeiro de 1980*. Rio de Janeiro: IBGE.

Governo do Brasil, Fundaçao Instituto Brasileiro de Geografía e Estatística. 1980c. *Censo Demográfico do Estado do Sao Paulo de 1980*. Rio de Janeiro: IBGE.

Governo do Brasil, Fundaçao Instituto Brasileiro de Geografía e Estatística. 1981. *Pequisa Nacional por Amostra de Domicílio do Brasil*. Rio de Janeiro: IBGE.

Governo do Brasil, Fundaçao Instituto Brasileiro de Geografía e Estatística. 1983. *Pesquisa Nacional por Amostra de Domicílio do Brasil*. Rio de Janeiro: IBGE.

Saffioti, Heleieth Iara Bongiovani. 1984. *Mulher brasileira: opressao e subordinaçao*. Rio de Janeiro: Ediçoes Achimé.

Valle Silva, Nelson. 1983. Notas sobre o censo demográfico de 1980. Fundaçao Instituto Brasileiro de Geografía e Estatística. Inédito.

Agradezco los comentarios de Mary Garcia Castro y de Anne-Marie Delauney Maculan. Sin embargo, ellas no son responsables de los errores que aquí se hayan podido cometer. También agradezco a mi suegra, Irene Araujo, y a mi hijo, Rodrigo Hérmes de Araujo, por la paciente transcripción de las cintas.

Parte IV
Las organizaciones y el Estado

Suzana Prates

Thea Schellekens/Anja van der Schoot

Thelma Gálvez/Rosalba Todaro

Magdalena León

Elena Gil Izquierdo

Las organizaciones para trabajadoras domésticas en Montevideo: ¿reforzando la marginalidad?

Suzana Prates

Una situación particularmente extrema de fragmentación y dificultad en la toma de conciencia de su condición laboral y social es la de las empleadas en el servicio doméstico. Para ellas, por lo tanto, resulta relevante contar con espacios organizativos en los cuales sea posible superar la vivencia individual de su participación laboral hacia una reflexión colectiva sobre la misma, volviéndose conscientes de sus derechos como trabajadoras y como mujeres.

Desde luego que la existencia de un espacio para la participación no garantiza de por sí, la reflexión y la concientización para las empleadas domésticas (*conscientizaçao*, fue un término primero empleado por Paulo Freire en sus numerosos estudios sobre educación, refiriéndose al proceso a través del cual las personas, particularmente pobres y oprimidas, adquieren una mentalidad que hace posible para ellas participar activamente en su propia educación, desarrollo y mejoramiento; más específicamente, "el término se refiere al aprendizaje para percibir las contradicciones políticas, sociales y económicas, y tomar medidas contra los elementos opresivos de la realidad") (Freire, 1968, p. 19). Ello depende por lo tanto de los objetivos de las organizaciones, que los traducen en su accionar y del encare ideológico que tienen sobre la condición de la mujer en la sociedad, en particular sobre esta categoría de trabajadoras. Su real aporte dependerá de que en su acción y estímulo a la reflexión se reconozca que el acceso a los recursos económicos y sociales, y consecuentemente al poder, existe dentro de la sociedad no solamente entre clases, sino también entre hombres y mujeres" (Moser/Young, 1981, p. 61).

En este capítulo, se discute el papel que cumplen organizaciones no estatales sin fines de lucro en Montevideo con relación a la problemática de las trabajadoras que integran mayoritariamente su "grupo-beneficiario" o son su "grupo-objetivo". En particular interesa indagar sobre si estas organizaciones estimulan la reflexión colectiva, conduciendo a sus beneficiarios a lograr su identidad social. La información manejada proviene de investigaciones realizadas con base en estudios de caso, y por lo tanto lo que aquí se plantea en ningún caso constituye una evaluación general respecto a organizaciones de apoyo y promoción de la mujer en Uruguay.

Las condiciones macrosociales y económicas actúan, a la vez, definiendo el margen posible de organización y defensa de sus derechos. En condiciones de alta competición de la fuerza de trabajo, las posibilidades de defensa de sus derechos se minimizan, así como condiciones políticamente coercitivas frenan la posibilidad de organización.

La situación reciente del empleo femenino en Montevideo se caracteriza justamente por esa oferta incrementada de mujeres para el servicio doméstico, lo que naturalmente no sólo reduce los niveles salariales para esas trabajadoras sino que actúa obstaculizando sus posibilidades de defensa de sus derechos laborales. A esto se suma la marcada desprotección de la fuerza de trabajo en su conjunto, desde 1973, cuando el parlamento fue anulado y las actividades de los sindicatos fueron declaradas ilegales.

Pero una cuestión es el logro inmediato de las reivindicaciones y de la defensa de los derechos laborales y otra muy diferente la toma de conciencia de ello. Por lo tanto, aun cuando organizaciones de apoyo a la mujer, y a la empleada doméstica en particular, escasamente puedan incidir en la efectivización de las demandas, indudablemente sí pueden influir en que éstas se vuelvan colectivamente conscientes, contribuyendo a que este sector disperso de trabajadoras adquiera "identidad" como grupo.

En el punto siguiente se analizan aspectos del servicio doméstico en Montevideo, en el marco de las actuales condiciones estructurales, socioeconómicas y políticas del país, de tal forma que se pueda situar la indagación sobre el papel de las organizaciones en el contexto de la problemática del grupo que se busca integrar o apoyar.

Cambio económico, costo social y servicio doméstico

Según cifras aportadas por la Comisión Económica para América Latina (CEPAL, 1982), en 1970, 28,0% de las mujeres uruguayas de 12 años y más estaban integradas a la población económicamente activa, en tanto que 43,0% se desempeñaban como dueñas de casa. A lo largo de la década de los setenta, la tasa de actividad femenina en Montevideo registra un crecimiento sostenido; entre 1975 y 1976 se observa un claro punto de inflexión en la tendencia de crecimiento: el valor del índice pasa de 30,4% a 36,5%, alcanzando en 1979 el valor de 37,1%. Esta evolución no significa que el porcentaje de dueñas de casa haya disminuido, sino que el crecimiento estuvo alimentado básicamente por mujeres casadas y en unión libre (Laens, 1985).

Esta evolución sugiere que "la doble jornada" caracterizó la evolución de la situación de la mujer en la década, particularmente si se tiene en cuenta el incremento en el porcentaje de mujeres efectivamente ocupadas con más horas semanales de trabajo en el mercado. En 1974-1975, 69,0% de las ocupadas trabajaban más de 31 horas semanales. En 1979, esta proporción subió a 80,0%. Efectivamente, durante el período, las ocupaciones que aportan mayor crecimiento a la población económicamente activa femenina son las que corresponden a las alternativas de empleo de las mujeres del sector obrero. Estas no disponen de "sustitutas" remuneradas para la tarea doméstica, tienen escasas posibilidades de reemplazar los bienes y servicios producidos y realizados en la esfera doméstica por los del mercado, y a diferencia de lo que es posible para los sectores asalariados en los países industrializados, tienen escaso acceso a tecnologías ahorradoras del trabajo doméstico. Tanto en términos absolutos como relativos, las obreras y operarias se incrementan entre 1976-1979 en tanto que las trabajadoras en servicios personales, aun perdiendo participación relativa, incrementan su volumen absoluto.

Lamentablemente, la información publicada de las encuestas de hogares no discrimina al interior de los "servicios personales". Sin embargo, es posible sostener que la participación del servicio doméstico en ellos no sólo es muy alta, sino que se ha incrementado desde la década de los sesenta, en la medida en que el deterioro económico y social del país avanzó y que las condiciones de vida de los sectores asalariados se deterioraron. Efectivamente, en 1963 el servicio doméstico representaba en Montevideo 76,8% de la categoría "servicios personales", proporción ésta que se incrementa a 82,2% en 1975 (Taglioretti, 1981).

El modelo político-económico que se instrumenta en el país a partir de 1973 subyace sin duda a la expansión de la pobreza. En él se integró en un todo coherente un Estado autoritario con la nueva ortodoxia monetarista. La estrategia de este "modelo" apuntó a algo más que a un reajuste de la economía o a un transitorio control político. En realidad fue toda una nueva filosofía y concepción sobre la sociedad que redefinió drásticamente las condiciones de mantenimiento y reproducción de la fuerza de trabajo.

Pese al doctrinario "liberalismo" de los conductores de la política económica, el Estado se caracterizó por una "ausencia-presente": interviniendo o no en la economía según favoreciera una redistribución concentrada del excedente. Así, liberó precios y fijó salarios, proclamó la libertad empresarial y aceptó su organización pero desmanteló y prohibió el funcionamiento de los sindicatos; restringió los gastos sociales del Estado pero incrementó los de defensa y seguridad interna.

Los efectos sociales de todo este proceso se hicieron sentir inmediatamente. El salario real decreció en 40,0% entre 1971 y 1979. Este deterioro en el sector manufacturero fue de 55,0% en el período 1970-1980 (PREALC, 1982). La caída del salario real no agota sin embargo el deterioro de las bases materiales de reproducción social de la fuerza de trabajo. El Estado redujo los gastos en educación, los de salud y transfirió hacia las empresas capitalistas el crédito público para viviendas, fomentando la construcción para estratos de altos niveles de ingresos. Prácticamente congeló los beneficios sociales y las jubilaciones, que experimentaron un deterioro aún más intenso que el del salario real, y al salario y al consumo los recargó con la extracción fiscal.

Todo lo anterior contribuyó a que las interpretaciones sobre el comportamiento laboral de la mujer en este proceso se centraran, desde la perspectiva de la oferta, en la hipótesis de las "estrategias familiares de sobrevivencia" o quizás mejor de resistencia (Laens,1985; Prates, 1981; Prates/Taglioretti, 1980). Las mujeres, en estas condiciones -al igual que en otros contextos y tiempos sociales- se lanzaron al trabajo de mercado en todas aquellas actividades capaces de generar un ingreso monetario, en y desde la esfera del hogar (Milkman, 1976).

Sin embargo, si la "crisis social" de los sectores asalariados empujó a la mujer al mercado de empleo en los años setenta, ello se dio en condiciones de intensa demanda por fuerza de trabajo, particularmente femenina, que se integró en parte a la industria, en el marco de la estrategia exportadora de manufacturas que el país ensayó en el período (Prates, 1983). De ahí que entre 1976 y 1979 el crecimiento relativo y absoluto ocupacional femenino más importante haya correspondido a obreras y operarias, creciendo a menor nivel el servicio doméstico.

A partir de 1980 se inicia el agotamiento de la estrategia de exportación manufacturera (Macadar, 1982). La economía entra en crisis y la tasa de desocupación oficialmente registrada casi se triplica entre 1979 y 1983, sin considerar los "trabajadores desalentados", mayormente integrados por mujeres y jóvenes de los estratos de ingresos más altos que se retiran del mercado de empleo cuando éste se halla deprimido.

La mujer de los sectores populares experimentó una desocupación particularmente alta, dado que participó intensamente en las industrias orientadas a la exportación (Prates, 1983). Ello repercutió en forma inmediata en la oferta de fuerza de trabajo para el servicio doméstico: en un año, entre 1981 y 1982, las postulantes al servicio doméstico en Montevideo pasan de 11.565 a 23.256 (Uruguay, Ministerio de Trabajo y Seguridad Social, 1982).

Ello no se acompañó de una demanda creciente por domésticas sino, por el contrario, por su contracción, debido a que la crisis económica empezó a afectar también a los sectores medios y muchas mujeres de estos sectores ahora desocupadas "desaparecieron" en la esfera del hogar absorbiendo así la desocupación. En consecuencia, las colocaciones efectivas de empleadas domésticas se han reducido. Por ejemplo, según datos del Ministerio de Trabajo y Seguridad Social en 1981, 68,0% de las postulantes al trabajo doméstico asalariado no han encontrado puesto. Lógicamente, tales datos no son representativos pero son indicativos de un posible -invisible- contingente de trabajadoras domésticas desempleadas (Uruguay, Ministerio de Trabajo y Seguridad Social, 1982).

Pese a ello, se observa un "achatamiento" del nivel salarial. En 1981, 22,7% de las empleadas domésticas que efectivamente se colocaron por las agencias comerciales alcanzaron salarios iguales o superiores a dos veces el salario mínimo. Estos niveles salariales del servicio doméstico seguramente resulten sorprendentes comparativamente con el resto de América Latina. Tres aspectos contribuyen al alto nivel de remuneración del servicio doméstico registrado. En primer lugar, estos salarios corresponden a mujeres colocadas a través de agencias comerciales de empleo. En segundo lugar, como la demanda y las colocaciones efectivas se redujeron efectivamente, no parece arriesgado suponer que los niveles salariales corresponden a la demanda de estratos de muy altos ingresos siendo ésta una demanda por empleadas domésticas con alto nivel de calificación. En tercer lugar, en Montevideo la oferta de servicio doméstico ha sido limitada, y su nivel de remuneración por ello mismo tradicionalmente muy alto. Ello guarda relación, por una parte, con la reducida población rural del país, y por otra con los niveles de relativo bienestar colectivo, sobre todo en el sector urbano, garantizados en el pasado por el salario familiar y la orientación distributiva del Estado. Sin embargo, ya para 1983, sólo 6,6% alcanzan entre dos y tres salarios mínimos. Toda esa situación plantea una especial problemática para la empleada doméstica y para aquellas mujeres cuya única alternativa laboral es este tipo de ocupación. El papel de las organizaciones que le definen un apoyo o espacio de participación se vuelve entonces crucial.

Organizaciones de apoyo y grupos beneficiarios

En las circunstancias ya señaladas, los servicios con fines sociales mantenidos bajo cobertura religiosa asumieron particular gravitación y potencialidad sociopolítica. En especial, la red de instituciones y servicios de la Iglesia católica, por su extensión y actuación de larga data en las sociedades latinoamericanas fueron llamadas a desempeñar un papel, que variando de sociedad a sociedad, no estaban plenamente capacitadas para enfrentar.

Por una parte, los beneficiarios potenciales de la acción de estos servicios se incrementaron dada la ampliación de la pobreza, ejerciendo así una presión acrecentada sobre los recursos institucionales existentes. Por otra parte, el objetivo orientador de la actividad de estos servicios y unidades organizativas, fue formulado en general de acuerdo a un "clima valorativo" (Mayntz, 1967) que correspondía a la imagen de lo que ideológicamente se asumía como el único fin legítimo perseguido socialmente: la beneficencia.

El análisis que aquí se efectúa busca identificar, por una parte la relación entre los objetivos que los responsables de los servicios y organizaciones estudiados formulan respecto al grupo-beneficiario del servicio prestado y este último. Por otra parte, interesa focalizar la traducción de los objetivos en fines reales, es decir, en actividades, partiendo del supuesto de que las actividades concretas desarrolladas por la organización "traducen" una concepción ideológica que explícita o implícitamente orienta la manera como los responsables de la organización se enfrentan a su grupo-beneficiario y su grupo-objetivo.

La información que se maneja corresponde a ocho centros o servicios de promoción social. Siete de ellos están vinculados a la Iglesia católica, integrando su "obra social"; el octavo, aunque vinculado a la Iglesia católica a través de sus responsables no se halla en la misma condición de dependencia jurídica pues se trata de una organización autónoma.

Dos dimensiones respecto a estas organizaciones son consideradas inicialmente como forma de ordenar el análisis que se realiza a continuación. En primer lugar, se las clasifica en función del grupo-objetivo de su acción, siendo una de las categorías, específicamente, las empleadas domésticas. En segundo lugar, se considera el grado de complejidad y diversificación de sus actividades, las que a nuestros propósitos son consideradas como la expresión de los objetivos dimensionados como fines. De acuerdo a estas dos dimensiones se obtiene la distribución de los ocho casos como se muestra en el gráfico 1.

La inclusión de A y B en el gráfico como servicios o centros de apoyo a la empleada doméstica se deriva de que aun cuando estas trabajadoras no constituyan el grupo-objetivo de estos servicios, en definitiva, son las beneficiarias de las prestaciones que ellos realizan. Las empleadas domésticas particularmente en la celda A están abrumadoramente sobrerrepresentadas. La diversificación de actividades, la definición de objetivos, etc., entre los cuatro tipos de servicios de promoción empíricamente relevados imponen un análisis particularizado de cada uno.

Las bolsas de trabajo

A pesar de que las agencias de empleo no designan a la empleada doméstica como su grupo-objetivo, la mayoría de sus clientes se cuentan en esta categoría (los servicios de bolsa de trabajo estudiados corresponden a 50,0% del total de este tipo de servicios dentro de la obra social (Arzobispado de Montevideo, 1981).

—— Gráfico 1 ——————————————————————————

Clasificación de organizaciones por grupo objetivo y grado de complejidad y diversificación de actividades

Grupo objetivo

		Pobres	Mujeres pobres	Empleadas domésticas
Complejidad de actividades	baja	A Agencias de empleo		C Centros de Entrenamiento
	alta		B Centro de ayuda	D Centro de ayuda

Los objetivos que determinan las actividades de estos servicios son inespecíficos respecto a sus beneficiarios en un doble sentido: en cuanto a la condición ocupacional y en cuanto al sexo de sus clientes. El grupo-objetivo de estos servicios ha sido definido por sus responsables en los siguientes términos: ayudar a la gente que necesitaba trabajo, buscar trabajo para los más necesitados, atender gente con problemas y realizar otros apoyos a las familias pobres.

Estas formulaciones, teñidas claramente con un matiz asistencialista y de beneficencia, globaliza sus "clientes" en una categoría social difusa que contrasta con el grupo-beneficiario real:

- La mayoría de las postulantes a trabajo son mujeres que vienen a ofrecerse para el servicio doméstico. Son excepcionales, por otra parte, los pedidos de personas para trabajar en supermercados, hoteles, tiendas, oficinas, etc. A fines de 1981, comenzó a disminuir la demanda por servicio doméstico a la vez que aumentó significativamente la oferta de mujeres para estos servicios. Ahora han aumentado las mujeres que buscan empleo por primera vez.

- Han sido predominantes los ofrecimientos de empleo para mujeres en el servicio doméstico de limpieza, cuidado de personas solas y de niños, de lavado de ropa de la familia, etc. Las mujeres que han solicitado empleo en el servicio provienen de sectores de muy bajos recursos tanto de la zona como de zonas más alejadas. Han sido frecuentes los casos de mujeres que buscan emplearse acompañadas de sus hijos.

- Entre las mujeres que solicitan empleo predominan las mayores de 40 años de edad.

El modo genérico en que estas organizaciones definen sus objetivos: como "ayuda", determina una forma organizativa que no deja margen para una activa participación de los beneficiarios; no sólo para definir los objetivos mismos, sino incluso para establecer las acciones (el "cómo") de la organización misma.

El objetivo de ayuda es encarado básicamente como una prestación de servicio que se concreta en una sola actividad: intermediación entre la oferta y la demanda de trabajo. Esta orientación de la prestación del servicio significa que las empleadas domésticas que se benefician de la acción de la organización se relacionen con ellas más como clientes que como miembros. Como observa Mayntz (1967, pp. 175-176), "[los miembros] ven en la organización un instrumento útil para la satisfacción de sus necesidades personales sin que se sientan por ello obligados con la organización ni tengan que identificarse con su concepción del mundo (...) esta orientación, por ser perjudicial para la participación activa, fortalece con seguridad las tendencias oligárquicas en las organizaciones".

La orientación "cliente-proveedor" de estos servicios sin duda tiene relación con objetivos definidos en forma mucho más amplia a nivel de la organización mayor, la Iglesia. Al derivarse de ella, es probable que el marco general que sustenta el objetivo particular del servicio se diluya al estar fijado desde afuera siendo traducido por los responsables directos como un cometido parcial, en este caso, conseguir trabajo para los pobres y los necesitados.

El problema radica en que esa forma parcial y a la vez difusa de concretar objetivos más globalizadores lleva a que se pierdan de vista estos objetivos, o incluso a desvirtuarlos, en una perspectiva netamente asistencialista. Así, obstaculizan que los clientes se vuelvan miembros capaces de actuar y modificar las actividades de la organización a partir de su participación y de su propia problemática.

En cuanto a los recursos, materiales y humanos, con que cuentan estas agencias su escasez también es indicativa de la relevancia menor de que los mismos gozan dentro del sistema organizativo general de la obra social y, consiguientemente, de la jerarquía que se da a la problemática laboral de las empleadas domésticas. Esa escasez se manifiesta desde luego en las actividades que estos servicios están en condiciones de realizar; pero esas actividades no están sólo definidas por los recursos disponibles sino también por la definición, manifestada por los responsables de la acción, de lo que sería necesario hacer. En otras palabras, ello refleja una postura ideológica que indudablemente se traduce en que las beneficiarias de la acción del servicio tengan mayores o menores condiciones de verse a sí mismas como grupo, como miembros de una organización, y de autodefinirse en una categoría general de trabajadoras o seguir percibiéndose como "pobres individuales" que son objeto de la beneficencia.

Con respecto a los recursos humanos, en cuanto a su cantidad, calificación y condición laboral (trabajo voluntario o remunerado) las bolsas de trabajo registradas presentan una situación realmente precaria: de las 13 personas involucradas, 11 no tienen calificación. De los dos que tienen salario, sólo uno tiene calificación. Es indudable que la escasez de los recursos asignados a las bolsas supone que los responsables de las mismas, en tanto trabajo voluntario, estén fuertemente identificados con los objetivos del servicio y de la organización mayor. Pero esta identificación se ha congelado prácticamente a nivel del cometido particular, intermediación, no proyectándose ni siquiera hacia requisitos mínimos organizativos que el servicio debería afrontar para cumplir con sus objetivos.

El primer aspecto a señalar a este respecto es que ninguna de las bolsas de trabajo lleva un registro donde figuren los datos y la problemática de la mujer que solicita trabajo, lo que viabilizaría un seguimiento de las beneficiarias. Solamente una de las bolsas lleva dichos registros individuales, y los datos recabados no son procesados ni se elabora ningún tipo de memoria que permita ver el conjunto de la problemática de las mujeres y del servicio doméstico. Son mantenidos solamente como "fichas clientes", para atender problemas individuales que surjan.

Se observa que la reacción del equipo encargado -una asistente social remunerada y cinco voluntarios- no se traduce en un procesamiento colectivo de la problemática con las beneficiarias del servicio, con el que se pueda avanzar en la reflexión de su propia realidad social y problemática de trabajo. El enfoque "desde arriba" se manifiesta en algunos esfuerzos para mejorar la asistencia que se brinda, pero no en la consideración de que tanto la toma de conciencia como las actividades del servicio son un asunto de definición del grupo "beneficiado". La *conscientizaçao* aparece como necesaria, en todo caso no para el grupo conductor, que no pertenece al grupo beneficiario.

Además, ninguno de estos servicios integra a sus actividades, por ejemplo, la asesoría legal sobre los derechos laborales de estas trabajadoras, asumiendo como un hecho a nivel colectivo las situaciones de flagrante desprotección laboral en que normalmente se hallan esas trabajadoras. Esto es más notorio en el presente, cuando la situación de la oferta de servicio doméstico cambió tanto cuantitativa como cualitativamente. Como se vio, se incrementó la oferta, y ello se acompañó de un ingreso importante de mujeres que buscan trabajo por primera vez, las cuales, con más probabilidad que otras, desconocen sus derechos como trabajadoras. Y esto además va acompañado de factores sumamente angustiantes en la determinación de su decisión de integrarse al trabajo remunerado; así lo ilustran las declaraciones de los encargados de las bolsas de trabajo entrevistados para este estudio:

> "En estos momentos se presentan 25 ó 30 mujeres al día para emplearse de domésticas. Las hay, y son muchas que vienen reiteradas veces para enterarse de algo que les convenga. Actualmente, el problema de la vivienda es el que más incide para que la mujer salga a trabajar, principalmente madres con hijos.
> (...)
> Han sido frecuentes los casos de mujeres que buscaron emplearse acompañadas de sus hijos. Esta condición ha entorpecido su colocación ya que los empleadores prefieren domésticas sin hijos.
> (...)
> Su aspiración inicial de sueldo es de N.$2.000 (en el momento de las entrevistas, 43 Pesos Nuevos [N] = US$1,00). Sin embargo, la mayoría aceptó el trabajo que viniera. Las mujeres que se presentan para trabajar en servicio doméstico lo hacen para comer y también por la soledad; generalmente el sueldo que perciben es para salvar su situación individual no para sus familias".

Los centros de capacitación y promoción

Los dos centros integrados a la obra social de la Iglesia, en capacitación y promoción, tienen la característica común de que su grupo-objetivo es la mujer de los sectores de bajos ingresos. Uno de ellos (capacitación) está orientado especialmente a la empleada doméstica. Y en el de promoción la mayoría de sus participantes son real y potencialmente empleadas domésticas pero, en este caso, se define su grupo-objetivo en términos más generales y a la vez más específicos: "mujeres con familia y con hijos, y embarazadas entre 25 y 50 años de edad".

Este objetivo de promoción de la mujer a partir de y a través de su posición como madre o esposa, indudablemente conlleva implícitamente un "modelo" o una norma de lo que se considera prioritario en la vida de la mujer. Este aspecto además adquiere particular relevancia dado que las mujeres aceptadas como miembros reciben "premios" por su participación, los que están directamente dirigidos a la familia. En 1984, como una forma de apoyo a la familia y de reclutamiento y retención de las mujeres, el servicio entregó un bono por valor de N.$50 en ropa y comestibles.

Ello es coherente con la formulación de los objetivos de la promoción: formar grupos de trabajo con mujeres en situación de extrema marginación, para que intenten buscar trabajo fuera de la casa. Aunque este centro de promoción realizó charlas en las que fueron abordados diversos temas tendientes a mejorar la información de sus beneficiarias, no se dispone de elementos que permitan evaluar la manera como tales temas fueron abordados, ni en su concepción teórica e ideológica, ni en la forma de procesamiento de la información.

Cabe señalar que el trabajo realizado por este servicio se enfrenta a dificultades que permiten cuestionar si se ha encarado la problemática de la mujer pobre, como mujer, como integrante de un núcleo familiar pobre, o si el tratamiento de temas como "la mujer", "el barrio", "los hijos" estuvieron encarados en función solamente de la mujer como integrante de la familia y como potencial o real generadora de ingresos para la misma. Es decir, ¿se ha encarado la realidad de la mujer solamente como una problemática subordinada y derivada de la familiar?

De acuerdo con la evaluación de los responsables del centro (cinco profesionales remuneradas), es posible afirmar que las mujeres participantes no llegaron a una identidad como grupo. Como dicen ellos: "Las mujeres han manifestado problemas para actuar en grupo, rechazo a liderazgo entre ellas, comportamientos tales que contribuyen a aumentar la dependencia del grupo hacia las que somos responsables del centro (...) Actualmente se enfrentan dificultades para reclutar nuevas mujeres ya que en los contactos realizados fue evidente el rechazo a la idea de agruparse".

Las declaraciones indican que en alguna forma estas mujeres, a pesar de los "premios", rechazan "el ser miembros" y ello probablemente esté relacionado con la incapacidad del servicio de transformarlas de receptoras de la acción en sujetos de la misma y a la vez enfrentar su problemática específica de mujeres, no solamente integrantes de un núcleo familiar.

El servicio de capacitación, como se ha dicho, tiene como grupo-objetivo la empleada doméstica. A diferencia del centro de promoción, recientemente considerado, presenta una muy baja complejidad en sus actividades; las que a su vez corresponden a un objetivo inmediatista que referido a la mujer empleada doméstica tiene en cuenta únicamente su problemática personal como fuerza de trabajo, pero no laboral: "La capacitación de empleadas domésticas está dirigida a las personas del barrio como medio de disminuir su ineficiencia en los trabajos que consiguen. Esa capacitación es para que las empleadas domésticas sepan manejar artefactos electrodomésticos, atender un teléfono y demás necesidades del hogar de los empleadores".

Si, en el caso anterior, la promoción de la mujer estaba en la práctica encarada como medio de promoción de la familia, en este último caso la perspectiva de beneficencia e inmediatista se restringe a ayudar a la mujer como fuerza de trabajo, no alcanzando a capacitarla como trabajadora. Nuevamente, entre las actividades con que se enfrenta la capacitación, está ausente la dimensión -en la propuesta de los objetivos perseguidos- de informar y concientizar a la mujer empleada doméstica -en un plano colectivo- sobre los derechos y deberes que su eventual desempeño laboral le significa. La capacitación está pensada en términos de garantizar su mayor eficiencia en función de las necesidades de sus potenciales empleadores, -pero no para un crecimiento de la mujer como persona. En los casos analizados -aun cuando la complejidad de actividades es mayor, aun cuando el grupo-objetivo sea la mujer pobre o empleadas domésticas- no se vislumbra una forma de capacitación social favorecedora de que estas mujeres asuman una conciencia de su realidad y jerarquizadora de su problemática a partir de ellas mismas y para ellas mismas.

ANECAP: la empleada doméstica ¿sujeto u objeto?

La Asociación Nacional de Empleadas de Casa Particular (ANECAP), del conjunto de centros y servicios aquí considerados, es la organización más compleja y, como su misma denominación lo indica, la que tiene a la empleada doméstica como su grupo-objetivo. Aquí interesa identificar en qué medida las empleadas domésticas afiliadas a esta institución son no sólo grupo-objetivo sino también sujeto de la acción. Ello supone indagar sobre sus objetivos y accionar presentes; pero también, dada su particular trayectoria, sobre su proceso de conformación.

ANECAP experimenta cambios realmente complejos desde su fundación (1964-1967) hasta el presente, indicativos de la oscilación entre una orientación de "promoción" de la empleada doméstica, y una de representación corporativa a partir de sus miembros de base. Incluso brevemente, resulta conveniente señalar este proceso de cambio que permite evaluar e interpretar más adecuadamente la situación y perspectivas actuales de la participación social de las empleadas domésticas, como grupo, en y a partir de esta organización.

Antecedentes

A diferencia de las agencias analizadas previamente, ANECAP reconoce en su proceso fundacional una dinámica "desde-abajo", aspecto que define en las etapas subsiguientes una problemática peculiar y poco usual en el ámbito de centros de promoción de empleadas domésticas.

Esta organización surge por iniciativa de un grupo de empleadas domésticas, casi todas del interior del país y residentes en Montevideo, militantes de la Juventud Obrera Católica (JOC), y bajo este movimiento se estructura. Inicialmente, la asociación es dirigida por las mismas empleadas domésticas, aun cuando disponía de asesoría profesional (servicio social y jurídico). Hacia 1967 adquiere carácter gremial y se vincula al movimiento sindical (compartiendo incluso locales con otros sindicatos).

Una división emerge entonces entre las asociadas: las "militantes" y las "católicas conservadoras". La asociación pierde impulso y se "deshilacha", pasando las militantes a integrar la Confederación Nacional de Trabajadores (CNT), y quedando ANECAP bajo el control de las católicas conservadoras. En 1973, con la suspensión general del sindicalismo en el país, se disuelve el grupo de empleadas domésticas en la CNT.

En 1971 ANECAP cobra nuevo impulso pero en condiciones totalmente redefinidas, las cuales prevalecen hasta la fecha. Empieza a funcionar bajo financiamiento internacional proveniente de fundaciones católicas, y la empleada doméstica pasa a ser objeto de la acción. Se integra un equipo técnico (asistentes sociales, un abogado, un psicólogo y un sacerdote coordinador) que toma las riendas. El objetivo de la institución, reformulado en este momento, es lograr la promoción integral de la mujer empleada del servicio doméstico. Se busca que la empleada "asuma un rol protagónico, tanto en la institución como en su comunidad de origen". Este objetivo explícito es llevado a cabo a través de diversas actividades y servicios organizándose éstos, recientemente, bajo la responsabilidad de comisiones de empleadas.

Servicios y actividades

Los servicios bajo la responsabilidad de comisiones de empleadas domésticas son ocho. Claramente en ellos predominan dos orientaciones; algunos son de carácter "ayuda-mutua" y otros de carácter asistencialista. Los de ayuda mutua incluyen: caja de ahorro y préstamo, venta de ropa usada, etc., cuyos fondos revierten a sus actividades, y difusión cultural por medios de carteleras, boletines, publicaciones, biblioteca y cobro de cuotas. Estos servicios revierten hacia el beneficio de las asociadas y de la organización. Los demás servicios tienen carácter asistencialista, hacia las afiliadas y no miembros: hospedaje y depósito de pertenencias, prestaciones que favorecen principalmente a las empleadas que provienen del interior del país.

Paralelamente, la organización mantiene un taller de manualidades y un ciclo de charlas. El taller funciona bajo coordinación de una funcionaria remunerada cuyo objetivo "es afinar la manualidad, desarrollar perseverancia y despertar creatividad" (entrevista personal). Las charlas son realizadas sobre temas que las empleadas domésticas seleccionan a partir de una lista confeccionada por el equipo técnico para "ampliar el horizonte de las empleadas y ubicarlas en el mundo". En estas charlas se da prioridad a la empleada doméstica como mujer y a la mujer como un todo (laboral, individual, familiar). Entre los temas abordados: "El pensamiento social, ¿respuesta a nuestras necesidades?"; "¿Qué es un gremio, sindicalismo?"; "Las cooperativas populares, otra respuesta"; "Los problemas de la mujer trabajadora y sus aspiraciones" y "La madre soltera"

Hasta aquí es posible decir que las empleadas domésticas asociadas son indudablemente grupo-objetivo de la acción encarada y desarrollada en una forma muy compleja y que sin duda aporta al enriquecimiento de la empleada doméstica como persona. Sin embargo, a través de lo expuesto, también es posible visualizar que la empleada como sujeto de la acción tiene una participación limitada y delegada. Ellas eligen entre temas que el equipo técnico propone, y se encargan de servicios asistencialistas y de ayuda mutua en la organización, pero no se contempla una participación de las asociadas en las decisiones.

Esferas de decisión

Además del equipo técnico que "tomó" las riendas de la conducción de ANECAP, a partir de 1971 la organización cuenta con un denominado "Grupo Madre Dinamizador" o GMD, con 20 integrantes, antiguas líderes de ANECAP. A este grupo, en 1982 se integraron nuevas empleadas y, según una responsable de la organización, "ello ha sido evaluado muy positivamente, por cuanto ha combatido el esclerosamiento del grupo". Pese al liderazgo reconocido de larga data del GMD, apenas en 1983 es cuando este núcleo "ha empezado a participar en la realización y elaboración del programa anual de ANECAP y fue quien convocó y dirigió una asamblea de miembros para evaluar las actividades del año anterior y plantear el nuevo programa", según otra líder.

Dado que a partir de esa asamblea es cuando se conforman los servicios asistencialistas de ayuda mutua a que hicimos referencia, la organización indudablemente aparece como una modalidad democrática de funcionamiento, por lo menos para consulta y deliberación. El GMD aparece como el nexo entre el equipo técnico -que es el que controla los recursos de la institución- y la masa de afiliadas. Sin embargo, no existen normas ni canales establecidos que regulen la entrada o salida de miembros desde y hacia el GMD, como tampoco existen regulaciones sobre la coparticipación, o nivel de decisión del GMD en la esfera técnico-directiva. Su acción parece proceder de un movimiento espontáneo que es asumido y consentido por el equipo técnico.

La estratificación entre las integrantes está basada en dos criterios claramente diferenciales: autoridad por antigüedad y poder por control técnico-económico. Por una parte, el equipo técnico es el que tiene alternativa de acceso y maneja los recursos económicos provenientes del exterior. Por lo tanto, en definitiva, es el que decide sobre las actividades, sobre dónde emplear los recursos, y sobre qué personal técnico y con qué orientación contrata, ya que los recursos provienen de proyectos que son formulados por el equipo y por él gestionado frente a las fundaciones donantes. Por otra parte, el criterio de antigüedad aparece como decisivo para que ciertos miembros accedan a un nivel mayor de poder en tanto no existen canales establecidos de acceso a las esferas de decisión, y en tanto los miembros del GMD no son elegidos por una asamblea.

Bajo estas circunstancias, nuevamente la organización viene enfrentando la misma clase de disyuntiva que en 1967. Un grupo de asociadas plantea la necesidad e interés de asociarse gremialmente, sin embargo, se resolvió que aún no era el momento, debido a factores de diversa naturaleza: políticamente, la actividad sindical experimenta dificultades en el país en el momento; la ley no permite que un sindicato sea financiado con recursos internacionales y ANECAP no puede autofinanciarse; además, "la sociedad no ve al servicio doméstico como gremio", según el equipo técnico.

Es importante tener presente que la decisión de que "aún no es el momento de sindicalizarse" correspondió al equipo técnico y al GMD y ello no fue una decisión procesada a nivel de asamblea con participación del conjunto de afiliadas. La fundamentación de la decisión de la no gremialización vuelve a replantear la cuestión de las esferas de decisión, de los intereses diferenciales de grupo y de la manera de encarar la problemática del servicio doméstico.

Un balance provisorio

Es indudable que en el espacio de ANECAP las empleadas domésticas están encontrando una esfera en la cual tienen mayores condiciones no sólo de realizar actividades significativas, sino a la vez de participación social reflexiva. Ello viene contribuyendo a que su identidad como mujeres y como trabajadoras sea lograda: la más clara manifestación de ello aparece en la motivación hacia la sindicalización, lo cual sugiere que el grupo-objetivo busca transformarse en grupo-sujeto de su participación, enfrentando la situación creada en que los técnicos han tomado las riendas de la conducción. Esta toma evidentemente no es de la organización en sí -ésta no existe al margen de la participación de sus miembros- sino de las riendas de la efectiva participación social de las empleadas domésticas.

La fundamentación del equipo conductor respecto a la inconveniencia actual de la gremialización aparece no sólo como una oposición a la participación social no tutelada de la empleada doméstica, sino que expresa también la ideología y los intereses que los definen como grupo, que aun identificado con la problemática de la empleada doméstica no la vive y no es parte constitutiva de este grupo. El asumir como dificultad el que "la sociedad no ve el servicio doméstico como un gremio" es aceptar tácitamente la realidad social como es y no como debe ser a partir de la acción de las propias empleadas domésticas.

Finalmente, desde el punto de vista legal no parece haber necesariamente confrontación entre ANECAP como asociación y la sindicalización de sus miembros, como entidades autónomas. La pregunta aquí es: ¿en qué medida un objetivo competitivo, coordinado con otras instituciones en el sistema sindical, socavaría la base de participación social de las empleadas domésticas en ANECAP, y llevaría a líneas, prioridades y estrategias que pudieran escapar al actual equipo conductor? ¿En qué medida la criatura se autonomizaría con respecto a su creador?

Reflexiones finales

Señalábamos en la introducción de este capítulo que a través de la reflexión colectiva, de la participación concientizadora, es como un grupo social concreto puede alcanzar su identidad logrando así visibilidad política. Ello aparecía como condición de la organización y posibilidades de logro de sus demandas.

Apuntamos a la problemática de la participación económica de la mujer de sectores populares y en ella enfatizamos que esta participación es alta, pero con bajo retorno, circunscrita a la esfera privada del hogar y en el ámbito de su comunidad inmediata. Laboralmente estas mujeres se integran al mercado de empleo mayormente en el llamado sector informal. En él predominan las mujeres ocupadas en actividades fragmentarias y con desempeño laboral "no protegido". Todo ello es particularmente válido para la empleada doméstica; de ahí la importancia de que existan esferas de participación social accesibles a ellas, que alienten la reflexión colectiva sobre su condición, como mujeres y trabajadoras.

El balance, por la heterogeneidad del conjunto de servicios y organizaciones analizados, no puede ser uniforme. Respecto a las bolsas de trabajo, es posible afirmar que su acción, basada en objetivos programáticos y grupales tan inespecíficos, antes que modificar preservan la situación de precariedad y marginalidad en la participación de la empleada doméstica en el mercado de empleo. La característica de "trabajadora casual" se proyecta como norma, en una inserción laboral en la cual la mujer que se ofrece para estos servicios busca salvar su situación personal o generar ingresos para la familia, pero sin verse a sí misma como trabajadora.

En cuanto a los centros de capacitación y promoción de la empleada doméstica y de la mujer de sectores marginales, aunque se ha visto que su actuación está orientada a estos dos grupos como objetivo explícito, en los hechos aparecen como medios para los grupos-objetivos a que se aspira llegar. La problemática de la empleada doméstica tiende a ser subsumida en términos generales como una problemática familiar, así como la de la mujer marginada es vista en función, primordialmente, no de ella misma y de su condición en la familia y en la sociedad, sino de ella para la familia.

Las perspectivas de *conscientização* y logro de identidad proyectándose hacia la esfera político-sindical parecen darse en ANECAP por lo menos como posibilidad. La historia previa de la organización, su proceso de formación "desde-abajo", su contacto inicial con la esfera sindical (donde las empleadas domésticas se insertaron como trabajadoras y no como "pobres", "necesitadas", "marginales", dándose una participación entre pares), indudablemente cuenta en la situación actual y en las demandas de sindicalización emergentes.

De concretarse la sindicalización habría que evaluar en qué medida la participación de las empleadas domésticas se dará no sólo de acuerdo a las prioridades sindicales generales -las que responden históricamente a las demandas de los que lideran el sistema sindical, siempre y mayoritariamente hombres- sino también de su problemática de mujeres y trabajadoras.

El balance preliminar de este análisis exploratorio sugiere que el logro de la identidad a partir de organizaciones de apoyo y promoción encuentra dificultades mayores cuando este apoyo es superimpuesto, verticalista y asistencialista. Para lograr esta identidad es necesario que la empleada doméstica sea más que grupo-objetivo de la acción; requiere ser el sujeto de la acción. Pero, ¿no es en este punto dónde la organización de promoción pierde su razón de ser?

El "educar" o cambiar las "conductas de las empleadas domésticas", objetivo operacional que ANECAP se propone, entre otros, ¿es posible o es la respuesta a la problemática de estas trabajadoras? ¿No requiere el educador mismo ser educado? (Lukács, 1960, p. 256).

Debo agradecer a Enrique Mazzei y a Carina Perelli, quienes gentilmente me facilitaron la información de investigaciones realizadas bajo su responsabilidad (véase Mazzei, 1983; Perelli, 1983).

Bibliografía

Arzobispado de Montevideo. 1981. *Guía de la Iglesia católica del Uruguay.* Montevideo: Arzobispado de Montevideo.

CEPAL-Comisión Económica para América Latina. 1982. *Cinco estudios sobre la situación de la mujer en América Latina.* Santiago de Chile: CEPAL. Estudios e Informes, n°. 16.

Freire, Paulo. 1968. *Pedagogy of the Oppressed.* Traducido por Myra Berman Ramos. Nueva York: Herder and Herder.

Laens, Sylvia. 1985. *Cambio económico y trabajo femenino.* Montevideo: Centro de Información y Estudios de Uruguay (GRECMU-CIESU), Grupo de Estudios sobre la Condición de la Mujer en el Uruguay.

Lukács, Georg. 1960. *Histoire et conscience de clase.* Paris: Editions de Minuit.

Macadar, L. 1982. *Uruguay 1974-1980: ¿un nuevo ensayo de reajuste económico?* Montevideo: CINVE, Editorial Banda Oriental.

Mayntz, Renate. 1967. *Sociología de la organización.* Madrid: Alianza Editorial.

Mazzei, Enrique. 1983. Organizaciones no-estatales de apoyo a la mujer. Montevideo: Centro de Información y Estudios de Uruguay (GRECMU-CIESU), Grupo de Estudios sobre la Condición de la Mujer en el Uruguay.

Milkman, Ruth. 1976. Women's Work and Economic Crisis: Some Lessons of the Great Depression. *Review of Radical Political Economics* 8, n° 1.

Moser, Caroline/Young, Kate. 1981. Women of the Working Poor. *IDS Bulletin* 12, n° 3, pp. 50-62.

Prates, Suzana. 1981. Women's Labour and Family Survival Strategies under the Stabilization Models in Latin America. Documento preparado para las Naciones Unidas. Centro para Desarrollo Social y Asuntos Humanitarios, Reunión de Grupo de Expertos sobre las Políticas de Integración Social (Viena).

Prates, Suzana. 1983. Estrategia exportadora y la búsqueda de trabajo barato: trabajo visible e invisible de la mujer en la industria del calzado en el Uruguay. Montevideo: Centro de Información y Estudios de Uruguay (GRECMU-CIESU), Grupo de Estudios sobre la Condición de la Mujer en el Uruguay.

Prates, Suzana/Taglioretti, Graciela. 1980. Participación de la mujer en el mercado de trabajo uruguayo: características básicas y evolución reciente. Montevideo: Centro de Información y Estudios de Uruguay (GRECMU-CIESU), Grupo de Estudios sobre la Condición de la Mujer en el Uruguay.

PREALC (Programa Regional de Empleo para América Latina y El Caribe). 1982. *Mercado de trabajo en cifras.* Santiago de Chile: Oficina Internacional de Trabajo.

Taglioretti, Graciela. 1981. La participación de la mujer en el mercado de trabajo. Montevideo: Centro de Información y Estudios de Uruguay (GRECMU-CIESU), Grupo de Estudios sobre la Condición de la Mujer en el Uruguay.

Uruguay, Dirección General de Estadísticas y Censos. 1968-1979. Encuestas de hogares.

Uruguay, Dirección General de Estadísticas y Censos. 1963, 1975. Censos Nacionales de Población y Vivienda.

Uruguay, Ministerio de Trabajo y Seguridad Social. 1981. Agencias privadas de colocación, enero-junio. Montevideo: Dirección Nacional de Recursos Humanos.

Uruguay, Ministerio de Trabajo y Seguridad Social. 1982. Agencias privadas de colocación, oferta, demanda y colocación, enero-junio. Montevideo: Dirección Nacional de Recursos Humanos.

Suzana Prates: un tributo*

Suzana ha muerto;
su dolor de vivir pudo más que ella misma.
Era muy, muy brasileña, pero fue en Uruguay donde su búsqueda
de sí misma y su compromiso colectivo la llevaron a ser pionera de
GRECMU, del movimiento de mujeres y del feminismo global, pacificista
pero revolucionario en nuestra década.
Se empeñó -y lo logró- en dar visibilidad y *status* académico a un
asunto aquí olvidado: nosotras, las mujeres.
Creó un espacio para impulsar ese propósito que creció y se fue
transformando en una cohesión de esfuerzos y de solidaridades; de
múltiples vertientes; de adentros y de afueras, para impulsar la utopía.
Nuestro compromiso -hoy como ayer- nos exige seguir recreando ese
ámbito al cual apostó y dedicó sus últimos años.
Por todo lo que creó, porque muchas mujeres compartimos con ella
la búsqueda colectiva de ideas, explicaciones y soluciones para una vida
mejor, por todo eso Suzana seguirá presente no sólo en el recuerdo
sino también en nuestras acciones.

Sus compañeras de GRECMU

*En 1988, cuando la edición en inglés de este libro iba a la prensa, Suzana Prates murió en Montevideo.
Por eso hemos considerado apropiado reproducir aquí el tributo enviado a sus amigos por las colegas del
Grupo de Estudios sobre la Condición de la Mujer en el Uruguay (GRECMU).

Trabajadoras del hogar en Perú: el difícil camino a la organización

Thea Schellekens / Anja van der Schoot

En Perú muchas jóvenes de origen serrano trabajan como domésticas y viven cama adentro. No eligen libremente esta ocupación, sino que son forzadas por las circunstancias a trabajar en los hogares de familias ajenas. La Juventud Obrera Católica (JOC, 1978, p. 1) estima que hay unas 200.000 mujeres trabajando como empleadas domésticas en Lima. Según datos del censo de 1981, ellas constituyen 19,0% de la población femenina económicamente activa.

Desde muy jóvenes estas mujeres enfrentan dificultades para sobrevivir y superarse. La posibilidad de empleo y educación son los motivos más importantes por los cuales estas mujeres dejan la Sierra para integrarse a la gran multitud de personas que emigran a Lima Metropolitana con la esperanza de una vida mejor. En la mayoría de los casos la familia encuentra de antemano un empleo para la chica en un hogar limeño. La forma más específica de hacerlo se conoce como el "enganche", sistema base en el cual la trabajadora doméstica depende totalmente de sus empleadores, a quienes ella es entregada como una ahijada mediante un contrato escrito que tiene vigencia hasta que ella cumpla su mayoría de edad. Personas de Lima, sobre todo de la clase media, vienen al campo para contratar chicas como trabajadoras del hogar para ellos o sus conocidos: ofrecen a los padres una pequeña cantidad de dinero, un burro o una oveja a cambio de su hija. Los padres entregan a sus hijas porque difícilmente tienen medios para educarlas; ellos esperan que en Lima les vaya mejor .

> "Viví muy poco con mis padres. Cuando tenía cinco años mi padre se fue. Me dejó con mamá quien tenía muchas cosas que hacer y no disponía de tiempo para nada. Un día, apenas había cumplido los seis años, mamá se murió.
> Pasando los días mis hermanos se fueron a la costa. Yo me quedé en el aire. No sabía qué ocurría y como por arte de magia caí en manos de mi abuelita. Ella al principio fue buena, pero luego su actitud cambió. Me daba trabajos pesados: debía cuidar los animales, cocinar y lavar para mi primo. Pasó el tiempo y un día mi abuelita me dijo: "Tú vas a ir a Lima con unos señores que te van a querer mucho y te educarán. Irás sólo para hacer jugar a la hija". Tenía miedo de que me pegaran en el lugar donde me iban a llevar. En contra de mi voluntad me entregó a esos señores" [María].

Para las jóvenes solteras de la Sierra, que tienen escasa educación, emplearse de trabajadora doméstica es una de las pocas oportunidades que tienen de ganar dinero, aunque generalmente escaso, y además asegurar techo y comida. Sin embargo, ser trabajadora del hogar implica una larga jornada de trabajo por un sueldo bajo. Muy de mañana cuando las calles están aún oscuras y desiertas, las vemos barriendo las aceras y haciendo cola en la panadería para poder servir a los patrones pan fresco en el desayuno. Después hay innumerables tareas que continúan hasta muy entrada la noche: limpiar, lavar, planchar, cuidar niños, hacer compras, cocinar. También tienen que trabajar los domingos porque el trabajo doméstico es cosa de nunca acabar. Una trabajadora del hogar no tiene libertad para planear lo que hace diariamente porque tiene que obedecer las órdenes de su patrona. Además dentro de la familia ocupa un lugar marginal, que se manifiesta de muchas maneras.

"Nos daban dos panes para tomar una taza de té. Con eso me dormía. Mientras tanto ellos comían tostadas con mantequilla, tazas de café con leche, churrascos y encima una porción de uvas, peras, manzanas y duraznos.
El desayuno teníamos que llevarlo al segundo piso. Ellos lo tomaban en una mesa. Nosotras lo hacíamos en la cocina y sólo tomábamos té con pan. Mientras ellos desayunaban a las siete de la mañana nosotras podíamos hacerlo recién a las diez, una vez avanzado el trabajo. Teníamos que cocinar aparte para ellos. Mientras ellos tomaban un buen caldo de pollo, nosotras recibíamos una sopa aguada de fideos con una cucharada de arroz" [María].

Ser trabajadora doméstica significa vivir en la casa de personas de otra clase social, ser humillada de muchas formas: como mujer, como cholita [indígena] (1) y como miembro de una clase inferior, y aunque ha habido algunas mejoras a través de los años, la categoría ocupacional sigue teniendo muchos rasgos serviles.

En 1981 vivimos durante seis meses en Lima para estudiar la problemática de las trabajadoras del hogar. Nuestro estudio enfatizó las condiciones de trabajo y la organización de las empleadas domésticas en sindicatos de trabajadoras del hogar. Obtuvimos datos sistematizados de 34 empleadas domésticas, 15 de las cuales estaban sindicalizadas y 19 eran no afiliadas; en su mayoría vivían cama adentro. Hemos complementado esas entrevistas con lecturas y conversaciones informales con trabajadoras domésticas y otras personas. Con los datos de nuestro proyecto hemos elaborado una tesis, pero no quisimos limitarnos a ese objetivo y procuramos también dar a conocer a una audiencia más amplia la situación de las trabajadoras del hogar.

---

(1) Cholo(a) es un término que designa a una persona que ha dejado su comunidad de origen pero no se ha integrado aún en la cultura y sociedad modernas; en términos simples, una persona que apenas ha dejado su atavío indígena. En Perú, el término a menudo se usa peyorativamente para describir a una persona falta de cultura y refinamiento, aunque también puede ser un término afectuoso para una persona de tez oscura pero sólo entre íntimos, como estudiantes universitarios, por ejemplo. Por su parte, un(a) mestizo(a) es una persona de sangre mixta (indígena y española) que ha seguido un estilo de vida español.

Casi todas las trabajadoras domésticas encuestadas en nuestro estudio describieron su situación como muy difícil. Sin embargo, sólo un grupo pequeño, los sindicatos en particular, están persiguiendo cambios fundamentales dentro de este sector ocupacional y están discutiendo su situación -basada en las desigualdades de clase, sexo y raza- en la sociedad.

A principios de los setenta se formaron los primeros sindicatos de domésticas. En el corto plazo reclamaron reformas en la legislación para obtener más derechos, iguales a los de otros trabajadores. A largo plazo buscan "una nueva sociedad, con un ser humano nuevo", como dice una dirigente de un sindicato de trabajadoras del hogar: "una sociedad sin clases donde no existan las trabajadoras domésticas, pero funcionen las salacunas y los comedores populares, y todos puedan trabajar. Una sociedad en que la mujer esté integrada a la producción".

El desarrollo de los sindicatos de trabajadoras del hogar

Para entender el desarrollo de los sindicatos de las trabajadoras del hogar tenemos que tener en cuenta el papel de la Iglesia católica. En efecto, las instituciones religiosas han tomado la iniciativa de ofrecer actividades de capacitación y prestar servicios asistenciales. Pero dado que la Iglesia católica históricamente ha desempeñado un papel importante en la justificación de las distinciones de clase y sexo, en general estos servicios son de carácter conservador.

Un ejemplo es la organización internacional *Opus Dei*, la cual organiza reuniones religiosas y culturales para las trabajadoras domésticas. En su CENECAPE (Centro no Estatal de Calificación Profesional Extraordinaria) se tiene como objetivo capacitar como "sirvientas profesionales" a muchachas con cinco años de primaria. Se exige "flexibilidad para adaptarse a las circunstancias de cada familia particular o de la empresa donde presten servicios". Cuando prestan su colaboración con amor, se les dice, "realizan una gran tarea en el sentido cristiano de la vida" (Ho, 1981, pp. 68-71). Durante nuestra visita al CENECAPE Alcabor, frecuentemente oímos las palabras "resignación" y "adaptación". La directora no nos permitió hablar con las chicas de su CENECAPE. Nos dijo que "su nivel cultural es muy bajo, y hablan muy poco castellano. Por eso a veces dicen falsedades".

Las religiosas de la Congregación de María Inmaculada dirigen un colegio interno para muchachas del campo que tienen entre 14 y 18 años. Después de algunos meses de escuela primaria, capacitación religiosa y doméstica, estas chicas son colocadas como trabajadoras en un hogar. Las religiosas tienen control limitado sobre los empleadores quienes son obligados a cumplir con la legislación y a darles suficiente descanso a sus empleadas para asistir a las clases y participar en las reuniones recreativas los domingos. Se considera la ocupación de trabajadora doméstica como temporal; según la Madre Superiora "es un medio para ganarse la vida mientras se capacitan para su progreso individual".

Además, diversas parroquias organizan reuniones recreativas, cursos de costura, reuniones de preparación para el bautismo y la primera comunión. Todas estas actividades, patrocinadas por la iglesia, tienen por objeto procurar el bienestar de las trabajadoras domésticas y ofrecerles algunas oportunidades de recreación y capacitación.

Durante los años sesenta, dentro de la Iglesia aparecieron pequeños grupos que -desde la perspectiva de la teología de la liberación- se oponían al papel de la Iglesia de conservar el *statu quo*. Uno de estos grupos religiosos progresistas fue la Juventud Obrera Católica, la JOC, la cual desempeñó un papel importante en la formación de los sindicatos de trabajadoras del hogar. Hasta cierto punto, la JOC seguía una orientación que enfatizaba "la asistencia" a las trabajadoras domésticas en su desarrollo individual: asistencialismo, mentalidad de beneficencia, son términos que expresan la idea de hacer las cosas "por" las personas, en vez de garantizarles y aumentarles su autonomía. Sin embargo, en el clima de los años setenta, la orientación del trabajo de la JOC cambió.

El movimiento popular creció durante los años de crisis, lo cual condujo al golpe militar de 1968, y esta tendencia se continuó después. Con el fin de lograr apoyo para sus políticas, el gobierno militar reformista permitió hasta cierto punto que la organización tuviera lugar. El movimiento popular aprovechó esta oportunidad fundando nuevas organizaciones y extendiendo las existentes. Durante el gobierno del general Juan Velasco, por ejemplo, 2.066 nuevos sindicatos fueron reconocidos en Perú (Sulmont, 1980, p. 213). Se trataba de una creciente politización extendida a todos los sectores populares. Los esfuerzos del gobierno para controlar este movimiento fracasaron.

Influida por estos hechos, desde 1966 la JOC intensificó su trabajo en el desarrollo de una conciencia de clase entre jóvenes, incluyendo trabajadoras del hogar. Al mismo tiempo, en Lima, un grupo de estudiantes declarados anarcosindicalistas, llamado Tupac Amarú Yupanqui, estaba organizando a las trabajadoras del hogar. Trabajadoras domésticas integrantes de la JOC y algunos otros grupos cristianos participaron en el grupo Tupac, ejerciendo presión sobre el gobierno para mejorar la legislación vigente sobre el servicio doméstico. Para la JOC, uno de los puntos críticos de este esfuerzo era que Tupac estaba organizando a las trabajadoras del hogar para reivindicar sus derechos pero sin ubicarlas dentro del conjunto de las demás organizaciones populares. Como resultado, cuando después de dos años esta organización no pudo seguir resistiendo las presiones externas y los problemas internos, las trabajadoras del hogar de la JOC, junto con otras trabajadoras domésticas, reiniciaron los fracasados esfuerzos del Grupo Tupac por fundar un sindicato (Rivera, 1979, pp. 44-45).

Para que se reconozca un sindicato en un lugar de trabajo se requieren 20 ó más trabajadores trabajando para el mismo patrón, exceptuando los funcionarios de la empresa. Como las trabajadoras del hogar no pueden cumplir con este requisito tampoco tienen la posibilidad de formar un sindicato legalmente reconocido. Incluso, como indicó un asesor de la JOC, "esta norma para el reconocimiento de los sindicatos se aplica caprichosamente. Por ejemplo, los sindicatos de los peluqueros y de los vendedores de periódicos están reconocidos aunque sus miembros trabajan en forma independiente. También el sindicato de trabajadoras del hogar de Cuzco fue reconocido a nivel departamental en 1972".

De común acuerdo con las trabajadoras del hogar en Lima, el Ministerio de Trabajo y la Confederación General de Trabajadores (CGT) propusieron criterios alternativos para el reconocimiento de sindicatos: serían reconocidos en cada distrito donde tuvieran más de 200 afiliadas. En 1973, una dirigente sindical recordó: "se empiezan a coordinar en varios distritos de Lima. Organizamos la capacitación político-sindical de las compañeras de los sindicatos de trabajadoras del hogar y un esfuerzo de afianzamiento de los cuadros dirigentes".

El 24 de diciembre de 1973, cinco sindicatos de trabajadoras del hogar presentaron al Ministerio de Trabajo una lista con alrededor de 2.500 afiliadas y exigieron su reconocimiento. Estas organizaciones representaron los distritos de Surquillo, Miraflores, Pueblo Libre, Magdalena, Orrantía/San Isidro y Santiago de Surco. Estas no fueron reconocidas (COSINTRAHOL, 1979, Actas).

En diciembre de 1975, se realizó una marcha de protesta en Surquillo para obtener el reconocimiento sindical. Participaron unas 500 trabajadoras. Después de esta protesta los sindicatos de trabajadoras del hogar entraron en crisis. Las patronas, como reacción contra los sindicatos, escribieron artículos en los periódicas y visitaron los colegios a los que asistían las trabajadoras del hogar. Algunas trabajadoras que asistieron a la marcha fueron despedidas y a otras se les advirtió que no mantuvieran ningún contacto ulterior con los sindicatos. Además, algunos dirigentes se retiraron por motivos personales. Como resultado algunos sindicatos se disolvieron, mientras otros perdieron muchas afiliadas (Rivera, 1979, p. 54). También en 1975 el gobierno militar empezó su segundo período bajo el general Morales Bermúdez y la represión en contra de todas las formas de protesta social se intensificó.

En medio de todas estas dificultades, las trabajadoras del hogar en Lima trataron de reagruparse y en poco tiempo se formaron nuevos sindicatos: en 1975, el Sindicato de Breña y en 1976, el de Jesús-María. También se formaron sindicatos en otras ciudades y se coordinaron contactos por todo el Perú. Se realizaron dos congresos nacionales: el primero en 1979 en Lima y el segundo en 1981 en Juliaca. Durante el primer congreso los sindicatos de trabajadoras del hogar presentaron una lista de reclamos para mejorar la legislación sobre las actividades del gremio. A pesar del nombre oficial "trabajadora del hogar", la posición legal de las domésticas en Perú es marginal en comparación con las obreras. Esto es evidente en la falta de reglamentación relacionada con un sueldo mínimo, estabilidad laboral, jornada de trabajo, vacaciones, indemnización por tiempo de servicio, y así sucesivamente. La posición de las trabajadoras del hogar no está establecida en la legislación laboral, sino por decretos especiales. Oficialmente no tienen el derecho de organizarse en sindicatos (sin embargo continuaremos usando este término aquí).

Los sindicatos de las trabajadoras del hogar reclaman un sueldo mínimo, una jornada de trabajo de ocho horas diarias, estabilidad laboral, salida de 24 horas semanales y días feriados nacionales, vacación paga de un mes, seguro social obligatorio, indemnización por años de servicios prestados, contrato de trabajo escrito, regulaciones sobre el trabajo del menor de edad, derecho a la educación obligatoria, abolición de las agencias de empleo comerciales y reconocimiento de los sindicatos. Hasta ahora el gobierno no ha respondido a estos reclamos. Muchas veces las delegadas de los sindicatos han intentado explicar su posición ante el Ministerio de Trabajo pero sus citas han sido pospuestas o incluso se les ha negado la entrada.

En 1984, los sindicatos de trabajadoras del hogar en todas las ciudades del Perú tenían problemas bien por razones políticas, económicas o personales, pero persistieron buscando vías alternas para estructurarse con el fin de fortalecer sus organizaciones y tener un mayor contacto con las trabajadoras del hogar de la base.

Las dificultades de organizarse

Según sus propios cálculos, los sindicatos de trabajadoras del hogar tienen 6.000 afiliadas en Perú y la mitad de éstas están en Lima. Esto significa que no más de 5,0% de todas las domésticas del Perú están afiliadas. No obstante, esta pequeña cifra representa un admirable esfuerzo dados los obstáculos que este sector tiene que superar. La naturaleza misma de su ocupación dificulta sus esfuerzos organizativos y existen muchos problemas para ampliar el número de miembros.

Aislamiento

Las condiciones laborales por sí mismas constituyen un obstáculo considerable para la organización. Las largas jornadas de trabajo y el residir en el hogar de personas pertenecientes a otra clase social llevan a las trabajadoras del hogar a un aislamiento considerable. En estas circunstancias es difícil comunicarse con ellas. Apenas tienen el tiempo necesario para conocer amigos y amigas y mantenerse en contacto con sus familiares: al contrario de las obreras, que trabajan juntas en un negocio o fábrica y tienen contacto diario entre ellas, las trabajadoras del hogar trabajan y viven la mayor parte de sus vidas diseminadas a través de la ciudad, aisladas las unas de las otras. Las largas distancias y el escaso tiempo libre les impiden visitar frecuentemente a sus padres que, la mayoría de las veces, viven en el campo. Tampoco para comunicarse les resulta posible escribir porque muchas trabajadoras del hogar , así como sus padres, no saben leer y escribir y el correo es incierto.

"Empecé a sentirme más triste y más sola porque nadie me quería. Nunca tuve amigas y me sentía humillada" [Margarita].

Ellas están también muy aisladas en el sitio de trabajo mismo. Trabajar como doméstica significa pasar largas horas en una casa donde uno conoce poca gente y las relaciones interpersonales son muy limitadas. Si se puede hablar de una relación personal con las patronas no es en términos de igualdad. Consecuentemente, aislamiento no sólo significa soledad y falta de redes sociales que podrían proveer apoyo en sentido material y emocional, sino también límites para el desarrollo de una conciencia de clase. Las trabajadoras del hogar no viven juntas con la gente de su clase en los tugurios o barriadas pobres: viven con gente de otra clase y otra cultura. Están, sobre todo, sometidas a la ideología burguesa de sus patrones, la cual tiene un gran peso sobre ellas porque son jóvenes y muy dependientes de sus empleadores. El resultado es que difícilmente se identifican unas con otras, y tienen aún menos solidaridad con el movimiento popular. Como dice una dirigente sindical:

"Hay compañeras que todavía no han visto por qué la realidad es así. Muchas no saben por qué somos explotadas, por qué somos marginadas, por qué somos mano de obra barata. Están con los ojos vendados por el sistema. Este es el resultado de nuestro aislamiento".

La relación con las patronas

Tomamos en consideración la relación con las empleadoras porque con ellas, que son las responsables de dirigir la casa, es con quienes las trabajadoras del hogar tienen el mayor contacto. Es cierto que también el abuso sexual puede hacer la relación con el hombre de la casa humillante para la trabajadora del hogar pero no profundizamos sobre este tema aquí.

Dice Figueroa (1975, n.p.): "Las expectativas de la doméstica respecto a la patrona, la 'buena patrona', se refieren sin excepción al deseo de trabajar para una persona que tenga un carácter agradable, que no sea brusca o violenta. La segunda característica deseable en una patrona es que ella establezca una relación maternalista con la doméstica (...) Resulta interesante señalar que no es particularmente importante para la doméstica que la patrona reconozca sus derechos sociales, que la trate como una igual. La patrona es pues vista desde una relación de dependencia, haciéndose necesario su estrecho acercamiento a la imagen del ama benevolente".

La personalidad de la patrona es muchas veces más importante que las condiciones laborales o el salario, sobre todo para las trabajadoras del hogar jóvenes. El deseo de establecer una relación maternal se puede entender fácilmente. La mayoría de las domésticas fueron sacadas de su propias vidas familiares cuando eran muy jóvenes y tuvieron que buscar afecto en otro lado. Debido a que la doméstica tiene pocos contactos en su ambiente de trabajo fuera de la patrona, la patrona parece ser el más apropiado sustituto. Muchas trabajadoras del hogar pueden incluso establecer vínculos emocionales considerables con la patrona y así no sentir su situación de explotación.

> "En el actual trabajo me tratan mejor; hasta me ayudan a barrer y cocinar. La patrona es buena porque hace las cosas a la par que yo. Me deja libre los domingos y me da la misma comida que a los demás" [Rosa].

Sin embargo, con el transcurrir de los años, una trabajadora doméstica adquiere más experiencia y más contactos fuera de su trabajo, y crece su descontento con su situación. Puede formarse otra imagen de su empleadora, exigir mejores condiciones de trabajo y llegar a ser más independiente con respecto a la patrona. Esto es absolutamente evidente entre las trabajadoras afiliadas al sindicato. Un miembro de un sindicato comentaba:

> "La opinión que a mí me merece mi empleadora es que es una injusta, inconsciente de la realidad peruana. No piensa que somos seres humanos hechos de carne y hueso, que sentimos hambre y sed. No me gusta cuando no reconoce mis derechos ya sea a vacaciones, a seguro social, a salir, a estudiar, a descanso, sueldo y indemnización. Sabemos que no hay otro camino sino agruparnos para cambiar nuestras condiciones de trabajo. Nos gustaría que la legislación laboral de las empleadas del hogar cambiara".

Vergüenza

Cada día los patrones hacen sentir a la trabajadora del hogar que la consideran inferior, una sirvienta chola. La gran influencia que ejercen los patrones sobre la trabajadora puede convencerla que en realidad no vale nada. Puede incluso tener vergüenza de sí misma y de su oficio hasta el punto de tratar de ocultarlo. Dada la situación, es comprensible que la trabajadora del hogar no desee compartir sus problemas o unirse a una organización que tiene como base en su trabajo.

> "Cuando conocí a mi enamorado, le conté que trabajaba en una tienda. El domingo pasado sin embargo le conté que soy una empleada, pero no le importó. Buen chico, ¿no?" [Lydia] .

En Perú, las trabajadoras del hogar son poco apreciadas y se les relega a una posición inferior. En nuestra opinión, una razón importante que explica esto es que el trabajo que realiza la empleada doméstica, el trabajo doméstico, no es considerado verdadero trabajo en el sistema capitalista. Aparece como una tarea que cumplen las mujeres de manera natural, y no como el resultado de un largo proceso de socialización. Además, el bajo salario de las trabajadoras del hogar es justificado con la clasificación de su trabajo como no calificado. Por otra parte, los aspectos del trabajo doméstico relacionados con la maternidad (nacimiento, cuidado y crianza de los hijos) ofrecen a las mujeres el prestigio más grande. En nuestra opinión, esto explica por qué las nodrizas tienen la posición más alta en la jerarquía de las trabajadoras del hogar. Ya en el siglo XVI las amas de leche recibían el salario más alto (Burkett, 1978, p. 111). Las trabajadoras del hogar que hacen el trabajo "sucio" tienen en cambio el prestigio más bajo.

De hecho, el trabajo doméstico "degrada" a todas las mujeres, pero las mujeres de clase media y alta en gran parte se eximen del mismo, precisamente por la existencia de las trabajadoras del hogar. Las mujeres de estas clases tienen a su cargo el gobierno del hogar pero no realizan ellas mismas todas las tareas del hogar. Además, como mujeres casadas asumen la posición social de sus maridos.

A estos factores desprestigiantes, en Perú se agrega el hecho de que la profesión de trabajadora del hogar es practicada casi exclusivamente por indígenas. La mayoría de los patrones son criollos y consideran a las indígenas como seres inferiores. Precisamente por ser dependientes de estos patrones las trabajadoras del hogar se avergüenzan de su origen y tienden a adaptarse -más que a oponerse- a las normas y valores de sus empleadores. Por ejemplo, muchas domésticas comienzan a vestirse como sus patronas, maquillándose las caras y cortándose las trenzas. Pero la ropa y el maquillaje no convierten a la trabajadora del hogar en una limeña. Ella sigue siendo una "cholita" y continúa siendo descriminada:

> "Nos dicen: ¿para qué capacitarnos? Si somos cholas, nunca seremos nada. Para barrer no se necesita estudiar" [Bertha].

El trabajo del hogar tomado como una ocupación temporaria

Dadas las malas condiciones de trabajo, el aislamiento, la posición social inferior y los sentimientos de vergüenza, no sorprende a nadie que la empleada doméstica desee dejar su ocupación tan pronto le es posible. Por su aislamiento también es comprensible que las trabajadoras del hogar -si piensan cambiar su situación- busquen soluciones individuales a sus problemas. El hecho de que conciban su ocupación como temporal no las estimula a buscar cambios estructurales por medio de la organización sindical; en lugar de ello, tratan de elegir otra ocupación con mayor prestigio. La mayoría intenta alcanzar esta meta a través de la educación aunque, en general, han recibido muy poca educación en su hogar. Sin embargo, desde 1973 está disponible una forma de enseñanza básica primaria en las últimas horas de la tarde, la cual es aprovechada por muchas trabajadoras del hogar.

Sin embargo, tienen pocas probabilidades de ejercer las profesiones que codician. Por un lado, el mercado de trabajo es grande y altamente competitivo, y su origen indígena obra en sentido contrario a las probabilidades de que sean elegidas para ejercer un cargo que implique contacto con el público. Por otro, la trabajadora del hogar que quiere trabajar por su cuenta -por ejemplo establecer un taller de costura- no tiene cómo ahorrar con el poco salario que gana. La realidad es tal que algunas trabajadoras del hogar que han dejado la ocupación regresan a ella cuando son de edad; trabajan por horas, o lavan o cosen para otros en sus propias casas (ver Chaney, 1985).

Todo esto no quiere decir que ir al colegio es superfluo. Se entiende que aprender a leer, escribir y otras destrezas es muy útil; además, el sistema educacional es uno de los medios más importantes para entrar en contacto con otras trabajadoras del hogar. Juntas, pueden discutir sus problemas y hacerse más conscientes de su situación. La educación les puede dar mayor confianza en sí mismas. Sólo el contacto con otras trabajadoras del hogar puede hacerlas reflexionar sobre su propia situación y darles una perspectiva diferente de su relación con sus empleadores quienes diariamente las confrontan con la ideología burguesa. De esta manera la educación puede desempeñar un papel importante en el rompimiento de su aislamiento y el estímulo a la organización de las trabajadoras del hogar, aunque ellas inicialmente no hubieran tenido intención de organizarse.

El desconocimiento de los sindicatos

La situación de aislamiento de las trabajadoras del hogar las coloca fuera del alcance de los sindicatos, los cuales pueden solamente hacer contacto con aquellas trabajadoras que han empezado a salir de su aislamiento porque van al colegio o quizás al Campo de Marte, un área de recreación donde los domingos se congregan muchas domésticas. La mayoría de las empleadas domésticas sabe muy poco sobre sindicatos y quienes están enteradas de su existencia conocen casi nada sobre sus actividades y objetivos. Cada sindicato de las trabajadoras del hogar patrocina distintas actividades y difunde información para estimular la organización de las empleadas domésticas. Sus afiliadas tratan de hablar con las trabajadoras del hogar acerca de su situación y de sus derechos. Esto lo hacen en escuelas y parroquias y tratan de motivarlas a participar en las reuniones de los sindicatos. La mayoría de las empleadas domésticas ha entrado a los sindicatos por tales contactos personales. Un miembro dice:

"Antes no sabía nada. Pensaba que sería así toda mi vida. La explotación de la trabajadora del hogar me parecía normal. Hoy conozco muchos problemas de los obreros, los campesinos, la situación del país, etcétera. Tenemos que organizarnos, pero no tenemos tiempo para dedicarle a la organización y tenemos que organizar a las trabajadoras del hogar que no saban nada de la realidad en que viven".

En casi todos los casos, tanto las afiliadas de los sindicatos como los posibles miembros trabajan con cama adentro y trabajan muchas horas, de modo que tienen poco tiempo libre para asistir a las reuniones.

La falta de tiempo es también una razón por la cual las trabajadoras del hogar se sienten intimidadas ante la posibilidad de participar en un sindicato aunque reconozcan la importancia de organizarse. En el poco tiempo libre que tienen quieren ir al colegio, participar en programas recreativos en las parroquias y divertirse, como reconocen las dirigentes sindicales:

"Sí, realmente es un problema reunir a las trabajadoras del hogar. Tienen poco descanso y los domingos quieren divertirse después de haber trabajado duro toda la semana. Muchas compañeras van al cine o a las salas de baile que son las atracciones que ofrece la ciudad. Tenemos que tomar en cuenta esta realidad en relación con nuestras actividades. Cuando organizamos reuniones también tiene que haber momentos de descanso con cantos, bailes y la música de nuestro pueblo" [de la Sierra].

Además de la falta de tiempo, la escasez de recursos financieros de los sindicatos dificulta su tarea de difusión.

Oposición

La actitud de las patronas hacia los sindicatos también limita su capacidad organizativa. La amenaza de despidos y otras represalias hace a las empleadas domésticas sentirse temerosas de pertenecer a sindicatos. Una dirigente dice:

"Muchas veces las patronas propagan mentiras sobre nuestros sindicatos diciendo que todas somos ladronas, prostitutas o comunistas a fin de que sus empleadas se alejen de nuestros sindicatos".

No todas las trabajadoras se atemorizan por estos esfuerzos de intimidación, pero pocas hablan con sus patrones sobre su participación sindical. Como una dirigente sindical recuerda:

"Cuando tenía 18 años, la Coordinación de los Sindicatos de Trabajadoras del Hogar en Lima Metropolitana me eligió delegada a un Congreso Nacional de la Confederación Campesina del

Perú que se realizó en la zona rural, en el Cuzco. En esta oportunidad tuve la experiencia de que después de haber trabajado cinco años en el mismo trabajo fui forzada a dejarlo, en otras palabras fui prácticamente despedida.
(...)
Tenía que viajar de inmediato al Cuzco para participar en el congreso y debía hacer siempre lo posible por cumplir con la base sindical, lo que la clase me confiaba. O mi trabajo o mi clase. Fue una lucha muy dura, pero me decidí por abandonar mi trabajo. Esa fue la razón por la cual fui despedida después de cinco años sin derecho a reclamar el tiempo de servicio, ni las vacaciones".

Cuando las afiliadas viven cama adentro les es especialmente difícil escapar del control social de sus patrones.

"Tengo que mentirles porque no me dejan ir a las reuniones", dice un miembro.

Y otro:

"En mi trabajo anterior me despidieron porque yo hacía andar volantes, afiches y reclamaba mis derechos. He sufrido mucho. Cuántas veces me decían cosas mis patrones".

El saber que se las puede despedir es un serio obstáculo a la disponibilidad de las trabajadoras del hogar a sublevarse contra la injusticia. Los patrones consideran los sindicatos de las trabajadoras del hogar como una amenaza a sus intereses. La existencia de una fuerza laboral barata libera a las clases alta y media del trabajo doméstico; no necesitan hacer previsiones colectivas costosas y pueden utilizar sus ahorros de otra manera.

Por su parte, al no reconocer los sindicatos de las trabajadoras del hogar y sus reclamos por una mejor legislación laboral, el gobierno perpetúa los intereses de los patrones. La legislación deficiente tiene que ser considerada en relación con la forma como el trabajo doméstico está organizado. Una sociedad capitalista se beneficia cuando mujeres hacen el trabajo doméstico en el ámbito privado en forma prácticamente gratuita. A la vez, la importancia de este trabajo se minimiza al ser considerado como un asunto privado y no público. Las empleadas domésticas que trabajan en hogares privados son consideradas como miembros inferiores de la familia más que obreras. Esta es la razón por la cual el gobierno se interesa muy poco en este asunto y los patrones tienen tanta libertad para determinar las condiciones laborales de sus empleadas domésticas. Estas mujeres dependen mucho de la buena voluntad de sus patrones.

Falta de apoyo

Los sindicatos de las trabajadoras del hogar afirman que hasta muy recientemente no habían recibido un apoyo significativo por parte de los partidos políticos.

de la izquierda y otros sindicatos y federaciones. Estas organizaciones prestan poca atención a la problemática de las trabajadoras del hogar porque ellas efectúan sus actividades en el ámbito privado, aseguran dirigentes de los sindicatos: "Los partidos todavía no asumen como suya la problemática de las trabajadoras del hogar. Sólo tienen interés en nuestros dirigentes por su claridad y en la masa como sostenimiento. Pero todavía no tienen programas específicos y claros para nuestro sector, porque las empleadas no están insertas dentro del sistema productivo como lo están los campesinos y los obreros".

El apoyo concreto por parte del movimiento feminista está también empezando aunque muy lentamente, dice una dirigente del sindicato de trabajadoras del hogar: "Se habla de la solidaridad de las mujeres entre ellas, pero las feministas son mujeres de la clase media. Trabajan y necesitan trabajadoras del hogar en sus propios hogares".

Existen indicios de que las feministas, quienes para su propia liberación dependen de otras mujeres que trabajen por ellas en sus hogares, van a sentir esta contradicción como un problema (ver Vargas, 1981). Mientras la existencia de empleadas en trabajo doméstico continúe perteneciendo al ámbito privado, los hombres pueden seguir sustrayéndose a este trabajo, reforzando así su actitud machista. Una liberación real sólo es posible en una sociedad en la cual el trabajo doméstico esté organizado de otra manera sin estar reservado exclusivamente al sexo femenino.

Conclusión

Trabajar como empleada doméstica en Perú significa tener una vida muy difícil. Confrontar sus problemas a través de organizaciones sindicales presenta aún mayores dificultades. Las condiciones serviles de esta ocupación -vivir cama adentro, tener un horario de trabajo ilimitado, tener una relación dependiente y desigual con los patrones- causan muchos problemas, no sólo para la trabajadora como individuo, sino también a los fines de la organización de ese sector.

Desde 1973, algunas trabajadores del hogar se han organizado en Lima Metropolitana y en otras ciudades peruanas, pero estos sindicatos todavía tienen pocas afiliadas.

Sobre todo el aislamiento en que viven las trabajadoras del hogar es un problema serio. La relación típicamente dependiente y paternalista entre la trabajadora del hogar y sus patrones influye sobre las domésticas para adaptarse a las normas y valores de otra clase social. El trato discriminatorio dado por los patrones a las trabajadoras domésticas hace que éstas se sientan inferiores hasta el punto de avergonzarse de su ocupación y querer dejarla en cuanto es posible.

Esta situación no las motiva a organizarse en sindicatos. Inclusive trabajadoras que se han organizado encuentran difícil atraer nuevos miembros porque no sólo las condiciones laborales en sí mismas impiden la toma de conciencia de clase y la organización de las trabajadoras del hogar, sino que los sindicatos también encuentran oposición por parte del gobierno y los patrones. A pesar de esto, los sindicatos de trabajadoras del hogar perseveran aun en un período en el que el movimiento popular en su totalidad enfrenta grandes dificultades, desarrollando cuadros directivos persistentes y conscientes que, aunque tienen problemas llegando a la base, continúan buscando nuevas formas de fortalecer las organizaciones de las trabajadoras.

Bibliografía

Burkett, Elinor C. 1978. Indian Women in White Society: The Case of 16th Century Peru. En Asunción Lavrin, editora, *Latin American Women: Historical Perspectives,* págs. 101-28. Westport, Connecticut: Greenwood Press.

Chaney, Elsa M. 1985. 'Se Necesita Muchacha': Household Workers in Lima, Perú. Trabajo presentado en la reunión anual de la American Anthropological Association, Simposio sobre Trabajadoras Domésticas, Washington, D.C.

COSINTRAHOL. 1979. Actas. Lima: Coordinadora de los Sindicatos de las Trabajadoras del Hogar de Lima Metropolitana.

Figueroa Galup, Blanca. 1975. Diagnóstico del rol ocupacional y de la educación formal de la mujer: domésticas. Lima: Instituto Nacional de Investigación y Desarrollo de la Educación "Augusto Salazar Bondy". Lima. Inédito.

Ho, Y. 1981. Auxiliar de hospedaje y del hogar: una profesión de gran demanda. *Documenta 9,* pp. 69-71, 79-80.

Juventud Obrera Católica (JOC). 1978. Informe 'Trabajadoras del Hogar', Perú. Trabajo preparado para el Encuentro Latinoamericano, Colombia.

Rivera, Olga. 1979. Situación de la trabajadora del hogar en Lima Metropolitana. Lima: *Tareas para el Trabajo Social.*

Sulmont, Denis. 1980. *El movimiento obrero peruano, 1890-1980.* Segunda edición. Lima: TAREA.

Vargas, Virginia. 1981. *El Diario,* septiembre 28.

Nuestro agradecimiento a las trabajadoras del hogar quienes, en su escaso tiempo libre, estuvieron dispuestas a discutir este capítulo con nosotras.

Trabajo doméstico asalariado en Chile: no es un trabajo como los otros

Thelma Gálvez / Rosalba Todaro

Este capítulo tiene por objetivo analizar la especificidad del trabajo doméstico asalariado y sus consecuencias sobre las trabajadoras y sus organizaciones. Está basado en nuestra observación de la realidad actual de las trabajadoras de casa particular en Chile, incluyendo entrevistas y talleres de los cuales se extractan las citas que aparecen en los textos (1).

Para el trabajo se partió de una pregunta básica: ¿por qué la mayoría de las trabajadoras de casa particular no está organizada? y del propósito de ayudar a las organizaciones de trabajadoras a mejorar su situación contribuyendo a detectar sus determinantes claves. La premisa es que la relación de producción en el trabajo doméstico asalariado determina en gran medida el comportamiento y la conciencia de las trabajadoras de casa particular y a través de éstas el de sus organizaciones.

Una visión de conjunto

Como muchos otros trabajos, el de trabajadora de casa particular no se elige ni responde a una vocación, se hace sencillamente por la necesidad económica de mantenerse y tener un ingreso. Para la gran mayoría de las mujeres de los sectores populares en Chile es su primer trabajo y lo ejercen con la expectativa de cambiar hacia una situación más favorable: un oficio mejor, formar una familia propia, tener un golpe de buena suerte.

En Chile, no es sólo un trabajo por el cual han pasado tantas mujeres alguna vez en su vida laboral, es también el oficio ejercido por el mayor número de mujeres económicamente activas. En 1980, 96,2% de las personas que trabajaban en este sector eran mujeres y había 248.000 trabajadoras de casa particular que representaban el 23,3% de la fuerza de trabajo femenina (2). Casi la mitad se encontraba en Santiago, la capital, compuesta en gran medida de jóvenes migrantes del campo para las cuales el servicio doméstico supone un trabajo, vivienda y manutención.

Durante los años setenta en Chile hubo dos tipos de gobierno opuestos y, con

---

(1) Estas reflexiones fueron hechas durante una investigación financiada por la Fundación Inter-Americana. Una versión de este trabajo apareció en Rosalba Todaro y Thelma Gálvez, *Trabajo doméstico remunerado: conceptos, hechos, datos.* Centro de Estudios de la Mujer, Santiago de Chile, 1987. Se usó con el permiso de las autoras y el CEM.

(2) Las fuentes de datos estadísticos utilizadas en este trabajo son: Censos de Población de 1960 y 1970; Encuesta Nacional del Empleo de 1980, y tabulaciones especiales de la Encuesta.

ellos, cambios de enfoque social y de política económica que produjeron efectos muy distintos en los resultados de la actividad económica. El gobierno de la Unidad Popular (1970-1973) logró un crecimiento del ingreso *per capita* muy alto el primer año, así como un crecimiento permanente del empleo y una reducción de la desocupación a 4,0%. Bajo el gobierno militar la actividad económica cayó profundamente en el año 1975 y se recuperó para caer en una nueva y mayor crisis a partir de 1981. En los años de recuperación se mantuvo una alta tasa de desocupación, acompañada de crecimiento relativo en la producción de servicios y de mayor concentración del ingreso.

Durante esa misma década, la población femenina económicamente activa creció más que la masculina, y la tasa de participación en la fuerza de trabajo de las mujeres mayores de 12 años se incrementó de 23,0% en 1970 a 29,3% en 1980. Estas estadísticas oscurecen los comportamientos diferenciados por estratos de ingreso; debe ser tenido en cuenta que "la participación de las mujeres de estrato bajo tiende a aumentar en períodos de altas tasas de desempleo y de mermas importantes en el ingreso real" (Rosales, 1979).

En la década anterior (1960-1970) disminuyó el número absoluto de mujeres empleadas en casa particular, tendencia que continuó hasta 1974. En el período de crecimiento con alto desempleo, el volumen de fuerza de trabajo en el servicio doméstico se mantuvo casi constante y a partir de 1981 se produjo nuevamente una notoria disminución en el empleo.

Las fluctuaciones de la economía también influyen en la composición del empleo para que éste sea puertas afuera y puertas adentro. Desde los años sesenta ha habido una tendencia al aumento relativo de las que trabajan puertas afuera. En 1980, 39,7% de las trabajadoras de casa particular ocupadas en la ciudad de Santiago trabajaban puertas afuera. En los dos últimos años el volumen de empleo en esta modalidad ha descendido en 5,1% en tanto que para la modalidad puertas adentro ha descendido en 11,8%.

El conjunto de trabajadoras de casa particular es más joven que el conjunto de la población activa femenina, y la mayor proporción de jóvenes se encuentra en la modalidad puertas adentro. En 1980, 28,9% de la fuerza de trabajo femenina era menor de 25 años en contraste con 39,6% de las trabajadoras de casa particular como grupo y 50,3% de la modalidad puertas adentro.

Las expectativas de ejercer este oficio provisoriamente se cumplen en una proporción más alta para las que ingresan muy jóvenes a él. En el período 1960 a 1970, el volumen de empleo en servicio doméstico se redujo en 9,8%, y el contingente de mujeres de 15 a 19 años en 1960 era de 48.387, en tanto que 10 años más tarde, el grupo de trabajadoras entre 25 y 29 años era de sólo 22.017 mujeres; aparentemente, 55,0% de ellas se habrían retirado de la profesión. Entre 1970 y 1980, ante un aumento de casi 40,0% en el volumen de empleo, 27,0% de las trabajadoras de casa particular de 15 a 19 años se retiraron en el curso de esos 10 años.

La educación formal alcanzada también influye en la permanencia en el trabajo. Las trabajadoras de casa particular a menudo identifican la pobreza o la necesidad económica, así como su falta de preparación para otras ocupaciones, como causas principales para el trabajo en su oficio. En 1980 tenían un promedio de 5,2 años de estudio aprobados, en tanto la fuerza de trabajo femenina tenía 7,2 años. Desde 1960 ha aumentado este promedio, tanto para las trabajadoras de casa particular como para el conjunto, posibilitando la promoción. Quienes perduran en el servicio doméstico o lo ejercen en edades más maduras tienen menos años de estudio, sin que se aprecien diferencias al respecto entre puertas afuera y puertas adentro.

Sin embargo, en 1980, en las edades comprendidas entre 20 y 29 años hay una proporción más alta de trabajadoras de casa particular con un nivel de instrucción superior a los 10 años que en las décadas anteriores: 16,5% para el grupo de 20 a 24 años y 19,0% para el grupo de 25 a 29, el cual, obviamente ha debido incorporarse a estas ocupaciones con ese nivel de estudios ya rendido. Como no ha cambiado la formación necesaria para desempeñar el oficio, este hecho refleja el deterioro en las posibilidades de trabajos alternativos y es una advertencia a las aspiraciones de muchas trabajadoras de casa particular que conciben la mayor educación como una vía para abandonar su ocupación por otra mejor.

En 1926 se constituyó en Chile el primer Sindicato Autónomo de Empleados de Casa Particular. Los principales problemas planteados por sus organizaciones fueron su reducida afiliación e influencia, siempre escasas en relación con el enorme potencial que el gremio representa pues no hay oficio femenino más numeroso que éste. Actualmente, aunque las organizaciones han sobrevivido, la situación es peor dada la actitud oficial tan poco favorable a los trabajadores en general.

Los sindicatos de trabajadoras domésticas han funcionado bajo distintos nombres y formas, y la historia de las distintas organizaciones está entrelazada. Hoy en día hay dos organizaciones principales: la Asociación Nacional de Empleadas de Casa Particular (ANECAP) y el Sindicato Interempresas de Trabajadores de Casa Particular (SINTRACAP).

ANECAP es dirigida por ellas mismas y cuenta con el apoyo de la Iglesia católica. Su labor principal es dar servicios a las trabajadoras de casa particular en lo pastoral, en formación personal y profesional, en educación básica, alojamiento y servicio de colocaciones. Cuenta actualmente con 13 sedes a lo largo del país, con 3.000 socias y atiende anualmente las necesidades de unas 10.000 trabajadoras.

SINTRACAP tiene por tarea la conquista y defensa de los derechos laborales de las trabajadoras a la vez que se ocupa de la capacitación sindical de sus alifiadas y dirigentes. Aunque cuenta con menores recursos que ANECAP, a fines de 1973 tenía un total de 2.500 afiliadas en 17 sindicatos regionales, los que se han visto reducidos a 6 con 330 afiliados en total como consecuencia de la política oficial durante los años de la dictadura militar (si bien durante los últimos años, bajo el gobierno de Democracia Cristiana, se ha recuperado terreno, todavía muchas empleadas tienen miedo de asociarse en sindicatos; n. de la ed.).

Los sindicatos promovían cooperativas de ahorro, crédito y vivienda. Hasta 1987, los sindicatos de SINTRACAP se agrupaban en la Comisión Nacional de Sindicatos de Trabajadoras de Casa Particular (CONSTRACAP), el embrión de una federación de sindicatos. Más tarde la CONSTRACAP cesó de funcionar y no está claro si continuarán el esfuerzo de crear una federación.

La especificidad del trabajo doméstico asalariado

La característica más sobresaliente del trabajo doméstico en general es que se le asigna a la mujer como su rol "natural". En Chile, en 1981, 2.090.100 mujeres (49,0% de las mayores de 12 años) que declaraban como ocupación principal "quehaceres domésticos", eran consideradas inactivas. Esto confirma que es visto como un rol y no como un trabajo.

El trabajo doméstico es un proceso de trabajo individual que se lleva a cabo aisladamente en una casa. Se organiza delegando la responsabilidad de algunas actividades a una o más personas, por lo general, las mujeres de la casa. Su contenido varía con el tiempo, el lugar, la clase social y los condicionantes culturales. Al mismo tiempo, y permanentemente, este trabajo provee a otros -los "atendidos o servidos"- un mayor tiempo de ocio o tiempo disponible. En algunas circunstancias, esto da origen a una pugna de intereses contradictorios dentro de la familia.

En el trabajo doméstico no hay cooperación ni división del trabajo; lo más frecuente es que la ejecutora sea una sola y no exista la necesidad de coordinar tareas y esfuerzos entre distintos ejecutantes. Aunque hay algunos determinantes de secuencias y horarios que obedecen a las rutinas y a los gustos de la familia, el grado de libertad es mayor porque los "productos" de este trabajo son muchos y su producción se puede combinar. La observación y descripción del proceso nos hace percibirlo como una simultaneidad de tareas distintas, interrumpidas muchas veces para avanzar en una mientras otras tienen un período de espera. Como dijo Clementina:

> "Dejé los pañales y subí a hacer el dormitorio; mientras se cocinaba la sopa limpié el *living*".

Es la forma cómo se organiza el trabajo lo que le da su carácter de artesanal, aunque hay algunos elementos de progreso técnico. La producción industrial invade la casa con electrodomésticos, productos de limpieza y alimentos semielaborados, que junto con la variación social de los estándares de limpieza, rapidez, frecuencia, etc., cambian las condiciones del trabajo doméstico. La no estandarización del proceso tiene como consecuencia que el producto tampoco sea *standard*.

Considerando ahora las condiciones sociales del trabajo doméstico asalariado puertas adentro vemos que se distingue de otros trabajos asalariados en los siguientes puntos:

-El salario de la trabajadora de casa particular es un gasto de consumo para quien la emplea. Ella produce un servicio que no le pertenece pero que tampoco es vendido sino consumido por sus empleadores que son al mismo tiempo quienes dirigen su trabajo.

-Vende su disponibilidad casi total de tiempo sacrificando su posibilidad de vida privada.

-Su salario se compone de una parte monetaria y otra en especie.

-Su lugar de trabajo es un lugar de vida y de consumo para una familia que no es la propia y con la que vive en un *status* socialmente inferior. Es, en la mayoría de los casos, la única asalariada que ejecuta trabajo doméstico en la casa, de modo que trabaja aislada de otras personas del gremio.

A este proceso de producción artesanal se le agrega un elemento nuevo cuando se especifica su condición de trabajo asalariado puertas adentro: una dirección, que desde el punto de vista del proceso de trabajo no es necesaria pues no hay cooperación ni división del trabajo, pero que desde el punto de vista de la relación social sí lo es, y en varios aspectos.

Esta dirección la ejerce generalmente la mujer de la casa, la patrona, que al mismo tiempo es quien haría el trabajo si la trabajadora no estuviera. Usualmente se relaciona con el mercado sólo como consumidora: compra el tiempo completo de otra mujer para consumirlo según sus necesidades. Con esta transacción ella no valoriza capital pero "valoriza" y justifica su rol como responsable del trabajo doméstico. Ella ejerce como jefe directo, como responsable del trabajo de la asalariada, pues si éste no está hecho a satisfacción de la familia, ella recibe las quejas.

Como en este tipo de trabajo las actividades son menos precisas que en un proceso industrial, el ritmo al cual se cumplen puede ser variable y la intensidad y calidad del trabajo no son fáciles de medir. Por lo demás, el producto es un servicio y el criterio de si está o no bien hecho no es objetivo; depende del que lo recibe.

Todo ello es susceptible de ser controlado por la patrona: no sólo el resultado final es un producto que merece aprobación o rechazo, también el proceso de trabajo tiene múltiples formas de ser vigilado, cambiado, interrumpido y por lo tanto, para la patrona forma también parte del producto y reafirma su rol directivo. Como en todo trabajo asalariado en el que se compra la fuerza de trabajo, si la trabajadora aumenta su eficiencia y cumple sus tareas en menos tiempo, es probable que se le encarguen nuevas tareas para apropiarse también de ese tiempo "extra".

Otra fuente de conflicto entre dirección y ejecución se relaciona con el uso de materiales en el trabajo: jabón, alimentos, petróleo, etc. porque es difícil establecer estándares de utilización. Por ejemplo, las proporciones en que se mezclan los alimentos son menos fijas que aquellas con que se fabrica una sustancia industrial por lo que el derroche está menos medido aunque puede estar igualmente controlado.

Una buena parte del trabajo es de mantenimiento y limpieza de la infraestructura doméstica, es decir, más parecido a los servicios auxiliares de un taller que a la producción. Por eso, los estándares son también menos absolutos. La manipulación de medios ajenos que no se encuentran en la casa de la trabajadora, la comparación de éstos con los de su hogar de origen y la relativa libertad con que la trabajadora los puede emplear, permiten que en la práctica el uso de estos elementos sea objeto de intereses contradictorios entre la parte patrona y la asalariada.

Así pues, en el trabajo doméstico asalariado puertas adentro se da una contradicción entre un proceso de trabajo artesanal y su dirección, que se manifiesta en la forma de intereses contradictorios de dos mujeres: la asalariada y la patrona, empeñadas en una misma tarea común al servicio de los miembros del hogar. Al no haber distinción clara entre el tiempo de trabajo y el tiempo propio de la trabajadora, esta contradicción se manifiesta no sólo en el trabajo sino también en casi todos los aspectos de la vida diaria de ambas.

Consideramos que la contradicción entre proceso artesanal y dirección es esencial a la modalidad de trabajo puertas adentro. Los siguientes elementos presentes en esta modalidad permiten caracterizarla como una relación con elementos serviles:

- la disponibilidad de tiempo sin límite de horario;
- la disponibilidad de la persona que, junto con la elasticidad de las tareas, son

parte necesaria del servicio, trabajo que hereda del rol femenino hasta los elementos de sacrificio y abnegación;

- la producción del servicio para ser consumido por patrones sin pasar por el mercado;

- la coexistencia en un mismo espacio -que es lugar de vida para unos y de vida y trabajo para otros- de dos tipos de vida, la de los patrones y la del "servicio".

En el trabajo puertas afuera hay mayor probabilidad de que exista un horario fijo y que se respete. Sin embargo, los horarios también son largos y cuando son más cortos, es decir lo que podría ser un horario normal en otro oficio, los salarios son mucho más bajos. A esto hay que sumarle el tiempo de viaje a sus casas y los gastos correspondientes a las comidas y mantenimiento de su casa.

En términos afectivos y personales el trabajo puertas afuera representa un gran avance con respecto al puertas adentro, incluso con las desventajas señaladas, porque la trabajadora por día tiene vida propia claramente delimitada de la de los patrones.

Aun así el hecho de que se realice en una casa particular y que socialmente sea un trabajo tan poco valorado, hace que conserve su característica de trabajo no profesional condicionado a los deseos inmediatos de los empleadores. Se mantiene el hecho de que el servicio producido es consumido por los patrones, dueños absolutos de la jornada de trabajo contratada. Esto sigue dando un carácter servil a la relación de trabajo, que se irá rompiendo en la medida en que la contratación entre ambas partes se haga por servicios normados y no por jornada laboral.

Consecuencias sobre la trabajadora de casa particular

Como el trabajo doméstico es considerado un rol femenino, mucho más que un trabajo, la trabajadora doméstica asalariada se basa en el modelo de la dueña de casa, a quien en gran medida reemplaza. Por lo tanto, no tiene horario fijo, se la puede interrumpir en sus horas de descanso, los días feriados pueden ser los de más trabajo porque se reciben visitas o se hacen comidas especiales y el descanso dominical no es parte de sus derechos, al contrario de lo que sucede con los demás trabajadores.

El bienestar y la comodidad de la familia para la cual se trabaja es el objetivo principal de este tipo de trabajo y la legislación existente se acomoda a este objetivo. La jornada de trabajo que estipula 48 horas semanales, la cual rige para las demás trabajadoras, no es aplicable a las trabajadoras de casa particular basándose en lo que se denomina explícitamente en la legislación "la naturaleza de su labor". No hay jornada legal máxima; desde que sólo se establece un mínimo de horas de descanso diario (10 horas), la jornada puede ser hasta de 14 horas.

Para la liquidación del contrato no es necesario explicar motivo alguno; basta dar un aviso de 30 días que puede ser reemplazado por el pago del salario correspondiente a esos días. En caso de enfermedad contagiosa el contrato puede ser rescindido en forma inmediata sin necesidad de aviso ni indemnización alguna. La obligación del empleador de conservar el trabajo durante el embarazo y hasta un año después del parto no se aplica en el caso de la trabajadora de casa particular. El tiempo de vacación por año es de 15 días. Si la doméstica ha trabajado más de 10 años en el mismo hogar, se añade un día por cada año sobre los 10. El salario mínimo no es establecido por ley. Si la trabajadora ha estado en el mismo hogar por más de un año, en el caso de que ella se enferme, su trabajo debe ser conservado por 30 días. La trabajadora del hogar tiene el derecho a licencia de maternidad por 6 semanas del parto y 12 semanas después del mismo. Dado que una trabajadora puede ser despedida en cualquier momento, aún durante el embarazo, en muchos casos la licencia de maternidad no puede ser utilizada.

Otra legislación actual relevante a las trabajadoras de casa particular en Chile provee un día libre a la semana (24 horas), el cual puede ser dividido en medios días si la trabajadora lo desea (el día se determina por acuerdo entre las partes; el domingo no es un día libre obligatorio, ni tampoco los días festivos); y el seguro social obligatorio que provee pensión de jubilación, asistencia médica, pensión por invalidez o enfermedad, y un estipendio familiar. Los pagos equivalen a 27,6% del salario de la trabajadora, 24,8% provienen del pago efectuado a la trabajadora y 2,8% son pagado por el empleador.

Esta identidad entre vida y trabajo marca sus tiempos y sus espacios. En cuanto al tiempo hay ciertas rigideces de horario que dan un ritmo y posibilidades de planificar el trabajo: "Los niños al colegio a las ocho, limpiar los dormitorios después que todos se levantan, almuerzo servido a la una, etc.". Pero el descanso puede ser interrumpido en cualquier momento: el timbre, el teléfono, visitas o servir un café, salida imprevista de la patrona o porque el niño volvió enfermo del colegio. Tales interrupciones al descanso pueden también invadir el espacio donde éste es posible: la pieza. Las trabajadoras no consideran su pieza como espacio propio. Sólo identifican su tiempo libre con el tiempo fuera de la casa. Como ellas generalmente no tienen un lugar propio, algunas veces arriendan una pieza para ir allí los días de salida, o aspiran a comprar una vivienda aunque sigan pensando trabajar puertas adentro.

En adición a los "propios" espacios de trabajo tales como la cocina y el lavadero, el trabajo doméstico también debe ser realizado en otros lugares donde la familia vive. Como su lugar de trabajo es al mismo tiempo el lugar de vida de una familia, el proceso mismo es muchas veces una molestia. Hacer un proceso de trabajo en un lugar de vida implica más que hacerlo bien, también hay una exigencia de no molestar ("no soporto el ruido de la aspiradora, el frío de las ventanas abiertas, el polvo que se levanta, los olores a comida cuando no tengo hambre"); esto determina en alguna medida la organización del trabajo y su valoración. Aunque su producto puede ser bien valorado a veces ("la casa está limpia", "la comida está muy sabrosa"), el proceso mismo es una molestia.

Trabajar puertas adentro en una casa tiene consecuencias en las relaciones de la trabajadora con el mundo externo. Ella encuentra solucionadas una buena parte de sus necesidades vitales sin necesidad de concurrir al mercado como consumidora. No paga arriendo, ni luz, ni gas, no compra sus alimentos; y a menudo se le provee también su ropa de trabajo. La parte monetaria de su salario es muchas veces destinada a envíos a su familia, ahorro y un consumo personal que no incluye su subsistencia básica. El salario monetario, para su nivel de vida, tiene menos importancia e influencia que para otros asalariados.

Por el hecho de que una parte del salario se paga en alojamiento y comida, las diferencias entre un trabajo y otro están determinadas por los hábitos de la casa más que por el salario, y la trabajadora acepta o no según los hábitos que trae de su propia casa o empleos anteriores. Queda aquí un margen de manipulación y ahorro posible al cual la familia recurrirá en épocas malas: la habitación es también pieza de guardar cosas, no hay derecho a agua caliente, la comida disminuye de cantidad o es de calidad inferior sólo para la trabajadora y cuando salen no dejan nada para comer. Todo esto se hace en forma más sutil que una rebaja en el salario monetario y mucho más difícil de reclamar.

En el caso de la trabajadora puertas afuera, cuya parte de pago en especie queda reducida a algunas comidas, el salario monetario tiene mayor importancia relativa. La trabajadora debe proveerse por sí misma casa y parte de su alimentación. Esto la liga cotidianamente al mercado, relacionándola más directamente con los cambios en la vida económica tales como inflación, cesantía, escasez, etc.

La situación de aislamiento de las trabajadoras tiene importantes consecuencias sobre su realidad material y su conciencia. La legislación especial para este gremio es poco protectora de sus intereses pero, aun aquellos que defiende se hacen difíciles de controlar en una situación de trabajo sin testigos. En caso de conflicto, es la palabra de la patrona contra la de la trabajadora, ambas en situación de poder muy distinta, especialmente en un momento de alta cesantía como se vive hoy en día en Chile. Las trabajadoras puertas adentro no sienten que tienen el derecho a reclamar ni creen que se beneficiarían de sus reclamos. El argumento de que "en este trabajo ya estoy acostumbrada" es más frecuente y tiene mayor peso que en cualquier otro tipo de empleo. Por desigual que sea la ubicación de la trabajadora en la casa, las relaciones personales y afectivas juegan un papel importante y el cambio sólo se afronta cuando estas relaciones y el abuso pasan de los límites tolerables. Por otra parte, existe un cierto fatalismo frente a las posibilidades de mejorar que ofrecería un cambio de empleo.

También el prestigio social de las empleadas depende del prestigio del empleador. Se paga más la experiencia en casas "buenas", el conocimiento del oficio, la buena presencia y buenos modales y saber quedarse en "su lugar". La demanda está dividida por sectores sociales lo que origina también una estratificación en la oferta. En el caso de las agencias de empleo visitadas en Santiago se observa esto muy claramente: el barrio donde funciona la agencia, su aspecto, las trabajadoras que ofrece, las patronas que contratan sus servicios y los sueldos que éstas ofrecen siguen las escalas de estratificación. Los hábitos y opiniones de la trabajadora están fuertemente condicionados por los de sus patrones y la forma de vida de éstos aparece como un modelo para sus aspiraciones. Esta influencia no sólo es impuesta por la vida en común sino que también es vista como deseable por la familia empleadora. "Enseñar y educar" a la trabajadora para que responda a las necesidades familiares es también función de la dueña de casa.

La trabajadora puertas afuera, con vida privada en un lugar distinto a la casa donde trabaja, se puede relacionar con gente que vive en condiciones similares a ella y tiene la posibilidad de un mayor contacto directo con la vida pública. Pero también está sometida a la influencia ideológica y a la forma de vida de la familia empleadora, cuyas costumbres tiende a imitar, observando al mismo tiempo el contraste entre el presupuesto propio y el de la casa que la emplea.

Dado que la comunicación entre trabajadoras permite cambiar información sobre sus respectivas condiciones de trabajo y puede elevar el nivel de conciencia sobre su situación, los patrones prefieren limitar la posibilidad de contacto entre ellas y, por supuesto, la pertenencia a organizaciones gremiales.

"Conversaba por el jardín con la empleada del lado hasta que nos
pillaron y me lo prohibieron".
"Ella me dice: 'No sé con quién te estás juntado que llegas tan
alegadora'".
"Si yo dijera que vengo al sindicato me echarían inmediatamente".

Otra consecuencia del aislamiento de las trabajadoras puertas adentro es que
dificulta captar lo que sucede en el ámbito público y, por lo tanto, sus preocupaciones son, en general, sobre lo personal o lo doméstico. Recordamos que tienen poco
contacto con el mercado, que los medios de producción que manipulan no son
propios y que, por consiguiente, tienen menos posibilidades de captar directamente
los cambios en la situación económica, información que reciben a través de sus
empleadores e influidas por la posición de ellos y no por la propia. Lo que sucede
en el ámbito público les resulta de escasa relevancia ya que no parece tener ninguna
repercusión en sus vidas. Su ubicación en la sociedad está fija y no visualizan
posibilidades de cambio sustancial. Creen que si lo hubiera dependerían más de la
suerte que de cualquier acción que pudieran encarar.

Los elementos de servidumbre que se encuentran en esta relación de trabajo
influyen claramente en la escasa valoración que el trabajo doméstico tiene tanto
para los ojos de la sociedad como de la trabajadora en tanto que persona. Los
códigos y las normas establecidas se refieren no sólo al trabajo sino también a
normas de convivencia muy estrictas: en la casa debe pasar lo más desapercibida
posible, no debe dar opiniones, tiene que obedecer y estar disponible cuando se
necesita y desaparecer cuando no. Debe notarse, a los ojos de cualquier visitante,
que es una persona del servicio y no confundirse con un miembro de la familia;
cuando sale se debe notar lo mismo en su aspecto: tiene que tener buena apariencia
pero no tanto que confunda.

La poca educación formal aparece jugando un papel importante en esta
"internalización de la inferioridad". Dicen haber "caído" en este tipo de trabajo por
falta de estudios; sin embargo esto parece más un mito que una realidad. En general
es la escasez en la demanda para otros trabajos, que tampoco requieren mucha
preparación previa, y la falta de vivienda, lo que las lleva a trabajar en casas
particulares, puertas adentro. Prueba de esto es que el aumento operado en la
escolaridad promedio de las trabajadoras de casa particular no les ha permitido el
acceso a otro tipo de empleo.

Consecuencias sobre la organización

Las trabajadoras de casa particular tienen en general una posición fatalista
frente a la posibilidad de influir en cambios que mejoren su situación de vida y
trabajo. Un cambio de oficio, es concebido como la única posibilidad de mejorarla.
Por lo tanto ellas no ven en el sindicato un medio para producir un avance en sus
circunstancias reales. La poca autovaloración de la trabajadora también se halla
presente en las organizaciones. Frente a otros sindicatos, el propio no es valorado

al mismo nivel. Esto, en parte, condiciona una forma de trabajo sindical que toma como modelo los sindicatos de otros gremios donde la situación específica de la trabajadora de casa particular está poco presente. No es muy frecuente que las situaciones de vida cotidiana se tomen en cuenta en el trabajo de las organizaciones sindicales y políticas.

Aparece la necesidad de ligar lo privado y lo público -proceso lento y difícil- en vez de intentar salirse de las preocupaciones del ámbito privado para pasar a las del ámbito público como algo más valorado. Esta última postura puede producir una separación entre dirigentes, más preocupadas y más conocedoras de los problemas nacionales, y las trabajadoras que sienten a las organizaciones ajenas a sus necesidades específicas.

La soledad afectiva de las trabajadoras y la inseguridad en términos materiales hace que se requiera de las organizaciones un rol de apoyo y de servicios antes que un rol reivindicativo: una casa donde ir los días de salida, un hogar cuando quedan sin empleo, actividades de esparcimiento, cursos de capacitación, cooperativas de ahorro, crédito y vivienda. Muchas veces, las dirigentes juegan un papel maternal. Como la aspiración individual de las mujeres que trabajan en casa particular es cambiar de profesión, sus organizaciones recogen estas aspiraciones en los cursos y actividades que les ofrecen.

La trabajadora suele ocultar a los patrones que pertenece a las organizaciones por temor a que esto le cree problemas. Este ocultamiento dificulta que las organizaciones puedan cumplir con una función de defensa de la trabajadora de casa particular salvo en los casos extremos que impliquen rompimiento total de la relación de trabajo. La afiliación se da en una proporción bajísima y más baja aún es la participación activa. Las limitaciones materiales para la participación de las que trabajan puertas adentro son evidentes: horarios restrictivos tanto en el tiempo absoluto como en la estabilidad de estos horarios que depende de las necesidades de la casa. Esto parece ser aceptado por las trabajadoras como algo casi natural: las actividades de las organizaciones resultan menos importantes que las de sus patrones.

La participación de las trabajadoras de casa particular puertas afuera es todavía menor que en el caso de las trabajadoras de casa particular puertas adentro. Ya dijimos que las que trabajan puertas afuera en su gran mayoría cuentan con una familia propia que atender, es decir que realizan una "doble jornada". A esto hay que agregar que sienten menos necesidad de concurrir a las organizaciones entre otras cosas porque, como ya dijimos, éstas tienen un rol de apoyo que en alguna medida reemplaza a la familia.

A pesar de todo lo dicho, queremos destacar que la incorporación activa a las organizaciones cambia notoriamente la autoestima de las trabajadoras; el desagrado que manifiestan muchos empleadores por la participación en las organizaciones está en gran medida justificado por un cambio de comportamiento hacia uno de menor sumisión además del mayor conocimiento sobre sus derechos laborales.

Algunas proposiciones

Nuestras propuestas se refieren a dos aspectos principales: a corto y a mediano plazo, proponemos la discusión sobre las posibles reivindicaciones y alternativas dentro del sistema mientras avanzamos hacia una sociedad efectivamente más justa e igualitaria; el otro aspecto, investigación de formas de trabajo en las organizaciones que tiendan a romper el comportamiento fatalista y sumiso de las trabajadoras de casa particular y las encamine hacia organizaciones fuertes.

Planteamos los cambios mínimos necesarios para avanzar hacia la eliminación de los elementos de servidumbre. Uno de ellos nos parece esencial: la relación entre trabajadora y patrona (o grupo familiar) que es al mismo tiempo su cliente y su patrón, pues no compra directamente su servicio sino su tiempo de trabajo. El interés de la patrona es, precisamente, poder disponer del tiempo de la trabajadora en todo momento. Sin embargo, se puede intentar mejorar la relación de trabajo minimizando sus rasgos serviles: en el corto plazo se podría luchar por reivindicaciones como fijación de un horario de trabajo normal con respeto absoluto del tiempo libre; delimitación muy precisa de las tareas que debe cumplir y, al mismo tiempo, exigir profesionalización en esas tareas, y distinción entre actividades de trabajo y actividades personales, incluyendo el derecho a la libre disposición de su espacio y la libertad de relacionarse: amigas, novios, pertenencia a organizaciones. Tales reglas sólo se impondrían por una acción concertada y muy masiva de parte de las trabajadoras, coordinadas por sus organizaciones.

Teóricamente, la modalidad puertas afueras puede cumplir algunas de estas condiciones. Al menos están aseguradas las que se refieren a disponer del tiempo y el espacio propios. Pero hemos comprobado que el trato y la organización del trabajo siguen siendo similares y que la actitud de los patrones es de total disponibilidad de la persona aunque sea dentro de un horario. La razón de esto es que sigue habiendo una relación con un patrón-cliente o receptor del servicio, y la trabajadora es una asalariada dentro de una casa por un tiempo limitado.

Explorando la posibilidad de romper esta relación dentro del capitalismo encontramos dos alternativas; una es que la trabajadora de casa particular tenga el carácter de trabajadora por cuenta propia que vende servicios específicos a distintos clientes. En este caso, es su propia patrona y se relaciona vendiendo su servicio y no su tiempo de trabajo. La otra es que venda su tiempo de trabajo a una empresa de servicios en hogares que puede tener distintas formas de organización: empresa capitalista, cooperativa, etc. La dirección la ejerce una persona con la cual tiene una relación de trabajo y no de servicio, y pasa a ser un intermediario entre el cliente y ella. Comparte esta relación con otras trabajadoras, lo que mejora la posibilidad de hacer cumplir las leyes sociales (3).

Con estos cambios el proceso de trabajo puede o no perder su carácter artesanal, pero la tendencia sería pasar a un proceso con cooperación y/o división del trabajo. Si se organiza de esta manera, el trabajo doméstico se ve sometido a la presión de elevar la productividad del trabajo, como ocurre en cualquier otra actividad. La

---

(3) Como empresa, Servicios Quillay existe hoy, empleando 18 miembros de la SINTRACAP Metropolitana de Santiago. Mientras aún provee servicios especializados a los hogares (p.ej., limpiado de tapetes), últimamente ha estado buscando contratos para limpiar oficinas pequeñas de filiales de organizaciones internacionales y voluntariados los cuales abundan en Santiago. Una vez la empresa esté obteniendo ganancias, las organizadoras esperan utilizarlas en el establecimiento de servicios para los miembros del sindicato (nota de las editoras).

dirección aparece ahora necesaria y con funciones propias, tanto en el proceso de trabajo como en su organización social: relación con los clientes, coordinación, provisión de elementos materiales, establecimiento y cumplimiento de las normas de trabajo. En estas dos formas desaparece la relación servil, pero aumenta la intensidad del trabajo.

Tanto las reivindicaciones de corto plazo como las estrategias planteadas sólo pueden consolidarse si se van dando algunos cambios en las organizaciones, en las trabajadoras de casa particular, en la sociedad y más específicamente en la organización del trabajo doméstico en general. En primer lugar, cada miembro de la familia debería ampliar al máximo las tareas relacionadas con su propio consumo para disminuir la carga de trabajo doméstico. En segundo lugar, hacer directamente el trabajo y/o ser responsable del funcionamiento doméstico de la casa se repartiría entre los distintos miembros del grupo familiar. Es decir, individualizar las tareas y socializar la responsabilidad del trabajo doméstico, con el fin de eliminar la discriminación hacia la mujer dentro del hogar y permitir un cambio en las relaciones del trabajo doméstico asalariado.

Respecto de las formas de trabajo de las organizaciones, consideramos necesario multiplicar y diversificar las instancias de trabajo grupal y superar la separación entre el plano de lo social y el de lo personal. Esto implica poder evaluar las situaciones cotidianas relacionándolas con los problemas propios del gremio y desentrañar las causas que determinan las situaciones personales (en lugar de verlas como meros problemas individuales producto del azar o suerte personal), motivando así a las trabajadoras. El trabajo grupal enfrenta el problema más evidente de la trabajadora de casa particular, el aislamiento en que se desenvuelve su vida y su trabajo. Es una instancia de contratación y discusión de experiencias que la persona aislada podría no haber observado o que había considerado como una situación personal excepcional originada en su incapacidad para enfrentar sus propios problemas. Es un espacio donde se valora el derecho a pensar por sí y el derecho a disentir. La discusión permite relacionar los problemas personales cotidianos con los problemas propios del gremio y desentrañar las causas que determinan las situaciones personales.

El trabajo grupal es un importante paso hacia la autovaloración ya que permite poner a prueba y desarrollar la capacidad de análisis y la capacidad de verbalización enfrentando el temor a expresarse. Es necesario poner especial cuidado en la dinámica de trabajo de manera que ésta sea un estímulo a las capacidades crítica y creativa. Las formas de lograrlo tienen que comenzar por dejar de lado cualquier relación de autoridad que evoque las actitudes de sumisión en las que se desenvuelve su vida cotidiana y que anulan la capacidad creativa.

Estas orientaciones se desprenden del análisis realizado a lo largo de este capítulo y con base en ellas es necesario continuar una búsqueda de formas concretas y factibles.

Bibliografía

Rosales, Osvaldo. 1979. La mujer chilena en la fuerza de trabajo: participación, empleo y desempleo (1957-1977). Tesis, Universidad de Chile.

Trabajo doméstico y servicio doméstico en Colombia

Magdalena León

Este capítulo* describe y analiza las actividades llevadas a cabo en el Proyecto "Acciones para Transformar las Condiciones Socio-Laborales del Servicio Doméstico en Colombia", dentro del marco de su relación con el trabajo doméstico (ver Donaldson, 1992). Este documento resume el marco social de la relación laboral de la empleada doméstica, describe los diferentes tipos de acciones desarrolladas y finalmente señala algunos de los problemas enfrentados y las lecciones aprendidas. El proyecto se inició en marzo de 1981 en la ciudad de Bogotá y en 1984 se extendió una parte de sus acciones a las ciudades de Medellín, Cali, Barranquilla y Bucaramanga, promovido por la Asociación Colombiana para el Estudio de la Población (ACEP). De esta manera se tiene una cobertura de las cinco principales ciudades del país que representaban, en 1983, el 51,0% de la población urbana. En Medellín y Cali el proyecto cumple fundamentalmente las acciones de apoyo laboral de que habla el documento, y en Barranquilla y Bucaramanga se ha iniciado trabajo de apoyo a la identidad-autonomía y a la organización. Durante períodos limitados el proyecto ha tenido financiación de la Fundación Interamericana y de la Fundación Ford. Su continuidad dependerá de fondos externos ya que sus acciones no encuentran fácilmente apoyo nacional y su autofinanciamiento está reñido con los recursos económicamente débiles del sector de empleadas de servicio doméstico.

Contexto social de las relaciones laborales de la empleada doméstica

Las relaciones laborales del servicio doméstico que se buscan entender y transformar se inscriben en un marco más amplio que el estrictamente jurídico-laboral y se refieren al contrato de trabajo, condiciones de trabajo (jornada de trabajo, descansos remunerados y vacaciones), fijación del salario y prestaciones sociales tales como asistencia en accidentes de trabajo, por enfermedad, descanso en época de parto o aborto, suministro de calzado y vestido de labor, y derecho a las cesantías.

El trabajo que presta la empleada doméstica se debe considerar no sólo como una relación exterior -una actividad de mercado en la que se compra y vende fuerza

---

*Lo que aquí presentamos es una versión revisada del documento presentado en el Foro No Gubernamental: "La Mujer, el Derecho, y el Desarrollo", de la Conferencia de Naciones Unidas en Nairobi (Kenia, julio 1985). También se publicó una versión en inglés en Margaret Schuler (ed.): *Empowerment and the Law: Strategies of Third World Women* (OEF Internacional, Washington, D.C., 1986).

de trabajo- sino también como un "modo de vida". Es la relación entre trabajo doméstico y servicio doméstico la que nos permite trascender formulaciones estrictamente laborales.

El trabajo doméstico ha sido asignado culturalmente a la mujer como su papel fundamental y es por esto que se la define socialmente como ama de casa, madre o esposa. Este trabajo, dirigido a las actividades de consumo familiar, implica básicamente la prestación de un servicio personal para lo cual la mujer ha internalizado la ideología de "servir a otros" como una situación natural de su rol en la sociedad. El trabajo del ama de casa para su familia, realizado como servicio y sin remuneración, no se considera trabajo: de ahí la subvaloración social que lo acompaña y que ubica a la mujer que lo ejecuta en una situación de subordinación con respecto a las relaciones de poder dentro del núcleo familiar, comunal y social. (Existe un amplio debate sobre el trabajo doméstico. Una muestra de esta subvaloración es que al ama de casa se la considera como "inactiva" en los recuentos estadísticos y por lo tanto fuera de la población económicamente activa; ver León, 1985; Wainerman/Lattes, 1981).

Cuando el ama de casa delega parte de las responsabilidades domésticas en una mujer que busca una remuneración por su trabajo en casa ajena, haciendo las mismas labores de reproducción de la fuerza de trabajo pero para una familia diferente a la propia y dentro de la misma lógica de servir a otros, el trabajo doméstico se convierte en "trabajo asalariado". En Colombia este trabajo se da bajo dos modalidades: empleada interna que vive en el hogar de los patrones; y empleada externa o por días que vive fuera, va sólo durante la jornada laboral y puede trabajar para varios patrones simultáneamente.

El trabajo de la empleada doméstica hereda socialmente la subvaloración social del trabajo doméstico. Patrona y empleada participan de una relación de identidad mediada por la subvaloración de su rol social, modelado a partir de la lógica de servir a otros como algo natural. Además, el servicio doméstico, al ser ejercido por mujeres de sectores populares y constituirse en un tipo de relación vertical-asimétrica con la patrona, aumenta su desvalorización social, dando paso a contradicciones entre mujeres de clases sociales diferentes. Es así como la relación laboral de patronas y empleadas está teñida por los efectos de las contradicciones de clase y de la identidad de género que se establecen entre mujeres. Por un lado se puede hablar de la subordinación de la mujer y por otro de la explotación entre clases.

La explotación es un fenómeno más complejo que la simple polarización entre clase dominante y clase dominada. Existen al interior de cada clase una serie de subsectores que exigen hacer análisis más detallados y por lo tanto que respondan a una composición más real de las diferencias sociales. Este aspecto es particularmente importante para el estudio de la relación de la empleada doméstica y la patrona ya que se han encontrado contratos entre sectores sociales muy diferentes.

La relación laboral se da para la empleada como un modo de vida en varios sentidos. La regulación del salario no sigue elementos estrictamente económicos; factores como el que la empleada denomina "buen trato", interactúan en el desarrollo de la relación. Por ejemplo, Garcia Castro (1982) plantea que elementos que entran en la fijación del salario para los trabajadores, tales como jornada de trabajo, productividad, requerimientos de la canasta familiar para la reproducción, se relativizan en el caso del servicio doméstico donde se establecen relaciones en las que lo laboral se mezcla con lo afectivo y lo personal; para la empleada el lugar de trabajo es al mismo tiempo el lugar de vida y este último está restringido a un espacio físico diferente al de la familia, haciéndose explícita la diferencia de clase. Restricciones a las relaciones sociales y sexuales hacen que el proyecto de vida dependa de la relación laboral, la cual tiene un sentido de disponibilidad de la persona, fenómeno enmarcado en la falta de delimitación legal de la jornada laboral.

Además, al ser el lugar de trabajo el mismo lugar de vida y consumo es imposible que la relación sea impersonal. El afecto de la empleada que viene de dejar su familia de origen y por lo tanto está en una situación de desarraigo cultural y afectivo se traslada a los miembros de su "hogar" sustituto. Sin embargo, el afecto se permite mientras no vaya más allá de las líneas divisorias de clase que enmarcan la relación, esto es, el afecto dentro de las diferencias, que a su vez opera dentro del sistema afectivo de la empleadas para interiorizar la inferioridad y por este medio impedir la formación de una conciencia que le permita ver con claridad las contradicciones de clase.

Las relaciones laborales, donde juegan más abiertamente los antagonismos de clase, se entrelazan y oscurecen con la mutua identidad de empleada y patrona en cuanto a aceptar la adscripción de la mujer a las tareas del hogar. Esta mutua identidad pasa por relaciones afectivas en el plano personal, las cuales encuentran su límite en la asimetría de las relaciones de poder que definen la posición de clase diferente de ambas mujeres. Con estas ideas centrales la pregunta que surge es: ¿qué estrategias se pueden instrumentar que permitan el cambio de las relaciones señaladas?

Antes de dar respuesta hay que aclarar dos puntos. En primer lugar, se rechaza la postura ideológica que considera imprescindible el servicio doméstico. Esta postura plantea la necesidad de los servicios personales pagos en el hogar para la reproducción de la fuerza de trabajo y señala como estrategia para mejorar las condiciones del gremio, la profesionalización (cursos de capacitación para el oficio) no tocando la adscripción de lo doméstico a la mujer -o sea, la división sexual del trabajo- y las relaciones laborales dentro de las cuales la empleada presta el servicio. Esta alternativa en Colombia ha sido manejada por grupos religiosos y orquestada por señoras de los estratos altos de la sociedad que dentro de la ética del servilismo desean mejorar la preparación de la mano de obra para la reproducción de sus familias y así aliviar ellas mismas las responsabilidades no cuestionadas que les asigna la sociedad. Aunque se considera fundamental la preparación de la empleada, no sólo en el oficio sino también para la superación de las altas tasas de analfabetismo y baja escolaridad, creemos que esta preparación debe darse considerando el marco de la relación laboral y no a espaldas del mismo.

Además, no se tienen en cuenta las obligaciones que el Estado debe tener en la reproducción de la fuerza de trabajo. Este proceso se ha dejado en manos de los recursos privados de cada unidad familiar, lo cual en una sociedad marcada por las desigualdades sociales, tiene respuestas privadas también desiguales. (La relación entre el Estado y la reproducción de la fuerza de trabajo es un punto de análisis central para entender el debate del sentido social del trabajo doméstico; este punto no se trabaja en este documento).

En segundo lugar, está la tesis de la desaparición del servicio doméstico como función del proceso de desarrollo y modernización de la sociedad. Sería asunto de esperar que la evolución misma del empleo femenino ponga fin a la presencia, por lo menos numerosa, del servicio doméstico como estrategia de trabajo para la mujer. Esta hipótesis no es la más acertada para sociedades en desarrollo, dada la funcionalidad que el servicio doméstico tiene para la reproducción de la fuerza de trabajo, tal como se expresa en su alta representación cuantitativa. Garcia Castro (1982) expresa esta relación de la siguiente manera: "El servicio doméstico es una reminiscencia de relaciones precapitalistas de trabajo en el actual estado de la economía de países capitalistas subdesarrollados. A pesar de ser una actividad que no genera valor directamente, es necesaria socialmente por su contribución cotidiana a la reproducción de fuerza de trabajo".

La hipótesis de la desaparición está lejos de darse en la sociedad latinoamericana en general, y en la colombiana en particular: a las empleadas domésticas se les llama "el cuarto mundo" del desarrollo, en el sentido de que para la sociedad latinoamericana y caribeña, este grupo ocupa proporciones mayores a la cuarta parte de la fuerza laboral femenina urbana.

Aunque las estadísticas convencionales señalan disminución del servicio doméstico interno en el país, estos datos parecen explicarse por dos factores. En primer lugar, existe una subestimación estadística del servicio doméstico interno, por la confusión con el trabajo familiar no remunerado y porque no se contempla el trabajo infantil; en segundo lugar, por la falta de inclusión del servicio doméstico por días, fenómeno reciente y que tiende a incrementarse (en el Censo de 1951 el porcentaje de mujeres en servicio doméstico interno -sobre la población económicamente activa femenina- era de 43,0%; para 1973 este porcentaje pasó a ser de 24,0%, ver Garcia Castro et al., 1981). Más que desaparición o tendencia a la disminución, se trata de la transformación en la composición interna del sector, o sea el paso de la empleada doméstica interna a la empleada por días. Para finales de la década pasada, en las cinco principales ciudades del país, 37,0% de la fuerza laboral femenina se ocupaba como servicio doméstico en sus modalidades de internas y por días (Rey de Marulanda, 1981).

Para que el servicio doméstico desaparezca se tendrían que registrar otros cambios estructurales que no se han dado en la estructura sociocupacional del país. Subsisten el subempleo, la falta de trabajos para mujeres con bajos niveles de calificación, así como también la falta de servicios colectivos que reemplacen los personales. Además, la división sexual del trabajo doméstico y las relaciones de poder que esto conlleva están lejos de desaparecer (Garcia Castro, 1982).

¿Quiénes son las empleadas domésticas? [El rápido perfil que se reseña para el gremio está basado en información de los casos tramitados en el proyecto de ACEP. Garcia Castro et al. (1981) en los trabajos citados dan cuenta de los datos censales, de encuestas de hogares y de otro tipo que existen sobre el sector. Ver también su artículo en este volumen].

Entre las empleadas domésticas predominan las migrantes, provenientes de áreas rurales de origen familiar campesino y/o proletario-agrícola y se concentran en los grupos de edades jóvenes. Una parte se retira del mercado laboral cuando inicia su ciclo reproductivo, para constituir su propio hogar y/o fundamentalmente para poder criar a sus hijos. Algunas reingresan una vez cumplidos estos ciclos vitales, y la mayor parte de ellas pasan a engrosar las filas de las empleadas por días.

Una alta proporción es soltera y entre ellas es muy importante el grupo de las madres solteras. Este dato se asocia con la edad y con el hecho de que para la empleada interna es imposible hacer coexistir su trabajo con el matrimonio o con cualquier unión estable. Entre las casadas muchas han sido abandonadas por sus maridos, fenómeno que también es frecuente entre las que registran algún tipo de unión libre.

Para la mayoría de estas trabajadoras los niveles de educación son sumamente bajos, con alta representación del grupo de analfabetas o del grupo de primaria incompleta, especialmente en las de edad más avanzada. Además, quienes logran niveles más altos de educación difícilmente pueden optar por una situación ocupacional diferente.

La pregunta sobre qué hacer en un proyecto de acción nos condujo a la búsqueda de estrategias que permitieran:

a) ante la presencia numerosa en el gremio de condiciones de vida y de trabajo discriminatorias, crear estrategias que condujeran a la transformación de sus relaciones laborales y a la organización del gremio para la defensa de sus derechos;

b) ante la persistencia de la ideología de género, que ata a empleadas y patronas a lo doméstico, crear estrategias que impulsen el proceso de *conscientizaçao*, respecto de la identidad-autonomía personal.

Fue así como se vio la necesidad de trabajar dos tipos de acciones complementarias: impulsar una conciencia de género en patronas y empleadas y una conciencia de clase en las empleadas. La conciencia de género se busca al tratar de desmitificar la adscripción del trabajo doméstico a la mujer, y la segunda, al buscar que las empleadas identifiquen y asuman las contradicciones existentes en la relación de clase y se movilicen para conformar un movimiento organizado.

Las acciones se dividen en: acciones directas con empleadas y patronas y acciones multiplicadoras (ver gráfico 1).

Las primeras hacen referencia a (1) apoyo laboral a la empleada o provisión de recursos y apoyo a través del proceso mediante el cual las empleadas aprenden sobre sus derechos laborales así como sobre las diferentes fases de identificación de clase, género y organización; (2) apoyo para el desarrollo de la identidad-autonomía de la empleada; (3) reflexión sociolaboral con la patrona. Las segundas tienen que ver con: (1) acompañar e impulsar el proceso de organización del gremio; (2) difundir a nivel ideológico el contenido de subordinación-explotación de la relación patrona-empleada, buscando cambiarla; (3) impulsar la correcta interpretación y aplicación de la norma a nivel de los profesionales del derecho; y (4) impulsar cambios en beneficio del gremio en las instancias estatales.

En las acciones directas, el apoyo laboral a la empleada doméstica busca despertar la conciencia de clase y ofrecer un apoyo para la identidad de género. Estos trabajos, mutuamente reforzados, se orientan a movilizar las bases del gremio hacia la organización. Por otro lado, el apoyo con acciones de multiplicación a sectores ya organizados del gremio (sindicato) busca impulsar su organización.

Las acciones directas que se llevan a cabo con las patronas buscan despertar su conciencia de género y sus obligaciones de clase: es decir, las obligaciones laborales que tienen hacia la empleada. En las acciones de multiplicación se trabaja para cambiar la ideología de servidumbre que se tiene en la sociedad en general y en la comunidad profesional de abogados en particular en relación con las empleadas; finalmente, a nivel del Estado, se busca instrumentar los cambios.

Acciones directas

Las acciones directas son aquellas en las que la destinataria es empleada o patrona, con quien se tiene contacto personal. Dos de las acciones directas van dirigidas a las empleadas y una a las patronas. Para las empleadas el apoyo laboral tiene que ver con la divulgación, cumplimiento, entendimiento e impugnación de las normas laborales. El desarrollo del sentido de identidad-autonomía para las empleadas se trabaja en su situación como mujeres y como ciudadanas. Estos dos niveles, o sea, los problemas personales de lo cotidiano con los problemas laborales propios del gremio, se relacionan para desentrañar las causas que determinan tanto las situaciones personales como las colectivas, y por este camino movilizar hacia la organización.

Del entendimiento de la relación laboral individual, se busca pasar a considerar los problemas empleada-patrona como colectivos, es decir que las reivindicaciones individuales se colectivizan y por este medio se busca ver las contradicciones que se presentan en la relación no como conflictos entre individuos sino como posiciones encontradas de diferentes clases, estimulándose así el surgimiento de una conciencia de clase. Además, se persigue la autorreflexión sobre la mujer como persona y como miembro de la comunidad social. La preocupación principal es despertar procesos de identidad personal y autonomía en el manejo de sus relaciones. El posible mutuo refuerzo entre la identidad como persona y como ser social, con embrionarios descubrimientos de las contradicciones de clase, permite potenciar la movilización hacia la visibilidad del sector y su organización.

Para las patronas, se dictan cursos en los que se busca desmitificar los valores ideológicos de su adscripción al trabajo doméstico y dentro de este marco, difundir la legislación laboral que deben cumplir en los contratos con las empleadas domésticas. Las acciones directas se presentan a continuación.

Apoyo laboral para la empleada

El principio guía de esta acción se dirige a que las empleadas domésticas hagan de la ley una herramienta útil para mejorar sus condiciones de trabajo y de vida tanto en forma individual como colectiva. El apoyo legal está dividido en trabajo de asistencia legal y de capacitación en los derechos y obligaciones laborales como empleadas.

- *Asistencia legal*: el apoyo laboral para conflictos individuales pasa por cuatro instancias: liquidación de prestaciones sociales, asesoría legal con transacción, asesoría legal con conciliación, procesos legales.

La asistencia legal se toma como una puerta de entrada o como elemento disparador, tal como se aprecia en el gráfico 1. Aunque en sí misma tiene sentido de reivindicación material, su mayor alcance es posibilitar la entrada de la empleada a niveles de capacitación, conciencia y organización.

La asistencia legal es una necesidad sentida por las empleadas ante la desprotección en que siempre han estado y el desconocimiento de los derechos que la ley ha consagrado. Han desarrollado una conducta fatalista en la que los cambios vienen por suerte y no por conductas específicas: al no existir un apoyo legal a sus reclamos, la palabra del patrón era la única que tenía validez. Al divulgarse la

Gráfico 1

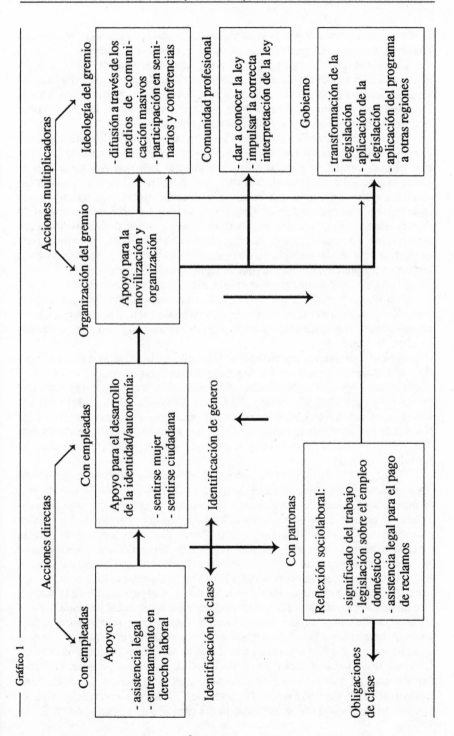

existencia de la norma y señalarse el propósito de salvaguardar su cumplimiento mediante la asistencia legal, se llena un vacío en la práctica jurídica.

Las normas que rigen para las empleadas domésticas datan de hace más de 25 años, cuando la modalidad de trabajo generalizado era la de empleada interna. El servicio doméstico por días es una modalidad más reciente, y aunque las normas laborales no la mencionan expresamente, esto no significa que no las cobije, como pretenden algunos patrones y profesionales del derecho.

Dado que el Código Sustantivo del Trabajo no tiene un capítulo unificado sobre el tema y que la norma se encuentra dispersa y su aplicación en parte se hace por extensión de principios generales del derecho, han sido necesarias discusiones jurídicas acerca del contenido de la norma para la empleada interna y su aplicación extensiva para la por días, así como su traducción operativa a formulaciones matemáticas que den cuenta de los derechos consagrados, especialmente en materia de prestaciones. [El tener el marco general de la ley fue objeto de una investigación bibliográfica y de elaboración de monografías (ver Vallejo, 1982). Por primera vez el régimen laboral de la empleada doméstica era sometido a un análisis jurídico sistemático y presentado como argumento a la comunidad profesional].

El análisis de la norma permite señalar algunos puntos generales:

Primero, se legisló considerando que la empleada era parte integrante de la familia, y que ésta a su vez no era una unidad de producción. Ambos supuestos no operan como tales en la realidad social, pero sirvieron para establecer un ordenamiento jurídico discriminatorio.

Segundo, en algunos aspectos que se señalarán adelante, la norma es restringida y no consagra los mismos derechos que para los trabajadores ordinarios.

Tercero, tiene vacíos. El derecho colombiano se caracteriza por ser un derecho positivo y extremadamente formal. La formación misma del abogado elimina la cosmovisión del derecho: si no se encuentra la norma exacta que regule el caso, tiende a desconocer la existencia del derecho. Esto sucede con la empleada por días y hay que acudir a un gran trabajo de analogía y a los principios generales del derecho.

Cuarto, al ser limitado en su contenido, en algunos aspectos es carente de justicia social, por ejemplo: los aspectos de salud, la no limitación de jornada para la interna y el cálculo prestacional sobre el salario en dinero, desconociendo el salario en especie. En forma resumida, los derechos que consagra la ley pueden enunciarse así: (1) período de prueba: es de 15 días calendario, tanto para la empleada interna como para la por días; (2) jornada de trabajo: la empleada interna no tiene límite en su jornada de trabajo, pero para la empleada por días rige la jornada máxima legal que es de ocho horas; (3) descanso dominical remunerado (rige únicamente para la empleada interna y la por días que trabaja seis días a la semana con un mismo patrón): se puede "negociar" el trabajo dominical pagándolo doble o dando un día compensatorio; (4) descanso remunerado en día festivo: rige para todas las empleadas; (5) vacaciones anuales remuneradas: a la empleada interna y a la que trabaja seis días semanales con el mismo patrón, les corresponde 15 días hábiles (para las que trabajan menos días, las vacaciones se liquidan en forma proporcional a los días que trabajen en cada casa); (6) salario: la empleada tiene derecho al salario mínimo fijado por el gobierno; (7) cesantías (es un auxilio que se cancela en el momento de la terminación del contrato, de acuerdo con el último salario y el tiempo trabajado): corresponde a 15 días de salario por cada año de trabajo (la mitad de lo que corresponde a los demás trabajadores). Si es por días, se liquida en forma proporcional; (8) intereses sobre la cesantía: se cancelan anualmente, en el mes de enero, a razón de 12,0% anual sobre cesantías acumuladas al 31 de diciembre de cada año. Si no se cancelan en el mes de enero, se doblan automáticamente; (9) enfermedad: se debe suministrar atención médica y farmacéutica; (10) accidente de trabajo: se deben suministrar los primeros auxilios que requiera el accidente; (11) maternidad: se debe dar una licencia remunerada de ocho semanas en la época del parto (si se despide, además de la licencia, se debe pagar una indemnización equivalente a tres meses y medio de salario).

Las normas fueron resumidas por nuestro proyecto en folletos de divulgación dirigidos al sector patronal. Para las empleadas, se elaboró una cartilla que tiene un fundamento didáctico especial. El folleto se envía a la patrona con toda reclamación laboral que inicia una empleada a manera de sustentación del reclamo, se entrega a las patronas en los cursos dirigidos a ellas, se facilita a las patronas que por su propia iniciativa solicitan información o servicios y se ha divulgado ampliamente en la prensa escrita.

La información a la empleada sobre la existencia de asesoría legal, se divulgó a través de medios masivos de comunicación, radio, prensa y televisión. También por medio de contactos personales con empleadas en sus sitios de diversión y capacitación, con la organización del gremio, con organizaciones de mujeres y con bolsas de empleo.

El servicio de liquidación de prestaciones sociales se ofrece a la empleada que ha terminado su contrato de trabajo o tiene intención cierta de hacerlo. Se calculan las prestaciones referentes a cesantías, vacaciones e intereses por la cesantía. También se incluyen salarios no cancelados e indemnizaciones por terminación injusta del contrato por parte de la patrona, por despido en caso de embarazo o por terminación unilateral de la empleada con justa causa. Dado que la prestación del servicio es masiva y se hace en horario especial, los domingos en la tarde, se preparó un equipo especial de liquidadores que con una metodología sistematizada presta el servicio. Este horario se debe a que es el único tiempo disponible que tienen las empleadas, cuando se cumple la norma laboral del descanso dominical remunerado. El equipo de liquidadores está formado por estudiantes universitarios, hombres y mujeres de diferentes disciplinas (contaduría, ingeniería, derecho, medicina, ciencias sociales). También han participado empleadas domésticas con altos niveles de escolaridad o empleadas que han pasado a otras ocupaciones.

Para octubre de 1985, se habían realizado 7.330 liquidaciones en Bogotá, y para el 30 de septiembre de 1985, se habían hecho 1.898 liquidaciones en Medellín, Cali, Barranquilla y Bucaramanga. La prestación masiva del servicio se hace siguiendo el planteamiento de que "una golondrina no hace verano" ya que para lograr el impacto esperado se tienen que buscar coberturas altas, sólo posibles de alcanzar si se sistematiza la metodología y se trabaja con motivación y compromiso. Para la prestación del servicio de liquidación se utiliza un formulario que recoge datos sociodemográficos básicos de la empleada y que permite agilizar los cálculos matemáticos de la liquidación. El formulario es precodificado con miras a la sistematización y análisis futuro. Su versión actual ha sido elaborada con la experiencia del trabajo directo con las empleadas. Lograr trabajar con coberturas altas es uno de los retos de la investigación-acción, la cual ha sido criticada por dirigirse a grupos muy reducidos. Nuestro proyecto busca dar una respuesta; sin embargo, el análisis de este punto no es objeto de este capítulo.

La asesoría legal, con apoyo directo de abogados, se inicia una vez que la parte patronal rechaza parcial o totalmente la reclamación legal que se envía después de hacer el cálculo de la liquidación.

La asesoría se inicia con una citación a la patrona y en una primera etapa se busca no polarizar la relación para lograr una entrevista personal, ya que el contacto directo ha probado ser el arma más poderosa para lograr soluciones positivas, dado el contenido educativo al difundir el contenido de la norma y el marco social de la relación. El volumen de asesoría legal en 1984 y hasta octubre de 1985 fue de 4.172 casos, entendidos éstos como consultas efectuadas y no como personas atendidas: primero se envía una carta cordial en la que se explica que se parte para la reclamación de los datos suministrados por la empleada. Se pide hacer contacto con el programa si hay alguna observación acerca de tales datos. La empleada es la encargada de entregar la carta. Para todas las acciones de asistencia legal, se han diseñado formatos para guardar el *record* estadístico de la prestación de los servicios. Este sistema sirve para la autoevaluación del trabajo en equipo que se hace cada mes y para coordinar el desarrollo del programa en las ciudades diferentes de la sede.

La asesoría legal se cumple con trabajo directo con la patrona y la empleada por citaciones escritas, entrevistas personales, contactos telefónicos y careos. Con la empleada se busca el entendimiento de los derechos que está reclamando, aspecto que se refuerza en el curso laboral. A la patrona, que generalmente se sorprende ante la reclamación y que en algunas oportunidades envía a un representante legal para impugnarla, se le explica la vigencia de la norma y la obligación de cumplirla.

Cuando en el nivel de transacción entre empleada y patrona no se logra un arreglo, el caso es llevado a las Oficinas de Trabajo, instancia administrativa y no judicial en el país. Esto quiere decir que la no concurrencia, fuera de la imposición de una multa que no se cobra por ineficiencia administrativa y que por lo tanto no es real, no acarrea ninguna otra sanción y deja como única vía de acción la iniciación de un proceso judicial. La abogada del programa asiste a la empleada en la audiencia buscando la conciliación. Se busca y se ha logrado solucionar la mayor parte de los casos en la instancia de transacción, pero cuando esto no es posible se va a la conciliación en la Oficina de Trabajo.

Todos los casos que entran a liquidación y asesoría legal, se someten a un seguimiento que se hace con metodologías especiales; sus resultados son positivos en cuanto a resolver los casos en un tiempo corto y estimular la presencia más regular de empleadas en ACEP que se interesan por otros programas. Los procesos, la etapa más reciente, sólo se plantean en casos prioritarios seleccionados con el objetivo de impulsar la creación de jurisprudencia.

En todo el proceso de asistencia legal hasta aquí resumido se busca que la presencia de la empleada sea participativa y sirva de motivación para ingresar al programa de capacitación que se inicia con el curso de derecho laboral. La empleada también interviene como contacto con las patronas en la remisión de corresponden-cia y mediante un trabajo de seguimiento de su caso, para lo cual visita en repetidas ocasiones al programa para adelantar su reclamación. La prestación del servicio se

hace buscando trascender los esquemas "asistencialistas" mediante la apropiación por parte de la empleada de su problemática individual y su proyección colectiva.
- *Capacitación laboral.* Como primer paso para la capacitación y concientización a empleadas, se ofrecen cursos de derecho laboral. La motivación, que es oral, se centra en interesar a la empleada en el conocimiento de la norma lo cual le sirve para el manejo y comprensión de su caso personal. Mensualmente se dicta un curso los domingos en la tarde. La asistencia ha aumentado progresivamente y la deserción se ha reducido. También se dictan cursos en instituciones que aglutinan al servicio doméstico en alguna actividad especial, por ejemplo, centros para madres solteras de sectores populares, entidades de adopción, bolsas de empleo o instituciones de capacitación.

La metodología es participativa y busca que los temas se desarrollen a partir de la realidad de las participantes. Así, el monitor-orientador induce al diálogo, y de los comentarios que resulten recoge la experiencia para señalar la norma que rige en cada tema. La metodología también busca transmitir en forma sencilla el complejo contenido de la norma a personas con niveles de escolaridad muy bajos. Para ello se apoya en una serie de ayudas didácticas que se fueron desarrollando con base en la información cualitativa, producto de la asistencia legal a empleadas y patronas. Convertir en material didáctico la información que se adquiere en la práctica jurídica es una de las formas de devolver a las usuarias las experiencias adquiridas. Para ello se han desarrollado ayudas didácticas de tres tipos: (1) carteleras: diferentes temas se ilustran con imágenes atractivas o con ilustraciones que en su manejo faciliten la comprensión y permitan mayor grado de concentración; (2) cartilla: tiene un lenguaje, diagramación e ilustraciones especiales y cubre los temas principales en que se ha dividido la ley; (3) juegos: se han elaborado varios juegos, uno de ellos sirve para evaluar si las participantes comprendieron el contenido del curso.

En el curso se cubren siete temas, que representan la forma como se ha dividido el contenido de la ley para su divulgación. Estos temas son: contrato de trabajo, período de prueba, jornada de trabajo, salario, descanso remunerado (dominicales y feriados, vacaciones y permisos por calamidad doméstica), prestaciones sociales (intereses a las cesantías, accidentes de trabajo, enfermedades, embarazos, abortos, uniformes, cesantías) y terminación del contrato.

Cada tema tiene un objetivo guía que representa el punto central que se desea enfatizar o sobre el cual debe quedar claridad. Por ejemplo, sobre el contrato de trabajo debe aclararse la validez del contrato verbal, de donde se derivan las implicaciones legales. La profundidad que se logra en cada curso depende del grado de comprensión de sus participantes.

Los cursos, además de impartir conocimiento, sirven como momento de encuentro y solidaridad pero, principalmente, para la socialización de la problemática. El observar que el problema no es individual sino de un grupo amplio que está en una relación desigual de poder con sus patronas, produce un fuerte impacto a nivel de la conciencia y permite remover factores de sumisión producto de la identidad de género con la patrona para invocar reclamaciones individuales y, lo que es más importante, movilizarse hacia la acción colectiva. En este paso de lo individual a lo colectivo es donde se proyecta la germinación de una conciencia de clase. Tres acciones colectivas convocadas por ACEP y el sindicato del gremio, dos de ellas públicas, en las que las empleadas han asumido masivamente su condición de empleadas domésticas, indican cambios hacia una conciencia grupal (ver discusión más adelante, en Acción de multiplicación).

- *Desarrollo de la identidad-autonomía.* El conocimiento adquirido y los brotes de conciencia individual y colectiva que se desarrollan en relación con la situación laboral durante el curso de derecho se complementan con un trabajo relacionado con la propia identidad. Con ello se busca correr los velos que tiende la ideología patriarcal y que hacen referencia a los niveles de subordinación de la empleada por el hecho de ser mujer. Estos niveles, que se dan en su familia de procedencia, en su rol de hija, esposa, madre o ama de casa, se trasladan a la relación que se establece en el "hogar" sustituto con la familia patronal y que obstaculizan el surgimiento de la conciencia de clase o la visualización de las contradicciones entre personas pertenecientes a grupos sociales antagónicos. El apoyo para el surgimiento de esta identidad se da con el desarrollo de talleres sobre dos temas centrales: como mujeres y como ciudadanas.

Los talleres se desarrollan con base en un temario amplio, de acuerdo con los intereses que manifiesta el grupo; aquí desaparecen las charlas o conferencias y la noción de motivador-guía, quien pasa a hacer las veces de orientador. Los grupos son pequeños (de seis a doce personas) y cada taller se desarrolla en cuatro o cinco sesiones, los domingos en la tarde. Estos talleres también se ofrecen por intermedio de entidades que aglutinan a las empleadas como se hace con el curso de derecho laboral.

La metodología es participativa, y permite crecer en el proceso de identidad como mujer y como ser social que desarrolla parte de sus actividades en el mundo público. El compromiso, interés y entendimiento de las participantes en el taller se logra a partir de la realidad vivida y sentida por ellas, por lo tanto el taller constituye un método de trabajo dinámico, ágil, sin imposiciones, donde cada persona puede expresar sus puntos de vista confrontándolos con otros y derivar de allí nueva información, actitudes y posibilidades de vida. En cada taller se resaltan las experiencias propias y, especificando un tema central, se permite a los aspectos afectivos enmarcar los hechos.

Es importante resaltar que en el trabajo con el servicio doméstico las partici-pantes en el taller no vienen de una comunidad, sino que por la naturaleza de su trabajo -el cual es en sí mismo aislante- viven solas. El taller pretende romper el aislamiento y el silencio dando la oportunidad de pensar en alternativas compartidas que trasciendan la individualidad, den seguridad y motiven a la necesidad de unión y de organización como trabajadoras y como mujeres para, de esta manera, potencializar e impulsar el cambio.

- *Taller de identidad como mujer.* Un tercer taller busca favorecer la reflexión individual y colectiva en relación con elementos que conforman su identidad de género, mediante las discusiones en torno a los roles domésticos y la sexualidad como manifestaciones culturales, así como sobre las posibilidades de su cuestiona-miento. Esta posibilidad se basa en la información que el orientador transmite y las experiencias de enfrentamiento o negación que las participantes señalan en sus vivencias.

Se trabajan temas como el concepto integrado del cuerpo del hombre y de la mujer y la relación sexual no sólo como relación genital; la reproducción, en cuanto a las diferentes etapas que vive toda mujer y, dentro del período fértil, se trabaja la fecundación, el embarazo y el parto. Se busca diferenciar la sexualidad de la mujer, hasta ahora orientada exclusivamente a la reproducción. En el tema de planificación y los métodos anticonceptivos para el hombre y la mujer, se maneja la noción de tener los hijos que se deseen y las relaciones sexuales no sólo para la reproducción sino como instrumento de placer sexual.

En el tema la mujer y el trabajo, se busca entender las nociones de feminidad-masculinidad, subordinación de la mujer, trabajo doméstico y su relación con el servicio doméstico.

- *Taller de identidad como ciudadanas.* En un cuarto taller se tratan de describir situaciones personales y analizarlas en relación con las experiencias de las otras asistentes para facilitar la comprensión del papel que como mujeres, como trabajadoras y ciudadanas, desempeñan las empleadas domésticas en la sociedad. El propósito general es permitir a la empleada una ubicación en la vida social y una comprensión de la problemática que vive. El taller busca estimular formas de relación entre las participantes y plantear la necesidad de la organización y la acción colectiva como forma de intervenir en la problemática que aqueja al gremio de las empleadas domésticas.

En el taller se trabajan aspectos tales como empleo y desempleo, y se analiza la temática de la migración del campo a la ciudad, sus causas, y los problemas que a nivel de las oportunidades de educación, capacitación y de servicios públicos se generan para la mujer como trabajadora del servicio doméstico en la ciudad. También se analizan los problemas de inseguridad para mostrar las diferentes clases de violencia que se viven en la ciudad, particularmente la que vive la mujer empleada doméstica. Se busca en otra sesión analizar la situación de salud y las alternativas de atención que utilizan las empleadas y finalmente se busca discutir las diferentes formas de participación de la empleada en la vida de la ciudad.

Los talleres de mujer y de ciudadana facilitan una reflexión inicial para un proceso de identidad. Cada taller tiene cuatro o cinco sesiones, tiempo demasiado corto para lograr cambios profundos pero creemos que representan disparadores de acciones individuales y/o colectivas en relación con la problemática que viven las empleadas.

- *Reflexión sociolaboral para patronas.* Estos cursos buscan despertar una conciencia de género entre las amas de casa y divulgar las obligaciones que como clase patronal tienen que cumplir en los contratos con la empleada doméstica. Para lograr este objetivo se trabajan aspectos sociales y laborales. En lo social se trata de precisar el concepto de servicio doméstico, las tesis de su disminución o desaparición, las condiciones sociodemográficas del gremio, las modalidades existentes y las actividades que desempeñan.

En este punto se busca la reflexión sobre la relación existente entre el trabajo doméstico ejecutado por la patrona y el servicio remunerado realizado por la empleada, así como sobre la valoración social de estas actividades y la adscripción cultural de la mujer a roles que significan "servir a otros". Estos aspectos estimulan la reflexión sobre el papel de la mujer en la sociedad, sus condicionamientos y la subordinación de que es objeto en las relaciones de poder familiar y comunitario.

Dentro de este marco se retoman las normas laborales que rigen los contratos de las empleadas domésticas, buscando sacar la relación de los marcos paternalistas que a nivel retórico consideran a la empleada como "miembro de la familia" y por lo tanto carente de derechos o del otorgamiento pleno de los mismos.

La organización de estos cursos se ha hecho con entidades que coordinan trabajo con mujeres (voluntariados, asociaciones femeninas, centros de capacitación, facultades de trabajo social y otras), con instituciones que aglutinan mujeres en labores sociales del Estado (maestras, promotoras comunales, etc.), con empresas cuya planta de empleados es significativamente femenina, y con contactos individuales con amas de casa interesadas en coordinar grupos privados para esta actividad.

No ha sido fácil motivar a las patronas para participar en estos cursos por la doble resistencia que presentan: su conciencia de clase les impide enfrentarse como patronas a una serie de obligaciones laborales hacia sus subordinadas; su identidad subordinada como mujer impone barreras a la reflexión sobre su rol en la sociedad. No obstante, en el primer semestre de 1985, se dictaron 23 cursos con un total de 633 asistentes. A este respecto resulta interesante señalar que con la convocatoria anónima, el resultado fue prácticamente nulo. Volantes que invitaban al curso fueron repartidos en sitios públicos (iglesias y supermercados) o entregados puerta a puerta, así como que avisos en la prensa, fueron insuficientes para remover la ideología patronal y paternalista dominante como lo expresó una patrona: "Es mejor ignorar la ley para no tener que cumplirla".

Adicionalmente, el servicio de asesoría legal también ofrece al ama de casa información y servicio de liquidación cuando la patrona lo solicita y se tiene certeza de que existe ánimo de cumplir con las obligaciones laborales. Con la difusión del programa la solicitud de este servicio ha aumentado ampliamente y la prestación del mismo se utiliza como un espacio para difundir la legislación.

Acciones de multiplicación

Se consideran como tales aquellas que se desarrollan con representantes del gremio, las de divulgación a nivel de la sociedad, las que se dirigen a la comunidad de profesionales del derecho y finalmente las que se realizan para obtener cambios en el Estado.

Acciones con representantes del gremio

Trabajos con las representantes del sector tienen un doble objetivo. En primer lugar, servir de puente entre las bases y las dirigentes y, en segundo lugar, apoyar al sector organizado del gremio. El desarrollo de elementos de la conciencia de clase y de género que se busca estimular en las bases del gremio por medio de las acciones directas previamente desarrolladas, pretende servir para apoyar procesos de movilización y organización. ACEP no ha buscado crear una organización, pero las usuarias del programa que muestran interés por la acción colectiva son remitidas al Sindicato Nacional de Trabajadores de Servicio Doméstico (SINTRASEDOM), entidad que representa los intereses del gremio [SINTRASEDOM fue creado en 1978 por trabajadoras relacionadas con organizaciones religiosas que estimulaban la organización de cooperativas. Después de una larga lucha en la que se les negaba personería jurídica, ésta les fue otorgada en enero de 1985. Ver capítulo acerca de SINTRASEDOM en este volumen].

También se hacen trabajos conjuntos con representantes del sindicato y las usuarias del programa. Entre éstos se cuentan: información acerca del sindicato a las participantes al curso de derecho laboral y los talleres, y difusión de sus actividades (asambleas, cursos, etc.). Se han organizado encuentros amplios, en los cuales ACEP procura movilizar las bases del gremio. El primero de mayo de 1985 se realizó un encuentro para celebrar el día del trabajo y estimular la aplicación de la norma con relación a la salud, así como impulsar la acción colectiva. El 25 de agosto de 1985 se realizó un mitin público para reclamar la seguridad social y el cumplimiento de la norma sobre descanso remunerado los domingos y festivos. Asistieron 500 empleadas con interés por hacer visibles y públicos sus problemas. Para octubre de 1985, se preparó una concentración en la Plaza Bolívar para exigir el cumplimiento de las normas sobre seguridad social. La realización del evento además de constituir una presión para mejorar condiciones materiales, también se ve como una forma de potenciar la organización.

En cuanto al apoyo al sector organizado del gremio se trabaja directamente con el sindicato. Una de las mayores dificultades está en la coordinación de horarios. Los miembros del sindicato, lo mismo que el gremio en general, escasamente cuentan con el domingo como día libre para sus actividades de capacitación, promoción y organización. Las diferentes actividades del programa de ACEP dirigidas a las bases del gremio se realizan en la tarde del domingo, lo que implica que el equipo profesional está saturado de trabajo. El hecho de cuadrar horarios para adelantar actividades es todo un malabarismo especialmente si éstas requieren una secuencia y disponibilidad de tiempo a largo plazo.

Entre las actividades desarolladas están: apoyo para la realización de eventos del gremio, capacitación a sus líderes sobre el contenido de la norma laboral y la forma de liquidar las prestaciones. [Tres veces se han programado cursos de derecho laboral para el sindicato. El último se inició en febrero de 1985. Se lleva a cabo en sesiones de dos horas cada domingo. Primero se revisó la norma y posteriormente se está preparando el grupo como liquidadores, para que puedan prestar este servicio en el sindicato y así tener mayor poder de convocatoria. El desarrollo del curso ha sido lento e intensivo en tiempo, para lograr una preparación efectiva]. También se ha discutido conjuntamente material didáctico. La cartilla para el curso de derecho laboral elaborada en ACEP fue discutida con algunas integrantes de SINTRASEDOM antes de su lanzamiento, el cual se hizo conjuntamente. La propuesta de reforma al Código Sustantivo del Trabajo también se discutió antes de remitirse al Ministerio de Trabajo. Además, se han establecido algunos contactos internacionales para el sindicato, en eventos en que participa el proyecto. La bibliografía que se conoce y adquiere sobre el tema es puesta a su disposición o suministrada como material de consulta para su centro de documentación.

La filosofía que se tiene al servir de apoyo o acompañar el proceso de organización es la de no reproducir entre el equipo profesional de ACEP y las participantes del sindicato las relaciones asimétricas de poder que las empleadas viven con sus patronas. Por esto, se evitan al máximo "apoyos" que tienden a suplantar la autonomía del gremio. El proyecto sirve de puente entre las bases y la dirigencia; en cuanto el sector organizado del gremio, será el que canalice las empleadas y grupos movilizados y los lleve a una acción colectiva más compleja.

Cambios a nivel ideológico de la sociedad

A este nivel se ha buscado divulgar la legislación laboral, desenmascarar la relación de subvaloración del trabajo doméstico y señalar los visos de servidumbre en que se mantienen las relaciones con el servicio doméstico.

La prensa, la radio y la televisión han sido medios utilizados reiteradamente para publicar artículos, entrevistas y denuncias. Los programas radiales en que se ha participado son aquellos dirigidos a la mujer, a la comunidad o noticiosos. Vale la pena destacar el consultorio jurídico radial que funcionó durante tres meses. En un programa de alta sintonía se tenían tres espacios semanales. Las abogadas del programa presentaban "casos típicos" derivados de la experiencia acumulada en la práctica jurídica y alrededor de los mismos se divulgaba la norma a nivel patronal. El programa funcionó hasta que la emisora canceló el contrato, ya que el apoyo dado al gremio fue considerado contraproducente para los radioescuchas (amas de casa de sectores medios y altos).

También la distribución de folletos dirigidos a las patronas con la legislación laboral y su reproducción en una revista de circulación masiva, han sido importantes como trabajo de divulgación. Se participa en conferencias y seminarios a nivel nacional e internacional para presentar los adelantos y limitaciones de la labor. Por este medio se llega a una comunidad profesional, a agentes de cambio y a grupos comprometidos en trabajo de investigación-acción.

Los profesionales del derecho

Dado que los derechos del gremio son limitados con relación a los de los demás trabajadores, y que se hallan consagrados en forma dispersa y poco clara, se crean serios problemas de interpretación. Este problema jurídico se agudiza por la subvaloración social de este trabajo que tiñe la ideología patriarcal de la comunidad profesional de hombres y mujeres.

En las facultades de derecho, en la cátedra de derecho laboral individual, no se enseñan las especificidades de la norma y mediante la práctica jurídica del programa se ha podido comprobar que tanto abogados titulados como estudiantes ignoran su contenido y más aún la forma de hacer operativa la norma a nivel cuantitativo. En este aspecto se ha comprobado desinterés y "pereza mental" entre los profesionales del derecho por entender los diferentes resultados de aplicaciones matemáticas distintas. Dado que los resultados de una interpretación errada son lesivos a nivel material, se ha trabajado este aspecto que, aunque de tipo operativo, es muy importante para la reivindicación. Para despejar estos problemas y avanzar en la satisfacción de los derechos consagrados en la ley, se ha estimulado la discusión con profesionales del derecho. La discusión sobre la existencia de la norma se halla en gran medida superada; este hecho constituye uno de los logros más importantes del programa.

El reconocimiento del vínculo laboral con la empleada por días se da partiendo del análisis de los elementos esenciales del contrato de trabajo: prestación personal del servicio, salario y continua dependencia o subordinación. La discusión se presentaba respecto a este último elemento y sofisticadamente se argumentaba que al no cumplirse el trabajo durante toda la semana, no existía "continuada dependencia" o subordinación tratándose así de un contrato ocasional. Sin embargo, al demostrarse que la jornada especial de trabajo de la empleada por días demarca un criterio de habitualidad y que la continuada dependencia o subordinación se refiere a la posibilidad que tiene la patrona de dirigir el trabajo o dar órdenes acerca de la forma de ejecución del mismo dentro de esa jornada, dicho argumento queda desvirtuado, máxime si se observa que la ley colombiana contempla la coexistencia de contratos y prestaciones.

Si bien el reconocimiento del contrato con la empleada doméstica por días ya no es el centro de la discusión legal, subsiste aún una grave dificultad en lo que se refiere a la operacionalización de sus prestaciones. El carácter *sui generis* de su contrato implica que se debe aplicar, por lógica matemática, una fórmula diferente de donde se derive la proporcionalidad. Las empleadas domésticas tienen derecho al pago de cesantías que corresponde a 15 días de salario por cada año de trabajo. Se llega a esta cantidad a través de una fórmula matemática la cual involucra la multiplicación del salario del último mes trabajado por el total de años trabajados, luego se reducen los resultados a la mitad ya que la empleada doméstica sólo recibe 15 días de cesantías, mientras otros trabajadores reciben un mes por cada año trabajado. A menudo son cometidos errores al calcular la cantidad debida, particularmente en el caso de trabajadoras por días; con frecuencia la fórmula se aplica incorrectamente no solamente al período de tiempo trabajado sino al salario pagado, dando por resultado una reducción en la cantidad de cesantías que la empleada doméstica debería recibir.

Acciones a nivel del Estado

El vacío de una actividad que, a nivel del Estado, asuma alguna parte de las reclamaciones laborales de las empleadas, es total. Por lo tanto se proyectó una serie de acciones dirigidas a la transformación de la legislación, a la interpretación y correcta aplicación de la misma, así como a su eventual multiplicación.

- *Acciones para transformar la legislación*. Dentro de la estructura política del Estado y dados los intereses que representan quienes manejan el aparato estatal, la transformación de la legislación se pensaría poco menos que imposible. Sin embargo, surgió una coyuntura favorable que se trató de aprovechar. La viceministra de Trabajo del período 1983-1984, compartía y defendía los intereses de la mujer trabajadora (se trata de la doctora Helena Páez de Tavera, quien ha participado en las luchas cívico-sociales de la mujer colombiana y en ese momento tomó como bandera en el ministerio la defensa de la mujer trabajadora). Teniendo este espacio, se procedió a estudiar los puntos más importantes para una reforma de la legislación laboral que, al tiempo de ser reivindicaciones sentidas por el gremio, tuvieran viabilidad. La experiencia de la práctica jurídica hizo posible al equipo profesional de ACEP señalar los puntos de la reforma. Estos se discutieron con SINTRASEDOM y buscaban fundamentalmente el reconocimiento de la igualdad de derechos con otros trabajadores. Los puntos principales de la reforma eran: aclarar qué se entendía por trabajadora del servicio doméstico, haciendo un reconocimiento explícito de las modalidades de interna y por días; establecer una jornada limitada de trabajo para la interna; estipular el descanso dominical y festivo en forma obligatoria y explícita, lo mismo que la afiliación a la seguridad social; ampliar los derechos en caso de accidente, enfermedad no profesional y profesional; reconocer el derecho a cesantías, igual que las demás trabajadoras (30 días por año); y considerarlo no sólo sobre el salario en dinero sino también en especie.

Desafortunadamente, este proyecto naufragó ante la ausencia de interés gubernamental.

- *Acciones para interpretar y aplicar la legislación existente.* Estas acciones han sido fundamentalmente tres. Primero, el inspector de trabajo, en la interpretación que haga de la norma juega un papel fundamental; por esta razón se ha promovido con este grupo un trabajo a nivel teórico e ideológico en las oficinas de trabajo del Ministerio de Trabajo, que son las instancias administrativas para dirimir los conflictos obrero-patronales. Sin embargo, la rotación de estos funcionarios hace esta labor difícil por su recurrencia permanente al punto inicial. Es fundamental señalar que en la interpretación de la norma no sólo están en juego aspectos jurídicos sino que la ideología patriarcal, en cuanto a la subvaloración del trabajo que hace la empleada doméstica, está presente.

Segundo, el proyecto está promoviendo la afiliación de la empleada a la seguridad social. Al no aplicarse sanciones para hacer cumplir la norma vigente y existir trámites muy confusos, el número de empleadas afiliadas es insignificante. La batalla por la afiliación se está promoviendo a nivel individual y colectivo y se proyecta trasladar al espacio público con demandas masivas a nivel callejero. Cuando se habla con funcionarios del Instituto de Seguros Sociales se dice que las puertas están abiertas para todo patrón y empleada que lo solicite; pero en la práctica es una norma "que se obedece pero no se cumple". En general, tanto empleadas como patronas desconocen la norma referente a seguridad social y los trámites y la estructura burocrática del Estado hacen muy difícil su aplicación. Se ha diseñado un boletín que tiene la información básica de los trámites a seguir y los beneficios esperados y que se reparte en los cursos a patronas, en la asesoría legal y a las empleadas usuarias. Las mayores dificultades para la afiliación a la seguridad social están en la percepción de no obligatoriedad de la norma al no impulsarse el cumplimiento de las sanciones en caso de transgresión, en la inestabilidad laboral de una parte del sector que hace difíciles los registros de afiliación y, finalmente, por la falta de reglamentación para la afiliación de la empleada por días que tiene coexistencia de contratos.

Si bien la seguridad social no es la solución mágica a los problemas de salud del gremio por la falta de eficiencia en la prestación de los servicios, los problemas de invalidez y vejez son tan pronunciados que la seguridad social representaría una gran ayuda. La contratación del servicio doméstico es selectiva de forma que la persona mayor, que empieza a mostrar problemas de salud y bajas en su productividad, no tiene alternativa de empleo. Los desequilibrios mentales que aparecen con el deterioro de las condiciones de vida en la edad adulta, no tienen protección alguna.

Tercero, se busca permear el Estado para la multiplicación de las acciones de asistencia legal dentro de su estructura administrativa. El eco a estas iniciativas no es nada estimulante y se considera que dentro de la estructura burocrática del Estado, el vacío para dar cumplimiento a estas normas, que son parte de su responsabilidad social, seguirá presente en el país por un tiempo.

Problemas enfrentados y lecciones aprendidas

El trabajo combinado para enfrentar acciones que den cuenta de las contradicciones de clase y las identidades de género, más los vacíos e imprecisiones que acusa la norma vigente, presentan muchos problemas pero al mismo tiempo dejan lecciones importantes.

Problemas

Se hará referencia sólo a los problemas enfrentados en relación con la situación personal de las empleadas, la ideología paternalista y algunas dificultades derivadas de la relación laboral.

La situación personal de las empleadas. El aislamiento en que vive la empleada doméstica, el sentido de transitoriedad de su trabajo, la poca importancia que vislumbra en las reivindicaciones individuales y gremiales, y el sentido de su subordinación hacia la patrona por la interiorización de la inferioridad y el escaso tiempo libre, hace que algunas de ellas no inicien la reclamación laboral y otras la dejen en el camino. Incluso algunas no ven la capacitación en derechos específicos como algo sustancial. Estos problemas se han ido transformando paulatinamente, fundamentalmente en Bogotá, donde las acciones son más profundas. Las participantes movilizadas se convierten en multiplicadoras y una de sus expresiones es la amplia acogida para la capacitación en derecho laboral. En cada empleada, el paso de reconocer que la relación laboral no es aislada y única sino parte de su panorama laboral general y el resultado de una situación de clase, es difícil de lograr ya que representa asumir una conciencia individual y convertirla en conciencia colectiva. Este proceso es básico para movilizar a un trabajo organizativo, pero es lento por los problemas objetivos en que vive la empleada doméstica.

Otro problema a considerar es que cuando a un sector que ha vivido sumido en la subordinación se le imparte un mensaje de reivindicación gremial o clase, es probable que afloren niveles de frustración ya que entre el conocimiento de los derechos, la reclamación de los mismos y el logro de su aplicación se dan períodos de tiempo a veces largos. Si la empleada logra sacudir la inferioridad internalizada y sus esquemas emocionales tienen referencia en una personalidad agresiva, se pueden despertar niveles de frustración-agresión.

A su vez cuando se logran despertar aspectos de la identidad-autonomía y se alcanza a cuestionar la posición subordinada de la empleada en sus relaciones personales y familiares, puede aparecer un choque, al enfrentar la identidad lograda con la precaria situación socioeconómica que la rodea, lo que deja un sentido de impotencia para manejar su vida. Este fenómeno es más agudo en las empleadas por días que pagan con condiciones muy difíciles de vivienda, salud, recreación, el tener una jornada laboral menos comprometida con su proyecto de vida.

En consecuencia, en una sociedad donde coyunturalmente el empleo como empleada doméstica es una realidad, el cambio en su conciencia de clase y género tiene que inscribirse en un proyecto mayor de cambio estructural, de lo contrario se logra sólo aliviar situaciones y hacer un poco más gratificante el espacio de vida para algunos individuos. Por esto la conciencia hacia la organización tiene que tener un peso definitorio.

La ideología patronalista: "El ama de casa que no reconoce sus propios niveles de subordinación se siente agredida con un proyecto que defiende a las empleadas. El temor a despertar reivindicaciones está presente con mucha fuerza en las amas de casa, y ellas esgrimen el argumento que al difundir e impulsar el cumplimiento de la norma, se desencadena el desempleo, porque se prefiere hacer las cosas que contratar con tantos requisitos".

Pero el problema del desempleo no es una función de la actitud de las personas. En una situación de crisis como la que atraviesa el país, el nivel de la demanda por servicio doméstico, especialmente de los sectores medios, tiende a contraerse. También el desempleo masculino y el aumento en el costo de vida en los sectores populares, presionan a la mujer para salir a buscar trabajo, incrementándose la oferta del servicio doméstico. La mujer, ante situaciones de pobreza absoluta, ofrece su trabajo, casi incondicionalmente, sin exigir el cumplimiento de los derechos consagrados, máxime si se desconocen y no hay instancias que vigilen su cumplimiento. En estas circunstancias, no es fácil establecer si el impulso en el cumplimiento de la norma exacerba la situación de desempleo.

También se dan otras variables que pueden influir en la conformación de la demanda. El incremento del empleo femenino en los sectores medios, sin que se redefina la división sexual del trabajo doméstico, ni el Estado ofrezca apoyo para labores de reproducción, deja a la mujer sometida a la doble jornada de trabajo, lo cual la impulsa a contratar trabajo doméstico remunerado dentro de los requisitos legales. Pero también es cierto que la demanda será cada vez más selectiva hacia las más capacitadas, mejor entrenadas y que ofrezcan niveles incuestionables de seguridad. En los sectores altos, se emplea para "ayudar a cuidar", dados los altos índices de inseguridad que vive la sociedad colombiana.

Por otro lado, una vez que la ideología patronalista se oxigena con un reflexión de su propia subordinación, un complejo de actitudes y de respuestas se desencadena en las amas de casas. Estas van desde consideraciones políticas que implican nuevos proyectos de vida, pasando por planteamientos de justicia social, o temor a estar fuera de la ley hasta anidarse en la ideología clasista excluyente de cualquier tipo de concesión o cambio por pequeño que sea.

La confusión en la relación laboral. Los obstáculos en la aplicación de la norma se derivan en general de la confusión existente entre la relación laboral, derivada de un contrato verbal, y la relación afectiva y personal que se presenta por el hecho de prestar los servicios en un núcleo familiar y por el falso argumento de considerar a la empleada como un "miembro de la familia", aplicando normas de carácter moral. Es así como el auxilio de cesantías suele cancelarse anualmente sin tener en cuenta la acumulación del tiempo y la retroactividad, no se cancelan oportunamente los intereses, no se da el tiempo completo de vacaciones o la empleada las exige sin haber adquirido el derecho, igual que se despide estando embarazada. Los problemas se agudizan en niveles probatorios, dado que los contratos son generalmente verbales y debe enfrentarse el valor de la palabra de la patrona con el de la empleada, creando profundos resentimientos de parte y parte.

Lecciones aprendidas

Estas son de diferente orden y aquí se hace referencia sólo a cuatro por considerarlas de carácter general. Por lo demás, en los diferentes puntos ya se ha discutido algunas experiencias.

Reconocimiento de los derechos. Se ha adelantado una relevante tarea enfocada al reconocimiento de los derechos de la empleada de servicio doméstico. Entre los profesionales del derecho esta etapa se halla en gran medida superada y en estado de consolidación. Frente a la patrona se encuentra mayor resistencia, pero el argumento central no se presenta a nivel legal sino que abarca elementos afectivos o paternalistas que se trabajan en el campo de las contradicciones de clase y género.

El trabajo de asistencia legal ha estado fundamentalmente enfocado hacia el cumplimiento de las prestaciones básicas: auxilio de cesantías, intereses, vacaciones, descanso por maternidad y al reconocimiento de indemnizaciones por despidos injustificados. Otras de las obligaciones patronales, como prestar atención médica y farmacéutica en caso de enfermedad, el descanso remunerado en días festivos o el pago doble por el trabajo en día de obligatorio descanso, para los cuales el carácter de prueba es difícil, se toman como elementos de refuerzo o persuasión en la etapa de transacción. Esto no tiene una incidencia que se refleje en el monto de la liquidación pero permite el reconocimiento de las obligaciones básicas y un cambio de mentalidad que ataca directamente costumbres injustas y arraigadas. La asistencia legal así construye una "puerta de entrada". Emprendida no como acción asistencial y engranada dentro de otras acciones, la asistencia legal representa una herramienta de cambio que va más allá de dar alivio a la situación laboral.

La organización y cambio amplio. También se puede afirmar que aunque el gremio del servicio doméstico vive en forma aislada y tiene un trabajo aislante que refuerza su anonimato social, si se establecen metodologías sistemáticas que permitan movilizar y dar respuesta a sus necesidades sentidas, es posible un trabajo masivo que, fuera de satisfacer demandas materiales, conlleve a remover la conciencia tanto de género como de clase y a movilizar el sector hacia su posible organización.

Las acciones descritas buscan desmitificar la situación de subordinación y explotación de la empleada doméstica como un grupo amplio de mujeres populares e impulsar actividades colectivas y movilizar a la organización. Paralelamente se trabaja con el ama de casa en su doble rol: como patrona que representa el extremo opuesto de la relación laboral, se le exige el cumplimiento de las obligaciones, y como mujer sujeta a la subordinación social que le impone la adscripción a lo doméstico, se estimula un desarrollo de su conciencia de género.

El trabajo impulsado para despertar las contradicciones de clase que vive la empleada en su relación laboral y también despertar identidades de género en empleadas y amas de casa hace muy complejo el diseño de las acciones, pero al mismo tiempo traduce preocupaciones en la búsqueda de un cambio amplio que resquebraje elementos de la estructura clasista y patriarcal de la sociedad.

La autora desea agradecer al equipo de la Asociación para el Estudio de la Población (ACEP), especialmente a Angela Melendro, por sus comentarios sobre este trabajo. El equipo del proyecto lo integraban: una directora del proyecto, una secretaria general, dos abogadas a tiempo completo, un estudiante de derecho que trabajaba a un cuarto de tiempo y un equipo de liquidadores que trabajaban los domingos en la tarde. En las ciudades diferentes a Bogotá, se contaba con una abogada y el equipo de liquidadores.

Bibliografía

Donaldson, Jamie K. 1992. Finding Common Ground: Redefining Women's Work in Colombia. *Grassroots Development* 16, 1:2-11.

Garcia Castro, Mary. 1982. ¿Qué se compra y qué se paga en el servicio doméstico?: el caso de Bogotá. En Magdalena León, editora, *La realidad colombiana, vol. 1, Debate sobre la mujer en América Latina y el Caribe*, Bogotá: Asociación Colombiana para el Estudio de la Población.

Garcia Castro, Mary/Quintero, Bertha/Jimeno, Gladys. 1981. Empleo doméstico, sector informal, migración y movilidad ocupacional en áreas urbanas en Colombia. Bogotá: Programa Naciones Unidas, Proyecto Oficina de Trabajo sobre Migraciones Laborales. Informe final.

León de Leal, Magdalena. 1985. The Program for Domestic Servants in Colombia/El Programa de Servicio Doméstico de Colombia. Trabajo presentado en el Congreso de la Asociación de Estudios Latinoamericanos.

Rey de Marulanda, Nohra. 1981. El trabajo de la mujer. Centro de Estudios sobre Desarrollo Económico, Universidad de los Andes, Bogotá.

Rey de Marulanda, Nohra. 1985. Discusión metodológica y conceptual acerca de la medición del trabajo de la mujer en América Latina. En Elssy Ramos, editora, *La medición del trabajo femenino en América Latina: problemas teóricos y metodológicos,* pp. 205-222. Bogotá: Plaza y Janés.

Schuler, Margaret (editora). 1986. *Empowerment and the Law: Strategies of Third World Women.* (Washington, D.C.: OEF Internacional 1986).

Vallejo, Nancy. 1982. Situación socio-jurídica del servicio doméstico en Colombia. Tesis, Facultad de Derecho, Universidad de los Andes, Bogotá.

Wainerman, Catalina/Recchini de Lattes, Zulima. 1981. *El trabajo femenino en el banquillo de los acusados: la medición censal en América Latina.* México, D.F.: El Consejo de Población y Terra Nova.

La educación de las domésticas: una agudización de la lucha de clases en Cuba

Elena Gil Izquierdo

Como toda revolución verdadera, la realizada por el pueblo cubano heredó del capitalismo muchas cosas nefastas, como es el caso de la discriminación que sufría la mujer por sexo y, adicionalmente, por raza y por extracción social.

No sólo por razones éticas sino también por ser la mujer un importante y poderoso factor para el desarrollo de la construcción de una nueva sociedad, la Revolución cubana desde su inicio procuró la unidad de la gran masa femenina del pueblo, concediéndole prioridad entre las más urgentes tareas del momento, fusionando en una sola organización los diversos grupos de mujeres progresistas que habían participado en la lucha anterior al triunfo de la Revolución. Esta unificación necesaria dio origen a la actual Federación de Mujeres Cubanas (FMC), que cuenta hoy con más de dos millones de afiliadas, cuya tarea primera y permanente sería educar a las mujeres para que maduraran su conciencia en la comprensión de cómo, por qué y para qué debían incorporarse activamente a la nueva sociedad. En el contexto de esta tarea específica, el máximo dirigente de la Revolución, comandante en jefe Fidel Castro, señaló dos objetivos urgentes: la educación de las "domésticas", y la educación de las campesinas.

Las domésticas

Las domésticas constituían un segmento numeroso de nuestra población femenina, principalmente en las ciudades y aquellos pueblos más populosos. Se calculaba que sumaban en aquel tiempo alrededor de 50.000 sólo en la ciudad de La Habana y un poco menos en el resto del país. Integrado en su totalidad por mujeres del más humilde origen, campesinas emigradas que venían a la ciudad en busca de trabajo y mujeres de los barrios marginales de las ciudades que luchaban por subsistir con sus habitualmente numerosas familias, eran fácil presa de la explotación inicua por parte de la alta y media burguesía del país.

Dependiendo de un sueldo mísero -que ellas sabían que podrían perder en cualquier momento, debido a la facilidad de sustitución dada la situación de desempleo existente- recibían la influencia diaria del ambiente y las concepciones burguesas, aisladas en las casas de sus señores, sin contacto con las luchas de la clase obrera, y sin posibilidad alguna de que ésta las defendiese. No les era permitido sindicalizarse, no les era permitido participar en lucha política alguna mediante su voto (puesto que éste era acaparado y utilizado a su antojo por los señores a quienes servían) o por otras vías, lo cual implicaba el despido inmediato. En estas circunstancias las sorprende la Revolución, como simples espectadoras y víctimas de aquella situación que debía terminar con el triunfo revolucionario.

Como dijimos antes, el plan de educación surgió de la preocupación del compañero Fidel y del gobierno revolucionario por incorporar masivamente y de modo activo a la Revolución a las capas más humildes de nuestra población. Entre éstas, las mujeres en el servicio doméstico y las muchachas campesinas, por sus características, representaban dos de los sectores más atrasados y sometidos a la influencia ideológica directa de la burguesía. De ahí que, paralelamente a la campaña de alfabetización, el compañero Fidel decidiera que se crearan escuelas especiales para las domésticas y para las campesinas, con el doble objetivo de elevar su nivel cultural y, a la vez, liberarlas de aquella influencia burguesa mediante el estudio de las realidades sociales que habían determinado su servidumbre y de los principios ideológicos de nuestra Revolución, lo cual abría ante ellas el camino hacia una nueva vida.

La escuela para maestras

El primer paso que debió darse fue la preparación de maestras idóneas para cumplir debidamente esta tarea. Debían ser maestras capaces de instruir pero sobre todo de educar, de formar, capaces de hacer madurar la conciencia de aquellas mujeres cargadas con un pesado lastre de prejuicios contra la Revolución.

La forja de este nuevo tipo de maestras fue la Escuela de Instructoras Conrado Benítez, que era un nuevo modelo de escuela creado por la Revolución. A ella acudieron 600 muchachas seleccionadas entre miles de voluntarias que ya habían enseñado en las montañas y cuya preparación inicial se había desarrollado en los lugares más agrestes y distantes de nuestros campos.

Era una escuela de nuevo tipo porque en ella se implantaba por primera vez el régimen de estudio y trabajo que luego derivó en el puntal central de nuestros planes de enseñanza. En tanto las alumnas se preparaban para graduarse como maestras de primaria e instructoras revolucionarias, debían simultáneamente organizar, dirigir y enseñar en las escuelas nocturnas de domésticas. Pedagogas de experiencia cuidarían de su preparación y de asesorarlas en todos los aspectos con miras a enfrentar el ambicioso plan de superación de las domésticas. Recibirían sus clases por las mañanas, estudiarían individual o colectivamente por la tarde, y asistirían por las noches a sus respectivas escuelas bien como directoras o como maestras.

Las escuelas para domésticas

Las escuelas nocturnas para domésticas en La Habana comenzaron a funcionar en el mes de abril de 1961, apenas dos meses después de la Escuela de Instructoras. A lo largo de ese año las escuelas nocturnas fueron aumentado el número y matrícula hasta alcanzar la cifra de 60 escuelas en el mes de diciembre con una matrícula de 20.000 alumnas.

Antes de la apertura de cada escuela la Federación de Mujeres Cubanas y el Partido desarrollaban un breve período de agitación y propaganda en los barrios donde próximamente funcionarían estos nuevos centros de enseñanza. Convocaban mitines en los parques, en los que ya participaban las propias instructoras revolu-cionarias y se distribuían volantes de casa en casa y en las tiendas de víveres donde las domésticas integraban la mayoría de los compradores, puesto que eran ellas las encargadas de adquirir el suministro diario de la casa en que trabajaban.

Así las domésticas en las escuelas se prepararían para otro tipo de trabajo, con mayor retribución y exento de la humillación y los vejámenes que acompañaban al trabajo que estaban realizando. La respuesta a estos esfuerzos de la FMC y el Partido, fue la afluencia masiva y entusiasta de miles de mujeres que, en menos de un año, colmaron las escuelas.

Las escuelas para domésticas se instalaron en los propios locales que ocupaban de día las escuelas primarias, y cada una de ellas recibió el nombre de una mujer destacada en la lucha por la liberación de los pueblos, empezando con las mártires de las distintas guerras por la independencia de nuestro país. Esta decisión sirvió para rendirle merecido homenaje no sólo a las mujeres heroicas que en todas las épocas y todas las naciones habían ofrendado su vida por la libertad, sino que sirvió también para comenzar a asomar a las domésticas a un mundo aún desconocido para ellas: el de la lucha, el combate sin tregua de la humanidad por una sociedad mejor.

El programa de estudios de las escuelas se basaba en las asignaturas correspon-dientes a la enseñanza primaria, pero además incluía un turno diario de 45 minutos de instrucción revolucionaria que impartía la directora. En este caso no era cuestión de darles conocimientos teóricos de marxismo, sino simplemente de explicarles día a día de los problemas concretos que la Revolución iba confrontando. Ellas en las casas donde trabajaban escuchaban innumerables versiones malintencionadas sobre los propósitos y la obra de la Revolución. Algunas, incluso, se dejaban influir por esas opiniones y podían influir, a su vez, sobre el resto de sus respectivas familias, también pobres. Por ese motivo, el objetivo de esta instrucción revolu-cionaria era rescatar para la Revolución a estas mujeres y a sus familias, evitar que fueran confundidas por la contrarrevolución y ampliar así su base de apoyo y a la vez prepararlas para un trabajo que no fuera denigrante.

Las clases de instrucción revolucionaria que recibían cada noche les permitía encarar las discusiones callejeras con argumentos sólidos y claros que aprendían en las escuelas. Esto constituyó una valiosa ayuda en determinados acontecimien-tos, como ocurrió cuando se hizo circular un decreto falsificado y se corrió el rumor de que la Revolución le iba a quitar a los padres la patria potestad de sus hijos. Las domésticas, esclarecidas en sus escuelas, salieron al paso de ese rumor con gran energía y convicción.

Ocurrían muchas cosas curiosas en aquel entonces. Como vivían en las casas de los señores a quienes servían, la primera reivindicación que ellas tenían que plantear en algunas casas era que se les permitiera salir a una hora determinada para asistir a la escuela. Ya estaba la familia acostumbrada a que la doméstica estuviera allí siempre a su servicio, ausentándose solamente en su día franco; que saliera a una hora fija todos los días producía el primer choque entre la mujer humilde y la burguesa, la primera agudización de una lucha de clases de la cual ni siquiera tenían aún conciencia, pero de la que eran ya una fuerza activa.

En cada escuela se organizaba lo más rápidamente posible una delegación de la Federación de Mujeres Cubanas. Este pequeño núcleo que ya integraban las más decididas, las más entusiastas, impulsaba a las otras a avanzar por el camino de la cultura. Los viernes, las delegaciones colaboraban con la dirección de la escuela en preparar modestos actos artísticos en los que ellas mismas actuaban y hasta proporcionaban ideas para pequeñas obras de teatro que representaban. Ocasionalmente se incluía en el acto una breve declaración sobre algún problema político candente del momento, pero la enseñanza política estaba también en la trama misma de las representaciones teatrales -que reflejaban hechos de su propia vida en las casas de sus señores- y en la letra de las canciones revolucionarias que interpretaban.

El gobierno revolucionario les demostró nuevamente su preocupación por ellas y por su asistencia a la escuela, asignándoles un modesto estipendio mensual de cinco pesos para sus gastos de transporte, estipendio que recibían en un cheque (¡como los que sus señores manejaban!) a cobrar en el Banco. Es sorprendente cómo este detalle las hacía sentir más dueñas de sí mismas. Para no perderlo cuidaban mucho su asistencia a la escuela, a fin de alcanzar el promedio fijado como requisito indispensable para percibir aquella ayuda.

Así, paso a paso, íbamos cumpliendo el objetivo de rescatarlas para la Revolución. El otro, prepararlas para un trabajo decoroso, se cumpliría con la organización de una escuela interna que las adiestraría en distintas especialidades y que llegó a albergar a más de 1.700 alumnas en cada uno de sus cursos.

La Escuela de Especialización para Domésticas comenzó a funcionar unos ocho meses después de haberse abierto las escuelas nocturnas. Se instaló en las aulas de la Universidad Católica de Villanueva, antes sede exclusiva para los hijos de las familias más ricas. Las alumnas vivían en varias mansiones de los alrededores, donde algunas de ellas habían servido en la etapa prerrevolucionaria. Era de admirar el cuidado y esmero que ellas pusieron en conservar los muebles y objetos valiosos de adorno que el éxodo de sus dueños había dejado en herencia a la Revolución. Más tarde la escuela fue trasladada al Hotel Nacional, el mejor de la ciudad antes de que la cadena de los Hilton se introdujera en la economía del país. Allí ocupaban dos pisos y utilizaban todos los servicios del hotel, cuyo personal las atendía en el comedor.

Las alumnas ingresaban en la Escuela de Especialización después que terminaban su sexto grado en la escuela nocturna, y como para ello ya debían abandonar su empleo, a ellas también se les asignó un estipendio de 30 pesos mensuales, a fin de que pudieran seguir atendiendo las necesidades de sus familias. Recibieron por grupos diversos cursos: taquigrafía, mecanografía, contabilidad, manejo de pizarras en las centrales telefónicas y preparación para empleos específicos en los bancos, así como para maestras populares, auxiliares pedagógicas e instructoras de deporte.

Las ex-alumnas

Una de las primeras experiencias de su incorporación a nuevos empleos fue con el Instituto de la Reforma Urbana, donde no había personal suficiente para afrontar los planes que requería su aplicación, por lo que se escogió de la Escuela cierto número de las jóvenes que se prepararon especialmente para trabajar en el nuevo sistema de cobro del usufructo de las viviendas.

Por otra parte, cuando comenzó el éxodo profesional promovido con la preconcebida intención por parte del imperialismo de debilitar la fuerza de la Revolución, los empleados de bancos -que siempre habían constituido en su mayoría una parte del sector aristocratizante de los trabajadores, un sector que no se sentía ligado al destino de los obreros en general- se marcharon desde los primeros momentos y sus domésticas se prepararon para ocupar sus puestos.

En el caso de los bancos y la Oficina de Reforma Urbana, se produjeron algunas anécdotas simpáticas. Ya las domésticas habían comenzado a ocupar distintos cargos, entre ellos los de cajera. Un buen día, alguna de las señoras a quienes ellas habían servido acudía al banco a cambiar un cheque y se encontraba en la ventanilla con su antigua sirvienta. Aquello le producía un impacto; una humillación que le hacía sentirse herida en lo más hondo de su sentido clasista. Pocas veces el pasado y el presente se enfrentaron tan nítidamente. Estas experiencias tuvieron éxito y no fueron las únicas. Así, cuando un organismo como el Ministerio de Comercio Interior necesitaba cierto número de alumnas para determinado trabajo, acudía a esta Escuela de Especialización y se le preparaba el grupo necesario mediante determinados estudios con la colaboración de técnicos del propio ministerio u organismo que las solicitaba.

En el primer curso se graduaron en práctica de oficina 1.068 muchachas, de las cuales 865 fueron a cubrir los puestos vacantes en sucursales del Banco Nacional de Cuba. Cuatro de ellas, que se destacaron como taquígrafas, pasaron a ser parte del cuerpo de versiones taquigráficas del gobierno revolucionario; las 199 restantes se situaron como auxiliares de oficina en otras dependencias del Estado. En los años sucesivos, con un alumnado decreciente al irse extinguiendo el sector "doméstico", el aporte de la Escuela Especializada de domésticas fue el siguiente: 208 taquígrafas-mecanógrafas, 50 auxiliares de contabilidad, 191 operadoras telefónicas, 24 auxiliares de deporte, 30 auxiliares pedagógicas y 65 maestras populares para las montañas.

La Escuela de Especialización funcionó durante casi cinco años. En el transcurso de este período el Ministerio de Educación fue creando escuelas técnicas de diverso tipo, y los otros organismos estatales organizaron sus propios cursos de capacitación. Ya la Escuela no era necesaria pues las ex-domésticas, al terminar su primaria, podían optar por la especialidad que prefirieran y realizar sus cursos nocturnos mientras trabajaban durante el día en sus nuevos empleos.

Las escuelas nocturnas de domésticas funcionaron durante siete años, durante los cuales fue necesario extenderlas a las poblaciones más importantes del interior del país. A medida que sus maestras, las instructoras revolucionarias Conrado Benítez se fueron graduando y un número de ellas regresaba a sus lugares de origen en las distintas provincias, la Federación de Mujeres Cubanas y el Partido se mostraron muy deseosos de que fuera posible organizar en las poblaciones del interior escuelas similares a las de La Habana; esto pudo hacerse a partir del año 1961. Paulatinamente fueron abriéndose 30 escuelas que agrupaban alrededor de 10.000 alumnas, situadas en 26 ciudades o pueblos grandes. En homenaje a quien fuera toda su vida una revolucionaria consecuente, a aquella a quien el odio y la desesperación de los contrarrevolucionarios habían convertido en mártir de la Revolución en un deleznable sabotaje, todas las escuelas nocturnas de domésticas del interior del país llevaron el nombre de Fe del Valle. El auge mayor de las escuelas de domésticas podemos situarlo durante el período 1962 a 1965, en el cual funcionaban plenamente las 30 escuelas del interior y las 60 de La Habana.

Una característica de este tipo de escuela, basada en la experiencia de la Escuela de Instructoras Revolucionarias fue su dirección colectiva, sobre la base de un Consejo que integraban no sólo las directoras, asesoras y maestras, sino también delegadas alumnas de cada aula. Esta participación del conglomerado de alumnas seleccionadas por ellas mismas estrechaba los lazos entre profesorado, dirección y alumnado, en tanto que ellas sentían como un privilegio la oportunidad que se les daba de poder manifestar sus criterios y llevar al Consejo el sentir de su grupo, tanto en lo referente a las escuelas en sí, sus métodos, etc., como a cualquier duda o malestar que hubiera podido surgir con respecto al desarrollo de la Revolución.

Esta alumna delegada se convertía así no sólo vocera de sus compañeras, sino también en una orientadora de su grupo sobre los problemas que se hubieran planteado en el Consejo. Así mismo, el grupo de cada aula aprendió a realizar asambleas de crítica y autocrítica y realmente maravillaba a veces la lógica, la sensatez y el espíritu revolucionario que iba creciendo cada vez más durante las intervenciones que se producían en las reuniones.

Entre 1964 y 1965 la matrícula comenzó a disminuir en tanto que crecía el número de graduadas; especialmente en La Habana las escuelas se fueron cerrando paulatinamente hasta bajar a la cifra de 37 en el curso 1965-1966. En cambio, en el interior del país, donde las posibilidades de pasar a otros cursos eran más limitadas, las 30 escuelas se mantuvieron todos esos años sin alteración alguna.

Aquellos años dieron una cosecha valiosa a la Revolución, a través de sus planes de superación de la mujer. Hoy se pueden encontrar antiguas domésticas en todas las ramas del trabajo y la sociedad, así como en estudios superiores. Puede afirmarse que uno de los mayores logros alcanzados fue inculcarles un afán de saber, un deseo de alcanzar metas más altas y no es exagerado afirmar que ellas constituyeron uno de los primeros "arroyitos" que originaron ese gran río de masas femeninas que hoy está incorporada a la construcción de la sociedad nueva en nuestra patria.

Elena Gil Izquierdo: un recuerdo

Cuando empezamos nuestras tareas editoriales pedimos a la Federación de Mujeres Cubanas información acerca de las escuelas para domésticas. Disfrutamos una correspondencia cordial con Elena Gil Izquierdo, quien nunca reveló que ella misma fue la fuerza animadora detrás de estas escuelas. Elena Gil Izquierdo murió en abril de 1985, y nos gustaría compartir las siguientes notas biográficas proporcionadas, a petición nuestra, por la FMC. Elena Gil Izquierdo nació en México el 5 de septiembre de 1906, en el seno de una familia de clase media. Hija de madre mexicana y padre cubano, en 1909 se establecen en Cuba definitivamente. En 1924, Elena entró a trabajar en la Cuban Telephone Company, donde se integra a los grupos revolucionarios y establece los primeros contactos con el Partido Socialista Popular. Elena trabajó para organizar a las mujeres y hacerlas combatir por sus derechos. Formó parte de la Unión Nacional de Mujeres y participó en el Tercer Congreso Femenino celebrado en 1939. Como consecuencia de su lucha junto a los trabajadores le fue aplicada la jubilación forzada en 1949, integrándose entonces a la Asociación de Jubilados Telefónicos, que presidió hasta 1956, cuando fue sustituida por resolución gubernamental debido a su condición de comunista. Con el triunfo de la Revolución se incorporó a los trabajos preparativos de la delegación cubana al Congreso Latinoamericano de Mujeres celebrado en Santiago de Chile en 1960. Al constituirse la Federación de Mujeres Cubanas, formó parte de la dirección nacional como miembro del buró y del secretariado nacional. Al ser intervenida por el gobierno revolucionario la revista *Vanidades*, se le asignó la responsabilidad de auxiliar la dirección de *Mujeres*, publicación femenina que nacía con la Revolución. En 1961, pasa a dirigir las escuelas para campesinas Ana Betancourt, una de las más hermosas tareas que emprendiera la FMC en los primeros años. Militante del Partido Comunista de Cuba, fue miembro de su comité central durante 15 años. En 1976 presidió el Movimiento por la Paz y la Soberanía de los Pueblos, labor que desempeñó con la responsabilidad y el tesón que caracterizaban todas sus actividades, hasta 1982 cuando por serias limitaciones de salud fue jubilada. Elena Gil, activa, responsable, trabajadora eficaz y madre preocupada, revolucionaria consciente que cumplió su deber hasta el último momento de su vida.

Vilma Espín, despedida de duelo de Elena Gil Izquierdo,
27 de abril de 1985.

Las editoras

Parte V
En sus propias palabras

Ana María de Oliveira "Zica" /Odete María da Conceiçao

(con Hildete Pereira Melo)

SINTRASEDOM

Adelinda Díaz Uriarte de Lima

Aída Moreno Valenzuela

Las trabajadoras domésticas en Rio de Janeiro: su lucha para organizarse

Anazir Maria de Oliveira "Zica" y Odete Maria da Conceiçao
(con Hildete Pereira de Melo)

Para preparar esta historia de las luchas de las empleadas domésticas de Rio de Janeiro, Hildete Pereira de Melo utilizó como pautas el texto de la Associaçao Profissional dos Empregados Domésticos do Rio de Janeiro, titulado Nao temos os mesmos direitos que a classe trabalhadora tem como um todo *(1983a) [No tenemos los mismos derechos que tiene la clase trabajadora en su totalidad], así como entrevistas hechas con las dirigentes de dicha asociación, que son también las autoras de este relato. Zica es presidenta de la asociación; Odete fue fundadora del movimiento de las empleadas domésticas en Brasil. A continuación ofrecemos al lector lo esencial de su relato.*

Las domésticas son migrantes que vienen del interior, casi siempre del medio rural, en busca de una vida mejor. Son muchachas que se emplean de domésticas en las grandes ciudades:

"La vida era difícil, por eso lo dejé todo(...) Nadie vino porque quería. No tenía posibilidad de escoger; vine por necesidad" (NOVA, 1982, p. 12).

La empleada doméstica deja a su familia, que muchas veces se queda esperándola, y se va a vivir en casa de una familia que no es la suya:

"Se vive en una casa que tiene todo, que uno limpia, y a la que no se tiene acceso (...) La única cosa a la que se tiene algo de acceso es al cuarto de uno (...) pero no se puede traer a nadie al cuarto. Hay casas que ni siquiera te dejan traer a una amiga (NOVA, 1982, p. 16).

La empleada doméstica confronta una serie de problemas. Quiere tener el derecho de estudiar para mejorar su vida, pero no lo consigue porque no tiene ningún derecho. Pertenece a la familia que le da trabajo. No tiene horario de trabajo, no tiene nada. Vive en un clima muy opresivo. Cuando aún es joven, se viene a trabajar en una casa y se dedica a cuidar de esa familia:

"Yo supe por qué nadie en aquella casa quería que yo estudiase.

Porque yo era imprescindible para el trabajo. Y temían que si yo estudiaba, me iría de la casa" (NOVA, 1982, p. 14).

Ante esa realidad, que el paso de los años no ha cambiado mucho, en 1960 un grupo de empleadas domésticas tomó conciencia de su situación de abandono y explotación, y decidieron que era necesario unirse para poder cambiar esta situación. Las empleadas domésticas que participaban en Acción Católica, un grupo de la Juventud Obrera Católica (JOC) tuvieron la idea de unirse y crear una asociación al comprobar que, según Odete, "cuando se reunían las domésticas con otros obreros, todo el mundo discutía y se olvidaban de nosotras. Empezamos a reunirnos sólo con domésticas para buscar una forma de crear una asociación".

A través de las actividades de JOC, este movimiento se extendió a otras ciudades brasileñas; luego, en Rio de Janeiro y São Paulo se iniciaron grupos de trabajo para fundar asociaciones de empleadas domésticas.

En diciembre de 1961, 60 empleadas domésticas se reunieron para crear la Associaçao Profissional dos Empregados Domésticos do Rio de Janeiro. Lanzaron un manifiesto denunciando la situación de abandono e inseguridad en que vivían. Según Odete, "somos seres humanos y tenemos dignidad". Fue el primer acto público de coraje de las empleadas domésticas. Cada una habló de sus dificultades y de las actividades que la asociación debería apoyar para defender a sus compañeras de trabajo. Fue una tarea muy ardua porque en aquella época las domésticas no tenían conciencia de su situación y resultó difícil conseguir que las mujeres participasen. Las domésticas no estaban acostumbradas a colaborar con otras mujeres, ni a reclamar sus derechos.

Había muchas ganas de fundar una asociación, pero no teníamos local. Era muy difícil reunirse. Muchas veces las reuniones se hacían en un banco de la plaza, en la playa, en la iglesia del barrio. A través de la iglesia de Rio de Janeiro se consiguió un cuartito. Eso fue estupendo, pues así teníamos un lugar donde poner nuestros folletos y las primeras fichas de socio, y donde redactar los estatutos. Se comenzó la lucha para exigir una ley que reconociera nuestros derechos como trabajadoras. Ya más organizadas, empezamos a estudiar nuestros problemas, a luchar por nuestra formación y por nuestros derechos en el trabajo, a ayudarnos mutuamente, y a tener un organismo que nos representase ante las patronas y las autoridades.

En 1963 se consiguió realizar el primer encuentro, que reunió a empleadas domésticas de todo el estado de Rio de Janeiro. Se estudiaron varios proyectos de ley. Por primera vez se lograron muchas reivindicaciones: un horario fijo de trabajo, un día libre semanal, un salario justo y un contrato de trabajo. En 1967 la asociación consiguió con la ayuda de la Iglesia alquilar una casa, la primera sede de la asociación, donde se pudieron llevar a cabo otros proyectos: reuniones, asambleas, servicios y cursos. En 1968, en la ciudad de São Paulo se celebraron el II Encuentro Estadual [del estado de São Paulo] y el I Encuentro Nacional das Empregadas Domésticas. Participaron 100 empleadas domésticas de los estados de Maranhao, Paraíba, Pernambuco, Bahía, Minas Gerais, Rio de Janeiro, Rio Grande do Sul y São Paulo. Fue un enorme avance. Durante cuatro días discutimos la situación de las domésticas en relación con las autoridades. Exigimos una ley de trabajo justa y seguridad social.

Por fin, en 1972 el parlamento brasileño aprobó la Ley nº 5859 (Governo do

Brasil, 1972) que satisfacía algunas de las reivindicaciones de las domésticas: libreta de trabajo, vacaciones y seguridad social. ¡Muy poco, pero es algo! [La libreta de trabajo es un documento que establece los vínculos laborales del trabajador; en ella se registran el salario y los servicios a realizar. Todas las personas que trabajan en actividades urbanas (industria, comercio y servicios), realizando sus funciones de forma continua y mediante salario, están protegidas por la legislación de la Consolidaçao das Leis do Trabalho (CLT). Según la ley, los contratos de trabajo deben ser registrados en la libreta de trabajo por el empleador. La legislación CLT no se le aplica a la empleada doméstica. Sus derechos están garantizados por unas leyes específicas (la Ley nº 5859/72, el Decreto nº 71885/73, Governo do Brasil, 1972 y 1973), y la Ley nº 6887/80). Por tanto, las empleadas domésticas sólo tienen los siguientes derechos: remuneración por los servicios prestados, veinte días de vacaciones, y los beneficios y servicios de la seguridad social, siempre que se paguen las cuotas. Para las empleadas domésticas que tengan la libreta firmada por sus empleadores, eso significa poder disfrutar de estos derechos].

La lucha para organizar a las empleadas domésticas a nivel nacional continuó en abril de 1974: en Rio de Janeiro se celebró el II Congresso Nacional das Empregadas Domésticas. En este congreso participaron las cinco asociaciones de empleadas domésticas existentes en Brasil (São Paulo, Rio de Janeiro, Belo Horizonte, Juiz de Fora y Piracicaba); también vinieron grupos de domésticas de otras ciudades. A pesar de algunas divergencias, los objetivos de las cinco asociaciones eran los mismos:

-la promoción humana, social y profesional de la doméstica;
-la organización y la formación de una conciencia de clase;
-la prestación de servicios;
-la asociación como organismo representativo de las domésticas, en la expresión de sus necesidades y aspiraciones, en la defensa de sus derechos y reivindicaciones.

El segundo congreso concluyó que los problemas principales que la doméstica confronta en todo el país son la falta de un horario de trabajo y salarios bajos. Según Zica: "La doméstica se siente subvalorada, humillada y trata de huir de su profesión por no encontrar en ella el estímulo para continuar y perfeccionarse. La situación de las domésticas sólo la pueden modificar ellas mismas, comenzando por una toma de conciencia de su realidad y de su valor como seres humanos y trabajadoras".

Con respecto a la legislación del trabajo doméstico, este congreso concluyó que estaba todavía incompleta: la Ley nº 5859 no concedía a las domésticas los beneficios que legalmente les corresponden a los otros trabajadores.

En 1978, en el III Congreso Nacional das Empregadas Domésticas, celebrado en Belo Horizonte, se volvió a exigir la promulgación de una legislación laboral igual a la de todos los trabajadores, y se expresó el deseo de que todas las domésticas tuvieran sus asociaciones por todo el país. En enero de 1981 el IV Congresso Nacional das Empregadas Domésticas, celebrado en Porto Alegre, reunió a 82 delegadas de ocho asociaciones de las ciudades de Recife (estado de Pernambuco); Patos (estado de Paraíba); Belo Horizonte, Uberaba y Monte Carmelo (estado de Minas Gerais); São Paulo, Campinas, Piracicaba, Araçatuba y Fernandópolis (estado de São Paulo); Rio de Janeiro (estado de Rio de Janeiro); Curitiba (estado de Paraná); Florianópolis (estado de Santa Catarina); y Porto Alegre, Pelotas y

Erexim (estado de Rio Grande do Sul).

En este encuentro se concluyó que a las empleadas domésticas no se les aprecia como seres humanos y profesionales. Trabajan todo el día, sin jornada de trabajo, sin día libre a la semana y con salarios inferiores al mínimo. Según Odete: "Hay empleadas domésticas que hace 17 años trabajan en una casa y las *patroas* no abonan las cuotas de la seguridad social. No las pagan y se acabó". Las empresas constructoras no respetan la legislación de construcción civil en cuanto al tamaño y a la ventilación de las habitaciones de las empleadas domésticas en los edificios de apartamentos. Las domésticas disfrutan una protección laboral bastante exigua; por tanto, nosotras reivindicamos una jornada de ocho horas de trabajo, salario mínimo, descanso semanal remunerado, salario familiar, despido previo aviso, una pensión de jubilación, una paga extraordinaria de un mes, ayuda a la maternidad, seguro contra accidentes laborales y la equiparación de la ley de las empleadas domésticas a la de los trabajadores rurales en lo tocante a vacaciones. Insistimos en el reconocimiento de la categoría profesional de "empleado doméstico" para así poder crear sindicatos del ramo.

La lucha para garantizar los derechos de las domésticas es ardua. Una empleada típica, dice Zica:

> "hace 20 años que trabaja para la misma familia. Su libreta de trabajo se la firmaron en 1973 por primera vez. Hace 2 años que su patrona dejó de abonar las cuotas de la seguridad social. Debido a eso perdió sus derechos. Ya tiene 58 años y está a punto de jubilarse. Otro caso similar fue el de una muchacha criada en una casa desde los 15 años. Nunca recibió salario, pero hacía de todo en la casa. En 1978 le firmaron la libreta de trabajo por primera vez. ¿Y qué pasó con los años entre 1963 y 1977? ¿Y el salario que aún no ha percibido?".

Es difícil conseguir que las domésticas vayan al juzgado para reclamar. Tienen miedo. A las que vienen por la asociación se les estudia su caso y se les da un día para ir al juzgado, pero muchas veces no aparecen cuando tienen que hacerlo. Las que reclaman pierden sus empleos. Incluso su participación en nuestros congresos es motivo para perder el trabajo. En el congreso de Porto Alegre una muchacha de Paraíba fue despedida al regresar, y sigue sin trabajo porque nadie la quiere emplear. Según Zica, "una de las dificultades de la asociación es ese temor que las muchachas tienen de participar porque no quieren crearse problemas con las *patroas*. Y además, las domésticas trabajan solas".

Es difícil entrar en una casa de familia. En una fábrica, por ejemplo, 50 ó 100 obreros trabajan juntos, mientras la empleada doméstica está sola y la *patroa* ejerce también mucha influencia sobre ella. La doméstica cría los hijos de la patrona. Si comete el más mínimo desliz, la despiden al momento porque es muy fácil conseguir otra doméstica. La posición de la doméstica externa es un poco diferente, porque confronta la misma situación que la clase obrera: se levanta de madrugada, tiene problemas de transporte y de carestía de vida. Por otro lado, la doméstica residente va al mercado con el dinero de su patrona y va a su casa sólo cuando tiene el día libre.

La doméstica por días sabe que su casa está en otra parte y que su familia vive allí. Es importante que la doméstica salga de la casa de la patrona. Las domésticas deberían tomar conciencia de la necesidad de tener su casa. La casa de la patrona es su lugar de trabajo, pero también necesita su propia vivienda para así sentir las dificultades que viven las personas pobres que trabajan. Es necesario que las domésticas salgan de las casas de las patronas y asuman la pobreza.

El congreso también denunció la explotación del trabajo de muchachas que, con edades de entre siete y ocho años, vienen del interior a las grandes ciudades para trabajar en casas de familia:

> "Yo empecé a trabajar a los nueve años cuidando 2 niños. Trabajé y estudié hasta los 11 años. Después me fui a trabajar de doméstica en una casa de familia, matrimonio y 3 hijos". [Declaración de Zica].
> "Yo empecé a trabajar temprano. Tenía 10 años cuando llegué a Caxias (municipio del estado de Rio de Janeiro) y comencé a trabajar cuidando un niño. A los 14 años vine para esta casa y hace 40 años que trabajo aquí". [Declaración de Odete]

Hoy en día, las asociaciones conmemoran el 27 de abril como el Día de la Empleada Doméstica (es el día consagrado por la Iglesia católica a Santa Zita, que fue una empleada doméstica).

Por primera vez, en ese día, en 1983, hubo una manifestación en una plaza pública de Rio de Janeiro exigiendo que:

1) las empleadas domésticas sean respetadas como seres humanos y como trabajadoras por las familias para las que trabajan y por toda la sociedad;

2) se amplíe inmediatamente la legislación de la empleada doméstica, extendiéndosele a ella los derechos ya asegurados a las otras categorías profesionales;

3) nuestras asociaciones sean reconocidas como organizaciones de clase, unidas en la lucha común de liberación de los trabajadores (Associaçao Profissional dos Empregados Domésticos de Rio de Janeiro, 1983b).

La lucha de la asociación es la lucha de clase de todas las domésticas. Para nosotras la asociación es el sindicato de las domésticas, que defiende nuestros derechos y enarbola la bandera de nuestra emancipación en la sociedad. La asociación es vista por sus dirigentes como una organización de trabajadores, no específicamente femenina, hasta tal extremo que el nombre de la asociación se escribe "Empregados Domésticos". Ya tuvimos un hombre que era de nuestro sindicato y luego desapareció. "Nunca pensamos, en nuestra lucha, en afirmarnos como mujeres, sino como trabajadoras" (documento interno de la Associaçao Profissional dos Empregados Domésticos).

Sin embargo, esta contradicción en realidad aparece cuando discutimos el número de socias, que arroja un total de 800 mujeres inscritas. Según Zica: "Entre la clase obrera no es fácil conseguir socios. Lo que es interesante es la dificultad con las mujeres. Cuando fundamos nuestro grupo en Vila Alianza, queríamos hacer cosas pero no sabíamos cómo hacerlas. El local no fue difícil de conseguir; un sacerdote nos asesoró y nos dio ánimos. Sin embargo, les resultó muy difícil celebrar reuniones porque la mayoría eran domésticas externas y sólo disponían de los fines de semana para cuidar de sus hijos (...) porque, además de ser domésticas, también son mujeres. De ahí viene el compromiso con el marido y los hijos. Si no toman conciencia de que tienen que luchar por sus derechos, nunca los van a conseguir".

Así, en octubre de 1983, en el Encontro Regional de Domésticas de los estados de Rio de Janeiro y Espíritu Santo, se reconoció la necesidad de superar muchas dificultades. ¿Por qué?:

-porque somos mujeres;

-porque el trabajo doméstico no se aprecia (los hombres dicen que no hacemos nada); y

-porque vivimos aisladas. Necesitamos reunirnos en grupos, encontrar un camino que nos lleve a nuevos descubrimientos de nuestra realidad y valor y, más que nunca, unirnos en nuestra lucha.

Hoy existen asociaciones en 14 ciudades de Brasil (Rio de Janeiro, São Paulo, Piracicaba, Campinas, Brasília, Recife, Porto Alegre, Pelotas, Passo Fundo, Curitiba, Florianópolis, Belo Horizonte, Uberaba y Juiz de Fora) [en el momento en que este libro entraba a imprenta (1993), las asociaciones habían aumentado a 33 en 22 ciudades, n. de las editoras]. La labor de estas asociaciones es importante. Prestan ayuda, celebran reuniones sociales y culturales, dan hospedaje a las domésticas cuando lo necesiten, editan boletines y, en São Paulo, dan cursos de capacitación profesional y dirigen una agencia de empleo para domésticas. Reconocemos que sólo con nuestro esfuerzo pueden prosperar las asociaciones, sólo así podremos alcanzar el valor personal y profesional que merecemos las domésticas en la sociedad.

Hasta 1981 la participación de la asociación en actividades con los movimientos sindicales era mínima, pero a partir de ese año aumentó. Participamos en la organización del I Congresso Nacional da Classe Trabalhadora (CONCLAT) con cuatro delegadas. Mandamos 8 delegadas al segundo congreso y 17 al último Encontro Estadual [del estado de Rio de Janeiro] da Classe Trabalhadora (ENCLAT). En este momento tenemos una doméstica en la Coordenação Nacional da Central Unica dos Trabalhadores (CUT).

La organización de las empleadas domésticas continúa y, en enero de 1985 se celebró el V Congresso Nacional das Empregadas Domésticas del Brasil en Olinda (estado de Pernambuco) en el que participaron 126 delegadas de los estados de Ceará, Rio Grande do Norte, Paraíba, Pernambuco, Alagoas, Bahía, Minas Gerais, Espírito Santo, Rio de Janeiro, São Paulo, Paraná, Santa Catarina, Rio Grande do Sul y del Distrito Federal. La Associação de Rio de Janeiro con 34 delegadas y la de São Paulo enviaron las dos mayores delegaciones.

En el congreso se llegó a la conclusión de que las inhumanas e injustas condiciones de trabajo, denunciadas en los congresos anteriores, continuaban pese a que las domésticas forman la categoría más numerosa de mujeres trabajadoras de Brasil, y a que representamos una fuerza importante en la vida económica, social y cultural del país. (¡Imagínense lo que ocurriría en nuestro país si todas nosotras, las empleadas domésticas, nos declaráramos en huelga!). En vista de nuestra realidad y dado que tenemos tanto valor y tanta importancia para la sociedad, les pedimos a las compañeras que no se avergonzaran de ser domésticas y que asumieran su papel de mujer, de profesional y de miembro de la clase trabajadora.

Decidimos continuar organizándonos en grupos en los barrios y las ciudades, llevar el trabajo de base a los grupos, formar nuevas asociaciones y oficializarlas. Solamente organizadas como asociaciones de clase podremos ofrecerles a nuestras compañeras, para su defensa y reconocimiento y prestación de servicios, las condiciones apropiadas que lleven a una toma de conciencia. Decidimos que tenemos que trabajar para alcanzar en un futuro próximo un sindicato de empleados domésticos libre, autónomo y fuerte. Lanzamos un llamamiento a todos los sindicatos de trabajadores para que nos consideren parte integrante de la clase trabajadora. El congreso aprobó un proyecto de ley que amplía la legislación de la empleada doméstica, para que le sirva de norma al parlamento brasileño:

1. Salario mínimo, sujeto solamente a las retenciones para la seguridad social, dadas las condiciones específicas del trabajo doméstico.

2. La necesidad de garantizarles a las domésticas menores de edad la asistencia a la escuela, y la posibilidad de hacer trabajo fácil que no perjudique su salud ni su desarrollo físico y psicológico.

3. Vacaciones de treinta días, en igualdad de condiciones con otros trabajadores.

4. Jornada laboral de ocho horas, con la posibilidad de hacerla más larga con horas extraordinarias abonadas al 20% de la hora normal. El exceso de horas de un día puede ser compensado con la disminución de horas en otro, si no se sobrepasan las cuarenta y ocho horas semanales.

5. Un día libre a la semana y también los días festivos, tanto oficiales como religiosos.

6. Un salario mensual extra por año.

7. Licencia de maternidad por 12 semanas y salario pagado directamente por la Seguridad Social. Los empleadores pagarán 0,3% del salario al Instituto Nacional de Previdencia Social para costear este beneficio.

8. El derecho de inscripción o registro de las asociaciones de los empleados domésticos en las Delegaciones Regionales de Trabajo, y el de asesoría jurídica en litigios individuales o colectivos ante una magistratura de trabajo [Associaçao Profissional do Empregados Domésticos, 1968-1985].

Basta de sufrimiento y de opresión, que son vestigios de la época de la esclavitud. Exigimos justicia en el reconocimiento de nuestra profesión, y que se nos coloque en igualdad de condiciones con otros trabajadores.

Bibliografía

Associaçao Profissional dos Empregados Domésticos do Rio de Janeiro. 1968-1985. Resoluçaos do I, II, III, IV y V Congressos Nacionales dos Empregados Domésticos, Brasil. Rio de Janeiro.
Associaçao Profissional dos Empregados Domésticos do Rio de Janeiro. 1983a. Nao temos os dereitos a classe trabalhadora tem como um todo. En *Mulheres en Movimiento*, Instituto de Açao Cultural (IDAC), Proyecto Mulher. Rio de Janeiro: Editora Marco Zero.

Associaçao Profissional dos Empregados Domésticos do Rio de Janeiro. 1983b. Comemoraçao do dia da empregada doméstica, carta a las autoridades, 27 de abril. Rio de Janeiro.

NOVA, Pesquisa, Assesoramento e Evaliaçao em Educaçao. 1982. Só a gente que vive é que sabe: depoimento de uma doméstica. *Cadernos de Educaçao Popular* 4, pp. 9-78.

Historia de nuestras luchas

SINTRASEDOM (Sindicato Nacional de Trabajadores del Servicio Doméstico, Colombia)

En 1977, un grupo de empleadas del servicio doméstico se reunió en las calles y parques de Bogotá. Fue así como se resolvió presentar una denuncia para divulgar los problemas que nos aquejan y la necesidad de organizarnos. Fuimos invitadas por dos sociólogas a participar en el Congreso de las Mujeres Trabajadoras que se realizó en noviembre de 1977. En una ponencia expusimos algunos de nuestros problemas:

-El hecho de que no haber edad mínima para trabajar como empleada. La explotación de menores de edad, a quienes no se les paga salario por considerar que las jovencitas no tienen todavía la capacidad necesaria, ni los conocimientos para el desempeño de dicho oficio.

-El hecho de que muchas compañeras llegan a la vejez y acaban su salud en una opresión, trabajando en una o varias casas de donde las echan a la calle sin reconocerles pago de prestaciones, pensión de jubilación, seguro social y sin que haya una ley que les proteja.

-El hecho de que se traiga jovencitas del campo para tenerlas como esclavas, pagándoles con ropa usada o con bajos salarios, y las traten mal, y que los patrones abusen de ellas.

-El hecho de que muchas empleadas no saben leer ni escribir; no les dan permiso para estudiar, ni para salir; por eso pocas son las que logran capacitarse.

Debido a tantos inconvenientes, nació la idea de formar un sindicato para agruparnos y defendernos nosotras mismas, y fue así como en 1978 se realizó la primera asamblea general con 26 socias. Allí acordamos que se elaborarían los documentos, y que los enviaríamos al Ministerio del Trabajo y Seguridad Social. La personería jurídica -un primer paso necesario para la sindicalización- no fue aprobada porque faltaba un número de cédula y fue devuelta en agosto de 1978. La segunda asamblea se realizó en abril de 1979, con 31 afiliadas. Nuevamente mandamos la documentación. [En ese período se contó con la asesoría jurídica del Instituto Sindical María Cano (ISMAC)]. De nuevo fue negada la personería jurídica, alegando que las casas de familias no son empresas con ánimo de lucro.

En 1979 se presentaron los documentos por tercera vez al Ministerio de Trabajo; esta vez con 48 afiliadas. Nuevamente los volvieron a negar por la misma razón anterior. En vista de tanta injusticia de parte del gobierno, presentamos una demanda al Consejo de Estado en enero de 1981. También, en julio del mismo año, el Consejo nos la negó, argumentando que la presidenta de la organización no tenía título profesional en derecho laboral. En 1982 fueron devueltos los papeles después de una demanda hecha al Consejo del Estado. Solamente en enero de 1985 el reconocimiento legal del sindicato fue otorgado.

En 1982 se empezó a planear el Primer Encuentro Nacional de Trabajadores del Servicio Doméstico, el cual se llevó a cabo en diciembre de 1983. Fue este un evento muy significativo para nosotras, asistiendo más de 80 personas (en otra parte se comenta en detalle sobre el encuentro).

Actividades desde 1974

Algunas de las fundadoras del SINTRASEDOM formaban parte, antes, de una cooperativa de ahorro y crédito para trabajadoras domésticas ligada a un centro religioso que prestaba servicios de capacitación para labores domésticas. Era dirigida por señoras que no eran trabajadoras del servicio doméstico. ¿Por qué un sindicato?:

> "Porque en cuanto a mí, yo aprendí que debía defender mis derechos sola, para mi no necesitaba mucho del sindicato pero ¿qué pasa?(...) que hay muchas niñas que no saben defenderse, que no saben reclamar nada, entonces yo siempre había pensado en eso, por lo menos en el colegio, ahí se ayuda mucho a la empleada, pero ya para reclamar sus derechos, no. También tenemos una cooperativa, pero, ¿qué pasa?(...) Las cooperativas le ayudan a uno mucho económicamente en cualquier calamidad que uno tenga, pero no para reclamar derechos.
> Entonces de ahí se ve la necesidad de formar un sindicato. Porque tenemos un colegio donde más o menos podemos avanzar un estudio, una cooperativa que nos puede prestar auxilio donde podemos ahorrar -poco, mucho, algo- entonces nos puede prestar por medio de esos ahorros, pero ya la parte jurídica no la presta ni la cooperativa, ni el colegio, en cambio un sindicato me parece que es la entidad especial para estas cosas" (entrevista con una de las fundadoras, dirigente del SINTRASEDOM, en Garcia Castro et al., 1981).

Nos hemos venido reuniendo periódicamente los domingos realizando cursos de sindicalismo, derecho laboral y proyección de películas. En 1980 se dictaron cursos de primaria, orientados por voluntarias del Instituto Sindical María Cano (ISMAC). En 1981, Capacitación Popular dictó cursos de primaria y sindicalismo. Hemos realizado paseos y seminarios para la capacitación de la junta directiva. En 1983, se dictaron cursos de pintura en tela, tarjetería, tejidos, modistería y relaciones humanas. ¿Por qué tiene el sindicato cursos de alfabetización? :

> "Para capacitarse mejor, y entender uno mejor, ya sea que ellas quieran seguir en el servicio doméstico o que se quieran retirar a otras labores" (entrevista con una líder de SINTRASEDOM, en Garcia Castro et al., 1981).

A partir del 4 de mayo de 1983, se tiene una oficina con el fin de atender las diversas necesidades de sus afiliadas. En octubre, nos hicieron una entrevista para la televisión. Como resultado de esta entrevista, surgió la necesidad de crear la bolsa de empleo, la cual empezó a funcionar desde ese mismo mes. A estas actividades se han vinculado -además de los miembros del sindicato- entidades y personas particulares que nos han ayudado a realizar múltiples actividades.

En 1980, a pesar de nuestros esfuerzos, menos de 5,0% de las trabajadoras domésticas de Bogotá estaban afiliadas a SINTRASEDOM: "En 1980, cerca de 20,0% de la fuerza de trabajo femenina de las siete principales ciudades colombianas se concentraba en la posición ocupacional de servicio doméstico remunerado. En Bogotá, cerca de 17,4%, o sea, 108.182 personas ocupaban dicha categoría; de éstas 98,9% son mujeres" (Garcia Castro et al. , 1981).

Hemos encontrado muchos obstáculos para el sostenimiento del sindicato:
-Presiones de los patrones en contra del sindicato.
-Falta de recursos económicos. Mientras otras organizaciones que prestan servicios para trabajadoras domésticas (asesoría jurídica, cursos, etc.) reciben préstamos de organizaciones internacionales o son financiadas por la Iglesia, nosotras hasta hoy hemos contado básicamente con nosotras y la colaboración de investigadores y otras organizaciones locales. Sólo para el encuentro recibimos alguna ayuda externa.
-El aislamiento en el trabajo que dificulta a las trabajadoras del servicio.
-Las dificultades de obtener la atención de las trabajadoras domésticas a través de campañas nacionales como la que estamos realizando con el fin de informar sobre la afiliación al Instituto de Seguro Social (ver Anexo).

La primera heroica presidenta de SINTRASEDOM

Pastora Jiménez, nuestra primera presidenta, fue víctima de la opresión de sus empleadores que, cuando se enteraron que pertenecía a la junta directiva del sindicato, empezaron a hacerle la vida imposible y a exigirle que renunciara y no volviera a la organización. A lo que ella respondió que no tenían "ningún derecho a obligarme a renunciar, ya que esto sólo tienen derecho a hacerlo mis compañeras".

Esta presión y represión se dio debido a que Pastora era una persona inteligente, responsable de su cargo y que se enfrentaba a quienes nos atacaban. Fueron tantos los ataques hechos a Pastora, que el 8 de mayo de 1979, resolvió quitarse la vida, antes que traicionar a la organización. La salvaron milagrosamente, pero quedó con quebrantos de salud y no pudo volver a la organización. Tampoco nos permitieron visitarla, ni llamarla por teléfono. Lo mismo pasó con la secretaria María Carmen y otras compañeras, que fueron humilladas y despedidas, y tuvieron que dejar el trabajo a causa de la persecución y la injusticia laboral y social.

Primer Encuentro Nacional de Trabajadoras

A continuación se describen los objetivos, organización y conclusiones del primer Encuentro Nacional de Trabajadores del Servicio Doméstico.
La razón que nos motivó a organizarnos fue, y es, la difícil situación que

afrontamos las trabajadoras del servicio doméstico: jornadas de trabajo de 12, 16 ó 18 horas; salarios muy inferiores al mínimo reconocido legalmente por el gobierno; carencia de prestaciones sociales; legislación laboral discriminatoria; irrespeto; trato autoritario y humillante, y violación del derecho a la privacidad.

Por todo esto, un grupo de compañeras organizadas en SINTRASEDOM nos reunimos todos los domingos para reflexionar y analizar acerca de los innumerables problemas que aquejan al sector. La situación es muy similar para los trabajadores del país, ya que hemos tenido la oportunidad de visitar diferentes grupos existentes que están en proceso de organización en las diferentes ciudades: Cali, Barranquilla, Bucaramanga, Fusagasugá. Así hemos establecido una comunicación y correspondencia permanentes. Debido a lo anteriormente expuesto, decidimos realizar el primer Encuentro Nacional de Trabajadores del Servicio Doméstico en Bogotá, en diciembre de 1983.

Para poder organizar este evento tan significativo para nosotras, nos propusimos una serie de tareas que se fueron cumpliendo poco a poco con muchísimo esfuerzo. El encuentro en sí fue realizado por las trabajadoras del servicio doméstico de diversas partes del país (como Cali, Barranquilla, Bucaramanga, Bogotá) y una invitada especial: la compañera de Perú, nuestro hermano país, Adelinda Díaz.

El desarrollo del congreso siguió la siguiente metodología de trabajo, siendo más participativa que expositiva con un temario específico.

Problemas del sector

- Trato de parte de los patrones
- Pago de salario en efectivo o en especie
- Tiempo libre, vacaciones
- Estudios
- Contrato de trabajo
- Seguridad social
- Horario de trabajo
- Prima semestral
- Preaviso y liquidaciones

Los grupos analizaron sobre estos problemas lo siguiente:

- Trato: generalmente el trato del patrón es malo; se da el irrespeto sexual a la trabajadora; inculpación de robo de objetos que hace perdedizos la patrona; falta de diálogo con los patrones; discriminación en las actividades de recreación. No se permite la posibilidad de estudio. Comúnmente se da el préstamo de la trabajadora entre familiares. Los oficios del hogar, para muchos, no son considerados como trabajo. No se elaboran contratos de trabajo por escrito sino verbalmente.

- Jornada: no se nos ha establecido jornada de trabajo; a la hora que llegan los patrones por la noche, nos tenemos que levantar. Generalmente, el descanso está condicionado; no se nos permite un descanso periódico ni continuo. Los descansos por lo general, se nos da cada 15 días o cada mes y, para muy pocas, todos los domingos. La mayoría no disponemos de vacaciones, o si nos las dan, no se nos pagan.

- Salario: no se tiene ningún tipo de prestaciones; ni en salud, pues no tenemos seguro social. El salario se paga de acuerdo con las condiciones económicas de la familia en que se trabaja; teniendo en cuenta la categoría, se establece así: clase alta, de 4.000,00 a 6.000,00 pesos colombianos; clase media, de 1.000,00 a 3.500,00 pesos (para junio de 1985, el cambio era 200 pesos colombianos =US$1.00). Los salarios son bajos, teniendo en cuenta que una parte se da en especies, dándoseles objetos usados.

- Horario de trabajo: se labora entre 12, 16 ó 18 horas, sin que se nos paguen las extras. Si la trabajadora rinde en su trabajo, a ésta se le impone más trabajo.

- Preavisos y liquidaciones: el servicio doméstico se ha considerado como una actividad no productiva; por tanto en el código laboral de este gremio figura por excepción. Donde no se da ningún tipo de protección a la trabajadora, se da todo tipo de atropello y despidos sin justa causa.

Experiencias organizativas

A estas preguntas:
- ¿Cómo inició el trabajo del grupo?
- ¿Cómo llegó cada uno al grupo?
- ¿Qué se hizo en los últimos meses en el grupo o en la organización?
- ¿Qué dificultades se presentaron en el trabajo organizativo?
Los grupos opinaron:
- Hay falta de conciencia en los trabajadores(ras) de otros sectores con relación a nuestros problemas.
- Los valores de las trabajadoras domésticas son recibidos por medio de la radio, la televisión, la religión y los mismos patrones.
- Existe individualismo, racismo, sectarismo, e intereses personales entre las mismas compañeras del gremio.
- También existe la intervención de sectores y partidos políticos que realizan actividades a nombre del sindicato, las cuales no tienen nada que ver con los objetivos, conduciendo esto a problemas y divisiones del grupo.
- Hay también una acción represiva por parte de entidades estatales y patrones, amenazas, agresiones y presiones psicológicas.

Legislación laboral

La legislación, en teoría, ofrece a los trabajadores:
- Contrato de trabajo
- Período de prueba
- Jornada de trabajo
- Horas extras
- Prestaciones sociales
- Seguridad social: enfermedad, maternidad, accidentes, invalidez, vejez, pensión de jubilación y muerte
- Régimen para quienes tienen hijos y conviven con ellos
- Salario mínimo
- Trabajo de menores
- Profesionalización o capacitación

- Socialización de algunos servicios que faciliten el trabajo del servicio doméstico.

Los grupos opinaron al respecto que en general, en su mayoría, la poca legislación laboral que existe la desconocen. Se dio a conocer las condiciones de las trabajadoras a domicilio, quienes están en condiciones más injustas. Por ser este punto lo especial dentro de este programa y el más sentido por todas, fue tratado primero.

Conclusiones del Encuentro

El segundo día se trabajó en conclusiones, resultado del análisis de los diversos grupos. Se vio la necesidad de seguir fortaleciendo la organización, buscando la participación de las trabajadoras que viven en los sectores populares que laboran por días, lo mismo que la vinculación de las trabajadoras internas, utilizando los medios de comunicación, charlas, conferencias, folletos, chapolas, películas que se relacionen con nuestro mismo problema social.

También, se decidió lo siguiente:

- Distribuir propaganda en los sitios de concentración de trabajadoras, como las tiendas, supermercados, colegios en donde van a capacitarse, parques donde se recrean los domingos y días feriados. Aprovechar el momento político, ya que se está permitiendo la participación de los trabajadores, para exponer los problemas propios del gremio y en especial de la trabajadora del hogar.

- Buscar mayor vinculación con entidades, organizaciones populares y obreras que den fuerza a la organización.

- Encontrar las horas más apropiadas para las reuniones con las trabajadoras y continuar con el programa de formación de la mujer en general.

- Dar a conocer a los miembros del sindicato los objetivos y deberes y derechos que tienen en la organización.

- Elaborar documentos que contengan temas como los problemas de los trabajadores del servicio doméstico en Colombia y en otros países latinoamericanos.

- Elaborar un periódico a nivel nacional e internacional y establecer un mecanismo de comunicación con los diferentes grupos nacionales e internacionales.

- Elaborar un proyecto de Ley al Código Sustantivo de Trabajadores del Servicio Doméstico, teniendo en cuenta que se nos dé tratamiento humano como a cualquier trabajadora, y que incluya las siguientes reivindicaciones:

Tiempo de prueba: para las internas como para las externas aumentar el período de prueba a un mes.

Jornada: de diez horas máximas, incluidas dos horas para la comida y el descanso.

Estudio: reconocer el derecho al estudio, fuera de la jornada laboral.

Salario: el salario mínimo, pero reconociendo aumentos según la antigüedad. Para las externas, se propone aumentar el pago diario mínimo en un porcentaje a fin de que en los seis días de la semana se logre cubrir el dominical. Reconocer hasta un tercio del salario en especie, y si la empleada tiene un bebé, reconocer hasta la mitad del salario en especie, pero no más allá de esa proporción. En ese caso el patrón asume el sostenimiento del bebé; de lo contrario, no se deberá reconocer sino hasta un tercio del salario mínimo en especie.

Horas extras: después de las diez horas de jornada normal, las horas adicionales deberán pagarse con el recargo de 35,0% si es diurna y con recargo de 75,0% si es nocturna. Los festivos y dominicales se pagarán a 100,0% además de reconocer el pago a que tiene derecho por su contrato normal.

Contrato: establecer claramente en el contrato, los derechos y deberes de empleados y patrones, incluyendo la forma de trato y el respeto mutuo.

Otros derechos del programa de luchas del SINTRASEDOM:

- Hacer averiguaciones con las Cajas de Compensación Familiar para efectos de obtener un seguro colectivo a través del sindicato.

- Hacer solicitud con el Instituto Colombiano de Bienestar Familiar para obtener servicio de guardería para los niños de las empleadas y hacer gestiones para crear una guardería por parte del sindicato.

- Iniciar un centro de capacitación especializado para las empleadas, por ejemplo: cuidado de niños, de enfermos, culinaria, nutrición, etc.

- Crear una cooperativa para empleadas del servicio doméstico.

- Tener en cuenta la propuesta que salió del encuentro realizado en octubre de 1983 en Ciudad de México de realizar un encuentro de trabajadoras del Servicio Doméstico a nivel latinoamericano, donde se elaborará un documento para presentarlo a la Oficina Internacional del Trabajo en defensa del servicio doméstico (para apreciar la importancia de tener una organización como SINTRASEDOM, véase Anexo).

El SINTRASEDOM hoy

En la actualidad el SINTRASEDOM cuenta con 180 compañeras asociadas. A continuación, un testimonio reciente de la secretaria del SINTRASEDOM:

> "Fue el año 1979 cuando conocí el grupo de las empleadas del servicio doméstico, llamado SINTRASEDOM. El primero de mayo, cuando me disponía a participar en la marcha de las trabajadoras a la que me habían invitado, conocí el grupo. Después de esto no volví al grupo. Pero un día me llamó la tesorera a participar en una reunión y a partir de allí, me integré de lleno al grupo.
>
> (...)
>
> Seguimos reuniéndonos todos los domingos y nos prestaron un local. A veces nos reuníamos en los parques por no tener sitio fijo. Conseguimos una oficina en arriendo en compañía con otra entidad, desde mayo de 1979 hasta mayo de 1980 y se atendía una tarde por semana. No se continuó por falta de recursos económicos. En ese mismo año, conseguimos las aulas de la Universidad Autónoma y desde entonces nos dedicamos a hacer campaña para invitar a las compañeras a integrarse; también dábamos cursos de alfabetización.
>
> (...)

Hicimos un programa en el parque nacional como campaña. A través de este tiempo, hemos venido luchando por nuestra personería jurídica, la cual nos ha sido negada por tres veces. Pero hemos seguido luchando por este objetivo e invitamos a todas las compañeras del servicio doméstico a que nos apoyen, lo mismo que a todas las organizaciones sindicales, puesto que en Colombia hay un gran número de empleadas de hogar".

Sigue también una historia narrada por una de nuestras compañeras. Esta puede ser nuestra propia historia de SINTRASEDOM:

"Yo nací el 9 de octubre de un año sin número. Mis padres no me querían, al nacer fui rechazada porque esperaban un varón. Ni mi mamá ni mis hermanos tampoco me querían. Mi mamá se iba para el pueblo y me dejaba con mis hermanos que me cuidaban hasta que regresaba. Mis hermanos no me querían ni ver; entonces ellos rompían las cosas y decían que yo las había roto, echándome la culpa de todo. Entonces mi mamá me castigaba; siendo que era mentira todo. Yo iba a esperar a mi madre a la calle pero siempre me eludía.
(...)
Cuando yo tuve 18 años, murió mi papá, y mi vida se complicó porque todos mis hermanos me echaron, y me vine a Bogotá. Mi mamá me decía que me fuera de la casa porque ya no quería ni verme. Debido a esta soledad me enamoré y nació un niño, pero el padre me abandonó sin darme un poco de ayuda. La patrona también me echó y me puse a invadir un lote que es el donde vivo ahora.
(...)
Trabajé en varias casas de familia en donde me dieron muy mal trato y cansada me salí, buscando otro medio de vida más favorable. Continúo trabajando por días, pero debido a que nací hace tiempo, en ese año sin número (...) ya no me reciben por la edad. Mi hijo tiene 15 años, se casó pero no me ayuda y me desconoce por completo.
(...)
Mi problema es que me quieren sacar de mi vivienda actual que es un rancho. El gobierno nos quiere sacar porque estamos en un sector residencial por lo cual voy a quedar sin techo, sin familia y sin patrones. Llegué a SINTRASEDOM porque por la radio me enteré de que existía este sindicato, que ahora es mi consuelo porque aquí encontré amigas, compañerismo y colaboración".

Anexo

Mary Garcia Castro

La importancia de contar con una organización del tipo del SINTRASEDOM, en Colombia, puede ser también evaluada si se tiene en consideración el trabajo que otras instituciones desarrollaban con trabajadoras del servicio doméstico. En 1981, cuando realizamos nuestra investigación sobre trabajo doméstico, la situación era la siguiente: la mayoría de las empleadas domésticas residentes recibía cursos de capacitación en organizaciones, en su mayoría de orientación laico-religiosa como la del *Opus Dei*. Estas empleadas eran mujeres con una edad promedio entre los 15 y los 20 años, recién llegadas del campo, y muchas de ellas llevadas por las patronas a dichos centros de capacitación. Estos centros laico-religiosos tienen como eje el mantenimiento del servicio doméstico como actividad, por tanto, se manipula el cuadro ideológico de la trabajadora doméstica, mistificando la ética del servilismo.

Un extracto de una entrevista a la directora de un centro de capacitación laico-religioso para el servicio doméstico corrobora lo anterior: "Este centro está vinculado a otros a nivel nacional (...) Se fundó en 1965. Hoy tiene 180 alumnas, y desde 1975 se está buscando darles el título de auxiliares de hogar. Esto ha dado muy buen resultado. Por otra parte el centro hace énfasis en la valoración del trabajo, este aspecto es muy importante desde el punto de vista de los fundamentos ideológicos del centro".

El contenido de los programas de los cursos impartidos en los centros de capacitación que vienen funcionando desde hace 26 años en Bogotá y Medellín es ilustrativo de la filosofía de tales instituciones. Se proponen claramente la protección de este trabajo como un servicio. Uno de estos programas es el de moral profesional, media hora semanal por dos años: un total de 40 horas. Del "objetivo general del programa" del curso mencionado podemos leer que las metas son: "desarrollar los principios de moral general en las colaboradoras familiares para su vida personal y para su misión en los hogares. Dar sentido de eternidad al trabajo para no contentarse sólo con la materialidad del sueldo a fin de mes. Orientar con seguridad la conciencia para no abandonarla al capricho y a la improvisación".

El SINTRASEDOM también tiene un programa de capacitación que se rige por los principios de dar elementos de educación formal, así como conocimientos sobre legislación del trabajo y reivindicaciones laborales que propicien la movilidad ocu–pacional a diferencia de los centros laico-religiosos (Garcia Castro, 1982, p. 109).

Para entonces, otra organización coordinada por personas que no eran trabaja-doras domésticas trabajaba en este campo, apuntando al proceso de concientización de las trabajadoras del hogar por su condición de explotadas. Esta era la Juventud Obrera Católica (JOC), representante de otro tipo de interpretación del catolicismo. Hoy en día, en la misma perspectiva de la JOC, como colaboradora auxiliar del sindicato está la Iglesia Independiente del Pueblo, con guarderías para hijos de trabajadoras domésticas en Cali. También con otra perspectiva, distinta de la prevaleciente en el *Opus Dei*, se perfila el trabajo de la Asociación Colombiana para el Estudio de la Población (ACEP), más al nivel de asesoría jurídica a las trabajadoras del hogar y de divulgación de los problemas del sector, incluso junto a las patronas (ver León, en este volumen).

Bibliografía

Garcia Castro, Mary. 1982. ¿Qué se compra y qué se paga en el servicio doméstico?: el caso de Bogotá. En Magdalena León, editora, *La realidad colombiana*, vol. 1, *Debate sobre la mujer en América Latina y el Caribe*, Bogotá: Asociación Colombiana para el Estudio de la Población.

Garcia Castro, Mary/Quintero, Bertha/Jimeno, Gladys. 1981. Empleo doméstico, sector informal, migración y movilidad ocupacional en áreas urbanas en Colombia. Bogotá: Programa Naciones Unidas, Proyecto Oficina Internacional del Trabajo sobre Migraciones Laborales. Informe final.

Autobiografía de una luchadora

Adelinda Díaz Uriarte de Lima

Nacimiento, infancia y niñez

Nací el 8 de marzo de 1948, en la provincia de Chota, departamento de Cajamarca, que queda al norte de la capital de Perú, Lima. Soy la mayor de cinco hermanos. Mi madre me dio a luz a los siete meses de embarazo, por las condiciones de vida y de trabajo.

Mi madre contaba que yo era muy pequeñita y que pensaban que no viviría pues además era enfermiza. Sus amigas se burlaban por haber tenido un bebé muy pequeño, y mi mamá se avergonzaba. Ella deseaba que Dios me llevase porque no sabía cual sería mi futuro. Al principio sólo me daban la leche líquida con un algodón porque yo no podía coger los senos de mi madre.

Yo nací en el campo; dicen que mi abuelita hizo las veces de partera. A una vecina que era amiga de mi mamá se le había muerto su bebé, y ella fue quien me dio de lactar hasta un año y medio de edad. Mis padres son también de Cajamarca, de la misma provincia de Chota; mi padre se llama Herminio Díaz Bustamante, y mi madre Hermilia Uriarte Núñez; ella era hilandera y trabajaba en la casa. No sabía leer ni escribir.

Mi padre es agricultor y al mismo tiempo albañil. Tiene 80 años de edad y es el mayor de cinco hermanos. Trabajó desde niño y pasó muchos sufrimientos. Se comprometió con mi mamá cuando quedó viudo; se le murió su primera esposa, que le dejó cinco niños muy pequeños. Tres de ellos se le murieron, y los dos últimos vivieron. Mi mamá también tenía a mi hermana, su primera hija. El padre de mi hermana engañó a mi mamá y la dejó. Del primer matrimonio de mi padre sólo vive un hijo que es mi hermano mayor. Nos queremos mucho.

Cuando tenía seis años, mis padres me pusieron en un colegio cerca de mi casa. La mayoría de los alumnos era hombres, sólo habría tres o cuatro mujeres. Se pensaba que sólo los hombres tenían el derecho de ir al colegio y que las mujeres se hicieron para la casa. Yo era la primera alumna, y los alumnos hombres me pegaban pero las profesoras nos cuidaban. Yo a esta edad no trabajaba; le ayudaba a mi mamá en los quehaceres de la casa.

La relación con mis padres en esta etapa era muy rigurosa. Mi papá decía la última palabra, no podíamos contestarle ni una palabra pues nos pegaba. Teníamos que hacer lo que él ordenaba. Nos decía que a él también lo habían criado de esa manera. En cambio, mi mamá era todo lo opuesto; no nos gritaba, ni nos pegaba.

Mi madre falleció cuando yo tenía ocho años, y para mí se terminó mi niñez. Dejé en segundo año la primaria. Me conmuevo cada vez que recuerdo las palabras que me dijo mi madre momentos antes de morir. Textualmente dijo que si se mejoraba yo sería la primera a quien compraría un vestido pero en caso contrario, yo tendría que velar por mis hermanitos. Quedamos cinco hermanos, siendo yo la mayor; mi hermana que me sigue tenía seis años; el tercero, cuatro años; el cuarto, tres años y el quinto, siete meses de nacido. Mi hermana del primer compromiso de mi madre tenía15 años, pero ella vivía con mis tíos.

Fue entonces cuando empecé a tener responsabilidades de adulta. Tenía que velar por mis hermanitos chiquitos, y en particular el último. Sufríamos mucho, porque mi papá estaba muy poco en casa. El, como albañil y constructor de casas, trabajaba en la ciudad todos los días. Salía a las siete de la mañana, y llegaba a las cinco o seis de la tarde, o a veces, en la noche. El nos compraba alimentos para preparar nuestras comidas, pero muchas veces no las preparábamos porque el tiempo se nos iba en cuidar los animales: las ovejas, el ganado porcino, tres cabezas de ganado vacuno, aves y también teníamos que cuidar la chacra.

Mi papá nos dejaba tareas, y para cocinar teníamos que recoger leña y a veces llovía por lo cual se nos hacía difícil encontrarla. Recuerdo una vez que nos enfermamos los cinco hermanos (parece que nos intoxicamos), y todos teníamos fiebre alta y vómitos durante todo el día. Mi padre llegó a las seis de la tarde y al ver que todos estábamos tendidos en la cama se regresó a la ciudad a comprar medicina. Yo tenía que lavar, cocinar, cuidar a mis hermanos y por otro lado, ver a los animales.

A los seis meses que murió mi madre, falleció mi hermanito cuando iba a cumplir seis años. Fue muy doloroso porque era un niño muy inteligente. No quisiera recordar aquellos momentos porque no puedo contener mis lágrimas al relatar esos momentos tan dolorosos de mi vida. Después de tres meses, falleció mi hermana mayor que era del primer matrimonio de mi papá. Ella se casó y al mes que contrajo matrimonio se enfermó. Mi papá gastó mucho dinero para curarla, vendiendo nuevamente más terrenos como lo había hecho durante la enfermedad de mi mamá. Pero como no habían buenos médicos, mi hermana siguió agravándose hasta que falleció. Esta muerte fue el tercer golpe que recibió mi padre. Mi hermanito que tenía cuatro años también estaba enfermo, y a los dos días que enterramos a mi hermano, murió éste. Eran ya cuatro muertos en nueve meses. Mi papá se enfermó, no comía, no dormía, llorábamos día y noche.

Mi madre se me presentó en una visión. La vi sentada en el centro de la casa. Yo llamé a mi padre para que le hablase pero ya no estaba. No sé lo que me pasó; yo no dejaba de pensar en ella ni un solo momento, ya me estaba volviendo loca. Para olvidar las angustias, nos fuimos de nuestra casa por un año y porque nos dijeron que si nos quedábamos ahí, corríamos el peligro de morir todos. Fue así que alquilamos una casa a mucha distancia de la ciudad. Nos hicimos curar, pero para ese entonces mi papá no tenía dinero y tuvo que vender más terrenos y posteriormente nos llevó a Chiclayo en donde sí había medicinas y médicos.

Inquietudes y trabajos de la infancia

Hasta los 12 años, no recuerdo haber tenido inquietudes y curiosidad sexual, quizás porque estaba muy ocupada en cuidar mis hermanos menores y estaba siempre pensando en mi mamá. Todas las desgracias seguidas que nos ocurrieron pesaban más sobre mí, pero también en este asunto me acompañaba el rigor de mi padre, y no pensaba en el sexo como algo normal, como todo joven. Los niños del campo trabajamos desde temprana edad, no somos como los niños de la gente adinerada que tienen casi todo y no hacen nada. Lo primero que les nace es la curiosidad sexual. Pero nosotros no teníamos amigos. No sé por qué. Sólo teníamos nuestros hermanitos y padres.

Aprendí a manejar un telar a la edad de nueve años; hacía alforjas, frazadas, cubrecamas para venderlos a los pequeños comerciantes. La gente del campo usa estas piezas para cargar cosas en sus espaldas. Toda mujer campesina tiene como primera profesión artesanal el telar. Así trabajando yo me compraba mi ropa, porque mi papá por los gastos que tuvimos que hacer por mis hermanos fallecidos no contaba con suficiente dinero, y lo que conseguía de su trabajo era para nuestra alimentación.

A los tres años que falleció mi madre, mi padre quiso comprometerse con una señora viuda, diciéndonos que nosotros éramos muy pequeños, y que iba a conseguir así una persona que nos cuidara. Pero como me contaban que las madrastras eran malas, yo no estaba de acuerdo con ese compromiso, dándole a entender a mi padre que si se casaba yo me iría de la casa con mis hermanos a cualquier otro sitio porque ella nos haría sufrir mucho. Por primera vez pude contestar a mi padre con seguridad de lo que decía. Es así que mi papá no volvió a tener otro compromiso. Por eso cuando vamos a visitarlo ahora nos dice que no tuvo otro compromiso por nosotros, y nosotros nos fuimos abandonándole.

Me "enfermé" a los 14 años de edad. Fue una experiencia dura porque nadie me explicó. Yo había escuchado, pero en la práctica me asusté. Me vino sangre durante ocho días, y tenía vergüenza de decírselo a mi papá porque él nunca nos contó de eso, pues la mayoría de la gente de provincia nunca explica nada a sus hijos, son muy reservados. Mi papá me preguntó qué me dolía porque me había visto pálida. Fui donde una vecina nuestra y le pregunté por qué me venía sangre. Y me dijo que la primera vez era así, y que no me asustara.

En esa edad, siempre me gustaba ir a misa, a procesiones y a todo lo que eran actos de la iglesia. Todos los domingos iba al catecismo en un colegio secundario de monjas porque me decían que las monjas eran las personas más puras, perfectas y sinceras, y que eran hijas de Jesucristo. Yo me encariñé con ellas y quería ser monja porque no pecan. Cuando tenía diez años de edad, era una creyente religiosa a manera tradicional.

Adolescencia

Una vecina nuestra tenía tres niños. El mayor de los hijos era hombre, y tenía mi edad. Les teníamos mucha confianza y cariño, y ellos jugaban con mis hermanitos. Un día este chico se declaró que estaba enamorado de mí. Yo no sé cómo explicar lo que sentí en ese momento: una emoción inmensa, no sé si de miedo o de alegría o de tristeza porque era la primera vez que un chico me hablaba. Así, de puros nervios, no le contesté nada, estaba confundida; nunca me imaginé que me iba a decir algo semejante porque vivíamos como hermanos.

Mis ideas cambiaron desde este momento, y por primera vez empecé a descubrir cariño hacia él; estudiaba el cuarto año de primaria.

Pero desde el día que se me declaró ya no iba muy seguido a visitarme. Parecía que se había avergonzado por las palabras que me dijo, pero cuando nos encontrábamos me preguntaba qué era lo que pensaba de lo que me había dicho. Mi respuesta era que no, pero interiormente iba tomándole mucho cariño.

Cuando no venía, lo extrañaba y cuando estaba a mi lado, lo rechazaba. Seguimos así durante un año. Un día que nos encontramos solos, él me abrazó y me quiso besar, pero yo no me dejé. Y lo rechacé, y él se fue triste, y lloró. Y me dijo que yo no lo quería pero que él no perdía las esperanzas y que seguiría insistiendo. Yo cada vez sentía más cariño hacía él. Nadie se imaginaba que él se me había declarado.

Cuando iba a cumplir 14 años, hubo otro muchacho que se enamoró de mí, pero yo no lo quería. El contaba a todas las personas que estaba enamorado de mí, y que pasara lo que pasara se casaría conmigo. Mi papá me llamó la atención pues pensaba que yo también estaba enamorada de ese muchacho. Desde entonces, mi papá me mandaba con rigor a hacer las cosas y me gritaba. Yo le agarré al chico más cólera hasta que le pegué para que no me buscara más. El llegó a hablar con mi padre, diciendo que él quería casarse conmigo, pero mi papá no lo aceptó.

Nuestros padres en el campo por su nivel de instrucción no nos explican sobre la pareja, o de tener amigos hombres, sino que lo ven como algo malo porque piensan que nos van a engañar y seríamos mal vistos por los familiares y amistades. Cuando el muchacho y sus padres se presentan ante nuestros padres, si el muchacho les cae bien a ellos y saben de qué familia viene, lo aceptan, de modo que no siempre uno elige su pareja en la Sierra. Muchas veces uno se casa sin conocer bien al hombre, el cual es impuesto por los padres a una edad muy tierna. Cuando la pareja está de acuerdo, y los padres no, lo que se hace es huir: el muchacho se lleva la chica en la noche a su casa o a otro sitio, y los padres de la muchacha les exigen que se casen, para salvar el honor de la familia.

Yo seguía viéndome con el primer muchacho, pero sucede que él y sus padres fueron a vivir a Chiclayo. El quedó en regresar en enero del año siguiente. En el transcurso de ese tiempo sucedió algo lamentable: me robaron todas mis cosas y se llevaron los animales de la casa. Desesperada decidí viajar a Lima, y cuando llegué en enero de 1965, el chico se encontraba en Chiclayo. Nos escribíamos semanalmente, y mientras él estaba más lejos, más lo quería. Estuvimos así durante 12 años. Yo acá en Lima no tuve ningún amigo porque sólo pensaba en él y lo respetaba; pensaba que si yo tenía un enamorado, lo traicionaba. Yo pensaba todo lo bueno, nunca me burlaba de él, o pretendía engañarle. Nunca se me dio por pensar que quizás él cambiaría de opinión; pensaba que él se casaría conmigo y formaríamos un hogar, y seríamos felices con nuestros hijos. Cuando él me escribía yo sufría mucho. Yo lo ayudé económicamente para que terminara sus estudios de secundaria y su carrera profesional; yo le compraba libros, cuadernos y materiales de estudio, y todo lo que me pedía. Y se lo mandaba de Lima.

En esos días ganaba 900 soles y ayudaba al muchacho, y a mi papá, y para mí no quedaba nada. Pensaba que él iba a terminar su carrera y se iba a casar conmigo. Pero pasó el tiempo y fue cambiando el contenido de sus cartas; ya eran más frías y muchas veces rechazó el cariño que yo le manifestaba en las mías. Hasta que me llegó una carta de él en que decía que quería tener relaciones sexuales conmigo, y que sólo así estaría seguro de que yo lo quería y que no estaba engañándole con otro hombre acá en Lima. Pidió que le contestara de inmediato para que él viajara a Lima con este propósito, o que yo viajara a Chiclayo y que él me llevaría a un hotel.

Para mí esto fue un golpe muy fuerte, y no pensé que quizás era un complemento de nuestro amor; lo que hice fue reaccionar mal. Pensé que no me quería y que me estaba faltando al respeto, y le contesté que eso no lo iba a conseguir antes de casarnos, y que nuestras familias de ambas partes lo sabrían. En seguida, me contestó, pidiéndome perdón, y me dijo que lo había hecho en un momento de embriaguez. Nos seguíamos escribiendo hasta que decidí viajar a Chiclayo a verlo y preguntarle personalmente el porqué de su comportamiento conmigo. Fue cuando me enteré que él tenía una hijita de seis años. Para mí pareció que todo terminó en ese momento, pero tanto sería mi amor que lo perdoné y dije que lo aceptaba con su hija pero antes deberíamos casarnos. El no vivía con la mamá de su hija; ella era mayor, y comentó que se metió con ella sólo porque ella lo ayudó con sus estudios. El terminó de estudiar y se recibió de profesor de matemáticas.

Entonces, nuevamente insistió en la forma más dura que yo me entregara a él. Pero yo decidí terminar, y viajé a Chiclayo con todas sus cartas. Le dije que quedaríamos como amigos. Luego me regresé a Lima, y durante tres meses sólo lloraba. A poco fui superando la desilusión amorosa más grande de mi vida; claro que siempre queda sembrado el recuerdo.

Creo que desde entonces me dediqué más al trabajo en el sindicato de trabajadoras domésticas, y no quería saber nada con los hombres, a pesar de que se me presentaron muchas oportunidades. Pensaba que todos eran iguales, pero ahora ya lo he superado, aunque no he vuelto a tener enamorados. Ahora tengo mis años, y pienso que si se presenta alguna persona sincera, quizás la acepte, pero tampoco me desespera. Pues no sólo casadas podemos hacer nuestra vida, si es que ponemos la vida en servicio de la colectividad. Claro que a veces para ser franca, siento soledad, aún más cuando se presentan contradicciones en la organización o algunos problemas de trabajo, problemas económicos, enfermedad, pero los supero porque me parece que la vida se construye de acuerdo a la situación que se nos presenta.

Mi venida a Lima

Me vine la semana que me robaron las cosas de mi casa. Yo tenía relación con las monjas que enseñaban en un colegio cerca de mi pueblo. Estas madres eran de la Congregación de la Inmaculada del Sagrado Corazón. Cuando les dije que no quería estar más en mi casa, la madre directora de este colegio me propuso ir a Lima con ella, que iba a viajar por aquellos días. Ella me dijo que me tendría como hija, que me pondría en un colegio y que no me faltaría nada allá. Ella comentó sobre otras chicas que había llevado a Lima. Yo no sabía que esto era clásico, y que dicen lo mismo a todas las chicas que traen; entonces yo me alegré porque deseaba conocer Lima.

Al mismo tiempo tenía mucha pena de dejar a mi padre y a mis hermanitos. Cuando comenté a mi papá que me iba a Lima con las madres, él se puso a llorar y me dijo que no fuera a Lima: "Si te vas, me dejas solo". Pero yo me encapriché y le dí a entender a mi papá que si no me dejaba ir, me escaparía.

El se fue a hablar con las madres, y les pidió a ellas que firmaran un papel en donde constaría que ellas se hacían responsables de mí. En Lima me estaba esperando el papá de la monja que me trajo para llevarme a su casa en Miraflores. Cuando llegué a la casa del señor, sentía mucho miedo. No comí en todo el día, y cada día se apoderaba más de mí la angustia; pues extrañaba mucho a mis hermanos y a mi padre. Durante dos meses estuve llorando, pero no lo hacía delante de mis patrones sino en mi cuarto. Siempre lo hago así cuando tengo alguna preocupación. No confío a nadie mis problemas; cuando estoy con otras personas tengo que disimular.

En mi primer trabajo en Lima sufría mucho porque era muy fuerte, así trabajaba más que en mi tierra. Todo el día me mandaban a hacer cosas y nada de lo que me habían dicho las madres era cierto. Al segundo día me dijeron cuales eran mis tareas: tenía que cocinar, cuidar a una abuelita de 98 años de edad, hacer la limpieza del primer piso, barrer el garaje y el jardín. La casa era de tres pisos, y mi compañera limpiaba el segundo y tercer pisos, y yo lavaba la ropa de todos a mano. La cocina era muy grande; tenía dos refrigeradores, dos cocinas y tres lavaderos. En los primeros días, la señora me ayudaba para enseñarme las costumbres y las comidas, pero como aprendía rápido, la señora se retiró.

Yo tenía que levantarme a las cinco de la mañana para hacer el desayuno y llevarlo a la cama de la señorita, porque a las siete ella salía a trabajar en el Hospital de la Policía. Yo cocinaba para 14 personas, todos los días. En los domingos siempre tenían visitas, y entonces ni siquiera descansaba en ese día. Por lo menos me permitían ir al colegio, y estudiaba de las tres hasta las seis de la tarde. Muchas veces me iba al colegio sin almorzar, y cuando regresaba tenía que hacer la comida pues ellos comían a las siete de la noche. Yo terminaba de hacer las cosas a las 11:00 o 12:00 de la noche. O sea que prácticamente dormía cinco horas diarias, y no tenía tiempo para hacer mis tareas escolares, ni estudiar. Cuando tenía que dar exámenes amanecía estudiando en la terraza. A pesar de todo, sacaba buenas notas y era la primera alumna de mi clase hasta que terminé la primaria, pero no era muy buena la enseñanza.

Había discriminación racial y desigualdad de trato con mi compañera de trabajo. A ella la trajeron un año antes que yo, era blanca y simpática. Los patrones la sacaban a pasear con ellos, y a mí nunca me llevaron a ningún sitio durante los tres años que trabajé con ellos. Mi compañera me decía que no me sacaban porque la señorita decía que yo era fea y que la avergonzaba delante de sus amigas. En ese período yo ya estaba participando en la Juventud Obrera Católica, y no me acomplejaba. Sacaba buenas notas en mi colegio y tenía que enseñarle mi libreta a la señorita porque ella era quien la firmaba. Ella hacía que mi compañera me tuviera envidia; le decía: "Pues, Manuelita, le puedes ganar a Adelinda porque tú eres una chica tan guapa. Te queremos mucho, y no puede ser que te jalen de año". A Manuelita no le gustaba el estudio; ella era muy juguetona, pero me quería porque yo nunca discutía con ella. A mí no me dejaban ver televisión y si algunas veces me permitían, me hacían sentar en la escalera junto al perrito, y a mi compañera la hacían sentar con ellos, en una silla vieja. Es así que yo prefería no ver televisión y en los escasos momentos que me quedaban libres, estudiaba. Nosotras almorzábamos cuando toda la familia terminaba. Nunca me dejaban salir por la puerta de la calle sino por el garaje.

A los dos años de estar con esa familia, me visitaron unos familiares de Chota. Mi papá les había recomendado que fueran a verme. Cuando llegaron a mi trabajo yo me avergoncé porque estaba bastante descuidada con relación a lo que estaba en mi pueblo. Ni por ser mi familia los hicieron pasar; los atendieron sólo en la calle. Yo me sentía mal al no tener nada que ofrecerles, y no tener ni siquiera un sitio para recibirlos.

Al verme más delgada y mal vestida, ellos se asombraron y me preguntaron por qué estaba así. Yo me eché a llorar; no aguanté por más que traté de hacerlo. Las madres siempre decían en el pueblo que yo estaba bien. Yo dije a mi familia que estaba un poco mal de salud, y pedí que no le avisarán a mi papá. Cuando la señorita preguntó quienes eran, y le dijeron que habían venido de parte de mi papá, ella les dijo que no se preocuparan: "La chica está bien, está estudiando y no le falta nada".

De todos modos, mi papá mandó una carta a una tía que tenía en Lima para que fuera a verme. Llegaron mis primos, pero la señorita los echó y dijo que yo no tenía familiares en Lima: "Su papá me ha dicho que nadie la tiene que visitar, así que váyanse y no regresen por aquí. La chica está con papeles que nos dio su padre". Después la señorita me encerró en su cuarto y me gritó duro; me dijo: "¿Cómo sabían ellos tu dirección? Esos hombres no son familiares, tienen que ser sus enamorados".

Después de un mes, vino a verme mi tía, y la atendieron en la calle. Le dijeron que podía verme cada dos o tres meses, pero no todas las semanas porque perdería mucho tiempo. Mi tía les dijo que me dieran permiso para que yo fuera a su casa. La señorita le contestó que de ninguna manera, "porque hay hombres en su casa que son perversos". Yo quería ir con mi tía; me quedé muy triste porque ellos disponían de mi persona y no podía ir. Lo único bueno de esa casa era que me mandaban al colegio.

Una novedad fue que mi compañera de trabajo se enamoró de un muchacho que trabajaba en la construcción de un edificio de la misma familia. Venía todos los días a trabajar, y mi compañera se enamoró. Ese fue el motivo porque la señorita cambió de actitud totalmente con ella. Despidieron al chico, pero ella siempre se veía con él cuando iba al colegio. Lo que hizo la señorita fue mandarla a su mamá diciendo que su mamá la había pedido. La pobre chica no se llevó nada porque la engañaron, diciéndole que después de 15 días regresaría. Ella no llevó ni mil soles, después que había trabajado por tres años. No llevó ni su ropa que le habían regalado, ella se fue sólo con la ropa puesta. Ya no volvió más, perdió sus estudios. A la señorita no le gustaba que tuviéramos amigas ni menos amigos.

Cómo y cuándo empecé a tomar conciencia

Yo llegué a Lima en enero de 1965, y en abril del mismo año entré a estudiar en un colegio parroquial, Nuestra Señora de Fátima en Miraflores, que quedaba a seis cuadras de mi trabajo. En ese mismo mes de abril, se presentó al colegio una chica morenita que se llamaba Victoria Reyes, y nos dijo que venía del movimiento Juventud Obrera Católica. Dijo que las trabajadoras del hogar debían estar unidas para poderse ayudar y ver cuáles eran nuestros problemas y que si quisiéramos, ella vendría una vez por semana para conversar y crear un grupo de la JOC. Ella tenía permiso de la directora, porque se trataba de un grupo cristiano. Las reuniones eran todos los jueves, por media hora. Recuerdo la primera reunión: éramos unas 50 chicas, y Victoria nos hablaba de muchas cosas que en el colegio no nos decían: como compartir, ayudarnos unas a otras, no ser egoístas. Nos hablaba de quién era Jesucristo. Pero poco a poco bajó el número de participantes, hasta que quedamos en el grupo sólo cinco chicas, y posteriormente tres y nada más. Así pasamos un buen tiempo.

Cuando vio Victoria que teníamos interés en seguir, nos invitó a conocer otros grupos de la JOC. Habían charlas, misas, había un asesor llamado padre Carlos Alvarez Calderón. Yo fui entendiendo cada vez mejor, porque nos contábamos nuestros problemas en los trabajos, y lo que valía nuestro trabajo y la dignidad que teníamos como personas y como trabajadoras. Después se integraron dos compañeras más, y ya éramos cinco. Se estableció una asesora que se llamaba Mercedes Fus, y la compañera Victoria ya no venía.

Nos acostumbramos mucho a Mercedes porque era muy buena. Encontré el cariño que en mi trabajo no tenía, y posteriormente me dijeron que yo sería la responsable de ese grupo. Pero esto no lo sabían mis patrones, sino no me dejaban ir. Para esto, tenía que salir los domingos para coordinar con los demás grupos de la JOC, y no sabía cómo hacer porque a mí no me dejaban salir.

Así pasé un año, pero yo ya tenía mucha inquietud de saber más y salir los domingos. Después de dos años, me atreví a decirle a la señorita que me diera permiso los domingos para salir con una señorita que enseñaba religión en el colegio, y ella me contestó que ella misma iría a hablar con ella para ver a dónde me iba a llevar. Fue así que Viki se fue a hablar con la señorita, y como pensaron que era monja, le decían hermana Victoria. Por primera vez tuve permiso para salir, de las tres hasta las seis de la tarde. Los patrones fueron a recogerme porque querían conocer dónde era y de qué se trataba. Yo me sentí como si me hubiera liberado, contenta de conversar con amigos de algo bueno. En mi trabajo sólo me mandaban a misa los domingos.

Pero sucedió que una vez llegué tarde porque era el cumpleaños de una compañera. Era las siete y media de la tarde cuando llegué a la casa. Eso fue motivo para que no me dejaran salir más. Yo empecé a ver la forma de decirles que tenía que retirarme, porque ya no quería estar más en ese trabajo por todo lo que sufría. Pero tengo que decir que no me llegaron a pegar físicamente, y muchas muchachas que traen la misma condición que yo sufren maltratos físicos.

Otro punto resaltante de mi vida fue el intento de abuso sexual que sufrí. Esto le pasa a la mayoría de las trabajadoras del hogar. Yo tenía que esperar todas las noches en la cocina hasta medianoche al hijo de la señora, que tenía 38 años y era un solterón, para servirle la comida. Si me iba a mi cuarto, él subía a tocarme la puerta para que bajase a servirle. La noche que él quiso abusar de mí, yo estaba en la cocina. El llegó a medianoche, y me dijo que me quería y que se había enamorado de mí. Yo sentí escalofríos y miedo, pero como había escuchado en el grupo de la JOC estas cosas, le dije que yo estaba bajo su responsabilidad. Me puse fuerte, y me levanté para prender la cocina.

El me miraba maliciosamente desde una silla, y cuando yo estaba sirviéndole la comida, se levantó y se me acercó, poniéndome la mano en mi cuello, queriéndome besar. Yo reaccioné y le tiré la sopa en la cara; la mayor parte le cayó en el pecho. El me dijo que si no quería a la buena, lo haría a las malas. Todos estaban durmiendo. Le dije que gritaría y que me escaparía a la calle; le dije que esto lo sabrían sus hermanas monjas y toda su familia. Como él se dio cuenta que se estaban despertando sus familiares, me soltó. En ese momento yo quería avisarlo a su mamá, pero él no me dejó. Echó llave a la puerta de la sala, y me dijo: "Chola imbécil, si tú vas a mi mamá, como está enferma, si le pasa algo tú tienes la culpa". Yo fui a mi cuarto y me puse a llorar toda la noche. No dormí, recordaba a mi papá, a mis hermanos y a mi madre.

Al llegar la mañana, bajé para hacer el desayuno. La señora me preguntó por qué lloraba, y le conté toda la verdad. La señora le rezongó a su hijo, saliendo en mi favor, y le dijo que si sus hermanas supieran no les parecería bien. El para defenderse le dijo que no me había hecho nada, pero yo intervine, diciendo que eso era porque me defendí.

Desde entonces, me trataba mal. Todo esto pasó cuando a mi compañera la mandaron a su tierra, y como no me dejaban salir no tenía a quien contar mis problemas. Perdí contacto con el grupo de la JOC. El trato era cada día peor y decidí salir, pero no sabía donde ir.

Mandé una carta a mi padre, y él me escribió, diciéndome que yo ya tenía 18 años y que ya podía decidir sola. Esto me dio más seguridad para tomar una decisión. Yo no tenía más que faldas y dos chompas muy usadas, una sábana, una frazada también usadas y mis útiles escolares. Compré un maletín que me costó 150 soles. Toda estaba listo, y le dije a la señorita que me quería salir. Ella me gritó que no podía porque ella tenía papeles que mi papá había firmado. No conocía la casa de mi tía, pero ella llegó por coincidencia a visitarme. Bajé mi maletín al garaje y dije a todos que me iba. La señorita me detuvo y se puso a revisar mi maletín, desordenando todo. Me dijo que dejara la sábana. La señorita me dijo que yo era una desagradecida porque me había puesto en un colegio, me había comprado los útiles escolares, me había traído de la Sierra para sacarme de la ignorancia, y que en otro sitio me iban a tratar peor. Me eché a llorar, y me puse a pensar que sería cierto lo que dice la señorita.

Fui con mi tía a Comas, al kilómetro 18. En su casa no había luz ni agua. Había una sola línea de ómnibus. Estuve ocho días. No me acostumbraba, y quería ver a mis compañeras de colegio, pero no podía ir porque era lejos y además no conocía cómo llegar.

Una vez hice el intento de ir, y me perdí porque hasta entonces nunca había viajado sola. Eran las diez de la noche, y decidí quedarme con una compañera de colegio, pero habían cerrado las puertas y tuve que dormir en el jardín debajo de un árbol hasta que amaneció.

La compañera me llevó a su cuarto sin que supiera la señora. Ella me dio de comer a ocultas. Yo quería buscar trabajo, pero pedían recomendaciones y otros documentos. Estuve con mi amiga dos días; fui al colegio con ella y me encontré con mis compañeras. Fueron a avisarle a Victoria que me había ido de mi trabajo, y que estaba con algunas amigas. Victoria me recomendó un trabajo donde iban a pagarme 800 soles, lo que me alegró porque me parecía mucha plata con relación a lo que ganaba antes (200 soles, y eso cuando querían pagarme). La señora era buena, y los niños se acostumbraron conmigo.

El trabajo sindical

La casa en que yo trabajaba era grande, pero la señora no era muy exigente. En este trabajo, como yo ganaba regular, podía ayudar económicamente a mi papá, y me daban salida los domingos, permisos para asistir a mi grupo de reflexión y me entregué con más fuerza al movimiento de la JOC. Ahí me dieron la responsabilidad del grupo de comunidad que teníamos con Victoria, donde rápidamente empecé a tomar conciencia. Nos asesoraba el padre Alejandro Cussiánovich. En 1974, me nombraron dirigente nacional de la JOC a nivel de trabajadoras del hogar. La JOC trabajaba con obreros, y en los barrios, principalmente con trabajadoras del hogar. La otra asesora era la hermana Emilia Tarrico, boliviana; ella ahora se encuentra en su país, ayudando a formar el Sindicato de Trabajadoras del Hogar de Bolivia.

A estas personas les debo mucho porque por ellas aprendí muchas cosas sobre nuestra realidad. Nos encaminaron a mí y a otras compañeras a dar el paso a la organización sindical de las trabajadoras del hogar. Como movimiento de la Iglesia, no estaba permitido meterse a defender los derechos de las trabajadoras, pero el sindicato sí, estaba permitido porque nosotras mismas lo dirigíamos.

Cada vez que mis compañeras me contaban sus problemas, me hacían acercar todo lo que yo había sufrido, y me daba mucha indignación. Esto me daba más fuerza para seguir en la organización. Para formar los sindicatos, coordinamos con los grupos de trabajadoras del hogar que habían en las parroquias; en 1970 nos juntamos los de Surquillo y Miraflores, Pueblo Libre, Magdalena, Santiago de Surco y San Isidro. Nos reunimos ocho compañeras, y posteriormente se fueron integrando más compañeras. Se trabajó en todo lo que era formación y estructura sindical y decidimos hacerlo por distritos, formando una coordinación sindical de trabajadoras del hogar de Lima Metropolitana con el objetivo de sacar nuestra federación. Las reuniones eran todos los sábados. Amanecíamos discutiendo, escuchando charlas, porque la señora me daba permiso. Ella sabía que yo pertenecía a la JOC. Yo no faltaba a ninguna reunión, y cada vez tenía más entusiasmo de que saliese la organización sindical.

Con todos los esfuerzos, en 1973 se pusieron en marcha los sindicatos (aunque los sindicatos de trabajadoras del hogar en Lima no son reconocidos legalmente como tales, aquí serán llamados así).

El 24 de diciembre se llevaron los expedientes al Ministerio de Trabajo. Yo salí elegida secretaria de economía del Sindicato de Surquillo y Miraflores, y la compañera Victoria Reyes asumió el cargo de secretaria general de la Coordinación de Lima Metropolitana. Sucedió que la secretaria general de mi sindicato, después de seis meses de asumir el cargo, se retiró porque se enamoró de un muchacho (que después la abandonó, dejándola con dos niñas). Ella me dejó su cargo.

Teníamos semanalmente asambleas. Yo estaba estudiando la secundaria. Cada domingo teníamos en ese sindicato 40 ó 50 trabajadoras del hogar; a veces hasta 80. Estas zonas se caracterizaban por ser de la clase alta, y todos los sábados reuníamos personas de todos los distritos para evaluar el trabajo. Yo estudiaba, pero ponía más empeño en el sindicato que en mis estudios. Cuando los profesores no llegaban, yo hablaba a las compañeras de colegio acerca de nuestros problemas, de los derechos que teníamos. Me escapaba a las otras clases, y cuando no había profesor, también les hablaba. Llevaba volantes, los repartía sin que la directora se diera cuenta.

Cuando salíamos nunca iba sola, siempre estaba con varias amigas del colegio. Les preguntaba cómo las trataban en su trabajo, cuánto les pagaban y luego las invitaba a las reuniones del sindicato.

Yo tenía dos responsabilidades: a nivel de la JOC y del sindicato. Vimos que teníamos que extender el trabajo sindical a las provincias, y fue lo que se hizo, también a partir de los grupos de la JOC como en Chimbote, Pucallpa, Ica, Chiclayo, el Cuzco y Arequipa.

En 1975, viajé al encuentro mundial de la JOC, representando a las trabajadoras del hogar del Perú, con dos compañeras representantes de obreras y del trabajo de barrios. Fue una experiencia muy buena. Me he dado cuenta de que no sólo en mi país sufríamos hambre, explotación y miseria, sino que en todos los países del Tercer Mundo existen estas cosas. Tuve entonces una mayor visión internacional: primero fuimos a Caracas, donde se realizó un encuentro continental por 15 días, y luego partimos a Austria, donde se desarrolló el encuentro mundial durante un mes. Fue una experiencia muy importante, donde pudimos intercambiar con compañeras de distintas ramas. Eramos de diferentes países, pero no fueron muchas trabajadoras del hogar (solamente yo y otra más, una trabajadora de Singapur). Regresé con mayor interés en seguir adelante.

Después de dos años dejé la responsabilidad de la JOC, y empecé a trabajar más a nivel sindical. Los sindicatos se debilitaron un poco. Después de una evaluación, acordamos ampliar el trabajo sindical y las dirigentes salimos a otras zonas de Lima donde no había organización. Yo fui al distrito La Victoria, quedando en el sindicato de Surquillo y Miraflores la compañera Victoria Reyes. Entré a trabajar en esta zona por medio de las escuelas vespertinas que me dieron una ubicación para dar clases de religión en el colegio.

Es así como llegué a reunir a muchas compañeras, y empecé a darles formación sindical a 200 compañeras más, trabajadoras del hogar. En esto también colaboraron compañeras obreras que trabajaban en las tiendas Monterrey, y ellas nos apoyaban porque tenían sindicato. De ahí sacamos dirigentes que reforzaron a la coordinación. Nos reuníamos todos los domingos desde las ocho de la mañana hasta el anochecer, porque en la tarde tenía otros grupos en la misma zona. Nos reuníamos en los parques, porque el párroco cuando se enteró que hablábamos de sindicatos nos prohibió reunirnos en la parroquia.

Para ser franca, ya no me preocupaba mucho mi enamorado porque ya mi mente estaba ocupada en las responsabilidades sindicales. Cuando me llegaba una carta de él, deseaba que también él trabajara en la organización de su gremio de profesores. Pensaba que seríamos felices si compartiéramos las mismas ideas. Pero cuando él llegó, y le conté lo que hacía en Lima, él no estaba de acuerdo. Sus ideas eran distintas, totalmente contrarias a las mías. El pensaba en triunfar individualmente, en ser profesional, en que cada uno vele por su vida. Ya no volví a contar con él, pero tenía esperanzas que él cambiara pero no fue así. Sus ideas eran las mismas, y esto me ayudó mucho a olvidarlo. Claro que siempre quedan recuerdos.

En el colegio me hice conocer por la mayoría de compañeras que me confiaba sus problemas. Así terminé mi secundaria con notas no muy altas, porque faltaba al colegio por tener reuniones sindicales y de comunidad. Nunca me jalaban en un curso. A veces en los exámenes escritos me sacaba notas bajas, pero en el oral recuperaba porque daba una mirada a mis cuadernos y buscaba el contenido de la lectura. Mis compañeras a veces me decían que por qué tenía esas buenas notas si faltaba al colegio. Lo que pasaba es que ellas repetían textualmente lo que decía el libro, sin darle un sentido a lo que leían.

En 1975, se hizo un mitin de trabajadoras del hogar con 700 compañeras. Para mí fue una inmensa alegría; pensaba que nuestros esfuerzos y sacrificios no habían sido en vano. Todo esto me animaba más a seguir adelante. En ese mismo año se había logrado convocar a un encuentro de trabajadoras del hogar en la ciudad de Juliaca, con delegadas de distintos sindicatos, y me eligieron junto a otra compañera para asistir. Ahí se acordó extender la organización sindical a otros departamentos.

En 1976, se realizó el primer encuentro de trabajadoras del hogar a nivel nacional, en el Cuzco. Fui elegida a participar con la compañera Victoria Reyes, y se formó el Comité Nacional Sindical de Trabajadoras del Hogar, y en esta comisión salí elegida secretaria de la organización. En 1978, se realizó nuestro primer congreso regional de Lima Metropolitana. Para mí, fue un desafío sacar adelante la organización sindical. Tendría que decir que descuidé mucho mi vida personal, y poco tiempo tenía para pensar en mi futuro. Parecía que mi vida la había cambiado por la organización sindical. La compañera Vicky se replegó, y como yo era de organización, tuve que asumir toda la organización sindical. Fue allí donde me iba relacionando con otras organizaciones sindicales, y difundiendo la nuestra. Siempre tenía la inquietud de aprender más. No me conformaba sólo con saber lo sindical, sino que fui buscando una orientación política donde fui profundizando algunos interrogantes: ¿Por qué éramos trabajadoras del hogar? ¿Cuáles eran sus causas? ¿Y por qué tanta pobreza en nuestro país? Me interesé por conocer los problemas de los otros sectores de la clase obrera, del campesinado, de los ambulantes, etc.

En esta etapa tuve experiencias muy buenas como también negativas, porque a las organizaciones políticas no les interesaba nuestro trabajo. Pensaban que era perder el tiempo; nos veían como si nosotras no tuviéramos salida. Pero yo siempre los criticaba; pues si son luchadores, tienen que demostrarlo en la práctica, y luchar por los que necesitan, que no se queden sólo en decir que son la vanguardia del proletariado. Nunca me dejé manipular, y tampoco acepté nada sin antes analizarlo bien. Percibí que no había alternativa para nuestro sector en estos organismos, y me retiré. Pero eso no quiere decir que yo rechazo a todas las organizaciones. Apoyamos todo lo que hacen a favor del pueblo, de acuerdo con nuestras posibilidades. Mantenemos nuestra autonomía, pero siempre participamos en eventos públicos, congresos, mitines, etc.

En 1979, se realizó el Primer Congreso Nacional de Trabajadoras del Hogar en Lima, donde hubo más responsabilidades para mí, y también para la compañera Victoria. El congreso fue un éxito; se elaboró nuestra plataforma de lucha a nivel nacional y un memorial para presentar al gobierno de Belaúnde. Este último fue presentado el 5 de agosto. Hicimos una marcha para entregar dicho memorial con unas 400 trabajadoras del hogar. Pero no nos hicieron caso; entonces lo difundimos en la radio y se hizo noticia. En 1981, se realizó el Segundo Congreso Regional de Lima Metropolitana, donde se evaluó lo que se había avanzado, y cómo se había desempeñado en su cargo cada dirigente. Entre otras cosas, me eligieron la secretaria general de la Coordinación de los Sindicatos de Trabajadoras del Hogar de Lima Metropolitana (COSINTRAHOL), y hasta ahora sigo con este cargo.

Tengo que decir que ser dirigente es una vida sacrificada, porque tenemos que renunciar a muchas cosas personales. Desde que entré a la vida sindical, no tengo un trabajo estable. Con la finalidad de darme tiempo, cambié muchos trabajos para la organización. Muchas veces me quedaba sin comer por no tener plata (he comenzado a trabajar puertas afuera para tener más tiempo).

En 1981, se realizó el Segundo Congreso Nacional de Trabajadoras del Hogar en Juliaca, en el que elaboramos el anteproyecto de Lima y se presentó al parlamento en el mes de diciembre del mismo año con una marcha. Fuimos fuertemente reprimidas por la policía. En este congreso me eligieron secretaria general a nivel nacional, por lo cual mi responsabilidad aumentó. Soy consciente de que no he podido cumplir bien con mis responsabilidades porque no hay recursos económicos para movilizarse.

En septiembre de 1983, viajé a México para asistir a un pequeño encuentro de las trabajadoras del hogar. Fui invitada por la doctora Elsa Chaney. Esto me pareció muy importante porque conocí a trabajadoras del hogar de otros países de América Latina, que también están luchando por salir adelante. Tuve la oportunidad de conocer a una trabajadora de Chile, Aída Moreno, y después del mitin en México, ella viajó a Lima para estar cuatro días con nosotras. Siempre nos escribimos. En diciembre del mismo año, viajé a Bogotá, Colombia, al primer congreso de trabajadoras del hogar de aquel país, donde sacamos acuerdos, como el hacer un congreso y formar una asociación a nivel latinoamericano [desde entonces, ha habido otros logros: en marzo de 1988, 40 representantes de las organizaciones de trabajadoras del hogar de 11 países se reunieron en Bogotá y fundaron la Confederación Latinoamericana y del Caribe de Trabajadoras del Hogar. Su segundo congreso se ha llevado a cabo en Santiago de Chile, en agosto de 1991. Nota de las editoras].

Perspectivas

Pienso por ahora seguir en el sector, en el trabajo sindical, hasta que mis compañeras se entreguen con más fuerza a luchar por el sector y se responsabilicen más. Estamos viendo qué recursos podemos ofrecerles a las compañeras como, por ejemplo, una agencia de empleos, cursos de formación a todo nivel, y otros que estén de acuerdo a nuestras posibilidades. Toda mi familia está lejos de mí, pero pienso que las compañeras que me rodean también son parte de mi familia porque compartimos todo y nos ayudamos en nuestros problemas. Me gusta compartir lo poco que tengo. Pocas veces me molesto. No guardo rencor si me ofenden.

Mi situación económica actual es la misma de siempre. No tengo trabajo, vivo de hacer cachuelas. Es muy duro afrontar la vida debido a la crisis económica que vivimos en el Perú, y lo que uno gana no alcanza para nada. Tuve experiencias de otros trabajos. He trabajado en una óptica donde también explotan duro. Sólo ganaba comisiones de acuerdo a lo que vendíamos. Antes, trabajé en un taller de costura, y me despidieron porque quería organizar un comité sindical, acusándome a mí y a otras cuatro compañeras que habíamos robado tres rollos de tela de uniforme. También trabajé en una empaquetadora de ajos, donde me pagaban diez centavos por llenar una docena de bolsitos, a veces no alcanzaba ni para el almuerzo.

Otra experiencia de lucha es que por defender a una compañera trabajadora del hogar, terminé presa. Pasó que la compañera fue golpeada y botada a la calle y cuando fui a verla, también me querían pegar. Pero actué igual que la señora, y me denunciaron, diciendo que le había pegado, pero ni por eso dejé de decirle lo que sentía. Me dio tanta indignación que hasta a los policías les grité, y fue por eso que me metieron a la cárcel. Era el 24 de diciembre de 1977, y tuve una Navidad amarga.

También cuando terminé mi media quería estar bien preparada para entrar a la universidad. Pero no pude porque de todas maneras se necesitaba un respaldo económico y al mismo tiempo me dediqué más a la organización del sector.

Historia del movimiento de trabajadoras de casa particular en Chile

Aída Moreno Valenzuela

Cuando hablamos de historia, estamos refiriéndonos a los diversos hechos que se van sucediendo cada día y que constituyen el quehacer del pueblo, quehacer que también se da en los diversos sectores que conforman un país.

Al comenzar a escribir esta breve reseña histórica, nos preguntamos acerca de nuestro origen de clase y gremio. Remontándonos en el tiempo, encontramos un Chile -como casi toda América Latina- invadido por los españoles quienes, en pago por sus servicios al Rey de España, recibían junto con una gran extensión de tierra a un grupo de aborígenes, llamados por ellos "encomendados", los que pasaban a ser propiedad del dueño de la tierra.

De un pueblo libre, con cultura propia, pasaban estos aborígenes a formar el conglomerado de la servidumbre al estilo de la Edad Media, con el agravante de que para los españoles estos "seres extraños no poseían alma", por tanto se trataba de nuevos especímenes dentro del reino animal.

De la mezcla de españoles y aborígenes surge la raza chilena, y los criollos pobres siguen cumpliendo el trabajo de sus antepasados, aunque ahora reconocidos como personas y como trabajadores, con el nombre de "inquilinos". La dependencia del inquilino ante el latifundista se mantiene. Las hijas de estos campesinos van a servir a la casa del patrón, primero en la casa del fundo y luego en la casa de la ciudad. El trabajo que desempeñan es el aseo, el de niñeras, el de la cocina y de la peonada. Las madres solteras y casadas amamantan los hijos de los patrones. Los jóvenes campesinos desempeñan labores de mozos, caballerizos, jardineros y mayordomos cuando son adultos.

En un comienzo con el permiso de los padres, más adelante el servicio doméstico se convierte para las jóvenes en la única alternativa de trabajo que les permite ayudar a sus familias, normalmente numerosas. El único trabajo que les ofrecía el campo era la cosecha anual -todavía lo es- por lo cual percibían bajísimos salarios.

Así comienza la emigración de la joven a pueblos cercanos, luego a ciudades y finalmente a la capital. En principio este fenómeno se produce preferentemente en la zona central del país, pero más adelante se van incorporando las hijas de los mapuche del sur y de los diaguitas del norte.

Las características del gremio son la dependencia con respecto a sus patrones y la religiosidad tradicionalista, manteniendo ideas y formas de vida transmitidas por los misioneros que les llevaban los patrones a los fundos. Esto hace que, en general, la trabajadora se identifique con la Iglesia católica, pero sin evolucionar. Su fe más bien responde a la llamada religiosidad popular.

Pero no fue la Iglesia la que ayudó a organizarse a la empleada. Su organización se dio más bien por las circunstancias de los trabajadores, los que en 1917 constituyen la Federación Obrera Chilena (FOCH) que con su lucha permanente logró que en 1924 se dictara el Código de Trabajo que reglamenta los derechos laborales y las diferentes formas de organización de los diversos gremios existentes. Con poca diferencia de tiempo se creó también la Caja de Seguro Obligatorio para atender lo relativo a previsión y salud de obrero.

Esta efervescencia que vivía la clase obrera, también llegó al gremio de trabajadoras de casa particular, quienes constituyeron el 1º de enero de 1926, el Sindicato Profesional de Empleados de Casa Particular de Ambos Sexos. Con el correr del tiempo se van creando otras organizaciones: la Sociedad de Empleadas Santa Marta, Religiosas del Servicio Doméstico, Unión Femenina de Empleadas Domésticas, Hijas de María, etc.

De los grupos aquí señalados, es la organización sindical la que prevalece en el tiempo, a pesar de una serie de dificultades, altos y bajos. Este primer sindicato duró aproximadamente 20 años, teniendo una activa participación en todo el quehacer organizativo de los trabajadores. Primero se afilió a la FOCH, y cuando ésta se transformó en la Central de Trabajadores de Chile (CTCH), pasó a ser parte activa de ella.

También se formaban sindicatos del gremio en Osorno, Curicó y Viña del Mar, los que se coordinaban entre sí, mediante correspondencia y visitas de dirigentes capitalinas y mantenían contacto con organizaciones hermanas de Argentina. De las múltiples actividades de este sindicato podemos destacar las siguientes:

-Promoción: citación a reunión en los periódicos; participación en concursos de belleza obrera, auspiciado por la revista *Sucesos*; distribución de volantes en sectores donde había más trabajadoras; cartas a parlamentarios de izquierda pidiendo que facilitaran la participación a sus empleadas domésticas.

-Social: actividades de la Casa del Pueblo, incluyendo reuniones sindicales, actos culturales, recreativos, beneficios para sus organizaciones; vacaciones a bajo costo en la sede del sindicato, Campi en Algarrobo.

-Solidaridad: participación en comisiones de la FOCH y CTCH.

-Reivindicaciones: proyecto de ley propuesta a la Cámara de Diputados para formar una caja de procesantía con 2,0% descontado por planilla a quienes tenían trabajo; entrevista con el presidente de la República para exponerle inquietudes y problemas del gremio, incluyendo Casa de la Empleada, permiso para estudiar, mejor trato, la sindicalización obligatoria en el gremio, etc.

-Educación: cursos de enseñanza primaria para socios analfabetos; cursos de economía doméstica; charlas con películas; foros sobre sanidad.

Durante la primera etapa este sindicato fue dirigido por varones, pero poco a poco las mujeres fueron ocupando cargos directivos hasta que finalmente en éste sólo había mujeres dirigiéndolo. Las reuniones de directiva y de socios fueron permanentes.

En 1945, el pueblo elige un gobierno que dice estar con él, pero al poco tiempo muestra su verdadera cara y comienza la persecución a dirigentes sindicales y a todos los trabajadores que tenían claridad social y política, y un serio compromiso con su clase. Muchos de ellos fueron relegados a Pisagua, una verdadera cárcel sin rejas; otros debieron huir del país. Estos hechos obligaron a disolver este sindicato de nuestro gremio de trabajadoras de casa particular.

Las organizaciones nuevas

En estos mismos años, la Iglesia católica comienza a evolucionar y formar movimientos especializados, entre ellos la Juventud Obrera Católica (JOC), en la cual los jóvenes tienen una amplia participación social, pues son obreros comprometidos con su iglesia y con su clase. Este movimiento se extiende a todo el país, apoyado por sacerdotes que entienden la problemática obrera. Algunos de ellos son los obispos más progresistas de hoy.

El 11 de julio de 1947, se constituyó el segundo sindicato de trabajadoras de casa particular, el que tiene una orientación diferente al anterior. Estaba impulsado por señoras de la Acción Católica que habían promovido la organización de centros parroquiales en los que participaban trabajadoras. Se reunían para reflexionar temas religiosos y para aprender algunas manualidades. Estos centros se crearon especialmente para aquellas jóvenes provincianas que no tenían preparación para su trabajo y se encontraban solas, lejos de sus familiares.

Son éstas las que formaban el Sindicato Profesional N° 2 de Empleadas Domésticas de Santiago, en el que podían participar sólo mujeres. Su orientación fue de carácter religioso, y fue el cardenal Monseñor José María Caro el que designa como capellán al presbítero Bernardino Piñera, hoy arzobispo de La Serena. Después de año y medio, lograron arrendar una casa que se convirtió en el primer Hogar de la Empleada, siendo inaugurado por el cardenal Caro con la asistencia de sacerdotes, señoras de Acción Católica, militantes de la JOC y trabajadoras.

En 1949, se inició la formación de la JOC de Empleadas, con la asesoría de don Bernardino y dos militantes obreras de la JOC. En 1950, después de una larga campaña financiera, se inauguró el Hogar ya mencionado, que dio origen a la Federación de Empleadas, cuyos objetivos fueron de carácter educativo, de servicio y de formación religiosa. En este período se producía la separación entre el sindicato y la Federación de Empleadas. La Federación creó una cooperativa de ahorro y crédito, cooperativas de vivienda, el Instituto "Luisa Cardijn" y la revista *Surge*. En 1964, la Federación de Empleadas se transforma en la Asociación Nacional de Empleadas de Casa Particular (ANECAP), con personería jurídica, que mantiene los objetivos de la federación, agregando la finalidad de unir a todos los grupos de empleadas que la JOC fue promoviendo a lo largo del país.

El sindicato sigue su camino con muy pocas posibilidades de crecimiento. Son pocas las empleadas que llegaron a la organización, y durante 15 años prácticamente este sindicato sobrevivió por el esfuerzo y compromiso de algunas trabajadoras que tenían un alto nivel de conciencia social y sabían lo importante que era mantener la organización sindical.

A partir de 1967, este sindicato empezó a relacionarse con otros gremios de inspiración cristiana -con la Asociación Sindical Chilena (ASICH); después con la Federación Gremial Chilena (FEGRECH), más independiente que la anterior, y en 1970 se afilia a la Central Unica de Trabajadores (CUT)- para comenzar una nueva etapa de fortalecimiento y de participación activa con otros gremios: marchas de protesta de carácter reivindicativo; elaboración de un proyecto de ley en el que se expresan necesidades reivindicativas del gremio; manifestaciones cuando éste fue discutido en la Cámara de Diputados.

Los sindicatos en los tiempos de Allende

En 1972, se realizó el primer congreso de dirigentes de sindicatos del gremio que ANECAP había ido promoviendo a lo largo del país, para estudiar el proyecto de ley y echar las bases para constituir el Sindicato Interempresas de Trabajadoras de Casa Particular (SINTRACAP).

Este anhelo se concretó en enero de 1973, y el evento fue celebrado con un gran acto en una de las salas del edificio Diego Portales (edificio que en el centro de Santiago alberga un gran número de oficinas gubernamentales), con asistencia de 300 empleadas, el ministro del Trabajo y dirigentes de la CUT. Fueron 19 sindicatos los que conformaban SINTRACAP.

Este sindicato logró obtener una oficina en ese edificio, además de vacaciones en las cabañas populares para la trabajadora y su familia a muy bajo costo; un convenio con las empresas de la Línea Blanca del Area Social (estufas, refrigeradores y radios) y una sala cuna donde las empleadas pudieran dejar sus hijos durante el día. A su inaguración asistió el presidente de la República, compañero Salvador Allende. En esta tarea se había trabajado con Moay de Toha, esposa de un ministro del Estado.

Se hizo una presentación a la Corporación de Vivienda sobre una de las más grandes inquietudes del gremio: el que esta corporación construyera edificios especiales en un ambiente decente para aquellas empleadas que trabajaban puertas afuera. Esta petición fue muy bien acogida y la respuesta fue que se estudiaría y cuando hubiera algo concreto se volvería a conversar.

En Santiago, para esa fecha, se habían constituido tres sindicatos más a nivel comunal. Este crecimiento se debió en gran parte a que ANECAP había renunciado a sus socias para que éstas pasaran a ser socias de estos sindicatos.

El trabajo con ANECAP fue muy importante en esa etapa. Había tanta unidad que las personas con tiempo libre para trabajar al servicio del gremio en el Hogar de la Empleada eran elegidas de una terna propuesta por los cuatro sindicatos de Santiago, más una propuesta por ANECAP. De estas cinco candidatas se elegían cuatro.

Hoy nada de ello existe; ANECAP asume sola esta responsabilidad y los sindicatos no tienen ninguna injerencia dentro de los Hogares que hay en el país.

La efervescencia que vivía el pueblo chileno en esa época, también era vivida en el gremio. Cada día eran más y más las trabajadoras que ingresaban a los sindicatos, y esto permitió dejar tiempo libre a una dirigente por media jornada, para trabajar en los asuntos de los sindicatos. Otras se dedicaban a trabajar jornadas cortas en planchados y lavados, lo que les permitía destinar unas horas diarias a la organización.

El golpe militar

Una de las deficiencias -que hoy reconocemos- que tuvieron las organizaciones sindicales, es que no se capacitó a sus integrantes. No se fortaleció ni elevó su nivel de conciencia y de compromiso con su gremio y su clase y, especialmente, la importancia de estar organizada. Por estos errores, cuando se produce el golpe militar, todo se derrumbó y quedó casi nada. Las socias no volvieron a su organización, y durante un año se buscó un lugar donde funcionar; donde se arrendaba, por temor, pidieron que se desalojara la oficina. Es así como nuestra organización llegó a la Federación de Construcción, que tenía una casa grande y con muy poco mobiliario ya que había sido allanada por las autoridades del nuevo gobierno y se habían llevado la mayor parte de las cosas -y las mejores- que esta organización tenía.

A pesar de estas dificultades se constituyó una comisión con el fin de coordinar a los sindicatos que sobrevivieron al golpe. Esta comisión la formaban una delegada de cada sindicato de Santiago: Las Condes, Providencia, Nuñoa, La Reina y Santiago, más una delegada de ANECAP. Se dividió el país en tres regiones, Norte, Centro y Sur, y se logró mantener una constante correspondencia con todos los sindicatos, ayudándolos y motivando a sus dirigentes. Se logró sacar un boletín que cumplía la misión de mantener unidos a los sindicatos. Muy pronto este medio desapareció al igual que los tres sindicatos comunales de Santiago.

En 1976, por disposiciones del Ministerio de Justicia, ANECAP debió llenar determinados requisitos para justificar su existencia, y a partir de esa fecha comenzó a reclutar socias; con el tiempo esto se convirtió en una verdadera competencia con los sindicatos, desviándose así de los objetivos señalados en sus estatutos. Por otro lado, el gobierno dictó una serie de decretos leyes que los sindicatos debían cumplir. Los sindicatos tenían que solicitar permiso para realizar una reunión de socios, para lo cual había que realizar variadas gestiones. El solo hecho de tener que pedir permiso atemorizó a muchos socios, con lo cual se fue produciendo el desbande en casi todos los organismos sindicales, sin exceptuar el nuestro.

Se buscaban otros caminos y se comenzaba a participar en los cursos que la Fundación José Cardijn ofrecía a los trabajadores. De aquí surgió la necesidad de ir creando los departamentos femeninos en todas las organizaciones sindicales. Se trabajó con este objeto junto a los pensionados con Teresa Carvajal, quien había participado activamente en sindicatos en sus años de trabajo; con la rama textil representada por Georgina Aceituno y las trabajadoras de SINTRACAP, representadas por Aída Moreno.

Una de las primeras tareas fue la celebración del Día Internacional de la Mujer. En 1976, el permiso lo solicitaron los pensionados, y en 1977 asumió tal reponsabilidad nuestro sindicato. Esta última celebración fue el mayor acto masivo que se realizara durante la dictadura, dándosele el nombre del "Gran Caupolicanazo" (literalmente, "gran encuentro en el Caupolicán", un teatro en el centro de Santiago). Fueron las dirigentes de nuestra organización las que asumieron la responsabilidad ante las autoridades para llevar a efecto este acto. Nunca más se autorizaron actos para esta fecha; por el contrario, cualquier manifestación por pequeña que fuera fue repelida con rudeza.

En 1978, el gobierno volvió a allanar las sedes sindicales de las federaciones de la construcción, de los textiles, mineros, metalúrgicas y campesinos. Sus dirigentes fueron detenidos y los locales fueron requisados con todo lo que había dentro. Nuestros pocos bienes muebles fueron devueltos después de una serie de trámites pero, sin local donde seguir funcionando, debimos aceptar el ofrecimiento de ANECAP de una pequeña oficina en su sede central. Todo esto trajo como consecuencia un retroceso en la organización. Por un lado, el temor de las socias a pertenecer a una organización que fue fuertemente reprimida por la autoridad vigente; por otro lado, el dejar de participar con otras organizaciones de trabajadores disminuyó el dinamismo recientemente adquirido. Finalmente, para las socias más antiguas el volver a ANECAP era en cierto modo perder autonomía.

La reactivación fue lenta en el sindicato de Santiago, pero con un aporte del ex-capellán, monseñor Bernardino Piñera, se pudo obtener media jornada libre para una dirigente, la que junto con una trabajadora social elaboró un plan de trabajo que incluía la reactivación de los sindicatos de provincia y la capacitación de dirigentes. Se trabajaba activamente en esta línea hasta julio de 1979, y su fruto fue la creación de la Comisión Nacional de Sindicatos de Trabajadoras de Casa Particular (CONSTRACAP), en la que estaban representados los sindicatos de Concepción, La Serena, Santiago, Talca y Temuco.

Esta Comisión Nacional cumplía el papel que le correspondería a la Federación, la que no fue posible formar todavía porque las nuevas disposiciones legales laborales fueron de alta exigencia en cuanto al número de socias. Sólo dos de los siete sindicatos cumplieron dichos requisitos. Por ello, era esta Comisión la que coordinaba y resolvía sobre el plan de trabajo anual y evaluaba el trabajo realizado. Dadas las distancias y la falta de medios económicos, esta Comisión se reunía solamente dos veces por año. Para hacer más operativo el trabajo se elegía un comité ejecutivo, compuesto por tres dirigentes y una asesora. Este comité se reunía mensualmente para ejecutar los acuerdos tomados en la Comisión Nacional. Las tareas realizadas por la Comisión Nacional fueron:

- Tres jornadas nacionales de siete días, a las que asistieron las directivas y socias que habían demostrado condiciones de líderes. El objetivo de estas jornadas nacionales fue la capacitación en aspectos laborales.

- Dos jornadas nacionales de tres días con el mismo objetivo de las anteriores.

- En los sindicatos de Santiago, Talca, Concepción y La Serena, realizaron, al menos, cuatro jornadas de un día cada año, apoyadas por el ejecutivo.

- Cada sindicato realizó mensualmente la reunión de asamblea de socias con la excepción de los sindicatos de Curicó y Tumuco, los que tuvieron serias dificultades para mantener la organización.

- El ejecutivo elaboró un estatuto conforme a las nuevas disposiciones legales; cartillas de formación sobre derechos laborales, provisión social, contrato de trabajo y organización sindical; un boletín, *Caminando*; documentos interpretando las diferentes disposiciones legales que afectan o benefician a la trabajadora, y envió un perito al Ministerio de Trabajo.

Logros y perspectivas

El hecho de haber contado con el apoyo económico de una institución de Estados Unidos, CODEL, para realizar todas las actividades antes señaladas, permitió que los sindicatos que habían sobrevivido se fortalecieran y sus dirigentes crecieran en su compromiso y valorización de personas. Y uno de los logros obtenido fue haber constituido legalmente, a fines del año 1987, la Federación Nacional de Sindicatos (FENSTRACAP).

Cabe señalar que para las trabajadoras de casa particular uno de los logros fue haber creado unos diez grupos de cooperativas de vivienda durante 1966 y 1992, incluido el período de la dictadura. Son más de 2.000 trabajadoras que con fuerza y constancia compartida han obtenido su propia casa, uno de los derechos que tiene toda persona: una vivienda digna.

La última de las organizaciones conseguida es una cooperativa: "Quillay Ltda.", que presta servicios de limpieza industrial en oficinas y casas particulares. Componen esta cooperativa tres organizaciones jurídicas: ANECAP, SINTRACAP y la Cooperativa de Ahorro y Crédito de Trabajadoras de Casa Particular (COOPATRACAP), personas naturales socias que aportan capital y personas que trabajan en la empresa cooperativa. Recién en septiembre de 1992 ha obtenido su reconocimiento legal por el Departamento de Cooperativas del Ministerio de Economía.

Las organizaciones ANECAP, FENSTRACAP y SINTRACAP han creado institutos de capacitación; en la ANECAP, por ejemplo, es el Instituto "Luisa Cardijn", con reconocimiento del Ministerio de Educación, en el cual participan, de martes a viernes más de 1.500 trabajadoras, estudiando enseñanza básica, técnica y manualidades. FENSTRACAP, que aún no ha logrado el reconocimiento, imparte los mismos cursos. SINTRACAP ofrece también estos cursos sin tener perspectivas de crear un instituto, ya que esto no es el objetivo del sindicato; un instituto de enseñanza es más un medio para atraer a más trabajadoras.

En cuanto a logros laborales, después de la vuelta a la democracia, se juntaron las tres organizaciones más representativas (SINTRACAP, ANECAP, y FENSTRACAP) y elaboraron un proyecto de ley con la asesoría de una abogada laboral del Centro Unico de Trabajadores. Con el apoyo de una mujer extraordinaria, la diputada Laura Rodríguez, quien patrocinó el proyecto, logramos la indemnización por años de servicio (que rige a partir del 1º de enero de 1991). Durante todo el año 1991 fue discutido el horario de trabajo y el salario mínimo, siendo aprobado no el proyecto que nosotras presentamos, sino la voluntad de los patrones legisladores. No siempre se hacen leyes justas para los más pobres; el sistema económico que se impuso en el anterior régimen -el cual tiene muy poco de humanismo- hoy se mantiene.

En balance, todo esto pudiera parecer como positivo pero dada nuestra realidad antes de la dictadura, creemos que estamos muy lejos de lo que habría logrado en un Estado democrático. Los diez años de dictadura fueron nefastos para la clase obrera, principalmente para sus organizaciones sindicales. Debemos reconocer sí, que a pesar del esfuerzo de las autoridades por desprestigiar a los sindicatos, tildándolos como políticos cuando alegan por derechos mínimos, no han logrado enteramente su objetivo: muchas organizaciones sindicales en nuestro país se mantuvieron en pie, y entre ellas, la nuestra.

En nuestro gremio, el mayor éxito ha sido elevar el nivel de conciencia, para que las trabajadoras se valoren como personas; para que comprendan que junto con tener deberes tienen derechos inalienables y que tienen una responsabilidad como trabajadoras y ciudadanas de intervenir en el destino de su país. No hemos crecido mucho en cantidad, pero sí creemos que la cualidad es muy superior a la del año 1973.

En sus propias palabras

Mary García Castro

DOMÉSTICOS EM LUTA

CAMINHANDO JUNTOS NA DESCOBERTA DE NOSSO VALOR NA CONQUISTA DE NOSSA LIBERTAÇÃO

Afiche de la Associaçao Profissional dos Empregados
Domésticos do Rio de Janeiro

¿Por qué una asociación de empleadas domésticas? ... "porque juntas vamos a tener más coraje para enfrentar nuestras dificultades y valorar nuestras vidas y trabajo".

POR QUE UMA ASSOCIAÇÃO DE EMPREGADAS DOMÉSTICAS?

Faz 3 meses que LUIZA trabalha, e ainda não recebeu salário.
MARIA tem 15 anos, nunca estudou, trabalha até 9 horas da noite, sem tempo de estudar.
JOSEFA ficou doente, grave, não tem Carteira de Trabalho nem INPS. JOANA foi despedida, de repente, sem família, não tem para onde ir. ANTÔNIA vai trabalhar e volta todo dia para Nova Iguaçu, sofre cada minuto pensando nos filhos que deixou sozinhos, em casa, até chegar à noite.

Quanta gente conhecemos nessas situações?
Por isso fundamos a Associação.

- Porque sozinho ninguém pode viver nesta cidade do Rio de Janeiro, onde há tanto egoísmo e tanta injustiça.
- Porque, unidas, temos mais coragem de enfrentar as dificuldades e valorizar a nossa vida e o nosso trabalho.
- Porque todas unidas, podemos nos ajudar umas às outras, prestar serviços mútuos, desenvolver a solidariedade.
- Porque só uma associação, organizada por nós, pode acabar com a injustiça de ficarmos fora das leis do trabalho e conquistar leis justas na defesa dos nossos direitos.
- Porque a Associação é a nossa voz, e representa os empregados domésticos junto às autoridades e aos empregadores.
- Porque estamos dentro da classe trabalhadora, lutando juntos, para transformar este mundo de miséria e injustiça num mundo de mais igualdade e fraternidade.

O QUE VOCÊ ENCONTRA NA ASSOCIAÇÃO

**UMA
CASA-SEDE**

onde nos reunimos para
estudar e debater nossos
problemas e nossas
reivindicações.

**A FORÇA
DA UNIÃO**

a luta pelo respeito à nossa
dignidade de pessoas
humanas e trabalhadoras,
a luta pela justiça, pela
ampliação da lei do
empregado doméstico:
férias, descanso semanal,
horário de trabalho,
13º salário, etc.

**ORIENTAÇÃO
PREVIDENCIÁRIA
E SOCIAL**

o esclarecimento sobre a
previdência social,
apoio na assistência
médica, orientação nas
dificuldades.

**SERVIÇO
JURÍDICO**

uma advogada para
defender nossos direitos no
trabalho diante dos
empregadores e da
sociedade.

RECREAÇÃO
o aproveitamento do
tempo livre, passeios,
festas e jogos.

HOSPEDAGEM
em caso de doença,
necessidade de repouso,
férias, desemprego.

Resolución adoptada por el Quinto Congreso Nacional de Trabajadoras Domésticas de Brasil, reunido en Pernambuco en 1985.

V° Congresso Nacional das Empregadas Domésticas do Brasil 24-27 de Janeiro de 1985 - Olinda (PE)

CONCLUSÕES DO V° CONGRESSO NACIONAL DAS EMPREGADAS DOMESTICAS

Introdução:

Nós, 126 Empregadas Domesticas, delegadas do V° Congresso Nacional de nossa categoria, no Recife,

Constatamos:

que somos a categoria mais numerosa de mulheres que trabalham no Brasil (I/4 da mão de obra feminina, quase 3 milhões de Empregadas Domesticas no país).

Constatamos:

que há um crescimento significativo no número de Empregadas Domesticas (acentuado pelo desemprego nas outras categorias).

Constatamos:

que representamos então uma força importantíssima na vida econômico-social-cultural do Brasil (é só pensar o que seria do país se todas nós domesticas, parássemos de trabalhar ao mesmo tempo).

Constatamos:

que apesar de todo esse valor e importância, não somos reconhecidas como profissionais; continuam as desumanas e injustas condições de trabalho, denunciadas nos quatro congressos anteriores:

    a) Salário injusto.
    b) Jornada de trabalho excessiva.
    c) Falta de descanço semanal.
    d) Recusa de férias anuais para a grande maioria.
    e) Impossibilidade de estudar, para um número elevado de domésticas.
    f) Exigência de dormir no emprego, impossibilitando a convivência normal com a família e o próprio meio.

Constatamos ainda:

que costumamos ouvir dizer que a Empregada Doméstica faz parte da família onde trabalha, mas continua o desprezo e a discriminação. A maioria não é tratada como pessoa humana, mas sim como objeto. São alguns sinais dessas discriminações: quarto de empregada, elevador de serviço, comida, apelidos humilhantes, etc. .

Todas essas condições de trabalho e de vida trazem como consequência um sentimento de solidão e revolta embutida e, por isso, na nossa profissão existem muitos casos de doenças nervosas.

Somos profissionais, mas costatamos que a Sociedade não nos reconhece. A própria Lei Trabalhista (CLT) nos discrimina: não temos nem todos os direitos dos outros trabalhadores e os poucos direitos que temos são negados à grande maioria.

Queremos ressaltar com maior força a nossa situação em rela.ão
à Previdência Social. As nossas dificuldades são tantas e o. direitos tão poucos que o número de empregadas domésticas que podem continuar a contribuir para o INPS diminuiu assustadora ente,
te, conforme dados oficiais (quase um milhão de contribuin es
a menos); de cada 4 empregadas domésticas que pagavam em I.8I,
3 não estão mais pagando em 1984.

A quase totalidade de nossa categoria é de mulheres e por isso,
sofremos também toda a discriminação da mulher na nossa Sociedade machista. A mulher é sempre vista como inferior e com menos
nos capacidade.
Sabemos que ainda há entre nós muitas companheiras que não se
aceitam como domésticas. Somos profissionais e por isso, trabal-
lhadoras e somos parte da Classe Trabalhadora, classe que, no
nosso Sistema não tem vez nem voz.

Verificamos:
que, infelizmente, muitos companheiros de outras categorias não
nos reconhecem como trabalhadores. Várias companheiras partici-
pam de outros grupos o movimentos, como Sindicatos, Movimer. o
Negro, Associação de Bairro, Pastoral Operária, etc. Vários Sindicatos já, convidam a Empregada Doméstica a participar de .c-
bates, de lutas (inclusive greves).

Isso se deu, especilmente, a partir da criação da CUT (Central
Unica de Trabalhadores) da qual são membros Empregadas Domésticas de várias Associações do País.

O Congresso revelou também que temos uma relação especial com os trabalhadores do campo, vendo que se não houvesse tanta miséri: no
campo, haveria menos mulheres procurando trabalho nas grand. s
cidades e que a maioria das Empregadas Domésticas veio do campo
po e tem aí suas raízes.

DIANTE DISTO ESTE CONGRESSO FAZ UM APELO ÀS COMPANHEIRAS:

a) Já que temos tanto valor e tanta importância na Sociedade, ninguém se envergonha de ser Empregada Doméstica e cada uma assuma
como mulher ,como profissional, e como membro da Classe Trabalhadora.

b) Apelamos a todas as companheiras para continuarmos com coraç m
que já começamos, isto é, nós organizarmos em grupos por bairr a
ou cidades, ampliar os grupos num trabalho de base, criar e ofi-
cializar associações, fazer intercâmbio entre as cidades.
Sómente unidas em Associações de Classe poderemos oferecer às
companheiras as condições que elas esperam para sua defesa, para sua valorização e para uma prestação de serviços que cons i-
entize.

c) Decidimos que devemos trabalhar para chegar amanhã, a um Sindicato de Domésticos, livre, autônomo e forte.

d) O Congresso insiste para que todas as Associações participem a-
tivamente de todas as lutas dos outros trabalhadores no campo e
na cidade.

e) Lançamos um apelo a todos os Sindicatos de Trabalhadores a que nos consideram como parte integrante da Classe Trabalhadora,com o nosso enorme peso econômico, com nossa força de mulher, para participar a título de igualdade, da mesma luta, e que dêem toda a sua força ás reivindicações específicas da nossa categoria. Esta reivindicações específicas estão contidas no projeto de Lei aprovado neste Congresso e que vamos encaminhar ao Congresso Nacional.

Para sermos fiéis ás nossas origens rurais, sofrendo as consequências da migração, além destas reivindicações, solidariza-nos com o trabalho rural, afirmando a necessidade urgente de uma legitima Reforma Agrária, promovida pelo próprio trabalhador do campo.

Finalizamos, dirigindo o nosso protesto às autoridades constituídas e à sociedade em geral. Não podem mais ser ignorados os valores e o peso economico e social que tem a nossa categoria.

Somos milhões de Empregadas Domésticas.

Basta de sofrimento e de esmagamento que vem da escravatura. Exigimos Justiça pelo reconhecimento da nossa profissão, que nos coloque em pé de igualdade com os outros trabalhadores.

Olinda, 27 de Janeiro de 1985.

Esta página y las dos siguientes son de *Vidas Paralelas*, publicado por el grupo feminista de Rio de Janeiro Agora e que são elas (Ahora ellas van a surgir). Se destacan, entre otras, algunas de las preguntas que atormentan a las patronas: "¿qué proporción del presupuesto familiar representa el salario de la empleada?"; "¿qué sé yo de la vida afectiva y sexual de la empleada?"; "¿qué tan largo es el día de trabajo de la empleada?"

FEMINISTAS E PATROAS, O QUE FAZER?

Com quem você deixou seus filhos neste fim de semana? ♀ O salário de sua empregada representa que proporção de sua renda familiar? ♀ Qual é a jornada de trabalho de sua empregada? ♀ O que você faz pra lazer a vida afetiva e sexual? ♀ Como se dá o reajuste do salário de sua empregada? ♀ Você paga hora extra para sua empregada? ♀ O quarto de sua empregada é também um guarda-roupa? ♀ Você discute pra saber contracepção com sua empregada? ♀ Você não acha que discutindo contracepção com ela você teria cuidado de alguns? ♀ Você implica com ela? ♀ Este reajuste se dá cada vez que o seu é aumentado? ♀ Existe competição entre você e sua empregada? ♀ Sua empregada tem carteira assinada? ♀

A MULHER NEGADA

Vamos falar daquela figura oculta, confinada na cozinha, escondida dos nossos olhos para o bem de nossas consciências; daquela figura ignorada, que está ao serviço pessoal de outras pessoas, no espaço impessoal de uma casa que não é sua para cumprir as extenuantes, invisíveis e desvalorizadas tarefas domésticas.

Na casa de sua patroa, isolada de sua família, sem poder receber seus amigos, com sua vida afetiva negada, sem lugar para namorar e trepar, vivendo uma miséria sexual impensável para nós, onde está o direito ao prazer da empregada doméstica? Queremos que seu corpo lhe pertença com os horários a que está submetida na maioria das casas onde trabalha?

Tudo nos leva a ver cada história de empregada como uma história separada, porque nos é difícil falar daquilo que não tem limites definidos. Isoladas, desinformadas sobre quem vive o mesmo dia a dia, elas tem mais dificuldade de lutar contra a sociedade que ' as explora e oprime e contra aqueles que fazem esta exploração concreta e presente : os patrões.

SERVIÇO OU SERVIDÃO ?

Nós feministas queremos mudar a vida, as relações entre as pessoas a forma de fazer política, desde agora. Chega de esperar pelo advento brilhante da era de aquarius ou do socialismo.

Somos contra todas as formas de exploração e opressão. Somos solidárias às lutas dos trabalhadores.

Parece fácil quando se trata, por exemplo, de ser solidária com a luta dos operários do ABC contra seus salários de fome. Ficamos indignadas quando um patrão alega "não poder" dar um aumento. Mas para nublar tão límpido céu surge logo uma contradição no horizonte.

Quando as patroas somos nós, o que acontece ?

" A empregada doméstica é uma mulher e uma mulher é uma escrava. E a empregadora, é escrava ou patroa ? " (Femmes toutes mains, G. Fraisse, Ed. Seuil, Paris).

Você poderia falar tranquilamente do salário que você paga para sua empregada ?

LA NANA

¿Quién es la nana? ¿Cómo la ven los niños? ¿Cómo se expresan los niños sobre la mujer con la cual comparten muchas horas de sus vidas?

En un cuarto básico de un colegio particular mixto pedimos a 24 niños y niñas entre 9 y 10 años una composición sobre la "nana". De esas composiciones surge una imagen: cariñosa, generosa, mandona, hace todo el trabajo del hogar. Es gorda (o no lo es) y se llama casi siempre "mi nana", y a veces Gladys, Rita o Eliana. Impone la obligación de comer, bañarse y hacer las tareas.

Para la gran mayoría de los niños se trata de "mi nana", sin nombre. Sólo seis indicaron su nombre, entre ellos Jacques que dijo "se llama Felicinda, pero ella dice que se llama Pitti porque parece que no le gusta su nombre".

Casi todos la definieron como amorosa, cariñosa, juega conmigo, tiene una paciencia incalculable. El afecto cotidiano se traduce en que (Soledad) "cuando toca la bocina la liebre ella me abre la puerta" o (Pablo) "juega conmigo cuando estoy enfermo". También (Gonzalo) "me invita a su pieza para ver su álbum de fotos, su gato que ella hizo y muchas otras cosas".

Todos coinciden en que cocina muy bien y los postres y queques le salen muy ricos. Para Soledad "hace la mayor parte del trabajo en la casa" y para Valérie "en mi casa ella hace todo, pero cuando no entiende algo mi mamá la ayuda".

El trabajo de la casa y el hecho de estar continuamente en ella otorgan a la nana un elemento de estabilidad. En algunos niños esto se hizo muy notorio, como en el caso de Laurita que escribió: "siempre cuando vuelvo del colegio le cuento todo lo que pasó y ella también me cuenta cómo era su colegio y las amigas que tenía".

Antonio fue más extremo aún: "sin ella nuestra casa sería triste, sucia y desgraciada" (1).

La figura materna no aparece en las composiciones. Sólo dos o tres alusiones a la madre, a la cual la nana (Silvia) "le hace caso a todo lo que dice".

Salvo una excepción, todas las nanas son muy cariñosas e importantes, para los niños. Como dice Claudio, "una vez casi lloro porque ella estaba muy enferma".

La excepción es Angela: "me gustaría a veces que viniera menos días, a veces se enoja con mi hermana porque se cayó una gota de agua al suelo, o se cae la goma etc. Es demasiado acusete y mandona, no le gusta que comamos el postre como a las 5, 4 ó 6 de la tarde".

En algunas de las expresiones de los niños se refleja lo que han escuchado en sus hogares. Por ejemplo, Marcela: "me gusta mi nana cuando está humilde"; o Gonzalo: "nosotros la tomamos en cuenta como alguien de la familia".

A los niños se les pidió que agregaran un dibujo a las composiciones. Algunos de ellos la dibujaron colgando ropa lavada, al lado de la cocina, pasando una aspiradora. Otros, simplemente de pie, figuras grandes o muy pequeñitas, sólo en azul, o llenas de colores.

Los niños expresan de este modo cómo perciben a la nana, esa mujer tan importante en sus vidas, que los cuida y quiere "sin descanso, sin horarios, sin desear. Nana = amor y esfuerzo" (Cecilia).

Isabel Undurraga

Páginas del *Boletín* sobre trabajadoras de casa particular, publicado por el Centro de Estudios de la Mujer, Santiago de Chile.

Detalles de una investigación sobre 60 trabajadoras, llevado a cabo por el Hogar de Servidores Domésticos de Cuernavaca, México.

LAS TRABAJADORAS DOMESTICAS

Y EL DECENIO DE LA MUJER

(1985)

P R E S E N T A C I O N

La CASA HOGAR DE TRABAJADORAS DOMESTICAS se creó en 1979,-- con el objetivo de apoyar a las trabajadoras de este sector en - la lucha para obtener mejores condiciones de trabajo. Sin embar- go el gobernador del Estado nos ha llamado a reuniones para rega ñarnos porque estamos alborotando a las"sirvientas". Esto demues- tra como el gobierno lejos de hacer esfuerzos por mejorar la si- tuación de las mujeres, se molesta porque nos organicemos para - defender nuestros derechos .

La Casa Hogar conciente de la explotación de este sector,-- realizó un Estudio Socioeconómico y Cultural a 60 trabajadoras,- cuyos resultados se han manejado en esta publicación. También -- hizo una evaluación del Decenio de la Mujer junto con las tra bajadoras domésticas que asisten a ésta, para descubrir que lo-- gros se dieron en favor de ellas; por lo que partes de esta pu- blicación presentan las opiniones que dieron sobre los puntos -- que se trabajaron durante 10 años para promover el avance de la-- mujer, siendo estos: TRABAJO, SALUD, EDUCACION, EQUIDAD, DESARROLLO Y PAZ.

Se han logrado algunos cambios que no son beneficios gratis de los patrones o del gobierno, sino que se han conseguido por las exigencias de algunas compañeras que están concientes de sus problemas en el trabajo; pero que desgraciadamente son muy pocas.

"Sí, para mí sí ha cambiado un poco la situación, ahora las señoras me tratan mejor y antes no, antes casi todas las trabajadoras eran de planta y no habían de entrada por salida; pero ahora ya se puede uno ir a su casa y no trabajar tanto como antes, que era toditito el día. Yo pienso que es porque en algunas colonias nos han dado orientación, entonces la gente está más despierta y ya no se deja uno como antes".

Hermelinda.

Del Boletín *Zohuatl Zintli (Mujer Grande)*, del Hogar de Servidores Domésticos de Cuernavaca, México, 1983.

ZOHUATL ZINTLI
mujer grande

BOLETIN DE LAS TRABAJADORAS DOMESTICAS
AÑO 2 No. 16, SALE CADA MES
1 DE MAYO DE 1983. $1.00

1° DE MAYO MUY COMBATIVO

Las Trabajadoras Domésticas de Cuernavaca nos unimos con diferentes organizaciones populares y partidos politicos a la marcha del 1° de Mayo para protestar y exigir nuestros derechos.

Por primera vez nosotras desfilamos unidas a la columna del CCL acompañadas de nuestros hijos, con el puño muy en alto y con nuestras pancartas de protesta siempre gritando consignas.

El Gobernador nos vió pasar con una sonrisa de burla, pero sin temor alguno seguimos gritando.

Este día nos dimos cuenta que ya no somos unas cuantas las inconformes con esta situación sino que miles y miles -- aquí y en todas partes estamos unidos en la Lucha de todo el Pueblo.

A partir de éste día nosotras las domésticas acordamos -- estar en contacto con las diferentes organizaciones para-seguir en pie de lucha.

Estamos seguras que unidas lograremos el triunfo.

27 DE ABRIL NO RECONOCIDO

El pasado mes de Abril fueron despedidas injustificadamente varias trabajadoras domésticas, por pedir su día libre y pagado. Esto no admitieron las patronas porque no es un día reconocido comercialmente con mucha publicidad.

El equipo de la Casa Hogar unido con un grupo de trabajadoras domésticas, queremos que el 27 de Abril sea de Lucha laboral para que nos sean reconocidos los derechos -- que como clase trabajadora nos corresponden y que no sea utilizada por el comercialismo ni por la CTM para fines políticos.

Se festejó el día con un pequeño Acto Socio-Cultural, al que asistieron las pocas domésticas que lograron hacer valer su día.

Entre las organizaciones que dan su aporte a las trabajadoras domésticas en sus esfuerzos por organizarse está la Asociación Colombiana para el Estudio de la Población (ACEP) que publicó un libro sobre los derechos de las trabajadoras del hogar y la legislación de 1985.

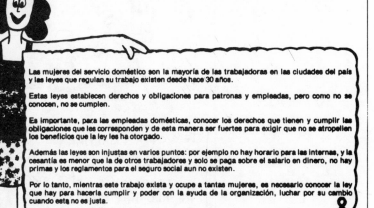

Las mujeres del servicio doméstico son la mayoría de las trabajadoras en las ciudades del país y las leyes que regulan su trabajo existen desde hace 30 años.

Estas leyes establecen derechos y obligaciones para patronas y empleadas, pero como no se conocen, no se cumplen.

Es importante, para las empleadas domésticas, conocer los derechos que tienen y cumplir las obligaciones que les corresponden y de esta manera ser fuertes para exigir que no se atropellen los beneficios que la ley les ha otorgado.

Además las leyes son injustas en varios puntos: por ejemplo no hay horario para las internas, y la cesantía es menor que la de otros trabajadores y solo se paga sobre el salario en dinero, no hay primas y los reglamentos para el seguro social aun no existen.

Por lo tanto, mientras este trabajo exista y ocupe a tantas mujeres, es necesario conocer la ley que hay para hacerla cumplir y poder con la ayuda de la organización, luchar por su cambio cuando esta no es justa.

Los recuadros 1-4 pertenecen a un folleto publicado con la colaboración de la Juventud Obrera Católica (Colombia), usado por el Sindicato Nacional de Trabajadoras de Servicio Doméstico (SINTRASEDOM) en Bogotá y el Hogar de Trabajadores Domésticos en Cuernavaca.

1

2

La historia de Blanca forma parte del material didáctico de SINTRASEDOM. Fue confeccionado por el Círculo de Mujeres, y publicado por el Servicio Colombiano de Comunicación Social (Serie *Mujer y Sociedad*, Bogotá, 1985).

Servir

Qué es ?

AMAR

El objeto fabricado, la Obra terminada
están destinados a prestar un Servicio.
El trabajo es un don a la sociedad, y a
través de él todos sirven.

Servir es Amar

Cuando nosotras, al Colaborar con una
familia, SERVIMOS, haciendo nuestro trabajo a veces monótono, y lo hacemos con
ánimo, y con interés, no estamos demos-
trando AMOR ?

nuestro trabajo es Amar

Santa Teresita del Niño Jesús, nos dice
que al final de la vida, Dios nos juzga
ra por el AMOR!

Y el Evangelio(Mat.XXV,34-40),nos dice
que SERVIR es cumplir las Obras de Mise
ricordia. De modo que cuando preparamos
la comida,cuando damos el jugo o la Co-
ca Cola a los niños, o cuando arregla-
mos la ropa. O cuando enseñamos a otra,
recibiremos el Premio por SERVIR!

Dos muestras tomadas del boletín oficial del Centro San José de Promoción, Ayuda y Orientación para Trabajadoras del Hogar, Bogotá. El mensaje es de conformismo y resignación.

Oración a Nuestra Señora del Trabajo del Hogar

Haznos semejantes a Tí, María Madre de Jesús.

En Nazareth, Tu has repetido nuestros diarios gestos con paciencia y amabilidad.

Inspíranos ahora tus pensamientos, sugiérenos tus palabras, ayúdanos a imitar tus virtudes.

Nosotros queremos cumplir bien nuestro trabajo.

Enséñanos Tú, a santificarlo sonriendo cada día a las cosas a las personas, a las cruces.

———————

Llena la soledad del corazón, serena nuestras melancolías.

Tu recuerdo nos preserve de todo mal, nos dé fuerza para saber callar bondad para saber comprender.

Bendice, oh Vírgen, nuestros lejanos y queridos, padres y hermanos.

Da a las familias donde trabajamos, la paz.

Dadnos a nosotros y a ellas lo que falta para la alegría de cada día.

Haz que todos puedan verte a Tí en nosotras. Y haznos fácil el servir a Dios en ellos.

———————————————

Esta estampa y oración, fueron el recuerdo de la Audiencia especial, concedida por S.S. el Papa Juan Pablo II a las Colaboradoras familiares Italianas y extranjeras, el 29 de Abril de 1979, con ocasión de la apertura del Congreso Nacional de API COLF. (Asociación Profesional Italiana de Colaboradoras Familiares.)
Cuando el Santo Padre pronunció el discurso que todas hemos estudiado.

8 DE MARZO: DIA INTERNACIONAL DE
LA MUJER

Participamos en el desfile organizado
por todas las mujeres que tienen organizaciones, comités, sindicatos o
grupos femeninos.
Participaron mujeres de todos los estratos sociales. Hubo comparsas, dis-
frazes, danzas, conjuntos musicales.
Se lanzaron consignas alusivas al
trabajo de la mujer.
Se pidió al Gobierno protección para los hijos de las trabajadoras.
Se pidió que fuera relegada la JUBI-
LACION a los 60 años para las mujeres.
TAMBIEN la abolición de la doble jornada para las mujeres, el salario
mínimo.
Se pidió protección y seguridad social para el servicio doméstico.
Pudimos sacar nuestra pancarta....
y nos sentimos muy felices poder
participar con todas las luchas de
las mujeres colombianas.
El desfile fué nutrido, concurrido y
muy bien organizado; era la expresión de todas nosotras, MUJERES,
identificadas con los mismos problemas, ya que nos toca atender todo
oficio del hogar, la crianza de
los niños y el trabajo remunerado;
la que el otro no se reconoce, ni
se valora, ni por los companeros,
ni por la sociedad.

Páginas del boletín *Lleguemos juntos* (junio, 1985) de SINTRASEDOM, Bogotá.

LLEGUEMOS

$ 20   001

PERIODICO INFORMATIVO
      No. 0001

BOGOTA D.E.   MARZO/ABRIL, 1985

DIRECTORA: Carmenza Bohorquez

SUB-DIRECTORA: Ma. Perpetua Delgado

REDACTORAS.   Josefina Caro

                  Fidelina Urrego

                  Margarita Cajicá

                  Margarita Gómez

                  Teresa Moreno

DIAGRAMACION: Yenny del C. Hurtado
PROGRAMADO Y EDITADO POR el grupo
de periodismo de SINTRASEDOM
COLABORADORAS: Emma Girón Pino

Para el grupo de Periodismo de
S I N T R A S E D O M es un orgu-
llo presentar el primer número de
su Periódico, que lo hemos llamado
LLEGUEMOS, A UNA META A UN PROPO-
SITO A S I N T R A S E D O M . . .

Allí está nuestra solución, nuestra lucha, nuestra futuro.

Este periódico estará en circulación cada 2 meses con información
de la organización. . . .

Páginas sociales. . . .

Recetas de cocina. . . Sopas de
letras y algunas otras cositas . . .

ESPERENOS!   SERA UNA GRATA SOPRESA!

Asamblea General

REFLEXIONEMOS

Cuál es la situa-
ción del servicio
doméstico..? ? ?

Cuáles son nues-
tros prinicpales
problemas? Cuál
nuestra posible solución?

Y nuestros derechos reconocidos por
el gobierno?   T O D A S estas cosas que nos aquejan, y cada día nos
hacen más fuertes para luchar por
una CAUSA JUSTA.

Le esperamos a la primera asemblea
constitucional de 1985.
Se elegirá nueva junta directiva que
regira los destinos del gremio.

Afiche de SINTRASEDOM, convocando al Primer Encuentro Nacional de Trabajadores Domésticos de Bogotá.

Estas páginas están tomadas de una publicación de la Juventud Obrera Católica, Perú (en Cussianovich, 1974) y son usadas por las trabajadoras domésticas para estudiar su propia realidad.

1

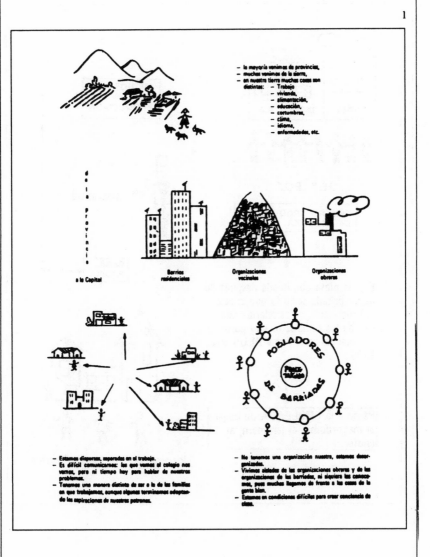

2

OBREROS

CENTRO PRODUCTOR
DE RIQUEZA

↓

Con la plata que queda después de
haber pagado todo lo que cuesta
la producción y los salarios que
son de los obreros (a esta parte de
la ganancia se le llama PLUS VA-
LIA).

↓

Pagan a la EMPLEADA de hogar,
al mayordomo, al jardinero, al
chofer. . .

MEDIOS
DE
PRODUCCION

DUEÑO DE

CASA
PROPIA

Jardinero Empleada Chofer

Páginas del boletín *Venceremos*, publicado por la Coordinación Sindical de trabajadoras del Hogar de Lima Metropolitana (COSINTRAHOL).

1

2

3

Muestra de un folleto, usado por varios grupos de trabajadoras de Perú, elaborado por la Comisión de Justicia Social, Prelatura de Chimbote, 1980.

2

CONFORME A LA LEY PERUANA; ESTOS SON NUESTROS DERECHOS,

Al terminar este folleto, es importante subrayar que:

EN LA MAYORIA DE LOS CASOS, NI SE CUMPLEN ESTOS DERE-CHOS MINIMOS DE LA TRABA-JADORA.

EN EL CASO DE LA TRABAJA-DORA DEL HOGAR, SUS DERE-CHOS SON MUCHO MAS LIMITA-DOS, Y MUCHO MENOS CLAROS QUE LOS DERECHOS DE LA MAYORIA DE LOS TRABAJADORES.

- JORNADA DE 8 HORAS.
- 30 DIAS DE VACACIONES ANUALES.

- JORNADA DE 16 HORAS.
- 15 DIAS DE VACACIONES ANUALES.

DERECHOS DE LOS TRABA-JADORES

DERECHOS DE LA TRABA-JADORA DEL HOGAR

Parte VI
Base computarizada de datos

Margo L. Smith

El servicio doméstico en una perspectiva transcultural: una base computarizada de datos

Margo L. Smith

Uno de los más prominentes hechos que resaltan del estudio del servicio doméstico es su fragmentación. Este no se trata de un campo caracterizado por la presencia de un grupo cohesionado de activistas y expertos cuyos intereses y trabajos son conocidos mutuamente, sino caracterizado por individuos que están primariamente involucrados con el servicio doméstico en un área geográfica. Sólo recientemente se ha hecho esfuerzos para cerrar las brechas entre estos individuos en los diferentes países.

El proyecto presentado aquí intenta principalmente asistir el estudio del servicio doméstico como un campo de investigación en busca de una identidad *. Es además el resultado de un panel multidisciplinario sobre servicio doméstico en América Latina el cual tuvo lugar en el Congreso de la Asociación de Estudios Latinoamericanos llevado a cabo en Ciudad de México en 1983. Se hizo obvio para mí que la adecuada colaboración entre investigadores y activistas comprometidos no se estaba cumpliendo, si solamente se tenía en cuenta que aquellos interesados en el servicio doméstico no se conocían y no estaban en contacto. Ellos publicaban en diversas revistas y folletos, y presentaban trabajos en distintas conferencias que reflejaban más la orientación de la disciplina del especialista/autor que el tópico de estudio. Consecuentemente, para facilitar la comunicación entre los diversos grupos, ofrecí mi entonces nuevo (ya obsoleto) computador portátil Kaypro II para desarrollar tres bases de datos computarizadas, dos de las cuales han sido ahora desarrolladas a partir de registros específicos de datos para clientes que usen el programa de computador *Perfect Filer* (marca registrada de Perfect Software, Inc., Berkeley, California).

1. La base de datos más requerida por los investigadores hasta ahora incluye los nombres y direcciones de aquellos que están estudiando el servicio doméstico. Esta además incluye el país de interés de cada persona, y sus antecedentes en la disciplina. Actualmente hay anotados unos 50 miembros, 30 de los cuales son latinoamericanos o latinoamericanistas. Está actualizada y se le provee a cualquier persona interesada que lo solicite pero no se duplica aquí principalmente porque la rapidez con la que puede volverse obsoleta (tan pronto como alguien se muda o

*Reconocimiento:
Dedico este proyecto a la memoria de mi abuela materna, Irma Alida Hebben Van Der Schaegh, quien trabajó como doméstica en Chicago por unos pocos años después de migrar a la ciudad desde su pueblo de nacimiento en West Flanders, Bélgica. Yo estoy agradecida con el Comité sobre Investigación Organizada y la Biblioteca Ronald Williams de la University of Northeastern Illinois, la cual facilitó el soporte financiero y el acceso a las bases de datos computarizados para ayudar a la realización de este proyecto.

cambia de trabajo) no está ajustada al volumen del último valor.

2. La segunda base de datos, una bibliografía de materiales acerca del servicio doméstico alrededor del mundo, provee citas bibliográficas completas y puede ser ordenada de acuerdo con el autor, título, especialidad de autor(es), tema de la cita particular, localización (país) sobre el cual focaliza, período de tiempo presentado, medio de publicación (libro, artículo, trabajo no publicado, tesis, película), y si el (la) compilador(a) tiene o no la dirección actual del(la) autor(a) y una copia del *item* citado. Así, uno puede fácilmente identificar todas las tesis antropológicas que tienen que ver con el servicio doméstico en México, por ejemplo. Solamente son reproducidas aquí las citas bibliográficas. Unos pocos *items* son listados más de una vez si ellos aparecían más de una vez, porque un usuario puede tener acceso a una fuente pero no a otras.

3. Una tercera base de datos, planeada pero aún no implementada, consistirá en ofrecer uno o dos párrafos de resumen no crítico del contenido de cada *item* en la bibliografía.

La literatura sobre el servicio doméstico, particularmente materiales de "cómo hacerlo" y trabajos de ficción en los cuales los empleados domésticos son los principales personajes, tiene una larga historia que se remonta al siglo XVIII. Sin embargo, en los últimos 25 años la literatura de expertos y los reportes del gobierno sobre el servicio doméstico se han vuelto dramáticamente numerosos. Este reciente período que parte, aproximadamente, de 1965, es el que está enfatizado en la bibliografía acompañante (los *items* que estuvieron disponibles sólo a partir de agosto de 1991 no están incluidos). Este material, particularmente en lo que se refiere a América Latina, contempla el servicio doméstico principalmente en el período contemporáneo. Para otras áreas del mundo, especialmente países de Europa occidental y Estados Unidos, las referencias incluyen el servicio doméstico en el siglo XIX y comienzos del XX.

Las fuentes listadas aquí son básicamente literatura especializada y reportes oficiales preparados por agencias de gobierno; ellas incluyen disertaciones y tesis, libros y artículos publicados, así como trabajos no publicados presentados en conferencias de especialistas. Sin embargo, también ha sido incluido algún material popular. Mucha gente ha percibido la problemática del servicio doméstico a través de la popular telenovela *Simplemente María*, mostrada en muchos países de América Latina, y a través de la serie de televisión británica *Los de arriba y los de abajo* y el *film* comercial *El Norte* (Nava y Thomas) más que los que alguna vez verán *La jornada doble* (Solberg-Ladd) o *La dama de Pacaembú: un retrato del Brasil* (Moreira -Leal). De los *films* acerca del servicio doméstico particular que yo he encontrado, solamente *La doble jornada* (incluye un segmento sobre domésticas argentinas como trabajadoras urbanas), *El Norte* (sobre un refugiado centroamericano que encuentra trabajo como doméstico en Estados Unidos) y *La dama de Pacaembú* (retrato de una brasileña que tuvo que trabajar como doméstica en su juventud), tienen que ver con Latinoamérica.

La bibliografía además lista algunas biografías, autobiografías e historias orales de empleadas domésticas (las cuales parecen ser particularmente raras en América Latina), y unas pocas copias de los "clásicos" en el campo (ver Salmon, 1897; Spofford, 1881), ninguno de los cuales tiene que ver con América Latina. Solamente se incluyen unos pocos materiales "Cómo hacer" (Bowen, 1970;

Gordon, 1974; South Africa, Department of Non-European Affairs, 1971) -de nuevo, ninguno para Latinoamérica-, y el ocasional trabajo de ficción (Dawes, 1974; Friend, 1986; de Lisser, 1914) de modo que el usuario pueda estar enterado de que existe un cuerpo de material desde esta perspectiva (la vasta colección de ficción donde son descritas las trabajadoras domésticas podría ser el tema de otra bibliografía).

Esta bibliografía excluye fotonovelas (Flora, 1985); los numerosos panfletos y folletos dirigidos a las domésticas en sí mismas, los cuales son abundantes en América Latina pero podrían ser particularmente difíciles de localizar; así como también referencias a *yanaconaje* y otros modelos prehispánicos ahora considerados como una forma de servicio doméstico, y referencias al servicio doméstico en el contexto de la esclavitud.

El alcance de esta bibliografía es global, pero cada intento ha sido hecho para localizar el material relevante sobre Latinoamérica y el Caribe, aunque es probable que algunas fuentes no hayan sido encontradas; también se incluye material de otras regiones con el fin de que usuarios de Latinoamérica y latinoamericanistas en general pueden aprovechar los recursos comparativos, diferentes perspectivas teóricas y diferentes formas de presentación exitosamente utilizadas en otras partes del mundo. Por ejemplo, el tratamiento que los historiadores le brindan al servicio doméstico en Europa occidental y en Estados Unidos (Fairchilds, Hecht, Lasser, McBride, Maza, Porter) es mucho más extenso que el de América Latina (Graham, Turkovic). Igualmente, sólo una biografía, autobiografía o historia oral de trabajadoras domésticas de América Latina fue localizada (Díaz Uriarte, este volumen), aunque ellas son de alguna manera más comunes en otras partes del globo (Brooks, Buechler, Cullwick, Grosvenor, Harrison, Hunt, Keckley, Parkinson, Pruitt). Además, examinar la problemática del servicio doméstico desde la perspectiva racial o étnica es más común en otras partes del mundo (Dill, Glenn, Hamada, Preston-Whyte, Rollins, Romero) que en América Latina (Turkovic).

Dentro de América Latina y el Caribe, parece que el servicio doméstico ha recibido más atención en Perú, Brasil, México y Colombia. Aunque el servicio doméstico ha sido una ocupación de mujeres en toda la región desde hace largo tiempo, no todos los países de Latinoamérica y el Caribe están representados en la bibliografía. Algo de este desigual tratamiento probablemente refleja los límites del acceso de la compiladora a la información, así como la falta de interés por el tema en algunos países.

Los antecedentes relacionados con la disciplina de los autores son diversos. En términos generales el servicio doméstico ha recibido atención de antropólogos, educadores, abogados, bibliotecarios, trabajadores sociales, politólogos, historiadores, sociólogos, psicólogos, especialistas literarios y folklorólogos (en su gran mayoría, mujeres). En América Latina el campo es dominado por sociólogos y antropólogos; en otras partes del mundo por historiadores (numéricamente poco representados en América Latina), seguido por sociólogos y antropólogos. Esta naturaleza multidisciplinaria del interés en el servicio doméstico es positiva en el sentido de que la investigación, enriquecida por la aplicación de diferentes aproximaciones metodológicas y tradiciones de diferentes disciplinas, puede resultar en una más comprensiva visión del tema en su conjunto. Sin embargo, esto no necesariamente resulta en un intercambio creciente entre los investigadores de las diferentes disciplinas. Por ejemplo, probablemente pocos antropólogos -si acaso alguno- atendieron a los paneles sobre el servicio doméstico presentados en las cuarta y sexta conferencias anuales de Berkshire sobre historia de la mujer.

De igual manera, pocos historiadores atendieron a los paneles sobre el servicio doméstico que tuvieron lugar a mediados de los setenta y en 1985 en las dos reuniones anuales de la Asociación Americana de Antropología. La conferencia de 1982 en Lima sobre mujeres andinas, en 1983 la reunión de la Asociación de Estudios Latinoamericanos, y en 1988 la reunión de la Asociación de Estudios Africanos fueron particularmente refrescantes porque lograron reunir especialistas -que comparten intereses en el servicio doméstico- con diferentes antecedentes en sus discipinas.

Como otro medio de compartir la información sobre servicio doméstico, la publicación es además fragmentada. No hay una sola revista que se haya especializado en publicar artículos sobre el tema en América Latina, aunque en revistas de historia social y economía política se han publicado artículos sobre el servicio doméstico en otras partes del mundo. Ni hay un editor reputado por producir libros sobre servicio doméstico en América Latina, aunque St. Martin's Press y Temple University Press han publicado varios libros sobre el servicio doméstico en varias partes del mundo.

De igual manera, la orientación teórica de los autores ha sido diversa. Los contextos representados aquí incluyen activismo, feminismo, etnografía, desarrollo económico, relaciones de raza, biografía, marxismo, empleo y desarrollo de los niños. Los autores han investigado el servicio doméstico relacionado con la concientización, derechos legales, participación en la fuerza de trabajo, industrialización, migración de caribeños al continente, urbanización, trabajo de los niños, dinámica de las clases sociales, identidad de grupo, socialización de los niños, beneficios sociales, sector informal de la fuerza laboral, sindicalización, educación de la familia, migración urbano-rural, valores, marginalidad, explotación de la gente (sobre todo la mujer), dinámica racial y/o étnica y economía política. En América Latina, a menudo el servicio doméstico es incluido en el contexto de un "problema social".

Antes de la aparición de este volumen, muchos autores, con la notable excepción de Hansen y Gill, han ignorado o desenfatizado la naturaleza del servicio doméstico en localizaciones geográficas diferentes de la suya propia, para hacer hincapié, en cambio, en materiales que soportan su posición teórica particular. Chaplin y Vásquez han hecho investigaciones comparativas sobre el servicio doméstico en varios países, incluyendo países de América Latina, aunque el primero no ha sido aún publicado en un análisis comparativo extensivo sobre su propia investigación en Perú, Inglaterra y España. Sanjek y Colen agregan ocho artículos sobre el servicio doméstico en Estados Unidos, tres países de Africa, dos de Asia y uno del Caribe.

Dos autores usaron una innovadora metodología en su investigación sobre el servicio doméstico: Bunster y Chaney se basaron significativamente en fotografías para obtener respuestas de las empleadas domésticas peruanas que ellas entrevistaron.

La abrumadora mayoría de las investigaciones sobre el servicio doméstico ha sido hecha sobre mujeres (con la excepción de los trabajos de Hansen en Zambia y

Britto de Motta en Brasil), y por mujeres, una tendencia particularmmente notable para América Latina y el Caribe.

Los aproximadamente 500 títulos listados aquí darán al usuario una amplia visión sobre el tema del servicio doméstico alrededor del mundo, especialmente en América Latina. Ellos revelarán al usuario una gran variedad de aproximaciones -tanto desde el punto de vista teórico como disciplinario- al tema; finalmente, aspiramos a que este trabajo facilite la comunicación y colaboración entre los investigadores y activistas comprometidos en dirigir a otros que comparten similares intereses y perspectivas.

Las omisiones que sean detectadas en esta base de datos así como cualquier actualización posible agradezco comunicarlas a Margo L. Smith, c/o 518 North Circle, Ilasca, Illinois 60143, EEUU.

Bibliografía

Addams, Jane. 1896. A Belated Industry. *American Journal of Sociology* 1, nº 5, pp. 536-550.

Addie and the Pink Carnations. Film. New York: Reel Deal.

Aliaga Garate, Dora Nelida. 1970. El servicio doméstico y su régimen jurídico. Tesis, Pontificia Universidad Católica del Perú, Lima.

Almeida e Silva, M. D'Ajuda/Cardoso, Lilibeth/Garcia Castro, Mary. 1979. As empregadas domésticas na regiao metropolitana do Rio de Janeiro: uma análise atravez de dados do ENDEF. Governo do Brasil, Fundaçao Instituto Brasileiro de Geografía e Estatística (IGBE). Publicado también en *Boletín Demográfico* 12, nº1 (1981), pp. 26-92.

Almquist, Elizabeth McTaggart. 1979. *Minorities, Gender, and Work.* Lexington, Massachusetts: Lexington Books.

Alonso, Pablo/Larrain, María Rosa/Saldías, Roberto. 1975. Realidad de las empleadas domésticas en Chile. Santiago: Universidad Católica de Chile, Escuela de Derecho.

Alonso, Pablo/Larrain, María Rosa/Saldías, Roberto. 1978. La empleada de casa particular: algunos antecedentes. En Paz Covarrubias y Rolando Franco, editores, *Chile: mujer y sociedad*, págs. 399-442. Santiago de Chile: UNICEF.

Anderson, C. Arnold/Bowman, Mary Jean. 1953. The Vanishing Servant and the Contemporary Status System of the American South. *American Journal of Sociology* 60, nº 2, pp. 215-230.

Anderson, Patricia. 1989 Protection and Oppression: A Case-Study of Domestic Service in Jamaica. Trabajo presentado en el Second Disciplinary Seminar [in the] Social Sciences sobre Women, Development Policy and the Management of Change, University of the West Indies, Cave Hill, Barbados.

Araujo Camacho, Hilda. 1977. Posibilidad de concientización de la trabajadora del hogar por la educación básica laboral. Trabajo presentado en el Seminario de Investigaciones Sociales acerca de la Mujer, Lima.

Ariès, Philippe. 1962. *Centuries of Childhood: A Social History of Family Life.* New York: Vintage Books.

Ariès, Philippe. 1980. Le service domestique: permanence et variations. *Dix-Septième Siècle* 32, nº 4, pp. 415-420.

Arizpe, Lourdes. 1976. La mujer en el sector de trabajo en Ciudad de México: ¿un caso de desempleo o elección voluntaria? *Estudios de Población* (Asociación Colombiana para el Estudio de la Población) 1, nº 2, pp. 627-645.

Arizpe, Lourdes. 1977. Women in the Informal Labor Sector: The Case of Mexico City. *Signs* 3, nº 1, pp. 25-37, número especial sobre las Mujeres y el Desarrollo.

Armstrong, M. Joycelyn. 1990. Female Household Workers in Industrializing Malaysia. En Roger Sanjek y Shellee Colen, editores, *At Work in Homes: Household Workers in World Perspective*, pp. 146-63. Washington, D.C.: American Anthropological Association, American Ethnological Society Monograph Series nº 3.

Arriagada, Irma. 1977. Las mujeres pobres en América Latina: un esbozo de tipología. En Instituto Latinoamericano de Planificación Económica y Social (ILPES), *La pobreza crítica en América Latina,* pp. 270-301. Santiago de Chile: Comisión Económica para América Latina (CEPAL).

Ary Farias, Zaira. 1979. Mao de obra feminina nos serviços de consumo individual-um estudo de empregadas domésticas em Fortaleza. Inédito.

Ary Farias, Zaira. 1983. *Domesticidade: cautiveiro feminino?* Rio de Janeiro: Achiamé y Centro da Mulher Brasileira.

Associaçao Profissional dos Empregados Domésticos. 1983. Nao temos os dereitos a classe trabalhadora tem como um todo. En *Mulheres en Movimiento,* Proyecto Mulher, Instituto de Açao Cultural (IDAC). Rio de Janeiro: Editora Marco Zero.

Atkins, Keletso. 1986. Origins of the AmaWasha: The Zulu Washerman's Guild in Natal, 1850-1910. *Journal of African History* 27, pp. 41-57.

Aubert, Vilhelm. 1970. The Housemaid-An Occupational Role in Crisis. En Richard D. Schwartz y Jerome H. Skolnick, editores, *Society and the Legal Order: Cases and Materials in the Sociology of Law,* pp. 149-158. New York: Basic Books.

Balderson, Eileen (con Douglas Goodland). 1982. *Backstairs Life in an English Country House.* Newton Abbot, Inglaterra, y North Pomfert, Vermont: David & Charles.

Barhardien, Gadija, K. Lehulere/Shaw, Anita. 1984. Domestic Workers and Poverty. Second Inquiry into Poverty and Development in Southern Africa. New York: Carnegie Conference Paper 114.

Barrow, Christine. 1976. Reputation and Ranking in a Barbadian Locality. *Social and Economic Studies* 25, nº 2, pp. 106-121.

Base, E.D. 1979. *Empregadas domésticas, mulheres en luta, Lisboa, Col.* Lisboa: Movimento Operario.

Becker, Howard. 1952. The Career of the Chicago Public Schoolteacher. *American Journal of Sociology* 57, nº 5, pp. 470-477.

Berch, Bettina. 1984. 'The Sphinx in the Household': A New Look at the History of Household Workers. *Review of Radical Political Economists* 16, nº 1, pp. 105-120.

Berkowitz [Luton], Susan. 1978. Women Servants in Southern Italy: Changing Patterns of Honor and Economic Constraint. En *Female Servants and Economic Development,* pp. 30-50. Ann Arbor: University of Michigan, Occasional Papers in Women's Studies nº 1.

Beti y Eliana. 1981. *Vidas paralelas.* Rio de Janeiro: Grupo Agora e Que São Elas.

Black, Clementina (editora)1915. *Married Women's Work: Report of an Enquiry by the Women's Industrial Council.* Londres: G. Bell. Reimpreso en New York: Garland Press, 1980.

Bled, Y. 1965. La condition des domestiques antillaises à Montréal. Tesis de maestría, Université du Montréal.

Boddington, Erica. 1984. Domestic Service: A Process of Incorporation into Wage Labour and Subordination. Legislation in the Cape as a Measure of Control, 1841-1948. Cape Town: University of Cape Town, Centre for African Studies, Department of Sociology.

Bogotá, Alcaldía Mayor de. 1980. *Estudio socioeconómico laboral de los emplea-dos a domicilio en el servicio de empleo del distrito.* Bogotá: Departamento Administrativo de Bienestar Social, División de Desarrollo Comunitario.

Bolles, A. Lynn. 1981. 'Goin'Abroad': Working Class Jamaican Women and Migration. En Delores M. Mortimer y Roy S. Bryce-Laporte, editores, *Female Immigrants to the United States: Caribbean, Latin America, and African Experiences,* pp. 56-84. Research Institute on Immigration and Ethnic Studies, Occasional Papers n° 2. Washington, D.C.: Smithsonian Institution.

Boone, Gladys. s.f. Household Employment: Lynchburg [Virginia] Study, 1936-1937. Ithaca, New York: Cornell University, Amey E. Watson Papers.

Boserup, Ester. 1970. *Women's Role in Economic Development.* New York: St. Martin's Press, Londres, Allen & Unwin.

Bossard, James Herbert Siward. 1966. Domestic Servants and Child Development. En Bossard, *The Sociology of Child Development.* Cuarta edición, cáp. 12. New York: Harper & Row.

Bossen, Laurel Herbenar. 1984. *The Redivision of Labor: Women and Economic Choice in Four Guatemalan Communities.* Albany: State University of New York Press.

Bossen, Laurel Herbenar. 1988. Wives and Servants: Women in Middle-Class Households, Guatemala City. En George Gmelch y Walter P. Zenner, editores, *Urban Life: Readings in Urban Anthropology.* Segunda edición, pp. 265-275. Prospect Heights, llinois: Waveland Press [1980].

Bowen, Uvelia S.A. 1970. *What Is a Day's Work? A Personal Practices Guide for Household Employees and Employers.* Filadelfia: HEART.

Branca, Patricia. 1975. A New Perspective on Women's Work: A Comparative Typology. *Journal of Social History* 9, n° 2, pp. 129-153.

Branca, Patricia. 1975. *Silent Sisterhood: Middle-Class Women in the Victorian Home.* Pittsburgh: Carnegie-Mellon University Press; Londres: Croom Helm.

Brandewie, Ernest. 1973. Maids in Cebuano Society. *Philippine Quarterly of Culture and Society* 1, n° xx, pp. 209-219.

Brasil-Mulher. 1979. As domésticas e a CLT. 4 (Setembro)16.

Bravo Espinoza, J.F.A. 1975. El proceso de adaptación al medio urbano: el caso de las empleadas domésticas en Lima Metropolitana. Tesis, Universidad Nacional Mayor de San Marcos, Facultad de Ciencias Sociales, Lima.

Breen, Richard. 1983. Farm Servanthood in Ireland, 1900-1940. *The Economic History Review* 36, n° 1, pp. 87-102.

Britto da Motta, Alda. 1977. ViSão de mundo da empregada doméstica: um estudo de caso. Tesis de Pós-graduaçao em Ciências Humanas, Universidade Federal da Bahia, Salvador.

Britto da Motta, Alda. 1981. Emprego doméstico no capitalismo, o caso de Salvador. Trabajo presentado en la conferencia anual quinta de la Associaçao Nacional de Pós-Graduaçao e Pesquisas em Ciências Sociais.

Britto da Motta, Alda. 1984. Emprego doméstico masculino. Trabajo presentado en el octavo encuentro anual de la Associaçao Nacional de Pós-Graduaçao e Pesquisas em Ciências Sociais, Aguas de San Pedro, Brasil.

Brooks, Sara. 1986. *You May Plow Here: The Narrative of Sara Brooks.* Thordis Simonesen, editor. New York: Norton.

Broom, Leonard/Smith, J.H. 1963. Bridging Occupations. *British Journal of Sociology* 14, pp. 321-334.

Brown, Jean Collier. 1940. *Household Workers*. Chicago: Science Research Associations, Occasional Monograph nº 14.

Brownrigg, Leslie Ann. 1988. Latin Help. Inédito.

Buechler, Hans/Buechler, Judith-Maria. 1985. *Carmen: The Autobiography of a Spanish Galician Peasant Woman*. Cambridge, Massachusetts: Schenkman.

Bundy, Colin. 1975. The Abolition of the Masters and Servants Act. *South African Labour Bulletin* 2, nº 1, pp. 37-46.

Bunster, Ximena. 1977. Talking Pictures: Field Method and Visual Mode. *Signs* 3, nº 1, pp. 278-293, número especial sobre las Mujeres y el Desarrollo.

Bunster, Ximena/Chaney, Elsa M. 1985. *Sellers & Servants: Working Women in Lima, Peru*. New York: Praeger Special Studies. Fotografía por Ellan Young. New edición, Granby, Massachusetts: Bergin & Garvey, 1989.

Burkett, Elinor C. 1975. Early Colonial Peru: The Urban Female Experience. Tesis de doctorado, University of Pittsburgh.

Burkett, Elinor C. 1978. Indian Women and White Society: The Case of Sixteenth Century Peru. En Asunción Lavrin, editora, *Latin American Women: Historical Perspectives*, pp. 101-128. Westport, Connecticut: Greenwood Press.

Butler, C. Violet. 1916. *Domestic Service*. Londres: G. Bell. Reimpreso en New York: Garland Press, 1981.

Byron, William James. 1969. The Applicability of the Job Bank Concept to the Washington, D.C. Market for Domestic Day Workers. Thesis, University of Maryland, College Park.

Callahan, Helen C. 1977-78. Upstairs-Downstairs in Chicago, 1870-1907: The Glessner Household. *Chicago History* 6, nº 1, pp. 195-209.

Calmy, Christophe. 1978. Les domestiques. *Magazine de l'Histoire* 7, pp. 83-85.

Cárdenas de Matos, Moraima. 1944. El servicio doméstico particular. Tesis, Escuela de Servicio Social del Perú, Lima.

Cárdenas de Matos, Moraima. 1945. Encuesta realizada en 100 familias de empleadas en servicio doméstico particular. *Servicio Social* 3, nº 3, pp. 133-135.

Caro Velazco, Elena. 1982. La problemática del menor trabajador doméstico en el Cuzco. Tesis, Universidad Nacional Mayor de San Marcos, Lima.

Carter, I. 1976. Class and Culture among Farm Servants in the North-East, 1840-1914. En A.A. MacLaren, editor, *Social Class in Scotland: Past and Present*, pp. 105-127. Edinburgh: J. Donald.

Castro, Mercedes. 1972. La nueva situación de las empleadas de casas particulares. *RIKCHAY* 2, nº 3, pp. 36-38. .

Catalán, F. 1977. Con las trabajadoras del hogar. *Pastoral Andina 21* (marzo).

CEPAL (Comisión Económica para América Latina). 1982. *Cinco estudios sobre la situación de la mujer en América Latina*. Estudios e Informes nº 16. Santiago de Chile: CEPAL.

Chaney, Elsa M. 1977. Agripina: servicio doméstico y sus implicaciones en el desarrollo. Trabajo presentado en el Primer Simposio Mexicano/Centro Americano de Investigación sobre la Mujer, México.

Chaney, Elsa M. 1985. 'Se Necesita Muchacha': Household Workers in Lima, Perú. Trabajo presentado en la reunión anual de la American Anthropological Association, American Ethological Society Invited Session, Washington, D.C.

Chaney, Elsa M. 1985, 1989. Sellers & Servants: Working Women in Lima, Peru. (ver Bunster).

Chaplin, David. 1964. Domestic Service and the Negro. En Arthur B. Shostak y William Gomberg, editores, Blue-Collar World: Studies of the American Worker, pp. 527-536. Englewood Cliffs, New Jersey: Prentice-Hall.

Chaplin, David. 1967. The Peruvian Industrial Labor Force. Princeton, New Jersey: Princeton University Press.

Chaplin, David. 1969. Domestic Service and the Rationalization of Household Economy: An Outline for a Contemporary Study. Trabajo presentado en la reunión anual de la American Association of Sociology. Madison: University of Wisconsin, Department of Sociology.

Chaplin, David. 1969. Private Household Employment in the United States: An Exploratory Project. Washington, D.C.: U.S. Department of Labor, Manpower Administration. Inédito.

Chaplin, David. 1970. Domestic Service as a Family Activity and as an Occupation during Industrialization. Trabajo presentado en una reunión de la International Sociological Association.

Chaplin, David. 1974. Upward Mobility for Private Household Workers. Trabajo presentado en el Workshop on Research Needed to Improve the Employment and Employability of Women, U.S. Department of Labor.

Chaplin, David. 1978. Domestic Service and Industrialization. En Richard Thomassen, editor, Comparative Studies in Sociology 1, pp. 97-127. Greenwich, Connecticut: Jai Press.

Chapman, Agatha. 1953. Wages and Salaries in the United Kingdom, 1920-1938. Cambridge, Inglaterra: Cambridge University Press.

Chernow, Ron. 1976. All in a Day's Work. Mother Jones 1, pp. 11-16.

Childress, Alice. 1956. Like One of the Family: Conversations from a Domestic's Life. Brooklyn: Independence Publishers. Reimpreso en Boston, Massachusetts: Beacon Press, 1986.

Chimbote [Perú], Comisión de Justicia Social de la Prelatura. 1980. Las trabajadoras del hogar también tenemos derechos. Serie Derechos Laborales, Instituto de Promoción y Educación Popular, Chimbote.

Christensen, Ethlyn. 1971. Restructuring the Occupation. Issues in Industrial Society 2, nº 1, pp. 47-53.

Círculo de Estudios de la Mujer. 1981. Boletín nº 7 (número especial sobre el servicio doméstico), Santiago de Chile, diciembre.

Clarke, Duncan G. 1974. Domestic Workers in Rhodesia: The Economics of Masters and Servants. Givelo, Rhodesia: Mambo Press.

Clark-Lewis, Elizabeth. 1983. From 'Servant' to 'Dayworker': A Study of Selected Household Service Workers in Washington, D.C., 1900-1926. Tesis de doctorado, University of Maryland, College Park.

Clark-Lewis, Elizabeth. 1984. Black Household Workers in the District of Columbia, 1900-1940: History through Women's Voices. Trabajo presentado en la sexta Berkshire Conference on the History of Women.

Clark-Lewis, Elizabeth. 1987. 'This Work Had a End': African-American Domestic Workers in Washington, D.C. 1910-1940. En Carol Groneman y Mary Beth Norton, editoras, *To Toil the Livelong Day: America's Women at Work 1780-1980*, pp. 196-212. Ithaca, New York: Cornell University Press.

Clegg, Brenda Faye. 1983. Black Female Domestics during the Great Depression in New York City, 1930-1940. Tesis de doctorado, University of Michigan, Ann Arbor.

Cock, Jacklyn. 1980. *Maids and Madams: A Study in the Politics of Exploitation*. Johannesburg: Ravan Press. Reimpreso en una edición revisada por la autora y retitulada *Maids & Madams: Domestic Workers under Apartheid*. Londres: The Women's Press Ltd., 1989. New York: Filmakers Library, 1985. Video.

Cock, Jacklyn. 1980. Deference and Dependence: A Note on the Self Imagery of Domestic Workers. *South African Labour Bulletin* 6, nº 1, pp. 9-21.

Cock, Jacklyn. 1981. Disposable Nannies: Domestic Servants in the Political Economy of South Africa. *Review of African Political Economy* nº 21, pp. 63-83.

Colectivo de Acción Solidaria con Empleadas Domésticas (CASED). 1981. Proyecto de trabajo con empleadas de hogar. Inédito.

Colen, Shellee. 1986. 'With Respect and Feelings': Voices of West Indian Child Care and Domestic Workers in New York. En Johnetta Cole, editora, *All American Women: Lines That Divide, Ties That Bind*, pp. 46-70. New York: Free Press.

Colen, Shellee. 1986. Stratified Reproduction: Domestic Workers in New York City. Trabajo presentado en la reunión anual de la American Ethnological Society.

Colen, Shellee. 1987. '...Like a Mother to Them': Meanings of Child Care and Motherhood for West Indian Child Care Workers in New York. Trabajo presentado en la reunión anual de la American Anthropological Association.

Colen, Shellee. 1990. 'Housekeeping' for the Green Card: West Indian Household Workers, the State, and Stratified Reproduction in New York. En Roger Sanjek y Shellee Colen, editores, *At Work in Homes: Household Workers in World Perspective*, pp. 89-118. Washington, D.C.: American Anthropological Association, American Ethnological Society Monograph Series nº 3.

Coles, Robert. 1971. I Am a Maid, and What Do I Know? *Atlantic* 228, pp. 64-68.

Coley, Soraya Moore. 1981. 'And Still I Rise': An Exploratory Study of Contemporary Black Household Workers. Tesis de doctorado, Bryn Mawr College, Filadelfia.

Cooke, M.T. 1985. Household Workers in Nyishang, Nepal. En Roger Sanjek y Shellee Colen, editores, *At Work in Homes: Household Workers in World Perspective*, pp. 63-73. Washington, D.C.: American Anthropological Association, American Ethnological Society Monograph Series nº 3.

Corten, André/Duarte, Isis. 1981. *Encuestas efectuadas en tres zonas francas industriales, República Dominicana*. Santo Domingo: Universidad Autónoma de Santo Domingo, Centro de Estudios de la Realidad Social Dominicana (CERESD).

Corten, André/Duarte, Isis. 1983. Procesos de proletarización de mujeres: Las trabajadoras en industrias de ensamblaje de la R.D. *Revista Archipiélago*, Editions Caribeennes, Paris, 1, nº 2.

Coser, Lewis A. 1973. Servants: The Obsolescence of an Occupational Role. *Social Forces* 52, nº 1, pp. 31-40.

Cullwick, Hannah. 1984. *The Diaries of Hannah Cullwick, Victorian Maidservant.* Editado y con una introducción por Liz Stanley. Londres: Virago Press; New Brunswick, New Jersey: Rutgers University Press.

Cunnington, Phillis. 1974. *Costume of Household Servants from the Middle Ages to 1900.* Londres: A.C. Black; New York: Barnes & Noble, 1975.

Cussiánovich, Alejandro. 1974. *Llamadas a ser libres (empleadas de hogar).* Lima: Centro de Estudios y Publicaciones.

Dahl-Jürgensen, Carla. 1983. Role Distance and Group Identity: A Study of Identity Management among Domestic Servants in Puebla, Mexico. Tesis de maestría, Universitet av Trondheim, Norge.

Davidoff, Leonore. 1973. Above and Below Stairs. *New Society* 24, nº 551, pp. 181-183.

Davidoff, Leonore. 1973. *The Best Circles: Society, Etiquette, and the Season.* Londres: Croom Helm.

Davidoff, Leonore. 1973. Domestic Service and the Working-Class Life Cycle. *Bulletin of the Society for the Study of Labour History* 26, pp. 10-12.

Davidoff, Leonore. 1974. Mastered for Life: Servant and Wife in Victorian and Edwardian England. *Journal of Social History* 7, nº 4, pp. 406-428, 446-459.

Davidoff, Leonore. 1976. The Rationalization of Housework. En Diane Leonard Barker and Sheila Allen, editoras, *Dependence and Exploitation in Work and Marriage*, pp. 121-151.

Davidoff, Leonore. 1978. Sex and Class in Victorian England: The Case of the Munby Diaries. Trabajo presentado en la cuarta Berkshire Conference on the History of Women.

Davidoff, Leonore. 1979. Class and Gender in Victorian England: The Diaries of Arthur J. Munby and Hannah Cullwick. *Feminist Studies* 5, nº 1, pp. 87-141.

Davidoff, Leonore. 1983. Class and Gender in Victorian England. En Judith L. Newton, Mary P. Ryan y Judith R. Walkowitz, editoras, *Sex and Class in Women's History*, pp. 16-71. Londres: Routledge & Kegan Paul.

Davidoff, Leonore/Hawthorn, Ruth. 1976. *A Day in the Life of a Victorian Domestic Servant.* Londres: Allen & Unwin.

Dawes, Frank. 1974. *Not in Front of the Servants: A True Portrait of English Upstairs/Downstairs Life.* New York: Taplinger.

De Barbieri, M. Teresita. 1975. La condición de la mujer en América Latina: su participación social; antecedentes y situación actual. En Comisión Económica para América Latina (CEPAL), *Mujeres en América Latina: aportes para una discusión*, pp. 46-87. México, D.F.: Fondo de Cultura Económica.

De Barbieri, M. Teresita. 1977. Trabajo doméstico: una interpretación teórica. Trabajo presentado en el Primer Simposio Mexicano/Centroamericano de Investigación sobre la Mujer, México.

De Barbieri, M. Teresita. 1977. Notas para el estudio del trabajo de las mujeres: el problema del trabajo doméstico. *Demografía y Economía* 12, nº 1, pp. 129-137.

De Barbieri, M. Teresita. s.f. Trabajo doméstico-trabajo rumunerado: hipótesis para el estudio del trabajo de las mujeres en los sectores medios. Trabajo presentado en la Reunión Nacional sobre la Investigación Demográfica en México, Universidad Nacional Autónoma de México, Ciudad de México.

De Barbieri, M. Teresita. 1980-1981. Las sirvientas no pueden decir mucho. *FEM, Publicación Feminista.* 1980-1981. Número especial sobre el servicio doméstico 4, nº 16, pp. 31-36.

De Lisser, H.G. 1914. *Jane's Career: A Story of Jamaica.* Publicado en serie en el *Jamaica Gleaner.* Reimpreso en Londres: Heinemann, [1914] 1972.

DeVita, Cara/Kleinman, Jeffrey/Jemenez, Lillian. 1982. *What Could You Do with a Nickel?* New York: New Times Television. Film.

Dill, Bonnie Thornton. 1979. Across the Boundaries of Race and Class: An Exploration of the Relationship between Work and Family among Black Female Domestic Servants. Tesis de doctorado, New York University.

Dill, Bonnie Thornton. 1979. Black Women in Private Household Work: A Study of Race, Sex Roles and Social Change. Trabajo presentado en la reunión de la Southwestern Sociological Association.

Dill, Bonnie Thornton. 1980. The Means To Put My Children Through: Childrearing Goals and Strategies among Black Female Domestic Servants. En La Frances Rodgers-Rose, editor, *The Black Woman: Current Research and Theory,* pp. 107-123. Beverly Hills, California: Sage.

Dill, Bonnie Thornton. 1988. 'Making Your Job Good Yourself': Domestic Service and Construction of Personal Dignity. En Ann Bookman y Sandra Morgen, editoras, *Women and the Politics of Empowerment,* pp. 33-52. Filadelfia: Temple University Press.

Donaldson, Jamie K. 1992. Finding Common Ground: Redefining Women's Work in Colombia. *Grassroots Development* 16, 1, pp. 2-11.

Doran, Terry, Janet Satterfield/Stade, Chris. 1988. *A Road Well Travelled: Three Generations of Cuban American Women.* Newton, Massachusetts: Education Development Center.

Drury, Elizabeth. 1982. *The Butler's Pantry Book.* New York: St. Martin's Press.

Duarte, Isis/Hernández, Estela/Garden Bobea, Aída/Pou, Francis. 1976. Condiciones sociales del servicio doméstico en República Dominicana. *Realidad Contemporánea* 1, nº 3-4, pp. 79-104.

Duarte, Isis/Hernández, Estela/Garden Bobea, Aída/Pou, Francis. 1983. Condiciones de vida, ideología y socialización de los niños de las trabajadoras de hogar en Santo Domingo, R.D. Trabajo presentado en el congreso de la Asociación de Estudios Latinoamericanos, México.

Duarte, Isis/Hernández, Estela/Garden Bobea, Aída/Pou, Francis/Tactuk, Pablo/Fortuna, Carmen. 1983. Encuesta de Trabajadoras de Hogar en la Ciudad de Santo Domingo, datos preliminares (julio).

Dubofsky, Melvyn. 1980. Neither Upstairs nor Downstairs: Domestic Service in Middle-Class American Homes. *Reviews in American History* 8, nº 1, pp. 86-91.

Dudden, Faye E. 1981. From Help to Domestics: American Servants, 1800-1880. Tesis de doctorado, University of Rochester, New York.

Dudden, Faye E. 1983. *Serving Women: Household Service in Nineteenth Century America.* Middletown, Connecticut: Wesleyan University Press.

Dudden, Faye E. 1984. Why Not Domestic Service? The Twentieth Century. Trabajo presentado en la sexta Berkshire Conference on the History of Women.

Dudley, Mary Jo. 1991. Images of Female Colombian Domestic Workers. Trabajo presentado en el congreso internacional de la Asociación de Estudios Latinoamericanos.

Dworaczek, Marian. 1981. *Domestic Workers: A Bibliography.* Monticello, Illinois: Vance Bibliographers.

Eastman, Carol. M. 1988. Service (umtumwa): A Contested Concept of Swahili Social Reality. Trabajo presentado en la reunión de la African Studies Association.

Eaton, Isabel. 1899. Report on Domestic Service. En W.E.B. Du Bois, editor, *The Philadelphia Negro*, pp. 427-520. Filadelfia: Ginn. Reimpreso en New York: Schocken Books, 1967.

Ebery, Mark/Preston, Brian. 1976. *Domestic Service in Late Victorian and Edwardian England, 1871-1914.* Reading, Inglaterra: University of Reading, Department of Geography, Reading Geographical Papers nº 42.

Eltzroth, Marjorie. 1973. Vocational Counseling for Ghetto Women with Prostitution and Domestic Service Backgrounds. *Vocational Guidance Quarterly* 22, nº 1, pp. 32-38.

Ely Santo dos Santos, E. de. s.f. *As domésticas: um estudo interdisciplinar de realidade social, política, económica e jurídica.* Porto Alegre, Brasil: Editora de Universidade.

Engelsing, Rolf. 1968. Dientsbotenlektüre em 18 and 19 Jahrhundert in Deutschland. *International Review of Social History* 13, nº 3, pp. 384-429.

Engelsing, Rolf. 1974. Das Vermögen der Dientsboten in Deutschland Zwischen dem 17. un 20. Jahrhundert:. *Jahrbuch des Institute für Deutsch Geschichte* 3, pp. 227-256.

Fairchilds, Cissie. 1979. Masters and Servants in Eighteenth Century Toulouse. *Journal of Social History* 12, nº 3, pp. 368-393.

Fairchilds, Cissie. 1984. *Domestic Enemies: Servants and Their Masters in Old Regime France.* Baltimore: Johns Hopkins University Press.

FEM, Publicación Feminista. 1980-81. Número especial sobre el servicio doméstico 4, nº 16 (México, D.F.).

Fernández Cazalis, Concepción. 1980-81. La criada y la señora, dos servidumbres. *FEM, Publicación Feminista*, número especial sobre el servicio doméstico 4, nº 16, pp. 61-64.

Figueroa Galup, Blanca. 1974. *La trabajadora doméstica (Lima, Perú).* Lima: Asociación Perú-Mujer.

Figueroa Galup, Blanca. 1975. Diagnóstico del rol ocupacional y de la educación formal de la mujer: domésticas. Instituto Nacional de Investigación y Desarrollo de la Educación Augusto Salazar Bondy, Lima. Mimeo.

Figueroa Galup, Blanca. 1976. La trabajadora doméstica en el Perú: el caso de Lima. *Boletín Documental sobre la Mujer de CIDHAL.* También publicado en *América Latina: la situación de las trabajadoras domésticas.* Lima: Docet CELADEC nº 3, 1978.

Figueroa Galup, Blanca. 1977. La doméstica en Lima metropolitana: influencia del nivel económico de la familia patronal sobre su resocialización, condiciones de trabajo y aspiraciones futuras. Trabajo presentado en el Seminario de Investigaciones Sociales acerca de la Mujer, Lima.

Flor Cuneo, Miguel de la. 1966. *Beneficios sociales de los trabajadores domésticos.* Lima: Escuela Sindical Autónoma de Lima.

Flora, Cornelia Butler. 1985. Photonovel: Introduction y Maids in the Mexican Photonovel. *Studies in Latin American Popular Culture* 4, pp. 63-66, 84-94.

Flores Guerrero, Theresa. 1961. Reglamentación y problemas que confronta el servicio doméstico en el Perú. Tesis, Escuela de Servicio Social del Perú, Lima.

Flores Medina, Rosa. 1981. Características de la mano de obra femenina en Lima Metropolitana: análisis de las diferencias salariales. En Perú-Mujer, *Investigaciones acerca de la mujer en el Perú*. Lima: Asociación Perú-Mujer. Mimeo.

Folha de São Paulo. 1984. Empregada doméstica é um luxo?: um salário no orçamento familiar. 17 de junho.

Fox, Grace. 1940. Women Domestic Workers in Washington, D.C., 1940. *Monthly Labor Review* 54, pp. 338-345.

Fox, Paula. 1984. *A Servant's Tale*. San Francisco: North Point Press.

Franklin, Jill. 1975. Troops of Servants: Labour and Planning in the Country House, 1840-1914. *Victorian Studies* 19 (December), pp. 211-239.

Friend, Dorie. 1986. *Family Laundry*. New York: Beaufort Books.

Gaitskell, Deborah. 1988. Devout Domesticity? Continuity and Change in a Century of African Women's Christianity in South Africa. Trabajo presentado en la reunión de la African Studies Association.

Gaitskell, Deborah/Kimble, Judy /Maconachie, Moira /Unterhalter, Elaine . 1983. Class, Race and Gender: Domestic Workers in South Africa. *Review of African Political Economy* , nº 27/28, pp. 86-108.

Gálvez, Thelma/Todaro, Rosalba. 1984. *Trabajadoras de casa particular*. Santiago, Chile: Círculo de Estudios de la Mujer, Proyecto Trabajadoras de Casa Particular.

Gálvez, Thelma/Todaro, Rosalba. 1985. *Yo trabajo así...en casa particular*. Santiago, Chile: Centro de Estudios de la Mujer.

Gallman, Robert E./Weiss, Thomas J.1969. The Service Industries in the Nineteenth Century. En Victor R. Fuchs, editor, *Studies in Income and Wealth*, vol. 34, pp. 287-381. New York: Columbia University Press.

Gangotena G., Margarita. 1974. La influencia del servicio doméstico en la estructura del sistema familiar y en el desarrollo de la identidad del niño y del adolescente. Trabajo presentado en el Congreso Internacional de Americanistas.

Garcia Castro, Mary. 1979. *Migración laboral femenina*. Bogotá: Programa de las Naciones Unidas, Proyecto Organización Internacional de Trabajo sobre Migraciones Laborales.

Garcia Castro, Mary. 1982. ¿Qué se compra y qué se paga en el servicio doméstico? El caso de Bogotá. En Magdalena León, editora, *La realidad colombiana, vol. 1, Debate sobre la mujer en América Latina y el Caribe*, pp. 99-122. Bogotá: Asociación Colombiana para el Estudio de la Población.

Garcia Castro, Mary. 1989. Empregadas domésticas a busca de uma identidade de classe. *Cadernos de CEAS*, nº 123 (setembro/outubro), pp. 49-58.

Garcia Castro, Mary. 1992. Class, Gender, Race/Ethnicity and Generation in the Production of Political Subjects. Trabajo presentado en el Congreso Internacional de la Asociación de Estudios Latinoamericanos, Los Angeles.

Garcia Castro, Mary/Quintero, Bertha /Jimeno, Gladys. 1981. Empleo doméstico, sector informal, migración y movilidad ocupacional en áreas urbanas en Colombia. Bogotá: Programa Naciones Unidas, Proyecto Oficina de Trabajo sobre Migraciones Laborales. Informe final.

Garduño A., M. 1979. Las condiciones de trabajo de las mujeres ocupadas en el servicio doméstico en el distrito Federal. Tesis de licenciatura, Universidad Nacional Autónoma de México, Facultad de Ciencias Políticas y Sociales.

Genet, Jean. 1962. *The Maids and Deathwatch.* New York: Grove Press.

Giffen, Karen. 1980. A mulher na reproduçao da força de trabalho: serviço doméstico pago como estratégia familiar de sobrevivència. Trabajo presentado en el Congresso 32ndo. de la Sociedad Brasileira para o Progresso da Ciència, Rio de Janeiro. Inédito.

Gill, Lesley. 1988. Señoras and Sirvientas: Women and Domestic Service in La Paz, Bolivia. Trabajo presentado en el congreso de la Asociación de Estudios Latinoamericanos, New Orleans.

Gill, Lesley. 1990. Painted Faces: Conflict and Ambiguity in Domestic Servant-Employer Relations in La Paz, 1930-1988. *Latin American Research Review* 25, n° 1, pp. 119-136.

Gill, Lesley. Forthcoming. Proper Women, City Places. *American Ethnologist.*

Gillis, John R. 1979. Servants, Sexual Relations, and the Risks of Illegitimacy in London, 1801-1900. *Feminist Studies* 5, n° 1, pp. 142-173. Reimpreso en Judith L. Newton, Mary P. Ryan y Judith R. Walkowitz, editoras, *Sex and Class in Women's History*, pp. 114-145. Londres: Routledge & Kegan Paul.

Girouard, Mark. 1978. *Life in the English Country House: A Social and Architectural History.* New Haven, Connecticut: Yale University Press.

Glenn, Evelyn Nakano. 1980. The Dialectics of Wage Work: Japanese-American Women and Domestic Service, 1905-1940. *Feminist Studies* 6, n° 3, pp. 432-471.

Glenn, Evelyn Nakano. 1981. Occupational Ghettoization: Japanese-American Women and Domestic Service, 1905-1940. *Ethnicity* 8, n° 4, pp. 352-386.

Glenn, Evelyn Nakano. 1986. *Issei, Nisei, War Bride: Three Generations of Japanese American Women in Domestic Service.* Filadelfia: Temple University Press.

Glenn, Evelyn Nakano. 1987. Women, Labor Migration and Household Work: Japanese-American Women in the Pre-War Period. En Christine Bose y Glenna Spitze, editoras, *Ingredients for Women's Employment Policy*, pp. 93-113. Ithaca: State University of New York Press.

Glenn, Evelyn Nakano. 1988. A Belated Industry Revised: Domestic Service Among Japanese-American Women. En Anne Statham, Eleanor M. Miller y Hans O. Mauksch, editores, *The Worth of Women's Work: A Qualitative Synthesis*, pp. 57-75. Albany: State University of New York Press.

Gogna, Mónica L. 1981. *El servicio doméstico en Buenos Aires: características de empleo y relación laboral.* Buenos Aires: Centro de Estudios e Investigaciones Laborales (CEIL).

Goisa Chambilla, Dora Gladys. 1968. Situación socio-laboral de la empleada doméstica emigrada de provincias y aporte de la educadora familiar a la solución de los problemas encontrados. Tesis, Pontificia Universidad Católica del Perú, Lima.

Goisa Chambilla, Dora Gladys. 1978. Empregada doméstica, a beira da vida? *Revista Familia Crista*, fevereiro.

Goldman, Gary. 1980. Yes, Ma'am. Video. New York: Filmakers Library.

Goldsmith, Mary. 1980-1981. Trabajo doméstico asalariado y desarrollo capitalista. *FEM, Publicación Feminista*, número especial sobre el servicio doméstico 4, n° 16, pp. 10-20.

Goldsmith, Mary. 1982. Relaciones de poder y condiciones de trabajo de las empleadas domésticas. *Revista de estudios sobre la juventud,* Consejo Nacional de Recursos para la Atención a la Juventud (CREA) 2, nº 5, pp. 13-24.

Goldsmith, Mary. 1984. La salud entre las trabajadoras domésticas, *FEM, Publicación Feminista,* número especial sobre el servicio doméstico 4, nº 16, pp. 8-9.

Goldsmith, Mary. 1987. Female Private Household Workers in the Metropolitan Area of Mexico City. Tesis de doctorado, University of Connecticut, Faculty of Anthropology, Storrs.

Goldsmith, Mary. 1989. Uniformes, escobas y lavaderos: el proceso productivo del servicio doméstico. En Orlandina de Oliveira, editora, *Trabajo, poder y sexualidad.* México, D.F.: Programa Interdisciplinario de Estudios de la Mujer, El Colegio de México.

Goldsmith, Mary. s.f. Paid Domestic Labor in Mexico. New York: Women's International Resource Exchange.

Gonzáles Nieves, O. 1980. *Breve estudio crítico de la legislación sobre los trabajadores del hogar y sus derechos sociales.* Chimbote: Instituto de Promoción y Educación Popular.

Gonzalez, Léila. 1982. A mulher negra na sociedad brasileira. En Madel T. Luz, editora. *O lugar da mulher: estudos sobre a condiçao feminina na sociedad atual.* Rio de Janeiro: Ediçoes Graal.

Gonzalez, Léila/Hasenbalg, Carlos. 1982. *Lugar de negro.* Lima: Editora Marco Zero.

Gordon, Sue. 1974. *Domestic Workers: A Handbook for Housewives.* Tercera edición. Johannesburg: South Africa Institute of Race Relations.

Graham, Sandra Lauderdale. 1982. Protection and Obedience: The Paternalist World of Female Domestic Servants, Rio de Janeiro, 1860-1910. Tesis de doctorado, University of Texas, Austin.

Graham, Sandra Lauderdale.1983. Servants and *Patroes:* Domestic Life in Rio de Janeiro in the 1870s. Trabajo presentado en la reunión anual de la American Historical Association.

Graham, Sandra Lauderdale.1988. *House and Street: The Domestic World of Servants and Masters in Nineteenth-Century Rio de Janeiro.* Cambridge: Cambridge University Press. Reimpreso, con una nueva introducción, Austin: University of Texas Press, 1992.

Grau, Ilda Elena. 1980. Las empleadas domésticas en la Ciudad de México: un análisis de las trayectorias de vida, los valores y las prácticas. Tesis de licenciatura, Universidad Autónoma Metropolitana-Xochimilco, Departamento de Sociología.

Grau, Ilda Elena. 1982. Trabajo y vida cotidiana de empleadas domésticas en la Ciudad de México: un estudio cualitativo. En Magdalena León, editora, *Sociedad, subordinación y feminismo,* vol. 3, *Debate sobre la mujer en América Latina y el Caribe,* pp. 167-181. Bogotá: Asociación Colombiana para el Estudio de la Población.

Grossman, Allyson Sherman. 1980. Women in Domestic Work: Yesterday and Today. *Monthly Labor Review* 103, nº 8, pp. 17-21.

Grosvenor, Verta Mae. 1972. *Thursdays and Every Other Sunday Off: A Domestic Rap by Verta Mae.* New York: Doubleday.

Guiral, Pierre/Thullier, Guy. 1978. *La vie quotidienne des domestiques en France au XIVe siècle*. Paris: Hachette.

Guiral, Pierre/Thullier, Guy. 1979. Les sources de l'histoire régionale des domestiques au XIXe siècle, *Revue Historique* 259, nº 2, pp. 441-452.

Gutiérrez, Ana. 1983. *Se necesita muchacha*. México, D.F.: Fondo de Cultura Económica.

Gutton, Jean-Pierre. 1981. *Domestiques et serviteurs dans la France de l'Ancien régime*. Paris: Aubier Montaigne.

Gyani, Gabor. 1983. A Budapesti Hazicseled-Munkapiac Mudokdesi Mechanizmusai, 1890-1941. *Szazadok* 117, nº 2, pp. 401-433.

Haims, Lynne Faye. 1981. In Their Place: Domestic Servants in English Country Houses, 1850-1870. Tesis de doctorado, Johns Hopkins University, Baltimore, Maryland.

Haines, J.W. 1960. Unethical Practices in Bringing Domestic Servants into U.S. Deplored. *Bulletin, U.S. Department of State* 43, p. 365.

Hamada, Tomoko. 1985. Apartheid and Maid. Trabajo presentado en la reunión anual de la American Anthropological Association, Symposium on Domestic Workers.

Hamburger, Robert. 1977. A Stranger in the House. *Southern Exposure* 5, 1, pp. 22-31.

Hamburger, Robert. 1978. *A Stranger in the House*. New York: Macmillan.

Hamermesh, Mira. 1985. *Maids and Madams: Apartheid Begins in the Home*. New York: Filmakers Library, 1985. Video, basado en el libro de Jacklyn Cock.

Hammond, María Elena Mujica de. 1985. Women in Peru: Domestic Individuals and Domestic Service. Tesis de maestría, Birmingham University, Inglaterra.

Hansen, Karen Tranberg. 1983. Men Servants and Women Bosses: The Domestic Service Institution in Colonial Zambia. En *Sex/Gender Division of Labor: Feminist Perspectives*, pp.117-138. Minneapolis: University of Minnesota, Center for Advanced Feminist Studies.

Hansen, Karen Tranberg. 1984. Members of the Family? Paid Servants and Kept Relatives in Urban Zambian Households. Trabajo presentado en la reunión anual de la American Anthropological Association.

Hansen, Karen Tranberg. 1984. Continuity and Change in Domestic Service in Zambia. Trabajo presentado en la reunión de la African Studies Association.

Hansen, Karen Tranberg. 1986. Household Work as a Man's Job: Sex and Gender in Domestic Service in Zambia. *Anthropology Today* 2, nº 3, pp. 18-23.

Hansen, Karen Tranberg. 1986. Domestic Service in Zambia? *Journal of Southern African Studies* 13, nº 1, pp. 57-81.

Hansen, Karen Tranberg. 1989. *Distant Companions: Servants and Employers in Zambia, 1900-1985*. Ithaca, New York: Cornell University Press.

Hansen, Karen Tranberg. 1990. Part of the Household Inventory: Men Servants in Zambia. En Roger Sanjek y Shellee Colen, editores, *At Work in Homes: Household Workers in World Perspective*, pp. 119-145. Washington, D.C.: American Anthropological Association, American Ethnological Society Monograph Series nº 3.

Hansen, Karen Tranberg. 1990. Body Politics: Sexuality, Gender and Domestic Service in Zambia. *Journal of Women's History* 2, nº 1, p. 120.

Harris, Trudier. 1982. *From Mammies to Militants: Domestics in Black American Literature.* Filadelfia: Temple University Press.

Harrison, Rosina. 1975. *Rose: My Life in Service.* New York: Viking.

Hawks, Joanne V./Skemp, Sheila L. 1983. *Sex, Race, and the Role of Women in the South.* Jackson: University of Mississippi Press.

Haynes, Elizabeth Ross. 1923. Negroes in Domestic Service in the United States. *Journal of Negro History* 8, 4, pp. 384-442.

Hecht, J. Jean. 1954. *Continental and Colonial Servants in Eighteenth-Century England.* Northampton, Massachusetts: Smith College Studies in History.

Hecht, J. Jean. 1956. *The Domestic Servant Class in Eighteenth Century England.* Londres: Routledge & Kegan Paul. Reimpreso Westport, Connecticut: Hyperion Press, 1981.

Helfer, Ruth. 1966. El problema social de la empleada doméstica. Tesis, Escuela Normal Superior de Mujeres San Pedro-Monterrico, Lima.

Henry, Frances. 1968. The West Indian Domestic Scheme in Canada. *Social and Economic Studies* 17, nº 1, pp. 83-91.

Henry, Frances. 1982. A Note on Caribbean Migration to Canada. *Caribbean Review* 11, nº 1, pp. 38-41.

Herold, Joan Mildred. 1982. Socioeconomic and Demographic Aspects of Female Labor Force Participation in Urban Chile. Tesis de doctorado, University of Pennsylvania, Filadelfia.

Hewett, Valerie. 1974. Migrant Female Labour in Colombia: An Analysis of Urban Employment in Domestic Service. Informe Interino, Corporación Centro Regional de Poblacion, Bogotá.

Heyman, Barry Neal. 1974. Urbanization and the Status of Women in Peru. Tesis de doctorado, University of Wisconsin, Madison.

Higgs, Edward. 1979. Per la stòria dei servi domèstici: un' anàlisi quantitativa. *Guarderni Stòrici* 14, nº 1, pp. 284-301.

Higgs, Edward. 1982. The Tabulation of Occupations in the Nineteenth-Century Census, with Special Reference to Domestic Servants. *Local Population Studies* 28, pp. 58-66.

Higgs, Edward. 1982. *Domestic Servants and Households in Rochdale, 1851-1871.* New York: Garland.

Higgs, Edward. 1983. Domestic Servants and Households in Victorian England. *Social History* 8, nº 2, pp. 201-210.

Higman, B. W. 1976. *Slave Population and Economy in Jamaica, 1807-1834.* Cambridge, Inglaterra: Cambridge University Press.

Ho, Y. 1981. Auxiliar de hospedaje y del hogar: una profesión de gran demanda. *Documenta* 9, pp. 69-71, 79-80.

Horn, Pamela. 1975. *The Rise and Fall of the Victorian Servant.* Dublin: Gill and Macmillan; New York: St. Martin's Press.

Hoskins, Frank Lawrence. 1955. Master Servant Relations in Tudor and Early Stuart Literature, with Special Reference to the Drama of Shakespeare and His Contemporaries. Tesis de doctorado, Columbia University, New York.

Housewives Association of Trinidad and Tobago-HATT. 1975. Report on the Employment Status of Household Workers in Trinidad. Port-of-Spain: HATT.

Huggett, Frank Edward. 1977. *Life below Stairs: Domestic Servants in England from Victorian Times.* New York: Scribner.
Hunt, Annie Mae. s.f. *I Am Annie Mae.* Austin, Texas: Rosegarden Press.
Ibarra, Teresita E. 1979. Women Migrants: Focus on Domestic Helpers. *Philippine Sociological Review* 27, nº 2, pp. 77-92.
Instituto Joaquim Nabuco de Pesquisas Sociais (Recife) 1970. Empregadas domésticas do Recife, suas condiçoes e aspiraçoes. Recife, Brasil: *Boletim do Instituto* 18, pp. 42-106.
Instituto Sindical María Cano. 1972. Servicio doméstico. Bogotá: ISMAC. Publicación nº 1.
International Labour Office-ILO (Geneva). 1970. Situación y condiciones del empleo de los trabajadores domésticos en hogares privados. *Revista Internacional de Trabajo* 42, nº 4, pp. 433-455.
International Labour Office-ILO (Geneva). 1970. The employment and Conditions of Domestic Workers in Private Households: an ILO Survey. *International Labour Review* 102, nº 4, pp. 391-401.
International Labour Office-ILO (Geneva). 1970. Belgium: Contracts of Domestic Employment. *International Labour Review* 102, nº 6:, pp. 617-618.
International Labour Office-ILO (Geneva). 1970. *The Employment and Conditions of Domestic Workers in Private Households.* Geneva: ILO.
Iturralde, Mariana. 1980-1981. No siempre las víctimas. *FEM, Publicación Feminista,* número especial sobre el servicio doméstico 4, nº 16, pp. 71-72.
Jackson, Muriel. 1984. *The Maids.* Film. Atlanta: Atlanta Media Project.
Jarlin, Françoise. 1969. *Les domestiques à Bordeaux en 1872.* Bordeaux: Université de Bordeaux, Faculté de Lettres et Sciences Humaines.
Jelin, Elizabeth. 1976. Migración a las ciudades y participación en la fuerza de trabajo de las mujeres latinoamericanas: el caso del servicio doméstico. Buenos Aires: Centro de Estudios de Estado y Sociedad. Estudios Sociales nº 4. Publicado en inglés como Migration and Labor Force Participation of Latin American Women: The Domestic Servants in the Cities, *Signs* 3, nº 1, pp. 129-141, número especial sobre las Mujeres y el Desarrollo.
Jelin, Elizabeth. 1978. La mujer y el mercado de trabajo urbano. Buenos Aires: Centro de Estudios de Estado y Sociedad, *Estudios CEDES* 1, nº 6. Publicado en inglés como Women and the Urban Labor Market. Richard Anker, Mayra Buvinic and Nadia H. Youssef, editoras, *Women's Roles and Population Trends in the Third World,* pp. 239-267. Londres: Croom Helm, 1982.
Johnson, Eleanor. 1933. *Household Employment in Chicago.* Washington, D.C.: U.S. Women's Bureau, Bulletin nº 106.
Johnson, Michelle. Domestic Service in Jamaica, 1920-1970. Trabajo presentado en el Symposium on Caribbean Economic History, Department of History and Institute of Social & Economic Research, University of the West Indies, Kingston, Jamaica.
Jung, Reinhardt. 1983. *Muchacha: Die Unsichtbaren Dienerinnen Lateinamnerikas.* Borheim, Merten: Lamur Verlag.
Juventud Obrera Católica (JOC). 1978. Informe 'Trabajadoras del Hogar', Perú. Trabajo preparado para el Encuentro Latinoamericano, Colombia.

Juventud Obrera Católica (JOC). 1979. Informe empleadas de hogar, Arequipa [Perú]. Arequipa: JOC.

Juventud Obrera Católica (JOC). 1980. Empleadas del hogar. Barranquilla, Colombia: JOC.

Kamau [Botscharow], Lucy Jayne. 1974. Domestic Service in Nairobi, Kenya. Inédito.

Katz, Paul. 1941. *Situation économique et sociale des domestiques en France, en Allemagne et en Suisse.* Paris: Montpellier.

Katzman, David M. 1978. *Seven Days a Week: Women and Domestic Service in Industrializing America.* New York: Oxford University Press.

Katzman, David M. 1978. Domestic Service: Woman's Work. En Ann Stromberg y Shirley Harkess, editoras, *Women Working: Theories and Facts in Perspective,* pp. 377-391. Palo Alto, California: Mayfield.

Keckley, Elizabeth [Hobbs]. 1868. *Behind the Scenes. Or, Thirty Years a Slave, and Four Years in the White House.* New York: C.W. Carlton. Reimpreso en New York: Arno, 1968.

Klein, Martin. 1977. Servitude among the Wolof and Sereer of Senegambia. En Suzanne Miers y Igor Kopytoff, editores, *Slavery in Africa: Historical and Anthropological Perspectives,* pp. 335-363. Madison: University of Wisconsin Press.

Kline, Ruth Fifield. 1980. Domestic Servants on the New York and London Stages, 1800-1920, with an Emphasis on Costume. Tesis de doctorado, University of Illinois, Urbana.

Kofes de Almeida, Maria Suely. 1982. Entre nos mulheres, elas as *patroas* e elas as empregadas. En Kofes de Almeida, Antonio Augusto Arantes, Carlos Rodrigues Brandao, Nariza Correa, Bela Feldemann Bianco, Verena Stolhke y Alba Zaluar, editores, *Colcha de Retalhos.* São Paulo: Editora Brasiliense.

Kritz, Ernesto. 1978. Ensayos sobre los determinantes de la participación en el mercado de trabajo argentino. Inédito.

Kussmaul, Ann S. 1981. *Servants in Husbandry in Early Modern England.* New York: Cambridge University Press.

Kussmaul, Ann S. 1981. The Ambiguous Mobility of Farm Servants. *Economic History Review* 34, nº 2, pp. 222-235.

Kyrk, Hazel. 1932. The Household Worker. *American Federationist* 39, nº 1, p. 6.

Kytle, Elizabeth Larisey. 1958. *Willie Mae.* New York: Knopf.

Lacelle, Claudette. 1982. Les domestiques dans les villes canadiènnes au XIXe siècle: effectifs et conditions de vie. *Social History* 15, nº 29, pp. 181-207.

Laguerre, Michel S. 1990. *Urban Poverty in the Caribbean.* New York: St. Martin's Press.

Laguerre, Michel S. 1990. Household Workers in Urban Martinique. En Roger Sanjek y Shellee Colen, editores, *At Work in Homes: Household Workers in World Perspective,* pp. 164-175. Washington, D.C.: American Anthropological Association, American Ethnological Society Monograph Series nº 3.

Lange, Allison. 1989. A House of Hope: The Vision of Alicia Rossi. *Grassroots Development* 13, nº 2, pp. 26-31.

Langhorne, Orra. 1901. Domestic Service in the South. *Journal of Social Science* 39, pp. 169-175.

Lanz, Gregorio. 1969. Servicio doméstico: ¿una esclavitud? *Estudios Sociales* 2, nº 4:, pp. 197-201.

Laslett, Peter. 1977. *Family Life and Illicit Love in Earlier Generations.* New York: Cambridge University Press.

Lasser, Carol S. 1978. Lifecycle and Class: Domestic Service and the 'Girls' of the Salem Female Charitable Society. Trabajo presentado en la cuarta Berkshire Conference on the History of Women.

Lasser, Carol S. 1980. A 'Pleasingly Oppressive' Burden: The Transformation of Domestic Service and Female Charity in Salem, 1800-1840. *Essex Institute Historical Collections* 166, nº 1, pp. 156-175.

Lasser, Carol S. 1981. Mistress, Maid and Market: The Transformation of Domestic Service in New England, 1790-1870. Tesis de doctorado, Harvard University, Cambridge, Massachusetts.

Lasser, Carol S. 1984. The 'Golden Age of Domestic Service': A Re-Evaluation. Trabajo presentado en la sexta Berkshire Conference on the History of Women.

Lasser, Carol S. 1987. 'The World's Dread Laugh': Singlehood and Service in Nineteenth-Century Boston. En Herbert G. Gutman y Donald H. Bell, editores, *The New England Working Class and the New Labor History*, pp. 72-88. Urbana: University of Illinois Press.

Lawson, Lesley. 1986. *Working Women: A Portrait of South Africa's Women Workers.* Johannesburg: Ravan Press.

Lázaro, G./Bayon, M. 1976. *Empleadas de hogar-trabajadoras de tercera clase.* Madrid: Col. Z.

Leashore, Bogart R. 1984. Black Female Workers: Live-in Domestics in Detroit, Michigan (1860-1880). *Phylon* 45, nº 2, pp. 111-120.

Leff, Gloria. 1974. Algunos aspectos del servicio doméstico en el área metropolitana de la Ciudad de México. Tesis de licenciatura, Universidad Nacional Autónoma de México, Facultad de Ciencias Políticas y Sociales.

Lenskyj, Helen. 1981. A 'Servant Problem' or a 'Servant-Mistress Problem'? Domestic Service in Canada, 1890-1930. *Atlantis* 7, nº 1, pp. 3-11.

Leslie, Geneviève. 1974. Domestic Service in Canada, 1880-1920. En Janice Acton, Penny Goldsmith y Bonnie Shepard, editores, *Women at Work, Ontario 1850-1930*, pp. 71-125. Toronto: Canadian Women's Educational Press.

Llinas, Mario Alberto de. 1974. Introducción al servicio doméstico en Colombia. Tesis, Universidad de los Andes, Bogotá, Facultad de Ingeniería.

Losey, Joseph/Fox, James. 1963. *The Servant.* Video, basado en la novela de Robin Maugham. Londres: Thorn EMI Video/Springfield Films, Ltd.

Loza, Martha/Luza, Paulina/Mendoza, Rosa/Flor Valverde, Flor. 1990. *Así, ando, ando como empleada.* Lima: Instituto de Promoción y Formación a la Trabajadora del Hogar (IPROFORTH).

Luna Clara, C. 1966. Situación socioeconómica de la servidumbre en la Ciudad de México. Tesis de maestría, Escuela Nacional de Antropología e Historia, México.

McBride, Theresa Marie. 1973. Rural Tradition and the Process of Modernization: Domestic Servants in Nineteenth-Century France. Tesis de doctorado, Rutgers University, New Jersey.

McBride, Theresa Marie. 1974. Social Mobility for the Lower Class: Domestic Servants in France. *Journal of Social History* 8, nº 1, pp. 63-78.

McBride, Theresa Marie.1975. 'Women's Work': Mistress and Servant in the Nineteenth Century. *Proceedings of the Annual Meeting of the Western Society for French History* 3, pp. 390-397.

McBride, Theresa Marie. 1976. *The Domestic Revolution: The Modernization of Household Service in England and France, 1820-1920.* New York: Holmes and Meier; Londres: Croom-Helm.

McBride, Theresa Marie.1978. 'As the Twig Is Bent': The Victorian Nanny. En Anthony S. Wohl, editor, *The Victorian Family: Structure and Stresses*, pp. 44-58. New York: St. Martin's Press; Londres: Croom-Helm.

McGrew, Lilian Culbertoon/Hawke, J.R. s.f. A Study of Household Employment in Omaha, Nebraska. Ithaca, New York: Cornell University, Amey E. Watson Papers.

McKinley, Blaine Edward. 1969. 'The Stranger in the Gates': Employer Reactions toward Domestic Servants in America, 1825-1975. Tesis de doctorado, Michigan State University, East Lansing.

Mack, Beverly. 1985. Service and Status: Slaves and Concubines in Kano, Nigeria. En Roger Sanjek y Shellee Colen, editores, *At Work in Homes: Household Workers in World Perspective*, pp. 14-34. Washington, D.C.: American Anthropological Association, American Ethnological Society Monograph Series nº 3.

Macpherson, C.B. 1973. Servants and Labourers in Seventeenth Century England. En *Democratic Theory: Essays in Retrieval*, pp. 207-223. Oxford: Clarendon Press.

Magona, Sindiwe. 1991. *Living, Loving, and Lying Awake at Night.* Claremont, South Africa: David Philip, Africasouth New Writing.

Malcolmson, Patricia E. 1986. *English Laundresses: A Social History, 1850-1930.* Urbana: University of Illinois Press.

Margolis, Maxine L. 1990. From Mistress to Servant: Downward Moblity among Brasilian Immigrants in New York City. *Urban Anthropology and Studies of Cultural Systems and World Economic Development* 19 (Fall), pp. 215-231.

Marks, Carole. 1989. The Bone and Sinew of the Race: Black Women, Domestic Service and Labor Migration. Trabajo presentado en el Center for Research on Women, Memphis State University, Tennessee.

Marshall, Dorothy. 1949. *The English Domestic Servant in History.* Londres: Historical Association.

Marshall, Paule. 1981. Black Immigrant Women in Brown Girl, Brownstones. En Delores M. Mortimer y Roy S. Bryce-Laporte, editores, *Female. Immigrants to the United States: Caribbean, Latin American, and African Experiences*, pp. 3-13. Research Institute on Immigration and Ethnic Studies, Occasional Paper nº 2. Washington, D.C.: Smithsonian Institution.

Marshall, Paule. 1981. *Brown Girl, Brownstones.* Old Westbury, New York: Feminist Press.

Marshall, Paule. 1983. From the Poets in the Kitchen. En Paule Marshall, *Reena and Other Stories*, pp. 3-12. Old Westbury, New York: Feminist Press.

Martin, Linda/Seagrove, Kerry. 1985. *The Servant Problem: Domestic Workers in North America.* Jefferson, North Carolina: McFarland.

Martin-Fugier, Anne. 1979. *La place des bonnes: la domesticité féminine à Paris en 1900*. Paris: B. Grasset.

Mattila, J. Peter. 1971. *The Impact of Extending Minimum Wages to Private Household Workers*. Washington, D.C.: U.S. Department of Labor.

Maza, Sarah Crawford. 1983. *Servants and Masters in Eighteenth Century France: The Uses of Loyalty*. Princeton, New Jersey: Princeton University Press.

Medina N., Martha/Romero, Julieta. 1977. La mujer en el servicio doméstico. Tesis, Universidad Nacional, Bogotá.

Mehta, Aban B. 1960. *The Domestic Servant Class*. Bombay: Popular Book Depot.

Mejía Duque, Jaime. 1975. Femineidad y servidumbre. *La Habana, Casa de las Américas* 15, nº 88, pp. 93-95.

Melosh, Barbara. 1983. Historians and The Servant Problem. *Reviews in American History* 11, nº 1, pp. 55-58.

Mena, María. s.f. Estudio sociológico sobre la marginalidad de la trabajadora doméstica chocana en Medellín. Tesis, Pontificia Universidad Bolivariana, Medellín.

Méndez, Martha. 1980. Participation of Women in the Labour Force in Colombia: Domestic Service, 1951-1976. Tesis, Ontario Institute for Studies in Education, Edmonton, Canada.

Mercado, Isabel. 1970. Trabajadoras del hogar en México. *Boletín documental sobre las mujeres de CIDHAL* 1, nº 1, pp. 51-57.

Moran, Mary. 1988. Civilized Servants: Child Fosterage and Training for Status among the Glebo of Liberia. Trabajo presentado en la reunión de la African Studies Association.

Moreira, Rita/Leal, Maria Luisa. 1981. *The Lady of Pacaembu: A Portrait of Brasil*. Film. Producido en Brasil como *A dama do Pacaembu*. São Paulo: Tecnovideo e Engevideo.

Nascimiento, Augusto. 1972. A través del cursillismo, el *Opus Dei* concreta su penetración en Brasil. *La Opinión*, 30 de septiembre.

National Committee on Household Employment. 1978-1982. *Household Employment News*, vols. 10-13 (continuación de *NCHE News*, vols. 1-9).

Nava, Gregory/Thomas, Anna. 1984. *El Norte*. Video. Farmington Hills, Michigan: CBS/Fox Video.

Neff, Wanda Fraiken. 1966. The Governess. En Neff, *Victorian Working Women: An Historical and Literary Study of Women in British Industries and Professions 1832-1850*. New York: Cass.

Nett, Emily M. 1966. The Servant Class in a Developing Country: Ecuador. *Journal of Inter-American Studies and World Affairs* 8, nº 3, pp. 437-452.

Neu, Peter. 1968. Die Gesindemarkte der Sudeifel. *Rheinische Vierteljahrsblatter* 32, pp. 498-522.

Noble, Jeanne L. 1967. An Exploratory Study of Domestics' View of Their Working World. New York University, School of Education. Inédito.

Norris, William P. 1984. Patron-Client Relationships in the Urban Social Structure: A Brasilian Case Study. *Human Organization* 43, nº 1, pp. 16-26.

NOVA, Pesquisa, Assesoramento e Avaliaçao em Educaçao. 1982. Só a gente que vive é que sabe: depoimento de uma doméstica. *Cadernos de Educaçao Popular* 4, pp. 9-78.

Oliver, L. 1911. *Domestic Service and Citizenship*. Londres.

Orlansky, Dora/Dubrovsky, Silvia. 1978. *The Effects of Rural-Urban Migration on Women's Role and Status in Latin America.* Paris: UNESCO.

Orrego, C.A. 1972. *Legislación del trabajador doméstico: derechos y obligaciones del empleador y del doméstico.* Lima: Los Rotarios.

Ortiz Pérez, Irene/Joffre Lazarini, Ruth. 1991. *Así es, pues: trabajadoras domésticas de Cuernavaca.* Cuernavaca, México: Colectivo ATABAL.

Ovaciones. 1984. Sirvientes, comerciantes y tianguistas no tendrán I.M.S.S (28 octubre).

Overs, Robert P. 1970. *Paid Domestic Work for the Trainable Retarded Girl: A Pilot Project* Milwaukee, Wisconsin: Curative Workshop of Milwaukee.

Palabrica-Costello, Marilou. 1984. Female Domestic Service in Cagayan de Oro, Philippines: Social and Economic Implications of Employment in a 'Premodern' Occupational Role. En G.W. Jones, editor, *Women in the Urban and Industrial Workforce: Southeast and East Asia*, pp. 235-250. Canberra: Australian National University.

Palmer, Phyllis. 1984. Housework and Domestic Labor: Racial and Technological Change. En Karen Brodkin Sacks y Dorothy Remy, editoras, *My Troubles Are Going To Have Trouble with Me: Everyday Trials and Triumphs of Women Workers*, pp. 80-91. New Brunswick, New Jersey: Rutgers University Press.

Palmer, Phyllis. 1987. Housewife and Household Worker: Employer-Employee Relationships in the Home, 1928-1941. En Carol Groneman y Mary Beth Norton, editoras, *To Toil the Livelong Day: America's Women at Work 1780-1980*, pp. 179-195. Ithaca, New York: Cornell University Press.

Palmer, Phyllis. 1988. Household and Household Worker: Employee Relations in the Home, 1928-1941. En *Gender, Race and the Sexual Division of Labor in the United States, 1780-1980: Selected from the Sixth Conference in the History of Women.* Ithaca, New York: Cornell University Press.

Palmer, Phyllis. 1989. *Domesticity and Dirt: Housewives and Domestic Servants in the United States, 1920-1945.* Filadelfia: Temple University Press.

Parkinson, C. Northcote. 1981. *Jeeves: A Gentleman's Personal Gentleman.* New York: St. Martin's Press.

Pascual Badiola, María Pilar. 1968. Diagnosis ético-social de las empleadas domésticas. Tesis, Pontificia Universidad Católica del Perú, Lima.

Perelli, C. 1983. *La mujer en el sector informal: el caso de las empleadas domésticas en Montevido.* Montevideo: Editorial ALCALI.

Pérez Alcantara, Gloria Haydée. 1969. El problema social de la empleada doméstica en Lima. Tesis, Universidad Nacional Federico Villarreal, Lima.

Pérez Fuentes, Ana. s.f. Investigación del problema socio-educativo de la doméstica. Tesis, Pontificia Universidad Católica del Perú, Lima.

Pérez Itriago, Auristela. 1990. 'El Cuarto de Servicio': Domestic Workers in Venezuela. Trabajo presentado en la reunión anual de la American Anthropological Association.

Perry, Ronald Denis. 1975. History of Domestic Servants in London, 1850-1900. Tesis de doctorado, University of Washington, Seattle.

Pescador, Gloria/Ponce de León, Rosa María. 1976. Análisis del mercado de los servicios domésticos en México. *Cuadernos de empleo*, Secretaría de Programación y Presupuesto, 1, pp. 161-184.

Peters-Joffre, Ruth. 1984. Estudio de las condiciones de empleo de las trabajadoras domésticas en México realizado en base a la situación de la mujer trabajadora doméstica de Cuernavaca, Morelos. Tesis, Academia Social "De Horste", Driebergen, Países Bajos.

Peterson, J. Jeanine. 1972. The Victorian Governess: Status Incongruity in Family and Society. En Martha Vicinus, editora, *Suffer and Be Still*, pp. 3-19. Bloomington: Indiana University Press.

Pettengill, Lillian. 1903. *Toilers of the Home: A Report of a College Woman's Experience as a Domestic Servant.* New York: Doubleday.

Pike, E. Royston. 1967. Domestic Service in the 1860s. En *Golden Times: Human Documents of the Victorian Golden Age*, pp. 157-168. New York: Praeger.

Poelstra, J. 1981. Dientsboden tussen arbeiders en burgerstand. *Tijdschrift voor Vrouwenstudies* 5, nº 2, pp. 45-68.

Porter, Susan L. 1978. Mother/Mistress, Servant/Child: The Orphan as Indentured Servant in the Early Victorian Family. Trabajo presentado en la cuarta Berkshire Conference on the History of Women.

Porter, Susan L. 1984. The Benevolent Asylum-Image and Reality: The Care and Training of Female Orphans in Boston, 1800-1840. Tesis de doctorado, Boston University, Massachusetts.

Prates, Suzana/Taglioretti, Graciela. 1980. *Participación de la mujer en el mercado de trabajo uruguayo: características básicas y evolución reciente.* Montevideo: Centro de Información y Estudios de Uruguay (GRECMU-CIESU), Grupo de Estudios sobre la Condición de la Mujer en el Uruguay.

Prescod-Roberts, Margaret/Steele, Norma. 1980. *Black Women: Bringing It All Back Home.* Bristol, Inglaterra: Falling Wall Press.

Preston-Whyte, Eleanor. 1976. Race Attitudes and Behavior: The Case of Domestic Employment in White South African Homes. *African Studies* 35, nº 2, pp. 71-89.

Preston-Whyte, Eleanor. 1982. Segregation and Interpersonal Relationships: A Case Study of Domestic Service in Durban. En David M. Smith, editor, *Living Under Apartheid: Aspects of Urbanization and Social Change in Southern Africa*, pp. 164-182. Londres: Allen & Unwin.

Preston-Whyte, Eleanor. 1987. Families without Marriage: A Zulu Case Study. En John Argyle y Eleanor Preston-Whyte, editores, *Social System and Tradition in Southern Africa*, pp. 55-87. Cape Town: Oxford University Press.

Prochaska, F.K. 1981. Female Philanthropy and Domestic Service in Victorian England. *Bulletin of the Institute of Historical Research* 54, nº 129, pp. 78-85.

Pruitt, Ida. 1967. *A Daughter of Han: The Autobiography of a Chinese Working Woman.* Stanford, California: Stanford University Press.

Radcliffe, Sarah A. 1990. Ethnicity, Patriarchy, and Incorporation into the Nation: Female Migrants as Domestic Servants in Peru. *Environment and Planning D: Society and Space*, 8, pp. 379-393.

Radcliffe, Sarah. 1990. Between Hearth and Labor Market: The Recruitment of Peasant Women in the Andes. *International Migration Review* 24, nº 2, pp. 229-249.

Renard, Roland. 1974. Services domestiques et garde des enfants. *Population et Famille* 2, nº 32, pp. 95-137.

Rennie, Jean. 1982. *Every Other Sunday.* New York: St. Martin's Press.
Richardson, Sheila J. 1967. 'The Servant Question': A Study of the Domestic Labour Market, 1851-1911. Tesis de maestría, University of London.
Rivera, Olga. 1979. Situación de la trabajadora del hogar en Lima Metropolitana. Lima: *Tareas para el Trabajo Social.*
Robinson, Mary V. 1924. *Domestic Workers.* Washington, D.C.: Government Printing Office.
Rodríguez-Luis, Julio. 1983. Guzmán, criado impenitente, criado perfecto: el servicio doméstico en la picaresca. *Revista Internacional de Sociología* 41, nº 46, pp. 273-293.
Roffiel, Rosa María. 1980-1981. Informe de Managua. *FEM, Publicación Feminista,* número especial sobre el servicio doméstico 4, nº 16, pp. 93-97.
Rollins, Judith. 1983. The Social Psychology of the Relationship between Black Female Domestic Servants and Their White Female Employers. Tesis de doctorado, Brandeis University, Waltham, Massachusetts.
Rollins, Judith. 1985. *Between Women: Domestics and Their Employers.* Filadelfia: Temple University Press.
Rollins, Judith. 1985. Ideology and Servitude. En Roger Sanjek y Shellee Colen, editores, *At Work in Homes: Household Workers in World Perspective,* pp. 74-88. Washington, D.C.: American Anthropological Association, American Ethnological Society Monograph Series nº 3.
Romero, Mary. 1984. Domestic Service in Rural to Urban Migration: The Case of the Chicana. Trabajo presentado en la Illinois Conference of Latin Americanists.
Romero, Mary. 1984. Domestic Work among Chicanas: A Transitional or Ghetto Occupation? Trabajo presentado en la reunión de la National Association for Chicano Studies.
Romero, Mary. 1985. Day Work in the Suburbs: The Work Experience of Chicana Private Housekeepers. Trabajo presentado en la Wingspread Conference on Integrating Qualitative Research.
Romero, Mary. 1986. Chicana and Mexican Domestics in the United States. Trabajo presentado en el congreso de la Asociación de Estudios Latinoamericanos.
Romero, Mary. 1986. Domestics and the Struggle for Harmony: The Case of Chicana 'Cleaning Ladies'. Trabajo presentado en la reunión de la National Association of Chicano Studies.
Romero, Mary. 1987. Domestic Work in Transition from Rural to Urban Life: The Case of La Chicana. *Women's Studies* 13, nº 3, pp. 199-222.
Romero, Mary. 1988. Day Work in the Suburbs: The Work Experiences of Chicana Private Housekeepers. En Anne Stratham, Eleanor M. Miller y Hans O. M. Mauksch, editores, *The Worth of Women's Work: A Qualitative Synthesis,* pp. 77-91. Albany: State University of New York Press.
Romero, Mary. 1988. Chicanas Modernize Domestic Service. *Qualitative Sociology* 11, nº 4, pp. 319-334.
Romero, Mary. 1988. Sisterhood and Domestic Service: Race, Class and Gender in the Mistress-Maid Relationship. *Humanity and Society* 12, nº 4, pp. 318-346.
Romero, Mary. 1990. Not Just Like One of the Family: Chicana Domestics Establishing Professional Relationships with Employers. *Feminist Issues* 10, pp. 2-33.
Root, Amanda. 1984. The Return of the Nanny. *New Socialist.* December.

Rubbo, Anna /Taussig, Michael. 1978. Up Off Their Knees: Servanthood in Southwest Colombia. En *Female Servants and Economic Development*, pp. 5-29. Ann Arbor: University of Michigan, Occasional Papers in Women's Studies nº 1.
Rubbo, Anna /Taussig, Michael. 1981. El servicio doméstico en el suroeste de Colombia. *América Indígena* 41, nº 1, pp. 85-112.
Rubinow, I.M. 1906. The Problem of Domestic Service. *Journal of Political Economy* 14, pp. 502-519.
Rueda Sánchez, G. 1980. *New legislación del trabajador doméstico.* Cuarta Edición. Lima: Ediciones Jurídicas.
Ruiz Gaytán F., Beatriz. 1979. Un grupo trabajador importante no incluido en la historia laboral mexicana (trabajadoras domésticas). En E.C. Frost, M.C. Meyer y J. Zoraida Vásquez, editores. *El trabajo y los trabajadores en la historia de México*, pp. 419-455. México, D.F.: El Colegio de México.
Ruiz, Vicki L. 1987. By the Day or Week: Mexicana Domestic Workers in El Paso. En Ruiz y Susan Tiano, editoras, *Women on the U.S.-Mexico Border: Responses to Change*, pp. 61-76. Winchester, Massachusetts: Allen & Unwin.
Rutté García, Alberto. 1976. *Simplemente explotadas: el mundo de las empleadas domésticas en Lima.* Segunda Edición. Lima: Centro de Estudios y Promoción del Desarrollo (DESCO).
Saffioti, Heleieth Iara Bongiovani. 1978. *Emprego doméstico e capitalismo I.* Petrópolis, Brasil: Editorial Vozes.
Saffioti, Heleieth Iara Bongiovani. 1978. Domestic Employment and Capitalism. Trabajo presentado en la reunión de la International Sociological Association.
Saffioti, Heleieth Iara Bongiovani. 1979. *Emprego doméstico e capitalismo III.* Rio de Janeiro: Editorial Avenir.
Saffioti, Heleieth Iara Bongiovani. 1984. *Mulher brasileira: opressão e subordinaçao.* Rio de Janeiro: Ediçoes Achimé.
Salaff, Janet W. 1981. Ci-Li: From Domestic Service to Government Service. En *Working Daughters of Hong Kong: Filial Piety or Power in the Family?*, pp. 156-176. Cambridge: Cambridge University Press.
Salazar, Flora. 1978. Los sirvientes domésticos. En *Ciudad de México: ensayo de construcción de una historia*, Colección Científica de México 61, pp. 124-137. México: Instituto Nacional de Antropología e Historia.
Salazar, Flora. 1978. 1979. Los trabajadores del servicio doméstico en la Ciudad de México en el siglo XIX. *Cuadernos de Trabajo*, Colección Científica de México 29, pp. 184-193. México: Instituto Nacional de Antropología e Historia.
Salmon, Lucy Maynard. 1897. *Domestic Service.* New York : Macmillan. Reimpreso en New York : Arno Press, 1972.
Sanjek, Roger. 1990. Maid Servants and Market Women's Apprentices in Adabraka. En Sanjek y Shellee Colen, editores, *At Work in Homes: Household Workers in World Perspective*, pp. 35-62. Washington, D.C.: American Anthropological Association, American Ethnological Society Monograph Series nº 3.
Sanjek, Roger/Colen, Shellee (editores). 1990. *At Work in Homes: Household Workers in World Perspective.* Washington, D.C.: American Anthropological Association, American Ethnological Society Monograph Series nº 3.

Sankar, Andrea P. 1978. Female Domestic Service in Hong Kong. En *Female Servants and Economic Development*, pp. 51-62. Ann Arbor: University of Michigan, Occasional Papers in Women's Studies nº 1.

Sankar, Andrea P. 1981. The Conquest of Solitude: Singlehood and Old Age in Traditional Chinese Society. En Christine Fry, editora, *Dimensions: Aging, Culture and Health*, pp. 65-83. New York : Praeger Special Studies.

Sankar, Andrea P. 1984. Spinster Sisterhoods. En Mary Sheridan and Janet W. Salaff, editoras, *Lives: Chinese Working Women*, pp. 51-70. Bloomington: Indiana University Press.

Schellekens, Thea/van der Schoot, Anja. 1984. Todos me dicen que soy muchachita...trabajo y organización de las trabajadoras del hogar en Lima, Perú. Tesis de doctorado, Katholicke Universiteit Nijmegen, Países Bajos.

Schlegel, Katharina. 1983. Mistress and Servant in Nineteenth Century Hamburg: Employer/Employee Relationships in Domestic Service, 1880-1914. *History Workshop* 15 (spring), pp. 60-67.

Schmidt, Elizabeth. 1988. Race, Sex, and Domestic Labor: The Question of African Female Servants in Southern Rhodesia, 1900-1939. Trabajo presentado en la reunión de la African Studies Association.

Schwickert, Pauline. 1950. Concepts of Domestic Service in German Legal Sources from the Middle Ages to 1919. Tesis de doctorado, New School for Social Research, New York.

Scott, George T. 1939. *Symposium on Household Employment.* New York : Federal Council of Churches.

Sejourne, Laurette. 1980. Escuela para domésticas. En *La mujer cubana en el quehacer de la historia*, pp. 139-149. México, D.F.: Siglo XXI.

Shindler, Jennifer. 1980. The Effects of Influx Control and Labour-saving Appliances on Domestic Service. *South African Labour Bulletin* 6, nº 1, pp. 22-34.

Silvera, Makeda. 1983. *Silenced: Talks with Working Class West Indian Women about Their Lives and Struggles as Domestic Workers in Canada.* Toronto: Williams-Wallace.

Simon, Daphne. 1954. Master and Servant. En John Saville, editor, *Democracy and the Labour Movement*, pp. 160-200. Londres: Lawrence & Wishart.

Sindicato Nacional de Trabajadores del Servicio Doméstico (SINTRASEDOM). 1980. ¡Basta ya!...de ignorarnos. SINTRASEDOM, Bogotá. Inédito.

Sindicato de Trabajadoras del Hogar-Cuzco. 1982 *Basta: Testimonios.* Cuzco: Centro de Estudios Rurales Andinos Bartolomé de Las Casas.

Sindicato Interempresas de Trabajadoras de Casa Particular (SINTRACAP). 1989. *Cuadernillo de antecedentes históricos de SINTRACAP, Area Metropolitana.* Santiago de Chile: SINTRACAP. Mimeo.

Smith, Charles. 1980. *Lord Mountbatten: His Butler's Story.* New York : Stein & Day.

Smith, Margo L. 1971. Institutionalized Servitude: Female Domestic Service in Lima, Perú. Tesis de doctorado, Indiana University, Bloomington.

Smith, Margo L. 1973. Domestic Service as a Channel of Upward Mobility for the Lower-Class Woman: The Lima Case. En Ann Pescatello, editora, *Female and Male in Latin America*, pp. 191-207. Pittsburgh: University of Pennsylvania Press.

Smith, Margo L. 1975. The Female Domestic Servant and Social Change: Lima, Perú. En Ruby Rohrlich-Leavitt, editora, *Women Cross-Culturally: Change and Challenge*, pp. 163-180. Den Haag: Mouton.

Smith, Margo L. 1977. Construcción residencial y posición social del servicio doméstico en el Perú contemporáneo. En Jorge E. Hardoy y Richard P. Schaedel, editores, *Asentamientos urbanos y organización socioproductiva en la historia de América Latina*, pp. 363-375. Buenos Aires: Ediciones SIAP.

Smith, Margo L. 1977. El servicio doméstico como medio de movilidad ascendente para la mujer de clase baja: el caso de Lima. En Ann Pescatello, editora, *Hembra y macho en Latinoamérica*, pp. 233-252. México, D.F.: Editorial Diana.

Smith, Margo L. 1978. The Female Domestic Servant and Social Change: Lima, Peru. En Richard P. Schaedel, Jorge E. Hardoy, y Nora Scott Kinzer, editores. *Urbanization in the Americas from Its Beginnings to the Present*, pp. 569-585. Den Haag: Mouton.

Smith, Margo L. 1980. Women's Careers in Lima, Peru: Domestic Service and Street Vending. Trabajo presentado en la reunión anual de la American Anthropological Association.

Smith, Margo L. 1982. El servicio doméstico-reflexiones posteriores. Trabajo presentado en el Congreso de Investigación acerca de la Mujer en la Región Andina, Perú.

Só a gente que vive é que sabe: depoimento de uma doméstica. 1982. *Cadernos de Educaçao Popular* 4. Petrópolis, Brasil: Editora Vozes.

Solberg-Ladd, Helena. 1975. *The Double Day.* Film. San Francisco: UNIFILM.

South Africa, Non-European Affairs Department. 1971. *Your Bantu Servant and You: A Few Suggestions to Facilitate Happier Relations between Employer and Employee.* Johannesburg: Non-European Affairs Department.

Souza da Silva, Francisca. 1983. *Ai de vos: diario de uma doméstica.* Rio de Janeiro: Editorial Civilizaçao Brasileira.

Souza, Julia Filet-Abreu de. 1980. Paid Domestic Service in Brasil. *Latin American Perspectives* 7, n° 1, pp. 35-63.

Souza, Paulo R./Tokeman, Victor. 1976. The Informal Urban Sector in Latin America. *International Labour Review* 114, pp. 355-365.

Spalter-Roth, Roberta M. 1977. Organizing Private Household Workers: An Exploration of Necessary Conditions. Trabajo presentado en la reunión de la Southern Sociological Society.

Spelman, Elizabeth V. 1981. Theories of Race and Gender: The Erasure of Black Women. *Quest: A Feminist Quarterly* 5, n° 4:36-62.

Spofford, Harriet Elizabeth Prescott. 1881. *The Servant Girl Question.* Boston: Houghton Mifflin. Reimpreso New York : Arno Press, 1977.

Stekl, Hannes. 1975. Hausrechtliche Abhangigkeit in der Industriellen Gesellschaft: Das Hausliche Personal vom 18. bis ins 20, Jahrhundert. *Wiener Geschichtsblatter* 30, n° 4, pp. 301-313.

Stigler, George Joseph. 1946. *Domestic Servants in the United States, 1900-1940.* New York: National Bureau of Economic Research, Occasional Paper 24.

Strasser, Susan. 1978. Mistress and Maid, Employer and Employee: Domestic Service Reform in the United States, 1892-1920. *Marxist Perspectives* 1, n° 1, pp. 52-87.

Strasser, Susan. 1982. *Never Done: A History of American Housework.* New York: Pantheon.

Sutherland, Daniel Ellyson. 1976. Americans and Their Servants, 1800-1921: Being an Inauiry into the Origins and Progress of the American Servant Problem. Tesis de doctorado, Wayne State University, Detroit.

Sutherland, Daniel Ellyson. 1979. The Servant Problem: An Index of Antebellum Americanism. *Southern Studies* 18, n° 4, pp. 488-503.

Sutherland, Daniel Ellyson. 1981. A Special Kind of Problem: The Response of Household Slaves and Their Masters to Freedom. En Sutherland, editor. *Americans and Their Servants: Domestic Service in the United States from 1800 to 1920.* Baton Rouge: Louisiana State University Press.

Sutherland, Daniel Ellyson. 1981. *Americans and Their Servants from 1820 to 1920.* Baton Rouge: Louisiana State University Press.

Swaisland, Cecillie. 1991. *Servants and Gentlewomen to the Golden Land: The Emigration of Single Women from Britain to Southern Africa, 1820-1939.* New York : Berg; St. Martin's Press.

Taglioretti, Graciela. 1981. *La participación de la mujer en el mercado de trabajo.* Montevideo. Centro de Información y Estudios de Uruguay (GRECMU-CIESU), Grupo de Estudios sobre la Condición de la Mujer en el Uruguay.

Taylor, Pam. 1978. Domestic Service in Britain between the Wars. Tesis de maestría, University of Birmingham, Inglaterra.

Taylor, Pam. 1979. Daughters and Mothers-Maids and Mistresses: Domestic Service between the Wars. En J. Clarke, C. Crichter y R. Johnson, editores, *Working Class Culture: Studies in History and Theory*, pp. 121-139. Londres: Centre for Contemporary Cultural Studies/Hutchinson Publishing Group; New York : St. Martin's Press.

Taylor, Pam. 1979. *Women Domestic Servants, 1919-1939.* Birmingham, Inglaterra: Centre for Contemporary Cultural Studies. Paper n° 40.

Tellis-Nayak, V. 1983. Power and Solidarity: Clientage in Domestic Service. *Current Anthropology* 24, n° 1, pp. 67-79.

Tilly, Louise A. 1978. Introduction and Overview. En *Female Servants and Economic Development*, pp. 1-4. Ann Arbor: University of Michigan, Occasional Papers in Women's Studies n° 1.

Todaro, Rosalba/Gálvez, Thelma. 1987. *Trabajo doméstico remunerado: conceptos, hechos, datos.* Santiago: Centro de Estudios de la Mujer, Ediciones CEM.

Tokeman, Victor. 1979. *Informal-Formal Sector Interrelationships.* Santiago de Chile: Comisión Económica para América Latina.

Toronto Organization for Domestic Workers' Rights. 1987. *Know Your Rights! A Guide for Domestic Workers in Ontario.* Toronto: INTERCEDE.

Toussaint, Florence. 1980-1981. Otro mito de la televisión. *FEM, Publicación Feminista*, número especial sobre el servicio doméstico 4, n° 16, pp. 67-68.

Towner, Lawrence W. 1962. 'A Fondness of Freedom': Servant Protest in Puritan Society. *William and Mary Quarterly* 19, n° 2, pp. 201-219.

Towner, Lawrence W. 1981. Trabajo doméstico y la doble explotación de la mujer. *Desarrollo Indoamericano* 16, n° 71, pp. 33-40.

Tucker, Susan. 1985. The Role of the Domestic Worker in Southern Literature and Culture. Trabajo presentado en la Conference on Southern Women: Portraits in Diversity, Newcomb College, Tulane University.

Tucker, Susan. 1987. A Complex Bond: Southern Black Domestic Workers and Their White Employers. *Frontiers* 9, nº 3, pp. 6-13.

Tucker, Susan. 1987. Memory and History: Researching the Role of the Black Domestic Through Oral History. Trabajo presentado en el Newcomb College Center for Research on Women, Tulane University.

Tucker, Susan. 1988. *Telling Memories among Southern Women: Domestic Workers and Their Employers in the Segregated South.* Baton Rouge: Louisiana State University Press.

Tucker, Susan. 1988. The Black Domestic in the South: Her Legacy as Mother and Mother Surrogate. En Caroline Dillman, editora, *Southern Women.* New York: Hemisphere.

Turkovib, Robert J. 1981. Race Relations in the Province of Córdoba, Argentina, 1800-1853. Tesis de doctorado, University of Florida, Gainesville.

Turner, Ernest Sackville. 1963. *What the Butler Saw: Two Hundred and Fifty Years of the Servant Problem.* New York : St. Martin's Press.

Turritin, J.S. 1976. Networks and Mobility: The Case of West Indian Domestics from Montserrat. *Canadian Review of Sociology and Anthropology* 13, nº 3, pp. 305-320.

United Nations, Economic Commission for Latin America. 1983. Housemaids. En *Five Studies on the Situation of Women in Latin America,* pp. 106-108. Santiago de Chile: Estudios e Informes de CEPAL.

United States, Department of Labor. 1971. *Three on a Single Theme: There Can Be Career Opportunities in Household Employment.* Annandale, Virginia: M.K. Trimble.

United States, Department of Labor. 1974. *Upward Mobility for Private Household Workers.* Washington, D.C.: Government Printing Office.

United States, Department of Labor. 1978. *Private Household Workers: A Statistical and Legislative Profile.* Washington, D.C.: Government Printing Office.

United States, Department of Labor. 1979. *Domestic Service Employment.* Washington, D.C.: Government Printing Office.

United States, Department of Labor. Bureau of Labor Statistics. 1967. *Employment Outlook for Private Household Workers.* Bulletin nº 1450-39. Washington, D.C.: U.S. Department of Labor.

United States, Department of Labor. 1981. *Women in Domestic Work: Yesterday and Today.* Special Labor Force Report nº 242. Washington, D.C.: U.S. Department of Labor.

United States, Department of Labor. Employment Standards Administration. 1974. *Private Household Workers.* Washington, D.C.: Government Printing Office.

Uno Más Uno 1980. Quedó constituido el Sindicato de Trabajadores Domésticos del Estado de México (8 de diciembre).

Upstairs, Downstairs. 1973. Londres: British Broadcasting Company, BBC-TV.

Urrutia, Elena. 1980-1981. Experiencias de organización. *FEM, Publicación Feminista,* número especial sobre el servicio doméstico 4, nº 16, pp. 37-39.

Useem, Ruth Hill. 1972. The Servant Problem. En *The American Family in India*, pp. B1-B34. East Lansing, Michigan: Michigan State University, Institute for International Studies in Education, Studies of Third World Cultures nº 7.

Valle Silva, Nelson. 1983. Notas sobre o censo demográfico de 1980. Fundaçao Instituto Brasileiro de Geografía e Estatística. Inédito.

Vallejo, Nancy. 1982. Situación socio-jurídica del servicio doméstico en Colombia. Tesis, Universidad de los Andes, Facultad de Derecho, Bogotá.

Van Helten, Jean Jacques/Williams, Keith. 1983. 'The Crying Need of South Africa': The Emigration of Single British Women to the Transvaal, 1901-1910. *Journal of Southern African Studies* 10, nº 1, pp. 17-38.

Van Noord, Carl. 1983. The Decline in Employment of Young Single Women in Service Occupations, England and Wales, 1871-1961. Tesis de doctorado, New School for Social Research, New York .

Van Onselen, Charles. 1982. The Witches of Suburbia: Domestic Service on the Witwatersrand, 1890-1914. En Van Onselen, editor, *Studies in the Social and Economic History of Witwatersrand, 1886-1914*, vol. 2, pp. 1-73. Essex, Inglaterra: Harlow; New York: Longman.

Van Raaphorst, Donna. 1988. *Union Maids Not Wanted: Organizing Domestic Workers 1870-1940*. Westport, Connecticut: Greenwood Press.

Vásquez, Jesús María. 1960. *El servicio doméstico en España*. Madrid: Ministerio de Trabajo, Instituto Nacional de Previsión.

Vásquez, Jesús María. 1969. Estudio sobre la situación del servicio doméstico en Lima. Misión Conciliar, Lima Metropolitana. Inédito.

Vásquez, Jesús María. 1970. *El servicio doméstico en Lima*. Lima: Centro Arquidiocesano de Pastoral.

Vernet, Elie Louis. 1935. *La domesticité chez nous: question sociale haïtiènne*. Port-au-Prince: Imprimerie du College Vertiers.

Villar Gaviria, Alvaro. 1974. *El servicio doméstico: un gremio en extinción*. Bogotá: Editorial Controversia.

Waggoman, Mary. 1945. Wartime Job Opportunities for Women Household Workers in Washington, D.C.. *Monthly Labor Review* 60, nº 3, pp. 575-584.

Wainerman, Catalina/Recchini de Lattes, Zulma. 1981. *El trabajo femenino en el banquillo de los acusados: la medición censal en América Latina*. México, D.F.: El Consejo de Población y Terra Nova.

Waterson, Merlin. 1980. *The Servants' Hall: A Downstairs History of a British Country House*. New York : Pantheon.

Watson, Amey E. 1931. Domestic Service. *Encyclopedia of the Social Sciences* 5, pp. 198-202.

Watson, Amey E. 1922. *Household Employment in Philadelphia*. Washington, D.C.: Government Printing Office for the U.S. Women's Bureau, Bulletin nº 93.

Watson, Rubie S. 1991. Wives, Concubines, and Maidservants: Kinship and Servitude in the Hong Kong Region, 1900-1940. En Watson y Patricia Buckley Ebrey, editores, *Marriage and Inequality in Chinese Society*. Berkeley: University of California Press.

Webster, Janice Reif. 1978. Domestication and Americanization: Scandinavian Women in Seattle, 1888 to 1900. *Journal of Urban History* 4, nº 3, pp. 275-290.

Weinrich, A.K.H. 1976. *Mucheke: Race, Status, and Politics in a Rhodesian Community.* New York : Holmes & Meier.
Whisson, Michael G./Weil, William. 1971. *Domestic Servants: A Microcosm of the Race Problem.* Johannesburg: South African Institute of Race Relations.
Woodson, C. G. 1930. The Negro Washerwoman, A Vanishing Figure. *Journal of Negro History* 15, n° 3, pp. 269-277.
Wierling, Dorothee. 1980. Living Conditions and Life Histories of Female Domestic Servants at the Turn of the Century. En *Proceedings of the International Oral History Conference* 2, pp. 307-323.
Wierling, Dorothee. 1982. Vom Mädchen zum Dientsmädchen: Kindliche Sozialisation und Beruf im Kaiserreich. En Klaus Bergmann y Rolf Schroken, editores, *Geshichte im Alltag, Alltag in der Geschichte*, pp. 57-87. Dusseldorf.
Wierling, Dorothee. 1982. Women Domestic Servants in Germany at the Turn of the Century. *Oral History* 10, n° 2, pp. 47-57.
Wierling, Dorothee. 1983. Indirect Rule and Resistance: Housewife and Servant in the German Middle Class. Trabajo presentado en la International Conference on Oral History and Women's History.
Wierling, Dorothee. 1982. Marriage, Mobility, and Domestic Service in Victorian Cambridge. *Local Population Studies* 29, pp. 19-34.
Willer, Katheryn. 1940. *Women Domestic Workers in Washington, D.C.* Washington, D.C.: Government Printing Office.
Woodson, C.G. 1930. The Negro Washerwoman, A Vanishing Figure. *Journal of Negro History* 15, n° 3, pp. 269-277.
Young, Grace Esther. 1985. The Myth of Being 'Like a Daughter: Domestic Service in Lima, Peru. Tesis de maestría, University of Chicago.
Young, Grace Esther. 1987. The Myth of Being Like a Daughter. *Latin American Perspectives* 54, n° 14 (Summer), pp. 365-380.
Zarnowska, Anna. 1977. La famille et le statut familial des ouvriers et des domestiques dans le royaume de Pologne au déclin du XIX siècle. *Acta Polonaise Historica* 35, pp. 113-144.
Zurita, Carlos. 1983. El servicio doméstico en Argentina: el caso de Santiago del Estero. Santiago del Estero: Universidad Católica de Santiago del Estero, Instituto Central de Investigaciones Científicas. Documento de Trabajo.
Zurutuza, Cristina/Bercovich, Clelia. 1988. Las sirvientas: ellas, las otras y nosotras. Revista UNIDAS 2, november, pp. 91-118.
Zurutuza, Cristina/Bercovich, Clelia.1990. De sirvientas a empresarias: un camino hacia la autonomía: el papel de la capacitación sistemática en la autogestión de los emprendimientos de generación de ingresos. Buenos Aires: Centro de Estudios de la Mujer, Programa de Asesoramiento y Apoyo Técnico a la Cooperativa de Trabajo Hijas de María Pueblo SRL de Lomas de Zamora.

Autoras

Cornelia Butler Flora: profesora de sociología en el Instituto Politécnico de Virginia (EEUU), ha escrito sobre mujeres y trabajo en América Latina. Su último libro, en colaboración con otros autores: *Rural Communities: Legacy and Change* (Westview).

Elsa M. Chaney: cientista política, es investigadora independiente que trabaja en la Universidad de Iowa (EEUU), con numerosas publicaciones que abordan la temática de la mujer como fuerza de trabajo y en el campo de la política. Ha acompañado a la Confederación Latinoamericana y del Caribe de Trabajadoras del Hogar desde su primera reunión de planificación en 1983, y entre sus publicaciones destacan, con Constance Sutton *Caribbean Life in New York City* (Center for Migration Studies), y con Ximena Bunster *Sellers and Servants: Working Women in Lima, Peru* (Begin & Garvey).

Shellee Colen: graduada en antropología en la New School for Social Research de New York, ha continuado trabajando sobre la migración internacional de las mujeres del Caribe. Recientemente, con Roger Sanjek ha publicado *At Work in Homes: Household Workers in World Perspective* (American Ethnological Society).

Odete Maria da Conceição: fundadora del movimiento de trabajadoras domésticas en Brasil; terminó su educación primaria, es soltera y no tiene hijos.

Anazir Maria de Oliveira ("Zica"): fue presidenta de la Asociação Profissional dos Empregados Domésticos de Rio de Janeiro; completó su educación secundaria, tiene seis hijos y numerosos nietos.

Adelinda Díaz Uriarte: ha estado trabajando durante cerca de treinta años para organizar a los trabajadores domésticos en Perú; encabeza la Coordinadora Sindical de Trabajadoras del Hogar en Lima.

Isis Duarte: socióloga, dirige el Instituto de Estudios de Población y Desarrollo en Santo Domingo (República Dominicana) donde ha realizado extensas investigaciones sobre fuerza de trabajo, sector informal y trabajadores domésticos, publicando varios estudios sobre la condición de la mujer en ese país.

Thelma Gálvez: fundó, junto con Rosalba Todaro, el Centro de Estudios de la Mujer (CEM) en Santiago de Chile, pionero en la investigación sobre trabajadoras del hogar en Chile. Entre sus publicaciones se encuentran: *Yo trabajo así... en casa particular,* y *Trabajo doméstico remunerado: conceptos, hechos, datos.*

Mary Garcia Castro: socióloga, profesora e investigadora de la Universidad de Bahia (Brasil). Consultora de la Organización Internacional del Trabajo (OIT) entre

1978 y 1981, e investigadora visitante en el Centro de Estudios Latinoamericanos y Caribeños de la University of New York (1981-1982), actualmente da clases de sociología en la Universidade Federal de Salvador (Brasil) y trabaja con la Associação dos Empregadas Domésticas de esa ciudad. Durante 1993-1994 estará en el Centro de Estudios Puertorriqueños, Hunter College (New York) como "scholar" Rockefeller para el Programa de derechos culturales y ciudadanos, movimientos sociales comparados y agrupaciones feministas en la comunidad puertorriqueña y brasileña de New York.

Elena Gil Izquierdo (1906-1985): activa toda su vida en defensa de la mujer trabajadora y líder de la Federación de Mujeres Cubanas, fue la organizadora en Cuba del programa de reentrenamiento de las trabajadoras domésticas después de la Revolución.

Mónica Gogna: socióloga, asociada al Consejo Nacional de Investigaciones Científicas y Técnicas en el Centro de Estudios de Estado y Sociedad en Buenos Aires (Argentina) es autora de varios artículos sobre trabajadoras domésticas en su país.

Mary Goldsmith: antropóloga, ha escrito regularmente sobre la situación de las trabajadoras domésticas en México y ha acompañado el trabajo de las organizaciones de trabajadoras domésticas en Ciudad de México. Está asociada al Programa Interdisciplinario de Estudios de la Mujer de El Colegio de México y ha sido editora de la revista *FEM*.

Consuelo Guayara Sánchez: autora de la versión en español de este libro, es profesora de economía en la Corporación Universitaria de Ibagüé (Colombia) y actualmente candidata al doctorado en geografía de la Universidad de Iowa (EEUU).

B. G. Higman: profesor de historia en la University of the West Indies en Mona, Jamaica, ha publicado *Slave Population and Economy in Jamaica 1807-1834*, y *Slave Populations of British Caribbean, 1807-1834*.

Elizabeth Anne Kuznesof: profesora de historia y directora de estudios latinoamericanos en la Universidad de Kansas (Lawrence, EEUU). Ha publicado *Household Economy and Urban Development: São Paulo 1765-1836* (Westview) y actualmente termina *The History of the Family in Colonial Latin America*.

Margo Lane Smith: antropóloga y profesora en la Northeastern Illinois University en Chicago (EEUU), tiene publicaciones sobre el servicio doméstico en Perú y materiales de aplicación de la antropología en el sector privado.

Sandra Lauderdale Graham: profesora de historia e investigadora del Instituto de Estudios Latinoamericanos de la Universidad de Texas (Austin), recientemente ha publicado *House and Street* (Cambridge), un libro que aborda la problemática de los trabajadores domésticos y sus empleadores durante el siglo XIX en Rio de Janeiro.

Magdalena Léon: asociada con el Programa de estudios sobre la mujer de la Universidad de Los Andes en Bogotá (Colombia); se ha desempeñado como consultora para distintas agencias internacionales especializándose en fuerza de trabajo femenina, mujeres rurales y servicio doméstico. Es coautora (con Carmen Diana Deere) de *Mujeres en la agricultura andina* (OIT) y coeditora de *Rural Women and State Policy: Feminist Perspectives on Latin American Agricultural Development* (Westview).

Aída Moreno Valenzuela: durante muchos años trabajó en la organización de las trabajadoras domésticas en Chile; actualmente es secretaria general de la Confederación Latinoamericana y del Caribe de Trabajadoras del Hogar (CONLACTRAHO) que reúne asociaciones de trabajadoras domésticas en trece países. Fue fundadora de Servicios Quillay, empresa que hoy emplea en servicios de limpieza a 40 extrabajadoras domésticas.

Patricia Mohammed: estudiante de doctorado en el Instituto de Estudios Sociales de La Haya (Holanda), es originaria de Trinidad y se ha vinculado al Programa de estudios y desarrollo de la mujer en el Instituto de Investigaciones Económicas y Sociales de la University of the West Indies en St. Augustine.

Hildete Pereira de Melo: profesora y coordinadora de cursos de economía en la Universidade Federal Fluminense de Rio de Janeiro, es autora de varias publicaciones: *Sequelas do aborto: custos e implicações sociais* (con Maria Pena Junho) y *A teoria económica e a condição feminina*, y ha trabajado con el movimiento de los derechos de la mujer en Brasil.

Suzana Prates (1940-1988): directora del Grupo de Estudios sobre la Condición de la Mujer (GRECMU) en el Centro de Información y Estudios de Montevideo (Uruguay), ha publicado entre sus trabajos: *Estrategia exportadora y búsqueda de trabajo barato: trabajo visible e invisible de la mujer en la industria del calzado en Uruguay*, y con Graciela Taglioretti, *Participación de la mujer en el mercado de trabajo uruguayo: características básicas y evolución reciente*.

Thea Schellekens y Anja van der Schoot: antropólogas culturales holandesas, después de completar su trabajo para la tesis doctoral sobre servicio doméstico en Lima, trabajaron un año con la Asociación Perú-Mujer como asistentes del programa de entrenamiento para trabajadoras domésticas. Actualmente Thea trabaja sobre la problemática femenina en el Centro del Tercer Mundo de La Haya, y Anja es oficial del Programa para mujeres en la oficina regional de la Organización Internacional del Trabajo (OIT) en San José de Costa Rica.

Rosalba Todaro: economista, coautora con Thelma Gálvez de *Yo trabajo así... en casa particular*. Dirige el Centro de Estudios de la Mujer (CEM) en Santiago de Chile.

Impreso en los talleres gráficos de
EDITORIAL TORINO
Telf.: (02) 239.76.54
Caracas - Venezuela